성경의 핵심 주제 중 하나는 하나님 섬김이고, 그 반대는 우상숭배다. 그런 의미에서 우상숭배는 성경 전체의 일관된 흐름을 파악할 수 있는 좋은 통로 중 하나다. 비일은 바로 이 주제를 열쇠 삼아 성경의 숲을 여행하며, 친숙한 듯 보이는 구약과 신약의 풍경들을 새로운 관점으로 바라보도록 돕는다. 특히 저자는 우상숭배라는 구약적 주제가 어떻게 예수 그리스도의 구원 이야기로 연결되는지 상세히 보여줌으로써, 복음에 대한 우리의 이해를 한결 깊고 온전하게 만들어준다. 저자는 이런 성경신학적 여행을 위한 최적의 안내자로 유명하다. 오늘날의 우리는 스스로가 옛적 이스라엘만큼이나 우상숭배에 발 빠르다는 사실을 잘 알고 있다. 바라기는 이 책이 우리로 하여금 현대의 온갖 "우상들로부터 돌아서서 참되고 살아 계신 하나님을 섬기도록"(살전 1:9) 돕는 강력한 회개의 메시지가 되었으면 한다.

권연경 | 숭실대학교 기독교학과 신약학 교수

우상숭배만큼 케케묵은 주제도 없지만 이것만큼 현대에도 새롭게 문제시되는 주제도 없다. 더 놀라운 사실은 우상숭배만큼 그동안 성경신학적으로 연구되지 않은 영역도 없다는 것이다. 이런 상황에서, 성경 전체의 연관 구절들에 대한 탄탄한 주해를 근거로 우상숭배 문제를 하나님의 형상과 멋지게 연관시킨 비일의 책이 번역되었다.

이 책은 왜 현대의 그리스도인들이 악과 불의가 팽배한 사회 속에서 사랑으로 진리를 말한다는 하나님의 형상으로서의 모습을 드러내지 못하고 함구하는지 그 이유를 잘 분석하고 있다. 자신의 안전과 행복만을 추구하면서 귀가 있어도 듣지 못하고 눈이 있어도 보지 못하며 목구멍이 있어도 작은 소리조차 내지 못하는 우상을 숭배하다 보면, 인간은 끝내 그 우상을 닮아가면서 진실에 눈을 감는 존재로 전락할 수밖에 없음을 설득력 있게 제시하고 있다.

우상숭배와 하나님의 형상이라는 주제에 관심 있는 신학도와 목회자는 물론, 모든 그리스도인들이 일독할 가치가 있다고 사려되어 강력히 추천한다.

김지찬 | 총신대학교 신학대학원 구약학 교수

구약의 예언자들의 메시지 안에는 항상 "우상숭배"와 "왜곡된 정의"에 대한 질타가 들어 있다. 비일 박사는 이사야 6장을 출발 본문으로 삼아, 예언자의 핵심 주제인 우상숭배의 본질과 형태를 성경신학적 접근을 통해 일목요연하게 보여준다. 저자는 이사야 6장에 대한 전통적 해석에 반하여 전향적인 새로운 해석을 내놓고, 이를 입증하기 위해 우상숭배에 관한 텍스트들 상호 간의 연결을 치밀하게 분석하고 있다. 탁월한 주석가의 날카로움이 배어나오는 글이다. 비일은 성경학도들에게 본문 주석과 성경신학의 통합을 절묘하게 보여주는 성경해석의 마에스트로다. 성경 전체를 관통하는 우상숭배에 관해 배우고 싶다면 비일 박사에게 문의하라!

류호준 | 백석대학교대학원 신학 부총장

세속적 가치를 하나님의 자리에 올려놓고 그것을 숭배하라는 악마의 계략 앞에서 허둥대는 오늘의 그리스도인들에게, 비일은 상호본문(inter-text)의 공시성(synchronicity)을 적용하여 우상숭배와 관련된 여러 성경 텍스트들을 꼼꼼히 분석함으로써, 신앙의 탈선에서 하나님의 형상으로 복귀할 것을 촉구한다. 하나님을 예배할 때 그분의 형상을 닮게 되는 모방 모티프로, 우상숭배의 다층성과 그 후면에 숨겨진 심층구조까지 낱낱이 밝히는 이 책은 성경신학적으로 탁월한 수작임에 틀림없다. 목회자는 물론, 하나님 나라를 향한 참된 제자직을 갈망하는 모든 평신도의 필독서다.

윤철원 | 서울신학대학교 신학전문대학원 신약학 교수

이 책은 『성전신학』과 함께, 비일의 또 다른 성경신학적 연구서로서 구약과 신약의 통일성을 설득력 있게 논증하는 보기 드문 역작이다. 저자는 신약을 전공하는 학자임에도 이사야 6장에 나타난 "우상숭배" 주제에 깊은 관심을 표명하며, 주제적 연관성을 탐구하기 위해 다른 구약 본문뿐만 아니라 신약 본문들과의 연속성도 추적한다. 무엇보다도 이 책의 가장 큰 공헌은 구약신학과 신약신학으로 지나치게 이원화된 최근의 성경신학적 흐름의 한계를 되돌아보게 하며, 균형 잡힌 통합적 신학의 필요성을 일깨워준다는 점이다. 부디 이 책을 통해 구약과 신약의 통일성에 대한 관심이 되살아나기를 고대하는 마음으로 일독을 권한다.

장세훈 | 국제신학대학원대학교 구약학 교수

비일 교수는 우리 삶을 형성하고 우리를 변화시키는 예배의 본질을 명료하게 보여준다. 그 예배가 진정한 예배이든 우상숭배이든 말이다. 이 책은 현재의 삶뿐만 아니라 미래의 운명까지 결정할 우리 예배의 방식에 대해 심사숙고해보도록 도전한다.

T. 데스먼드 알렉산더(T. Desmond Alexander) | 북아일랜드 유니언 신학교 평신도 훈련원장

성경 전체에 대한 방대하면서도 섬세한 상호텍스트적 연구다. 비일이 성경 텍스트들을 열어갈수록 점점 더 통찰력이 풍부해지는 것을 보게 될 것이다.

토머스 R. 슈라이너(Thomas R. Schreiner) | 남침례교신학교 신약해석학 교수

우상숭배의 파괴적 힘과 진정한 한 분 하나님에 대한 예배가 가지는 회복의 능력을 비교하면서, 이렇게 권위 있는 분석을 완결적으로 보여준 저술은 처음이다. 성경을 설교하거나 가르치는 모든 이가 읽어보아야 할 책이다.

더글러스 스튜어트(Douglas Stuart) | 고든-콘웰 신학교 구약학 교수

놀랍도록 의미심장한 성경 주제에 대해 심도 있는 분석을 보여준다. 이 책을 읽는 독자에게 큰 보답을 안겨줄 것이다. 프랭크 틸먼(Frank Thielman) | 비슨 신학교 신약학 교수

성경신학의 최고봉에 있는 저술이다. 신약과 구약의 텍스트들을 함께 엮어서 통합적인 논리를 전개하고 있다. "우리는 우리가 숭배하는 대상을 닮아가는데, 그 끝은 멸망 아니면 회복이다"라는 비일의 메시지는 설득력 있고 압도적이다. 이 책은 우리 죄에 대해 근본적으로 생각하도록 만든다. 브루스 월키(Bruce Waltke) | 리폼드 신학교 구약학 교수

성경의 중심 주제이지만 자주 교회에서 오해되거나 무시되어온 우상숭배라는 화두에 대해 비일은 독창적이고도 재기발랄하며 완결적인 논의를 전개하고 있다. 세심하게 정독할 필요가 있는 책이다.

데이비드 F. 웰즈(David F. Wells) | 고든-콘웰 신학교 교회사 및 조직신학 교수

We Become What We Worship

A Biblical Theology of Idolatry

Gregory K. Beale

예배자인가, 우상숭배자인가?

성경신학적으로 바라본 우상숭배와 하나님 형상의 의미

그레고리 K. 비일 지음 | 김재영·성기문 옮김

Holy WavePlus

차례

약어

AB	Anchor Bible
'Abot R. Nat.	*'Abot de Rabbi Nathan*
AnBib	Analecta Biblica
ANE	Ancient Near East
ASTI	*Annual of the Swedish Theological Institute*
AUSS	*Andrews University Seminary Studies*
BAGD	A Greek-English Lexicon of the New Testament and Other Early Christian Literature, 3rd ed. Edited by F. W. Danker. Chicago: University Press, 2000.
BECNT	Baker Exegetical Commentary on the New Testament
Bib	*Biblica*
BIS	Biblical Interpretation Series
BZ	*Biblische Zeitschrift*
BZAW	Beihefte zur Zeitschrift für die alttestamentliche Wissenschaft
CBQ	*Catholic Biblical Quarterly*
CBQMS	Catholic Biblical Quarterly Monograph Series
CD	Cairo (Genizah text of the) Damascus (*Document Rule*)
EBC	Expositor's Bible Commentary
ECC	Eerdmans Critical Commentary
EvQ	*Evangelical Quarterly*

HNTC	Harper's New Testament Commentary
HUCA	*Hebrew Union College Annual*
ICC	International Critical Commentary
Interp	*Interpretation*
ITC	International Theological Commentary
IVPNT	InterVarsity Press New Testament Commentary
JBL	*Journal of Biblical Literature*
JEA	*Journal of Egyptian Archaeology*
JEH	*Journal of Ecclesiastical History*
JSNT	*Journal for the Study of the New Testament*
JSOT	*Journal for the Study of the Old Testament*
JSOTSup	Journal for the Study of the Old Testament Suppliment Series
JTS	*Journal of Theological Studies*
Midr. Rab.	*Midrash Rabbah*
MT	Masoretic Text
NAC	The New American Commentary
NCBC	New Century Bible Commentary
NICNT	The New International Commentary on the New Testament
NIGTC	New International Greek Testament Commentary
NovT	*Novum Testamentum*
NSBT	New Studies in Biblical Theology
NTS	*New Testament Studies*
OTL	Old Testament Library
Pirqe R. El.	*Pirqe Rabbi Eliezer*
RB	*Revue Biblique*
RTR	*Reformed Theological Review*
Sanh.	*Sanhedrin*
SNTSMS	Society for New Testament Studies Monograph Series
Spec. Leg.	*Philo, De Specialibus Legibus*
ST	*Studia theologica*

TDNT	*Theological Dictionary of the New Testament*. Edited by G. Kittel, G. Friedrich and G. W. Bromiley. 10 vols. Grand Rapids: Eerdmans, 1964.
Tg. Ps.-J.	*Targum Pseudo-Jonathan*
Tg. Neof.	*Targum Neofiti I*
Tg. Onq.	*Targum Onqelos*
TOTC	Tyndale Old Testament Commentary
VT	*Vetus Testamentum*
WBC	Word Biblical Commentary
WUNT	Wissenschaftliche Untersuchungen zum Neuen Testament

한국어판 서문

이 책이 한국어로 출판된 것을 진심으로 기뻐하면서, 책의 탄생 과정에 대해 간략하게 설명하고 싶다. 이 책은 1983년에 수행했던 이사야 6장에 대한 연구 조사로부터 잉태되었다. 이 연구를 기초로 해서 나는 1987년에 고든콘웰 신학교 채플에서 이사야 6장에 대해 설교했다. 1991년, 나는 이 텍스트에 대해 더 깊이 연구하기로 결심했고, 그 결과가 신학 저널 "*Vetus Testamentum*" 41호에 "Isaiah 6:9-13: A Retributive Taunt Against Idolatry"로 발표되었다. 이 논문의 초점은 이사야 6:9-13이 우상숭배에 대한 텍스트이며, 특별히 이사야의 신실함과 대조되는 이스라엘의 우상숭배자들에 대한 심판을 말한다는 데 있었다. 이사야 6장에 대해 내가 파악해서 정리한 개념은 다음과 같았다. 즉 너희는 너희가 숭배하는 것을 닮게 되는데, 무엇을 숭배하느냐에 따라 그 결과가 멸망일 수도 있고 회복일 수도 있다는 것이다. 나는 신약성경, 특히 요한계시록의 이사야 6장 사용에 대해 논의한 이후의 저서들에서도 이 논문을 언급한 바 있다. 또한 다른 많은 학자들도 이 논문을 긍정적으로 인용해주었다(이에 대해서는 제2장에 적시했다).

이년 전 쯤 조엘 스캔드리트(Joel Scandrett)가 나를 찾아와서, 제안하고 싶은 책의 프로젝트가 있는지를 물어왔다. 나는 그에게 시간이 나면 성경신학적으로 본 우상숭배에 대한 책을 쓰고 싶다고 말했다. 나는 이사야 6

장에서 발견한 아이디어들이 구약과 신약의 다른 텍스트들에서 어떻게 나타나는지를 추적하고 싶었다. 하지만 당시로서는 도저히 이런 작업을 할 만한 시간적 여유가 없었다. 그런데 다른 프로젝트를 작업하던 중에 우상숭배의 개념이 다시 중요하게 등장했다. 그래서 나는 진행하던 프로젝트를 중단하고, 먼저 성경신학적으로 본 우상숭배에 관한 책을 쓰기로 결심했다.

이 책의 제목에 대해서는 조금 더 설명할 필요가 있겠다. 원서의 제목이 되는 문구 "우리는 우리가 숭배하는 것이 된다"(*We Become What We Worship*)는 일종의 은유다. "We become"과 "What We Worship" 사이에 있는 "like"를 생략한 일종의 함축적 직유(implied simile)라고 할 수 있다. 이 책의 논제는 우리가 자신이 숭배하는 우상이나 자신이 예배하는 하나님이 된다는 의미가 아니라, 우상처럼 또는 하나님처럼 된다는 것이다. 비유를 의미하는 "like"를 생략한 이유는 숭배자(예배자)가 그 숭배(예배) 대상의 중요한 속성의 일부를 반영한다는 점을 강조하기 위해서다.

독자가 이 책을 더 잘 이해하도록 돕기 위하여 몇 가지 제안을 하고자 한다. 이 책의 몇몇 장은 구약성경 텍스트들에 대한 심도 있는 분석을 포함하고 있기 때문에(특히 제2장과 제3장은 책의 나머지 부분의 토대를 이룸), 나는 독자들이 이 두 장의 본문을 먼저 읽고서 논의의 전반적 흐름을 파악한 후에 각주를 살펴보기를 권한다.

나는 이 책의 성경신학적 조망이, 교회가 자신을 에워싸고 있는 우상들을 닮아가지 않도록 강력한 동기 유발을 해서 세상에 대해 가지는 사명과 선교를 더 온전히 성취할 수 있도록 돕기를 기대한다. 교회의 사명과 선교는 하나님의 더 큰 영광을 위해 사람들이 그리스도의 형상을 닮아갈 필요가 있음을 선포하는 것이다.

나는 아내 도린다(Dorinda)에게 이루 말할 수 없이 큰 빚을 졌다. 지난 두 해 동안 도린다는 나와 함께 우상숭배에 대한 신학을 놓고서 토론했으며, 이 프로젝트에 대해 나만큼이나 강하고 지속적인 관심을 보여주었다.

도린다를 통해 나는 이 주제를 더욱 깊이 있게 이해할 수 있었다.

또한 우상숭배를 주제로 하여 일련의 설교를 할 수 있도록 나를 초청해주었던 여러 교회에도 감사를 드린다. 교회 공동체를 위해 자료를 정리하고 다듬는 작업은 해당 자료를 훨씬 깊이 파악할 수 있도록 해주었다. 마찬가지로 휘튼 대학교 대학원에서 이 주제를 가르칠 수 있는 기회를 가졌던 것도 행운이었다. 학생들의 많은 질문 덕분에 내 관점을 더 예리하게 가다듬을 수 있었다.

내 학생인 벤 글래드(Ben Gladd)와 스테파노스 미할리오스(Stefanos Mihalios)에게도 고마운 마음을 전한다. 이들은 이 책과 관련된 연구 조사에 도움을 주었다. 누구보다도 조교인 미치 킴(Mitch Kim)과 마이크 데일링(Mike Daling)에게 큰 빚을 졌다. 이들은 책의 원고를 반복해서 읽으며 이중으로 검토하고 또 편집과 색인 작성하는 것을 도왔다. 이들은 지칠 줄 모르는 수고로 기꺼이 나를 보조했다. 다시 한 번 미치와 마이크에게 감사한다. 두 사람은 이 책에 대단히 소중한 기여를 했다.

무엇보다도 내게 아이디어를 주시고, 이 책을 쓸 수 있도록 힘과 절제력을 주신 하나님께 감사드린다. 이 책을 읽음으로써 하나님의 영광이 더 크게 드러나기를 기도한다.

이 책의 몇 가지 문체적인 특성에 대해 언급하고자 한다. 별도의 지시가 없는 경우 영역본 성경은 New American Standard Bible을 사용했다. 특수한 경우에는 내 개인적인 번역이 사용되기도 했다. 고대 저술과 관련해서 보통 참조하는 표준판과 다른 번역인 경우에는 나의 개인적 번역이거나 다른 역자의 번역이다(후자의 경우에는 역자를 표시했다).

그리스어 신약성경은 NA[27]을 참조했다. 70인경은 *The Septuagint Version of the Old Testament and Apocrypha with an English Translation* (Grand Rapids: Zondervan, 1972)의 그리스어 텍스트를 참조했는데, 이 텍스트는 Samuel Bagster and Sons, London과의 특별 협정을 통해 출간된 Codex B에 의존한다. 이 편은 그리스어를 모르는 사람들도

영역판으로 70인경을 직접 따라갈 수 있도록 해준다.

사해사본을 언급할 때는 주로 F. G. Martinez, *The Dead Sea Scrolls Translated* (Leiden/Boston/Köln: Brill, 1994)의 최신판을 사용했으며, 때로는 *The Dead Sea Scrolls Study Edition*, ed. F. Garcia Martinez and Eibert J. C. Tigchelaar, 2 vols (Leiden/Boston/Köln: Brill, 2000)을 참조하기도 했다. 또한 사해사본의 다른 번역판들도 참조했으며, 가끔은 인용시 다른 판들을 선호하기도 했다. 마르티네즈의 번역본과 이형인 경우는 나 자신의 번역이다.

다양한 유대 저술의 일차적 자료는 대부분 다음과 같은 영역판을 참조했으며 자주 이 판들을 인용했다. *The Babylonian Talmud*, ed. I. Epstein (London: Soncino, 1948); *The Talmud of the Land of Israel: A Preliminary Translation and Explanation* (the Jerusalem Talmud), vols. 1-5, ed. J. Neusner (Chicago: University of Chicago Press, 1982-); *Mekilta de-Rabbi Ishmael*, vols. 1-3, trans. and ed. J. Z. Lauterbach (Philadelphia: Jewish Publication Society of America, 1976); *The Midrash on Proverbs*, trans. Burton L. Visotzky, Yale Judaica Series 27 (New Haven, Conn.: Yale University Press, 1992); *The Midrash on Psalms*, trans. and ed. W. G. Braude, Yale Judaica Series 13:1-2 (New Haven, Conn.: Yale University Press, 1976); *Midrash Rabbah*, vols. I-X, ed. H. Freedman and M. Simon (London: Soncino, 1961); *Midrash Sifre on Numbers*, in Translations of Early Documents Series III, Rabbinic Texts, trans. and ed. P. P. Levertoff (London: Golub 1926); *Midrash Tanhuma* vols. 1-2, trans and ed. J. T. Townsend (Hoboken, N. J.: KTAV, 1989); *Midrash Tanhuma-Yelammedenu. An English Translation of Genesis and Exodus from the Printed Version of Tanhuma-Yelammedenu with and Introduction, Notes, and Indexes*, trans. Samuel A. Berman (Hoboken, N. J.: KTAV, 1996); *The Minor Tractates of the Talmud*, vols.

1-2, ed. A. Cohen (London: Soncino, 1965); *The Mishnah*, trans. and ed. H. Danby (Oxford: Oxford University Press, 1980); *The Old Testament Pseudepigrapha*, vols. 1-2, ed. J. H. Charlesworth (Garden City, N. Y.: Doubleday, 1983) (때로는 *Apocrypha and Pseudepigrapha of the Old Testament*, vol. 2 [Pseudepigrapha], ed. R. H. Charles [Oxford: Clarendon, 1977]를 참조); *The Pesikta de-rab Kahana*, trans. and ed. W. G. Braude and I. J. Kapstein (Philadelphia: Jewish Publication Society of America, 1975); *Pesikta Rabbati*, trans. and ed. W. G. Braude, Yale Judaica Series 18:1-2 (New Haven. Conn.: Yale University Press, 1968); *Pirke de Rabbi Eliezer*, trans. and ed. G. Friedlander (New York: Hermon, 1916); *Sifre: A Tannaitic Commentary on the Book of Deuteronomy*, trans. and ed. R. Hammer, Yale Judaica Series 24 (New Haven, Conn.: Yale University Press, 1986); *Tanna debe Eliyyahu*, trans. and ed. W. G. Braude and I. J. Kapstein (Philadelphia: Jewish Publication Society of America, 1981); *The Targums of Onkelos and Jonathan Ben Uzziel on the Pentateuch, with the Fragments of the Jerusalem Targum from the Chaldee, on Genesis and Exodus*, trans. and ed. J. W. Etheridge (New York: KTAV, 1968); *The Aramaic Bible: The Targums*, ed. M. McNamara (Collegeville, Minn.: Liturgical, 1987)로 출간된 입수할 수 있는 판들.

고대 그리스어 저술, 특별히 필론과 요세푸스의 저술은 (영역본을 포함해서) 하버드 대학교의 러브 고전 시리즈(Loeb Classical Library)를 사용했다. 속사도 교부에 대한 참조와 몇몇 영역본은 *The Apostolic Fathers*, translated by J. B. Lightfoot and J. R. Harmer, and edited by M. W. Holmes (Grand Rapids: Baker, 1992)에서 가져왔다.

부디 한국의 독자들이 이 책을 통하여 성경이 말하는 우상의 본실과 속성을 더 정확하게 이해하고, 또한 현대사회에서 이런 우상적 속성의 유혹에 넘어가지 않도록 자기 자신을 잘 지킴으로써 주 예수 그리스도의 신실한 백성으로 온전히 살아가길 바란다.

2014년 10월

그레고리 K. 비일

제1장

서론

한나(Hannah)와 낸시(Nancy)가 두세 살쯤 되었을 때, 나는 우리 딸들이 나와 아내를 어떻게 모방하고 반영하는지를 알게 되었다. 딸들은 아내가 요리하고 먹이고 돌보는 것과 같은 방식으로, 자신들의 동물 장난감과 인형을 먹이고 돌봐주었다. 딸들은 우리가 그들에게 약을 먹이는 것과 똑같이 인형에게 약을 먹이는 놀이를 했다. 또한 우리가 딸들을 위해 기도하듯이, 자기의 인형과 동물 장난감의 손을 잡고 기도했다. 딸들은 아내가 전화할 때 사용하는 텍사스 사투리와 똑같은 억양으로 장난감 전화기에 대고 말을 했다. 참으로 놀라웠다. 대부분의 부모가 자녀에게서 이런 모습을 발견했으리라고 생각한다. 아이들은 우리가 어른으로서 계속해오던 일을 이제 막 시작했을 따름이다. 인간은 흉내 내고 모방한다. 때로는 의식적으로, 때로는 무의식적으로 자신이 본 것을 그대로 반영한다.

우리들 대부분은 중학생이나 고등학생 시절, 심지어 대학 시절에 이와 유사한 일이 벌어졌던 것을 기억한다. 그 시절 우리는 어떤 그룹에 속해서 이런 저런 정도로, 의식적으로든 무의식적으로든 그룹의 동료를 모방하고 반영했을 것이다. 그룹의 멤버들이 특정 로고가 새겨진 폴로셔츠를 입었기 때문에, 그룹의 신참자는 소속감을 느끼기 위해서는 똑같은 셔츠를 입어야 했다. 또 광적으로 운동에 빠져 있는 그룹은 운동을 열심히 하는 친구만을 받아들였다. 불행히도 또 다른 그룹은 마약 복용이나 다른 유해한 행동을 해야만 자기 그룹에 끼워주었다. 모든 사람, 심지어 어른들까지도 알게 모르게 우리 문화와 사회 안에 존재하는 것들을 반영한다.

오늘날의 이런 예는 역사의 시작에 뿌리를 내리고 있는 아주 오래된 고대의 패턴을 따르고 있다. 창세기 1장에서 하나님은 사람을 "형상화하는 존재"(imaging being)로, 그분 자신의 영광을 반영하는 존재로 창조하셨다(여기서 "imaging"이란 대상의 상[象 혹은 像]을 베끼고 모사하고 표상하여, 내면과 외면에 상이 맺히도록 형상화한다는 의미임-역자 주). 구약성경에서 하나님의 백성 이스라엘은 의식적으로든지 무의식적으로든지 무엇을 반영했는가? 앞으로 우리는 그들이 자신의 악한 불순종 가운데 무엇을 닮게 되었는지를 살펴볼 것이다. 그들이 반영한 것이 무엇인지를 보면서, 우리는 오늘날 우리 문화 안에서 과연 그와 비슷한 어떤 것을 반영하고 있는 것은 아닌지 질문해야 한다.

지금 여러분과 나는 무엇을 반영하고 있는가? 이 책의 전제는 하나님이 인간을 만드시되 인간이 하나님 그분을 반영하도록 만드셨다는 것이다. 그러나 인간이 하나님께 헌신하지 않는다면, 인간은 그분을 반영하는 대신 창조 세계 가운데 있는 다른 어떤 것을 반영하게 될 것이다. 우리는 존재의 중심에서부터 형상화하는 피조물이다. 이 측면에 대해서는 중립적 입장이 있을 수 없다. 우리는 창조주를 반영하든지, 아니면 피조 세계 가운데 있는 어떤 것을 반영하든지 한다.

나는 성경에 나오는 우상숭배에 대한 포괄적이고 종합적인 책을 쓸 의도는 없다. 우선적으로 이 책은 우상숭배의 한 가지 특정한 측면의 발전 양상을 성경에 나타나는 대로 추적하려는 시도다. 특히 나는 우상숭배자가 자기 주변의 우상들과 동일시되는 측면에 초점을 맞출 것이다. 앞으로 우리가 연구할 많은 성경 구절들은 우상숭배자가 참 하나님을 예배하고 닮아가기보다는, 자기가 숭배하는 우상을 닮아간다는 생각을 표현하고 있다. 우상숭배자는 자신이 헌신하는 우상처럼, 영적으로 공허하고 생명 없는 존재가 되어간다. 또한 그는 자신의 우상들이 심판받듯이 심판받게 될 것이다. 역설적이게도, 이들은 자기 죄라는 수단을 통해 처벌받는다. "너희가 우상을 좋아하느냐? 그렇다면 너희는 그 우상과 동일한 방식으로 처벌받을 것이다." 우상처럼 처벌받는 일과 그 우상의 성격과 똑같아지는 일 사이를 구별하기란 어렵다. 때때로 우상숭배자는 그 우상의 성격을 반영하는 것이 아니라 단지 우상과 똑같은 운명을 맞이하는 것으로(즉 불태워지고 멸망당하는 것으로) 그려진다. 때때로 이 두 가지 모두에 해당하는 경우도 있다.

동시에 우리는 우상숭배자와는 반대로 사람들이 어떻게 하나님에 대한 참 예배를 회복하고 그분의 형상을 반영하게 되는지도 살펴볼 것이다. 따라서 이 책의 중심 주제는 멸망을 향하든지, 회복을 향하든지, 사람들은 자기가 숭상하는 것을 닮아간다는 것이다. 그러므로 이 책은 우상숭배의 이런 한 가지 측면에 대한 성경신학적 연구다. 우리는 이 주제의 실타래를 성경 전체에서 관찰하려고 하기보다는, 이 주제를 다루는 초기의 성경 텍스트들이 어떻게 발전하는지, 또한 후기의 성경 텍스트들이 이전 텍스트를 어떻게 해석하고 발전시키는지를 관찰할 것이다(오늘날에는 이런 연구를 "상호텍스트성"[intertextuality] 또는 "성경 내 암시"[inner-biblical allusion]라고 부른다). 이런 발전을 관찰한 후, 결론에서는 이 연구를 통해 얻은 현시대적 관심사와 적용점들에 대한 예시를 들 것이다.

우상숭배란 무엇인가?

연구를 시작하기 전에 먼저 "우상숭배"(idolatry)를 정의할 필요가 있다. "대요리문답"에서, 마르틴 루터(Martin Luther)는 첫 번째 계명("너는 내 앞에 다른 신들을 두지 말라", 출 20:3)에 대해 논의하면서 "당신의 마음이 매달리고 의지하는 것이 무엇이든지, 바로 그것이 당신의 하나님이다. 오직 마음의 신뢰와 믿음이 하나님도 만들고 우상도 만든다"라고 말했다.[1] 루터의 이 말에 나는 "궁극적인 안전을 위해 당신의 마음이 매달리고 의지하는 것이 무엇이든지"라고 덧붙이고 싶다. "우상은 그것이 무엇이든지 간에 오직 하나님

1) B. S. Rosner, "Idolatry," in *New Dictionary of Biblical Theology*, ed. T. D. Alexander and B. S. Rosner (Downers Grove, Ill.: InterVarsity Press, 2000), p. 571을 보라.

께만 속하는 충성을 요구한다."[2] 앞의 두 문장 모두 우상숭배를 기본적이면서도 훌륭하게 정의하고 있다. "우상숭배"라는 말은 참 하나님을 제외한 다른 신들 또는 상들(images)에 대한 숭배를 의미한다. 고대 근동 문헌과 구약성경에 따르면, 우상이나 상(像)은 그 신의 현존을 내포한다. 비록 그 임재가 상에만 국한되는 것은 아니지만 말이다.[3] 크리스토퍼 라이트(Christopher Wright)는 성경이 우상의 배후에 있는 신적 실재에 대해 궁극적으로 어떻게 평가하는가에 대해 다음과 같이 적절히 요약한 바 있다.

> 비록 신들과 우상들이 세상에 존재하지만, 이런 것들은 살아 계신 하나님과 전혀 비교될 수 없다.…
>
> 신들과 우상들이 마귀의 세계의 도구나 입구일 수 있다. 하지만 성경은 이런 것들이 인간의 손으로 만들어진 물건이며, 우리 자신의 타락하고 반역적인 상상력의 구성물이라고 압도적으로 선고한다.…
>
> 우상숭배의 일차적인 문제점은, 이 우상숭배가 창조주 하나님과 피조 세계 사이의 구별을 흐려놓는다는 것이다. 우상숭배는 (우리 자신을 포함해서) 피조 세계에 피해를 주며, 창조주 하나님의 영광을 침식한다.
>
> 하나님의 사명은 원래의 온전한 목적, 즉 피조 세계가 하나님께 모든 영광을 돌리고, 그렇게 함으로써 피조 세계 전체가 그분이 주기 원하시는 모든 복을 누린다는 목적을 회복하는 것이다. 따라서 하나님은 모든 형태의 우상숭배에 대항해 싸우시며, 우리로 하여금 이 전투에 가담하도록 촉구하신다.…
>
> 우상숭배에 대한 성경의 열정적인 수사(rhetoric)의 진지함과 이유를 충분

---

2) J. A. Motyer, "Idolatry," in *The Illustrated Bible Dictionary*, ed. J. D. Douglas (Leicester U. K.: Inter-Varsity Press, 1980), 2:680.

3) 여기에 대해서는 사 6장을 논의하는 제2장 중 고대 근동 문헌에서 증거를 제시할 것이다. 이방 신의 임재가 그 형상 가운데 현시된다는 개념은 출 20:23("은으로나 금으로 만든 신상"); 레 19:4("너희는 헛된 것들에게로 향하지 말며 너희를 위하여 신상들을 부어 만들지 말라"); 수 24:14("너희의 조상들이…섬기던 신들을 치워 버리고…") 같은 텍스트를 이해하는 최선의 실마리인 것 같다.

히 음미하기 위해서는, 우상숭배의 해로운 영향에 대한 성경의 폭로가 가진 전체적인 깊이와 넓이를 이해해야 한다.[4]

이 책은 피조 세계, 특별히 창조의 면류관인 인간에게 가해진 우상숭배의 "피해"라고 라이트가 요약한 것을 연구할 것이다. 또한 라이트가 인간에게 미친 "우상숭배의 해로운 영향"이라고 부른 것, "성경의 열정적인 수사"가 강조하는 그 영향력에 대해 탐구할 것이다.

우상숭배의 성격에 대한 논의에는 자주 출애굽기 20장의 십계명 중 처음 두 개의 계명이 나타난다.

> 너는 나 외에는 다른 신들을 네게 두지 말라
>
> 너를 위하여 새긴 우상을 만들지 말고 또 위로 하늘에 있는 것이나 아래로 땅에 있는 것이나 땅 아래 물 속에 있는 것의 어떤 형상도 만들지 말며
>
> 그것들에게 절하지 말며 그것들을 섬기지 말라 나 네 하나님 여호와는 질투하는 하나님인즉 나를 미워하는 자의 죄를 갚되 아버지로부터 아들에게로 삼사 대까지 이르게 하거니와 나를 사랑하고 내 계명을 지키는 자에게는 천 대까지 은혜를 베푸느니라(출 20:3-6)

어떤 주석가들은 이 두 계명을 나눠진 것으로 이해하지만, 또 다른 주석가들은 두 계명을 하나로 이해해왔다.[5] 하지만 어떤 입장이든지, 첫째 계명이 둘째 계명에 의해서 해석되어야 한다는 것은 옳다. 이럴 경우 이스라엘의 하나님 앞에 "전혀 다른 신들을 두지 말라"라는 말은, 어떤 형상에 신적인 임재가 내포되어 있으리라고 믿기 때문에 그것을 숭배의 대상으

---

4) C. J. H. Wright, *The Mission of God* (Downers Grove, Ill.: InterVarsity Press, 2006[『하나님의 선교』, IVP 역간]), pp. 187-188.

5) 앞 단락의 논의는 B. S. Rosner, "Idolatry," p. 575을 따랐다.

로 삼기 위해서, 피조 세계 가운데 "어떤 우상이나 모양"도 만들지 말라는 뜻이 된다. 심지어 이스라엘의 하나님이 임재하고 있다고 믿어지는 형상을 만드는 것조차도(출 32:1-9의 경우처럼) 다음과 같은 이유 때문에 금지되었다. (1) 하나님은 어떤 형태로도 이스라엘에게 자신을 계시하지 않으셨다. 어떤 정도로든 피조 세계의 일부의 형태로 하나님을 묘사하는 것은 그 분을 그릇되게 표상하는 것이고, 따라서 우상숭배를 저지르는 것이다(신 4:12-16, 23-25). 그러므로 하나님의 "자기 노출(self-disclosure)은 말로 된 계시를 통해 임했으며, 시내 산 경험은 이스라엘에 대한 하나님의 자기 노출의 전범을 이루었다. 따라서 형상은 금지되었다."[6] (2) 하나님에 대한 형상은 창조주와 유한한 피조 세계 사이에 구별이 있다는 의식을 그분의 백성 가운데서 유지하기 위해 허용되지 않았다. "유한한 피조 세계는 이스라엘의 하나님의 절대적이고 초월적인 성격과 희미하게라도 일치할 수 없다."[7] (3) 형상은 이스라엘 백성에게 하나님이 이방 신들과 다르며 그들과 비교할 수 없다는 사실을 지속적으로 일깨워주기 위해 금지되었다(사 40:18-26).[8] 이방 신들의 임재는 피조물의 형태를 가진 개별적 형상에게로 이전될 수 있었지만, 하나님의 임재는 결코 이런 식으로 장소화 되거나 포착될 수 없었다. 참 하나님의 임재의 일부라도 피조된 물체 속에 자리 잡을 수 없다는 자세는, 이스라엘로 하여금 열방의 신들과는 대조적으로 피조 세계의 모든 부분이 하나님의 소유라는 점을 기억하도록 해주었다("세계가 다 내게 속하였나니", 출 19:5). 반면 열방의 신들의 지배는 한 지역에 장소화 되며, 오직 그 신들을 숭배하는 민족에만 국한해서 이루어진다.[9] "하나님은

6) E. M. Curtis, "Idol, Idolatry," in *The Anchor Bible Dictionary*, ed. D. N. Freedman (New York: Doubleday, 1992), 3:379.

7) U. Cassuto, *A Commentary on the Book of Exodus* (Jerusalem: Magnes Press, 1967), pp. 236-237.

8) 비교할 수 없음(incomparability)에 대해서는 Curtis, "Idol, Idolatry," p. 379을 보라.

9) Ibid., p. 227.

영이시니 예배하는 자가 영과 진리로 예배할지니라"(요 4:24).[10] 피조 세계의 한 부분에 속하는 형상을 숭배하는 것은 하나님의 비교할 수 없는 영광에서 벗어나는 것이다. "나는 여호와이니 이는 내 이름이라 나는 내 영광을 다른 자에게, 내 찬송을 우상에게 주지 아니하리라"(사 42:8). 하나님은 사람이 하나님 자신이 아닌 다른 것에게 영광을 돌릴 때 "질투"하신다(즉 불충함을 참지 못하신다). 왜냐하면 오직 하나님만이 우주에서 영광에 합당하신 유일한 존재자이시기 때문이다(참조. 출 20:5; 34:14; 신 4:24; 5:9; 32:16, 21).

둘째 계명을 해설하면서 장 칼뱅(Jean Calvin)은 피조 세계의 형상으로 하나님을 표상하는 것이 금지된 이유를 이렇게 주장한다. 즉 칼뱅에 따르면 인간은 물질적인 주변 환경에 너무나 매여 있는 나머지, 어떤 피조된 형상을 신성과 연결하여 상상하는 순간 즉시 하나님의 참된 영적 존재에서 벗어나며, 그 신성을 어느 정도 육신적 방식으로 생각하게 되기 때문이라는 것이다.[11] 하나님에 대해 피조된 형상을 만들지 않는 것은 매우 중요하다. 왜냐하면 이런 "우상숭배적 속임수가 전방위적으로 우리를 에워싸서 우리가 우리 본성의 허망함 가운데서 쉽게" 참 하나님에 대한 예배를 대신하는 것들로 향할 수 있기 때문이다.[12] "하나님은 우리가 어떤 방식으로 그분을 예배할지를(즉 모든 종류의 형상을 떠나서 예배할 것을) 규정해주셨다. 따라서 우리가 이 규칙에서 아주 근소한 정도라도 벗어날 때마다, 우리는 다른 신을 만들며 하나님을 합당한 위치에서 끌어내리게 된다."[13] 이처럼 하

10) 요 4장의 컨텍스트에서, 계단식으로 상승하는 종말의 실재들(즉 성령의 종말론적 은사)에 비추어, 이 텍스트는 이미 시작된 종말론적 시대의 예배자들을 지시한다. 하지만 하나님이 영이시므로 물질적 속성이 없는 하나님으로서 예배를 받으셔야 한다는 원칙은 그대로 유지된다.

11) John Calvin, *Commentaries on the Last Four Books of Moses* (Grand Rapids: Eerdmans, 1964), 2:116-17.

12) Ibid., 2:127.

13) Ibid., 1:419.

나님이 규정하신 예배가 "참 종교와 거짓된 미신들 사이의" 차이점이다.[14] 따라서 앞에서 내가 형상 금지의 배후에 있는 몇몇 이유를 제시했지만, 형상 없이 드려지는 예배를 하나님이 규정(지시)하셨다는 것이야말로 이런 예배에 대한 유일한 정당화라는 칼뱅의 지적은 옳은 듯하다.

> 천상적 비전이나 여타 다른 경우에 하나님이 인간의 형태로 나타나신 예가 있음은 사실이다. 하지만 이런 경우가 합법적 예외라는 사실은 일반적으로 인정되고 있다. 왜냐하면 이런 예들은 하나님 자신에 의해 주권적으로 진행된 살아 있는 모습이며, 사람이 피조 세계에 속한 형태로 만든 생명 없는 형상이 아니기 때문이다. 또한 둘째 계명이 피조 세계의 각 부분을 묘사하기 위해 예술적으로 형상을 만드는 것을 금지하지 않는다는 점에 대해서도 일반적인 동의가 이루어지고 있다. 이런 예술적 표현들이 하나님을 표상하는 것으로 간주되지 않는 한 말이다. 참 하나님의 형상을 예배하려는 시도와, (형상을 가지든지 가지지 않든지 간에) 이방 신들을 예배하는 일과, 그 신들의 형상을 예배하는 일 사이에는 분명히 구별이 있다. 하지만 이 책에서 우상숭배라는 용어는, 첫째 계명과 둘째 계명에 대한 우리의 분석과 일치하게, 이 모든 행위를 동시에 지시한다. 왜냐하면 성경은 이런 일들을 구별하지 않고 똑같이 가증스러운 것으로 간주하기 때문이다.[15]

우상숭배에 대한 다른 문헌들

직접적이고도 명시적으로 우상숭배를 다루는 책과 논문은 상당수 있다. 물론 이런 저술들 중 상당수가 현대적 형태의 우상숭배를 연구하는 대

14) Ibid.
15) Curtis, "Idol, Idolatry," p. 379. 좀 더 폭넓게는 Rosner, "Idolatry," p. 571을 보라.

신 성경 안에 나타나는 개념에 대해서는 별로 초점을 맞추지 않지만 말이다.[16] 지금까지 쓰인 이런 저술 중 몇몇 요긴한 자료들은 책 전체에서 적절히 언급될 것이다. 최근에 출간된 책으로서 어떤 측면에서는 이 책과 유사한 저술이 한 권 있는데, 바로 에드워드 미도어스(Edward P. Meadors)의 『우상숭배와 마음의 굳어짐』(*Idolatry and the Hardening of the Heart*)이다. 미도어스는 내가 몇몇 논문과 요한계시록 주석에서 이미 개진해놓은 논지에 의존하며 이를 어느 정도 더 발전시키고 있다. 현재 내가 쓰고 있는 이 책은 앞의 논지를 세부 사항에서 좀 더 정교하게 다듬은 저작이 될 것이다.[17]

결과적으로 미도어스는 자신의 책의 여러 군데에서 나의 논지를 언급하고 있다. 즉 나의 논지란, 사람들이 그들이 숭배하는 우상처럼 된다는 사실, 다시 말해 그들이 우상숭배적인 예배 대상의 모습처럼 변한다고 묘사된다는 사실이다.[18] 하지만 미도어스는 우리가 숭배하고 예배하는 대상

16) S. F. Eix의 *Ex Auditu* 15 (1999): 143-150의 참고 문헌을 보라. 또한 같은 책 pp. 19-142의 여러 논문의 각주에 있는 참고 문헌도 보라. 구약에서 우상숭배에 대한 2차 자료에 대해서는 Ehud Ben Zvi, *Hosea* (Grand Rapids: Eerdmans, 2005), p. 119을 보라. 최근 저술로는 Christopher Wright, *Mission of God*, pp. 136-188의 잘 균형 잡힌 부분을 보라. Stephen C. Barton, ed., *Idolatry: False Worship in the Bible, Early Judaism and Christianity* (Edinburgh: T & T Clark International, 2007)도 보라. 이 자료는 너무 늦게 알게 되어 이 책에는 참조하지 못했다.

17) Meadors는 이 주제에 대해 내가 이전에 발표한 다음 글들을 많이 인용한다. (1) "Isaiah 6:9-13: A Retributive Taunt Against Idolatry," *Vetus Testamentum* 41 (1991): 257-278; (2) "The Hearing Formula and the Vision of John in Revelation," in *A Vision for the Church: Studies in Early Christian Ecclesiology in Honour of J. P. M. Sweet*, ed. M. Bockmuehl and M. B. Thompson (Edinburgh: T & T Clark, 1997), pp. 167-180. Meadors는 내 요한계시록 주석의 부분들도 언급한다. 비록 우상숭배 주제를 가장 직접적으로 논의하는 부분은 언급하지 않지만 말이다. 이 요한계시록 주석에서 나는 이전 글들을 통합시켰다. 여기에 대해서는 *The Book of Revelation*, NIGTC (Grand Rapids: Eerdmans, 1999), pp. 236-239을 보라.

18) Edward P. Meadors, *Idolatry and the Hardening of the Heart* (New York: T & T Clark, 2006), pref., 2-3, 37-38, 49, 52, 59, 72, 84, 110, 167, 171-172, 190, 194을 보라. 그가 언급한 가장 중요한 예시 대부분은 내가 이전에 발표한 글에 의존한다. 물론 Meadors는 내가 언급하지 않은 다른 예도 몇 가지 언급하고 있다. 그러나 나도 이 책

처럼 된다는 원리에 대한 사례와 그 원리의 심층적 성격을 제시하려 하지 않고, 단순히 우상에 대한 예배의 사례만 논의하고 있다. 실제로 미도어스의 저술은 우상숭배의 한 부분으로서의 "마음의 굳어짐"이라는 개념을 좀 더 추적하고 있다(따라서 책 제목도 위와 같이 주어졌다). 사실 이 "마음의 굳어짐"은 내가 건드리지 않고 남겨둔 특별한 주제다. 미도어스는 우상이 어떻게 "굳은 마음"을 갖는다고 그려지는지에 대해서는 단 하나의 예도 제공하지 않는다. 결과적으로 성경이 말하는 굳은 마음을 가진 사람들을 언급하고, 이들이 우상처럼 굳어지게 되었다고 말할 때, 미도어스는 정확한 평행 구절로 지적할 수 있는 선례를 전혀 제시하지 못한다. 나는 미도어스가 전체적으로는 바른 방향 안에 있다고 믿는다. 하지만 실제로 성경에는 우상이 굳은 마음을 가지고 있다고 구체적으로 확증하는 부분이 전혀 없으며, 우상을 예배하는 자들이 그들이 숭배하는 우상처럼 굳어진다고 지적하는 곳도 전혀 없다. 그럼에도 미도어스의 책은 우상숭배 주제에 대해 몇 가지 유익한 논의를 하고 있다.[19]

앞으로 우리는 우상들이 어떤 특정한 방식으로 묘사되고, 또한 그 우상을 숭배하는 자들이 정확히 같은 방식으로 묘사되는 예들을 다수 살펴볼 것이다. 이 동일한 묘사의 목적은, 우상숭배자가 자신이 기대하는 생명을 주는 복을 경험하는 대신, 우상처럼 영적으로 무감각하고 공허하고 반역적으로 되며 수치를 당함으로써 저주받는다는 사실을 조롱하며 표현하는 것이다. 예를 들어 우상이 볼 수도 들을 수도 없는 눈과 귀를 가졌다고 묘사될 때, 그 우상을 숭배하는 자 역시 눈과 귀를 가졌지만 보지도 듣지도 못한다고 그려진다. 동시에 나는 우상숭배자와는 반대로, 참된 하나님을 예배하는 자가 어떻게 복 가운데서 그분의 형상을 반영하는지에 대해서도 초

을 위해 연구 조사를 하면서 그를 뒤이어 독립적으로 이 예들을 관찰했다. 이 책 전체에서 나는 Meadors에 동의할 수 있는 부분에 대해서는 최선을 다해 지적할 것이다.

19) 이 연구의 진행과 함께 나는 Meadors의 책이 가지는 중요성을 지적할 것이다.

점을 맞출 것이다. 인간은 참 하나님이든지, 혹은 피조 질서 가운데 있는 어떤 다른 대상이든지 그가 궁극적으로 자신의 모든 것을 헌신하는 대상을 반영하게 된다. 그러므로 되풀이하자면 이 책의 주제는, 우리는 우리가 숭상하는 것을 닮음으로써 멸망을 초래하든지 회복을 얻든지 한다는 것이다.

이 책의 해석학적 접근법에 대한 간략한 언급

이 책의 주제를 전개하기 전에 내가 성경을 해석하는 방식의 바탕에 깔려 있는 전제와 해석학적 접근법에 대해서도 논의해야 한다. 이 논의는 대중적인 독자에게는 약간 어려울 수도 있다. 하지만 되도록 광범위한 청중에게 전달될 수 있는 명료한 방식으로 나의 성경해석의 주요 접근법 중 한 가지를 설명하려 한다. 물론 독자 입장에서도 이 논의를 따라오기 위해서 약간의 인내심을 발휘해야 할 때가 있을 것이다. 그럼에도 인내하면서 끝까지 따라올 경우, 이 책의 나머지 부분을 더 잘 이해할 수 있는 유익이 있으리라고 믿는다.

이 연구의 기저에 깔려 있는 한 가지 중요한 전제는 신구약성경 전체가 신적 영감으로 쓰여졌다는 것이다. 이 기초적인 관점은 성경 전체가 하나님의 말씀이기 때문에 성경에는 통일성이 있음을 의미한다. 분명히 의미 있는 신학적 다양성이 존재한다. 하지만 이 다양성은 궁극적으로 조화되지 않는 그런 종류의 다양성은 아니다. 따라서 신구약 사이의 공통적인 주제들을 추적하려는 시도는 정당하다. 가장 중요한 통일적 주제가 무엇인가에 대해서는 해석자들마다 의견이 다르겠지만, 성경의 궁극적인 신적 영감과 저작성을 인정하는 사람들은 논의할 수 있는 공통적 데이터베이스를 가진다고 할 수 있다.[20]

---

20) 성경의 영감과 권위가 어떻게 이해되어야 하는가에 대한 나 자신의 이해에 대해서는

또 하나의 중요한 전제는 인간 저자들을 통해 전달된 신적 저자의 의도가 현대의 독자에게도 전달될 수 있다는 것이다. 비록 아무도 이런 하나님의 의도를 총망라하여 속속들이 다 파악할 수는 없지만, 이 의도는 특히 구원의 목적과 성화, 하나님의 영광을 위해서는 충분할 만큼 이해될 수 있다.[21]

이런 가정의 틀 안에서 나는 구약성경의 핵심 텍스트들을 해석하고, 어떻게 이 핵심 텍스트가 구약과 신약의 후속 텍스트들에 의해 암시되는가를 추적하려 한다. 어떤 독자들은 이런 소위 핵심 텍스트와 암시적 후속 텍스트들에 대한 내 해석이 정확한가 하는 의문을 가질 것이다. 나는 문법적·역사적 주해(grammatical-historical exegesis)와 정경적·컨텍스트적 주해(canonical-contextual exegesis)를 결합한 방법을 사용할 것이다. 첫째, 문법적·역사적 주해는 한 대목을 그 자체의 문학적이며 역사적인 맥락 가운데서 검토한다. 이를 위하여 문법, 구문론, 이형 텍스트들, 단어의 의미, 비유법, (고대 근동과 유대, 그리스의) 역사적 배경과 여러 신학적 문제에 적절한 주의를 기울임으로써 문제가 되는 대목의 의도를 도출하려고 시도할 것이다. 둘째, 정경적·컨텍스트적 주해란 성경의 한 대목에 나타나는 다른 성경에 대한 문헌상의 암시(구약 안에서의 구약이나 신약 안에서의 구약, 또는 저자 자신의 저술 안에서의 암시[예를 들어 사도 바울이 자신의 이전 편지의 어떤 부분과 연결을 지을 경우])에 대한 섬세한 연구를 의미한다. 최근에는 이런 연구를 전형적으로 상호텍스트성이라는 용어로 언급하는데, 이 주제와 관련하여 많은

The Erosion of Inerrancy in Evangelicalism (Wheaton: Crossway, 2008)을 보라.

21) G. K. Beale, "Questions of Authorial Intent, Epistemology, and Presuppositions and Their Bearing on the Study of the Old Testament in the New: A Rejoinder to Steve Moyise," *Irish Biblical Studies* 21 (1999): 1-26. 이 논문은 Kevin J. Vanhoozer, *Is There a Meaning in This Text?* (Grand Rapids: Zondervan, 1998 [『이 텍스트에 의미가 있는가?』, IVP 역간])와 E. D. Hirsch, *Validity in Interpretation* (New Haven, Conn.: Yale University Press, 1967)을 기반으로 해서 쓰였다.

저술이 쏟아져 나오고 있다.[22]

상호텍스트성은 이 책에서도 많이 주목하는 개념이다. 이 영역에서 작업할 때는 다음과 같은 여러 관심사를 견지해야 한다. 첫째, 해석자는 후속 텍스트가 문자적으로 이전의 텍스트와 (예를 들어 독특한 단어나 개념, 또는 둘 다에 의해서) 연결되어 있음을 보여주어야 한다.[23] 다른 해석자는 이끌어내지 않지만, 내 편에서는 이끌어낼 수 있는 연관성이 존재할 수 있다. 이 분야의 학자들은 최소한의 연관성을 추구하는 최소주의자(minimalist)와 최대한의 연관성을 추구하는 최대주의자(maximalist)로 입장이 나뉜다. 최소주의자는 암시적인 문학적 연관성을 파악함에 있어 매우 신중해서, 이런 연관성을 파악할 때 거기서 지나치게 많은 해석적 유의미성을 보지 않도록 신경을 쓴다. 실제로 많은 신약학자들은 어떤 구약 텍스트의 원의미

---

22) 아래의 Richard B. Hays에 대한 언급에 덧붙여 상호텍스트성에 대한 저술의 예를 들자면 *Intertextuality in Biblical Writings, Festschrift for B. van Iersel*, ed. S. Draisma (Kampen: J. H. Kok, 1989); Michael A. Fishbane, *Biblical Interpretation in Ancient Israel* (Oxford: Clarendon, 1985); Daniel Boyarin, *Intertextuality and the Reading of Midrash* (Bloomington and Indianapolis: Indiana University Press, 1990); Richard L. Schulz, *The Search for Quotation*, JSOTSup 180 (Sheffield, U. K.: Sheffield Academic, 1999)과 참고 문헌; Richard L. Schultz, "The Ties That Bind: Intertextuality, the Identification of Verbal Parallels and Reading Strategies in the Book of the Twelve," in *Thematic Threads in the Book of the Twelve*, ed. P. L. Redditt and A. Schart, BZAW 325 (Berlin: W. de Gruyter, 2003), pp. 27-45. 구약 내에서의 구약 사용이라는 신생 분야와, 신약 내에서의 구약 사용이라는 이미 확립된 분야는 동일한 현상에 대한 수많은 연구를 제공한다. 후자의 분야에 대한 예는 G. K. Beale and D. A. Carson, *Commentary on the New Testament Use of the Old Testament* (Grand Rapids: Baker, 2007)에서 발견된다.

23) 상호텍스트성은 다양하게 정의되는데, 나는 이 용어를 암시(allusion)와 동의어로 사용한다. 즉 나중 텍스트의 저자가 어떤 이전 텍스트를 의도적으로 활용한다는 의미다. 이 두 용어를 구분하는 학자들은, 암시는 내 정의대로 이해하고, 상호텍스트성은 저자의 의도의 결과가 아니라 자주 독자의 관점에서만 간주되는, 텍스트들 사이의 다각적 연결점들에 대한 통시적인 연구로 이해한다. 이 구분을 좀 더 정교화하는 글로는 B. D. Sommer, "Exegesis, Allusion and Intertextuality in the Hebrew Bible, a Response to Lyle Eslinger," *Vestus Testamentum* 46 (1996): 486-489을 보라.

가 그 텍스트를 사용하는 신약과 연관성을 가진다고 보려 하지 않는다. 심지어 텍스트에 대한 형식적 인용이 있는 경우에도 이런 태도를 견지한다. 내 입장은 최대주의자 쪽이다. 최대주의란 다른 해석자가 보는 연관성보다 훨씬 더 많은 상호텍스트적 연관성을 탐구해내려는 관점이다. 그렇다고 억지로 이런 연관성을 집어넣어 읽어낸다는 의미는 아니다. 나는 각각의 문학적 연관성과 거기에 내가 부여하는 해석에 대해 타당한 설명을 하려고 시도할 것이다. 내가 제안한 연관성에는 그 가능성과 개연성에 있어 차이가 존재한다. 하지만 일단 제안된 연관성에 대해서는 어느 정도 유의미하다고 판단하는 것이다. 그럼에도 모든 해석자가 내가 도출해낸 연관성들과, 그것으로부터 이끌어낸 해석에 동의하지는 않을 것이다.

후속 텍스트에 나타난 이전 텍스트의 암시의 타당성을 결정하는 중요한 기준으로는 다음과 같은 것이 있다. (1) 저자는 이전 텍스트를 쉽게 사용할 수 있었어야 한다. (2) 암시의 강도(이 언급이 언어적으로 얼마나 명확한가?[24]) (3) 암시의 반복 또는 다발 짓기(clustering)(저자[예를 들어 이사야나 바울]가 구약의 초기 텍스트를 얼마나 자주 인용하는가, 또는 구약의 동일한 컨텍스트를 다른 곳에서 얼마나 자주 언급하는가?) (4) 주제적 일치(이전 텍스트가 나중 저자의 전반적인 주장의 흐름과 얼마나 잘 부합하는가?[25]) (5) 충족(저자의 전후 컨텍스트의 주장과 들어맞는가?) (6) 역사적 개연성(역사적 정황상, 저자가 이 구약 사용을 의도했으며, 독자가 그것을 이해할 것으로 믿었다고 볼 수 있는가?[26]) (7) 해석의 역사(다른 해석자들도 문제의 후속 텍스트에서 동일한 구약의 암시나 반향을 분별해내는가?) 이런 기준들은 구약성경 암시의 개연성을 분별하는 데 축적되는 효과를 가질 수 있

24) 여기서는 예를 들어 공통적으로 나타나는 단어의 수와 그것의 독특성이 문제가 된다. 물론 단어가 아니라 어구가 재생산되는 경우, 암시의 개연성이 훨씬 증대하지만 말이다.

25) 암시를 포함하는 텍스트를 더 잘 파악하려면 암시되는 컨텍스트에 대한 지식이 매우 중요하다(이는 Schultz, *Search for Quotation*, 224-227에서 제시되는 기준에 가깝다).

26) 독자나 청중이 암시, 특히 간단한 암시를 의식하리라고 기대할 수 있을까?(참조. Schultz, *Search for Quotation*, 231, 236).

다.[27] 궁극적으로 가장 중요한 것은 어떤 단어의 독특성, 단어의 결합, 단어의 순서 또는 (만일 후속 텍스트가 특별히 독특하다면) 주제의 독특성이다. 하지만 암시의 증거를 측정하는 작업은 정밀과학이 아니라 일종의 기술이라는 점도 기억해야 한다.[28]

독자들은 똑같은 증거를 놓고서도 다른 판단을 할 수 있다. 어떤 이는 한 특정한 참조를 개연성 있다고 분류하는 반면에, 다른 이는 똑같은 참조를 두고 약간 가능성 있거나 혹은 분석할 가치가 없을 만큼 개연성이 희박하다고 볼 수 있다. 이 연구에서 나는 충분한 증거를 통해 타당성이 검증된 구약의 암시들, 또한 내가 개연성 있다고 판단하는 암시들을 제시하려고 노력했다(여기에는 신약 저자들의 참조뿐만 아니라, 후대의 구약 기록자가 이전 구약 텍스트를 참조한 경우도 포함된다). 하지만 여러분 중 일부는 여전히 어떤 저자가 특정한 암시를 과연 의도했는지에 대해 의구심을 가지면서 이렇게 질문할 수 있다. 만일 저자가 정말로 내가 제시하는 특정 구약 텍스트로부터 모든 의미를 전달하려고 의도했다면, 그는 그것에 대한 설명을 시도하거나 혹은 특정 텍스트와의 연결점을 더 명확히 해야 하지 않겠는가? 이런 경우에 나는 (바울 같은) 후대의 저자들이 확실히 그들의 심중에 구약

27) 구약과 신약의 상호텍스트적 활용에 적용되는 이 기준들은 Richard B. Hays, *Echoes of Scripture in the Letters of Paul* (New Haven, Conn.: Yale University Press, 1989), pp. 29-33에서 가져왔다. 나중에 Hays는 *The Conversion of the Imagination* (Grand Rapids: Eerdmans, 2005), pp. 34-44에서 바울 서신에 나타난 구약의 반향을 식별하기 위해 이 기준들을 더 정교화 한다. 후대의 구약 저자가 구약의 이전 텍스트를 암시하는 현상을 검증하는 데 유사한 기준을 암시하는 책으로는 Schultz, *Search for Quotation*, 22-239; 동일 저자의 "The Ties that Bind"; Sommer, "Exegesis, Allusion and Intertextuality"도 있다. Sommer는 더 참고할 만한 자료도 인용한다. 성경 내 의미 있는 암시에 대한 사례별 분석으로는, 예를 들어 Fishbane, *Biblical Interpretation in Ancient Israel*을 보라.

28) Sommer, "Exegesis, Allusion and Intertextuality," pp. 485-486을 보라. 암시를 검증하는 개론적 기준들을 설정할 수 있지만, 결국 그것이 설득력을 가지느냐 아니냐는 연구 대상이 되는 각각의 암시에 대한 개별적 분석에 달려 있다.

과의 연결을 전제했을 가능성을 받아들이고자 한다. 왜냐하면 이들은 구약성경을 깊이 있게, 그리고 아주 오랫동안 체험해온 독자이기 때문이다. 그렇다고 그들의 텍스트가 논의의 대상이 되는 구약 텍스트와 의미론적 연결이 전혀 없다는 뜻은 아니다. 오히려 저자가 이런 참조를 하고 있음을 전혀 의식하지 못했거나, 자기 말을 듣는 청중으로 하여금 이런 암시나 반향을 꼭 집어내게 할 의도가 없었다는 의미다. 어떤 경우에든 문제가 되는 참조의 전거를 확인하고 원자료가 가진 컨텍스트에서 오는 의미를 강화하는 작업은, 저자가 말하고자 하는 바의 배후에 깔려 있거나 내포된 전제들, 텍스트에 존재하는 저자의 명시적 진술의 기반을 형성하는 전제들을 드러낼 수 있다.[29)]

궁극적으로 성경의 저자가 하나님이라는 전제가 맞다면, 성경의 나중 부분은 이전 부분이 가진 "두터운 기술"(thick description)을 풀어헤친다. 이 말은 어떤 구약 텍스트에 나오는 부차적인 생각이 나중에 오는 암시적 텍스트에서 발전되는 것으로 보인다는 의미다. 또한 이것은 후대의 텍스트가 이전 텍스트를 활용할 때 상호적인 관계가 있다는 의미이기도 하다(아우구스티누스의 말처럼 구약 안에는 신약이 감추어져 있고, 신약에는 구약이 드러나 있다 [*Quaest. Hept.* 2.73]).[30)] 이 원리는 구약 내에서의 구약 사용에도 적용된다. 성경이 성경을 해석한다는 것은 종교개혁의 기초적 접근 방식이다. 일부 학자들은 이렇게 신구약을 오가는 접근법에 대해 의구심을 가지며 노골적으로 의심을 하기도 한다. 심지어 성경의 영감을 주장하는 사람들까지도 같은 의심을 한다. 이런 입장을 가진 학자 대부분은 연관된 텍스트들 사이의 좀 더 직선적인 발전을 선호하는 것 같다. 또한 나중 텍스트의 의미를 이전 텍스트로 역투사해서 읽는 것에 대해 조심스러워 한다. 내 견

29) *Commentary on the New Testament Use of the Old Testament*, p. 842의 "Colossians and Philemon"에서 가져왔다.

30) Jan Walgrave의 번역이다. *Unfolding Revelation: The Nature of Doctrinal Development* (Philadelphia: Westminster, 1972), p. 53에서 가져왔다.

해는 만일 어떤 후속 텍스트가 이전 텍스트의 사상을 진정으로 풀어준다면, 후속 텍스트에 의해 발전된 그 의미가 이전 텍스트의 "두터운 의미"에 애초부터 포함되어 있었으리라는 것이다. 물론 이 방법도 (또는 다른 어떤 방법이라도) 터무니없거나 잘못된 태도로 오용될 수 있다. 하지만 나는 이 두 접근법이 모두 타당성을 가진다고 생각한다. 언어적이고 상호텍스트적으로 연결된 두 구약 텍스트의 연대를 정확히 설정하는 것이 때때로 불가능할 수 있다. 두 텍스트가 동시대 어간에 쓰였을 수 있기 때문이다. 따라서 어느 텍스트가 나중의 것이며, 한 텍스트가 다른 것을 발전시켰는가 하는 문제에 대해서 사변에 빠지기보다는, 양 텍스트를 서로에 대한 해설로 보는 편이 낫다. 어느 쪽이 먼저 작성되었는지 정확한 연대를 추정할 수 없는 이사야 2:1-4과 미가 4:1-3 사이의 명확한 연결에 대해 브레버드 차일즈(Brevard Childs)가 말하듯이, "그 두 [텍스트들]은 (정경이라는) 더 큰 덩어리 안에서 서로를 강화시켜 주는 것으로 읽혀야 한다." 정경은 이 두 텍스트의 형태를 만들어주며, 두 텍스트로 하여금 서로가 서로를 주형하도록 만든다.[31] 슐츠(R. L. Schultz)는 이런 견해가 "예언서 전체나 히브리어 성경 전체의" 다른 곳에 나오는 언어적 평행(verbal parallels)이 의도된 구절들에도 적용될 수 있다고 말한다.[32] 이 책 제3장에서는 이런 경우를 몇 개 살필 것이다(특히 호 4:7; 시 106:18; 왕하 17:15; 렘 2:5, 11에 대한 논의와 관련해서). 물론 나는 구약성경에 대한 고등비평적 연대 추정에는 동의하지 않는다. 하지만 나와 의견을 달리하면서도 정경의 권위를 인정하는 입장을 갖고 있는 학자들은 결국, 두 텍스트가 서로가 서로를 해석하는 위치에 있음을 볼 수 있을 것이다.

많은 복음주의 구약학자들을 포함해서 신학계는 통상적으로, 나중 텍

31) B. S. Childs, *Introduction to the Old Testament as Scripture* (London: SCM, 1979), p. 438.

32) Schultz, "The Ties That Bind," 45(논문 전체는 pp. 27-45에 실려 있다).

스트의 의미를 이전 텍스트(들) 안에 집어넣어 읽는 것을 타당한 해석학적 접근법이라고 생각하지 않는다. 나는 성경신학에 근거한 이전 책 『성전 신학』(*The Temple and the Church's Mission*, 새물결플러스 역간)에서 이 특별한 이중적인 상호텍스트적 접근법을 사용한 바 있다.[33] 또한 나는 수년 동안 신약성경 내에서의 구약성경 사용이라는 곤란한 문제를 분석하고자 시도해왔다. 그러므로 독자들은 이 당혹스러운 문제를 해결하려고 시도했었던 나의 몇 가지 탐색을 참조할 수 있을 것이다.[34]

실제로 나는 『성전 신학』과 더불어, 영어권 내에서 좀 더 새로운 성경신학의 방법론을 세워보려고 노력하고 있다. 성경 전체에 대한 성경신학을 수립하려는 과거 대부분의 시도는 성경의 다양한 책들을 관통해서, 또는 성경 전체에서 특정한 주제들을 추적하는 데 초점을 맞추었다. 하지만 이 접근법에서는 과연 어떤 주제가 추적하고 발전시킬 가치가 있을 만큼 주도적인 주제인가 하는 문제가 끊임없이 발생한다. 나는 신구약 양쪽에서 후속 텍스트들 가운데, 반복해서 암시되거나 인용되는 텍스트에 초점을 맞추고 그것을 해석하려고 시도했다. 이는 핵심적인 성경신학적 주제를 결정하는 데 있어 좀 더 나은 객관성을 제공하는 것 같다. 왜냐하면 핵심 주제란 성경 자체가 텍스트적으로 발전시키는 주제이기 때문이다.

현재의 연구 프로젝트에서 특히 어려운 쟁점은, 후속 텍스트에 암시된 이전 텍스트의 컨텍스트적 의미에서, 얼마나 많은 것이 후속 텍스트로 전달되는가를 결정하는 것이다. 바로 이것이 상호텍스트성의 영역에서 토론과 논란을 불러일으키는 원천이다. 통상적으로 나는 이전 텍스트의 중심사상이 후속 텍스트들 가운데 발전되고 있다고 주장할 것이다. 물론 때로는 부차적으로 간주되는 사상이 후속 텍스트의 암시적 대목에 영향을 줄

---

33) 원제는 *The Temple and the Church's Mission: A Biblical Theology of the Dwelling Place of God*, NSBT 17 (Downers Grove, Ill.: InterVarsity Press, 2004)이다.

34) 예를 들어 Beale, *Revelation*을 보라. 여기에는 Beale이 같은 주제에 대해 작업한 다른 저술 목록이 있다.

수 있겠지만 말이다. 더러는 이전 텍스트로부터 오는 미묘한 영향을 후속 텍스트로부터 추출하는 것이 적절할 수도 있다. 이런 추출은 암시하는 구절의 직접적 컨텍스트 안에 있는 힌트들에 기반한다. 우리는 이런 현상을 후속 텍스트에 있는 이전 텍스트의 메아리(echo) 또는 반향이라 할 수 있다. 이 점에서 어떤 텍스트는 "[나중 텍스트에서] 명시적으로 인용된 경우들을 넘어서서 이전 텍스트의 잔향을 환기시키는 방식으로 이전 텍스트를 넌지시 암시"할 수 있다. "결과적으로 해석은 독자로 하여금 두 텍스트 사이의 말로 표현되지 않은 교감, 또는 억눌려 있는 교감을 회복시킬 것을 요구한다."[35] 이것은 우리가 "상호텍스트적 연관성에 의해 발생하는 효과들을 이해하기 위해…성경의 이전 텍스트들의 폭넓은 컨텍스트로 되돌아가 그것을 검토해야" 함을 의미한다.[36] 이런 연관성에 있어서 성경신학적 작업은 문자적으로 선명하게 연결된 대목들(신약에 있는 인용의 경우처럼) 사이에 있는 해석적 연결을 관찰하는 것이다. 그러한 작업을 함에 있어 이 과업의 일부는, 인용이나 암시를 하는 저자가 언어적으로 언급하지 않는 연결을 분별해내는 것이다.

우상숭배에 관한 구약성경 텍스트 몇 가지(예를 들어 사 6장)가 신약에서 어떻게 사용되느냐에 관한 나의 이해에 대해서는 의견 차이가 일어날 수 있다. 어떤 학자는 비록 이사야 6장의 우상숭배의 의미에 대한 내 견해가 옳다고 할지라도(제2장을 보라), 이 의미가 사복음서와 사도행전에 나오는 이사야 6장의 인용에는 전달되지 않았다고 할 것이다. 하지만 나는 그 의미가 여전히 포함되어 있으며, 이것이 주후 1세기 이스라엘의 우상숭배에 부합한다고 주장할 것이다. 1세기 우상숭배의 양상은 제단에 세워진 형상들에게 절하는 것이 아니라, 하나님과 그분의 살아 있는 말씀 대신 전통을 신뢰한 것이었다. 비록 복음서에는 우상이나 우상숭배라는 단어가 드물게

35) Hays, *Conversion of the Imagination*, p. 2.
36) Ibid., pp. 2-3.

나타나지만, 내 견해로는 인간이 만든 전통이 이스라엘의 우상이었다는 개념적 층위에서 설득력 있는 입장이 성립될 수 있다고 믿는다. 달리 말하자면 구약성경과 비교해서 신약성경에는 성경신학적 문제가 하나 존재한다. 그것은 구약성경이 이스라엘의 우상숭배라는 명시적인 문제점으로 가득 차 있는 데 비해서, 왜 신약성경은 이 주제에 집중하지 않느냐는 것이다. 복음서와 다른 신약의 책들은 우상숭배 문제를 눈에 띄게는 언급하지 않는다(물론 사도행전과 바울 서신의 일부는 우상숭배를 언급한다. 또한 요한계시록은 같은 주제에 대해 훨씬 더 많이 논의한다). 그렇다면 우상숭배의 문제가 끝났다거나, 이 문제가 예수 시대라는 후대의 이스라엘 역사에서는 그다지 큰 문제가 아니었다거나, 주후 1세기 교회의 문제는 아니었다고 결론 내릴 수 있을까? 나중에 다시 주장하겠지만 이것은 만족스러운 해결책이 아니다.

이런 노선을 따라 리처드 헤이스(Richard Hays)는 다음과 같은 어려운 쟁점을 다루게 된다. 신약성경의 저자(나는 구약 저자도 포함시키고자 한다)는 이전의 구약 텍스트를 어디까지 발전시킬 수 있는가? 이런 창의적 발전들은 과연 이전 구약성경의 컨텍스트의 원래 개념의 틀 가운데 남아 있다고 할 수 있는가? 헤이스는 "원저자의 의도와 역사적 무대를 넘어설 수도 있는, 예기치 못한 해석을 낳을 수 있는 텍스트의 힘"에 대해 말한다.[37] 이 말은 급진적인 독자반응 비평과 같은 주장으로 이해되어서는 안 되며(급진적 독자반응 비평에서는 원저자의 의도가 충분히 고려되지 않는다), 구약 텍스트가 후속 텍스트의 저자에게 자신의 원의미를 지속적으로 제공하는가를 확인하는 읽기로 이해되어야 한다. 비록 저자가 이전 구약 텍스트의 표면적 의미처럼 보이는 것을 넘어서서 원의미를 창의적으로 발전시킨다 할지라도 말이다.[38]

따라서 신약 저자나 그 이전의 구약 저자는 자기보다 앞선 구약성경의

37) Ibid., p. 169.
38) Ibid., pp. 173-176.

텍스트를 기반으로 하여 해석하고 창조적으로 발전시킬 수 있다. 비록 이런 창조성은 텍스트들을 구약 내의 구속사적 발전의 빛 안에서 이해하는 데서, 또는 이 발전을 그리스도의 초림과 사역이라는 후대의 사건들의 빛 안에서 이해하는 한에서 보여져야 하겠지만 말이다. 이런 측면에서 창조적 발전의 일부는 그 성취가, 구약 선지자들은 볼 수 없었던 방식으로 이전의 예언을 증폭시킨다는 사실 안에 놓여 있다. 다르게 표현하면 언제나 점진적 계시는 이전에는 선명하게 보이지 않았던 것을 드러내 보여준다. 신약과 구약 사이의 이런 창조적 발전에 대해 게할더스 보스(Geerhardus Vos)는 씨앗의 은유를 사용한 바 있다. 그의 은유에 따르면 구약의 예언과 텍스트들은 마치 씨앗과도 같다. 후대의 구약 이해와 신약 이해는 이 씨앗으로부터 성장해서 꽃을 피우는 식물인 것이다. 어떤 관점에서 볼 때 완전히 만개한 식물은 원래 씨앗과는 다르게 보인다(식물학적 비교에서처럼). 하지만 구약과 신약의 컨텍스트에 대한 주의 깊은 주해는 최소한 양자 간의 유기체적 연관성을 일부 드러낼 수 있다.

이것은 어려운 해석학적 개념이다. 여기서 나는 한 가지 예를 들어보고자 한다. 내가 "베토벤의 제3번 교향곡이나 그와 유사한 종류의 음악만큼 나를 즐겁게 해주는 것은 아무것도 없어"라고 말했다고 하자. 그리고 이에 대해 한 친구가 이렇게 물었다고 해보자. "그럼 아름다운 봄날에 산보하는 것보다 더 좋다는 거야?" 이 친구는 내 말을 곧이곧대로 받아들임으로써 나를 오해했다. 나는 과장법을 사용해서 말했던 것이다. 그러므로 아름다운 봄날의 산보는 내가 "나를 즐겁게 해주는 것"이라는 표현을 통해 의미한 것 안에 포함되지 않는다. 왜냐하면 실제로 그런 산보는 베토벤의 제3번 교향곡을 듣는 것만큼 즐거운 일이기 때문이다. "그런 것은 아무것도 없다"라는 과장법은 "음악 작품 중에서 달리 비견할 만한 작품이 없다"라는 의미다. 내가 어떻게 "아름다운 봄날에 산보하는 일"이 "나를 즐겁게 해주는 일들"의 한 특정한 분류 안에 포함되지 않는다는 것을 알았겠는가? 내가 말하는 의미에서 선만적 원칙은, "아름다운 봄날의 산책"이 내가 의미했던 바에서 배제되어 있음을 결정하고 있다. 또한 이런 원칙은 엘비스 프레슬리의 노래 "You Ain't Nothing but a Hound Dog"도 고전음악이 아닌 다른 종류의 수많은 음악과 함께, 내가 의중에 두고 있던 장르가 아님을 결정하고 있다. 왜냐하면 나는 "나를 즐겁게 해주는 것"의 특정한 유형을 지시하고자 했으며, "그 유형에 속하는 모든 것을 의미함으로써"[39] 비교할 만한 고전음악 및 바로크 음악의 영역 밖의 다른 것들은 배제했기 때문이다. 분명히 나의 진짜 의도는 나를 즐겁게 하는 모든 음악 작품을 포함시키는 것이 아니라 몇 가지만 선택적으로 포함시키는 것이었다. 또한 내 마음에는 나를 즐겁게 만들지 못하는 모든 종류의 음악 작품이 다 떠올랐던 것이 아니라 그저 몇 가지 작품만 떠올랐다. 만일 내 친구가 특별히 바흐의 B단조 미사곡을 내가 좋아하는 음악에 포함시킬 것이냐고 물었다면, 나는 분명히 그렇다고 대답했을 것이다. 물론 나의 진짜 의도는 명시적으로는 오직 베토벤의 제3번 교향곡만을 포함시키고, 암시적으로는 헨델의 "메시아"와 바흐의 "브란덴부르크" 협주곡 및 비발디의 "사계"를 포함시키는 것이었지만 말이다. 내 친구는 내가 원하는 음악의 유형 중에서 내가 포함시키거나 배제시킬 수도 있는 곡을 몇 가지 더 제시할 수도 있다. 그렇지만 그것은 내가 명시적으로 표명한 말의 일부도 아니고, 내 암묵적인 의식적 의도의 일부도 아니었다.[40] 내가 "의도한 유형"(willed type) 안에 담겨 있는 이와 같은 암묵적 의미들을, 음악에 대한 명시적인 언어적 의미의 함축,[41] 또는 두껍게 기술된 나의 진술에 대한 해명이나 발전이라고 부를 수 있을 것이다.

음악에 대한 나의 언급과 그에 대한 친구의 해석 사이에 존재하는 해석적 역학은, 후대의 성경 저자가 이전 저자를 어떻게 해석하는지 하는 문

39) Hirsch, *Validity in Interpretation*, p. 49.

40) 고전음악에 대한 이 예는 Hirsch, *Validity in Interpretation*, pp. 48-49에서 가져와서 약간 변형을 가한 것이다.

41) Ibid., pp. 61-67.

제에 적용될 수 있다. 또한 이 역학은 후대의 해석 중 일부가 이전 저자의 원래의 의식적 의도(original conscious authorial intention)를 넘어설 수 있고, 따라서 그 말을 창조적으로 발전시키되 여전히 그 말이 이전에 진술된 말의 흐름 가운데 있으며 또한 그 의도된 유형과 일치한다는 내 주장의 의미를 설명해준다.

"의도된 유형(또는 예표)" 개념은 구약성경을 어떻게 사용하느냐 하는 문제의 이해와 분석에 많은 것을 시사한다. 첫째, 어떤 신약성경 기자가 특정 텍스트를 암시할 때, 그가 해당 구약 컨텍스트의 어떤 점을 의중에 두고 있는지를 질문할 수 있다. 왜냐하면 구약의 어떤 대목을 언급할 때, 신약의 저자는 컨텍스트를 다양한 수준에서 의식하고 있기 때문이다. 각각의 경우에 신약 저자들은 어떤 특정한 측면에 대해서는 대부분의 독자가 알아차릴 수 있는 명시적인 방식으로 표현하는가 하면, 다른 측면에 대해서는 심중에 의식은 하되 글로써는 명백하게 드러내지 않았을 수 있다. 만일 저자가 글을 다 쓰고 난 후, 그의 의중에 두었던 암시적 측면들이 무엇인가를 그에게 물을 기회가 있다면, 저자는 아마도 몇 가지 점을 인정할 것이다. 만일 저자에게 구약성경의 몇몇 다른 컨텍스트적 특징이 그의 무의식적 의도(혹은 그가 의도한 유형의 범위) 안에 포함되느냐를 물을 기회가 있다면, 아마도 그는 몇 가지를 더 인정할 것이다.[42] 분명하고 명시적인 사례들에 해당하는 것을 넘어서는 것은 해석자 편에서의 추측 작업이며, 이 추측에는 다양한 정도의 가능성과 개연성이 포함된다(실제로 어떤 신약 저자가 참조된 구약 텍스트 중 몇 가지를 의식하는지 아닌지를 알기 어려운 때도 있다. 이런 텍스

42) 아마도 이것이 계 1:5에서 요한이 시 89편을 사용한 것에 대해 S. Moyise가 언급한 부분의 의미일 것이다. Moyise는 이렇게 썼다. "상호텍스트성에 대한 논의가 요한의 의식적 의도에만 국한되어야 한다는 의미는 아니다. 계 1:5에서 요한이 시 89편을 살아계신 그리스도와의 관계 가운데로 도입할 수 있는 모든 가능성을 다 생각했었다고 가정할 하등의 이유가 없다"(*The Old Testament in the Book of Revelation*, JSNTSup 115 [Sheffield, U. K.: Sheffield Academic, 1995]. P. 118).

트들은 주석가에게는 명백하다. 하지만 이것은 신약 저자가 구약의 언어와 사상에 깊이 젖어 있는 나머지, 무의식적으로 표현하는 정신의 결과일 수 있다).[43] 이런 다각적 의미들은 알레고리(풍유)나 모순의 개념, 독자반응 비평을 하는 일부 학자들이 주장하는 다각적 의미들과 혼동되어서는 안 된다. 우리가 말하는 다각적 의미란 이전의 두텁게 기술된 텍스트가 풀어헤쳐짐으로써 드러나는 층위들을 말한다.[44]

앞의 모든 논의를 언급한 목적은, 후대의 구약 텍스트가 이전의 구약 텍스트를 어떻게 사용하는가, 그리고 신약이 구약을 어떻게 사용하는가를 연구하면서 이와 같은 해석적 탐구를 하게 될 것임을 말하기 위해서다. 물론 이 글을 읽는 독자들 중에는 내가 구약 텍스트로부터 도출해내는 미묘한 함의 일부에 대해 동의하지 않는 분들도 있을 것이다. 하지만 나는 그런 사람들도 최소한 내가 시도하는 전반적 접근법을 음미하고, 이런 문제에 합법적인 의견 차이가 있을 수 있음을 인식하게 되기를 바란다. 어떤 이는 내가 때때로 역사적-문법적 주해를 하거나 정경적 주해를 한다고 볼 것이다. 또 다른 이들은 내가 주입식 주해(*eisegesis*)를 한다고 볼 것이다. 그렇지만 나는 종종 최대 주해(*hyperegesis*)를 하고 있다. 즉 구약 저자가 의식

---

43) Beale, *John's Use of the Old Testament in Revelation*, pp. 163-167도 보라.

44) 이는 Christine Helmer와 일치하는 견해다. Helmer는 "성경 텍스트는 신학적으로 불충분하게 결정되어 있는 상태다"라고 쓴 후, 이 텍스트는 이어지는 성경해석 안에서 "재상황화와 재개념화 과정을 통과하면서 재작성되고…재상황화 되며 다시 실현되고 해석된다"라고 했다. 이런 텍스트들은 "[나중에 오는 정경의 책들에 속하는] 더 큰 장르에 연속적으로 병합됨으로써…텍스트의 다른 층위에서 다른 신학적 의미를 주장하게 된다"("Introduction: Multivalence in Biblical Theology," in *The Multivalence of Biblical Texts and Theological Meanings*, ed. C. Helmer, SBL Symposium Series 37 [Atlanta: Society of Biblical Literature, 2000], pp. 3-4). 앞의 글에서 내가 인정하는 부분은 동일한 텍스트들이 후속적 성경 안에서와 성경 이후의 해석자에 의해 해석의 다양성을 낳는다는 점이다. 하지만 (Helmer가 말하는 "다르다"라는 말이 이런 배타성을 의미한다면) 이런 해석들을 상호 배타적이라고 볼 수는 없으며, 오히려 한 저자의 언술 행위의 두터운 원래 표현으로부터 발전된 것으로 볼 수 있다.

하고 있던 원의도를 위반하지 않으면서도 그 의도를 넘어서서, 점진적 계시의 지속적인 빛 가운데서, 그리고 최초의 텍스트가 말하고 있는 의도된 유형의 반경 안에서 일관성 있게 그 의도를 창의적으로 발전시키는 것이다. 하지만 이 책의 상호텍스트적 연구 일부에서 나는, 이전의 구약 텍스트에서 식별된 미묘하거나 암묵적 사상이 후대의 구약 텍스트나 신약 텍스트에 의해 더욱 명시적으로 발전되었다고 주장할 것이다. 이런 측면은 예를 들어, 후대의 성경 텍스트(호 4:7; 시 106:20; 렘 2:11; 롬 1:21, 23; 고전 10:7, 18-21)가 출애굽기 32장의 금송아지 에피소드를 어떻게 해석하는지를 살펴보는 사례에서 주장될 것이다.

한 가지 주제(topic)로 "성경 전체"를 다루는 성경신학 프로젝트에서는, 통상 해당되는 모든 구절에 대해 철저하게 주해하지 못하는 것이 일반적이다. 이런 연구에서는 간결하게 논의되는 수많은 텍스트들이 책 전체를 통해 축적되는 증거를 통해 그 타당성을 획득한다. 물론 이런 식으로 한 가지 주제의 발전을 따라가는 작업에서 우리는 지나치게 많은 것을 확인하고 싶은 유혹을 받을 수 있다. 따라서 해당 논제가 실제로는 존재하지 않는 대목에서 그 주제를 집어넣어 읽어내려는 주입식 주해를 할 가능성도 높아진다. 이 문제에 대해 도널드 카슨(Donald Carson)은 다음과 같은 훌륭한 언급을 한 바 있는데, 이것은 특별히 성경신학의 작업에 적용될 수 있다.

> 나는 내 박사과정 학생들이 연구 조사를 시작할 때마다, 성서학과 신학을 포함해서 문예라는 넓은 분야의 학위 논문이 다음과 같은 두 진영으로 나뉜다고 말해준다. 첫째 진영은 어떤 아이디어나 참신한 통찰을 가지고 그에 대한 증거를 찾아서 확인하고자 하는 논제를 가진 학생들이다. 둘째 진영은 아무런 논제 없이 시작하는 학생들이다. 하지만 그들은 해당 텍스트들에서 정확히 무슨 일이 일어나는지를 확인하기 위해 일정한 영역에서 증거를 찾으며, 그 결과가 불확실함을 인정한다. 첫째 진영의 유리한 점은, 처음부터 작업이 매우

흥미로운 동시에 검토되는 논제를 따라가기만 하면 된다는 것이다. 반면에 연구자가 고도로 주의를 기울여 자기를 성찰하지 않으면, 자기 논제를 방어하기 위해 증거를 조작하고 싶은 유혹에 넘어갈 수 있는 위험이 있다. 둘째 진영의 장점은 첫째 진영보다 좀 더 공정한 결과를 가져올 가능성이 높다는 것이다. 왜냐하면 이 진영의 연구자에게는 휘두를 도끼가 없어서 증거가 이끄는 대로 따라갈 가능성이 크기 때문이다. 하지만 끝에 가서도 완성된 논제가 아닌, 방대한 자료를 단순히 정리한 것에 불과한 결과를 얻을 위험도 있다. 실제로 논문은 보통 이 두 진영 사이에 걸쳐 있게 마련이다.[45]

분명히 이 책은 첫 번째 진영에 속한다. 나는 우상숭배에 관한 특정 논제를 가지고 있으며, 성경에서 이 논제가 표현되어 있다고 간주되는 구절들을 따로 분리하려고 시도했다. 때로 이 논제는 새로운 방식으로 일부 텍스트를 볼 수 있게 하는 렌즈가 된다. 동시에 이 렌즈는 어떤 대목에서는 있지도 않은 것을 보도록 나를 유혹할 수도 있다. 따라서 이 책에서는 주입식 주해가 일어날 수 있다. 하지만 나는 이 함정을 꾸준히 의식하는 가운데 발견되는 증거를 내 구미에 맞게 조작하는 위험에서 벗어나려고 노력했다. 물론 독자는 과연 내가 충분히 주의를 기울이고 절제했는지, 아니면 억지로 끼워 넣어 읽어버리는 함정에 빠졌는지를 판단해야 한다. 몇몇 지점에서 나는 암시되거나 주해되는 이전 텍스트들의 두터운 의미가 가진 미묘한 층위들을 도출해냈다고 주장할 것이다. 또한 수많은 난해한 사례에서는 나의 주장과 일치하는 몇몇 주석가를 인용할 것이다. 그렇다고 내가 언급하지 않는 주석가에 대해서는 반대한다는 의미는 아니다. 다만 나는 그 가능성에 대해서 언급하지 않았을 뿐이다. 따라서 나는 지금 써내려가는 글의 장르와 내가 채택한 방법론을 독자들이 인정해주기를 요청

---

45) Chris VanLandingham의 *Judgement and Justification in Early Judaism and the Apostle Paul*에 대한 D. A. Carson의 리뷰 (*Biblical Literature* 12, 2007)를 보라.

한다. 또한 내가 나 자신에게 복기의 해석학(hermeneutic of retrieval)과 의심의 해석학(hermeneutic of suspicion) 사이의 균형을 요구하듯이, 독자들도 사랑의 해석학과 의심의 해석학 사이에서 균형을 잡아줄 것을 요청한다.

결론적으로 논의 전체의 통상적 전략은 특정한 해석, 특정한 문학적 연결 및 그 해석상의 함의들을 선호하는 몇 가지 노선의 증거를 제시하는 것이 될 것이다. 그 증거 중에서 어떤 것은 다른 증거들보다 더 강력할 것이다. 하지만 관련 자료를 전체적으로 보게 될 때는, 설득력이 덜한 자료가 그 자체만으로 보았을 때보다는 훨씬 더 의미심장하게 된다. 그러므로 때로는 하나의 해석을 선호해서 펼쳐지는 논의들 중 어떤 것은 그 자체만으로 보잘것없겠지만, 다른 각도에서 비춰볼 때는 더욱 강력한 설득력을 갖도록 의도되어 있다. 그리고 꼭 이 경우가 아니라 할지라도, 합산된 논증의 전체적인 무게가 주장하고자 하는 주요 사상이나 문학적 연결의 타당성이나 개연성을 증명하도록 하려는 것이 이 책의 목적이다.

이런 측면에서 나는 내 성경신학적 접근법을 정경적 접근법, 발생론적-점진적(genetic-progressive, 또는 유기체적 발전적[organically developmental]) 접근법, 상호텍스트적 접근법으로 분류하고 싶다.

아마도 이 연구는 앞서 나온 『성전 신학』보다 약간 더 어려울 것이다. 왜냐하면 이 연구가 좀 더 미묘한 논제를 다루기 때문이다. 내 시도는 정경 전체에서 우상숭배라는 광범위한 주제를 추적하는 것이 아니라, 우상숭배와 관련해서 숭배자가 그 대상처럼 된다는 특정 개념을 추적하는 것이다. 이 주제는 지금까지 나온 우상숭배에 대한 저술들이 거의 다루지 않은 영역이다. 또한 이 책의 시도가 대담하다고 할 수 있다면, 그것은 신약학 전공인 내가 구약을 주된 대상으로 다루고 있기 때문이다. 하지만 그리스도인 학자라면 누구나 신구약 전체를 유능하게 연구할 수 있어야 한다고 생각한다. 또한 나는 구약 분야에서도 약간의 훈련을 받았기 때문에, 많은 신약 연구자들이 발을 들여놓기를 두려워하는 곳을 감히 밟아왔다. 바라건대, 내 난점과 이 분야에서 상대적으로 부족한 내 경험이 이 작업을 효과적으로 완성하는 데 난공불락의 장애물을 만들어내지 않았으면 한다.

이 책이 겨냥하고 있는 독자에 대해서도 한마디 해야겠다. 우선적으로 이 책은 진지한 그리스도인 독자—학자가 아닌 교회 구성원이나 대학생 또는 신학생들—를 대상으로 한다. 하지만 동시에 성경신학 영역에도 기여하게 되기를 바란다. 이 두 부류의 청중에게 동시에 메시지를 전달하고자 하는 시도는 일종의 줄타기와 같다. 만일 여러 분야에서 충분한 논의가 이루어지지 않는다면 필경 학자들은 불만족스러워할 것이다. 하지만 학자들을 위한 부분이 지나치게 많으면, 일반 독자들은 질려버릴 것이다. 따라서 나는 가능한 한 최선을 다해 두 진영 사이에서 균형을 잡으려 노력할 것이다. 이 책은 성경해석과 성경신학에 초점을 맞추고 있으며, 현대 세계에서 이 진리에 대한 실천적 적용이 너무나 적음을 강조할 것이다(이것은 마지막 장인 제11장의 주제다). 동시에 나는 독자가 우상숭배적인 세상 가운데서 충성된 그리스도인으로 살아가기 위해 필요한 관점에 대한 신학적 원리를 얻을 수 있기를 희망한다.

앞으로 나는 우상숭배의 성격에 관해, 특별히 우상숭배자의 영적 성격이 어떻게 습득되는지에 관해 설명해나갈 것이다. 또한 하나님의 신실한 백성이 그분을 경배함으로써 어떻게 하나님을 반영하는가 하는 주제도 소개할 것이다. 물론 후자의 주제는 우상숭배 주제를 충분히 다루고 난 후, 한 장을 따로 할애해서 다룰 예정이다.

제2장

우상숭배자가 우상처럼 되는 일에 대한 토대적 사례: 이사야 6장

먼저 우리는 이사야 6장을 살펴봄으로써 이스라엘이 무엇을 반영하는지를 분석하고자 한다. 이사야 6장에는 이스라엘 역사의 시초에까지 거슬러 올라가는 실타래가 내포되어 있다. 이 텍스트는 이스라엘의 시작에 뿌리를 두는 주제들을 포함할 뿐 아니라, 구약의 이어지는 부분과 신약 및 성경 전체의 마지막 책인 요한계시록까지 내다보는 주제를 포함한다. 따라서 이 텍스트를 렌즈로 삼을 때, 우리는 이스라엘의 죄의 이야기에 대한 몇몇 스냅사진을 얻을 수 있다. 이 사진은 죄의 이야기가 어떻게 시작되었고, 이것이 구약뿐 아니라 신약 시대에 어떻게 발전했는지를 보여준다. 본질적으로 이스라엘의 죄는 우상숭배였다. 이스라엘은 그들이 숭배했던 대상의 형상으로 변했으며, 이 형상이 그들을 무너뜨렸다. 이런 측면에서 이사야 6장은 연구할 가치가 있는 고전적 텍스트다. 이 텍스트는 이어지는 장들에서 더 충분히 분석될 것이다. 왜냐하면 이 텍스트야말로 이 책의 원리를 가장 선명하게 그려주기 때문이다. 또한 이 텍스트는 구약의 나중 부분과 신약 저자들에 의해 암시되며, 동시에 이 텍스트에 앞선 구약 부분에서도 암시된다. 따라서 나는 구약 전체에서 가장 난해한 대목 중 하나인 이사야 6장을 해석해나갈 때 독자들이 인내해주기를 요청한다.[1)]

[1]웃시야 왕이 죽던 해에 내가 본즉 주께서 높이 들린 보좌에 앉으셨는데 그의

1) 제2장과 제3장은 몇몇 구약 텍스트에 대한 심도 있는 분석을 포함하며 이 책의 나머지 부분을 위한 기본적 토대를 이룬다. 이런 이유로 나는 각주를 광범위하게 참조하기에 앞서, 논의의 전반적인 흐름을 파악하기 위해 이 두 장을 철저히 읽을 것을 권한다.

옷자락은 성전에 가득하였고
[2]스랍들이 모시고 섰는데 각기 여섯 날개가 있어 그 둘로는 자기의 얼굴을 가
리었고 그 둘로는 자기의 발을 가리었고 그 둘로는 날며
[3]서로 불러 이르되 거룩하다 거룩하다 거룩하다 만군의 여호와여 그의 영광
이 온 땅에 충만하도다 하더라
[4]이에 화답하는 자의 소리로 말미암아 문지방의 터가 요동하며 성전에 연기
가 충만한지라
[5]그때에 내가 말하되 화로다 나여 망하게 되었도다 나는 입술이 부정한 사람
이요 나는 입술이 부정한 백성 중에 거주하면서 만군의 여호와이신 왕을 뵈었
음이로다 하였더라
[6]그때에 그 스랍 중의 하나가 부젓가락으로 제단에서 집은 바 핀 숯을 손에 가
지고 내게로 날아와서
[7]그것을 내 입술에 대며 이르되 보라 이것이 네 입에 닿았으니 네 악이 제하여
졌고 네 죄가 사하여졌느니라 하더라
[8]내가 또 주의 목소리를 들으니 주께서 이르시되 내가 누구를 보내며 누가 우
리를 위하여 갈꼬 하시니 그때에 내가 이르되 내가 여기 있나이다 나를 보내
소서 하였더니
[9]여호와께서 이르시되 가서 이 백성에게 이르기를 너희가 듣기는 들어도 깨
닫지 못할 것이요 보기는 보아도 알지 못하리라 하여
[10]이 백성의 마음을 둔하게 하며 그들의 귀가 막히고 그들의 눈이 감기게 하
라 염려하건대 그들이 눈으로 보고 귀로 듣고 마음으로 깨닫고 다시 돌아와
고침을 받을까 하노라 하시기로
[11]내가 이르되 주여 어느 때까지니이까 하였더니 주께서 대답하시되 성읍들
은 황폐하여 주민이 없으며 가옥들에는 사람이 없고 이 토지는 황폐하게 되며
[12]여호와께서 사람들을 멀리 옮기셔서 이 땅 가운데에 황폐한 곳이 많을 때까
지니라
[13]그중에 십분의 일이 아직 남아 있을지라도 이것도 황폐하게 될 것이나 밤나

무와 상수리나무가 베임을 당하여도 그 그루터기는 남아 있는 것같이 거룩한 씨가 이 땅의 그루터기니라 하시더라(사 6:1-13)[2)]

이사야 6장이 제기하는 신학적 문제

예언자로서 이사야가 이스라엘에게 전하도록 위임받은 메시지는 수많은 저술을 낳았는데, 그것은 부분적으로 신정론(theodicy, 하나님의 선하심에 대한 변증)과 관련해서 이 메시지가 가진 난해한 신학 때문이었다. 표면적으로 볼 때 하나님은 예언자의 설교를 통해 이스라엘의 불신앙을 유발하는 것처럼 보인다. 이사야의 메시지를 통해 이스라엘이 강퍅하게 된다면, 과연 야웨의 의로움과 정의의 기초가 되는 것은 무엇인가? 아직 탐구되지 않았지만 가능한 관점 하나를 제인하자면, 이사야 6:9-13이 이스라엘의 우상숭배에 대한 문학적 비판의 특정한 한 부분을 구성한다는 관점이다. 지금까지 이 텍스트는 언약 일반에 대한 불충 때문에 임하는 심판의 선언으로 이해되어왔다. 이 텍스트가 구체적으로 이스라엘 민족의 우상숭배의 죄와 연결된 처벌일 수 있다고 보는 견해가 전혀 없었던 것이다. 앞으로의 분석은 이사야 6:9-13이 이스라엘의 우상숭배에 대한 유죄 판결 선언이라고 제안한다. 우상숭배의 죄는 이 민족의 언약적 불순종 전체를 대표하는 본질적 죄로서 제시되는 것 같다. 제2장에서는 이사야 6장을 살펴보고, 다음의 장들에서는 이 개념이 구약의 나머지 부분과 신약으로 이어지면서 어떻게 발전되는가를 살피고자 한다.

이사야 6:9에서 예언자는 이스라엘 백성에게 가서 하나님으로부터 받

2) 이 책에 인용된 영역 성경은 원칙적으로 New American Standard Bible이다. 하지만 때때로 변형된 번역도 나타나는데, 이는 저자의 의도이거나 문체상 선호 때문이다(번역판의 경우 개역개정을 원칙적으로 사용했으며, 저자가 변형하고 있는 곳에서는 저자의 의도를 따라 한국어로 적절하게 바꾸어 번역했다-역자 주).

은 메시지를 전하라는 명령을 받는다. 하지만 9절의 두 번째와 세 번째 행을 보면, 이사야가 그들로 하나님의 계시를 깨닫지 못하게 하라는 명령을 받는 것을 알 수 있다. "깨닫지 못하다"와 "알지 못하다"라는 구절이 이 명령의 일부다[3](개역개정의 직설법에 따른 번역과는 다름-역자 주). 어떻게 하나님이 자기 백성에게 자신의 말씀을 이해하지 못하도록 명령하실 수 있는가? 동일한 명령이 10절도 구성한다. 10절에서 하나님은 다시 예언자에게, 이스라엘 백성이 하나님의 영적인 구원 메시지에 "무감각"해져서 자신의 죄를 뉘우치고 그분에게로 돌아와 "고침을 받지" 못하도록, 듣거나 보거나 영적으로 깨닫지 못하게 하는 방식으로 말하라고 명령하신다. 이것은 아주 강력한 신학적 치료약이다. 혹자는 하나님이 처방하신 독약이라고까지 표현한다. 주해자들은 이런 명령에 당혹해하면서 이사야가 이 환상을 실제로 겪지 않았다라고까지 추측한다. 대신에 이사야가 사역의 말기에 이르러 이스라엘의 대다수가 완고하여 회개하지 않고 우상숭배에 깊이 빠져 있는 것을 보고 심리적으로 침체되어서, 예언자로서의 자신의 목회적 역할이 실패했다고 결론 내리고 있다고 본다. 아마도 이사야는 스스로를 예언을 위임받은 자로서 형편없는 설교자나 충고자라고 생각했을 것이다. 결과적으로 그는 이런 심리적이고 영적인 위기에 직면해서 자신의 실패를 하나님 탓으로 돌리기로 결심했을지도 모른다.[4] 하나님이 "이사야야, 그것은 네 잘못이 아니라 내가 백성의 마음을 강퍅하게 만들었기 때문이다"라고 말씀하셨으므로, 이사야가 자기 자신에게 "내가 사실은 잘했구나" 하고 말했다는 것이다. 하지만 이런 특이한 견해는 해당 텍스트에 대한 섬세한

---

3) 히브리어 텍스트에서 이 평행하는 행은 둘 다 명령형(imperative)을 뒤잇는 희구법 단축형(jussive form)으로 되어 있다. 희구법 단축형은 명령형과 동일한 값을 가진다(jussive는 "누구에게 이렇게 하게 하라"[let somebody do it]의 형태로 제3자에게 일을 시키는 간접적인 명령 형태, 행위 허용이나 간접적 사역의 온건한 어법을 말한다. 따라서 여기서는 "그들로 깨닫지 못하게 하라"의 의미로 옮겨져야 한다-역자 주).

4) Mordecai M. Kaplan, "Isaiah 6:1-11," *JBL* 45 (1926): 251-259.

분석과 해석의 지지를 받지 못한다. 또한 이사야의 환상과 위임이 가진 권위와도 일치하지 않는다(이 환상과 위임은 하나님으로부터 오는 것으로 그려진다).

그렇다면 우리는 이 난해한 언어를 어떻게 이해해야 하는가? 만일 하나님이 우리에게 나타나셔서 "네가 설교하거나 성경 공부를 하거나 신학생에게 강의를 하거나 복음을 전할 때, 나는 네가 그들을 구원받지 못하고 멸망당하도록 만들고, 그들의 마음을 강퍅하게 만들기를 원한다"라고 말씀하신다면 어떻게 하겠는가? 만일 하나님이 우리에게 그런 식으로 나타나신다면, 우리는 주변에 조언을 구하거나 성경을 계속 읽는 가운데 주님으로부터 임하는 다른 말씀을 찾을 것이라고 나는 확신한다. 그러나 이사야는 그렇게 하지 않았다. 이런 상황에서 앞으로 무슨 일이 생길 것인가? 어떻게 이 구절을 이해하고, 또 어떻게 계속해서 자기 양 떼를 아끼시는 선하고 거룩한 하나님을 믿을 수 있을까? 이런 하나님이 진정으로 자기 양 떼를 아끼시는 하나님이신가? 어떻게 거룩하고 의로운 하나님이 사람들이 영적으로 고침을 받지 못하고 영원히 멸망하도록 그들의 마음을 굳게 만들 수 있을까? 역설적이게도, 이 대목은 성경의 모든 선언 가운데서 하나님의 거룩하심을 선포하는 가장 유명한 선언("거룩하다 거룩하다 거룩하다 만군의 여호와여"[3절], 이 선포는 계 4:8에 인용됨)을 포함하고 있다.

이사야 6:9-10을 더 나은 각도에서 살펴보기 위해서는, 6장 전체를 이사야서의 다른 부분과 구약성경에 나오는 연관된 평행 구절들과 함께 세심하게 연구해야 한다.

이사야 6장은 다음과 같은 네 부분으로 나뉜다. (1) 1-4절: 하나님이 그의 거룩하심 때문에 찬양 받으심. (2) 5-7절: 거룩하지 못한 이사야가 용서 받았음이 선포됨. (3) 8-10절: 이스라엘을 귀먹고 눈멀게 하여 그들로 하나님의 말씀을 깨닫지 못하게 하라는 예언자적 사명을 이사야가 받음. (4) 11-13절: 앞의 위임의 효과가 제시됨. 6:3은 "거룩하다 거룩하다 거룩하다 만군의 여호와여 그의 영광이 온 땅에 충만하도다"라고 확언한다. 하나님은 속성상 그 누구와도 비교될 수 없는 수준으로 구별되시기 때문에 도덕적 순수의 측면뿐 아니라 모든 속성에서 완전하시다. 따라서 하나님은 그분의 모든 속성들로 인해 영광 받으시고 존경받아야 한다. 6:5-7에서는 이사야가 비록 죄인임에도 불구하고 하나님의 용서하시는 은혜로 인해 거룩하다고 선언된다. 5절에서 이사야는 "나는 입술이 부정한 사람이요 나는 입술이 부정한 백성 중에 거주하면서 만군의 여호와이신 왕을 뵈었다"라고 말한다. 6절에서는 스랍 중 하나가 손에 불붙은 숯을 가지고 예언자에게 다가온다. 7절에서는 스랍이 숯불을 이사야의 입술에 대는데, 이는 예언자가 하나님의 용서하시는 은혜를 경험하게 되었음을 상징한다. 이사야는 거룩하신 하나님에 의해 거룩하다고 선언된다. 이제 이사야의 삶은 하나님의 영광을 높이는 것이 되어야 한다. 이사야 자신이 스스로를 거룩하게 만든 것이 아니다. 하나님이 이사야를 거룩하다고 선포하셨다. 이사야가 자기의 거룩하지 못함을 용서받은 후, 하나님은 거룩하지 못한 이스라엘에게 말씀을 고하도록 그를 예언자로 선택하신다. 그리하여 하나님은 그에게 예언자로서의 자격을 위임하신다. 이사야는 하나님을 경외하는 자로서 그분의 거룩하심을 본받는다. 그리하여 그는 회복되고 예언자로 택함을 받는다(사 6:5-7).

하지만 여기에는 문제가 하나 있다. 하나님의 거룩에 대한 서술이 송축되고, 죄에도 불구하고 이사야의 삶이 거룩하다고 선포된 후, 6:8-10에서는 이스라엘에 대한 판결이 선언된다. 다시 8절을 보자. "내가 또 주의 목소리를 들으니 주께서 이르시되 내가 누구를 보내며 누가 우리를 위하여 갈꼬 하시니." 그때 이사야가 대답한다. "내가 여기 있나이다 나를 보내소서." 그 다음 하나님이 하신 말은 풀어쓰면 다음과 같다. "이사야야, 가서 백성에게 이렇게 명하라. '백성들아, 진정으로 들으라. 그러나 내가 지금 무슨 말을 하는지는 깨닫지 말라. 계속해서 바라보라. 그러나 내가 무슨 말을 하고 있는지는 이해하지 말라'"(9절).[5] 또한 하나님은 이사야에게

---

5) 핵심적 관찰을 반복하고 확장하자면, 히브리어에서 "알지 못한다"와 "깨닫지 못한다"라

이렇게 말씀하신다. "이사야야, 이것이 너에게 주는 명령이다. 네가 내 말을 설교하고 전파하는 동안 백성의 마음이 무감각해지도록 하라. 그들의 귀가 둔해지고 눈이 침침해지게 해서, 그들로 구원을 받지 못하게 하라" (10절).[6)]

이 내용을 어떻게 이해해야 할까? 앞의 텍스트를 볼 때 이것은 이스라엘에 대한 유죄 선고임에 틀림없다. 하지만 왜 이렇게 가혹한 것일까? 느닷없이 하나님이 이사야를 통해 잔인한 번갯불을 보내시는 것일까? 이것은 좋든 싫든 어쩔 수 없이 떨어지는 천둥 번개인가? "이사야야, 나는 네가 너의 설교를 통해 백성을 영적으로 마비시키기를 원한다"라고 말씀하시는 걸까? 만일 그렇다면 어떻게 하나님이 선하고 의로우실 수 있는가? 이제 우리는 이사야의 사역 가운데서 이에 대한 이유를 찾는다. 당시는 이스라엘이 수백 년에 걸쳐 반복해서 범죄했던 때다. 그리하여 마침내 "유죄 선고"가 이 세대에 이른 것이다. 여기서 볼 수 있는 것은, 이 선고가 하나님의 변덕스러운 행위가 아니라는 것이다. 이사야 6:1-13의 문학적 컨텍스트는 이 말씀과 하나님의 정의와 거룩하심을 이해하도록 해준다. 지금 이스라엘 백성은 회개하지 않은 죄악 때문에 심판을 받고 있다. 그런데 이들은 어떤 종류의 죄악 때문에 심판을 받는 것인가? 이사야서와 구약성경의 다른 책들의 더 넓은 컨텍스트가 이 질문에 대답하도록 도움을 줄 것이다.

우상숭배에 대한 심판으로서의 이사야 6:9-10

언뜻 보기에 이사야 6:9-10은 우상숭배와 연관되지 않은 것처럼 보인다.

는 부정적인 진술은 일종의 명령에 해당한다(구체적으로 이 진술들은 명령의 의미를 가진 앞의 부정 분사와 함께 2인칭 복수 미완료 희구법 단축형이다).

6) 10절에 있는 처음 세 개의 동사 형태는 히브리어로 명령형이다.

하지만 주변의 컨텍스트와 평행 구절을 언어적·개념적으로 분석해보면, 이 텍스트에는 우상숭배 사상이 드러난다. 다시 말해 내 주장은, 비록 이사야 6:9-13에는 우상이나 우상숭배라는 단어가 실제로 등장하지는 않지만 그 개념이 내포되어 있다는 것이다. 이제 이 점을 입증하고자 한다.

성경의 전통에서는 영적 지각을 담당하는 기관들이 제 기능을 하지 않을 때마다 특정한 종류의 언어가 사용되었다. 이런 언어를 감각기관 기능장애 언어(sensory-organ-malfunction language)라고 부를 수도 있겠다. 감각기관 기능장애의 언어가 구약에서 사용될 때, 이 언어는 일반적 죄가 아니라 예외 없이 한 종류의 특정한 죄, 바로 우상숭배를 가리킨다. 먼저 우리는 이 점을 증명할 것이다. 다음으로는 왜 우상숭배자가 귀가 있으나 듣지 못하고 눈이 있으나 보지 못한다고 묘사되는지를 질문할 것이다. 왜 살인자, 거짓말쟁이, 도둑, 탐욕스러운 자처럼 다른 죄인들은 이 특정한 방식으로 묘사되지 않을까?

눈멀고 귀먹은 우상숭배자에 대한 독특한 묘사

첫째, 이사야는 다른 곳에서도 우상숭배자가 귀가 있으나 듣지 못하고 눈이 있으나 보지 못한다고 묘사한다. 이사야 42:17-20은 이렇게 단언한다.

> 17조각한 우상을 의지하며
> 부어 만든 우상을 향하여
> 너희는 우리의 신이라 하는 자는
> 물리침을 받아 크게 수치를 당하리라
> 18너희 못 듣는 자들아 들으라
> 너희 맹인들아 밝히 보라
> 19맹인이 누구냐 내 종이 아니냐
> 누가 내가 보내는 내 사자같이 못 듣는 자겠느냐
> 누가 내게 충성된 자같이 맹인이겠느냐

누가 여호와의 종같이 맹인이겠느냐
[20]네가 많은 것을 볼지라도 유의하지 아니하며
귀가 열려 있을지라도 듣지 아니하는도다

이사야 42:17은 이스라엘에 대해 "저들이 물리침을 당하며 크게 수치를 당하리라"라고 말한다. "물리침을 당할 자"는 누구인가? 바로 "우상을 의지하는 자들"이다. 누가 "수치를 당할 것"인가? "부어 만든 우상들을 향해 너희는 우리의 신이라 하는 자들"이다. 따라서 하나님은 이 우상숭배자들에게 어떻게 말씀하시는가? "너희 귀머거리들아 들으라, 너희 눈먼 자들아 볼 수 있도록 바라보라. 누가 눈먼 자인가? 내 종[이스라엘]이 아니냐? 누가 귀머거리인가? 혹은 누가 내가 보내는 나의 사자처럼 귀가 멀고, 나와 화평하고 있다고 [주장하는] 자처럼 눈멀었는가?" 그들은 "많은 것을 보았지만" 영적으로 주의해서 관찰하지는 못한다. 그들의 눈과 귀는 열려 있지만 "아무것도 듣지 못한다."

이런 종류의 언어가 이사야서 전체에 반복해서 나타난다. 이사야 43:8, 10도 이렇게 말한다.

눈이 있어도 보지 못하고
귀가 있어도 듣지 못하는 백성을 이끌어 내라…
나의 전에 지음을 받은 신이 없었느니라
나의 후에도 **없으리라**(비일 강조)

여기서 다시 눈멀고 귀먹었다는 말이 우상숭배와 직접적으로 연결된 자들에게 적용된다.[7] 이 연결은 이미 이사야 43:9에서 이루어졌다고 볼 수

---

7) Ronald E. Clements, "Beyond Tradition-History," *JSOT* 31 (1985): 102에 따르면, 사 43:8은 "독자로 하여금 우상숭배가 이스라엘을 넘어지게 만든 눈멀음과 귀먹음의 주요

있다. 9절을 보면 "그들[열방] 중에 누가 이 일을 알려주었는가?"라는 질문이 나오고, 여기에 대해 심문자이신 하나님이 직접 이렇게 대답하신다. "그들[열방]이 증인들을 세워서 자기의 옳고 그름을 나타내고 듣는 자들이 옳다고 말하게 해보라." 여기서 "증인들"은 열방의 우상들을 가리키는 듯하다. 이 우상들은 이스라엘의 참 하나님과는 다르게 예언할 능력이 전혀 없는 존재다. 이런 점은 이사야 41:21-24(참조. 41:7); 44:6-11; 45:20-21의 밀접한 평행 구절에서 선명하게 확인된다. 바벨론에서 이스라엘 백성 일부는 이 우상들을 의지하기 시작했던 것 같다.

이사야 44장은 이 주제를 훨씬 더 선명하게 이어받고 있다(밑줄은 감각기관 기관장애 언어를 암시한다).

> 8너희는 두려워하지 말며 겁내지 말라
> 내가 예로부터 너희에게 듣게 하지 아니하였느냐
> 알리지 아니하였느냐
> 너희는 나의 증인이라
> 나 외에 신이 있겠느냐 과연 [다른] 반석은 없나니 다른 신이 있음을 내가 알지 못하노라
> 9우상을 만드는 자는 다 허망하도다 그들이 원하는 것들은 무익한 것이거늘
> <u>그것들의 증인들은 보지도 못하며 알지도 못하니</u> 그러므로 수치를 당하리라[8)]

요인임을 이해하게 해주며, 우상숭배의 어리석음에 대한 산문체의 전체 보론을 눈멀음이라는 주제의 발전으로 이해할 수 있는 가능성을 제기한다." 이는 사 6:9-10에 대한 직접적 발전과 정교화다.

8) Franz Delitzsch, *Biblical Commentary on the Prophecies of Isaiah* (Grand Rapids: Eerdmans, 1969), 2:207을 보라. Delitzsch는 "증인"을 우상으로 본다. 따라서 "보지도 알지도 못하는" 것은 우상이며, 마찬가지로 "수치를 당하게 될 자"도 우상숭배자다. 참조. 좀 더 일반적으로 R. N. Whybray, *Isaiah 40-66* (Greenwood, S. C.: Attic Press, 1975), p. 99은 "증인"을 우상숭배자로 보되, "숭배자의 지각이 그가 섬기는 우상의 지각보다 더 클 수 없기" 때문에 그들이 "보지도 알지도 못하는 자"로 그려진다고 설명한다. 이 설명 중 어느 하나가 타당하다면, 44:18-20에 나오는 대로 우상숭배자를 그

10신상을 만들며 무익한 우상을 부어 만든 자가 누구냐
11보라 그와 같은 무리들이 다 수치를 당할 것이라 그 대장장이들은 사람일
뿐이라 그들이 다 모여 서서 두려워하며 함께 수치를 당할 것이니라
12철공은 철로 연장을 만들고 숯불로 일하며 망치를 가지고 그것을 만들며 그
의 힘센 팔로 그 일을 하나 배가 고프면 기운이 없고 물을 마시지 아니하면 피
로하니라
13목공은 줄을 늘여 재고 붓으로 긋고 대패로 밀고 곡선자로 그어 사람의 아
름다움을 따라 사람의 모양을 만들어 집에 두게 하며
14그는 자기를 위하여 백향목을 베며 디르사 나무와 상수리 나무를 취하며 숲
의 나무들 가운데에서 자기를 위하여 한 나무를 정하며 나무를 심고 비를 맞
고 자라게도 하느니라
15이 나무는 사람이 땔감을 삼는 것이거늘 그가 그것을 가지고 자기 몸을 덥
게도 하고 불을 피워 떡을 굽기도 하고 신상을 만들어 경배하며 우상을 만들
고 그 앞에 엎드리기도 하는구나
16그중의 절반은 불에 사르고 그 절반으로는 고기를 구워 먹고 배불리며 또
몸을 덥게 하여 이르기를 아하 따뜻하다 내가 불을 보았구나 하면서
17그 나머지로 신상 곧 자기의 우상을 만들고 그 앞에 엎드려 경배하며 그것
에게 기도하여 이르기를 너는 나의 신이니 나를 구원하라 하는도다
18그들이 알지도 못하고 깨닫지도 못함은 그들의 눈이 가려서 보지 못하며 그
들의 마음이 어두워져서 깨닫지 못함이니라[9]

가 숭배하는 영적으로 무능력한 우상과 동일시하는 강조가 훨씬 분명하게 드러난다고 할 수 있다.

9) 아마도 "그들" 가운데는 이교도 우상숭배자와 함께 이스라엘의 우상숭배자도 포함된다. 실제로 사 44:18, 19a의 언어가 사 6:9-10의 이스라엘에 대한 다른 묘사와, 앞에서 지적했듯 이사야서 후반부에 이루어진 발전(특히 사 29:9-10; 42:17-20; 43:8)과 동일하기 때문이다. 또한 사 44:21은 이스라엘에게 우상숭배에 대한 이전 진술을 "기억하라"고 명령한다. 이는 이스라엘 백성이 기억하지 않고 똑같은 죄를 저지르기 쉬움을 암시한다. 실제로 방금 전에 언급한 이사야서 텍스트는 이런 경우를 미리 내다본다. 최소한 속임을

[19]마음에 생각도 없고 지식도 없고 총명도 없으므로 내가 그것의 절반을 불사르고 또한 그 숯불 위에서 떡도 굽고 고기도 구워 먹었거늘 내가 어찌 그 나머지로 가증한 물건을 만들겠으며 내가 어찌 그 나무 토막 앞에 굴복하리요 말하지 아니하니

[20]그는 재를 먹고 허탄한 마음에 미혹되어 자기의 영혼을 구원하지 못하며 나의 오른손에 거짓 것이 있지 아니하냐 하지도 못하느니라

이사야 44:17-18은 우상을 만드는 자를 묘사하면서 이렇게 주장한다. "그 나머지[나무의 나머지]를 가지고 신, 즉 새긴 형상을 만들고 그 앞에 엎드려서 절을 한다. 또 그 상에 대고 기도하며 '그대는 나의 신이니 나를 구해주소서'라고 말한다." 이 대목을 주목하라. 누가 나무를 쓰러뜨려 그 중 일부로 우상을 만드는가? 이들은 어떤 방식으로 언급되고 있는가? 그들은 그들이 만들고 숭배하는 우상과 똑같은 방식으로 언급된다. 이사야 44:9에서 이 우상이 "보지도 못하고 알지도 못한다"라고 언급되듯이, 18절에서 우상숭배자들도 같은 방식으로 언급되고 있음에 틀림없다. 바로 이들이 자기 우상처럼 되었기 때문이다. "그들은 알지 못한다"(18절). 누가 알지 못하는가? 바로 우상숭배자들이다. 그들이 "알지도 못하고 깨닫지도 못함은 그들의 눈이 가려서 보지 못하며 그들의 마음이 어두워져서 깨닫지 못함이니라." 여기서 발견할 수 있는 사실은 비록 우상숭배자가 육신의 눈은 갖고 있다 할지라도 영적인 눈은 가지지 못했다는 것이다. 마찬가지로 그는 육신의 귀는 가졌지만 영적으로는 듣지 못한다.[10)]

당한 이교도 우상숭배자는 똑같은 짓을 해서 똑같은 운명을 당하지 말라고 이스라엘에게 경고하는 역할을 한다.

10) 사 42-44장에 나오는 텍스트들의 목록에 사 29:9-10을 덧붙일 수 있다. 특히 29:9-10은 연관성이 높다. 이 구절에 있는 이스라엘을 향한 메시지는 "너희는 맹인이 되고 맹인이 되라…대저 여호와께서 깊이 잠들게 하는 영을 너희에게 부어 주사 너희의 눈을 감기셨음이니 그가 선지자들과 너희 지도자인 선견자들을 덮으셨음이라"(참조. 사 29:24도 유사함). 9-12절, 14절에 선포된 심판의 이유는 13절에서 진술된다. "이 백성

우상숭배자가 특별히 눈멀고 귀먹었다고 묘사되는 이유

이사야 6장으로 되돌아가보자. 여기서 우상숭배자는 어떤 이유에서인지 눈이 있지만 보지 못하고 귀가 있지만 듣지 못하는 존재로 언급된다. 그 이유가 무엇인가? 특별히 이사야 42-44장에 비추어볼 때 가장 개연성 있는 이유는 그들이 우상숭배자이기 때문이다. 하지만 왜 우상숭배자가 이런 방식으로 묘사되는가 하는 질문에는 추가적인 답이 필요하다. 왜 우상숭배자는 이렇게 감각기관에 기능장애를 가진 자로 묘사되는가? 이 질문에 답하기 위해 우리는 이사야서뿐만 아니라 그 이상을 살펴볼 것이다. 여기서는 성경 전체에서 가장 명확한 답을 제공하는 텍스트 중 하나인 시편 115:4-8(=시 135:15-18)을 살펴보는 것이 적절할 것이다.[11)]

> 4그들의 우상들은 은과 금이요 사람이 손으로 만든 것이라
> 5입이 있어도 말하지 못하며
> 눈이 있어도 보지 못하며
> 6귀가 있어도 듣지 못하며
> 코가 있어도 냄새 맡지 못하며

이 입으로는 나를 가까이 하며 입술로는 나를 공경하나 그들의 마음은 내게서 멀리 떠났나니 그들이 나를 경외함은 사람의 계명으로 가르침을 받았을 뿐이라." "사람[통치자들]의 계명"은 위협을 주거나 동맹을 맺은 외국 군대를 지시하는 것 같다. 여기에는 권력, 특히 애굽이 숭배하던 신들이 포함된다(동맹의 우상숭배적 연결점에 대해서는 사 30:1-3, 22을 보라). 이런 주장은 다음과 같은 점에 비추어볼 때 매력적이다. (1) 외국 군대의 위협은 사 28:10-13에서 언급된다. (2) 사 42-48장의 우상은 바벨론의 신들을 가리킨다. (3) 렘 5:21은 "외국의 신을 섬겼던"(5절) 이스라엘의 우상숭배자를 묘사하면서, 사 6:9-10과 사 42-48장과 똑같은 감각기관 기능장애의 언어를 사용한다. 참조. 겔 23:14-25도 마찬가지다(사 29장과의 우상숭배적 연관성은 제6장에서 더 발전되고 복음서의 사례도 논의될 것이다).

11) 시 135편은 "그들의 입에는 아무 호흡도 없나니"를 덧붙인다. 또한 시 115:6b-7에 있는 "코가 있어도 냄새 맡지 못하며 손이 있어도 만지지 못하며 발이 있어도 걷지 못하며 목구멍이 있어도 작은 소리조차 내지 못하느니라"라는 부분은 생략한다.

7손이 있어도 만지지 못하며
발이 있어도 걷지 못하며
목구멍이 있어도 작은 소리조차 내지 못하느니라
8우상들을 만드는 자들과 그것을 의지하는 자들이 다 그와 같으리로다

이교도의 우상에 대해 말하면서, 시편 115편은 "그들의 우상들은 입이 있어도 말하지 못하며 눈이 있어도 보지 못하며 귀가 있어도 듣지 못한다"라고 한다. 우상을 만들고 그것을 숭배하는 자들에 대한 다음 결론을 보라. "우상들을 만드는 자들과 그것을 의지하는 자들이 다 그[우상들]와 같으리로다"(8절). 특히 이사야 6:9-10과 시편 115:4-6a(=시 135:15-17a) 사이에는 밀접한 유사성이 존재한다.

이사야 6:9b-10a	시편 115:4-6a
(참조. "…그들이 자기 손으로 짓고 자기 손가락으로 만든 것을 경배하여…"; "은 우상과 금 우상을…"[사 2:8b, 20b]) 너희가 <u>듣기는 들어도</u> 깨닫지 못할 것이요 <u>보기는 보아도</u> 알지 못하리라 하여 이 백성의 마음을 둔하게 하며 <u>그들의 귀가 막히고 그들의 눈이 감기게 하라</u> 염려하건대 그들이 눈으로 보고 귀로 듣고 마음으로 깨닫고 다시 돌아와 고침을 받을까 하노라	그들[열방]의 우상들은 은과 금이요 사람이 손으로 만든 것이라 입이 있어도 말하지 못하며 <u>눈이 있어도 보지 못하며 귀가 있어도 듣지 못하며</u>…

도표 2.1. 이사야 6:9b-10a과 시편 115:4-6a 비교

이사야 6:9-10의 광범위한 메시지를 살펴볼 때 여기에는 시편 115편

(및 시 135편)과 언어적 유사점뿐 아니라, 어법이 가진 상당한 정도의 컨텍스트적 기능도 드러난다. 시편 115:4-8(시 135:15-18)의 우상숭배 단락은, 우상을 만들고 숭배하는 열방이 바로 그 우상처럼 되리라는 사상에서 절정에 이른다. "우상들을 만드는 자들과 그것을 의지하는 자들이 다 그와 같으리로다"(시 115:8; 참조. 시 135:18). 그러므로 시편을 읽는 독자는 우상숭배자가 시편 115:5-7에 묘사된 우상을 닮음으로써, 즉 "눈이 있어도 보지 못함" 등을 통해 심판받게 되리라고 유추할 수 있다. 이 시편이 가지는 함축은, 이스라엘이 이방의 우상숭배와 같은 운명을 당하지 않으려면(시 135:18), 열방의 우상이 아니라 야웨를 "송축하고 "경외"해야 한다는 것이다(시 135:19-21). 실제로 도표 2.1.에서 볼 수 있듯이 시편의 텍스트가 "그들[열방]의 우상들은 은과 금이요 사람이 손으로 만든 것이라"라는 구절로 시작하는 것처럼, 이사야 6:9-10 텍스트 앞에는 비록 직접적이지는 않지만 "그들이 자기 손가락으로 만든 것을 경배한다"(사 2:8b)라는 말과 "은 우상들과 금 우상들"(사 2:20b)이라는 말이 나온다. 따라서 이사야 6장과 시편 텍스트 사이에는 평행적 성격이 선명하게 나타남을 알 수 있다.[12] 물론 이 두 시편(혹은 둘 중 하나)이 이사야서에게 상호텍스트적으로 의존할 가능성도 있다. 하지만 두 시편 중 하나 또는 둘 모두가 이사야서를 발전시키고 우상숭배 사상을 좀 더 명확하게 만들고 있을 가능성이 더 높다.[13]

---

12) 사 2:20b; 시 115편; 135편 외에 우상들이라는 복수형이 은과 금과 밀접하게 연결된 경우는 오직 신 29:17(MT=29:16); 사 31:7(사 2장의 반복); 호 8:4뿐이다. 이 텍스트 전체 사이에는 일종의 상호텍스트적 연결이 있는 듯하다. 하지만 이런 경우는 사 2:8b과 2:20b과 앞의 두 시편 텍스트에 더 해당된다. 왜냐하면 오직 이 세 대목만이 "우상들"은 "그들의 손으로 만든 작품"이라는 언급을 공통적으로 갖고 있기 때문이다(비록 사 31:7은 매우 가깝지만 이 구절은 "손"에 대해 풀어쓴 언급을 포함해서, 2장의 진술들을 이사야서 안에서 발전시킴이 분명하기 때문이다).

13) 시 135편은 대체적으로 포로기 이후의 저술로 이해된다. 하지만 시 115편이 포로기 이전 늦은 시기의 글인지, 포로기 이후의 글인지에 대해서는 논란이 있다(각 입장에 대한 간략한 목록을 보려면 Rikki E. Watts, *Isaiah's New Exodus in Mark* [Grand Rapids: Baker, 1997], p. 191을 보라). 따라서 두 시편이 모두 사 6장 이후에 작성되었

여기서 견지되는 원리는 다음과 같다. 만일 우상을 숭배하면 우리는 그 우상처럼 될 것이고, 우상과 닮은 점이 우리를 무너뜨릴 것이다. 다시 이사야 6장으로 되돌아가 이 텍스트의 상징을 시편 115편에 비춰서 재검토해보자.[14] 우리는 이 시편 텍스트들과 이사야 6장에 나오는 감각기관 기능장애를 묘사하는 언어의 컨텍스트적 기능이 동일함을 살피고자 한다. 이 동일성은 양 텍스트 사이의 문학적 관계의 가능성을 높여주며, 이 관계의 개연성을 지시하기도 한다.[15]

이사야 6장에 이르기까지 이 텍스트의 중심 관심사는 무엇인가? 이사야 1-5장에는 이스라엘의 큰 죄악 중 하나가 우상숭배임이 드러난다. 이는 우연이 아니다. 예를 들어 이사야 2:8은 "그 땅에는 우상도 가득하므로 그들이 자기 손으로 짓고 자기 손가락으로 만든 것을 경배한다"라고 말한다. 이사야 2:18-19에는 "우상들이 온전히 없어질 것이며 [이스라엘] 사람들이 암혈과 토굴로 들어가서 여호와께서 땅을 진동시키려고 일어나실 때에 그의 위엄과 그 광대하심의 영광을 피할 것이라"라고 되어 있다. 뒤이어 20절은 "사람이 자기를 위하여 경배하려고 만들었던 은 우상과 금 우상을 그날에 두더쥐와 박쥐에게 던질 것"이라고 말한다(사 1:29-31도 같은 문제를 언급하는데, 이에 대해서는 사 6:13에 대한 나중 논의를 보라). 앞서 우리는 이스라엘의 우상숭배 문제가 이사야서의 후반부에도 나타난다는 점을 언급했다.

이스라엘의 문제는 우상숭배였다. 그리고 바로 이것이 이사야 6:9-10의 사상이기도 하다. 이사야가 우상숭배자들에게 전할 메시지는, 그들이 자신의 우상숭배 행위에 대해 회개하지 않았기 때문에 하나님이 그들을

던 것 같다.

14) 시 135편의 평행 구절이 사 6:9-10을 해석하는 데 도움을 주기에는 너무 먼 상호텍스트적 연결을 가진다는 주장도 가능하다.

15) 물론 이 시편 텍스트들이 사 6장에는 없는 우상숭배 사상을 발전시킨다고 주장할 수도 있다. 하지만 제3장에서 내 전반적 주장은 분명히 이것과는 반대 방향이다.

영적으로 무감각하게 만드시고 또 우상처럼 활력 없고 생명력 없게 만드시리라는 것이다. 하나님은 선지자 이사야를 통해 이렇게 말씀하신다. "이스라엘아, 네가 우상을 좋아하느냐? 좋다. 그렇다면 너희가 우상처럼 변할 것이다. 바로 이것이 내 심판이다." 따라서 하나님은 9절에서 이사야를 통해, 백성이 떨쳐버리지 못하고 계속해서 사랑하는 바로 그 우상처럼 변하게 되리라고 명하신다. 10절에서 하나님은 이사야에게 예언자적 설교를 통해 백성을 그들의 우상처럼 만들어버리라고 명령하신다. 이것은 구약에 나오는 동해보복(*lex talionis*) 개념—눈에는 눈, 이에는 이—의 가장 확실한 예다. 백성들은 바로 자신의 죄를 통해 처벌받는다.

이사야 6:9-10에 대한 결론

따라서 이사야 6:9-10은 하나님이 내리시는 정의로운 심판이지, 뜬금없이 일어나는 사건이 아니다. 하나님은 백성의 죄를 수단으로 그들을 처벌하신다. 인생을 살아가면서 하나님과 그분의 백성을 배척한 사람들에게 "네가 이 땅에서 나와 및 나의 백성과의 사귐 가운데서 살아가기를 원치 않으니, 좋다. 네가 이 땅에서 영원토록 원했던 것, 즉 나와 내 백성으로부터 분리되는 것을 내가 이루겠다"라고 말씀하시는 하나님은, 영원 가운데서 의로우시듯 동일하게 의로우신 분이다. 여기서 불신하는 이스라엘은 자기가 원하던 바를 받고 있다. 그들은 자기 죄를 수단으로 처벌받는다. 그들의 우상은 비록 외형적으로는 눈과 귀를 가졌지만 보지도 듣지도 못한다. 게다가 어떤 신이 이 우상 배후에 있다고 가정할지라도, 우상은 영적 차원에서조차 보거나 들을 수 없다. 따라서 하나님은 이사야를 통해 이스라엘에게 그 우상처럼 되라고 명하시며, 이 명령이 곧 그들에 대한 심판이 된다.[16] 따라서 8-10절에서 하나님은 이사야를 통해 이스라엘이 그들이 숭

---

16) 하나님이 이스라엘에게 우상을 숭배하라고 명령하신다는 개념은 겔 20:39에서도 등장한다. 여기서 하나님은 이미 우상숭배를 하고 있는 자들에게 "가서 각각 그 우상을 섬

배하는 우상처럼 영적으로 무감각하게 됨으로써 심판받으리라고 선언하신다(사 6:11-13; 시 135편).

우상을 의지함으로써 이스라엘은 다음과 같은 역방향의 사실도 동시에 드러낸다. 즉 이스라엘은 하나님께서 자기들이 드리는 피조물에 대한 신성모독적 예배를 "볼 수 있는 눈과 들을 수 있는 귀를 갖고 있지 않다"라고 믿고 있음을 내비친다. 근본적으로 그들은 참 하나님을 가짜 우상으로 취급하는 동시에, 거짓된 우상을 참 하나님인 양 대하고 있는 것이다. 이런 점은 이사야 29장에도 선명하게 나타난다. 이사야 29장은 이사야 6:9-10을 발전시킨 우상숭배에 대한 텍스트이기도 하다(여기에 대해서는 제6장에서 살펴볼 것임). 여기서 하나님은 이스라엘에게 이렇게 말씀하신다.

> 자기의 계획을 여호와께 깊이 숨기려 하는 자들은 화 있을진저
> 그들의 일을 어두운 데에서 행하며 이르기를
> 누가 우리를 보랴 누가 우리를 알랴 하니
> 너희의 패역함이 심하도다(사 29:15-16)

야웨는 참으로 보고 듣고 계신다. 반면에 우상은 귀와 눈을 달고 있어서 "보고 듣는" 것처럼 보이지만, 실제로는 보지도 듣지도 못한다.[17] 마찬

기라"라고 명하신다(렘 44:25; 암 4:4과도 거의 동일한 표현). 23-26절의 컨텍스트에서 20:25도 똑같은 개념을 표현한다고 볼 수 있다: "또 내가 그들에게 선하지 못한 율례와 능히 지키지 못할 규례를 주었고."

17) John L. McLaughlin, "Their Hearts Were Hardened: The Use of Isaiah 6, 9-10 in the Book of Isaiah," *Bib* 75 (1994): 1-25도 보라. 그는 사 29장과 44장의 앞에서 논의된 대목들이 사 6:9-10로부터 직접 발전했다고 본다. 마찬가지로 Roland E. Clements, "Patterns in the Prophetic Canon: Healing the Blind and the Lame" 도 보라. 이 글은 *Canon, Theology, and Old Testament Interpretation*, ed. G. M. Tucker, D. L. Peterson and R. R. Wilson (Philadelphia: Fortress, 1988), pp. 192-194, 198에 수록되어 있다. Clements는 사 29:18, 20-21; 32:3; 33:23; 35:5-6; 42:18-21; 44:18 같은 대목이 사 6:9-10의 눈멀음과 귀먹음 주제와 선명하게 연결되며, 이 주

가지로 시편 94:7-11도 이렇게 단언한다.

[7]말하기를 여호와가 보지 못하며 야곱의 하나님이 알아차리지 못하리라 하나
이다
[8]백성 중의 어리석은 자들아 너희는 생각하라 무지한 자들아 너희가 언제나
지혜로울까
[9]귀를 지으신 이가 듣지 아니하시랴 눈을 만드신 이가 보지 아니하시랴
[10]뭇 백성을 징벌하시는 이 곧 지식으로 사람을 교훈하시는 이가 징벌하지 아
니하시랴
[11]여호와께서는 사람의 생각이 허무함을 아시느니라(그 생각은 단지 호흡에 불
과하니라)

이처럼 우상은 눈과 귀가 있지만 신체적·영적으로 볼 수도 들을 수도 없다. 마찬가지로 우상숭배자도 감각기관에 장애를 가진 존재로 그려진다. 이는 예배의 대상이 되는 거짓된 존재처럼 그들도 눈멀고 귀먹었음을 드러낸다. 이 주제에 대해서는 에스겔서와 예레미야서 및 다른 구약 선지

제의 발전이라고 본다. 또한 Roland E. Clements, "Beyond Tradition-History," pp. 95-113도 보라. 이 글은 사 29-55장에 있는 앞의 텍스트 대부분을 언급하면서 여기에 사 43:8을 덧붙인다. Roland E. Clements, "The Unity of the Book of Isaiah," *Interp* 36 (1982): 125-126도 보라. 이 글은 사 42장과 43장, 32장과 35장에 나오는 대목을 논의한다. Clements가 볼 때 이 대목들은 이사야서 내의 상호텍스트적 용례의 대표적 경우다. 다른 한편으로 Richard L. Schultz, *The Search for Quotation*, JSOTSup 180 (Sheffield, U. K.: Sheffield Academic Press, 1999), pp. 339-341은 앞의 이사야서 대목들이 사 6:9-10의 발전일 가능성은 있지만 그리 큰 개연성은 없다고 본다(Schultz는 사 6:9-10의 발전으로 지적된 사 42:17-20에 대해서도 동일한 판단을 내린다). Schultz는 McLaughlin의 작업("Their Hearts Were Hardened," p. 339)을 인정하지만 나만큼 설득되지는 않은 것 같다. Schultz의 결론이 인정되려면, McLaughlin이 사 6:9-10; 29장; 44장의 언어적·개념적 연결을 주장하면서 이끌어낸 구체적 자료에 대해 Schultz 자신이 꼼꼼히 대답해야 한다.

서 가운데서 더 찾아볼 수 있다(제2장 뒷부분에서 이런 작업을 할 것이다). 성구사전에서 "귀와 눈"을 찾아보면 어떤 내용이 나올까? 이스라엘이 "눈이 있어도 보지 못하고 귀가 있어도 듣지 못하는" 자들이라고 언급되는 곳이나 이런 언어가 사용되는 곳마다, 이스라엘이 우상숭배자로 선포되거나 이런 이유로 책망받고 있음이 나올 것이다! 살인과 절도, 부모의 명예 훼손, 부도덕, 탐욕과 탐심 같은 다른 죄를 범한 사람들은 이런 방식으로는 묘사되지 않는다. 오직 우상숭배자만 위와 같은 방식으로 그려지는 것이다.

우상숭배자에 대한, 동시에 우리에 대한 원리는 다음과 같다. 곧 우리는 멸망당하는 쪽으로든 회복되는 쪽으로든, 우리가 숭배하는 것을 닮아간다.

이사야 당시의 하나님의 백성은 그들이 숭배했던 것처럼 변했으며, 이 모습은 영적인 측면에서 파괴적이었다. 이것은 역설적인 처벌이다. 백성은 우상을 숭배하면 생활이 향상되고 번창하리라고 믿었지만, 실제로 이들의 영적 생활과 물질적 번영은 궁극적으로 지속적 부패를 초래했기 때문이다. 바로 이것이 유명한 잠언의 원리, "어떤 길은 사람이 보기에 바르나 필경은 사망의 길이니라"(잠 14:12; 16:25)가 표현된 예라 할 수 있다. 역설적이게도, 백성이 받은 처벌은 다음과 같이 자신의 죄의 패턴을 따라 이루어졌다. "너희가 우상을 좋아하느냐? 그렇다면 너희는 너희 우상처럼 될 것이다. 그리고 이 닮음이 너희를 유린할 것이다."

우상숭배에 대한 심판의 영향과 범위: 이사야 6:11-12

이사야 6:9-10의 우상숭배에 대한 맹렬한 심판의 메시지에 대해 예언자 이사야는 하나님께 "주여, 어느 때까지니이까?"라고 묻는다. "눈멀고 귀먹게 하는 심판이 얼마나 오래갑니까? 백성을 그들이 섬기는 우상처럼 생명력 없는 존재로 만들어 처벌하시는 일이 언제까지 계속됩니까?"(11a절) 여기에 대한 답변은 이스라엘에 대한 심판의 효과와 범위를 제공한다. "성읍들은 황폐하여 주민이 없으며 가옥들에는 사람이 없고 이 토지는 황폐하게 되며…"(11b절). 하나님의 응답은 이 역설적인 벌이, 땅이 심각하게 황폐할 때까지 지속되리라는 것이다(11-12절). 이 역설적 벌의 일부는 우상숭배자 자신이 영적으로 멸망할 뿐 아니라, 그들의 땅도 백성의 영적·내면적 황폐의 외적인 반영으로서 "황폐하여" "전적으로 못쓰게 되어버리리라는" 것이다. 이스라엘 족속의 도시와 가옥들은 "거주자 없이" 혹은 "사람이 없이" 텅 비게 되고, 이런 현상은 다시 그들이 받는 심판과 그들의 영적 상태의 공허함을 시사할 것이다. 외적 심판이 영적·내면적 심판과 상응한다는 이 해석이 성립한다는 사실은 12-13절에서도 계속해서 나타난다.

심판의 범위는 이사야 6:12에서도 계속해서 묘사된다. "여호와께서 사람들을 멀리 옮기셔서 이 땅 가운데에 황폐한 곳이 많을 때까지니라." 11절에 함축된 내용이 12절에서는 명시적으로 나타난다. 즉 하나님이 이스라엘 땅의 주민을 포로로 만들어 유배시키시리라는 것이다. 이스라엘이 물리적인 차원에서 유배당하고 약속의 땅으로부터 분리된다는 사실은 그들이 하나님으로부터 영적으로 유배됨을 암시한다. 원래 그들의 땅은 하나님의 독특한 계시적 임재가 성전 안에 거하던 곳이었기 때문이다. 성전은 하나님이 제사장의 중보와 백성의 예배를 통해 자기 백성 가운데 임재하심을 표상했다. 여기서는 표면적으로 바로 이 개념이 어느 정도 작동하는 듯하다. 이스라엘의 고질적인 우상숭배로 인한 하나님으로부터의 영적인 분리가 그 땅으로부터 그들이 제거되는 것으로 그려지고 있다. 과거에 하나님은 그 땅에서 자기 백성 가운데 친밀하게 임재하시리라고 말씀하셨다. 그러므로 유배의 사건은 그들의 영적인 상태에 대한 묘사일 뿐 아니라 그 상태에 대한 심판이다.

이사야 6:9-10을 뒤잇는 이사야서의 장들은 이스라엘의 유배가 앞과 같은 영적 의미를 가졌음을 암시한다. 예를 들어 이사야 40-66장은 이스라엘의 유배를 하나님의 진노(사 51:20; 60:10), 분노(사 47:6; 51:17, 22; 54:8; 57:16-17; 64:5,9), 버리심(사 49:14; 54:6-7; 62:4), 배척(사 54:6), 가리심(사 54:8;

57:17; 59:2; 64:7) 및 그에 따라 일어나는 하나님과 백성 사이의 분리에 대한 표현으로 묘사한다. 이 모든 텍스트는 죄나 사악함이 이스라엘이 버림받는 원인이라고 전제하며, 때때로 이 원인이 강조를 위해 분명히 진술된다(참조. 사 50:1; 51:13; 57:17; 59:1-15; 64:5-9). 하나님이 이스라엘을 이와 같은 소외로부터 구속하시는 일은 새 창조로 묘사된다. 그뿐 아니라 새 창조는 이 민족이 "버림을 받지 않고"(사 62:12) 하나님과 다시 연합하며(사 45:14), 그분께로 다시 모이게 하는 그분의 은혜로운 주도 때문에(사 54:6-8; 57:18) 하나님을 "아는" 때로 묘사된다. 또한 그분은 백성이 범한 죄악을 "도말"하시며(사 43:25) 그들을 위한 "속건제물"(ʾāšām)이 되는(사 53:4-12) 종의 희생적 죽음을 통해, 죄의 속박으로부터 그들을 해방시키실 것이다(사 42:6-9; 49:8-9).

구약의 구속사라는 폭넓은 컨텍스트는 "에덴"으로부터의 이스라엘의 유배(참조. 사 51:3; 욜 2:3; 겔 36:35)가 원초적 유배, 즉 에덴에서 아담과 하와가 하나님의 임재로부터 분리되었던 유배 형태의 반복임을 보여준다. 최초의 소외도 부분적으로는 인간의 우상숭배 때문이었다. 이런 유배의 반복은 이스라엘이 창세기 1:28의 명령을 이행하라는 위임을 받았다는 사실에 의해 강화된다. 그러므로 그들은 하나님의 명령을 행함으로써 그분의 형상을 반영하는, 일종의 집합적 아담으로서의 역할을 해야 했다. 하지만 그들은 하나님의 형상을 지닌 자로서 이런 본연의 역할을 감당하는 데 실패했으며, 아담과 하와처럼 에덴동산과 같은 그들의 땅에서, 그리고 하나님의 특별한 계시적 임재로부터 떠나 유배를 당하게 되었다.[18]

---

18) 이 단락의 배경과 그에 대한 설명으로는 G. K. Beale, *The Temple and the Church's Mission: A Biblical Theology of the Dwelling Place of God*, NSBT 17 (Downers Grove, Ill.: InterVarsity Press, 2004[『성전 신학』, 새물결플러스 역간]), pp. 81-121을 보라.

우상숭배에 대한 심판의 계속적인 파급 효과와 범위: 이사야 6:13

이사야 6:13은 이스라엘의 영적이며 물질적인 파멸과 유배의 효과를 이렇게 설명한다.

> 그중에 십분의 일이 아직 남아 있을지라도[돌아올지라도][19)]
> 이것[그 "십분의 일" 혹은 남은 자]도 황폐하게 될 것이나[이것도 불타게 될 것이나]
> 밤나무와 상수리나무가 베임을 당하여도
> 그 그루터기는 남아 있는 것같이
> 거룩한 씨가 이 땅의 그루터기니라 하시더라

남은 자("십분의 일")는 약속의 땅에서와 유배로부터 돌아온 자들 가운데서 생존할 것이다. 이 생존자들은 이사야 6:9-12에 언급되는 극심한 심판에 응답하여 회개하고 신실해질 것인가? 이 남은 자가 "그루터기"를 남기는 나무처럼 "불에 탄다"라고 표현되는 것에 대해 대부분의 주석가는 이것이 신실한 이스라엘에 대한 정화 혹은 제련을 암시한다고 생각한다. "그루터기"가 "거룩한 씨"라는 언급은 특히 신실한 남은 자라는 이 개념을 지지하는 것처럼 보인다.

앞에서 소개한 해석이 옳을 수도 있지만, 그렇지 않을 수도 있는 몇 가지 징후가 관찰된다. 실제로 이 관찰에 따르면, 13절은 이사야 6:9-12의 심판이 계속되어 유배지로부터 귀환한 자들 가운데서 그 절정에 도달할 것을 묘사하는 듯하다. 심판은 이스라엘의 남은 자조차도 불신실하게 될 정도로 철저하게 행해질 것이다. 그러므로 13절은 원래 이 나라가 구성되고 이사야의 시대에 이르기까지 이해되었던 신정 국가로서의 이스라엘이

---

19) 이런 점에서 "And it will return"은 흠정역을 따른다.

끝장나는 최후를 제시하고 있다(물론 이 땅에 남은 자들과 함께하는, 작은 규모의 남은 자 중에 극소수의 신실한 자가 있었음에 틀림없다. 이사야와 그의 자녀는 이 극소수의 남은 자를 대표한다[예를 들어 사 7:3 에서 이사야의 아들의 이름, 즉 "남은 자가 돌아올 것이다"라는 의미의 이름을 살펴보라]).

멸망당한 우상을 묘사하는 그림인 불타는 나무

13절이 유배 이후 이스라엘 땅으로 귀환한 신실한 자들에 대한 긍정적 설명이라는 대다수의 견해를 뒤집을 수 있는 암시는 과연 무엇인가? 우선, 이사야서에서 "불타고 있는" 나무들에 대한 은유는 긍정적인 비유로는 단 한 번도 등장하지 않는다는 점이다. 오히려 이사야서의 다른 텍스트에서 상수리나무와 밤나무가 불타고 있다는 것은 우상을 멸하시는 하나님의 심판에 대한 묘사로 나온다. 특히 이사야 1:30은 6:13 외에, 이사야서 안에서 "상수리나무" (*'ēlâ*)가 나오는 유일한 예다. 이 유일한 평행은 두 대목에서 "불타다"(*b'r*)가 "상수리나무"(*'ēlâ*)와 밀접하게 연결되어 등장한다는 사실에 의해 강화된다. 이사야 1:29-31에서 이 단어들은 우상숭배 때문에 하나님의 심판을 당하고 있는 이스라엘에 대한 묘사로 나타난다.[20]

> [29]너희[몇몇 사본에는 이렇게 되어 있음; MT에서는 "그들"]가 기뻐하던 상수리나무로 말미암아 너희가 부끄러움을 당할 것이요
> 너희가 택한 동산으로 말미암아 수치를 당할 것이며[21]

---

20) 예언서 문헌에서 *'ēlâ*의 나머지 용례는 겔 6:13(참조. 6:3-13)과 호 4:13(참조. 4:12-17)에 나오며 둘 다 우상숭배가 일어나는 장소를 지시한다. 또한 이 단어는 제의적 대상과 연결되어 사용된다(창 35:4; 수 24:26; 삿 6:11, 19; 참조. 왕상 8:14은 선지자의 임재와 연결됨). 사 6:13의 다른 단어 *'allôn*(참나무)은 예언문학 장르에서 여섯 번 더 등장하는데, 그중 세 번이 우상숭배에 대한 묘사의 일부에 등장한다(사 2:13; 44:14; 호 4:13). 다른 곳에서 이 단어는 제의적 대상과 연결되어 등장한다(창 12:6; 13:18; 14:13; 18:1; 삿 9:6, 37; 삼상 10:3).

21) LXX는 29절의 "참나무들"(*mē'êlîm*)을 "그 우상들"(*tois eidōlois*)로, 타르굼역은 "참나

30너희는 잎사귀 마른 상수리나무 같을 것이요
물 없는 동산 같으리니
31강한 자는 삼오라기 같고
그의 행위는 불티 같아서
함께 탈 것이니
끌 사람이 없으리라

먼저, 우상숭배가 이루어졌던 동산에서 예배하던 자들은, 영적으로 메마른 그 동산처럼 영적으로 말라버릴 것이다(그 동산에서는 고목들이 숭배의 대상이 되었으며 신성한 기운을 가지고 있다고 간주되었다). 상수리나무에 대고 절하는 자들은 그 나무의 잎사귀가 메말라 "사라지고" 죽게 되듯, 마침내 영적으로 사라져버릴 것이다. 다시 한 번 이스라엘은 그가 섬기는 우상처럼 된다고 묘사되고 있다. 여기에 덧붙여 31절의 4행 가운데 불티버리는 것들(즉 "강한 자"와 "그의 행위"[우상이라는 작품])은 29-30절에서 직전에 언급된 주어("너희가 기뻐하던 상수리나무"와 "너희가 택한 동산")로 보는 것이 가장 개연성 있다. 따라서 29-30절에 나오는 우상숭배자의 영적 상태와 그가 섬기는 우상의 열매 없는 영적 상태의 동일시 다음에는 자연스럽게, 불타는 우상숭배자와 불타는 우상의 동일시가 뒤따라온다. 이사야 1:29-31에서 이스라엘은 "그 잎사귀가 말라 사라지는 상수리나무 같을" 뿐 아니라 이 민족과 상수리나무는 "다 함께 타버릴" 것이다.[22]

무들"을 "우상의 나무들"로, "동산들"을 "그 우상들의 동산들"로 옮긴다.

22) 참조. George B. Gray, *The Book of Isaiah* (New York: Charles Scribner's, 1912), 1:39. Gray는 31절에서 악한 이스라엘과 그 우상의 동일시를 전혀 보지 못한다. 반면에 Patrick의 훌륭한 논의를 보라. W. J. Dumbrell, "Worship and Isaiah 6," *RTR* 43 (1984): 6; Otto Kaiser, *Der Prophet Jesaja Kap. 1-12* (Göttingen: Vandenhoeck & Ruprecht, 1960), p. 16; E. J. Young, *The Book of Isaiah* (Grand Rapids: Eerdmans, 1965), 1:93; Franz Delitzsch, *Biblical Commentary on the Prophesies of Isaiah* (Edinburgh: T & T Clark, 1890), 1:91-93도 보라. 이들 모두는 29-31

이 "불타는 상수리나무" 은유에 대한 동일한 적용은 특별히 이 두 정황의 유사성 때문에 이사야 6:13a에 등장하는 듯하다.[23] 비록 다른 학자들은 이 연관성을 인식하지 못하는 것 같지만[24] 만일 내 분석이 정확하다면, 이사야 6:13a과 이사야 1:29-31 양편에서 반역하는 이스라엘은 은유적으로 그들이 절했던 우상("제의 대상이었던 나무")처럼 된다고 묘사된다. 이스라엘은 그 나무를 닮아갈 것이며[25] 나무의 멸망하는 운명을 공유할 것이다. 바로 이것이 시편 115:8과 135:18에 추상적으로 진술되어 있는 반어적 원리(ironic principle)의 표현이다. 우상숭배의 나무가 "불태워지는" 것에 대한 두 차례의 언급과 함께, 우상숭배 하는 이스라엘도 두 차례 언급된다. 우상숭배의 대상이 문자 그대로 파괴되는 것과 함께, 그것에게 절했던 자들도 멸망할 것이다. 또한 어떤 경우 우상숭배자들은 물질적인 차원에서도 파괴된다. 마찬가지로 이사야 57:5은 우상숭배자를 "상수리나무(*'ayil*) 가운데서, 모든 푸른 나무[화려한 나무] 아래에서 음욕을 피우는" 자로 일컫는다. 하지만 하나님이 이 우상들을 치워버릴 때가 임할 것이며, 따라서

절에 대한 내 견해와 일치한다. 또한 Roland E. Clements, *Isaiah 1-39* (Grand Rapids: Eerdmans, 1980), p. 37과 L. Rignell, "Isaiah Chapter 1: Some Exegetical Remarks," *ST* 11 (1957): 156-158도 보라. 흥미롭게도 이들은 내 주장과 전반적으로 일치하는데, *beḥāsōn*("그 강한 자")을 제의적 우상숭배의 대상으로 확인해준다.

23) 이사야의 경험에서 사 6장의 환상이 사 1장을 쓰기 전에 일어났다 할지라도, 위와 같은 결론은 성립하는 것 같다. 비록 그런 경우라도 이사야는 6장의 환상을 그의 문학적 구성 중 1장 이후에 두었다. 따라서 이사야는 6장이 1장과의 평행을 통해 해석될 것을 의도했을 가능성이 높다.

24) 하지만 Udo F. Ch. Worshech, "The Problem of Isaiah 6:13," *AUSS* 12 (1974): 131-132을 보라. 전반적으로 Dumbrell, "Worship and Isaiah 6," p. 6 n. 7은 사 1장의 열변이 제의적 남용에 초점을 맞추며 사 6장의 환상과 직접적으로 연결된다고 주장한다.

25) 이 컨텍스트들 중에서 언급된 나무가 실제로 우상을 가리키는지, 아니면 우상숭배의 장소를 가리키는지는 항상 분명하지는 않다(전자의 용례에 대해서는 사 44:14; 신 16:21을 참조하라.) 사 1-6장에 나오는 관련 언급은 아마도 우상숭배 행위를 강조하는 환유(metonymy)인 것 같다(환유[또는 전유]는 대체되는 내용을 강조하기 위해 그와 연결된 다른 것으로 바꾸어 말하는 비유법을 말함).

우상숭배자는 자기가 희망을 두었던 그 우상의 힘으로는 심판을 면할 수 없을 것이다(사 57:12-13). 이사야서의 다른 곳에서 이 나무는 우상숭배자가 우상을 만드는 재료로 언급된다(40:20 [*'ēṣ*]; 4:14 [*'allôn*]).

물론 이런 분석에 반대하는 입장에서는, 우상숭배와 전혀 관계없이 나무에 대해 언급하는 수많은 긍정적·부정적인 이미지가 있음을 제시할 수도 있다. 특히 이사야 10:18, 33-34은 아시리아에 대한 심판의 묘사로서 나무가 베어 넘어가는 장면을 그리고 있다. 하지만 여기서는 우상숭배가 전혀 제시되지 않는다(또한 사 37:24; 아마도 사 32:19도 마찬가지). 그러나 이사야 1:29-31과 이사야 6:13 사이의 독특한 연관성은 다음과 같은 세 가지 관찰로 구성된다. (1) 이 나무가 불에 탄다. (2) "상수리나무"(*'ēlâ*)라는 단어는 오직 이사야 1:30과 6:13에만 나오며, 어원상 동의어인 "참나무"(*'allôn*)는 6:13과 2:13에만 등장한다. 후자는 이사야 2:7-21에서 불신실한 이스라엘을 가리킨다. 이 대목에서 믿지 않는 우상숭배자의 교만한 "곳대 높음"은 "높고 높은 백향목"과 "상수리나무"에 선명하게 비유된다. 야웨께서는 심판 날에 그들에게 "대항하여" 일어나실 것이다. 여기에 함축된 심판은 그들을 낮추는 심판이다. (3) 마지막으로 이 두 대목에서 이사야는 이스라엘을 불타는 나무에 비유한다(물론 사 57:5에 나오는 우상숭배자에 대한 언급이 가깝기는 하지만, 거기서는 "상수리나무"[*'ayil* ; 참조. 1:29]가 등장한다).[26] 따라서 이사야가 이 두 대목 사이에 모종의 연결을 의도하고 있음은 분명하다.

이사야 1:29-31은 이사야 65:2-7에서 보완점을 찾는 것 같다. 아마도 이 두 단락은 이사야서의 처음과 끝 부분을 장식하는 우상숭배 텍스트를 형성하는 듯하다.

[2]내가 종일 손을 펴서 자기 생각을 따라 옳지 않은 길을 걷어가는 패역한 백성

26) "상수리나무"(*'ayil*)는 사 61:3에서만 긍정적인 이미지로 등장한다. 이것은 57:5에 그려진 우상숭배 상태의 역전으로 보인다.

들을 불렀나니
[3]곧 동산에서 제사하며 벽돌 위에서 분향하여
내 앞에서 항상 내 노를 일으키는 백성이라
[4]그들이 무덤 사이에 앉으며 은밀한 처소에서 밤을 지내며
돼지고기를 먹으며
가증한 것들의 국을 그릇에 담으면서
[5]사람에게 이르기를 너는 네 자리에 서 있고 내게 가까이 하지 말라
나는 너보다 거룩함이라 하나니
이런 자들은 내 코의 연기요
종일 타는 불이로다
[6]보라 이것이 내 앞에 기록되었으니
내가 잠잠하지 아니하고 반드시 보응하되
그들의 품에 보응하리라
[7]너희의 죄악과 너희 조상들의 죄악은 한 가지니
그들이 산 위에서 분향하며 작은 산 위에서 나를 능욕하였음이라
그러므로 내가 먼저 그들의 행위를 헤아리고 그들의 품에 보응하리라
여호와가 말하였느니라

여기서는 우상의 모습을 닮는다는 개념이 나타나지 않는다. 하지만 이 심판은 그들의 우상숭배 "행위"가 "그들의 품에" 보응하는 것 속에서 판단받는 결과를 초래한다(7b절). 분명히 이것은 우상숭배에 대해 그들을 향해 내려지는 심판을 포함한다. 이사야 1:29-31에 따르면, 이 심판은 성격상으로나 그들이 받는 심판의 모습에 있어서나 우상과 똑같아지는 일을 포함한다.

멸망하는 우상의 이미지로서의 "그루터기"

두 번째 관찰은 이사야 6:13이 이스라엘의 신실한 남은 자에 대한 진술이

아니라 불신하는 남은 자를 가리킬 개연성을 제시한다. 이사야 1:29-31; 6:9-10; 6:13a 사이의 연관성은 6:13b이라는 악명 높은 난해 구절에 대해 빛을 비춰줄 것이다. 물론 이 책에서는 연구 범위의 한계상 13b절이 가진 다양한 문제점을 다 개관할 수는 없다. 13b절은 텍스트적·구문론적 문제와 번역상의 난점들이 매설된 지뢰밭이기 때문이다.[27] 히브리어 텍스트의 이런 난점들 때문에 13개 이상의 번역이 나오는 결과를 초래하기도 했다. 여기서 우리의 의도는 우상숭배라는 보다 폭넓고 직접적인 컨텍스트가 이 문제들에 대해 빛을 던져줄 수 있는지를 시험해보는 것이다. 실제로 히브리어 텍스트(MT)의 이사야 6:13a에서 이스라엘이 멸망하는 우상의 나무와 은유적으로 동일시된다는 점에 대해서는 아무도 동의하지 않는다.[28] 반면에 같은 구절의 나머지 부분(즉 13b절)에서는 상당히 많은 주석가가 이런 우상숭배적인 동일시를 확신한다. 이들은 히브리어로 된 이사야서의 쿰란 사본이 이런 점을 지지한다고 생각한다.[29] 하지만 보다 일반적으로 선호되는 텍스트는 쿰란의 히브리어 이사야서(1QIs[a])에 대한 특정한 제의적-우상숭배적 해석이 아니라 히브리어 마소라 텍스트다. 즉 히브리어 마소라 텍스트의 13b절은 13a절과 대조를 이루며, 은유적으로 의로운 남은 자("거룩한 씨")를 나무 하나가 쓰러지고 난 뒤 남는 "그루터기"로 언급한다는 것이다. 따라서 여기서 표출되는 개념은 11-13a절의 심판 이후에 이스라엘 가운데 남게 될 거룩한 남은 자 사상이라 할 수 있다.[30] 13b절 둘째 행에 대한 다음과 같은 두 번역은 동일하지는 않지만, 앞과 같은 견해를

27) 좀 더 철저한 개관을 보려면 다음 책에 수록된 Emerton의 예리한 평가를 보라. J. A. Emerton, "The Translation and Interpretation of Isaiah 6:13," *Interpreting the Hebrew Bible: Essays in Honour of E. I. J. Rosenthal*, ed. J. A. Emerton and Stefan C. Reif (Cambridge: Cambridge University Press, 1982), pp. 85-118.

28) 검토한 수많은 주석가 중 Worschech만이 이런 점을 인정했다. Worschech, "The Problem of Isaiah 6:13," pp. 126-138(특히 pp. 131-132)을 보라.

29) 바로 다음에 이어지는 자료를 보라.

30) 이것이 New English Bible을 제외한 모든 표준역의 독법이다.

대표한다. 또한 대다수의 주석가와 번역본도 이 견해를 지지하고 있다.

1. "상수리나무와 참나무 밑둥처럼, 이 밑둥은 나무가 쓰러져도 남아 있었으니, 거룩한 씨가 그 밑둥이다"(예를 들어 RSV, NASB, NIV, JB).

2. "상수리나무와 참나무가 쓰러져도 그것들의 밑둥이 있는 상수리나무와 참나무처럼, 거룩한 씨가 그것들의[혹은 '그것의'] 밑둥이다."[31)]

이와는 대조적으로 다른 몇몇 번역은, 위의 번역이 나무의 "밑둥/그루터기"라고 옮기는 부분을 우상숭배의 기둥(idolatrous pillar)으로 번역해야 한다고 주장한다. 다음과 같은 입장이 이런 견해를 대표하고 있다.

1. "높은 곳[*bāma*]에 선 제의적[우상숭배의] 기둥(cultic[idolatrous] pillar)으로서 베어 넘어진 [*mušaleket*] 상수리나무나 참나무처럼,[32)] 거룩한 씨는 그 제의적[우상숭배의] 기둥이다."

2. "그것들 가운데[혹은 "그것 가운데"] 제의적[우상숭배의] 기둥으로서 베어 넘어진[*mušaleket*] 상수리나무나 참나무처럼, 거룩한 씨는 그 제의적 기둥이다."[33)]

크게 두 집합으로 나뉘는 앞의 번역들은 문법적으로나 구문론적으로 거의 똑같이 균형 잡혀 있다. 하지만 어휘론적 요소들(lexical factors)을 고

---

31) Emerton, "The Translation and Interpretation of Isaiah 6:13," p. 115. 이 두 번역과 일치하는 대안적 번역과, 그것이 대표하는 견해에 대해서는 G. K. Beale, "Isaiah VI 9-13: A Retributive Taunt Against Idolatry," *VT* 41 (1991): 261-262을 보라.

32) 누군가는 이것이 사 6:13의 히브리어 쿰란 텍스트를 이해하는 최상의 길이라고 생각한다.

33) 마지막 두 번역(과 이것과 일치하는 다른 번역들)을 지지하는 주장을 보려면 Beale, "Isaiah VI 9-13: A Retributive Taunt Against Idolatry," pp. 257-278을 보라. 특히 히브리어 텍스트(MT)에는 *bĕšalleket*("베어짐", 여성 단수 동명사로 사실상 분사와 동일함)로, 1QIs[a]에는 *mšlkt*로 되어 있다. 이것은 히필 분사 *mašalleket*나 좀 더 전형적으로 호팔 분사(*mušalleket*)로 이해될 수도 있다. 여기서 우상숭배에 대한 요점은 히브리어 텍스트가 선호되든, 쿰란 사본이 선호되든, 영향을 받지 않는다. 사 6:9-13이 우상숭배자에 대한 심판 선언이라는 사실, 특히 이스라엘이 우상을 숭배했을 때 그들이 우상처럼 영적으로 죽어버렸다는 개념을 지지하는 글로는 앞에서 소개한 논문 전체를 참조하라.

려하면 둘째 집합의 번역이 더 적합한 것 같다. 13b절이 우상숭배적 뉘앙스를 가졌다는 점은 다음과 같은 지점을 고려할 때 더 타당해 보인다.

1. 첫째 세트의 번역에서 "밑둥/그루터기"로 번역된 히브리어 "*maṣṣebet*"[34]는 성경 내 다른 텍스트나 성경 외 히브리어 자료에서 "밑둥/그루터기"나 "나무둥치"를 의미하지 않는다.[35] 구약성경의 다른 곳에서도 이 단어는 죽은 자를 추모하거나 야웨와의 경험을 추억하거나 신적 증인이 인증해준 조약을 기념하는 "기념비"(commemorative pillar, 15회)를 의미한다. 이 단어가 가진 유일하게 다른 의미는 우상의 상징이라는 뜻의 "제의적 기둥"(cultic pillar)이다. 이 의미가 용례의 대다수(21회)를 차지하고 있다. 성경 외 히브리어 자료와 유대 아람어 및 수리아어 자료에 나오는 다른 모든 용례도 이 의미론적 범위를 넘어가지 않는다.[36] 이사야 당대에 제의적 기둥을 의미하던 이 대중적 단어가 나무의 "밑둥"(그루터기)을 뜻하게 되었을 것 같지는 않다. 특히 "밑둥"에 해당하는 더 흔한 다른 단어가 저자에게 떠올랐을 가능성이 크기 때문이다(참조. *geza'* 사 11:1; 40:24; 욥 14:8; 참조. *'iqqar* 단 4:12, 23, 26).[37]

2. 또한 "*maṣṣebet*"가 기념비를 가리키는 긍정적인 언급이 아니라 우

---

34) *maṣṣebet*는 *maṣṣēbâ*의 대안적 여성 단수형이다. 이 여성형 단어는 삼하 18:18에만 유일하게 나온다. 앞으로의 단어 연구에는 더 자주 등장하는 단수형 *maṣṣēbâ*도 포함될 것이다. 두 형태 모두 동일한 히브리어 단어로 간주될 수 있다.

35) S. Iwry, "*maṣṣēbāh* and *Bāmāh* in 1Q Isaiah 6:13," *JBL* 76 (1957): 226-227.

36) Ibid., p. 227.

37) Ibid. 혹자는 *massebet*가 어원적 근거에서 "밑둥/그루터기"를 의미할 수도 있다고 주장한다(J. Sawyer, "The Qumran Reading of Isaiah 6.13," *ASTI* 3 [1964]: 111-113 n. 13; Gösta W. Ahlström, "Isaiah vi. 13," *JSS* 19 [1974]: 171 n. 30; 참조. Matitiahu Tsevat, *The Meaning of the Book of Job and Other Biblical Studies* [New York: KTAV, 1980], pp. 156-157). 그러나 이런 시도는 다음과 같은 두 가지 이유에서 설득력이 없다. (1) 단어의 의미는 어원보다는 용례에 의해 결정된다(단 한 차례만 등장하는 단어의 의미를 결정하려고 시도하는 경우만 제외하고). (2) 증거로 제시된 어원적 증거는 어디에서도 "밑둥/그루터기"라는 명확한 의미를 갖지 않는다.

상숭배의 대상을 지시한다는 사실은, 이 히브리어 명사가 우상숭배의 대상으로서의 여신을 가리키는 "Asherim"과 연결되어 다른 텍스트에서 나타난다는 사실을 관찰할 때 더 분명해진다(5회, 그중 3회는 "높은 곳"이라는 언급이 포함됨). 또한 다른 곳에서 "참나무"와 "상수리나무"가 우상숭배적이고 제의적인 함축을 가지고 등장하기 때문에, 여기서 "*maṣṣebet*/*maṣṣebâ*"를 이렇게 이해하는 것이 자연스러운 것 같다. 실제로 이 단어가 이사야 6:13에서 우상숭배적 뉘앙스를 가졌을 개연성은, 이 단어가 다른 곳에서 세 차례나 "참나무"(*'allôn* 또는 *'ēlâ*)나 "나무"(*'ēṣ*)와 함께 나타난다는 사실에 의해 강화된다. 이 모든 예는 제사라는 컨텍스트 안에 자리하며, 그중 두 개의 예는 우상숭배의 대상을 지시한다.[38)]

3. 마지막으로, "*maṣṣebet*"가 우상숭배의 대상이라는 뉘앙스를 가진다는 사실은 이사야 6:9-10과 6:13a의 직접적인 컨텍스트로부터 생겨난다. 앞에서 내가 제시하고자 한 것처럼, 이 두 텍스트는 우상숭배를 지시하고 있다. 결과적으로 13절의 마지막 행은 우상숭배에 대한 암시를 처음으로 제시하는 것이 아니라, 6:9에서 시작된, 아니 그보다 더 일찍 이사야 1:29-31과 2:9-21에서 시작된 우상숭배에 대한 관심을 계속해서 진행하고 있을 뿐이다. 실제로 이사야 1:29-31은 우상숭배의 나무들과 그 숭배자의 멸망에 대한 예언이며, 이사야 6:9에서는 이 예언이 발전되고 있는 것 같다. 이런 컨텍스트를 고려할 때 전통적 해석(Emerton이 이 입장을 가장 잘 대변함)을 따라, 비록 13b절을 나무들이 쓰러진 뒤에 남은 밑둥/그루터기로 해석한다 하더라도, 이 절은 앞에서 소개한 대로 제의적 은유의 확장으로 보아야 한다. 즉 이스라엘의 우상숭배의 나무들은 장래의 아무런 소망도 볼 수 없는 우상숭배의 "밑둥/그루터기"만 남을 정도로 파괴될 것이다. 13절의 마지막 구절("거룩한 씨가 그 그루터기니라")에서는 이스라엘과 이 영적이지

---

38) 왕상 14:23; 삿 9:6; 수 24:26을 보라. 삿 9:6에 대해서는 Beale, "Isaiah VI 9-13: A Retributive Taunt Against Idolatry," 268 n. 32을 보라.

못한 우상숭배의 상징물[39]과 그것의 최후의 멸망이 동일시되고 있다(참조. 사 66:17).[40]

이사야 6:13은 이스라엘의 우상숭배자도 그가 숭배하는 상징물처럼 되며, 그의 운명도 우상의 최후의 멸망을 닮으리라고 주장한다(13절). 종말에, 이 아름다웠던 우상은 다만 나무의 "밑둥/그루터기"에 불과할 것이

---

39) 참조. Frank Zimmerman, "El and Adonai," *VT* 7 (1962): 193-194. Zimmerman은 요시야가 성전에서 제거했던 아세라 신상들이 "신목(神木) 밑둥"[sacred tree stumps]의 형태였을 것이라고 추측한다. 왜냐하면 거대한 나무는 성전 경내로 들어갈 수 없기 때문이다(참조. 왕하 23:4-6). 아마도 이런 상징물 때문에 이사야는 나무 밑둥을 이스라엘에게 적용했을 것이다. 물론 여기서 나무 밑둥은 제사와 관련될 뿐 아니라 특히 심판의 뉘앙스를 가지지만 말이다.

40) 비록 마지막 구가 *bām*("among them")이나 *bāh*("in it")로 시작한다 할지라도 이 해석은 적절할 것이다. 이에 따라 13절 마지막 구절에 대한 해석은 다음과 같이 네 가지로 가능하다. (1) "그 [땅 혹은 십분의 일] 가운데서 거룩한 씨는 그[13a절의 두 나무의 집합적 복수형, 아마도 보충 설명적 소유격] 제의적 기둥이다. 이 해석은 죄악 된 거룩한 씨가 땅 한가운데 서 있다고 묘사하며, 은유적으로 제의를 바치는 기둥과 동일시된다. 이것은 앞서 언급된 "상수리나무"와 "참나무"의 제의적 성격을 다시 명확히 해준다. 또는 이 번역은 "십분의 일 가운데, [즉] 남은 자인 거룩한 씨 가운데" 동일시되는 제의적 기둥이 있다는 의미일 수 있다. 이것은 방금 전에 언급된 나무들의 제의적 성격을 밝혀준다. (2) "그들[십분의 일] 가운데서 거룩한 씨가 그것의[두 나무를 가리키는 집합적 복수형, 아마도 위의 경우와 마찬가지로, 또는 그 땅에 대한 지시어로서 보충 설명적 소유격임] 제의적 기둥이다. (3) "그 [십분의 일] 가운데 거룩한 씨가 그것의 [땅의 혹은 십분의 일의] 제의적 기둥이다. 여기서 "거룩한 씨"는 "십분의 일"과 동일시되든지 아니면 그중 일부로 확인된다. (4) "그것들[그 두 나무] 가운데서 거룩한 씨는 그것의 [그 땅의 혹은 십분의 일의] 제의적 기둥이다." 이 경우, "거룩한 씨"는 일반적으로 나무들과 동일시되며 좀 더 구체적으로 "제의적 기둥"으로 확인된다. 이런 대안들 중에서 마지막 두 해석이 선호할 만하다. 왜냐하면 이 두 해석이 가장 타당하기 때문이다. 13절 중간절은 결과적으로 "제의적 기둥이어서 베어 쓰러진 상수리나무와 참나무처럼"으로 읽을 수 있으며, 13절 끝절은 (3)이나 (4)에 따라 번역되어야 한다. *bām*이 원래 의문사 *bamâ*였다고 이해한다 할지라도(이럴 가능성은 거의 없지만), 이런 사실이 *maṣṣebet*가 가지는 제의적 연상이나, 앞서 지적했던 이 대명사 어미의 정체성에 대한 주장을 변경시키지는 않는다. 이 특정한 문제를 포함해서 13절에 대한 전반적이고 좀 더 충분한 설명으로는 Beale, "Isaiah VI 9-13: A Retributive Taunt Against Idolatry," pp. 259-272을 보라.

다. 이스라엘에 대한 심판과 우상숭배의 상징으로서의 나무의 멸망 사이의 시적 비교를 강화하기 위해, 13b절의 우상에 대한 언급은 13a절의 불타는 나무들의 제의적 성격을 분명하게 확인하고 있다. 이 나무들은 베어 넘어뜨려진 보통 나무가 아니라 우상숭배의 상징물이다. 이것들이 잘려나간 나무 밑둥과 같은 조건에 있지만, 그것의 우상숭배적 정체성은 아직 완전히 제거되지 않았다. 파괴된 우상숭배 나무의 밑둥 이미지는 악한 이스라엘에게 넘어가면서, 13절의 마지막 구절에서 절정에 이른다.

이사야 6:9-13의 컨텍스트적 단일성 속에서 11b-13절은 11a절의 "주여 어느 때까지니이까?"라는 물음에 대한 통일된 대답이다. 이사야는 9-10절에 기술된 야웨의 심판, 즉 사람의 마음을 굳어지게 만드는 심판이 "얼마나 오래" 지속될 것인지를 묻는다. 지금까지의 우리 연구에 비추어볼 때 이 질문은 다음과 같이 풀어쓸 수 있다. "주여, 주께서는 언제까지 이 민족을 그들이 섬기는 영적으로 더러운 우상처럼 무감각하게 만들고 파멸시키심으로써 처벌하시겠습니까?" 그러므로 11b-13절(특히 13절)의 대답이 9-10절에 있는 우상숭배 개념과 이미지를 계속 이어가는 것은 전혀 놀랍지 않다. 하나님의 대답의 핵심은 이 역설적 처벌이 이스라엘 땅이 심각히 황폐할 때까지 지속되리라는 것이다(11b-12절).[41] 소수 집단의 사람들은 생존하겠지만 그들조차도 자신이 섬겼던 우상 상징물처럼 되며, 그 운명이 우상의 최후의 멸망과 닮아갈 것이다(13절). 따라서 11b-13절의 하나님의 대답은 절대적이고 철저한 심판이 이루어지기까지 처벌이 계속되리라는 것이다.[42]

41) 일부 주석가들은 12a절이 북왕국 이스라엘에서 아시리아로 유배된 이스라엘 유배자들을 가리키는지, 유다에서 바벨론으로 끌려간 유배자들을 가리키는지, 유대에서 아시리아로 끌려간 유배자들을 가리키는지, 아니면 단순히 일반적인 의미에서 멸망을 의미하는지에 대해 논의한다.

42) 11-13절의 범위는 므낫세의 재위 후반기 시절에 대한 언급을 포함할 수 있다(그럴 경우 많은 이들이 이 언급을 후대의 편집자의 편집으로 볼 수 있겠지만). 므낫세의 재위(주전 698-642)와 그 영향 아래서 이스라엘에는 우상숭배가 전례 없이 넘쳐났다. 므낫

이스라엘의 불신실한 남은 자로서의 "거룩한 씨"

따라서 이사야 6:13b은 야웨 하나님이 "거룩한 씨"가 되도록 원하셨던 나라가 우상숭배로 더러워져서 원래 우상을 숭배하던 나라와 별반 다르지 않게 되었다고 주장하고 있다. 심지어 남은 자("십분의 일")인 "거룩한 씨"조차도 우상숭배자가 되었다는, 급진적이지만 이미 예고된 13b절의 결론은 전통적으로 이해되어온 이스라엘의 신정 체제에 종말을 고한다.[43] 구약에서 "거룩한 씨"가 등장하는 유일한 다른 텍스트는 에스라 9:1-2이다. 여기서 이 어구는 부정적이며 우상숭배적 함축을 가진다. 다시 이런 사실은 이사야 6:13의 같은 어구(*zera' qōdeš*)도 동일한 개념을 가지리라는 가정을 지지한다. 에스라 9:1-2에서 이 어구는 유배지로부터 귀환하는 이스라엘인들을 지시한다. 그들은 "이 땅(들)의 백성들에게서 떠나지 아니하고…[그들의 우상숭배적인] 가증한 일들을 행하여…거룩한 자손[*zera' haqqōdeš*]이 그 지방 사람들과 서로 섞이게" 하여 "부정한 일을" 저질렀다. 다시 말해 이들은 "거룩한 씨[자손]"가 되도록 예정되어 있으면서도 주위에 살고 있는 부정한 백성과 뒤섞임으로써 자신을 더럽혔다. 마치 이것은 그리스도인이라는 긍정적 용어를, 그리스도의 이름을 믿는다고 고백하면서도 믿지 않은 비그리스도인처럼 살아가는 사람을 가리키는 단어로 사용하는 것과 같다.

에스라서의 이 구절은 이사야 6:13의 암시적인 해석적 발전인 것 같다(비록 정관사는 없지만). 동일한 어구가 이사야 6:13에 나오며 그 의미도 유사하기 때문이다. 에스라서는 이스라엘의 "남은 자"(예를 들어 스 9:8, 13-15을 보

세 왕은 우상을 성전 안에 안치했으며, 이스라엘 민족은 주변 이교 국가보다도 더 깊이 우상숭배에 빠졌을 정도였다(왕하 21:1-11). 그 결과 이스라엘은 심각한 심판을 겪어야 했다(왕하 21:10-18).

43) 일부 학자는 LXX의 번역 때문에 13b절 마지막 어구가 진본이 아닐 것이라고 의심하지만, 내 견해로는 이 부분은 진본인 것 같다(이 텍스트적 논쟁에 대해서는 Gerhard F. Hasel, *The Remnant* [Berrien Springs, Mich.: Andrews University Press, 1972], pp. 241-244을 보라).

라), "거룩한 씨[자손]"의 상태를 설명한다. 본토로 귀환한 그들의 상태의 특징은 우상숭배였다. 이런 측면에 대해서는 이사야 6:13이 이미 예언했던 바다("하나님이 우리 눈을 밝히사"라는 소망에 대한 언급까지 있는데[스 9:8], 이는 사 6:10 끝 부분인 "그들이 눈으로 보고"의 역전에 대한 소망을 반영하는 듯함).

결국 "거룩한 씨"는 아직 엄밀한 의미에서는 긍정적 함축을 가지지만, 오직 하나님이 이 나라를 우상숭배 하는 주변 나라들부터 구별되는 "그의 씨"가 되도록 선택하셨다는 공식적인 의미에서만 그렇다. 이 거룩한 소명에도 불구하고 이스라엘은 주변 나라처럼 되어버렸다. 비록 이사야서는 도래할 심판 다음에 올 미래의 회복된 이스라엘을 인정하지만, 이 미래의 이스라엘은 과거와는 다른 기반과 형태로 구성될 것이다.[44] 따라서 이사야서는 13a절과 13b절에서 남은 자 사상을 이스라엘이 받는 심판의 크기와 절대성을 강조하기 위해 긍정적이 아니라 부정적으로 사용하고 있다.[45]

이스라엘을 이사야 1:29-31과 이사야 6:13의 불타는 우상숭배의 나무로 묘사하는 목적은, 그들의 처벌이 우상숭배 때문임을 강조하기 위해 그들이 받는 심판을 우상숭배와 연결시키는 것이다. "상수리나무 사이에서 스스로를 정욕으로 불태우는"(사 57:5a) 사람들이 불에 타는 나무처럼 심판

44) 참조. John D. W. Watts, *Isaiah 1-33*, WBC (Waco, Tex.: Word, 1985), pp. 68-77. Watts는 사 6:13의 *maṣṣebet*가 바벨론으로부터 귀환하는 남은 유배자들을 지시한다고 이해한다. 이들은 민족 대다수가 죽었고 우상숭배 때문에 최후의 멸망을 당했음을 지속적으로 일깨워주는 "장례식 기념물"의 역할을 한다는 것이다. 또한 이들 남은 자도 역시 신실치 못하게 되었다.

45) 이 결론을 지지하는 설득력 있는 주장으로는 Sheldon H. Blank, "Traces of Prophetic Agony in Isaiah," *HUCA* 27 (1956): 86-91; Andrew F. Key, "The Magical Background of Isaiah 6:9-13," *JBL* 86 (1967): 198-204을 보라. 또한 Hasel, *Remnant*, pp. 233-250 n. 37도 보라. Hasel은 "밑둥/그루터기" 은유가 의로운 남은 자의 소망에 대해 긍정적 어조를 제공한다고 강력하게 주장하지만, 내 견해로는 별로 설득력이 없어 보인다. 참조. Naftali H. Tur-Sinai, "A Contribution to the Understanding of Isaiah i-xii," *Scripta Hierosolymitana* 8 (1961): 169. 또 다른 부적절해 보이는 주장에 대해서는 Beale, "Isaiah VI 9-13: A Retributive Taunt Against Idolatry," p. 271 n. 39을 보라.

을 당한다는 것은 얼마나 적절한 응보적 역설인가!

우상숭배 하는 이스라엘에 대한 심판은 이사야 17:8-11과 이사야 27:9-11의 우상숭배적 상징물("아세라와 태양 기둥")의 멸망에도 비유된다.[46] 이사야 1장과 6장에 관한 앞의 논의를 기반으로 해서 볼 때, 이사야 2장에 나오는 이스라엘의 우상숭배에 대한 통렬한 비판 가운데서 그 나라를 우상과 암묵적으로 동일시한다는 점이 인식됨은 결코 우연이 아니다(사 2:12-13; 참조. 사 2:8, 18, 20).[47]

주석가 대부분은 이사야 6:13의 "거룩한 씨"라는 어구가 전적으로 긍정적일 수밖에 없다고 생각한다. 하지만 이 어구가 발견되는 구약의 유일한 다른 텍스트인 에스라서에서 이것이 부정적 의미를 가진다는 점은 의미심장하다. 이 사실은 최소한 이사야 6:13에서는 긍정적 의미만이 유일한 논리적 의미라는 가정을 무효화한다. 따라서 컨텍스트에 따라 과연 부정적 의미가 사용되었는지, 아니면 긍정적 의미가 사용되었는지를 직접 결정해야 한다. 컨텍스트 전체에 따른 내 해석에 따르면, 이 구절은 부정적 의미인 것 같다. 또한 이 컨텍스트에서는 "거룩한 씨"를 부정적으로 해석하는 것이 놀랍게 잘 맞아떨어진다.

하지만 이사야서에서 "거룩하다"라는 단어가 주로 긍정적 의미로 사용되었기 때문에, "거룩한 씨"에서도 같은 단어가 긍정적 의미를 가진다는 주장은 나의 결론에 대한 일리 있는 비판이다. 특히 이 견해는 "거룩하다"

---

46) 사 6:11; 17:8-11; 27:9-11이 이스라엘의 "황폐"를 가리키며(참조. 6:11; 17:9의 semama), 6:13; 27:11이 이스라엘의 심판을 불타는 나무들이 당하는 심판에 비유하고 있음에도 주목하라.

47) 사 2장; 시 115편; 135편 사이의 유사성에 주목하라. 또한 사 2장은 "그들의 손의 작품/행위인 우상"(2:8) 및 "그들의 은 우상과 금 우상들"(2:20)을 언급한다. 대체로 주석가들은 이런 이유로, 사 2:12-17의 심판이 임하도록 만드는 근원적 죄가 사 2:18-20의 우상숭배라는 점에 동의한다(E. J. Young, *Book of Isaiah* [Grand Rapids: Eerdmans, 1965], 1:129-30; Delitzsch, *Isaiah*, 1:109-11). 사 2:12-17이 우상숭배라는 좀 더 넓은 컨텍스트에서 이해되어야 한다는 점은 사 2:8-10과 사 2:17-21이 수미상관(*inclusio*)을 형성함을 볼 때 더 명백해진다(이 평행 대구에 주목하라).

가 이사야서의 다른 곳에서 하나님을 "거룩한 분"으로 언급하며 "거룩하다 거룩하다 거룩하다"는 말이 이사야 6:3에 바로 기록되었다는 점에 비추어볼 때 개연성 있어 보인다. 앞의 구절에서 거룩함은 하나님의 속성이다.[48] 여기에 덧붙여 이사야서는 종말에 구속된 남은 자를 "거룩하게 일컬어질" 자라고 언급한다(사 4:3).

"거룩한 씨"를 긍정적으로 해석할 수 있는 또 다른 논점은, 동사형과 명사형(*qādôš*를 포함해서)으로 사용된 "거룩하다"(*qdš*)라는 단어가 이사야서의 다른 곳에서는 대부분 긍정적인 의미로 사용되었다는 점이다(대부분의 경우 하나님과 그의 거룩한 산[성산] 등등을 가리킴). 반면에 "거룩하다"는 단지 여덟 번만 이스라엘을 지시하는 데 사용되며, 그중 다섯 번은 신실한 이스라엘을 가리킨다(사 4:3; 52:1; 62:12; 63:18; 64:10). 하지만 나머지 세 번에서는 불신실한 이스라엘을 "거룩하다"라고 묘사하는데, 이는 의미심장한 용례라고 할 수 있다. 예를 들어 이중 두 번의 동사의 용례는 제사를 지내는 동산에서 우상에게 절을 하면서 스스로를 "거룩하다"고 간주하는 이스라엘의 우상숭배자를 묘사한다!(사 1:29-31과 6:13에서 발견되는 제의적 동산과 똑같은 상황임) 이사야 65:2-5과 66:17은 이렇게 말한다.

> 2내가 종일 손을 펴서 자기 생각을 따라 옳지 않은 길을 걸어가는 패역한 백성들을 불렀나니
> 3곧 동산에서 제사하며 벽돌 위에서 분향하여

---

48) Emerton은 이사야가 다른 곳에서 하나님을 이스라엘의 "거룩한 자"라고 언급하고, 바로 직전인 3절에서는 스랍들이 외치는 소리(이 세 차례 외침은 신적 속성을 나타냄)를 들었다는 사실에 비추어보면서, Hvidberg가 "거룩한"이라는 단어에 제공하는 경멸적 의미의 가능성에 대해 의심한다(Emerton, "The Translation and Interpretation of Isaiah 6:13," p. 102 n. 4). 따라서 "거룩한 씨"를 아도니스 신의 씨나 아도니스 신 자체와 동일시하는 Hvidberg의 견해는 사변적이며 개연성이 없다고 할 수 있다. 내 견해로는 이 단어는 원래 긍정적 의미를 가지지만, 6:13에 사용된 단어는 하나님의 "거룩한 씨"가 되도록 부름 받았지만 타락하게 된 자를 묘사하는 것 같다.

내 앞에서 항상 내 노를 일으키는 백성이라
[4]그들이 무덤 사이에 앉으며 은밀한 처소에서 밤을 지내며
돼지고기를 먹으며
가증한 것들의 국을 그릇에 담으면서
[5]사람에게 이르기를 너는 네 자리에 서 있고 내게 가까이 하지 말라
나는 너보다 거룩함이라 하나니
이런 자들은 내 코의 연기요 종일 타는 불이로다(사 65:2-5, 비일 강조)

[17]**스스로 거룩하게 구별하며** 스스로 정결하게 하고 동산에 들어가서
그 가운데에 있는 자를 따라
돼지고기와 가증한 물건과 쥐를 먹는 자가
다 함께 망하리라 여호와의 말씀이니라(사 66:17, 비일 강조)

여기에 덧붙여 이사야 48:1-8은 "거룩한 성 출신이라고 스스로 부르며" 우상숭배 하는 이스라엘을(5절을 보라) 감각기관 기능장애의 언어와 직접 연결해서 언급한다(48:6-8: "네가 들었으니 이 모든 것을 보라…네가 과연 듣지도 못하였고 알지도 못하였으며 네 귀가 옛적부터 열리지 못하였나니…"). 이사야서의 이런 용법들이 이사야 6:13의 의미를 결정하는 데 도움을 줄 수 있다면, 이런 용법들은 6:13에서 부정적 의미를 읽도록 인도할 것이다.

결론

요약하자면 이스라엘을 귀가 있으나 듣지 못하고 눈이 있으나 보지 못하는 존재로(사 6:9-10), 불타는 나무로(사 6:13a) 묘사하는 표현들은 우상숭배에 대한 은유로 이해하는 것이 가장 좋다. 즉 이런 은유는 이스라엘이 그들의 우상과 같은 방식으로 심판을 당함으로써, 자신의 우상숭배에 대해

처벌받을 것임을 강조하기 위해 이 불순종하는 나라에 적용되었다. 이런 심판의 선언은 우상숭배자가 자신의 우상을 닮기 시작한다는 개념도 포함한다. 즉 우상숭배자는 그의 우상처럼 영적으로 눈멀고 귀먹게 된다. 여기에는 반어법적 조롱, 즉 이스라엘은 우상이 살아 있다고 믿었지만 실제로 그 우상은 생명 없는 저주받은 대상이며, 이스라엘도 그와 똑같이 되었다는 조롱이 담겨 있다. 이런 사실은 이사야 6:13 중반절이 잘 입증해준다. 이 텍스트는 이스라엘이 우상숭배적 상징물(혹은 "제의적 나무 밑동")과 동일시된다고 볼 때 가장 잘 이해된다.[49]

---

49) 사 6:9-13에 대해 지금까지 제시된 분석에 대한 더 심층적인 논의로는 Beale, "Isaiah VI 9-13: A Retributive Taunt Against Idolatry"를 보라. 17년 전에 쓴 이 논문은 사 6장, 특히 9-10절에 대한 새로운 접근이었다. 물론 이 논문 이전에도 13절이 우상숭배의 정황과 관련된다고 주장한 몇몇 학자들이 있었지만 말이다. 여러 신학자들은 신약에서의 사 6장 활용을 지지하기 위해 이 논문에 의지한다(Rikki E. Watts, *Isaiah's New Exodus in Mark* [Grand Rapids: Baker, 1997], pp. 191-192; David W. Pao, *Acts and the Isaianic New Exodus*, WUNT 130 [Tübingen: Mohr Siebeck, 2000], p. 106). 또한 우상숭배에 대한 몇몇 주요한 구약 전문 논문집은 사 6장에 대한 내 해석이 설득력 있다고 인정하며 그들의 논지를 지지하기 위해 내 해석에 의존한다. 그리하여 다시 그들의 전반적 논의가 나 자신의 논지를 강화시키게 된다. 하버드 대학교에서 박사 학위 논문으로 출간된 John F. Kutsko의 *Between Heaven and Earth*(Winona Lake, Ind.: Eisenbrauns, 2000), pp. 137-138을 보라. Kutsko는 내 의견에 동의하면서 "Beale은 사 6:9-13이 이스라엘의 우상숭배에 반대하는 변증을 포함할 수 있음을 세심하고 설득력 있게 주장했다"라고 썼다. 더 강한 어조의 동의로는 Gregory Y. Glazov, *The Bridling of the Tongue and the Opening of the Mouth in Biblical Prophecy*, JSOTSup 311 (Sheffield, U. K.: Sheffield Academic Press, 2001), pp. 126-158을 보라. 또한 내 견해를 지지하는 다른 학자로는 Donald E. Gowan, *Theology of the Prophetic Books: The Death and Resurrection of Israel* (Louisville: Westminster John Knox, 1998), pp. 63, 211 n. 92; E. P. Meadors, *Idolatry and the Hardening of the Heart* [New York: T & T Clark, 2006], pp. 9, 64-65); Knut Holter, *Second Isaiah's Idol-Fabrication Passages*, Beiträge zur biblischen Exegese und Theologie 28 (Frankfurt am Main: Peter Lang, 1993), p. 183; Allen P. Ross, *Recalling the Hope of Glory* (Grand Rapids: Kregel, 2006), p. 325을 보라. 참조. Hugh Williamson, "Isaiah 6,13 and 1,29-31," *Studies in the Book of Isaiah: Festschrift for W. A. Beuken*, ed. J. Van Ruiten and M. Vervenne,

이사야 6장이 표현하는 성경신학적 원리는, 멸망이든 회복이든 간에 우리는 우리가 숭배하는 것을 닮아간다는 것이다. 이사야는 야웨 하나님을 경배하고 그의 거룩함을 반영하여 회복을 얻기를 원했지만, 이스라엘은 자기의 우상들을 숭배하고 그 우상들의 영적인 눈멂음과 귀먹음을 반영하여 멸망을 초래했다.[50)]

이런 개념은 이사야 6장과 또 그와 관련해서 언급된 특정 텍스트에서만 발견되는 사상인가? 이사야 6장의 이 주제는 구약성경의 다른 부분과 어떻게 연결되는가? 다음에 오는 제3-5장에서는 이런 질문에 대한 대답이 논의될 것이다. 내 주장은 이사야서에서 발견되는 원리가 구약과 신약의 다른 부분에서도 발견되며, 그중 몇 가지는 실제로 이사야서를 인용하거나 이사야서에 의해 암시된다는 것이다. 이사야 6장에 있는 우상숭배 개념은, 인용을 통해서든 암시를 통해서든, 그와 연결된 다른 텍스트에서 중요하다. 따라서 이사야 6장에 대해 도달한 이 결론은 나머지 연구, 특히 복음서와 사도행전과 요한계시록에 나오는 이사야 6장 언급에 대한 연구의 토대가 될 것이다.

Bibliotheca Ephemeridum Theologicarum Lovaniensium 132 (Leuven: Leuven University Press, 1997), pp. 122-124에 나오는 미온적 견해도 보라. 또한 *The Book Called Isaiah* (Oxford: Clarendon, 1994), p. 51에 나온 Williamson의 중립적 언급도 참조하라. 내 견해에 동의하지 않는다고 명시적으로 밝힌 글은 아직까지 발견하지 못했다. 물론 서신 교환과 비공식적 대화에서는 내 해석과 의견을 달리한다고 밝힌 소수의 구약학자가 있었다

50) 어떻게 우상숭배자가 자신이 섬기는 우상처럼 되는가를 명확히 아는 것이 중요하다. 여러 다양한 신의 상은 숭배자가 그 신이 그렇게 생겼으리라고 믿는 바를 묘사하지 않는다. 상의 의도는 그 신의 속성과 기능을 묘사하는 것이다. 실제로 하나의 신을 표상하면서 여러 다양한 상을 만들 수 있다(Curtis, "Idol, Idolatry," p. 337을 보라). 따라서 이스라엘의 우상숭배자가 자신이 예배하는 거짓 신의 상처럼 문자적으로 변하는 것도 아니며, 신의 속성이나 기능을 닮아가는 것도 아니다. 우상숭배자는 우상의 성격, 즉 영적으로 생명력이 없다는 속성을 반영하게 된다.

추기: 이사야 6장에 대한 고대 근동 배경의 고찰

이사야가 "입"과 "입술"을 정결하게 씻은 일은 "입 씻기"로 알려진 고대 근동의 의식을 반영하는 듯하다. 이 의식은 이사야의 시대에도 알려져 있었다.[51] 성전 문턱에 선 이사야, 그의 입술을 불로 태운 일, 그의 씻김에 대한 선언("네 악이 제하여졌다")은 우상을 그것들 속에 거하는 신들을 위해 준비시키면서 사용했던 고대 근동의 의식을 패러디한 것 같다. 만일 이 견해가 맞는다면, 이사야 6:1-8의 장면은 당대의 우상숭배 제도에 대한 조롱의 방식이며, 이사야 자신이 참 하나님의 진정한 살아 있는 형상(image)임을 보여준다. 또한 1-8절에 대한 이런 견해는 9-13절에 대한 적절한 도입이 될 수 있다. 앞에서 주장했듯이 이 대목은 이스라엘의 우상숭배에 대한 조롱이다.

이 고대의 의식은 우상을 준비하여 신의 임재를 받아들이는 수단이 되게 하는 과정이었다. 이 의식에서는 우상이 운하 근처의 작업장, 동산, 성전에서 제작되고 난 후[52] 성전의 문으로 운반되어 공식적으로 세워졌을 것이다.[53] 또한 이렇게 세워지는 순간, 신의 살아 있는 정기가 성전에 세워진 상

51) Angelika Berlejung, "Washing the Mouth: The Consecration of Divine Images in Mesopotamia," *The Image and the Book*, ed. K. van der Toorn, Contributions to Biblical Exegesis and Theology 21 (Leuven: Peeters, 1997), pp. 47-49. 또한 Aylward M. Blackman, "The Rite of the Opening of the Mouth in Ancient Egypt and Babylonia," *JEA* 10 (1924): 47-59도 보라. 여기서 Blackman은 입 씻김 의식이 고대 근동에 널리 퍼져 있었으며, 이집트와 메소포타미아에서도 발견된다고 확증해준다.

52) 성전 배경에서의 이 의식의 시작에 대해서는 Berlejung, "Washing the Mouth," p. 49을 보라. 비록 바벨론 버전에서지만, 작업장은 오직 성전 관계자만 들어갈 수 있는 성스러운 공간이었으며, 신상이 성전으로 들어오는 길에 있는 선착장과 동산은 실제로 성전의 일부로 간주되었다.

53) Christopher Walker and Michael B. Dick, *The Induction of the Cult Image in Ancient Mesopotamia*, State Archives of Assyria Literary Texts I (Helsinki: University of Helsinki, 2001), pp. 17, 29-30을 보라. 그중 29-30쪽은 의식의 11단계를 자세히 보여준다. 이 의식과 관련해서 운하, 정원, 성전의 컨텍스트에 대해서는

안으로 들어오면서, 이 의식을 통해 생명이 주어진다고 간주되었다.[54] 비록 신상은 사람의 손으로 만들어졌지만, 사람들은 이 신상을 만든 궁극적인 제작자가 신이라고 믿었다.[55] 씻김 의식을 통해 신상은 입이 열리고 그 입은 신이 말하는 통로가 되었다. 일반적으로 이 의식은 우상의 감각을 깨어나게 만들고[56] 인간의 오감(보고 듣고 냄새 맡고 맛보고 느끼는 감각)이 살아나게 해서,[57] 신상이 사람처럼 되고 신성을 표상하게 만든다고 여겨졌다.[58] 이런 측면에서 신상은 신비스러운 방법으로 신을 제한 없이 표상하게 된다고 할 수 있다. 이렇게 이 신은 초월적 상태에 있게 된다. 따라서 신상은 신성을 구체화하면서 일종의 신현처럼 되었다.[59] 그러므로 이 씻김 의식은

Christopher Walker and Michael B. Dick, "The Induction of the Cult Image in Ancient Mesopotamia: the Mesopotamian *mīs pî* Ritual," *Born in Heaven, Made on Earth*, ed. Michael B. Dick (Winona Lake, Ind.: Eisenbrauns, 1999), pp. 98-99을 보라.

54) 예를 들어 Ibid., p. 21을 보라.

55) Berlejung, "Washing the Mouth," pp. 55-71.

56) Ibid., p. 30.

57) Ibid., pp. 19-20. Walker and Dick, "The Induction of the Cult Image in Ancient Mesopotamia," p. 99도 보라. 한 아카드어 텍스트는 성스러운 대상의 정화 의식에 대해 이렇게 주장한다. "입 열기 의식이 없이는 이 [상]은 냄새도 못 맡고 음식도 못 먹고 물도 마시지 못한다"(Erich Ebeling, *Tod und Leben nach den Vorstellung der Babylonier* [Berlin: Walter de Gruyter, 1931], p. 120). "Rite of the Opening of the Mouth," p. 55도 보라. Ebeling은 이집트의 입 열기 의식이 "신상의 입뿐만 아니라 눈과 귀도 열어주며, 실제로 신상에게 살아 있는 사람의 기능을 부여한다고 간주되었다"라고 썼다. 하지만 시 115:5-7은 이런 종류의 언급에 대한 대립 명제다. "입이 있어도 말하지 못하며 눈이 있어도 보지 못하며 귀가 있어도 듣지 못하며 코가 있어도 냄새 맡지 못하며 손이 있어도 만지지 못하며 발이 있어도 걷지 못하며 목구멍이 있어도 작은 소리조차 내지 못하느니라."

58) Berlejung, "Washing the Mouth," p. 63.

59) Thorkild Jacobsen, "The Graven Image," *Ancient Israelite Religion*, ed. P. D. Miller, P. D. Hanson, and S. D. McBride (Philadelphia: Fortress, 1987), pp. 22-23. Berlejung, "Washing the Mouth," p. 61도 보라. 이집트인들은 태양신 레(Re)가 다른 하위 신들에게 힘을 주어 신전 안에 세워진 석상 속으로 들어가게 한다고 믿었다 (E. A. Wallis Budge, *Book of the Dead* [New York: Barnes & Noble, 1951], pp.

신상을 정화시켜 전이된 신의 본질이 거주할 수 있는 적합한 장소가 되게 하며,[60] 그 신상이 "지상 세계와 신들의 세계 사이를 접촉할 수" 있도록 했다.[61] 이런 식으로 신상은 신들의 회합에 끼게 되었다.[62]

"입을 씻는" 의식은 대체로 다음과 같은 세 단계의 패턴을 따랐다. (1) 분리: 생명력 없는 재료라는 현재 상태에서 신상을 분리시킴. (2) 재형성: 그 신상을 새 신분에 맞게 다시 만듦. (3) 재도입: 새로워진 변화된 신적 존재 상태로 신상을 재도입함.[63] 때때로 신이 말했다고 하는 "내가 누구를

164-166). 피라미드 시대에 새겨진 한 비문에 따르면 창조주 프타(Ptah)는 "[하위] 신들을 만들고…신들을 신성한 곳에 세웠다.…그가 신들의 성스러운 장소를 장식했고 신들의 몸의 형상을 만들었다.…그런 다음 신들은 온갖 나무와 돌과 금속으로 된 그들의 몸으로 들어갔다"(James H. Breasted, *Development of Religion and Thought in Ancient Egypt* [New York/ Evanston: Harper & Row, 1959], p. 46. 참조. Budge, *Book of the Dead*, pp. 72, 82, 87, 93-94, 98, 102, 106, 304). 마찬가지로 J. Richard Middleton, *The Liberating Image* (Grand Rapids: Brazos, 2005), pp. 108-111도 보라. Middleton은 파라오가 신의 형상이라고 언급되며 따라서 신의 임재가 인간의 형상을 통해 드러났음을 보여주는 다양한 사례를 든다.

60) Walker and Dick, "Induction of the Cult Image in Ancient Mesopotamia," pp. 100-101. 람세스 3세(주전 1195-1164)는 태양신 레의 신전에서 자신이 "금은과 온갖 값진 돌로 신비스러운 형태의 신들을 만들었다"라고 말했다(James H. Breasted, *Ancient Records of Egypt* [New York: Russell & Russell, 1906], 4:143 § 250; 람세스 3세에 대해서는 4:114 § 190을 보라. Ibid., 4:15 § 26과 491 § 958K도 참조하라).

61) Berlejung, "Washing the Mouth," p. 45.

62) Ibid., p. 63.

63) Ibid., p. 29; p. 30도 보라. 어떤 신상이 외국 군대에 실려가면, 해당하는 신은 신상과 함께 이동한다고 믿었다. A. Leo Oppenheim, *Ancient Mesopotamia* [Chicago: University of Chicago Press, 1964], 1964), p. 184에서는 우상이 주술 의식을 통해 생명을 부여받는 성전 의식이 묘사된다. 예를 들어 이 우상은 눈과 입이 열려 보고 먹을 수 있게 된다(Ibid., p. 186). 현재 남아 있는 우상에게 바친 기도문에는 기원자가 신의 속성을 반영하도록 은혜를 줄 것을 요청하는 부분이 포함되어 있다. 이것은 이사야가 변화되어 하나님의 영광스러운 거룩함을 닮는 것과 놀랍게 유사하다. "당신의 밝음을 구합니다. 내 얼굴이 환히 빛나게 하시옵소서. 당신의 다스림으로 향합니다. 그 다스림이 내게 생명과 복이 되게 하소서. 나도 당신 앞에 있는 것 같은 은총의 쉐두(*shedu*)를 갖게 해주시고, 당신 뒤에 있는 것 같은 라마쑤(*lamassu*)를 갖게 해주소서. 내가 당신의 오른손으로 번영을 거두게 하소서"(Henry W. F. Saggs, *The Greatness That*

보낼꼬"라는 말이 그 신상과 관련해서 사용된다.[64] 이렇게 일단 신상이 성전 안에 세워지고 신의 임재를 통해 살아나면, 이 신상은 법정이나 궁정의 결정을 포함해서 모든 계시를 신으로부터 전달하는 역할을 한다. 이 신상 앞에서 재판의 다양한 결과가 마치 신탁처럼 제시되었으며, 그 자리를 주관하는 사제가 선고를 선포했다. 사제는 결정을 나타내 보이기 위해 신상의 부분들을 조작하기도 했다.[65]

이사야가 하늘 성전의 문턱 또는 문으로 인도되어 입이 씻기고 정결하게 되었다("사함 받았다")고 선포되는 이 의식은 앞에서 소개한 고대 근동의 관습을 패러디한 것 같다. 이는 이사야 6:9-13의 나머지 부분에 대한 적절한 도입일 수 있다. 9-13절은 이스라엘이 우상을 제사하는 것에 대한 통렬한 문학적 조롱이다. 이 텍스트는 이스라엘이 우상처럼 되었다고 조롱한다.[66] 실제로 똑같은 변증적 방식이 시편 115:3-8에도 사용되고 있

Was Babylon [London and New York: Princeton University Press, 1962], p. 238에서 재인용). 다른 예로는 James B. Pritchard, *Ancient Near Eastern Texts*, 3rd ed. (Princeton, N. J.: Princeton University Press, 1969), pp. 349, 352, 356을 보라. 참조. Oppenheim, *Ancient Mesopotamia*, p. 202.

64) Graham Cunningham, "*Deliver Me from Evil*," Studia Pohl: Series Major; Dissertations Scientificae de Rebus Orientis Antiqui 17 (Rome: Pontifical Biblical Institute, 1997), pp. 121-122. 여기서 Cunningham은 주로 "내가 누구를 보낼꼬" 형식으로 된, 질병 치료를 위한 수많은 주문을 열거한다. 또한 이 주문들이 "신상의 입을 여는" 의식과 밀접히 연결되어 외워졌다는 증거를 제공한다(pp. 162-163, 171). 실제로 이것은 앞서 언급한 입 씻김 의식과 동일한 것 같다. 여기에 대해서는 Walker and Dick, "Induction of the Cult Image in Ancient Mesopotamia," p. 102을 보라.

65) William W. Hallo and William K. Simpson, *The Ancient Near East* (Fort Worth, Tex.: Harcourt Brace, 1998), p. 285.

66) Victor Hurowitz, "Isaiah's Impure Lips and Their Purification in Light of Akkadian Sources," *HUCA* 60 (1989). 39-89은 사 6:1-8에 대한 다른 종류의 고대 근동의 평행 구절을 제시한다. 특별한 응답을 바라는 기도의 컨텍스트에서 의식 집행자는 신들을 위해 의자를 준비하고 자기 입을 정결하게 하며 "나는 깨끗합니다"라고 선언한 뒤 의식을 이어간다. 그후 집행자들은 사법적 성격을 가지는 천상의 회의에 참여하게 된다. 이 모든 것은 사 6장의 환상에도 나오는 요소다. Hurowitz의 주장은 분명히 타당해 보인다. 주문을 외는 기도와 관련해서 Cunningham의 증거가 보여주듯[앞 각

다. 이사야 6장의 요점은, 예언자 이사야가 이방의 부정한 우상으로 오염됨으로써 결코 씻을 수 없는 우상처럼 되었던 이스라엘로부터 빼내어졌다는 것이다. 이사야는 참 하나님의 진정한 하늘 성전 안으로 이끌림을 받았다.[67] 이 하늘 성전 가운데서 이사야는 천상 회의의 구성원에 의해 씻김 의식을 받고 비로소 그 회의에 참여하게 되었다. 그리하여 이사야의 존재 전체가 하나님의 성령과 그의 임재로 충만하게 되고 변화되어 참된 하나님을 반영하게 되었다. 따라서 그는 하나님이 원래 의도하셨던 사람으로서 그분의 형상이 되었다.[68] 비록 완전하지는 못하지만, 거룩함과 정화되고 살아 있는 하나님의 형상으로 변화한 표상이 되고 그분의 대변인이 된 것이다. 따라서 하나님의 천상 회의에서 "누가 우리를 위해 갈꼬?"라는 음성이 들려 왔을 때 이사야는 그 부름에 대해 "내가 여기 있나이다 나를 보내소서"라고 대답할 수 있었다. 그리하여 하나님의 참되고 살아 있는 형상인 이사야는 이스라엘에 대한 심판을 집행하는 그분의 대리인이 된다. 이 심판을 통해 이스라엘은 더욱더 생명 없고 거짓된 우상처럼 변하고, 우상

주 64)을 보라], 이 두 배경은 다양한 수준으로 합쳐진 것 같다. 또한 질병 같은 특정 사안을 위해 주문 기도와 함께 행하는 입 씻김 의식에 대해서는 Blackman, "Opening of the Mouth in Ancient Egypt and Babylonia"를 보라. "입 씻김" 배경은 9-10, 13절의 우상의 형상의 컨텍스트에 비추어볼 때 현존하는 것 같다. 또한 환상 속에서 이사야가 성전 안에 자리 잡고 있었으며, 하나님의 거룩한 형상을 반영하도록 변화되었다는 점 때문에도 이 배경은 현존하는 듯하다.

67) 좀 더 정확히 말해 사 6장의 환상에서는 천상 성전과 예루살렘의 지상 성전 사이에 상당한 중복이 존재한다(예를 들어 Hugh G. M. Williamson, "Temple and Worship in Isaiah 6," *Temple and Worship in Biblical Israel*, ed. John Day [London and New York: T & T Clark, 2005], pp. 123-126을 보라. Williamson은 지상 성전에 초점을 두고 있지만 말이다). 이스라엘의 지상 성전은 천상 성전의 반영으로(또한 천상 성전의 연장인 지성소로) 여겨졌기 때문에 이는 당연하다(Beale, *The Temple and the Church's Mission*, pp. 26-60).

68) 창 1:26에 대한 배경으로서, 신성과 그의 이미지(형상) 사이의 밀접한 단일성을 창조하기 위해 신성한 영이 우상에게 거한다는 개념에 대해서는 G. J. Wenham, *Genesis 1-15*, WBC (Waco, Tex.: Word, 1987), 1:31을 보라.

숭배를 그만두기를 완고하게 거절한다.[69]

최근에 글라조프(G. Y. Glazov)는 이사야 6장의 배경으로 고대 근동의 "입 열기" 의식이 있다는 주장을 검토·평가한 바 있다. 대체로 그는 앞의 주장에 동의했다.[70] 하지만 글라조프는 이것이 직접적이기보다는 간접적 영향이라고 본다. 왜냐하면 이사야가 고대 근동의 배경을 종합한 후 변형했음을 보여주는 몇몇 의미심장한 차이점이 존재하기 때문이다.[71] 또한 글라조프는 과거에 주장된 메소포타미아의 배경보다는 이집트의 입 열기 의식이 훨씬 구체적으로 이사야 6장과 유사하다고 제안한다.[72] 글라조프는 이사야 6:9-13의 우상숭배 논쟁에 대한 내 분석을 인용해서, 고대 근동의 우상 패러디가 이사야 6:5-8에도 있음을 증명한다.[73] 마찬가지로 6:5-8의 우상 배경에 대해 그가 제시하는 다음과 같은 증거는 나 자신의 논지를 강화시켜주기도 한다. "이사야 6:9-10이 '우상숭배에 대한 응보적인 조롱'이라면, 여기서 백성은 (외국의) 우상숭배 제사를 지내고 그 제사 때문에 필수적이 된 입 씻김과 입 열기 의식을 집행한 일에 대해 책망받고 있다(참조.

69) 동료 John Walton이 자신의 미출간 논문("Interpreting the Bible as an Ancient Near Eastern Document")을 내게 읽어보도록 해준 데 대해 감사한다. 이 논문은 고대 근동 배경에 대해 새롭게 깨닫는 기회를 주었으며, 사 6장과 관련해서 앞서 인용한 다양한 2차 자료를 알려주었다.

70) Glazov, *Bridling of the Tougue*, pp. 115-126과 pp. 361-383을 보라. 여기서 Glazov는 메소포타미아와 이집트의 입 열기 의식에 관한 텍스트를 상당히 많이 열거한다. 또한 이 자료 중 몇 가지는 성경과 성경 이후의 유대교 자료에 반영되어 있다.

71) Ibid., pp. 120-126. 예를 들어 입을 여는 의식은 긍정적 사명을 가져오는 반면에, 이사야서에서 이 의식은 9-13절의 멸망의 사명을 가져온다. 여기에 덧붙여 또 다른 변화는, 이사야서에서 선지자의 부정한 입술은 고대 근동의 배경에서처럼 단순한 제의적 언급일 뿐 아니라 윤리적 성격도 내포한다는 점이다.

72) Ibid., pp. 121-122. 이 점과 관련해서는 이집트 신왕국의 "입 열기 의식" 집행을 보라. 이 의식에서는 불뱀 막대기가 주체의 입술에 닿으면서 그에게 생명을 주는 능력뿐 아니라 죽음을 다루는 능력도 제공한다. 그래서 이 주체는 신들의 회의에 참여할 자격을 가지게 된다. 여기서 사 6:5-8과의 평행성은 명백하다.

73) Ibid., pp. 126-129, 133, 143-45, 153-54, 158-59, 336, 380.

2:6-9)." 또한 "그렇게 함으로써 그들은 이교적 우상숭배의 마비시키고 오염시키는 에토스 가운데로 빠져들었다."[74)]

지금까지 우리는 우상이 그것이 표상하는 신의 모습으로 되어 있음을 살펴보았다. 마찬가지로 여기서는 왕이 다양한 신의 형상이라는 고대 근동의 개념이 일반적 배경을 형성하는 듯하다. 인류를 대표하는 왕 같은 인물로서 아담이 하나님의 형상이며 그분과 같았듯이, 고대 근동의 인간 왕은 신의 모습과 같고 그럼으로써 신의 형상과 하나라고 믿어졌다.[75)] 우상숭배 하는 이스라엘인은 자신이 참 하나님의 형상이라고 생각했을 것이다. 왜냐하면 자신은 우상을 숭배함으로써 하나님을 배척한 적이 없으며, 이런 우상숭배가 야웨에 대한 예배와 일치한다고 생각했기 때문이다. 따라서 이것은 그가 스스로 이스라엘의 하나님의 형상을 반영한다고 믿었음을 함축한다. 그는 자기가 예배하는 다른 신의 모습도 어떤 식으로든 닮으리라고 생각했을 것이다. 하지만 사실상 그는 참 하나님을 배척했으며, 그분이 정하신 대로 그분을 닮아가지 않았다. 대신 그는 다른 신처럼 되어가고 있었다. 그러나 실제로는 스스로 믿고 있는 것처럼 변해간 것도 아니었다. 우상숭배자는 자기가 숭배하는 우상처럼 생명 없는 상태로 가고 있었다. 그럼에도 그는 자기가 그 신의 생명을 가지고 있다고 잘못 생각했다.

하박국 2:18-20은 이사야서와 약간 유사한 방식으로, 참된 성전에 계신 참 하나님과 대조되는, 우상의 전에 안치된 거짓 우상의 제작을 이야기한다.

[18]새긴 우상은 그 새겨 만든 자에게 무엇이 유익하겠느냐

74) Ibid., pp. 129, 159. Glazov는 336쪽에서 내 저술과 자신의 저술과 관련해서 전반적 논의의 훌륭한 요약을 제공한다.

75) 증거로는 Middleton, *Liberating Image*, pp. 108-118, 특히 메소포타미아 자료를 보라.

부어 만든 우상은 거짓 스승이라
만든 자가 이 말하지 못하는 우상을 의지하니
무엇이 유익하겠느냐
19나무에게 깨라 하며 말하지 못하는 돌에게 일어나라 하는 자에게 화 있을진저
그것이 교훈을 베풀겠느냐
보라 이는 금과 은으로 입힌 것인즉
그 속에는 생기가 도무지 없느니라
20오직 여호와는 그 성전에 계시니
온 땅은 그 앞에서 잠잠할지니라 하시니라

여기서도 우상은 생기(즉 생명)가 없다고(말도 못하고 숨도 쉬지 못한다고) 묘사된다. 우상은 "거짓 스승"이다. 그것을 만든 자와 그것에게 절하는 자는 신이 그 우상을 통해 말하고 가르친다고 믿는다. 그러나 실제로 신상은 텅 비어 있다. 이처럼 손으로 만든 우상 "작품"을 "의지하는 것"과 "거짓 스승"인 우상의 교훈을 따르는 것은 잘못된 길로 들어서는 것이며, 귀신(마귀)의 가르침을 좇는 것이다. 왜냐하면 귀신이 우상 속에 거하기 때문이다(나중에 귀신과 우상의 연관성을 증명할 것이다). 이런 개념은 예수님이 하신 다음과 같은 말씀과 유사하다. "맹인이 맹인을 인도할 수 있느냐 둘이 다 구덩이에 빠지지 아니하겠느냐 제자가 그 선생보다 높지 못하나 무릇 온전하게 된 자는 그 선생과 같으리라"(눅 6:39-40). 이 말씀은 우상을 스승(즉 교훈하는 자)으로 존숭하는 자에게도 적용된다. 자신의 우상숭배와 관련해서 부분적으로 이스라엘은 "여호와의 길은 바르지 않다"라고 말했다. 여기에 대해 하나님은 "올바르지 않은 것은 그들 자신의 길이다"라고 대답하신다(참조. 겔 18:25, 29과 18:24과 함께 보라. 이 구절은 우상숭배의 부분적인 죄악이 "가증하다"라고 한다. 또한 겔 33:17, 20과 33:25-26도 보라). 잠언이 말하듯 "어떤 길은 사람이 보기에 바르나 필경은 사망의 길"이다(잠 14:12; 16:25). 우상숭배자는 우상이 더 위대한 삶과 번영을 제공하리라고 믿었다. 하지만 그가 물려받는 것

은 오로지 죽음과 허무, 즉 영적으로 죽어 있고 비어 있는 우상처럼 되는 일뿐이었다. 대조적으로 "거룩한 성전에는" 참되고 살아 계신 하나님이 있다. 그분은 진짜로 말씀하신다. 그분을 참으로 예배하는 자들은 그분이 모든 것에 대한 참 스승이기 때문에, 그분 앞에서 할 말이 없어질 것이다(합 2:20). 하지만 이렇게 할 말이 없어 입을 다물고 있는 인간 대변자들의 입을 하나님이 여실 때, 그들은 심판의 말이든 축복의 말이든, 오로지 하나님의 말씀만을 하게 된다(참조. 사 6:5-9; 겔 33:22-23).

제3장

우상숭배자가 우상처럼 되는 일: 구약성경 다른 곳의 증거

우리가 자신이 흠모하는 것을 닮는다는 사상은 이사야 6장(과 이 장과 연관해서 논의했던 구약의 다른 텍스트들)뿐 아니라 구약 성경의 다른 대목에서도 등장한다. 제3장과 제4장은 구약성경의 나머지 부분이 어떻게 사람이 그가 절하고 예배하는 우상처럼 된다는 사상에 기여하는지를 검토할 것이다. 먼저 이사야 6:9-10과 신명기 29:4(MT=29:3) 사이의 연관성을 간략하게 살피면서, 우상숭배에 관한 이사야의 생각이 이스라엘의 첫 세대와 두 번째 세대의 우상숭배 죄악으로부터 유래한다는 점을 제시하고자 한다. 그런 다음 광야에서 벌어진 이스라엘의 우상숭배라는 가장 끔찍한 죄—시내산에서 금송아지를 예배했던 일(출 32장)—를 연구하도록 하겠다. 제3장의 나머지 부분에서는 시편 106편과 호세아서와 예레미야서를 통해 이 죄에 대한 후기 구약성경의 성찰을 살펴볼 것이다. 이 텍스트 중 일부는 이스라엘의 초기 우상숭배의 죄와 후대의 우상숭배 사이에 있는 연관성을 이끌어낸다. 또한 후대 이스라엘에서 벌어졌던 연관된 다른 죄도 언급될 것이다. 그런 다음 제4장에서는 우상숭배의 죄악을 에덴동산에까지 소급해서 추적하도록 하겠다.

신명기

이사야 6:9-10은 신명기 29:4(MT=29:3)을 암시한다(도표 3.1.을 보라).

신명기 29:4(MT=29:3)	이사야 6:9-10
그러나 깨닫는 마음과 보는 눈과 듣는 귀는 오늘 여호와께서 너희에게 주지 아니하셨느니라	여호와께서 이르시되 가서 이 백성에게 이르기를 너희가 듣기는 들어도 깨닫지 못할 것이요 보기는 보아도 알지 못하리라 하여 이 백성의 마음을 둔하게 하며 그들의 귀가 막히고 그들의 눈이 감기게 하라 염려하건대 그들이 눈으로 보고 귀로 듣고 마음으로 깨닫고 다시 돌아와 고침을 받을까 하노라

도표 3.1. 신명기 29:4과 이사야 6:9-10 비교

신명기 29:4과 이사야 6:9-10에 공통적으로 나오는 단어들은 이사야가 신명기를 암시하고 있을 가능성을 보여준다.[1] 신명기 29:3(MT=29:2)은 이스라엘의 첫 세대와 그 자식들을 향해 이렇게 말한다. "[애굽과 광야의 여정 중에서] 곧 그 큰 시험과 이적과 큰 기사를 네 눈으로 보았느니라." 그런 다음 29:4에는 정신을 번쩍 들게 하는 충격적인 진술이 이어진

1) Martin Luther, *Luther's Works*: vol. 9, *Lectures on Deuteronomy* (St. Louis: Concordia, 1960), p. 272을 보라. 루터는 "이 대목에서 사 6:10과 같은 예언들이 취해졌음이 분명하다"라고 말한다. Walter Brueggemann은 신 29:4이 "사 6:9을 상기시킨다"라고 보고 있다. Walter Brueggemann, *Deuteronomy*, Abingdon Old Testament Commentaries (Nashville: Abingdon, 2001), p. 261. 마찬가지로 F. Hesse, *Das Verstockungsproblem in Alten Testament*, BZAW 74 (Berlin: A. Töpelmann, 1955), pp. 61, 74과 Craig A. Evans, *To See and Not Perceive*, JSOTSup (Sheffield, U. K.: Sheffield Academic, 1989), pp. 50-51도 신명기가 사 6장에 의존한다고 본다. 신명기의 저술 시기를 포로기 이후로 잡는다면, 신명기가 이사야서에 의존한다고 볼 수도 있다. 반면에 나는 신명기가 이사야서보다 앞서며 따라서 이사야서가 신명기에 의존한다고 본다.

다. “그러나 오늘날까지 여호와께서 너희에게 깨닫는 마음과 보는 눈과 듣는 귀는 주지 아니하셨느니라.” 왜 주지 않으셨을까? 이것은 이스라엘 백성의 영적인 무능을 가리킬 수 있지만, 문제는 왜 이런 무능력을 표현하기 위해 특정한 단어를 사용하는가 하는 것이다. 왜냐하면 고린도전서 10:7이 말하듯이, 이 첫 세대의 특징이 바로 우상숭배였기 때문이다. “그들 가운데 어떤 사람들과 같이 너희는 우상숭배 하는 자가 되지 말라.” 신명기 4:28은 우상이 “눈과 귀” 및 다른 특징을 가지지만 실제로 지각 능력이 없다고 말한다. 놀랍게도 신명기 28-29장은 4장에 나오는 앞의 언급을 발전시키고 있다(도표 3.2.을 보라).

신명기 28-29장에 나오는 후속적 발전의 요점은 다음과 같다. 즉 보고 듣는 감각기관이 작동하지 않는(신 4:27-28) 생명력 없는 우상의 특징이, 이 죽은 우상을 숭배하는 자들에게 전달된다는 것이다.[2] 이것은 우상을 묘사하는 감각기관 기능장애의 이미지가 이제는 광야를 통과한 현재 세대와 장래 세대의 이스라엘의 우상숭배자를 묘사한다는 점을 보여준다(신 28:65; 29:4).[3]

2) *Midr. Rab. Ex.* 42:3은 금송아지 사건(출 32:7)에서 우상숭배를 통해 “스스로 부패한” 이스라엘을 해석하면서 “이스라엘이 생명을 버리고 죽음을 선택했다”라고 설명한다. 그리고 이를 증명하기 위해 시 115:5, “그것들에게 눈이 있어도 보지 못하며”를 인용한다.

3) “떠는 마음”과 “쇠한 눈”에 대한 언급은 공포감뿐만 아니라 영적 시각기관들이 무너져 내리는 데서 오는 두려움을 가리키는 듯하다. 이런 점은 65절의 “눈이 쇠하고”라는 묘사와 신 29:4의 “깨닫는 마음과 보는 눈과 듣는 귀는 오늘 여호와께서 너희에게 주지 아니하셨느니라”라는 언급에 선명하게 표현된다. 이것은 신 28:25의 발전인 것 같다. 마찬가지로 신 28:28-29도 야웨가 우상숭배 하는 이스라엘을 “맹인이 어두운 데서 더듬는 것처럼” 눈멀게 만듦으로써 징벌하신다고 묘사한다.

신명기 4:27-28	신명기 28-29장
여호와께서 너희를 여러 민족 중에 흩으실 것이요 여호와께서 너희를 쫓아 보내실 그 여러 민족 중에 너희의 남은 수가 많지 못할 것이며 너희는 거기서 사람의 손으로 만든 바 보지도 못하며 듣지도 못하며 먹지도 못하며 냄새도 맡지 못하는 목석의 신들을 섬기리라	여호와께서 너를 땅 이 끝에서 저 끝까지 만민 중에 흩으시리니 네가 그곳에서 너와 네 조상들이 알지 못하던 목석 우상을 섬길 것이라 그 여러 민족 중에서 네가 평안함을 얻지 못하고 여호와께서 거기에서 네 마음을 떨게 하고 눈을 쇠하게 하고 정신을 산란하게 하시리니[a](신 28:64-65) 그러나 깨닫는 마음과 보는 눈과 듣는 귀는 오늘 여호와께서 너희에게 주지 아니하셨느니라… 너희가 또 그들 중에 있는 가증한 것과 목석과 은금의 우상을 보았느니라 [MT=29:4] 너희 중에 남자나 여자나 가족이나 지파나 오늘 그 마음이 우리 하나님 여호와를 떠나서 그 모든 민족의 신들에게 가서 섬길까 염려하여 독초와 쑥의 뿌리가 너희 중에 생겨서…(신 29:4, 17-18)[b]

a) 점선으로 된 밑줄은 개념상의 평행 구절을 나타낸다.

b) 신 4:25-31의 핵심 구절("스스로 부패하여", "네 하나님 여호와 앞에 악을 행함으로", "그의 노를 일으키면", "사람의 손으로 만든 바")은 신 31:29에 나오는 장래의 이스라엘의 우상숭배자에 대한 묘사를 암시한다. 이는 신 4장이 28-32장에 연결되어 있음을 다시 한 번 보여준다(Jean-Pierre Sonnet, *The Book Within the Book: Writing in Deuteronomy*, BIS 14 [Leiden: Brill, 1997], pp. 169-170).

도표 3.2. 신명기 4:27-28과 신명기 28-29장 비교

따라서 이스라엘의 광야 세대조차도 우상을 숭배했고 또 그것을 닮아 가는 것으로 묘사되었다. 마찬가지로 이사야 시대의 세대도 우상에게 헌신했으며 우상처럼 변해갔다. 이것이 이사야 6:10 안에 있는 신명기 29:4의 암시가 보여주는 요점이다. 이사야 6장과 광야 세대 사이의 연결성은 이사야 6:2-6에 나오는 광야 세대에 대한 몇 가지 암시를 보면 더 잘 알 수 있다.[4] "이사야 6장은 광야 기사(출 15-17장; 민 11-21장)를 배경으로 작성되었는데", 이것은 한편으로는 이사야 당대의 이스라엘이 광야 세대처럼 "애굽의 우상에 빠져들었음"을 지시하기 위해서이고, 또 다른 한편으로는 이사야가 이스라엘을 향해 모세와 유사한 사역을 했음을 나타나기 위해서다. 이런 점은 충분히 분별되는 내용이다.[5] 이런 부수적 배경을 보면 이사야 6:9-10에 신명기 29:4에 대한 암시가 나오는 것이 적절함을 알 수 있다.

그러므로 신명기 29:4은 이스라엘의 광야 세대가 왜 출애굽과 그들이 보았던 하나님의 계시에 적극적으로 호응하지 않았는가 하는 이유를 설명해준다(신 29:2[MT=29:1]). 신명기 29:4은 이스라엘의 첫 세대와 다음 세대에 대한 예언자적 경고와 연결된다(신 29:14-15[MT=29:13-14]). 이스라엘

---

4) 이 암시들에 대해서는 논의할 지면이 모자라므로 다음을 참조하기 바란다. Gregory Y. Glazov, *The Bridling of the Tongue and the Opening of the Mouth in Biblical Prophecy*, JSOTSup 311 (Sheffield, U. K.: Sheffield Academic Press, 2001) pp. 133, 143, 146, 157-158, 161. Glazov는 이 암시들을 제시했으며 그 타당성을 논증했다. 특히 그는 다음과 같은 세 가지 암시를 본다. (1) 사 6:6의 "불타는 숯불"=민 16:46(MT=17:11). (2) 사 6:3에 나오는 세 번의 "거룩하다" 창화=미 14:21에 나오는 응답 송가. 이 말씀 바로 다음에는 원망에 대한 심판이 뒤따르는데(민 14:27, 29), 이 말씀은 세 차례의 창화와 응답 송가에 대해, 입술의 죄악에 대한 심판 신탁이라는 함의를 제공한다. (3) 사 6:5-7의 스랍들의 역할=민 21:5-7과 장대 꼭대기에 달린 불뱀(들). Glazov의 주장의 타당성을 음미하기 위해서는 그의 주장 전체를 읽을 필요가 있다. 그가 제공하는 가장 명확한 암시는 사 6:3에 있는 민 14:21의 사용 용례다. 이 사용에 대해서는 다른 학자들도 관찰한 바 있다.

5) 각각 Ibid., pp. 161, 148, 161.

은 야웨의 언약에 충성하라는 권고를 반복해서 받는다. 하지만 이 권고는 단순히 일반적 형식으로 되어 있다. 일반적 형식이란, 예를 들어 "야웨에게 순종하고 그의 모든 계명들을 준수하라"(신 30:8; 참조. 신 29:9[MT=29:8], 29[MT=28]; 30:2, 6, 10, 11, 16, 20; 31:12-13; 32:46) 같은 것이다. 반면에 같은 컨텍스트에서 이스라엘이 언약을 깨뜨리지 말라는 경고받을 때, 어떤 위협은 일반적이지 않고 좀 더 구체적이다. 즉 예외 없이 이 위협은 언약 조항들 중 특히 우상숭배를 금지하는 부분을 깨뜨린 일에 대한 경고 형식을 취한다(참조. 신 29:17-20[MT=29:16-19], 26[MT=25]; 30:17-18; 31:16-18, 20; 32:12, 15-18, 21, 37-39). 이것은 충격적인데, 왜냐하면 다른 많은 금지 사항(예를 들어 가난한 자들에 대한 압제, 간음, 도적질, 거짓 예언 등등)이 언급될 수 있음에도 불구하고 유독 우상숭배 부분이 거론되기 때문이다.

사실상 이 예언적 위협은 (출애굽)첫 세대와 이후의 모든 세대에게 적용된다. 이 점은 신명기 31:26-29; 32:1-43에 선명하게 나타난다. 그 첫 세대는 그들의 후손과 더불어 우상숭배자로 확인되며, 따라서 이후의 모든 언약적 저주가 그들에게 임하리라고 예언적으로 선포된다. 신명기 29:4의 감각기관 기능장애에 대한 은유적 표현이 이사야서의 여러 곳과 시편 115편; 135편에서 관찰되는 내용과 평행하는 방식으로, 광야 세대의 우상숭배자와 본래적으로 연결되어 있는 것은 아닐까? 이사야 6:9-10이 신명기 29:4과 의도적인 암시의 방식으로 문학적으로 연결된다는 일반적 인식에 비추어볼 때, 이 질문에 대해서는 그렇다고 답할 수 있다. 실제로 시편 115:4-8(시 135:15-18)도 신명기 4장과 29장을 암시하는 것 같다.[6] 앞

---

6) 제2장에서 지적했듯이, 시 115편이 포로기 이전의 후대에 속하는지, 포로기 이후에 속하는지에 대해서는 논란이 있다. 대부분의 학자는 시 135편이 포로기 이후의 저술이라고 이해한다. 또한 대부분의 비평학자들은 신명기를 포로기 이후의 저술로 본다. 그럴 경우 이 시편들이 신명기에 의존하는지, 아니면 신명기가 이 시편들에 의존하는지 알기가 어렵다. 내 견해는 신명기가 포로기 이전에 속하며, 시편들은 신명기를 암시한다는 것이다. 만일 신명기가 시편들보다 후대에 속한다면, 신명기가 이 시편 둘 다나 어느 한 편에 의존하게 되며, 이스라엘의 첫 세대가 그들의 생명 없는 우상처럼 변화했다고 묘사하는

에서 보았듯이 이 시편 부분은 신명기서 자체와 문학적으로 연결되는데, 왜냐하면 이 대목은 신명기의 발전이기 때문이다.

신명기 4:28; 29:4, 17	시편 115:4-7(=시 135:15-18)
너희는 거기서 사람의 손으로 만든 바 보지도 못하며 듣지도 못하며 먹지도 못하며 냄새도 맡지 못하는 목석의 신들을 섬기리라(신 4:28)	그들의 우상들은 은과 금이요 사람이 손으로 만든 것이라
그러나 깨닫는 마음과 보는 눈과 듣는 귀는 오늘 여호와께서 너희에게 주지 아니하셨느니라(신 29:4)	입이 있어도 말하지 못하며 눈이 있어도 보지 못하며
너희가 또 그들 중에 있는 가증한 것과 목석과 은금의 우상을 보았느니라(신 29:17)	귀가 있어도 듣지 못하며 코가 있어도 냄새 맡지 못하며
	손이 있어도 만지지 못하며 발이 있어도 걷지 못하며 목구멍이 있어도 작은 소리조차 내지 못하느니라

도표 3.3. 신명기 4:28; 29:4, 17과 시편 115:4-7 비교

신명기 텍스트들과 시편 115편 사이의 암시적 연결은 이사야 6:10과의 연결을 더 선명하게 만드는 것 같다. 신명기 4장과의 연결은 더욱 분명하다. 왜냐하면 "사람의 손으로 만든 작품"(과 "그들의 손의 일" 같은 변이형)이라는 어구는 신명기 4장과 시편 115편 및 135편 외 구약성경에 18회 등장하며, "사람의 손의 작품"(과 변이형)이 "우상이 보지도 듣지도 냄새 맡지도 못한다"라는 묘사와 함께 결합되는 경우는 구약 전체에서 신명기와 시편에서만 발견되기 때문이다. 시편 기자는 신명기 29:4을 "그들의 우상은 은

이 시편(들)의 감각기관 기능장애의 개념을 발전시키는 것이 된다.

과 금"[7]이라는 진술 및 신명기 29:4에 나오는 감각기관("눈…귀")에 대한 분명한 언급과 결합시킨 듯하다(따라서 시편 기자는 앞서 관찰했던 신명기의 두 텍스트 간의 연결성을 관찰한 것 같다). 시편 115편이 신명기를 이렇게 사용한다는 점은, 신명기 29:4에 나오는 감각기관 기능장애의 상징이 이스라엘의 첫 세대 우상숭배자가 그들이 섬겼던 우상처럼 되어감을 묘사하고 있을 가능성을 보여준다.

또한 예레미야서와 에스겔서와 마찬가지로, 이사야서에서 신명기의 저주들을 포함하는 언약적 송사는 애초에 예언자들의 메시지에 의해 실현된다.[8] 신명기 28-32장이 이스라엘이 주로 우상숭배를 통해 언약을 깨뜨렸다고 말하고 있음을 기억할 때, 이스라엘에 대한 예언자들의 이런 언약적 송사가 반복적으로 등장한다는 사실은 더 쉽게 이해된다.

그러므로 우상숭배의 역설의 뿌리는 일찍이 애굽에서 나왔던 이스라엘의 첫 세대에 있다. 따라서 광야 세대와 이사야 세대는 그들이 숭배하는 우상처럼 되어가는 자들이며, 이런 방식으로 닮아가는 것은 그들에게 치명적인 피해를 준다.

금송아지 사건과 신명기 29:4의 우상숭배가 가지는 유비적 연관성

---

7) 비록 이 두 텍스트에서 "우상들"에 해당하는 단어가 히브리어로는 다르지만, LXX의 번역자들은 이 두 텍스트의 히브리어를 그리스어로 동일하게 *ta eidōla*("그 우상들")로 번역했다.

8) 예를 들어 사 1-4장은 구체적으로 야웨 하나님에 의해 이루어진 이스라엘에 대한 언약적 송사(*rib*)의 표현이다. 신명기에서는 우상들과 그 숭배자들을 묘사하는 동일한 은유적 언어가 뚜렷하게 연결되어 있지 않을 수 있지만, 시편과 대선지서들에서는 그 연결이 선명하다. Rignell, "Isaiah Chapter 1," pp. 157-158 n. 7을 보라. 그는 신 28-32장이 사 1장의 토대를 이룬다고 본다. 예를 들어 신 28-32장은 이스라엘이 언약을 어기는 주요 통로가 우상숭배임을 설명한다(Ibid., p. 158).

출애굽기 32장은 신명기 29:4에 있는 감각기관 기능장애의 종류("그러나 깨닫는 마음과 보는 눈과 듣는 귀는 오늘 여호와께서 너희에게 주지 아니하셨느니라")를 예시해준다. 비록 출애굽기 32장에는 신명기 29:4의 언어가 등장하지 않지만, 이 텍스트에 나오는 우상숭배자에 대한 묘사는 그가 자신이 섬기는 우상처럼 된다는 개념을 전달하는 것 같다. 여기서 나는 우상숭배자들이 영적으로 그가 절하는 금송아지처럼 되었음을 논증할 것이다. "곧은 목"이라는 묘사는 그들 존재의 영적인 부분에 기능장애가 일어나는 이미지를 보여준다. 만약 그렇다면 출애굽기 32장과 신명기 29:4은 공통적으로 섬김의 대상인 우상과 같이 된다는 주제를 공유한다. 두 텍스트 모두 광야에서의 우상숭배자를 묘사하기 때문에, 두 대목은 이 개념을 강화한다고 볼 수 있다. 따라서 출애굽기 32장은 우상숭배 행위가 반복해서 언급되는 신명기 28-32장의 넓은 범위에서, 주요한 우상숭배 사건 중 하나다.

신명기의 바로 이 부분에서 금송아지 사건이 의미심장하게 언급된다는 사실은, 신명기 31:27-29을 보면 분명해진다. 이 대목은 다음과 같은 공통적 어구를 통해 신명기 9:6-21의 금송아지 사건을 선명하게 암시한다. (1) "곧은 목"(신 9:6; 31:27); (2) "너희가 여호와를 거역했다"(신 9:7, 24; 31:27); (3) 이스라엘이 "부패했고" "내가 그들에게 명령한 도를 속히 떠났다"(신 9:12[참조. 9:16]; 31:29, 여기서는 미래 시제가 사용됨).[9] 여기에 덧붙여 신명기 31:29은 이스라엘이 "여호와의 목전에 악을 행하여 너희 손으로 하는 일로 그를 격노하게" 하리라는 말로 미래의 우상숭배를 언급한다. 이것은 "너희가 여호와의 목전에 악을 행하여 그를 격노하게 하여 크게 죄를 지었다"라는 신명기 9:18을 쉽게 풀어쓴 것이다. 첫 세대의 우상숭배와 미래 세대의 우상숭배 사이의 비교 지점은, 금송아지 우상숭배가 미래의 이

---

9) Jean-Pierre Sonnet, *The Book Within the Book: Writing in Deuteronomy*, BIS 14 (Leiden: Brill, 1997), pp. 167-171을 보라. 그는 위의 일치들을 끌어내면서 이스라엘이 장래의 우상숭배가 금송아지 숭배의 패턴을 따른다고 결론 내린다.

스라엘의 우상숭배에 대한 패러다임으로 간주되었다는 것이다. 즉 미래의 우상숭배는 광야 첫 세대의 우상숭배의 패턴을 따랐다.[10] 이 후자의 증거에 대해서는 이번 장에서 더 살펴볼 것이다(왕하 17:15; 호 4:7; 렘 2:5, 11에 대한 논의를 보라). 이런 측점에서 신명기 28-32장의 컨텍스트에서 29:4은 부분적으로 광야 세대의 조건을 묘사하고 있다. 또한 이런 조건은 금송아지 숭배 사건으로 거슬러 올라가 그 시작을 찾을 수 있으며, 잠재적으로는 장래 세대에게도 해당될 것이다.

제3장의 나머지 부분에서는 주로 출애굽기 32장과, 구약의 나중 부분에 등장하는 이 32장의 반향에 초점을 맞출 것이다. 이 작업은 금송아지 숭배 사건의 성격을 좀 더 깊이 있게 설명하고, 그것이 신명기 28-32장에 나오는 이미 언급한 우상숭배 개념에 대해 가지는 유비적 관계를 살펴보기 위해서다. 이 우상숭배 개념은 신명기 29:4의 배경을 이루고 있기도 하다. 이런 측면에서 출애굽기 32장은 매우 시사적이다. 왜냐하면 이 텍스트에서 금송아지를 숭배한 이스라엘의 첫 세대는 마치 야생 소나 길들여지지 않은 소를 묘사하는 방식으로 그려지기 때문이다. 즉 그들은 (1) "목이 곧아져서"(출 32:9; 33:5; 34:9) 순종하지 않고, (2) "아론이 그들을 방자하게 하여"(마음대로 놀도록 풀어놓아서) 백성이 "방자하게 되었다"(출 32:25).[11] (3) 그러므로 "그들이…속히 떠났기" 때문에(출 32:8) (4) 다시 그들을 "진 문에" "모아들일" 필요가 있었다(출 32:26). (5) 그렇게 해서 하나님이 가라고 말씀하셨던 곳으로 모세는 "백성을 이끌고 갈 수 있도록" 해야 했다(출 32:34).[12]

---

10) 이 부분의 내용과 통찰에 대해서는 내 학생 Peter Spychalla의 도움이 컸다.

11) 구약의 다른 곳에 나오는 야생 소가 뛰거나 춤추는 장면을 묘사한 대목을 보라(출 32:19; 32:25과는 다른 동사를 사용하지만 시 29:6을 보라). 또한 포로기 동안 이스라엘이 "멍에에 익숙하지 못한 송아지같이 징벌을 받아" "다시 돌이킬" 필요가 있음을 인정한다는 점(렘 31:18)을 보라.

12) 신 32:15-18도 이스라엘을 금송아지 사건과 그 이후의 우상숭배 행위에서 반항하는 반역적인 소로 묘사한다. "그런데 여수룬이 기름지매 발로 찼도다"(15a절). 이것은 이스라엘이 하나님을 저버리고(15b절) "다른 신들"을 섬기고(16절) "귀신들"과 "새로운

출애굽기 32:8에 나오는 "그들이 내가 그들에게 명한 길을 속히 떠났다"라는 표현은 "그들이 자기들을 위해 송아지를 부어 만들었다"라는 어구 바로 앞에 놓여 있다. 이 어구 다음인 9절에서는 이스라엘이 "목이 뻣뻣한 백성"이라는 묘사가 뒤따른다. 따라서 이 세 가지 표현은 서로 밀접하게 연결되어 있다.[13]

출애굽기 32장에서는 백성의 우상숭배의 죄가 어떻게 그려져 있는가? 이 묘사는 은유로 볼 수 있다. 악한 이스라엘은 사납게 날뛰고 있어 다시 모아들여야 할 반항적인 소 떼로 은유적으로 그려져 있다. 이런 언어가 사용된 것은 우연일까? 이는 내러티브적 조롱(narrative taunt)일 가능성이 높다. 백성이 소를 숭배하고 있기 때문이다. 이런 점은 앞서 관찰했던 출애굽기 32:8-9의 세 개의 밀접한 병치 어구인 "그들이…길을 속히 떠났다", "자기를 위해 금송아지를 부어 만들었다", "목이 뻣뻣한 백성"이라는 말로 지시된다.[14] 호세아 4:16은 이 그림에 다음과 같은 말을 덧붙이는데, 이는 금송아지 사건의 반향이라 할 수 있다. "이스라엘은 암소처럼 완강하니 이제 여호와께서 어린 양을 넓은 들에서 먹임같이 그들을 먹이시겠느냐?"(예상되는 대답은 "아니다"임).[15] 그런 다음 호세아 4:17은 이렇게 말한다. "에브라

신들"에게 제사드리고(17절), "너를 낳은 하나님을" 망각한 것(18절)으로 해석된다.

13) 금송아지 사건을 요약하면서 신 9장은 12절에서 이 세 가지 연관성을 반복한다(참조. 16절).

14) 출 32장에 나오는 이스라엘 백성과 그들이 섬겼던 우상과의 동일시는 모세가 금송아지를 부수어 가루로 만들고 그 가루를 백성에게 마시게 했다는 묘사에 의해 강화되는 것 같다(출 32:20). 이 행위의 목적은 불명확할 수 있지만, 아마도 "그들의 우상이 그들의 일부가 되게 함으로써 그들로 부끄러워하도록 만드는 것"인 것 같다(참조. John D. Currid, *Exodus 2* [Darlington, U. K.: Evangelical Press, 2001], pp. 281-282; 유사한 흐름으로 William H. C. Propp, *Exodus 19-40*, AB [New York: Doubleday 2006], p. 561도 보라). 출 32:20의 에피소드에 대한 더 심화된 논의로는 유대주의를 다루는 제5장을 보라. 제5장에서는 금송아지 사건에 대한 유대교의 해석이 제시된다.

15) CD 1:13의 쿰란 텍스트는 당대의 배교자들을 "그들은 그 도로부터 떠나가는 자들이다"라는 어구로 묘사한다. 이 어구는 출 32:8(혹은 신 9:12, 출애굽기 텍스트의 평행 구절), "그들이 그 도를 저버렸다"의 인용이다. 출 32:8은 금송아지를 예배함으로써 이스라엘

임이 우상과 연합하였으니 버려두라." 16절과 연결된 사상은 반항적인 소나 양과 같은 이스라엘의 완고함이 우상숭배라는 것이다. 이를 호세아서에서는 종종 황소 숭배라고 부르는데, 하나님은 그들을 목자 없이 방치하심으로써 이 죄를 처벌하신다.[16)]

또한 출애굽기 34:29-35에 나오는 모세의 얼굴에 "뿔이 나왔다"(become horned)라는 반복된 묘사는 황소 우상을 반영한다. 이 반향의 기능은 이스라엘이 황소를 신적 임재의 중보자로 신뢰하는 것에 대해 조롱하는 역할이었을 것이다. 백성은 황소 중보자에게 가까이 나아가 그와 하나가 되기를 원했으며, 그것이 자신의 안전을 보장해주리라고 믿었다. 하지만 그들이 경험하고자 원했던 송아지 모양의 신적 임재의 유일한 실재는 모세를 통해 나타났다. 모세의 (아마도 뾰족하게 치솟아오른, 찌름을 암시하는) 뿔난 모습은 백성에 대한 하나님의 진노를 표상했다. 백성이 황소 우상처럼 굳어졌기 때문에, 참 하나님의 직접적인 임재를 경험한 모세의 경험과 하나님에 대한 그의 경외는 악한 백성을 향한 그분의 진노를 모세가 닮도록 하는 결과를 초래했다.

이 마지막 요점은 좀 더 설명이 필요하다. 어떤 주석가들은 출애굽기 34:29-35에서 "그[모세]의 얼굴의 피부가 [영광으로] 빛났다" 대신에 "그[모세]의 얼굴의 피부가 뿔이 되었다"라는 번역을 선호한다. 이 텍스트에는 이 어구가 세 번 반복된다.[17)] "뿔"[*qeren*]의 동사형과 명사형의 몇몇 용

이 행한 반역을 묘사한다. 그런 다음 CD 1:13의 둘째 부분은 이것을 호 4:16, "이 말씀이 쓰였던 시기에 이스라엘은 목이 굳은 소처럼 뻣뻣해졌다"와 동일시한다. 따라서 CD 1:13은 출 32:8의 반역을 소처럼 마구 날뛰며 우상숭배 하는 이스라엘에 비유한다고 이해할 수 있다. 이런 초기 유대교의 해석은, 비록 출 32장 이후 몇 백 년 후에 작성되었지만, 출 32:8이 제시하는 의미를 밝히고 있다고 여겨진다.

16) 나는 호세아서를 다루는 항목을 따로 마련해서 그 컨텍스트 가운데 호 4:16-17을 더 설명하고자 한다. 또한 거기서 어린 양 상징의 의미에 대해서도 논의하겠다.

17) 예를 들어 Jack M. Sasson, "Bovine Symbolism in the Exodus Narrative," *VT* 18 (2006): 385-387을 보라. Sasson은 이것을 뿔이 하나 달린 황소의 이미지로 이해하기는 했지만, 모세에 대한 이 묘사로부터 다른 결론을 이끌어낸다.

례는 황소의 두 뿔을 지시하며, 때로는 찌를 수 있는 뿔 달린 다른 짐승의 뿔을 가리킨다. 또한 뿔은 종종 은유적으로 한 사람이나 민족 혹은 하나님 자신의 힘을 의미하기도 한다. 그러나 이 모든 것은 동물 은유의 적용이다. 출애굽기 34장에서도 마찬가지다.[18] "뿔이 났다"(와 그 명사형)에 해당하는 이 히브리어 단어가 사용된 약 95개 용례 중 유일하게 이 말이 뻗어 나오는 광선으로 번역된 곳은 하박국 3:4이다. "그[하나님]의 광명이 햇빛 같고 광선이 그의 손에서 나오니 그의 권능이 그 속에 감추어졌도다." 대부분의 번역이 이 단어를 광선으로 번역하는 데 비해,[19] 흠정역은 빛이 뿔 같은 모양으로 발산된다고 이해해서 뿔들(horns)로 번역하고 있다(흠정역과 다른 번역들 사이의 중도적 입장에 속하는 번역으로는 New English Bible["twin rays"]과 New English Translation["two-pronged lightening bolt"]이 있다).[20] 뿔 형태의 빛을 묘사하는 하박국서 텍스트의 의미는 하나님의 권능을 강조하는 것이다. 하박국 3장에서 이 용례를 하나님의 영광스러운 권능에 대한 은유로 보지 못할 이유는 전혀 없다. 특히 구약 전체에서 뿔의 주요한 은유적 용례 중 하나는 권능을 표현하는 것이기 때문이다. 출애굽기 34:29-35에 나오는 용례들도 마찬가지다.

아마도 앞의 번역은 모세의 얼굴이 뿔 같은 광채를 발산했다는 의미에서 그 얼굴이 "뿔이 되었다"로 해야 할 것이다. 이 단어의 전형적인 용례와 하박국 3:4에 비추어볼 때, 이것의 은유적 의미는 모세에 의해 표상되는 신적 권능의 전달인 것 같다(다음 번역본도 "뿔이 났다"로 옮기고 있다. 불가타는 출 34:29, 30, 35을 "cornuta esset facies sua"로 번역한다. 아퀼라의 그리스어 구약 번역본도

18) 제단 네 귀퉁이의 뿔 같은 돌출부에 대한 언급조차도, 어떤 측면에서는 제단에 동물 은유를 적용해 표현했다고 볼 수 있다.

19) NASB, RSV, NRSV, ASV, JPS, Holman, NIV, JB.

20) NET에는 다음과 같은 각주가 달려 있다. "히브리어에는 '그의 손으로부터 그에게 두 뿔'(two horns from his hand to him)로 되어 있다. 날카롭고 뾰족한 광선은 '뿔 모양의 형상'을 가진다."

마찬가지다. 나중에 Douay English translation은 이 번역들을 따랐다). 그런데 왜 출애굽기 내러티브의 바로 이 시점에서 하필이면 이 은유가 사용된 것일까? 모세가 시내 산에서 두 번째로 내려온 후에 그의 "얼굴"에 "뿔이 났다"라고 반복되는 묘사는, 자신이 숭배하는 소를 닮게 된 백성에 대한 패러디이지 않을까? 즉 모세는 하나님의 영광을 반영하는 것으로 비쳐지고, 그것이 이스라엘 백성에게는 황소의 빛나는 뿔처럼 나타난다는 것이다.[21] 이스라엘인들이 모세에게 "가까이 다가가기를 두려워했던" 이유는 이 진노의 영광이 나타났기 때문인 것 같다(출 34:30). 앞서 언급했듯이 "뿔"에 해당하는 히브리어는 때때로 사나운 황소의 뿔을 가리킨다(시 22:21[MT=22:22]; 92:10[MT=92:11]; 참조. 시 69:31[MT=69:32]). 그리고 이런 측면에서 하나님은 맹렬한 투우 같은 형상에 비유된다. 대적을 무찌름에 있어 "그의 힘이 들소[의 뿔들]와 같도다"(민 23:22; 24:8; 신 33:17).[22]

따라서 모세의 얼굴에 있는 빛나는 뿔 모양의 형상은 송아지 우상숭배자들에 대한 하나님의 조롱을 의미한다. 이미 출애굽기 32장에서는 우상

---

21) Noel D. Osborn and Howard A. Hatton, *A Handbook on Exodus* (New York: United Bible Societies, 1999), p. 817을 보라. 이 책은 "뿔이 났다"는 것이 모세의 얼굴 피부가 뿔 모양의 모습으로 빛나는 것과 관련된다고 본다. Umberto Cassuto, *A Commentary on the Book of Exodus* (Jerusalem: Magnes Press, 1967), p. 449은 "그의 얼굴의 피부가 빛났다"라는 전통적인 번역을 선호하면서 출 34:29, 30, 35에 있는 같은 어구를 "그의 얼굴의 피부가 뿔처럼 되었다"라고 옮기는 것에 대해 다음과 같은 두 가지 이유를 들어 반대한다. (1) 동사 *qāran*("뿔이 난" 혹은 "빛이 나는")의 주어는 "그의 얼굴의 피부"다. 하지만 나로서는 Cassuto가 왜 이것이 반론이라고 생각하는지 모르겠다. 왜냐하면 피부가 뿔 모양의 광선을 발산할 수도 있기 때문이다. 이를 부정하는 것은 현학적 취미라고 할 수 있다. (2) Cassuto의 주요 주장은 "여기서는 우상숭배의 상징, 특히 황소의 두 뿔이 맞지 않는다. 이것은 구체적으로 금송아지 사건을 상기시킬 수 있기 때문이다"라는 것이다. 하지만 바로 이것이 내 요점이다. 나는 여기서 우상숭배에 대한 이런 언급이 백성의 금송아지 우상숭배에 대한 반어법적 패러디로서 적합하다고 본다.

22) 히브리어 동사 *qāran*이나 그에 상응하는 명사형이 이 두 민수기 관련 구절에는 사용되지 않지만 말이다.

숭배자들이 송아지라고 묘사되었는데, 이 수사학적 요점은 다음과 같다. "아하, 너희가 송아지 우상에게 예배드리고 싶으냐? 그러하냐? 그렇다면 너희는 그 송아지 우상처럼 되어갈 것이다. 그뿐 아니라 너희는 우상숭배하는 내 대적이 되었으며, 유일한 참 영광의 권능을 가지신 유일하신 참 하나님께 심판을 받고 있다"(모세의 얼굴에서 번쩍이는 황소 뿔이 상징하는 바가 바로 이 영광의 권능이다. 모세는 하나님의 진노의 임재의 매개자다).[23] 이 패러디의 의도는 참된 신적 영광이 야웨가 아니라 형편없는 송아지 신에게 들어가 있다고 착각하는 백성을 비웃는 것이다. 또한 금송아지와 모세 사이의 이 논쟁적 연관성을 지적한다는 것은, 모세의 얼굴에 나타난 영광스러운 "뿔"의 이미지가 심판의 상징이었으며, 만일 모세가 자기 얼굴을 수건으로 가리지 않았다면 신령하지 못한 백성을 심판하게 되었으리라는 것을 인식하게 만든다.[24] 출애굽기 34:29-35에 나오듯 모세가 자기 얼굴의 뿔 모양의 영광을 수건으로 가린 일은 금송아지를 숭배한 죄에 대한 대답인 동시에, 우상숭배자가 "목이 곧은" 자라는 묘사에 대한 대답이다(출 32:9, 22; 33:3, 5; 목이 곧은 소의 이미지는 나중에 더 살펴볼 것이다). 따라서 수건으로 가린 행위는 심판 중에도 어느 정도 존재하는 자비의 행위인 것 같다. 만일 이 영광

---

23) R. W. L. Moberly, *At the Mountain of God: Story and Theology in Exodus 32-34*, JSOTSup 22 (Sheffield, U. K.: Sheffield Academic Press, 1983), pp 108-109도 보라. Moberly에 따르면 "뿔이 났다"라는 언급은 모세를 하나님이 택한 대표와 연결하는 동시에, 대조적으로 이 황소를 죄악 된 백성의 대표와 연결하려는 시도다(John I. Durham, *Exodus*, WBC [Waco, Tex.: Word, 1987], p. 467과 Cornelis Houtman, *Exodus, Historical Commentary on the Old Testament* [Leuven: Peeters, 2000], 3:606은 여기에 이의를 제기함). M. R. Hauge, *The Descent from the Mountain*, JSOTSup 323 (Sheffield, U. K.: Sheffield Academic Press, 2001), pp. 168-174도 보라. Nahum M. Sarna, *Exodus* (Philadelphia: Jewish Publication Society, 1991), p. 221; Terence E. Fretheim, *Exodus* (Louisville: John Knox, 1991), pp. 312-313도 보라. 논쟁적이지 않은 동일시에 대해서는 George W. Coats, *Moses*, JSOTSup (Sheffield, U. K.: Sheffield Academic Press, 1988), pp. 173-175을 보라.

24) Scott J. Hafemann, *Paul, Moses, and the History of Israel*, WUNT 81 (Tübingen: J. C. B. Mohr [Paul Siebeck], 1995), pp. 221-225.

이 수건으로 가려지지 않았다면, 드러난 뿔 형상의 영광은 백성을 멸망시켰을 것이 분명하다.[25)]

따라서 모세가 뿔 모양이 되었다는 묘사는 그가 하나님의 영광을 반영하고 있었다고 이해될 수 있다(LXX, 고후 3:7-16 및 내가 아는 모든 영역본은 이 의미를 취한다). 하지만 이 영광 자체는 뿔 형상으로 반영된다고 언급된다.[26)] 이와 같은 반어법적 조롱 또는 패러디는 다른 성경이나 유대 문헌에서도 발견된다. 예를 들어 우상숭배 하는 대적을 무찌름에 있어 메시아적 인물은 의도적으로, 그 대적이 하나님 백성을 퇴패시키는 모습과 똑같은 이미지로(때로는 심지어 "뿔"을 단 모습으로) 그려진다.

이스라엘의 첫 세대는 문자적으로 굳어져서 그들이 예배했던 금송아지처럼 되지는 않았다. 이 세대는 통제에서 벗어나 고집스럽게 날뛰는 소처럼 행동한다고 묘사되고 있는 것이다. 그들은 자신이 예배했던 소의 영적으로 반항적인 이미지와 같아졌다고 조롱을 받고 있다.[27)] 그들은 우러러보던 것을 닮게 되었고, 이렇게 닮은 측면이 그들을 파괴했던 것이다. 출애굽기 32:7의 우상숭배 때문에 백성이 더 "부패하게 되었다"라는 언급은 내면에서 시작되어 그들을 바꾸어버린 내적인 영적 퇴화를 드러낸다.

구약성경의 이 컨텍스트에서 금송아지 숭배자를 묘사하는 데 있어 단 한 번의 예외를 제외하고[28)] "곧은 목/뻣뻣한 목"(히브리어 *qĕšê-ʿōrep*=그리스

25) Ibid. 비록 Hafemann은 출 34:29-30, 35에서 "뿔이 나게 되었다"라는 번역을 선호하지 않지만 말이다.

26) Hauge, *Descent from the Mountain*, p. 168. Hauge는 *Mid. Rab.* 47:6("glory horns")에 있는 후대의 랍비 전승과 출애굽기에 대한 Rashi의 주석("그 빛이 뿔처럼 빛나고 투사되었을 것이다")을 따른다.

27) 보통 황소는 통제되지 않거나(출 21:28, 29, 32, 35-36; 23:4; 신 22:1) 사납고 길들여지지 않아 마음대로 돌아다닌다고(민 23:22; 24:8; 신 33:17; 욥 39:9-10; 시 29:6; 92:10[MT=92:11]) 묘사된다.

28) 잠 29:1.

어 *sklērotrachēlos*)이 등장한다는 사실은 전혀 우연이 아니다(출 32:9; 33:3, 5; 34:9; 신 9:6, 13; 10:16; 31:27).[29] 또한 이 단어의 동사형은 구약성경의 다른 곳에서 거의 독점적으로 금송아지 숭배자나 후대 이스라엘의 우상숭배자를 가리키는 데 사용된다.[30] 특이하게 금송아지와 연결되어 출애굽기 30장에 나오는 이 은유적 용법의 기원은, 주인이 원하는 방향으로 가지 않고 목에 힘을 주어 버티면서 가야 할 방향에서 벗어나 제 마음대로 다니는 소를 묘사하는 듯하다.[31] 우상숭배와 "곧은/굳은/뻣뻣한 목"과의 연결은 출애

---

29) 때때로 이런 묘사는 첫 세대 우상숭배자와 마찬가지로 두 번째 세대 우상숭배자에 대한 언급도 포함한다. 참조. 사 48:4-8도 보라. 이 대목은 거의 동일한 언어로 되어 있으며("너는 완고하며 네 목은 쇠의 힘줄이요"), 이 범위 안에 첫 세대 우상숭배자들을 포함시키고 있다. 바룩 2:30은 바로 이 *sklērotrachēlos*("목이 곧은")라는 단어로 이스라엘 첫 세대를 지시한다.

30) "그들이 자기의 목을 뻣뻣하게 했다"라는 어구는 직접적으로나(왕하 17:14, 이 구절은 모세와 여로보암 시대의 송아지 숭배에 대한 언급을 포함함; 대하 36:13; 렘 19:15), 간접적으로 우상숭배를 가리킨다(느 9:16-17, 29; 렘 7:26; 17:23). 열왕기하서와 느헤미야서, 렘 7:26의 언급들은 후대의 "목이 곧은 세대"에 대한 전망 가운데 첫 세대를 포함시키고 있다.

31) M. Zipor, "עֹרֶף" *Theological Dictionary of the Old Testament*, ed. G. J. Botterweck, H. Ringgren, and H-J Fabry (Grand Rapids: Eerdmans, 2001), 11:368은 이렇게 지적한다. "대부분의 주석가에 따르면, '뻣뻣해진 목'이라는 표현은 고집불통으로 다루기 힘든 짐승이라는 개념에 근거한다. 어떤 주석가들은 굴레에 얽매여 괴로워하는 짐승을 염두에 두며, 다른 주석가들은 멍에 때문에 울부짖는 황소를 염두에 둔다." 하지만 Zipor는 이런 배경을 거부한다. Zipor의 견해로는 이런 짐승들은 목을 뻣뻣하게 하는 대신에 그 목을 흔들어댈 것이기 때문이다. 이는 현학적이고 기이한 반론이라고 할 수 있다. 왜냐하면 황소는 만일 가고 싶지 않으면 가야 할 방향에서 멈추어 목을 곧게 할 수도 있고, 목을 흔들어대거나 길을 멈추거나 할 수도 있기 때문이다. 대체적으로 Zipor는 B. Couroyer, "'Avoir la nuque raide', ne pas incliner l'oreille," *RB* 88 (1981): 216-225을 따르고 있다. Couroyer도 목이 곧은 동물이라는 배경을 비판한다. Couroyer는 목이 곧은 동물 배경에 동조하는 주석가들을 대략적으로 조사하고 있다. 다음도 보라. R. A. Cole, *Exodus*, TOTC (Downers Grove, Ill.: InterVarsity Press, 1973), pp. 216-217; Benno Jacob, *Exodus* (Hoboken, N. J.: KTAV, 1992), p. 943; J. Gerald Janzen, *Exodus* (Louisville: Westminster John Knox, 1997), p. 231. 또한 Zipor는 멍에가 황소의 *'ōrep*가 아니라 *ṣawwā'r*에 얹혀진다는 지적에도 반대한다. 이 두 단어는 일반적으로 구약에서 동의어로 "목"을 지시하기 때문이다. 이 황소의

굽기 32장에서 출발하며, 출애굽기 32장 이후의 용례들은 첫 세대의 우상숭배를 표현하는 이 은유를 통해 형성되었다. 그렇다고 해서 이스라엘에 대해 소나 송아지 은유를 부정적으로 적용하는 모든 예가 이 출애굽기 배경을 반영한다는 의미는 아니다. 오직 이 컨텍스트들이 출애굽기 32장의 우상숭배나 이 내러티브의 어떤 측면을 언급하는 경우에만 그렇다. 예를 들어 앞서 언급한 호세아 4:16은 정확히 "곧은 목"이라는 단어를 사용하지 않지만, 이스라엘을 출애굽기 32장의 반항적인 "곧은 목"의 소로 묘사하는 것을 어느 정도 반영한다고 간주된다. "이스라엘이 완강한 암소처럼 완강하니[32] 이제 여호와께서 어린 양을 넓은 들에서 먹임같이 그들을 먹이시겠느냐?"[33] 여기서는 호세아서 텍스트가 출애굽기 32장에 대한 내 논제와

이미지는 느 9:29에서 확대되는 것 같다: "[그들이] 고집하는 어깨를 내밀며 목을 곧게 하여 듣지 아니하였나이다." 또 하나의 황소의 이미지인 "너의 목[*ṣawwā'r*]에 드리워진 멍에"는 대부분 다른 민족에게 종노릇하는 이스라엘에게 적용되며, 때때로 사람에게 종노릇하는 비슷한 상황에 적용된다(신 28:48; 사 10:27; 예레미야서에서 일곱 번). "젊은 암소"는 "아직 멍에를 지워 끌어보지 않은" 소(신 21:3은 의미상 멍에에 끌려갔던 소도 가리킴)나 쟁기질 하는 소(삿 14:18), 또는 타작하는 소(렘 50:11; 호 10:11)를 가리킨다. 히브리어 *'ōrep*("목")는 때로 "나귀"(출 13:13; 34:20)나 "암소"(레 5:8; 신 21:4, 6) 또는 "개"(사 66:3) 같은 짐승의 "목"을 부러뜨리는 컨텍스트에서 사용된다.

32) 여기서 "목이 곧다, 뻣뻣하다"에 해당하는 히브리어 단어는 "그들이 자기 목을 곧게 했다"와 동의어인 평행의 형태로 느 9:29b에서도 쓰인다: "[그들이] 고집하는 어깨를 내밀며 목을 굳게 하여 듣지 아니하였나이다." 이 구절은 첫 세대를 모방해서 "자기 목을 굳게 하고 듣지 않았으며"(느 9:16-17) 되려 "자기를 위해 송아지를 부어 만든"(느 9:18) 이스라엘 나중 세대들을 묘사한다. "그들이 고집스런 어깨를 내밀었다"(*wayyittĕnû kātēp sôreret*)라는 어구는 느 9:29과 슥 7:11에 등장한다. 다른 곳에서 "어깨"(*kētēp*)는 길들여진 나귀의 어깨나 등 윗쪽 부분을 가리키기도 하고(사 30:6), 은유적으로 반항하는 숫양 같은 이스라엘 지도자들을 가리키기도 한다: "너희가 옆구리와 어깨로 밀어뜨리고 모든 병든 자를 뿔로 받아 무리를 밖으로 흩어지게 하는도다"(겔 34:21).

33) "어린 양"과의 비교는 황소 논쟁에 대한 내 요점을 순화시킬 수 있겠지만, 이것은 단순히 이 논쟁의 반역성을 은유적으로 강화한다고 할 수 있다. 앞으로 보겠지만 그 이유는, 호세아서와 구약의 다른 부분들이 반복해서 이스라엘이 황소 우상을 숭배했다고 언급하고 있으며, 호세아서에서든 구약의 나머지에서든 어린 양 우상이 언급된 곳은

깊은 연관성을 가지기 때문에 언급했다. 제3장의 끝 부분에서는 이 단락들의 의미를 좀 더 충분히 탐구할 것이다.

결론적으로, 줄애굽 세대가 올바른 방향으로 가지 않으려 하는 반항적인 송아지처럼 "목이 곧게" 되었듯이, 이스라엘의 나중 세대도 송아지 우상을 포함해서 여러 우상을 숭배했기 때문에 같은 방식으로 묘사된다.[34) 두 경우 모두에서 "곧은 목/뻣뻣한 목"이라는 표현은 이스라엘을 묘사한다. 왜냐하면 이스라엘이 고집 센 소처럼 길을 벗어났다고 조롱당하고 있기 때문이다. 이 묘사의 요점은 그들이 영적인 측면에서 길을 벗어나 헤매고 있다는 것이다. 바로 이것이 금송아지가 표상하는 반항/반역의 이미지다. 우상숭배자들은 자기 나라가 금송아지 아래서 하나가 되길 원했다. 그들은 금송아지가 그들을 약속의 땅으로 인도해주리라고 보았다. 그러나 실제로 이런 행위는 반역이었으며, 우상숭배자들을 하나님과 신실한 자들과 분리시키고 백성 사이에 분열만 가져왔다. 통제가 되지 않고 흩어져버리는 소 떼보다 우상숭배자를 묘사하는 더 적합한 은유가 어디 있겠는가? 특히 구약성경에서 황소는 길들었든 야생이든 간에 난폭한 성정과 연결되기 때문이다(예를 들어 특히 욥 39:9-12; 시 22:21[MT=22:22]; 29:6; 92:10[MT=91:11]을 보라).[35)]

시내 산에서 이스라엘은 왜 다른 짐승의 형상이 아닌 송아지 형상을

한 군데도 없기 때문이다.

34) 흥미롭게도 사 63:14은 하나님을 이스라엘을 인도하여 홍해를 통과하게 하는 분으로, 그런 다음 "골짜기 안으로 내려간 소 떼 같은" "너희 백성을 인도하셨던" 분으로 묘사한다. 물론 이 묘사가 긍정적이기는 하지만, 그 후 사 63:17은 이렇게 말한다. "여호와여 어찌하여 우리로 주의 길에서 떠나게 하시며 우리의 마음을 완고하게 하사 주를 경외하지 않게 하시나이까." 이것은 제3장의 시작과 끝에서 논의했던 신 29:4과 유사점들을 가진다.

35) 사람의 몸에 소머리를 가진 우상에 대한, 이스라엘에서 발굴된 고고학적 증거는 인간 예배자가 예배 대상인 송아지 우상과 매우 밀접하게 동일시되었음을 보여줄 수 있을까? 이런 고고학적 증거에 대해서는 Hans W. Wolff, *Hosea*, Hermeneia (Philadelphia: Fortress, 1974), p. 141을 보라. 그는 Tell el-Asch'ari에서 발굴된 증거를 인용한다.

만들었을까? 추측하건대 그 이유는 송아지나 황소[36]가 이집트의 신들을 표상했던 짐승 형상들 중 가장 중요한 것이었기 때문이다(예를 들어 소는 Ptah 신을 대표한다고 믿어졌다). 이집트에서 나오기 전에 이스라엘은 프타를 포함해서 이집트의 여러 신들을 숭배했다.[37] "이는 너희를 애굽 땅에서 인도하여 낸 너희 신이로다"라는 이스라엘의 진술이 다른 신을 가리키는지 아니면 이교적인 이미지로 참 하나님을 표상하는지는 명확하지 않다.[38]

---

36) "송아지"에 해당하는 히브리어 단어(*ʿēgel*)는 젊은 황소로도 번역될 수 있다. 이 점에 대해서는 시 106:19-20을 보라. 여기서 "송아지"는 "황소"(*šôr*)와 동의어로 사용된다.

37) Philo, *Posterity and Exile of Cain* 158; *On Flight* 90; *Moses* 2.161-162, 169; 270-271을 보라. Philo는 금송아지를 애굽의 송아지나 암소 우상으로 본다(참조. *Philo* VI, trans. F. H. Colson [Cambridge: Harvard University Press, 1935], p. 528, n. a). 다음도 참조하라. Godfrey Ashby, *Go Out and Meet God: A Commentary on Exodus*, ITC (Grand Rapids: Eerdmans, 1998), p. 131; Brevard S. Childs, *The Book of Exodus*, OTL (Philadelphia: Westminster, 1974), p. 566; B. Jacob, *The Second Book of the Bible: Exodus* (Hoboken, N. J.: KTAV, 1992), pp. 939-943; N. Wyatt, "Calf," in *Dictionary of Deities and Demons in the Bible*, ed. Karel van der Toorn, Bob Becking, and Peter W. van der Horst (Grand Rapids: Eerdmans, 1999), p. 181. Wyatt는 황소 상이 이집트에서 Ptah뿐 아니라 Re(태양신)와 Osiris도 표상한다고 지적한다. 또한 John N. Oswalt, "The Golden Calves and the Egyptian Deity," *EvQ* 45 (1973): 16-20에는 이집트의 신 Amon-Re가 반복해서 "황소"(bull)라고 불린다는 증거가 인용되어 있다. R. A. Cole, *Exodus*, p. 214은 이 상이 가나안 신화에서 유래하며 바알을 표상한다고 본다. 바알 숭배가 이집트로 들어갔다는 것이다. Wolff, *Hosea*, p. 141에는 El이 우가리트에서 황소로 묘사되었으며, 바알의 소생이 황소로 알려졌음을 증거하는 자료가 인용되어 있다. Wyatt, "Calf," p. 181도 보라. 또한 Lloyd R. Bailey, "The Golden Calf," *HUCA* 42 (1971): 101, 112-114에는 황소, 암소, 송아지 상이 고대 근동 전역에서 달[月]의 신을 상징했다는 증거가 인용되어 있다. 또한 이 신을 족장들의 조상(나홀과 데라)이 예배했을 수도 있다. J. Gerald Janzen, "The Character of the Calf and Its Cult in Exodus 32," *CBQ* 52 (1990): 598; John I. Durham, *Exodus*, WBC (Waco, Tex.: Word, 1987), pp. 420-421도 보라.

38) 혹자는 황소 상이 눈에 보이지 않는 신이 좌정하고 있는 보좌를 지지하는 받침대(pedestal)를 이루고 있었다고 이해한다. 과연 그런지를 확정하는 일은 물론 매우 어렵다(Moberly, *At the Mountain of God*, p. 165을 보라). Oswalt "Golden Calves and the Egyptian Concept of Deity," pp. 14-16도 보라. Oswalt는 받침대라는 해석에 반대한다.

출애굽기 32장의 경우는 이 둘 중 후자로 보인다. 8절이 출애굽을 하도록 만든 신적 행위자와 그 형상을 동일시하고 있기 때문이다. 하지만 이런 구분은 별로 중요하지 않다. 왜냐하면 32장 텍스트는 이 사건을 우상숭배라고 명확히 지칭하기 때문이다.[39] "…네 백성이 부패하였도다 그들이 내가 그들에게 명령한 길을 속히 떠나 자기를 위하여 송아지를 부어 만들고 그것을 예배하기를 이스라엘아 이는 너희를 애굽 땅에서 인도하여 낸 너희 신이라[40] 하였도다." 송아지 숭배를 우상숭배로 보는 이 평가는 출애굽기 20장과 맥을 같이한다. 출애굽기 20장은 "내 앞에 다른 신들을 두는 일"(출 20:3)이 잘못이라고 선언할 뿐 아니라,[41] 어떤 피조물의 "형상이나 모양이라도 너를 위해 만드는 일"을 금지하고 있다(출 20:4). 비록 그 형상이 이스

---

39) Moberly, *At the Mountain of God*, pp. 166-168.

40) *'ĕlōhîm*을 "신들"(gods)로 번역해야 할지, "신"(god)으로 번역해야 할지에 대해서는 주석가들 사이에서 의견이 분분하다. *'ĕlōhîm*이 이스라엘의 하나님을 지칭할 경우에는 단수로 번역하는 것이 최선이지만, 출 32:4, 8에서 이 어구는 "이것들이 너희의 신들이다"라고 번역하는 편이 더 낫다. 왜냐하면 *'ēlleh*("이것들")가 복수형인 *'ĕlōhîm*과 함께 복수형이기 때문이다. 만일 이 경우라면 금송아지는 여러 신들을 표상했을 것이고, 따라서 이렇게 이해하는 것이 어색하지 않다. 왜냐하면 앞서 보았듯 애굽의 송아지 상은 여러 다른 신들을 표상했기 때문이다. 이 어구가 장엄형 복수(plural of majesty)일 가능성도 있다. 복수형 동사나 (여기서처럼) 복수형 형용사가 단수인 하나님을 가리키기 위해 *'ĕlōhîm*과 함께 등장하는 곳이 다른 데 있기 때문이다(동사의 경우로는 창 20:13; 35:7; 삼하 7:23, 형용사의 경우로는 신 4:7; 수 24:19을 참조하라. Baily, "Golden Calf," pp. 99-100도 보라). *'ēlleh*가 *'ĕlōhîm*이라는 복수형과 함께 복수인 유일한 다른 경우는 삼상 4:8이다. 이 구절은 여호와의 언약궤를 가리키며 "이 강력한 신들이…애굽인들을 친 신들이다"라고 해석된다. 이 경우는 장엄형 복수가 아닌 것 같다. 왜냐하면 이 말은 이교의 우상숭배자들의 입에서 나오기 때문이다.

41) 여기에 나타나는 사상은 이스라엘 백성이 다른 신들과 함께 하나님을 예배해서는 안 된다는 내용일 것이다. 이런 모습은 최고 신을 필두로 해서 수많은 신을 함께 모시는 만신전의 광경인데, 예를 들어 가나안 종교가 그런 경우였다(John Walton, "Methodology: An Introductory Essay," in *The Zondervan Illustrated Bible Background Commentary: Genesis-Deuteronomy* [Grand Rapids: Zondervan, 근간]를 보라. 이 책에는 고대 근동 배경과 구약과 관련된 방법론에 대한 소개가 있다).

라엘의 하나님을 표상한다고 비추어진다 할지라도 말이다.[42] 출애굽기 32장의 경우가 바로 그 경우에 해당할 것이다. 왜냐하면 앞서 지적했듯이 8절이 출애굽을 가능하게 한 신적 행위자와 그 형상을 동일시하고 있기 때문이다.

출애굽기 32장에 대한 결론

출애굽기 32장에 대한 앞의 단락에서는 다음과 같은 세 가지 다른 측면에서, 우상숭배 하는 이스라엘이 그들이 숭배했던 송아지와 동일시되고 있음을 주장했다. (1) 이스라엘이 다시 모아들여야 할 흩어진 소 떼로 묘사됨. (2) 특히 백성이 "곧은 목/뻣뻣한 목"을 가졌다고 묘사됨. 이것은 애초에 "뻣뻣한 목/곧은 목"을 가진 소를 언급하는 것 같다. 실제로 우상숭배와 "곧은 목/뻣뻣한 목" 사이의 연결이 출애굽기 32장에서 처음으로 시작되었고, 출애굽기 32장 이후의 모든 용례가 이곳의 은유 사용에서 기인함을 보여준다. (3) 출애굽기 32장의 송아지 숭배와 모세의 얼굴의 영광으로 빛나는 뿔이 달린 모습 사이의 쟁론적 연결. 출애굽기 32-34장에는 이스라엘이 소처럼 되었다고 말하는 분명한 진술이 전혀 나타나지 않는다. 하지만 이 개념은 스토리 형태의 장르를 통해 표현되고 있는 듯하다. 제3장의 나머지 부분에서는 주로 구약의 네 텍스트인 시편 106:20; 호세아 4:7; 열왕기상 17장; 예레미야 2:5, 11에서 출애굽기 32장의 송아지 우상숭배가 어떻게 반영되는가를 살펴볼 것이다. 나는 이 텍스트들이 이스라엘이 시내 산에서 그 소와 동일시되었다는 개념까지도 지적한다고 믿는다. 출애굽기 32장에 대한 앞서의 세 가지 논의와 함께, 이 네 텍스트는 금송아지 숭배자들이 꼴사납게도 그 소와 동일하게 되었다는 해석을 지지

---

42) 박사 과정 세미나에 참석했던 내 학생 Jerry Hwang에게 감사한다. 그는 금송아지 에피소드에 나오는 우상숭배의 정확한 성격에 대해 주목하도록 나를 도와주었다. 여기에 개입된 우상숭배의 종류를 이해하기 위한 주요 대안에 대한 논의로는 Propp, *Exodus 19-40*, pp. 580-583을 보라.

함에 있어 축적의 효과를 지니고 있다. 이 해석을 지지하는 일곱 가지 요점 중에서 몇 가지는 다른 것보다 강력하지 않을 것이다. 하지만 증거 전체를 고려해본다면, 이 주장의 설득력 또는 개연성까지 보여주는 전반적인 무게를 가진다고 여겨진다.[43]

이스라엘의 금송아지 숭배와 연관된 구약성경의 다른 언급들

시편 106:20

이스라엘의 금송아지 숭배는 후대의 시편 106:20에 언급되어 있다.

> 19그들이 호렙에서 송아지를 만들고
> 부어 만든 우상을 경배하여
> 20**자기 영광을** 풀 먹는 소의
> **형상으로 바꾸었도다**
> 21애굽에서 큰 일을 행하신
> 그의 구원자 하나님을 그들이 잊었나니(시 106:19-20, 비일 강조)

적어도 이 대목은 이스라엘이 참된 예배의 대상인 영광, 즉 영광스러운 야웨를 우상의 형상과 바꿔치기했다는 개념을 표현한다. 수많은 주석가들이 "자기 영광"(their glory)이라는 어구를 "자기 하나님"(their God)을 가리키는 전유법적 수식 어구로 이해한다. 따라서 이 어구는 이스라엘이 하나님을 다른 신으로 바꾸었음을 가리키는 비유법으로서 그 하나님의 영

---

43) 여기서 전체를 따지는 것은 논지를 벗어나는 일이 될 것이다. 하지만 나는 이어지는 장들(제5장과 제8장)에서 초기 유대주의와 후기 유대주의가 금송아지 에피소드를, 롬 1장과 고전 10장에서 바울이 이해했던 것과 똑같이 이해했다고 주장한다. 이 해석이 지금까지 해온 출 32장에 대한 분석을 다시 한 번 확증해주리라 믿는다.

광스러운 속성을 강조하고자 하는 의도를 표출하고 있다.[44] 그러나 이것은 그럴 수 있다 하더라도 "그들이 자기 영광을 소의 형상으로 바꾸었다"라는 어구는 의미가 매우 두텁게 저장된 표현인 것 같다. 이 의미에는 그들의 숭배의 대상을 바꾸었다는 사실뿐 아니라, 백성 가운데 반영될 수 있었던(따라서 그들이 소유할 수 있었던) 참 하나님의 영광의 성격을 다른 신의 성격 혹은 형상과 동일한 것으로 바꾸었음이 포함된다.[45] 달리 표현하면, "자기 영광"(their glory)이란 하나님과, 구속사적 행위를 통해 백성 사이에(among them) 반영된 그분의 영광, 또한 백성을 위하시는 그분의 행위에 대한 신실한 응답으로서 백성 안에(in them) 반영된 하나님의 영광을 지시하는 신학적 묘사이거나 의도적으로 중의적 어구인 것이다. 따라서 이 어구는 하나님과 그분을 반영하는 영광이 분리될 수 없이 이어진다는 점을 표현한다. 후대의 유대교 해석자들이 다양한 방식으로 금송아지 우상숭배자들이 그 우상을 닮아갔음을 이해한 것에 대해서는 나중에 살펴볼 것이다(제5장을 보라). 내 생각에, 이것은 금송아지 숭배 사건과 그 사건에 대한 시편 106:20의 이해에 뿌리를 두고 있는 해석의 궤적을 보여준다.

시편 106:20의 "영광"이 하나님의 위격(person)을 대체하는 단순한 대용어가 아니라 그분이 다른 사람들을 향해 반영하는 영광의 속성에 대한 언급을 포함한다는 사실은, 초기의 서기관들이 원래 있었던 "나의 영광"(*kěbôdî*)이나 "그의 영광"(*kěbôdô*)을[46] 수정하고 "그들의 영광"(*kěbôdām*)을

---

44) metonymy(환유 또는 전유)란 한 가지를 강조하기 위해 그것을 연상시키는 다른 것으로 대체하는 비유법을 말한다. 이 경우에 "영광"은 "그들의 영광스러운 하나님"을 강조하기 위해 하나님을 대체해서 사용되었다.

45) Avrohom C. Feuer, *Tehillim* 2 (Brooklyn: Mesorah, 1985), p. 1293도 보라. Feuer는 금송아지를 예배하기로 한 이스라엘의 선택이 "전능자의 종으로서 그들의 과거의 영광스러운 신분을 폐하게 만들었다"라고 말한다. 또한 John Calvin, *Commentary on the Book of Psalms* (Grand Rapids: Baker, 1993), pp. 222-223도 마찬가지다.

46) 이런 독해는 *Tiqqune Sopherim*(서기관의 수정)이라 알려져 있으며, 몇몇 MT에서 검증된 바 있다. 이 독해들은 신학적인 이유로 서기관에 의해 이루어진 수정인 것 같다. 이런 사례에서는 아마도 하나님의 영광이 천박한 우상으로 바뀔 수 있다는 생각

첨가했다고 보는 고대 전통에 의해서도 지적된다. 두 가지 독법은 모두 하나님 자신을 그의 영광과 분리시키고 있다. 이 독법들이 원래의 히브리어를 표현하지 않는다 할지라도(사실이 그런 것 같다), 아마도 이 독법들은 "그들의 영광"이 의미하는 바를 표현하는 것 같다. 즉 이스라엘이 "그들 가운데서 하나님의 영광스러운 반영을 우상을 반영하는 것으로 바꾸었다"라는 의미다.[47] 또한 이 변이형들은 그리스어 구약성경("그의 영광")[48]과 타르굼 역("그들의 주님의 영광") 및 로마서 1:23("썩지 않을 하나님의 영광")에 의해 견지되는 해석적 노선을 표현한다. 따라서 "영광"은 하나님의 소유를 가리키며, 이스라엘은 하나님과 밀접한 관계에 있기 때문에 그분의 소유에 포함된다. 야웨의 "이름"과 마찬가지로 "영광"은 "거의 야웨 자신을 지칭"하지만[49] 하나님을 대신하는 순전한 대용어까지는 아니다.[50] "그들의 영광"(*kěbôdām*)이라는 어구는 구약성경에서 오직 네 번 더 등장하는데, 사람만이 아니라 누군가에 의해 외적으로 표현된 속성(존경이든 부요함이든)을 가리킨다.[51] 따라서 시편 106:20에서 "그들의 영광"(their glory)은 이스라엘의

이 그분의 존재에 대해 너무 모독적인 것으로 여겨졌을 것이다. 따라서 서기관은 "나의 영광"을 의도적으로 "그들의 영광"으로 바꾸었을 것이다. 여기에 대해서는 Jack R. Lundbom, *Jeremiah 1-20*, AB (New York: Doubleday, 1999), p. 267에 있는 렘 2:11에 대한 논의를 보라. 물론 이 점은 시 106:20; 호 4:7에도 적용될 수 있다.

47) Carmel McCarthy, *The Tiqqune Sopherim*, Orbis Biblicus Et Orientalis 36 (Freiburg/ Göttingen: Universitätsverlag/ Vandenhoeck & Ruprecht, 1981), pp. 101-105을 보라. McCarthy는 이런 종류의 변이형에 대해 가장 철저한 연구를 전개했다. McCarthy는 시 106:20에서 이런 변이형들이 원본의 히브리어를 표상하지는 않는다고 본다. 물론 그녀는 타르굼 역과 LXX, 롬 1:23과 함께 이런 변이형들이 "원래 의미의 본질적인 부분"을 표현한다고 보고 있기는 하다.

48) 몇몇 LXX 사본에는 "하나님의 영광"으로 되어 있다.

49) Lundbom, *Jeremiah 1-20*, p. 267도 마찬가지다.

50) 따라서 이 컨텍스트와 나중에 연구될 호 4:7; 렘 2:11의 다른 컨텍스트에서, "나의 영광" 또는 "그의 영광" 같은 필사자 변이형들은 오직 하나님 자신을 가리킨다고("곧 나인 영광" 혹은 "곧 그인 영광") 해석될 필요는 없으며, 하나님이 소유한 속성으로 해석될 수도 있다.

51) 호 9:11; 잠 25:27; 사 61:6을 보라. 또한 호 4:7도 보라. 그 구절에 대해서는 제3장 도표

하나님과, 자신에게 반영된 그분의 영광의 반영을 그들이 소유한다는 점을 지시하는 것이 분명하다.[52]

시편 106:20에 언급된 이 "영광"은 출애굽기 내러티브에 나오는 신적 영광의 개념과 연결되는 듯하며, 시편 106편은 바로 이 개념을 참조하는 것 같다. 이 "영광"에 대해 명확하게 언급하는 유일한 부분은, 모세가 하나님께 "당신의 영광을 제게 보여주소서!"(출 33:18)라고 요청하고, 하나님이 "내 영광이 지나갈 때에 내가 너를 반석 틈에 두고 내가 지나도록 내 손으로 너를 덮었다가…"라고 대답하신 곳이다(출 33:22). 어떤 학자들은 이 말씀이 시편 106:20의 언급과 관련된다고 생각하지 않을 수도 있다. 하지만 내 생각에는 관련성이 있을 가능성이 매우 높다. 왜냐하면 바로 이것이 이 시편이 언급하는 컨텍스트이기 때문이다. 첫째, 출애굽기 33:18의 하나님의 "영광"은 출애굽기 33:19의 그분의 속성들, 구체적으로 말해서 그분의 "선하심과 은혜로우심과 긍휼하심"으로 정의되고 있다.

> 18모세가 이르되 원하건대 주의 영광을 내게 보이소서
> 19여호와께서 이르시되 내가 내 모든 선한 것을 네 앞으로 지나가게 하고 여호와의 이름을 네 앞에 선포하리라 나는 은혜 베풀 자에게 은혜를 베풀고 긍휼히 여길 자에게 긍휼을 베푸느니라(출 33:18-19)

실제로 하나님이 자신의 영광을 모세 곁으로 지나가게 하실 때, 그분은 "구름 가운데 강림하사" "그[모세]의 앞으로 지나시며 선포하시되" 자신이 소유하신 다음과 같은 속성들을 선포하신다. "자비롭고 은혜롭고 노

3.8.의 논의를 보라.

52) 그러나 Francis Brown, S. Driver, and Charles Briggs, *The Hebrew and English Lexicon of the Old Testament* (Oxford: Clarendon, 1978)는 여기서(와 렘 2:11) 이 어구가 "그들이 영화롭게 하는 자"(the one whom they glorify)라는 뜻이라고 이해한다. 하지만 이 점에 대해서는 전혀 설명이 되어 있지 않다.

하기를 더디 하고 인자와 성실이 많은 하나님이라…용서하리라 그러나 벌을 면제하지는 아니하고…"(출 34:5-7). 여기서 핵심은 하나님의 영광이 악인을 처벌하시는 정의를 포함해서, 그분의 성품의 여러 측면을 포함한다는 것이다. 그런 다음 모세는 자신의 얼굴에 이 영광의 반영을 지닌 채 시내 산에서 내려왔다고 묘사된다. 아마도 이것은 하나님의 뒷모습이나 영광의 계시에 수반되었던 영광, 혹은 그분과 모세의 직접적 대화에 수반되었던 영광이 나중에 잔광으로 비친 결과인 것 같다(예를 들어 출 24:29). 모세의 얼굴에서 나오는 이 광채의 성격에 대해서는 특히 우상숭배자에 대한 심판과 관련하여 제3장 전반부에서 이미 설명한 바 있다.

시편 106편이 하나님의 영광에 관해 출애굽기 33-34장의 컨텍스트를 의식하고 있다는 점은 "크신 인자하심"(*rab ḥesed*)이라는 어구가 이 시편에 두 차례 등장한다는 사실에서도 확인된다. 이 어구는 앞서 하나님의 성품 중 하나로 묘사되었으며, 출애굽기 34:6에서 비롯되었다. 따라서 시편 106편에 있는 이 두 언급은 출애굽기 34:6(*wĕrab-ḥesed*)에 대한 간접적 인용이다. 실제로 이 어구는 구약성경의 다른 곳에서 12번 정확히 똑같이 등장하는데, 모두 출애굽기 34:6이라는 언약의 토대가 되는 텍스트를 암시한다.[53] 하나님의 언약이 언급되는 시편 106:45에 이르러서는 출애굽기 34장과의 연관성이 더욱 강화된다. 이는 출애굽기 34:6이 언약 체결 경험의 일부분이기 때문이다("보라 내가 언약을 세우나니…"[출 34:10]).[54]

출애굽기 33-34장에 나오는 하나님의 영광과 모세 얼굴의 광채에 대한 이 간략한 여담의 요점은, 모세가 우상숭배자들과는 대조적으로 그분의 영광을 반영했던 이스라엘의 진정한 대표 지도자라는 것이다. 우상숭배자들은 신적 영광을 반영하지 못하고 송아지 우상을 닮아갔다. 모세의

53) 민 14:18; 사 63:7; 욜 2:13; 욘 4:2; 시 5:8; 69:14; 86:5, 15; 103:8; 애 3:32; 느 9:17; 13:22을 보라.

54) 출 34:27-28에 있는 "언약"에 대한 다른 언급도 보라.

얼굴을 덮은 수건은 부분적으로, 우상숭배자들이 하나님의 영광을 반영하는 자가 아니라 사실상 그분의 영광에 의해 심판받을 자임을 나타낸다. 출애굽기 33-34장의 하나님의 "영광"은 구속사를 통해 이스라엘을 향해 펼쳐진 하나님의 영광스러운 속성들(즉 애굽에서 그들을 건져내신 하나님의 자비하심과 그들 가운데서 죄인을 심판하신 그분의 정의)을 표현한다. 그러나 이것만이 전부는 아니다. 하나님의 영광은 전염성이 있어서, 영광에 가까이 가고자 하는 이들은 그 영광을 반영하게 된다. 마치 모세가 그러했듯이 말이다.

이것은 출애굽기 33-34장에서 하나님의 "영광"이 하나님이나 야웨 자신과 동의어가 아니라 그분의 어떠하심에 대한 외적 표출임을 의미한다. 이는 하나님이 영이시라는 것과, 우리 눈에 비쳐지는 것은 다만 그분의 비가시적인 속성의 외적 표현에 불과함을 일깨워준다(출 33:20; 요 1:18; 4:24). 중요한 것은 이 영광의 외적 표현이 다음과 같이 최소한 이중적 측면을 지닌다는 점이다. 한 측면은 역사 속에서 이스라엘을 향해 표출된 하나님의 영광스러운 속성들의 표현(자비, 정의 등등)이며, 다른 한 측면은 이스라엘이 이 영광의 면면을 그들 가운데서 반영한다는 것이다. 첫째 측면에 대해서는 이스라엘이 하고 있다고 말할 수 있다(하나님이 역사 가운데서 드러내셨기 때문에-역자 주). 둘째 측면에 대해서는 이스라엘이 소유했어야 하는 것(신실한 남은 자들이 소유했던 것)이라고 말할 수 있다. 시편 106:20에 따르면 금송아지 우상숭배자들은 모세와는 대조적으로, 그들이 응당 반영해야 했을 하나님의 영광을 금송아지의 추악한 형상과 "바꿔버렸다."[55] 다른 구약의 텍스트들도, 실제로 모세의 얼굴에서 빛났던 그 영광이 모든 신실한 이스라엘인들이 반영해야 할 영광을 표상한다고 지적한다. 이것은 신실한 사람이 하나님께 가까이 가는 일이 그분의 빛을 반영하는 결과를 가져온다는 사실을 내다보는 것 같다. "여호와는 그 얼굴을 네게로 향하여 드사

55) 모세는 신실한 이스라엘 백성의 남은 자도 대표했던 것 같다. 하지만 여기서 이런 측면을 충분히 설명하기에는 지면이 부족하다.

평강 주시기를 원하노라"(민 6:25). "그들이 주를 앙망하고 광채를 내었으니"(시 34:5). 또한 이사야 60:1-5(예를 들어 "일어나라 빛을 발하라 이는 네 빛이 이르렀고 여호와의 영광이 네 위에 임하였음이니라")도 마찬가지다.

마찬가지로, 모세의 얼굴에 나타난 영광의 반영을 나중에 바울이 이해한 것에도 동일한 개념이 등장한다. 바울은 고린도후서 3:18에서 출애굽기 34:34(성막 안의 하나님의 임재 앞에서 모세가 수건을 벗었을 때 나온 빛나는 얼굴)을 인용한 후, 이것을 신실한 그리스도인들에게 적용한다. 그들은 "수건을 벗은 얼굴로 거울을 보는 것같이 주의 영광을 보매 그와 같은 형상으로 변화하여 영광에서 영광에 이른다." 이것이 출애굽기 32-34장의 난해한 내러티브의 의미를 조명해주는 신약 텍스트의 일례라고 할 수 있다(물론 제1장에서 논의했듯이, 구약을 조명해주는 신약이라는 이런 해석학적 접근법에 대해서는 논란이 있음을 잘 알고 있다).[56]

이처럼 시편 106:19-20은 이스라엘이 참 하나님을 거짓된 금송아지 신으로 바꾸었을 뿐 아니라, 그들을 향해 드러났으며 그들이 반영했어야 할 그분의 영광을 우상의 형상으로 바꿔버렸고, 그렇게 함으로써 이 우상의 형상을 반영하게 되었다고 말한다. 나중에 우리는 바울이 시편 106:20과 예레미야 2:11을 선택하여 금송아지 에피소드에 대해 동일한 해석을 하고 있음을 살펴볼 것이다(참조. 롬 1:23: "[그들이] 썩어지지 아니하는 하나님의 영광을 썩어질…모양의 우상으로 바꾸었느니라").

따라서 여기서는 시편 106:20과 유사한 다른 텍스트(나중에 살펴볼 호 4:7과 렘 2:11)에서 "그들의 영광"이라는 신학적으로 압축된 표현 가운데 이중적 언급이 이루어지고 있다는 사실을, 반복이 되더라도 강조하는 것이 필요하다.[57] 이 표현은 하나님의 임재와 이스라엘을 향해 드러난 그분의 영

56) 고린도후서의 이 텍스트 자체는 난해하다. 하지만 Scott J. Hafemann, *Paul, Moses and the History of Israel*은 이 텍스트의 난해한 매듭들을 푼 것 같다. 특히 고후 3장에서 출 32-34장이 활용된 것에 대한 광범위한 확증을 보려면 pp. 189-451을 보라.

57) McCarthy, *Tiqqune Sopherim*, pp. 101-105을 보라. McCarthy는 하나님과 그분의

광스러운 속성들을 가리킨다. 이스라엘은 자신 안에 이 속성들을 반영해야 했다. 구약 전체에서 신적 영광에 대한 주도적인 개념은 전형적으로 있는 그대로의 하나님 자신이나 그분의 본질적 존재를 가리키거나, 그 존재의 외적 표현이나 반영 혹은 그 임재의 증거로서의 존재의 속성의 표출을 가리킨다. 이 영광이 하나님의 내적 존재의 외적 표현이라는 사실은 출애굽기 33:20을 상기해보면 분명해진다("네가 내 얼굴을 보지 못하리니 나를 보고 살 자가 없음이니라"; "본래 하나님을 본 사람이 없으되"[요 1:18; 6:46; 요일 4:12]; "하나님은 영이시니"[요 4:24]; 하나님은 "보이지 아니하신다"[골 1:15; 딤전 1:17] 등도 생각해보라).[58] 따라서 하나님의 영광은 때때로 빛·광채·밝음으로, 따라서 그분으로부터 발산되는 것으로, 또는 자기 백성을 위한 구속사적 행위를 통해 그분이 (권능과 같은) 어떤 속성을 드러내신다는 묘사로 표현된다.[59] 특히 "영광"에 대명사 어미가 붙어 있는 경우("나의 영광", "당신의 영광", "그의 영광" 혹은 "그들의 영광")가 이에 해당한다.[60] 이때 "영광"은 그 영광이 해당하는 인격을 대신하는 대용어가 아니라 하나님이나 사람이 소유한 영광을 가리킨다. 물론 이 "영광"은 각각의 컨텍스트에 따라 어떤 의미인지가 결정되어야 한다. 이런 영광의 개념 구분은 미묘하고 섬세한 작업일 수 있지만, 그

반사되는 영광이 시 106:20에 나오는 "그들의 영광" 개념을 이해하는 두 가지 대안이라고 보고 있다.

58) 출 20:4의 명령 배후에는 비가시성(invisibility)의 개념이 있는 것 같다.

59) Moshe Weinfeld, כָּבֵד in *Theological Dictionary of the Old Testament*, ed. G. J. Botterweck, H. Ringgren, and H. J. Habry (Grand Rapids: Eerdmans, 1995), 7:22-38을 보라. Carey C. Newman, *Paul's Glory-Christology*, SupNovT (Leiden: Brill, 1992), pp. 17-24도 보라. Newman은 구약에 나오는 36번의 "여호와의 영광" 용례에 초점을 맞추어 신적 임재 개념을 강조한다.

60) Solomon Mandelkern, *Veteris Testamenti Concordnatiae Hebraicae atque Chaldaicae* (Graz: Akademische Druck-U. Verlagsanstalt, 1955), p. 529을 보라. Mandelkern은 57번의 이와 같은 경우를 기록한다. 그중 몇 경우는 인간의 영광을 가리키지만, 이 경우에도 신성에 사용되는 사례와 동일하게, 전형적으로 인간의 속성이나 소유를 외적 표현으로 지시하고 있다.

럼에도 이런 분별은 가능하다. 하나님의 영광에 대한 이런 언급에서 하나님 자신이 완전히 사라져버리는 것은 아니다. 하나님의 본질은 역사 가운데서 외적으로 표현되는 그분의 영광스러운 존재의 표출과 긴밀히 연결되어 있기 때문이다. 이 표출은 하나님의 백성 가운데서, 그리고 그들에게 드러난다. 여기에 덧붙여 내가 주장했듯이, 이스라엘의 신실함은 하나님과 그분의 영광과 인격적으로 밀접한 관계를 맺도록 이스라엘을 이끌어주는 것이었다. 이스라엘의 신실함은 이 영광을 반영하는 것을 가능하도록 해주었다. 하지만 이스라엘은 이 영광을 다른 신과 바꾸었을 뿐 아니라, 그 신의 추악한 성격을 반영하게 되었다.

어떤 학자들은 나의 이런 결론이, 시편 106:20의 "그들의 영광"이라는 다중적이고 함축적인 개념에 의미론적으로 지나친 비중을 주는 실수를 범했다고 말할 수도 있다. 하지만 출애굽기 33-34장에 따라 "영광"을 정의한다면, "그들의 영광"은 의도적으로 중의적(ambiguous)이며, (그리스어 문법의 plenary genitive[주격 소유격과 목적격 소유격을 동시에 의미하는]와 마찬가지로) 영광에 대한 한 가지의 얄팍한 의미 이상을 포함하도록 두는 편이 더 나은 것 같다.[61] "우리는 부분적 의미를 명료하기 만들기 위해 의미의 풍부함을 희생하지 않도록 주의해야 한다."[62]

열왕기상하서

이스라엘은 자기가 숭배하는 우상처럼 되었다. 예를 들어 열왕기하 17:15과 예레미야 2:5은 이스라엘이 "허무한 것[우상들]을 뒤따라 허망하게" 되었다고 말한다.[63] 여기서는 열왕기하 17:15에 초점을 맞추고 나서, 그 후

---

61) Daniel B. Wallace, *Greek Grammar Beyond the Basics* (Grand Rapids: Zondervan, 1996), pp. 119-121을 보라.

62) Maximilian Zerwick, *Biblical Greek Illustrated by Examples* (Rome: Pontificii Instituti Biblci, 1963), p. 13 (§ 36).

63) Meadors, *Idolatry and Hardening of the Heart*, pp. 49, 59을 보라. Meadors도 같

에 호세아 4:7과 예레미야 2:5, 11을 각각 이 컨텍스트 안에서 살펴보겠다.

열왕기하 17:15의 컨텍스트는 분석이 필요하다. 이 텍스트를 이해하기 위해서는 열왕기상 12장에서부터 시작해야 한다.[64] 열왕기상 12장은 이스라엘 역사의 출발점에서 발생했던 금송아지 우상숭배가 후대에 북이스라엘의 역사의 시작점에서 재현되고 있다고 진술한다. 애굽으로 도피했다 돌아와서 후일 왕이 된 여로보암은 금송아지 두 개를 세워 온 나라가 그것을 숭배하도록 한다. 그리하여 시내 산에서 아론과 이스라엘이 이스라엘 역사의 출발점에서 한 것처럼,[65] 여로보암은 애굽으로부터 우상숭배를 도입한다.[66] 열왕기하 12장은 이 비극적인 에피소드를 상세히 기술하고 있다.

> 28이에 계획하고 두 금송아지를 만들고 무리에게 말하기를 너희가 다시는 예루살렘에 올라갈 것이 없도다 이스라엘아 이는 너희를 애굽 땅에서 인도하여 올린 너희의 신들이라 하고
>
> 29하나는 벧엘에 두고 하나는 단에 둔지라

은 요점을 의중에 두고 이 두 텍스트를 언급한다.

64) 전통적으로 구약에 대한 고등비평은 출 32장이 열왕기서 이후에 저술되었다고 본다. 하지만 내 전제는 이 저작 순서가 (고등비평과는) 반대가 되어야 한다는 것이다. 이것이 대체로 Houtman, *Exodus*, 3:621-24이 지지하는 저작 순서다. 하지만 pp. 25-26을 보라. 비록 텍스트들의 저작 연대가 불확실하거나 이 연대에 대한 의견이 일치하지 않는다 해도, 정경이라는 더 넓은 컨텍스트에서 보았을 때, 두 개의 의존적인 텍스트들에 대한 상호텍스트적 연관성을 고려한 해석은 여전히 인정될 수 있다.

65) 이미 살펴보았듯이, 황소 상은 가나안 신인 엘과 바알의 표상이기도 했다. 이런 점은 어느 정도 여로보암의 조처에 영향을 주었을 것이다.

66) 따라서 왕하 17:19은 유다도 우상을 예배했다고 말한다. 겔 20:7-8은 애굽에서의 우상숭배가 계속해서 남이스라엘에게 영향을 주었다고 주장한다: "또 [내가] 그들에게 이르기를 너희는 눈을 끄는 바 가증한 것을 각기 버리고 애굽의 우상들로 말미암아 스스로 더럽히지 말라 나는 여호와 너희 하나님이니라 하였으나 그들이 내게 반역하여 내 말을 즐겨 듣지 아니하고 그들의 눈을 끄는 바 가증한 것을 각기 버리지 아니하므로 내가 말하기를 내가 애굽 땅에서 그들에게 나의 분노를 쏟으며 그들에게 진노를 이루리라 하였노라." 금송아지 우상은 애굽 우상들 중 하나로, 남이스라엘조차 여러 세대 동안 이것을 치워버리기를 거절했다.

30이 일이 죄가 되었으니 이는 백성들이 단까지 가서 그 하나에게 경배함이더라
31그가 또 산당들을 짓고 레위 자손 아닌 보통 백성으로 제사장을 삼고
32여덟째 달 곧 그 달 열다섯째 날로 절기를 정하여 유다의 절기와 비슷하게
하고 제단에 올라가되 벧엘에서 그와 같이 행하여 그가 만든 송아지에게 제사
를 드렸으며 그가 지은 산당의 제사장을 벧엘에서 세웠더라
33그가 자기 마음대로 정한 달 곧 여덟째 달 열다섯째 날로 이스라엘 자손을
위하여 절기로 정하고 벧엘에 쌓은 제단에 올라가서 분향하였더라(왕상 12:28-33)

열왕기상 12:28은 "금송아지"에 대한 언급과 더불어 여로보암 왕이 "오 이스라엘아 너희를 애굽 땅에서 인도하여 올린 너희 신들을 보라"라고 외치는 모습을 그리고 있다. 이것은 사실상 출애굽기 32:4, 8에 나오는 이스라엘의 금송아지 숭배라는 원죄 이야기를 인용한 것과 마찬가지다.

출애굽기 32:4, 8	열왕기상 12:28
아론이 그들의 손에서 금 고리를 받아 부어서 조각칼로 새겨 송아지 형상을 만드니 그들이 말하되 이스라엘아 이는 너희를 애굽 땅에서 인도하여 낸 너희의 신이로다 하는지라(4절) 그들이 내가 그들에게 명령한 길을 속히 떠나 자기를 위하여 송아지를 부어 만들고 그것을 예배하며 그것에게 제물을 드리며 말하기를 이스라엘아 이는 너희를 애굽 땅에서 인도하여 낸 너희 신이라 하였도다(8절)	이에 계획하고 두 금송아지를 만들고 무리에게 말하기를 너희가 다시는 예루살렘에 올라갈 것이 없도다 이스라엘아 이는 너희를 애굽 땅에서 인도하여 올린 너희의 신들이라 하고

도표 3.4. 출애굽기 32:4, 8과 열왕기상 12:28

과거의 아론처럼, 여로보암도 금송아지 숭배의 일부로서 "절기"(축제)

출애굽기 32:5-7	열왕기상 12:29-33
아론이 보고 그 앞에 제단을 쌓고 이에 아론이 공포하여 이르되 내일은 여호와의 절일이니라 하니 이튿날에 그들이 일찍이 일어나 번제를 드리며 화목제를 드리고 백성이 앉아서 먹고 마시며 일어나서 뛰놀더라 여호와께서 모세에게 이르시되 너는 내려가라 네가 애굽 땅에서 인도하여 낸 네 백성이 부패하였도다	[여로보암이] 하나는 벧엘에 두고 하나는 단에 둔지라 이 일이 죄가 되었으니 이는 백성들이 단까지 가서 그 하나에게 경배함이더라 그가 또 산당들을 짓고 레위 자손 아닌 보통 백성으로 제사장을 삼고 여덟째 달 곧 그 달 열다섯째 날로 절기를 정하여 유다의 절기와 비슷하게 하고 제단에 올라가되 벧엘에서 그와 같이 행하여 그가 만든 송아지에게 제사를 드렸으며 그가 지은 산당의 제사장을 벧엘에 세웠더라 그가 자기 마음대로 정한 달 곧 여덟째 달 열다섯째 날로 이스라엘 자손을 위하여 절기로 정하고 벧엘에 쌓은 제단에 올라가서 분향하였더라

를 제정했다.

도표 3.5. 출애굽기 32:5-7과 열왕기상 12:29-32

이처럼 출애굽기 32장과 열왕기상 12:25-33은 선명하게 연결된다.[67]

67) Houtman, *Exodus*, 3:620-21; Propp, *Exodus 19-40*, pp. 575-578도 마찬가지다.

열왕기하 17:15은 열왕기상 12장에 묘사된 금송아지 우상숭배가 (이스라엘 역사에 등장하는 우상숭배에 관한 다른 일화들에서처럼) 허망한 우상을 좇고 그 우상처럼 허망하게 되어버린 죄악이라고 요약한다. 열왕기상하서 전체에 진술된 여로보암 이후의 이스라엘 왕 대다수는 여로보암의 우상숭배의 죄를 따라갔다고 언급된다.[68] 이미 살펴보았듯이 이 송아지 우상은 애굽에서 이스라엘의 첫 세대가 숭배하던 신이었다. 다른 우상과 함께 이 금송아지 우상에 대한 후대 이스라엘의 숭배에 관해, 열왕기하 17:15이 열왕기상 12장의 주제와 어떻게 연결되는지를 더 분명하게 보려면, 그 직접적 근접 컨텍스트(7-18절) 가운데서 열왕기하 17:15의 진술을 살펴보아야 한다.

> 7**이 일은** 이스라엘 자손이 자기를 애굽 땅에서 인도하여 내사 애굽의 왕 바로의 손에서 벗어나게 하신 그 하나님 여호와께 죄를 범하고 또 다른 신들을 경외하며
> 8여호와께서 이스라엘 자손 앞에서 쫓아내신 이방 사람의 규례와 이스라엘 여러 왕이 세운 **율례를**(in the customs) 행하였음이라
> 9이스라엘의 자손이 점차로 불의를 행하여 그 하나님 여호와를 배역하여 모든 성읍에 망대로부터 견고한 성에 이르도록 산당을 세우고
> 10모든 산 위에와 모든 푸른 나무 아래에 목상(sacred pillars)과 아세라 상을 세우고
> 11또 여호와께서 그들 앞에서 물리치신 이방 사람같이 그곳 모든 산당에서 분향하며 또 악을 **행하여** 여호와를 격노하게 하였으며
> 12또 우상을 섬겼으니 이는 여호와께서 그들에게 행하지 말라고 말씀하신 일이라
> 13여호와께서 각 선지자와 각 선견자를 통하여 이스라엘과 유다에게 지정하

---

68) 통상적으로 "그가 여로보암의 길로 행했다"거나 "여로보암의 죄"를 모방했다는 표현과 함께 간다(왕상 13:34; 14:16; 15:30, 34; 16:2, 19, 26; 22:52; 왕하 3:3; 10:29, 31; 13:2, 6, 11; 14:24; 15:9, 18, 24, 28; 17:21; 23:15). 내가 이런 점을 주목할 수 있도록 도와준 내 학생 Jerry Hwang에게 감사한다.

여 이르시기를 너희는 돌이켜 너희 악한 길에서 떠나 나의 명령과 율례를 지
키되 내가 너희 조상들에게 명령하고 또 내 종 선지자들을 통하여 너희에게
전한 모든 율법대로 행하라 하셨으나
14 그들이 듣지 아니하고 그들의 목을 곧게 하기를 그들의 하나님 여호와를 믿
지 아니하던 그들 조상들의 목같이 하여
15 여호와의 율례와 여호와께서 그들의 조상들과 더불어 세우신 언약과 경계
하신 말씀을 버리고 허무한 것을 **뒤따라** 허망하며 또 여호와께서 명령하사 따
르지 말라 하신 사방 이방 사람을 따라
16 그들의 하나님 여호와의 모든 명령을 버리고 자기들을 위하여 두 송아지 형
상을 부어 만들고 또 아세라 목상을 만들고 하늘의 일월 성신을 경배하며 또
바알을 섬기고
17 또 자기 자녀를 불 가운데로 지나가게 하며 복술과 사술을 행하고 스스로
팔려 여호와 보시기에 악을 행하여 그를 격노하게 하였으므로
18 여호와께서 이스라엘에게 심히 노하사 그들을 그의 앞에서 제거하시니 오
직 유다 지파 외에는 남은 자가 없으니라(왕하 17:7-18, 비일 강조)

나는 금송아지에 대한 이스라엘의 첫 번째 숭배와, 여로보암과 그 뒤를 잇는 이스라엘 세대들의 금송아지 숭배 사이에 확고한 연관성이 있음을 강조하고 싶다. 출애굽기 32장과 열왕기상 12장 사이의 이미 지적한 평행 구절에 덧붙여, 열왕기하 17:14은 이스라엘이 "그들의 목을 곧게 하기를 그들의 하나님 여호와를 믿지 아니하던 그들 조상들의 목같이 하였다"라고 말한다. 이것은 금송아지를 우상화했던 이스라엘의 첫 번째 행위에서 백성이 "목을 곧게/혹은 뻣뻣하게" 했다는 묘사다(출 32:9; 33:3, 5; 34:9; 신 9:6, 13; 10:16 [히]; 31:27). 실제로 앞서 관찰했듯이 "뻣뻣한 목/곧은 목"(히브리어 *qĕšê-ʿōrep*=그리스어 *sklērotrachēlos*)은 구약 전체에서 단 한 차례를 제외하고는 시내 산의 금송아지 우상숭배자들을 가리킨다. 마찬가지로 열왕기하 17:15에 쓰인 "그들이 그들의 목을 곧게 하였다"(그리고 그들은 허무한 것을

뒤따라 허망하게 되었다)라는 동사 형태는 다른 곳에서도 직접적으로든(대하 36:13; 렘 19:15), 간접적으로든(느 9:16-17, 29; 렘 7:26; 17:23) 우상숭배를 가리킨다. 그중 몇 가지는 이 전망 안에 첫 세대의 금송아지 숭배자와 나중 세대의 우상숭배 하는 이스라엘인들을 다 포함한다(느 9:16-17, 29; 렘 7:26). 내 결론에 따르면, 이 그림 언어의 기원은 일종의 소 같은 가축이 주인이 원하는 방향으로 가지 않고 주인의 지시에 대해 "뻣뻣한/곧은 목"으로 대항하는 모습이다. 또한 이 그림은 출애굽기의 내레이터가 이스라엘이 자신이 숭배하던 소처럼 영적으로 반항적이 되어, 길들여지지 않은 송아지처럼 마음대로 행했다고 은유적으로 조롱하는 더 큰 그림의 일부분이다.

열왕기하 17:25은 이 사실에 비추어 이해되어야 한다. "[그리고 그들이] **허무한 것을 뒤따라 허망하게 되었으며** 또 여호와께서 명령하사 따르지 말라 하신 사방 이방 사람을 따라 행했다"(비일 강조). 16절은 이스라엘 백성이 닮아갔던 "허무한" 우상을 구체적으로 명시한다. "두 송아지 형상을 부어 만들고 또 아세라 목상을 만들고 하늘의 일월성신을 경배하고 또 바알을 섬기고…." 이처럼 이 대목의 의미는 이스라엘이 금송아지를 포함해서 허망한 우상들을 숭배했으며, 그들이 경배했던 우상처럼 영적으로 허망하게 되었다는 것이다. 열왕기상 12장과 더불어 이 텍스트는 첫 금송아지 사건의 죄악을 선명하게 재현하는 듯하다. 다만 후대의 이스라엘에서는 금송아지 숭배를 포함하는 이 구체적인 우상숭배의 행위가 여로보암의 시대 이후에도 계속 반복된다는 점이 다를 뿐이다.[69] 반드시 염두에 두어야 할 점은 여로보암이 세운 금송아지 숭배가, 이스라엘이 바알을 섬겼던 여러 방식 중 한 가지였다는 사실이다(여기에 대해서는 호세아서를 다루는 나중 논의를 보라). 그렇다면 후대의 이스라엘이 그들의 우상처럼 허망하게 되었다는 이 묘사는 시내 산에서의 첫 송아지 숭배자들에게는 일어나지

69) 시내 산에서의 송아지 숭배 이후, 광야에서 이 특정한 형태의 우상숭배가 지속되었다는 명백한 증거는 전혀 없지만, 다른 형태의 우상숭배가 존재했음이 분명하다.

않았던 독특한 현상인가?

이 그림은 내가 제3장 전반부에서 출애굽기 32장을 논의하면서 파헤치고자 했던 두터운 의미를 드러내준다. 후대의 이스라엘이 그들이 섬긴 금송아지처럼 허망하게 되었다는 그림은 정확히 첫 세대 이스라엘에게도 일어났던 일인 듯하다. 그 이유로는 (1) 열왕기상 12장과 열왕기하 17장에 있는 여로보암이 금송아지 숭배를 제정한 일과 시내 산에서 일어난 사건 사이의 여타 평행점들, (2) 이 평행점들에 비추어볼 때, 열왕기하 17장과 더불어 열왕기상 12장의 내러티브가 여로보암 치하에서 범한 이스라엘의 죄를 첫 세대가 저지른 금송아지 우상숭배의 재현으로 제시하는 점, (3) 후속 세대가 "그들의 조상들의 목같이 자기들의 목을 곧게 했다"라는 점(왕하 17:14), 그리하여 15절의 우상처럼 허망하게 된 죄가 조상들의 소처럼 뻣뻣하고 곧은 목에도 적용될 수 있다는 점이다(특히 "그 조상들"이 15절에서 다시 반복됨). 이런 재현은 다시 열왕기하 17:7에서 후대의 우상숭배 하는 이스라엘이 첫 세대 우상숭배자들과 집단적으로 하나가 되었음을 보여준다. "이 일은 이스라엘 자손이 자기를 애굽 땅에서 인도하여 내사 애굽의 왕 바로의 손에서 벗어나게 하신 그 하나님 여호와께 죄를 범하고 또 다른 신들을 경외하며." 여기에 덧붙여, 열왕기하 17:12에서는 출애굽기 20:4-5의 명령이 하나님이 후대의 이스라엘에게 고하신 것으로 인용되고 있다. 형식적으로 이 명령은 첫 세대를 향해 선포된 것임에도 불구하고 말이다.

출애굽기 20:4-5	열왕기하 17:12
너를 위하여 새긴 우상을 만들지 말고…그것들에게 절하지 말며 그것들을 섬기지 말라(이 명령은 오경의 나머지 부분에서 반복해서 나타남)	또 [그들이] 우상을 섬겼으니 이는 여호와께서 그들에게 행하지[만들지] 말라고 말씀하신 일이라

도표 3.6. 출애굽기 20:4-5과 열왕기하 17:12

"너희 조상들"(13절), "그들의 조상들"(15절)에 대한 반복적인 언급은 이 조상들과 후대의 이스라엘 자손 사이의 집단적인 연결을 다시 지적한다.

열왕기하 17장에는 후대 이스라엘의 금송아지 숭배와 바알 숭배 사이의 밀접한 연결을 볼 수 있는 또 다른 이유가 있다. 출애굽기 34:14-16과 민수기 25:1-3에 각각 진술된, 이스라엘의 바알 숭배에 대한 첫 번째 역사적 실례 사이에는 특별한 문헌적 연관성이 존재한다. 이 연관성은 의미심장한데, 왜냐하면 출애굽기 34장이 금송아지 에피소드의 공식적인 결론이면서 형벌상의 결과를 보여주기 때문이다. 구체적으로 말해, 출애굽기 34:14-16은 앞으로 우상숭배를 범하고자 하는 유혹을 받아서는 안 된다는, 이스라엘에 대한 경고다. 이 두 텍스트 사이의 다음과 같은 언어적 평

출애굽기 34:14-16	민수기 25:1-3
너는 다른 신에게 절하지 말라…그들이 자기들의 신들과 음란을 행하며 그들의 신들에게 제물을 드리고 그들이 너에게 그 제물을 먹자고 청하지 않도록 하고…또 너희 딸들이 그들의 신들과 음란을 행하고 너희 아들들이 그들의 신들과 음란을 행하지 않도록 하라 (저자의 번역이 개정개역과 다름. 여기서는 저자의 사역은 그대로 따랐음--역자 주)	이스라엘이 싯딤에 머물러 있더니 그 백성이 모압 여자들과 음행하기 시작하니라 그 여자들이 자기 신들에게 제사할 때에 이스라엘 백성을 청하매 그 백성이 (그들의 제물을) 먹고 그들의 신들에게 절하므로 이스라엘이 (자기들을) 바알브올에게 바친지라

도표 3.7. 출애굽기 34:14-16과 민수기 25:1-3

행점들을 주목하라.

출애굽기의 내레이터는 출애굽기 34:14-16에 언급된 종류의 우상숭배의 첫 실례가 금송아지 우상숭배였다고 지적하고 있을 가능성이 높다. 이런 점은 출애굽기 32장; 34장; 민수기 25장 사이에 공통적으로 나타나는 단어와 동의어를 살펴보면 드러난다.

> 5아론이 보고 그 앞에 제단을 쌓고 이에 아론이 공포하여 이르되 내일은 여호와의 절일이니라 하니
> 6이튿날에 그들이 일찍이 일어나 번제를 드리며 화목제를 드리고 백성이 앉아서 먹고 마시며 일어나서 뛰놀더라…
> 8그들이 내가 그들에게 명령한 길을 속히 떠나 자기를 위하여 송아지를 부어 만들고 그것을 예배하며 그것에게 제물을 드리며 말하기를 이스라엘아 이는 너희를 애굽 땅에서 인도하여 낸 너희 신이라 하였도다(출 32:5-6, 8)

금송아지 숭배, 출애굽기 34장의 묘사, 민수기 25장의 바알 숭배 사이에 있는 이런 언어적이고 개념적인 연관성은 이 텍스트들 모두가 본질적으로 동일하게 우상숭배의 성격을 가짐을 암시한다. 또한 이런 연관성은 왜 금송아지 숭배와 열왕기하 17장의 바알 숭배가 이렇게 밀접하게 연결되며, 백성이 숭배 대상인 우상처럼 허망해진다는 원리를 포함하는 것으로 언급되고 있는가 하는 이유에 덧붙여질 수 있다.

이처럼 열왕기상 12장; 열왕기하 17장의 묘사와 이스라엘의 첫 우상숭배 행위 사이의 밀접한 동일시는 다음과 같은 사실을 보여준다. 곧 후대의 이스라엘이 헛된 우상을 닮아 헛되게 되었다는 진술은, 앞에서 내가 보여주고자 했던 내용이 출애굽기 32장에서 내러티브 형태로 된 은유적 묘사였다는 사실을 명제적 형태로 선명하게 이끌어낸다. 즉 이스라엘의 우상숭배자들을 마구 날뛰는 송아지로 묘사하는 것(출 32장)은 열왕기하 17:25에서는 허망함[우상]을 따라가 허망해졌다는 것으로, 나라가 허무한

우상을 반영하는 공허한 영적 성격을 갖게 되는 것으로 해석된다. 이스라엘이 숭배하던 우상처럼 된다는 형벌의 원리는 단지 금송아지 숭배에서만 나오는 원리가 아니라 다른 우상들에 대한 숭배(왕하 17:16은 "부어 만든 상들, 두 금송아지, 아세라, 일월성신, 바알"을 언급함)에서도 도출된다.[70]

호세아서

놀랍게도 호세아서도 부어 만든 송아지 우상을 숭배하는 일의 역설적인 성격을 반복해서 발전시키고 있다. 이 우상숭배는, 호렙 산에서의 최초의 금송아지 에피소드의 전통을 따라 여로보암이 세운 동일한 예배 제도였다.[71] 이런 점에서 호세아서에 나오는 증거는 좀 더 주목할 필요가 있다.

> 16이스라엘은 완강한 암소처럼 완강하니[72]
> 이제 여호와께서 어린 양을
> 넓은 들에서 먹임같이 그들을 먹이시겠느냐
> 17에브라임이 우상과 연합하였으니

---

70) 이런 측면에서 금송아지 에피스드 이후에 출 34:9-16이 백성이 "목이 굳어 뻣뻣해졌다"라는 점을 반복하고, 장래 세대에게 "성스러운 기둥들"과 "아세라 상들" 및 "부어 만든 신들" 같은 대상물에게 "절하지" 말라고 경고하면서, "그들의 신들과 음란을 행하지 말고 그들의 신들에게 희생 제물을 드리지 말며 그[우상숭배자]의 제물을 먹지 말라", "너희 아들들을" 우상숭배의 영향에 노출시키지 말라고 권고한다는 사실은 의미심장하다. 마찬가지로 왕하 17:10-17도 우상숭배와 송아지 숭배라는 이 동일한 소재와, "뻣뻣하게 굳은 목"이 된다는 점을 결합시킨다(비록 "음란"이 명백하게 언급되지는 않지만). 여기에 비추어볼 때 출 32-34장에 서술된 대로든, 왕하 17:15에 명제적으로 진술된 대로든, 숭배자가 숭배 대상인 우상처럼 변한다는 원리는 모든 형태의 우상숭배에 자연스럽게 확대된다.

71) 시내 산에서의 금송아지 우상과 호세아서의 금송아지 숭배 사이의 연관성에 대해서는 Propp, *Exodus 19-40*, pp. 578-579을 보라.

72) 쿰란은 이 부분을 "곁길로 방황하는 암소처럼 이스라엘이 곁길로 빠졌다"라고 해석적으로 풀이하면서 이것을 예루살렘의 유대인들에게 적용한다. 쿰란 공동체는 예루살렘 유대인들을 "반역자"이자 배교자로 보았다(참조. CD-A Col. I, 13-14).

버려두라(호 4:16-17)

4그들이 또 그 은, 금으로
자기를 위하여 우상을 만들었나니
결국은 파괴되고 말리라
5사마리아여 네 송아지는 버려졌느니라
내 진노가 무리를 향하여 타오르나니
그들이 어느 때에야 무죄하겠느냐
6이것은 이스라엘에서 나고
장인이 만든 것이라
참 신이 아니니
사마리아의 송아지가 산산조각이 나리라
7그들이 바람을 심고
광풍을 거둘 것이라(호 8:4b-7a)

사마리아 주민이 벧아웬의 송아지로 말미암아
두려워할 것이라
그 백성이 슬퍼하며
그것을 기뻐하던 제사장들도 슬퍼하리니
이는 그의 영광이 떠나감이며(호 10:5)

에브라임은 마치 길들인 암소 같아서
곡식 밟기를 좋아하나
내가 그의 아름다운 목에 멍에를 메우고
에브라임 위에 사람을 태우리니(호 10:11a)

2이제도 그들은 더욱 범죄하여
그 은으로 자기를 위하여 우상을 부어 만들되

자기의 정교함을 따라 우상을 만들었으며
그것은 다 은장색이 만든 것이거늘
그들은 그것에 대하여 말하기를
제사를 드리는 자는 송아지와 입을 맞출 것이라 하도다
3이러므로 그들은 아침 구름 같으며
쉬 사라지는 이슬 같으며
타작마당에서 광풍에 날리는 쭉정이 같으며
굴뚝에서 나가는 연기 같으리라(호 13:2-3)

호세아서에 등장하는 송아지 숭배에 대해서는 다음의 지점을 주목해야 한다. (1) 이 단락 전체에서 이스라엘은 송아지 우상을 숭배한다고 그려진다. (2) 이스라엘은 가야 할 방향으로 가지 않고 곁길로 벗어난 암소라고 언급된다(호 4:16b; 10:11a). 이는 선지자가 이스라엘이 자기가 숭배하던 송아지 우상처럼 영적으로 반역적이 되어 그 우상처럼 변했음을 암시하고자 함을 드러낸다. 이 사건은 이스라엘이 처음으로 금송아지를 만들어 숭배하던 때에 일어났던 일과 같다. (3) 송아지 우상처럼 된 이스라엘은 다른 식으로도 묘사된다. 즉 송아지 우상이 "산산조각 나게" 되듯이, 우상숭배자들도 "바람을 심고 광풍을 거둔다"라고 언급된다. 즉 그들이 바람처럼 헛된 우상숭배를 심어 거두어들이는 혜택은 다름 아닌 공허한 광풍이라는 것이다. 그들은 이런 식으로 헛되게 되고 그 결과로 인해 판단을 받게 된다(호 8:4b-7a). 마찬가지로 우상에게 "희생 제물을 바치고" "그 송아지들에게 입 맞추는" 자들은 아침에 잠깐 하늘에 떠 있는 구름 같고 곧 사라져버릴 아침 이슬 같을 것이며, 타작마당에서 바람에 불려 날아가 버릴 쭉정이 같고 굴뚝에서 나오는 연기 같을 것이다(호 13:2-3).[73] 이처럼 우상

73) James Luther Mays, *Hosea* (London: SCM, 1969), p. 172을 보라. Mays는 호 13:2이 여로보암이 벧엘에 세웠던 송아지 숭배(왕상 12:26-33)를 정확히 가리킨다고 본다.

은 덧없이 날아가 버릴 내용 없는 존재이며 신속히 사라져버릴 것이다(호 8:6; 10:5). 또한 우상을 예배하는 자들도 똑같이 덧없고 공허한 존재를 닮게 되며, 그렇게 판단받을 것이다.[74)]

앞에서 언급된 송아지 우상과 음란을 이야기하는 호세아 4:16-19의 도입으로서의 호세아 4:7도 우리가 경배하고 숭배하는 것을 닮게 된다는 주제와 연관성을 가진다. 첫째, 호세아 4:7("내가 그들의 영화를 변하여 욕이 되게 하리라")은 우상숭배에 대한 형벌이 그들이 응당 반영해야 했던 신적 영광을 바꾸어버리고, 대신에 그들이 섬기는 우상의 수치를 반영하는 것이 되리라고 암시한다. 호세아 4:7과 우상숭배의 연관성, 특히 나중에 호 4:16-17과[75)] 호세아서 전반(호 8:5-6; 10:5; 13:2)에서 선명하게 언급되는 송아지 우상숭배와의 연관성은 시편 10:20; 호세아 4:7; 예레미야 2:11 사이의 독

시편 106:20	호세아 4:7; 예레미야 2:11
그들이 호렙에서 송아지를 만들고 부어 만든 우상을 경배하여 자기 영광을 풀 먹는 소의 형상으로 바꾸었도다(시 106:19-20)	[그들이/내가] 그들의 영화를 변하여 욕이 되게 하리라[하였다](호 4:7; 참조. 8-18절) 그러나 나의 백성은 그의 영광을 무익한 것과 바꾸었도다(렘 2:11b; 참조. 20-28절)

특한 상호텍스트적 연관성을 보여준다(참조. 도표 3.8.).

74) Francis I. Anderson and David Noel Freedman, *Hosea*, AB (Garden City, N.Y.: Doubleday, 1980), p. 633도 보라. Anderson과 Freedman은 호 13:2-3과 관련해서 "아마도 여기에 표현된 논리는 우상이란 아무것도 아니며, 우상을 숭배하는 자들은 부실하며 덧없이 되리라는 것이다"라고 말한다.

75) M. A. Sweeney, *The Twelve Prophets*, Vol. 1 (Collegeville, Minn.: Liturgical Press, 2000), p. 51을 보라. Sweeney는 16절의 송아지에 대한 묘사가 여로보암에 의해 세워진 "벧엘 성소와 연관된 금송아지를 염두에 두도록 상기시킨다"라고 쓴다.

도표 3.8. 시편 106:20과 호세아 4:7; 예레미야 2:11

이 세 대목의 상호텍스트적 연결의 타당성은 다음과 같은 관찰에서 명백히 드러난다(렘 2:11에 대한 해석은 제3장 후반부에서 다루므로 여기서는 언급하지 않겠다). (1) 이 세 대목은 구약성경 전체에서 히브리어 동사 "바꾸다, 교환하다"(*mwr*)가 "영광"(*kĕbôd*)과 함께 등장하는 유일한 사례다. "영광"이라는 단어는 "대신하여, 대하여"(for)라는 전치사(*bĕ*) 다음에 나온다. (2) 이 교환(바꾸기)은 언제나 덜 귀한 것과의 교환이다. 각각의 경우에서 대상은 우상이다. (3) 이 세 텍스트 모두는 백성이 참 하나님에 대한 영광스러운 반영을 거짓 신의 추악한 반영과 교환한다는 개념을 담고 있다. (4) 이 세 텍스트는 모두 컨텍스트 안에서 구체적으로, 시내 산에서 일어난 금송아지 우상숭배에 대한 암시를 연결시키고 있다. (5) 이 세 대목은 모두 필사자가 "나의 영광"을 "그들의[그의] 영광"으로 수정한 결과를 담고 있다. 이것은 원래 표현이라고 여겨지는 "나의 영광을 바꾸다"가 하나님에 대한 불경이라고 간주되어(세상에 누가 하나님에 대해 감히 이런 일을 할 수 있단 말인가?) 수정되었음을 보여준다.[76] 이 사실은 의미심장한데, 왜냐하면 이 텍스트들이 이렇게 수정된 전체 18개 가운데(즉 *Tiqunne Sopherim* 가운데서) "그들의 영광"이라는 어구를 담아서 수정된 단 세 경우이기 때문이다.[77] 이런 점은 이 세 개의 구약 텍스트가 대단히 독특하다는 점에서 얼마나 서로 유사한지를 부각시켜준다.

나는 시편 106:20에 하나님의 영광을 우상의 헛된 영광으로 바꿔버렸다는 사상이 있음을 주장했다. 여기서는 이런 사상이 호세아 4:7에도 해당됨을 입증하고자 한다.[78] 이와 관련해서 맨 먼저 지적할 것은 정말로 두

76) McCarthy, *Tiqunne Sopherim*, pp. 97-105.

77) Ibid., pp. 15-18.

78) 하지만 여러 다른 학자 중에서 Douglas Stuart, *Hosea-Jonah*, WBC (Waco, Tex.: Word, 1987), p. 79은 "영광"을 오직 하나님에 대한 언급으로, "수치"(부끄러운 것)를 오직 우상에 대한 언급으로 본다.

텍스트가 서로 연관되어 있다면, 이 시편에 나오는 "영광"의 풍성한 관념이 호세아서의 "영광"에 대한 이해에도 당연히 등장하리라는 것이다. 실제로 두 텍스트가 정확히 똑같은 단어를 갖고 있다면, 두 텍스트에는 복합적인 관념이 동일하게 전달되고 있을 것이다. 즉 "그들의 영광"은 (1) "그들의 하나님"뿐 아니라 (2) 그들 가운데 있는 하나님의 영광을 가리킨다.[79] 이 영광은 하나님이 역사 속에서 자기 행위를 통해 자신의 영광스러운 속성들을 발휘하심으로써 그들을 향해 드러내신 영광이며, 또한 그들이 자신의 성품 가운데 반영해야 할 영광이었다. 마찬가지로, 프랜시스 랜디(Francis Landy)는 호세아 4:7의 "'그들의 영광'이 성별된 [제사장] 직분과 하나님의 영광에 대한 그들의 표상을 지시한다. 그들은 이 영광을 자신의 이기적인 목적에 기여하는 영광으로 바꾸어버렸다"라고 말한다. 따라서 이 영광은 수치스러운 영광이었다.[80]

시편 106편이 작성된 연대는 불명확하다. 따라서 호세아서가 이 시편에 의존했을 수도 있고 그 반대일 수도 있다.[81] 어느 경우든, 이 두 텍스

79) Wolff, *Hosea*, p. 81도 보라. 여기서 이스라엘의 자랑, 이스라엘 후손의 증대, 이스라엘의 부요함 같은 "영광"의 다른 종류에 대해서는 M. Deroche, "Structure, Rhetoric, and Meaning in Hosea IV 4-10," *VT* 33 (1983): 195-196도 보라(후자에 대해서는 Thomas E. McComiskey, *The Minor Prophets* [Grand Rapids: Baker, 1992], 1:63을 보라). "그들의 영광"이라는 어구 안에, 예를 들어 루터가 이해한 것처럼, 우상의 영광이 담겨 있을 가능성은 없는 듯하다(*Luther's Works* [St. Louis: Concordia, 1975], 18:21).

80) Francis Landy, *Hosea* (Sheffield, U. K.: Sheffield Academic Press, 1995), p. 58.

81) 이 시편의 연대를 정하기는 쉽지 않지만 내 견해로는 이른 시기에 속하는 것 같다. 호세아 선지자 시대 이전일 수도 있다. 다른 대안으로는 호 4:7과 시 106:20 사이의 공통적인 언어가 금송아지 에피소드를 요약하는 공동의 관용적 서술 방식을 대표한다는 견해도 있다. 왜냐하면 이 언어는 렘 2:11에도 등장하기 때문이다(참조. Anderson and Freedman, *Hosea*, pp. 355-356. 이들은 호세아서가 시 106편에 의존하거나, 최소한 금송아지와 이 시편과 관련된 어떤 전승에 의지한다고 보는 입장으로 기우는 듯하다). 대체로 주석가들은 시 106편이 포로기나 포로기 이후에 저술되었다고 본다. Leslie C. Allen은 *Psalms 101-150*, WBC (Waco, Tex.: Word, 1983), pp. 51-52에서 포로기 연대에 대한 논증을 제공한다. 참조. Mitchell Dahood, *Psalms 101-150*, AB (Garden

트 사이의 연결은 두 텍스트가 서로를 해석하고 있음을 보여준다.[82] 호세아서가 금송아지에 대한 시편의 언어에 의존하든지, 아니면 반대로 시편이 호세아서가 금송아지에 대해 말하는 바를 더 선명히 드러내면서 자기 시대에 적용하든지, 둘 중 하나다. 하지만 두 텍스트에 같은 언어가 사용되었다는 사실은, 시편과 호세아서 양편이 끌어다 사용하고 있는 우상숭배를 묘사하는 고대 전승이 동일한 것임을 분명히 보여준다. 앞으로 살펴보겠지만, 예레미야서에 나온 언급은 분명히 호세아서보다는 후대의 것이며, 따라서 호세아서 텍스트를 암시하는 것 같다. 물론 시편 106편과 예레미야서 사이에도 연관성이 있을 수 있다. 앤더슨(Anderson)과 프리드만(Freedman)은 이런 나의 상호텍스트적 분석에 동의한 바 있다. 그들은 시편 106:20에 나오는 "그들의 영광을 바꾸었다"라는 "동일한 어휘"가 호세아 4:7에 등장한다는 점은 "호세아 4:7에서 [이 시편에 암시된 금송아지] 사건이 의도되어 있음을 시사한다"라고 주장한다. 여기에 덧붙여 그들은 호세아 4:7이 "예레미야 2:11 및 시편 106:20과 아주 밀접하게 관련되며, 결과적으로 이 세 텍스트 모두가 '그들의 하나님을 우상의 것으로 바꾸었다'라는 측면에서 동일한 의미를 갖고 있다"라고 본다.[83] 이미 지적했듯이

City, N.Y., Doubleday, 1970), p. 67; John W. Rogerson and John W. McKay, *Psalms 101-150*, Cambridge Bible Commentary on the New English Bible (Cambridge: Cambridge University Press, 197), p. 41; Samuel Terrien, *Psalms*, ECC (Grand Rapids: Eerdmans, 2003), p. 733. 포로기 이후 연대에 대한 주장으로는 H.-J. Kraus, *Psalms 60-150*, Continental Commentaries (Minneapolis: Augsburg Fortress, 1993), p. 317을 보라. Artur Weiser, *The Psalms* (London: SCM, 1959), p. 680은 가장 지혜롭게 "이 시편의 연대는 확실하게 결정할 수 없다"라고 말한다.

82) 비록 연대 결정에는 모호함이 있지만, 이것은 정경의 컨텍스트에서 보았을 때 두 텍스트가 서로를 상호텍스트적으로 해석한다고 보아야 하는 훌륭한 사례다. 이미 도입부에서 우리는 이런 현상에 대해 논의했다(참조. 특히 이 책 37-39쪽을 보라).

83) Anderson and Freedman, *Hosea*, pp. 355-356; Albin Van Hoonacker, *Les Douze Petits Prophètes* (Paris: J. Gabalda, 1908), pp. 45-46도, 시 106:20과 렘 2:11이 호 4:7과 함께 가지는 "평행적 일치"가 그 의미에 있어 중요하다고 본다.

나는 "그들의 영광"이 하나님의 영광을 포함한다는 점만 제외하고는 대체적으로 여기에 동의한다. 이 하나님의 영광은 역사 안에서 드러난 그분의 행위를 통해 표현되며, 이스라엘은 그분의 형상을 닮도록 의도됨으로써 이 행위를 자신의 성품을 통해 드러내야 했다. 그런데 이스라엘은 바로 이 충만한 영광을 우상과 그것의 공허한 영광과 맞교환한 것이다. 캐리 뉴먼(Carey C. Newman)도 "야웨의 영광(כבוד)이 복과 생명을 가져오는 대신에 죄가 심판, 즉 영광의 철회와 변질을 촉진시켰다"라고 결론짓는다.[84)]

호세아 4:7에 나타난 영광의 맞교환이 시편 106편의 경우처럼 두터운 함의를 가진다는 사실은, 호세아서에 오직 두 차례 더 등장하는 "영광" 용례가 우상숭배와 연관되어 같은 견해를 가진다는 점을 보면 알 수 있다. 놀랍게도 호세아 10:5은 "우상숭배 하는 제사장들이 벧아웬의 송아지들을 놓고 울부짖을" 것이라고 언급하는데, 왜냐하면 "그 영광이 우상에게서 떠났기" 때문이다. 여기서 영광은 우상과 구별된다("그것의 영광…그것[그 영광]이 그것[그 송아지 우상]으로부터 떠났다"). 따라서 "영광"은 일차적으로 우상 자체가 아니라, 의도된 화려한 속성이나 우상에 의해 표상되는 거짓 신의 영광을 가리킨다. 이런 영광은 "그것[그 우상] 자체가 아시리아로 옮겨질 것이기 때문에 더 이상 존재하지 않을 것이다"(호 10:6). 또한 전에 있던 우상의 제단들은 훼파되고 흉물스럽게 남을 것이다(호 10:8). 따라서 여기서 영광은 우상 자체에 초점이 있는 것이 아니라 우상과 밀접하게 관련된 어떤 것에 초점을 맞춘다. 하지만 사실은, 이 우상에 의해 표상되는 신은 부차적으로 의중에 남아 있다. 왜냐하면 이 신은 영광과 밀접하게 연결되기 때문이다. 따라서 다시 영광에 대한 중첩적인 개념이 나타나게 된다. 동일하게 풍부한 개념이 호세아 4:7a의 신적 영광에도 해당되는 것 같다. 따라서 호세아 4:7b에 나오는 거짓 신의 수치도 이 신을 지시하되 특별히 그의 "수치"를 가리킨다.

마찬가지로, 호세아 9:10-12은 우상숭배를 지시하며 신적 영광을 우

---

84) Newman, *Paul's Glory-Christology*, p. 57.

상의 가증스러운 성격으로 대체하는 것과 연결된다.

> 10옛적에 내가 이스라엘을 만나기를 광야에서 포도를 만남같이 하였으며 너희 조상들을 보기에 무화과나무에서 처음 맺힌 첫 열매를 봄같이 하였거늘 그들이 바알브올에 가서 부끄러운 우상에게 몸을 드림으로 저희가 사랑하는 우상같이 가증하여졌도다
> 11에브라임의 영광이 새같이 날아가리니 해산하는 것이나 아이 배는 것이나 임신하는 것이 없으리라
> 12혹 그들이 자식을 기를지라도 내가 그 자식을 없이하여 한 사람도 남기지 아니할 것이라 내가 그들을 떠나는 때에는 그들에게 화가 미치리로다(호 9:10-12)

금송아지 숭배를 명확히 언급하지는 않지만, 호세아 9:10도 우상숭배자가 우상을 닮게 되는 이스라엘 첫 세대의 우상숭배를 이야기하는 또 다른 예다. "그들이 바알브올(문자적으로 '열림의 주'[lord of the opening])에 가서[85] 부끄러운 우상에게 몸을 드림으로 저희가 사랑하는 우상같이 가증하여졌도다." 즉 이 텍스트에 이스라엘이 숭배하는 대상의 성격처럼 변한다는 또 다른 예가 있다. 대체로 주석가들은 10절의 "부끄러움"이 바알을 가리킨다고 본다. 하지만 여기에는 이스라엘이 닮게 되는 바알 우상의 수치스러운 성격도 포함된다("그들이 저희가 사랑하는 우상같이 가증하여졌도다"). 분명히 이스라엘은 풍요 제의(fertility rite)로서 성행위 의식을 행했다. 이런 제의적 성행위는 바알이 그의 여신과 갖는 성행위를 모방하는데, 이스라엘은 이 의식을 통해 물질적으로 풍요의 복을 받으리라 믿었다.[86] 이 행위는 가증스

---

85) 이것이 이 신의 이름이지만, 문자적으로 이 이름은 그 우상이 표상하는 "여성 성기의 주"(lord of the female genitalia)라는 의미다(참조. Brown, Driver and Briggs, *Hebrew and English Lexicon*, p. 822). 이들은 이 어구를 신의 이름으로 분류하고, "브올"[Peor]을 "활짝 열다"를 의미하는 어근 *p'r*의 일부로 보고 있다. 또한 아마도 이 이름이 입을 지시한다고도 추측하며 "내장"[bowels]도 언급한다.

86) Ronald E. Clements, *Jeremiah* (Atlanta: John Knox, 1988), pp. 30-31을 보라. 또한 Klaas Spronk, "Baal of Peor בעל פעור in *Dictionary of Deities and Demons in the*

러운 짓이었다. 이스라엘은 성적으로 부도덕하게 되고 그들의 우상처럼 가증하게 됨으로써, 성적으로 부도덕한 바알을 닮았음을 보여주었다.[87] 민수기 25:1-3은 호세아 9:10 표현의 출처인 것 같다. 민수기 25:1-3도 이스라엘이 부도덕한 "열림의 주"에게 "가담하는" 죄를 지음을 묘사하기 때문이다. 이스라엘은 모압 여인들과 부도덕하게 결합했다. "그 백성이 모압 여자들과 음행하기 시작하니라 그 여자들이 자기 신들에게 제사할 때에 이스라엘 백성을 청하매 백성이 먹고 그들의 신들에게 절하므로 이스라엘이 바알브올에게 가담한지라." 거짓 신 바알은 "그 가증스러운 성격을 가지고 그들을 오염시켰다."[88] 호세아서 전체와 호세아 9:10 뒤에 직접적으로 이어지는 컨텍스트(8-9, 11절을 보라)를 보면, 당시 에브라임도 똑같은 종류의 바알 숭배의 죄를 범하고 있었음을 알 수 있다. 대부분의 학자들이 동의하듯이, 이것은 호세아서의 다른 곳에서 언급되는 송아지 숭배다(호 4:15-18; 13:1-2; 참조. 호 8:5-6). 따라서 예언자 호세아의 세대는 이스라엘의 첫 세대가 그랬듯 바알 우상처럼 변함으로써 영향을 받았다. 그러므로 송아지 숭배가 바알 숭배와 동일시되고 있다는 사실은, 호세아 4:7의 원리를 호세아 9:10의 바알 우상처럼 된다는 변질의 원리와 더욱 밀접하게 연결시켜 준다.

앞서 열왕기상하서를 다루는 부분에서도 보았듯이, 출애굽기 32장의 금송아지 숭배와 출애굽기 34장에 나오는 후대의 이스라엘의 우상숭배에 대한 묘사, 민수기 25장의 바알 숭배 묘사 사이에는 언어적·개념적인 연

Bible, ed. Karel van der Toorn, Bob Becking, and Peter W. van der Horst, 2nd ed. (Grand Rapids: Eerdmans, 1999), pp. 147-148도 참조하라.

87) McComiskey, *Minor Prophets*, p. 148도 보라. McComiskey는 백성이 "그들이 사랑하던 제의의 그 혐오스러운 요소처럼 '가증스럽게' 되었다"라고 말한다. 또한 Andrew A. Macintosh, *A Critical and Exegetical Commentary on Hosea*, ICC (Edinburgh: T & T Clark, 1997), p. 364도 보라. 여기서 Macintosh는 "Jerome이 관찰했듯이, 이 사상은 시 135:18의 '그것을 만든 자와 그것을 의지하는 자가 다 그것과 같으리로다'라는 말씀에 표현된 사상과 비슷하다"라고 쓴다. S. L. Brown, *The Book of Hosea* (London: Metheun, 1932), p. 83도 같은 말을 하며, 이 견해를 지지하는 다른 학자들도 인용한다.

88) David A. Hubbard, *Hosea* (Downers Grove, Ill.: InterVarsity Press, 1989), p. 164.

관성이 존재한다. 내 주장에 따르면, 이런 사실은 이 세 텍스트 모두가 본질적으로 동일한 우상숭배의 성격을 가짐을 보여준다. 이런 연관성은 열왕기하 17장의 송아지 숭배와 바알 숭배가 서로 밀접하게 연결되어 있는 이유를 강화시키며, 숭배 대상인 우상처럼 헛되게 된다는 원리를 포함하는 것 같다. 따라서 호세아 9장에 있는 민수기 25장의 동일한 언급에 비추어볼 때, 호세아 9장의 바알 숭배자들이 가증스러운 바알 우상처럼 된다는 원리가 호세아서의 다른 곳에서의 금송아지에 관한 유사한 반어법적 원리(ironic principle)와 연결된다는 사실은 충분히 이해할 만하다.

호세아 9:10에서 이스라엘이 "자신을 바쳐 헌신한" 우상처럼 되었다는 주제 다음에, 곧바로 11절에서 이스라엘의 "영광이 새처럼 날아갈 것"이라는 진술이 이어진다는 것은 우연이 아니다. "그들의 영광"이 이스라엘이 섬기는 우상의 영광을 가리키는지, 아니면 하나님의 영광을 가리키는지는 알기 어렵다. 하지만 이스라엘의 성격이 그들이 섬겼던 바알 우상의 가증스러운 성격을 반영하게 되었다고 말하는 호세아 9:10에 비추어볼 때, 다음 절에 나오는 "그들의 영광"은 우상의 영광과는 다르며, 사라져버릴(즉 "날아가 버릴") 하나님의 영광스러운 복들을 가리킨다고 보는 편이 최선이다. 왜냐하면 11절 끝에 날아가 버리는 그들의 영광에 대한 설명은 이스라엘이 어린아이들을 갖지 못하는 불임의 상태가 되리라는 의미이기 때문이다("해산하는 것이나 아이 배는 것이나 임신하는 것이 없을 것이다").[89] 불임 상태는 하나님이 그분의 복을 거두어들이신 결과다. 호세아 9:12 끝 부분이 말하듯 이 복은 하나님의 영광스러운 임재에서 나온다. "혹 그들이 자식을 기를지라도 내가 그 자식을 없이하여 한 사람도 남기지 아니할 것이라 내가 그들을 떠나는 때에는 그들에게 화가 미치리로다." 이런 측면에서 호세아 9:10-12은 이 민족 가운데 반영된 하나님의 영광이 우상의 헛된 영광의

89) Sweeney도 마찬가지다. Sweeney, *Twelve Prophets*, p. 100. Anderson and Freedman, *Hosea*, p 542는 날아가 버리는 영광이 야웨의 떠나심이라고 본다.

성격으로 바뀌었다는 사상을 전개하고 있다.[90] 하지만 "영광"은 이스라엘이 바알 우상으로부터 받으리라고 믿었던 풍요의 영광스러운 축복을 지시하며, 하나님이 이스라엘을 불모의 민족과 땅으로 만들어 그들의 우상숭배를 심판하시는 것이라고 볼 수도 있다. 어떤 경우든지 "그들의 영광"은 이스라엘이 (아마도) 하나님으로부터, 혹은 (가능하게는) 의도적으로 바알로부터 자체적으로 반영하고자 했던 복들을 대변한다. 그런데 이 복들이 사라져버리게 되었다.

우상숭배의 주제가 최소한 호세아 4:7에 포함되어 있다는 사실은 호세아서의 다른 곳에 있는 가장 밀접한 평행 구절들, 특히 호세아 10:1에 비추어볼 때도 알 수 있다.[91]

호세아 4:7a	호세아서
그들은 번성할수록[*rbb*] 내게 범죄하니 내가 그들의 영화를 변하여 욕이 되게 하리라(여기서 "번성"은 사람, 제사장의 수, 번영 등등이 "늘어남"일 수 있다. 이런 것이 바알이 주는 복 덕분이라고 간주되었다)	이스라엘은 열매 맺는 무성한 포도나무라 그 열매가 많을수록[*rōb*] [우상들을 위한] 제단을 많게 하며[*rbb*]…(호 10:1) 에브라임은 죄를 위하여 제단을 많이 만들더니[*rbb*] 그 제단이 그에게 범죄하게 하는 것이 되었도다(호 8:11) 그들이 바알을 위하여 쓴 은과 금도 내가 그에게 더하여 준[*rbb*] 것이거늘…(호 2:8)

도표 3.9. 호세아 4:7과 호세아서 나머지의 비교

90) Landy, *Hosea*, pp. 58, 118-119. Landy는 호 4:7과 9:11 모두 백성 가운데 반영되어 있던 하나님의 영광을 가리키며, 그 영광이 치워지거나 떠나간다고 본다.

91) Brown, *Hosea*, p. 42도 마찬가지다.

따라서 호세아 4:7의 "죄"는 우상숭배의 죄인 것 같다.[92] 또한 우상숭배의 주제는 7절에서부터 8-9절로 계속 이어진다. 8-9절의 의중에는 백성이 제사장들을 추종하여 행하는 우상숭배의 "악행"이 담겨 있으며, 10절에는 우상숭배가 명확하게 지적되어 있다. 전반적으로 호세아서에 나오는 이스라엘의 중심적인 문제점은 우상숭배다. 이런 점은 호세아 1:2; 2:1-13(MT=2:3-15); 3:1-4처럼 각 장의 첫 부분에 암시된다. 또한 호세아 4:7의 "욕"(수치, *qālōn*)에 해당하는 히브리어가 호세아서 안에서 유일하게 다시 한 번 등장하는 곳이 바로 4:18("부끄러운 일")이다. 여기서 이 단어는 "완강한 암소처럼 고집스럽게"(호 4:16) 우상숭배를 계속한다고 묘사된 우상숭배자들의 "부끄러움"을 언급한다.

이런 모든 점은 호세아 4:7의 "그들의 영광(영화)"이 이스라엘이 반영해야 했으나 우상의 헛된 영광으로 바꾸어버린 신전의 영광을 지시하는 것 같다.[93]

---

92) Hubbard, *Hosea*, p. 102도 마찬가지다.

93) 호 4:7의 "그들의 영광" 대신 앞서 언급한 필사자의 변이형인 "나의 영광"은, 원본은 아니지만 초기의 훌륭한 필사자 해석이다. 이 필사자 해석에 따르면 "영광"은 하나님을 대신하는 단순한 대용어가 아니라 그분이 발산하는 영광에 대한 언급이다. NIV은 호 4:7을 "they exchanged the Glory for something disgraceful"(그들이 그 영광을 수치스러운 것으로 바꾸었다)로 번역하여 영광을 오직 하나님 자신과 동일시하고 있다(Stuart, *Hosea-Jonah*, p. 79도 마찬가지). 여기서는 시 106:20과 렘 2:11 경우처럼, 하나님과 그분을 반사하는 영광 둘 다를 염두에 두는 것 같다(바울이 롬 1장에서 이 텍스트들을 사용한 용례에 대해서는 제3장과 제4장을 보라). 대체로 주석가들은 여기서 "영광"이 정확히 하나님의 영광이 아니라 수치로 변하게 될 제사장 직분의 영광스러운 특권과 지위를 가리킨다는 데 동의한다(예를 들어 Macintosh, *Hosea*, p. 143과 Duane A. Garrett, *Hosea, Joel*, NAC [Nashville: Broadman & Holman, 1997], p. 119). 하지만 이것을 성전 봉사를 통해 이스라엘을 대표하는 제사장들이 반영하는 신적 영광의 발산으로 보아서는 안 될 이유가 전혀 없다(McCarthy, *Tiqqune Sopherim*, p. 101; Hubbard, *Hosea*, p. 102도 같은 견해다. 물론 Hubbard는 이 "영광"이 수치로 바뀌게 될 바알의 영광을 가리킬 수도 있다고 인정한다). 이런 측면에서 출 28:1-2을 보라. 여기서 아론은 "영광과 아름다움을 위해" 즉 영광을 반영하기 위해 지어진 의복을 입은 "제사장"으로 묘사된다. 제사장을 하나님의 영광과 밀접하게 연결시키는 다른

호세아 4:11은 "음행과 묵은 포도주와 새 포도주가 총기(understanding, 문자적으로는 heart)를 빼앗느니라"라고 주장함으로써 7-10절에서 이어받은 우상숭배 주제를 계속 밀고나간다. 여기서 단도직입적으로 제시된 사상은, 우상숭배를 하기 시작할 때(와 우상숭배에 연결된 의식을 행하기 시작할 때) 그 사람은 응분의 결과로 더욱 속임을 당하고 영적인 총명이 결핍된다는 것이다. 그리하여 이스라엘은 점차적으로 정신과 총기가 없는 우상처럼 되어갔던 것이다.

그런 다음 호세아 4:11에 대한 직접적인 설명으로 12절은 이렇게 말한다. "내 백성이 나무에게 묻고 그 막대기(diviner's wand 점쟁이의 마술 지팡이)는 그들에게 고하나니…." 12절 후반부는 백성이 이런 우상에게 헌신하는 이유를 이렇게 설명한다. "이는 그들이 음란한 마음에 미혹되어[94] 하나님을 버리고 음행하였음이니라." 이스라엘이 우상을 따라갔던 이유는 우선적으로 우상에게 기울어져 길을 잃었기 때문이다. 즉 이 민족이 우상숭배를 시작했을 때, 우상은 이 민족을 더 어지럽게 인도했으며, 그렇기 때문에 그들은 더욱 우상숭배를 하는 가운데 우상과 똑같아졌던 것이다. 흥미롭게도 이스라엘을 곁길로 인도한 것은 정확히 "음란의 마음"(spirit of harlotry, 음란의 영)이라고 되어 있는데, 이는 우상 안에 깃든 귀신의 힘을 암시하는 것 같다. 나중에 보겠지만 이것은 구약성경의 다른 곳에서 우상숭배와 연결되어 있다(예를 들어 레 17:7; 신 32:17; 시 106:37을 보라). 이 음란과 우상숭배 주제는 호세아 4장의 나머지 부분에서 서로 밀접하게 연결된다.

텍스트로는 출 29:43-44이 있다. 이 텍스트들은 컨텍스트상 출 32장과 연결되기 때문에 중요하다. "영광"이 하나님에 의해 다른 사람들에게 반사되어야 할 영광이되 엄밀하게는 하나님과 동일하지 않다는 사실은 호 10:5에 있는 대립 명제에 주목함으로써 암시된다. "사마리아 주민이 벧아웬의 송아지로 말미암아 두려워할 것이라…그것을 기뻐하던 [그 우상들의] 제사장들도 슬퍼하리니 이는 그의 [그 송아지 우상의] 영광이 떠나감이며…." 여기서도 영광은 그 신 자체와 정확히 동일시되지 않는다. 앞의 경우와 마찬가지로, "영광"은 이스라엘의 하나님과 정확히 동일시되어서는 안 된다.

94) 히필형, 즉 사역형 히브리어 어근인 *bit'a*를 사용한 점에 주목하라.

이런 측면에 대해서는 이미 살펴본 바 있다.

호세아 4:13-15에서 우상숭배를 "음란"(harlotry)과 "간음"(adultery)으로 반복적으로 설명한 후, 호세아 4:16에서는 이 그림에 금송아지 사건을 연상시키는 묘사를 덧붙인다. "이스라엘은 완강한 암소처럼 완강하니 이제 여호와께서 어린 양을 넓은 들에서 먹임같이 그들을 먹이시겠느냐?"(예상되는 대답은 "아니다"이다)[95] 그런 다음에 호세아 4:17은 16절을 이렇게 해석한다. "에브라임이 우상과 연합하였으니 (내)버려 두라." 이것은 16절과 연결해서 볼 때 이스라엘이 반항적인 송아지나 양처럼 뻣센 것은 우상숭배의 결과며, 목자 없이 "내버려 두는 것"을 통해 그들이 하나님의 처벌을 받는다는 개념이다.[96] 그들이 "우상에게 연합된" 상태는 18절에서 "이어서 음행하는" 것으로 해석된다. 즉 "부끄러운 일(수치)을 사랑"하는 것이다. 그들은 진정한 남편이신 하나님과 연합하는 대신에 영적으로 거짓 신들과 하나가 되었으며 그리하여 음란과 간음을 저질렀다. 공허한 우상에 대한 이런 헌신은 공허한 바람과 똑같이 되고 또한 우상숭배의 "제물들"로 말미암아 부끄러움을 당하는 일을 초래할 것이다(19절). 이는 호세아 8:7과 유사하다. 이 절은 이스라엘의 송아지 숭배(호 8:5-6)[97]를 "바람을 심는 일"에 비유하면서 이런 숭배의 결과로 "그들이 광풍을 거두게" 되리라고 말한다(호 13:2-3도 보라).

---

95) 여기서는 NASB의 번역을 따랐다. 16절의 둘째 행은 부정적 대답을 함축하는 질문의 형태를 취하고 있는데, 이는 몇몇 영역본과 일치한다. 하지만 다른 몇몇 번역은 이를 직설법으로 진술하고 있다. 예를 들어 ASV은 "Now will Jehovah feed them as a lamb in a large place"라고 옮긴다. 16절의 첫째 행이 강력하게 둘째 행을 지시하여 부정적으로 받아들여지도록 하고 따라서 질문으로 이해되도록 만들 가능성이 있다(예를 들어 Garrett, *Hosea, Joel*, p. 137).

96) McComiskey, *Minor Prophets*, p. 71.

97) Mays, *Hosea*, p. 118; Stuart, *Hosea-Jonah*, p. 132; Wolff, *Hosea*, p. 141; Hubbard, *Hosea*, p. 147; Landy, *Hosea*, pp. 103-104. 이들은 호 8:5-6이 여로보암이 벧엘에 세운 송아지 숭배(왕상 12:26-33)를 가리킨다고 정확하게 보고 있다.

마찬가지로, 호세아 10:11은 회복된 이스라엘이 "곡식 밟기(떨기)를 좋아하는 길들인 암소"처럼 된다고 본다. 또한 하나님은 "그의 아름다운 목에 멍에를 메우고 에브라임 위에 사람을 태운다." 그리하여 이 민족은 종말의 회복 가운데서 하나님을 위해 결실 있는 수고를 감당하게 된다. 이 그림은 회복 이전에는 에브라임이 길들여지지 않은 소여서 올바른 방향으로 가도록 하려면 그 목에 고삐를 채우는 일이 필요했음을 전제로 하는 것 같다. 이것은 출애굽기 32장에서도 이미 확인했던 그림이다.[98)]

이렇듯 호세아서 전체에서 여러 곳에 걸쳐, 특히 호세아 4:7-19에서 북이스라엘을 그들이 숭배했던 송아지와 동일시하는 묘사는 출애굽기 32장에 나오는 첫 세대 이스라엘이 겪었던 같은 동일시를 지시한다. 이는 호세아가 자기 시대의 이스라엘 백성의 우상숭배를 모세 세대의 우상숭배라는 모델을 통해 이해하고 있음을 보여준다.[99)] 좀 더 정확히 말해 몇몇 주요한 주석가들이 관찰했듯이, 송아지 숭배에 대한 호세아서의 언급들은 직접적으로는 여로보암이 세운 금송아지 숭배를 배경으로 한다고 보아야 한다.[100)] 앞서 보았듯이 여로보암의 이런 행위는 시내 산에서 벌어졌던 금송아지 사건의 재현이었다.

---

98) 유사하게 Garrett, *Hosea, Joel*, p. 216은 호 10:11을 이스라엘의 죄악에 대한 부정적인 언급으로 이해한다. 이 텍스트는 번역하기 어렵다. 하지만 내 번역이 정확하다면, 이 텍스트는 첫 세대 이스라엘이 광야에서 반역한 것을 가리키는 것 같다.

99) 호세아서에 언급된 송아지 상의 성격을 명확히 하기 위해 출 32장을 활용하는 일의 정당성에 대해서는 Macintosh, *Hosea*, pp. 303-304, 310(호 8:5-6에 대한 주해)을 보라. 또한 Sweeney, *Twelve Prophets*, p. 129은 호 13:2에 나오는 "송아지들에게 입맞춤"이라는 언급이 호 12:13-14(MT=12:14-15); 13:4-5에 있는 출애굽 정황 때문에 시내 산의 송아지 에피소드를 배경으로 한다고 본다.

100) 호세아서의 이 단락에 대한 Mays, Stuart, Wolff, Sweeney, Macintosh의 각주들을 보라. 또한 Carl F. Keil, *The Twelve Minor Prophets* (Edinburgh: T & T Clark, 1871), 1:153-5은 호 13:2의 송아지에 대한 배경이 여로보암이 송아지 숭배를 세운 것(왕상 12장; 왕하 17:16)이라고 본다.

예레미야서

이미 제3장의 앞부분에서 간략하게 지적했듯이, 예레미야 2:11은 시편 106:20과 호세아 4:7처럼 금송아지 사건을 동일하게 암시하고 있다.[101] (이 세 구절에 언어적으로 거의 똑같은 평행이 들어 있음을 보여주는 도표 3.8.을 참조하라.) 실제로 예레미야 2:11은 호세아서 텍스트를 암시하는 듯하다[102](또는 호 4:7과 시 106:20이 반영하는 금송아지 사건에 대한 어떤 전승을 반향할 수도 있다).[103] "어느 나라가 그들의 신들을 신 아닌 것과 바꾼 일이 있느냐 그러나 나의 백성은 그의 영광을 무익한 것과 바꾸었도다."[104] 호세아 4:7 및 시편 106:20과 마찬가지로, 예레미야서의 언급도 참된 예배 대상을 거짓된 대상으로 바꾼 일뿐 아니라, 이스라엘이 경험하고 반영했던 하나님의 영광을 다른 신들의 모양으로 바꾼 일을 포함하는 듯하다.[105] 이런 식으로 이스라엘 백성

---

101) 시 106편과 호세아서와 연관된 연대 문제 및 문헌상의 의존에 대해서는 제3장의 각주 81)과 82)을 보라. 동일한 결론이 여기에 적용될 수 있다. 호세아서가 예레미야서를 앞서는 것은 분명하다. 적어도 호세아서는 예레미야서의 자료일 가능성이 높다.

102) Wolff, *Hosea*, p. 81도 마찬가지다. Joachim Jeremias, *Der Prophet Hosea* (Göttingen: Vandenhoeck & Ruprecht, 1983), p. 67도 보라. Jeremias는 예레미야서에서 영광이 야웨를 가리킨다고 본다. William L. Holladay, *Jeremiah 1*, Hermeneia (Philadelphia: Fortress, 1986), pp. 90-91을 보라. 여기서 Holladay는 암시를 제안하고 있다. 물론 그는 백성의 영광의 어떤 측면을 가리키는 호세아서의 의미와는 대조적으로, 예레미야서의 "그의 영광"이 하나님 자신을 가리킨다고 보지만 말이다.

103) Newman, *Paul's Glory-Christology*, p. 57. Newman은 호 4:7과 시 106:20이 "렘 2:11에서 영광의 용법과의 전승사적 연관성을 드러낸다"라고 본다. "비록 이 세 텍스트 사이의 정확한 관계를 절대로 결정지을 수 없지만 말이다." 이미 제시했듯이(이 책 37-39쪽을 보라) 두 개의 의존적인 텍스트에 대한 상호텍스트적 해석은, 비록 이 텍스트들의 연대가 불분명하거나 연대에 대한 의견이 불일치하는 경우라 할지라도 정경이라는 더 큰 컨텍스트에서 봤을 때 여전히 의미가 있다.

104) 히브리어 *kĕbôdô*는 "그것의[이스라엘의] 영광" 또는 "그의[이스라엘의] 영광"으로 번역될 수 있다. 이 단어는 집단형 복수 "그들의 영광"(예를 들어 NASB의 경우처럼) 또는 하나님의 영광으로서의 "그의 영광"으로 번역될 수도 있다. 이 번역들 중 어느 것도 가능하며, 이것이 현재의 논의에 영향을 끼치지는 않는다.

105) Wolff, *Hosea*, p. 81도 유사한 입장이다.

은 다른 신들의 모습을 닮게 되었다.[106] 예레미야 2:11과 호세아 4:7 텍스트는 첫 세대와 똑같이 우상숭배의 반역을 저지른 이스라엘의 뒷 세대들에 대한 관망에 초점을 맞추고 있다.

하지만 주석가 대부분은 예레미야 2:11에서 이스라엘이 "그들의 영광을 바꾼 일"이 오직 존경의 대상으로서의 하나님을 다른 신으로 바꾼 것만을 가리킨다고 이해한다("그들의 영광"을 "그들의 하나님"을 가리키는 전유법으로 보았음). 그러나 예레미야 2:5과 2:11 사이에서는 분리될 수 없는 연결, 또는 최소한 긴밀한 연결이 추적된다. 이런 밀접한 연결은 11절이 다만 신들을 바꾸는 일만이 아니라, 한 신의 영광을 다른 신의 영광으로 바꾼 일을 포함할 수 있음을 보여준다. 예레미야 2:5은 "[너희 조상들이]…가서 헛된 것[우상들]을 따라 헛되이 행하였다"라고 말한다. 앞에서 논의했듯이 이것 자체가 이스라엘의 금송아지 숭배의 역사에 나오는 또 하나의 에피소드, 즉 여로보암 왕이 두 금송아지를 세우고 북이스라엘의 세대들이 지속적으로 이것을 예배했던 에피소드를 지시한다(왕하 17:15-16).

열왕기하 17:15-16	예레미야 2:5
[그들이] 여호와의 율례와 여호와께서 그들의 조상들과 더불어 세우신 언약과 경계하신 말씀을 버리고 <u>허무한 것</u>	너희 조상들이 내게서 무슨 불의함을 보았기에 나를 멀리하고 가서 <u>헛된 것을 따라 헛되이 행하였느냐</u>(히브리어

106) 렘 2:11에는 MT가 제안한 "그의 영광" 대신에 "나의[하나님의] 영광"이라는 다른 독법이 존재한다(이미 지적했듯이 이것은 *Tiqqune Sopherim*이라 불린다. 이는 필사자가 원텍스트상의 "나의 영광"을 "그들의 영광"이라고 필사자가 바꾸었다는 MT의 제안을 대표한다). 하지만 이 차이점은 내가 말하고자 하는 요점을 크게 바꾸어놓지는 못한다. 비록 이것이 원문의 독법이 아닐 수 있지만 말이다. McCarthy, *Tiqqune Sopherim*, pp. 101-105을 보라. McCarthy는 "나의 영광"을 원텍스트로 보지 않는다. 또한 하나님도, 그의 반사하는 영광도, 시 106:20의 "그들의 영광" 개념을 이해하는 데 가능한 두 가지 방식이라고 본다. 마찬가지로 Holladay, *Jeremiah*, 1:50을 보라. Holladay도 원텍스트의 히브리어 독법에 대해 동일한 결론에 도달한다.

을 뒤따라 허망하며 또 여호와께서 명령하사 따르지 말라 하신 사방 이방 사람을 **따라** [가서] 그들의 하나님 여호와의 모든 명령을 버리고 자기들을 위하여 두 송아지 형상을 부어 만들고 또 아세라 목상을 만들고 하늘의 일월 성신을 경배하며 또 바알을 섬기고	상으로 밑줄 친 부분이 똑같고, 그리스어 구약에서도 동일하다)

도표 3.10. 열왕기하 17:15-16과 예레미야 2:5

두 텍스트 모두에서 이스라엘은 영적으로 공허한 우상을 뒤따라갔고, 우상의 영적인 공허함을 닮게 되었다. 주목해야 할 것은 열왕기하 17:15이 금송아지 숭배에 대한 두 차례의 언급 사이에 샌드위치처럼 끼어 있나는 점과, 그 결과 15절이 두 언급, 즉 14절("그들이…그들의 목을 곧게 하기를 그들의 조상들의 목같이 하여", 출처는 출 32:9; 33:3, 5)과 16절(도표 3.10.을 보라)을 중요하게 연결시킨다는 점이다. 물론 16절이 (아세라, 일월성신, 바알과 같은) 다양한 형태의 우상숭배에 대해 언급하지만, 그중에는 "두 송아지" 숭배도 포함하고 있다. 앞에서 우리는 열왕기하 17:7-8이 열왕기상 12:25-33을 발전시켰음을 살펴보았다. 또한 열왕기상 12:25-33은 시내 산에서의 최초의 금송아지 숭배 사건의 재현이었다. 금송아지 숭배는 열왕기하서의 이 대목에서도 두드러지게 나타난다. 곧 열왕기하 17:15의 "헛된 것을 따라 걸어가 헛되게 되었다"는 금송아지 숭배에 대한 부분적인 언급이며, 시내 산에서의 이스라엘의 원조적 송아지 숭배에 대한 신학적 해석이다. 언급된 다른 우상에 대한 숭배도 마찬가지다.

그러므로 예레미야서 텍스트에서 우리는 송아지 숭배에 대한 암시적인 연결과, 숭배자가 숭배하는 대상인 우상처럼 변한다는 사실을 볼 수 있다.[107] 열왕기하 17:15-16에서는 여로보암 시대와 다음 세대들에게 적용되었던 내용을, 예레미야 2:5은 우선적으로 첫 세대를 포함한 이스라엘의 "조상들"에게 적용시킨다.[108] 그러나 열왕기하 17:15에서 보았듯이, 이 우

---

107) Walter Brueggemann, *A Commentary on Jeremiah* (Grand Rapids: Eerdmans, 1998), p. 34도 보라. Brueggemann은 렘 2:5에 대해 "사람은 그가 따르는 신의 성품을 취하게 된다.…우리는 우리가 섬기는 신을 닮는다. 거품을 추구하는 자는 거품처럼 된다"라고 말한다. 또한 Terence E. Fretheim, *Jeremiah*, Smyth & Helwys Bible Commentary (Macon, Ga.: Smyth & Helwys, 2002), p. 64을 보라. 다른 주석가들도 5절을 이해하는 데 이 노선을 따르며, 때로 호 9:10과 시 115:8을 평행 구절로 인용한다.

108) 최종적 형태로서 렘 2장과 열왕기하서는 같은 시기(주전 6세기 초반에서 중반[예레미야서는 주전 520년에 최종적으로 완성되었으리라])에 작성되었을 것이다. 물론 상당 부분은 그 이전부터 작성되기 시작했겠지만 말이다(널리 통용되는 견해에 따르면 열왕기상하서의 첫 판본은 요시아 왕 때에, 둘째 판본은 대략 주전 562년에 작성되었던 것 같다. J. A. Emerton, "The Date of the Yahwist," in *In Search of Pre-exilic Israel*, ed. J. Day [London/ New York: T & T Clark, 2004], pp. 108, 123-124, 127을 보라). 따라서 예레미야서가 열왕기하서에 의존하든지 그 반대든지 간에, 요점은 이 책들이 어떤 식으로든 문헌상으로 서로 연결되어 있으리라는 것이다(Holladay, *Jeremiah* 1:86; 좀 더 가설적 견해로 A. G. Auld, *I & II Kings*, Daily Study Bible [Philadelphia: Westminster Press, 1986], p. 211은 열왕기하서가 예레미야서에 의존한다고 본다). 왕하 17:15은 일찍부터 이루어졌던 여로보암의 우상숭배에 대한 하나의 해석을 기록하는 텍스트인 듯하다. 따라서 열왕기하서와 예레미야서 둘 다 이전의 전승에 의존하는 것 같다. 열왕기하서의 작성 연대는 주전 587년 예루살렘 멸망 직전이거나 직후일 가능성이 있지만, 이 점도 논란의 대상이다. 열왕기하서가 예레미야서에 의존하긴 하지만, 열왕기하서의 저자는 이 텍스트를 예레미야서보다 더 명시적으로 송아지 숭배에 적용한다. 아마도 저자는 이것이 렘 2:5의 문학적 컨텍스트에 함축되어 있다고 보기 때문에 그렇게 했을 것이다. 다시 한 번 지적하고 싶은 점은, 예레미야서와 열왕기하서 텍스트들의 작성 연대가 모호하다고 해서, 이 두 텍스트들이 상호적으로 서로를 해석한다고 볼 수 없는 것은 아니라는 점이다. 이는 앞서 유사한 경우에서 지적했듯이, 이 두 텍스트의 배경이 구약 정경의 컨텍스트 안에 있기 때문이다(이 책 133-135, 149-150쪽을 보라). 여기서 우리는 비슷한 시기에 서로 밀접한 관계 안에서 작성되었던 두 구약 텍스트의 고전적 사례를 다시 보게 된다. 이 두 텍스트 중 어느 것이 먼저 작성되었는지를 확정하는 것은 실제로 불가능하다. 따라서 우리는 이 두 텍스트의 의미에 귀 기울이면서 텍스트들이 서로가 서로를 해석하도록 해야 한다. 특히 이 텍스트들이 정경의 컨텍스트에서 최종적 위치에 있기 때문에 더욱 그렇다. 정경의 컨텍스트는 이 텍스트들의 상호 형성적 영향에 기여했다(더 충분한

상처럼 헛되게 되는 일은 암묵적으로(즉 첫 세대를 포함해서) "그들의 조상들의 목"과 연결된다. 그리고 열왕기하 17:7-18에서는 "조상들"을 이스라엘의 후속 세대들과 동일시하는 언급이 여럿 발견된다. 따라서 예레미야서의 적용 역시 근본적으로 다르지 않으며, 이스라엘의 이전 세대들에 대한 잠정적인 초점 이상을 담고 있다.

만일 예레미야 2:5과 2:11b 사이에 식별할 수 있을 정도의 개념적 연관성이 있다면, 2:11b에는 숭배자가 숭배 대상인 우상처럼 변한다는 점이 포함될 수 있다. 즉 11b절에는 이스라엘이 예배 대상을 하나님에서 우상으로 바꾸었으며, 이와 더불어 그들이 반사했던 그분의 영광을 바꿔치기했다는 개념이 포함되어 있다(앞서 다룬 "영광"의 복합적 개념을 상기하라; 이 책 124-133, 149-152쪽을 보라). 이 바꿔치기를 통해 이스라엘은 다른 신의 추악하고 헛된 형상을 받았고 이 형상을 반사하게 되었다. 예레미야 2:5b은 바로 이 헛된 형상을 반사하게 되었다는 부분을 지지한다. 예레미야 2:5과 2:11b, 이 두 절 사이의 연결은 예레미야 2:11 자체가 호세아 4:7을 암시한다는 점을 떠올리면 확실해진다. 이미 논의했듯이 호세아 4:7은 금송아지 숭배가 가지는 변용적 성격(transformative nature)에 주목하고 있다. 이제 나는 어떻게 5절이 11b절과 연결되는지를 보여줌으로써 개념상 이 두 텍스트가 지니는 연결점을 입증하려고 한다.

이스라엘의 첫 세대는 예레미야 2:2-3의 초점이다. "…내가 너를 위하여 네 청년 때의 인애와 네 신혼 때의 사랑을 기억하노니 곧…그 광야에서 나를 따랐음이니라 이스라엘은 여호와를 위한 성물 곧 그의 소산 중 첫 열매이니…." 예레미야 당대의 이스라엘을 향해 "여호와의 말씀을 들으라"라는 간투사가 삽입된 후, 5-6절은 이스라엘 백성이 과거에 겪은 일로 되돌이키는데, 이 전망 안에 첫 세대의 이스라엘이 포함되어 있다.

논의로는 이 책의 서론 중 37-39쪽을 보라).

[5]나 여호와가 이와 같이 말하노라
너희 조상들이 내게서 무슨 불의함을 보았기에
나를 멀리하고 가서
헛된 것을 따라 헛되이 행하였느냐
[6]그들이 우리를 애굽 땅에서 인도하여 내시고
광야 곧 사막과 구덩이 땅,
건조하고 사망의 그늘진 땅,
사람이 그곳으로 다니지 아니하고
그곳에 사람이 거주하지 아니하는 땅을
우리가 통과하게 하시던 여호와께서 어디 계시냐 하고
말하지 아니하였도다(렘 2:5-6, 비일 강조)

이 두 구절은 이스라엘의 첫 세대에서 시작하여 그들이 약속의 땅에 정착하게 된 이후 어느 시점까지 이어지는 이스라엘의 "조상들" 전체를 가리키는 언급을 포함하는 것 같다. 7a절은 다음과 같이 그 점을 밝혀준다. "내가 너희를 기름진 땅에 인도하여 그것의 열매와 그것의 아름다운 것을 먹게 하였거늘…." 그러므로 5절의 이스라엘이 (자기의 우상처럼) "헛된 것을 따라 헛되이 행하였다"라는 말씀은 금송아지 사건의 시작에서부터 가나안 땅에 정착한 이후의 다양한 우상숭배 경험에 이르기까지, 이 나라(민족)의 우상숭배의 결과를 요약하는 진술이다. "헛된 것을 따라 걸어가다(행하다)"라는 표현에는 이스라엘이 풍요 제의의 일환으로 바알의 성행위 의식을 저지른 일을 포함하는 것 같다. 그들은 이 제의를 통해 바알이 자기 왕비와 갖는 성행위를 모방한다고 여겼으며, 이 행위로 물질적인 풍요의 복을 누리게 되기를 바랐다.[109] 바로 이것이 "헛된" 행위였다. 이스라엘은 성적으로 부도덕하게 되었고, 그리하여 그들의 신처럼 "공허하게" 됨으

109) Clements, *Jeremiah*, pp. 30-31.

로써 이 신의 성적인 부도덕함을 닮았음을 드러냈다.

예레미야 2:7b-8은 2:5에서 나온 "우상들을 따라 행했다"라는 주제를 이어간다.

> [7]내가 너희를 기름진 땅에 인도하여
> 그것의 열매와 그것의 아름다운 것을 먹게 하였거늘
> 너희가 이리로 들어와서는 내 땅을 더럽히고
> 내 기업을 역겨운 것으로 만들었으며
> [8]제사장들은 여호와께서 어디 계시냐 말하지 아니하였으며
> 율법을 다루는 자들은 나를 알지 못하며
> 관리들도 나에게 반역하며
> 선지자들은 바알의 이름으로 예언하고
> 무익한 것들을 따랐느니라

이스라엘이 하나님의 "기업을 역겨운 것으로 만들었다"는 사실은 그 땅이 우상숭배로 더럽혀졌음을 암시한다(여기서 히브리어로 "역겨운 것"[abomination]이 가리키는 단어는 전형적으로 우상숭배다). 특별히 이것은 "선지자들은 바알의 이름으로 예언하고 무익한 것들을 따랐느니라"라는 어구가 표현하는 바다. 그 결과 하나님은 이스라엘을 향해 "싸우실 것"이다(9절). 왜냐하면 이스라엘의 우상숭배는 이 나라 주위의 열방에서도 볼 수 없는 것이었기 때문이다. "[너희는 나라들 가운데에서] 이 같은 일이 있었는지를 자세히 살펴보라"(10b절). 그런 다음 11절은 심지어 열방조차도 이런 기괴한 일은 하지 않는다고 설명한다. "어느 나라가 그들의 신들을 신 아닌 것과 바꾼 일이 있느냐 그러나 나의 백성은 그의 영광을 무익한 것과 바꾸었도다."

결과적으로 예레미야 2:5-10과 11절 사이의 연결은 11절에 나오는 이스라엘이 그들의 영광을 바꾸었다는 사실이, 참 하나님에 대한 예배를 거

짓 신에 대한 예배로 바꾼 일뿐 아니라, 하나님의 영광스러운 형상 대신 그들이 예배했던 우상의 형상을 반영하게 되었다는 개념까지도 포함함을 나타낸다.[110] 예레미야 2:5과 8절, 11절 사이에는 똑같은 평행이 존재하는데, 다음은 이런 사실을 보여준다.

[그들이] 헛된 것을 따라 헛되이 행하였느냐?(5b절)

[그들이] 무익한 것들을 따랐느니라(8절 끝 부분).

그러나 나의 백성은 그의 영광을 무익한 것과 바꾸었도다(11b절)

이 세 구절은 모두 우상숭배를 말하고 있다. 8절의 문장은 5절에 있는 개념을 포함하는 듯하다. 즉 영적으로 공허한 우상을 따라 행하는 일은 영적인 공허를 낳으며, 따라서 이런 "행함"에는 "이득"이 없다. 11절은 5절의 또 다른 버전인 것 같다. 즉 참 하나님의 영광을 반영하는 일을 바꾸어 다른 신을 반영하는 일은 "무익"하며, "우상 신을 따라 행하는 일"의 일부다. 8절과 11절 끝 부분에 나오는 히브리어 동사("무익하다")는 같은 동사일 뿐 아니라 정확히 같은 어간(히필형)을 가짐으로써 그 평행성을 증대시킨다. 또한 이 동사(*ya'āl*)는 다른 곳에서 네 번 등장하는데, 정확히 우상을 가리키지는 않지만 "우상의 공허함과 우매함의 측면"을 가리킨다.[111] 또한 이 동사는 5절의 "헛되게 되다"(*hābal*)를 표현하는 동사와 동의어다(사 44:9,

---

110) C. F. Keil, *The Prophecies of Jeremiah,* Biblical Commentary on the Old Testament (Grand Rapids: Eerdmans, 1968), 1:57-58. Keil은 렘 2:11의 "영광을 바꾼 일"이 하나님과 그의 영광 둘 다를 가리킨다고 본다. 즉 Keil은 "영광"을 "그 가운데서 보이지 않으시는 하나님이 세상과 자기 백성 가운데서 자신의 위엄을 드러내셨다"라는 것으로 이해한다. 또한 Hubert Cunliffe-Jones, *The Book of Jeremiah* (London: SCM, 1960), p. 54을 보라. Cunliffe-Jones는 11b절에 두 관념이 들어 있다고 본다. 또한 Douglas R. Jones, *Jeremiah*, NCBC (Grand Rapids: Eerdmans, 1992), p. 87도 보라.

111) McCarthy, *Tiqqune Sopherim*, p. 97.

10; 렘 16:19; 합 2:18; 렘 16:19의 평행 구절에서도 같은 동사가 나타남). 따라서 11절의 "무익한 것"은 정확히 우상 자체에 대한 언급이 아니라 그 우상의 영적인 무익함이나 공허함을 가리킨다. 호세아 4:7에 있는 "영광의 바꿈"이 이스라엘로 하여금 하나님의 영광 대신에 금송아지 우상의 공허한 영광을 반영하고 그 영광에 참여하게 함으로써 이스라엘을 처벌하신 그분의 역설적 처벌을 의미한다는 점을 다시 한 번 상기하라. 예레미야 2:11이 호세아 4:7에 대한 암시이거나 금송아지 우상 전승에 대한 암시라는 사실은, 이 텍스트가 단지 참된 예배 대상을 거짓된 예배 대상으로 바꾸는 일뿐만 아니라 하나님으로부터 반사되는 영광을 우상의 공허한 속성으로 바꾸는 일도 지시하며, 이것이 곧 그 예배자에게 전혀 무익함을 가리킨다는 점을 강화한다. 따라서 예레미야 2:5과 예레미야 2:11은 모두 금송아지 숭배의 변용적 효과를 말하는 이전 텍스트들을 암시한다는 사실을 통해 서로 연결된다.[112] 비록 예레미야 2장에는 송아지 숭배가 명시적으로 언급되지 않지만, 5절과 11절에 있는 직접적 암시는 송아지 숭배가 그 배경에 어른거리고 있음을 보여준다.

예레미야 2:12-13은 11절에 있는 "그의 영광"의 이중적 개념을 확증해 준다(즉 "그의 영광"은 하나님에 대한 예배를 바꾸는 일과 그의 영광의 반영을 바꾸는 일 둘 다를 포함함).

> 12너 하늘아 이 일로 말미암아 놀랄지어다
> 심히 떨지어다 두려워할지어다 여호와의 말씀이니라
> 13내 백성이 두 가지 악을 행하였나니
> 곧 그들이 생수의 근원되는 나를 버린 것과
> 스스로 웅덩이를 판 것인데

---

112) 호 4:7의 "영광"이 예레미야서에 나오는 "영광"보다는, 하나님의 영광스러운 반영을 우상의 영광으로 바꾼 일에 더 초점을 맞추고 있을 가능성이 있다.

그것은 그 물을 가두지 못할
터진 웅덩이들이니라(렘 2:12-13)

11절에서 이스라엘이 저지른 일은 "놀랄 일"이다. 그 후 13절은 이 우상숭배의 끔찍한 성격에 대해 두 가지 이유를 제시한다. (1) 이스라엘은 하나님을 "저버렸으며", (2) 다른 신들을 제작했다("스스로 웅덩이들을 팠다"). 그러나 여기서 예배 대상이 예배자에게 끼치는 이 두 가지 효과에 대해서는 두 개의 개념이 더 함축되어 있다. 하나님을 "저버린" 결과 그들은 "생수의 근원"(하나님)에서 나오는 "생수"를 마실 수 없게 되고, 그 근원과 단절되었다. 또한 이제는 전혀 물을 담아둘 수 없는 "깨진/터진 웅덩이들"에 참예하게 되었다. 즉 그들은 (생수를 갖고 있지 못한) 거짓된 신들의 "공허함"에 가담하고 있다. 따라서 그들은 다른 신들을 좇아 하나님을 버렸으며, 더 이상 그분으로부터 나오는 생명에 참여하지 못한다. 그들은 오직 우상들의 죽은 공허함에 참여할 뿐이다. 바로 이것이 공식적으로 5절에서 도입된 개념이다.[113]

이에 더하여 예레미야 2:20은 광야에서의 이스라엘을 언급하는데, 아마도 금송아지 숭배자들을 포함시켜서 언급하는 듯하다. "네가 옛적부터 네 멍에를 꺾고 네 결박을 끊으며…."[114] 예레미야 2:20은 출애굽기 32:25

113) 렘 2:11과 관련된 렘 2:12-13의 의미에 대해서는 Keil, *Prophecies of Jeremiah*, 1:57-58을 따랐다.

114) 사실상 렘 2:20과 5:5의 단어 구성은 동일한데, 동사들과 "멍에"를 지시하는 단어가 같다. 렘 2:20에는 텍스트적 문제점이 하나 있다. 즉 여기서는 동사가 "내[하나님]가 꺾었다/부수었다"와 "내가 끊었다/떼어냈다"라고 되어 있는데, 이것은 LXX를 제외한 모든 사본의 지지를 받고 있다. LXX는 2인칭 복수형으로 읽는다. 만일 1인칭 동사가 정확하다면, 이것은 다음 두 가지 중 하나를 의미하는 것 같다. (1) 하나님이 이스라엘을 소 떼를 닮게 함으로써 처벌하시는 것을 보여주는 경우. 이 경우에는 이미 지적했듯이 출 32:25에 대한 언급을 포함한다. 또는 (2) 하나님이 애굽의 "멍에"를 꺾고 이스라엘을 구출해내는 것을 가리키는 경우(레 26:13, "내가 너희의 멍에의 빗장을 부수고 너희를 바로 서서 걷게 하였느니라"의 경우처럼). 렘 5:5과 독특한 단어가 평행적 일

을 반영하는 것 같다. 출애굽기 32장에서 아론은 이스라엘이 송아지 우상을 예배하는 동안 혹은 그 직후에 "그들을 방자하게" 풀어놓았다.[115] 예레미야 2:20 바로 다음에 이어지는 구절들 역시 이스라엘이 우상숭배 행위를 하면서 고삐 풀린 야생 짐승처럼(약대와 원숭이처럼[렘 2:23-24]) 행동했다고 묘사하고 있다.[116] 예레미야 31:18에서 이스라엘이 "주께서 나를 징벌

치를 이룬다는 점을 생각할 때, (1)의 경우가 1인칭 단수로 된 이형들에 대한 해석으로 선호될 수 있다. 하지만 LXX가 원문상의 히브리어를 보전할 가능성이 있다. 이런 점은 다시 렘 5:5과의 독특한 평행적 일치에 의해 지시되며, 이 두 동사가 동사 *šābar*와 *nitaq*의 고어형 2인칭 여성 단수 완료의 예라는 점을 인정함으로써 확인된다. 이것을 MT 기록자들이 실수로 1인칭 단수형으로 읽었다고 보는 것이다(NET 각주 15을 보라. 여기의 각주들이 더 충분하다). 렘 2:20을 1인칭 단수형으로 읽는 영역본의 수와, 2인칭 단수형으로 읽는 영역본의 수는 거의 같다. 렘 2:20을 2인칭으로 읽는 이형 이본들을 지지하는 증거는 2:33에 있다. 2:33에서 LXX는 다시 MT의 1인칭("내가 가르쳤다")에 대해 2인칭 동사로 읽고 있다. 여기서는 LXX가 원텍스트를 보존하고 있음이 확실하다(내가 아는 한, 모든 영역본은 LXX와 일치하게 2인칭으로 되어 있거나 1인칭을 배격하는 해석을 한다).

115) 아마도 이것은 렘 2:4-11의 주제를 계속 진행시키고 있다. 방금 전에 보았듯이 이 주제는 금송아지 숭배를 암시하며, 이것을 우상숭배 하는 이스라엘의 이어지는 세대들에게 적용한다. 여기에 대해서는 나중에 더 설명할 것이다(바울과 롬 1장의 예레미야서 구절에 대한 논의로는 제8장을 보라).

116) 렘 2:21은 우상숭배의 결과로 이스라엘의 성질이 변했다는 점도 표현한다(참조. 렘 2:20): "내가 너를 순전한 참 종자 곧 귀한 포도나무를 심었거늘 내게 대하여 이방 포도나무의 악한 가지가 됨은 어찌 됨이냐." 렘 2:27은 11절에 대한 변형적 이해를 다시 확인한다: 이스라엘은 "나무를 향하여 너는 나의 아버지라 하며 돌을 향하여 너는 나를 낳았다"고 말한다. 제4장에서 논의하게 될 개념을 잠간 소개하자면, 아담 안에 있는 하나님의 형상이란 아담이 아들로서 그의 (하나님)아버지의 신적 형상을 반영해야 했다는 의미다(이는 아담의 아들이 아담의 "모양"과 "형상"(창 5:1-3)을 가졌으며, 외형과 성품에서 인간 아버지를 닮듯이 그렇다는 의미다). 따라서 이스라엘과 우상의 관계에서는 그 반대가 함축되어 있는 것 같다. 즉 이스라엘은 하나님을 아버지로서 받아들이지 않고 배척했기 때문에, 그분을 반영하지 않고 우상을 닮게 된다. 왜냐하면 우상이 이제는 그들의 영적 아버지와 어머니가 되었기 때문이다. 오늘날의 경구처럼 "부전자전, 모전여전"인 것이다. 이런 반영적 부사 관계를 염두에 두고 있다는 사실은 하나님을 이스라엘의 버림받은 "아버지"로 언급하는 다음 장(렘 3:4)에 상세하게 제시된다. 백성은 우상을 사랑해서 아버지로서의 하나님을 버렸다(참조. 렘 3:1-13). 이런 행위는 백성을 미래에 회복시키겠다는 하나님의 약속과는 대조적이다. 이스라엘

하시매 멍에에 익숙하지 못한 송아지 같은 내가 징벌을 받았나이다"라고 부르짖는 것은 우연이 아니다. 또한 이 텍스트는 역방향으로 호세아 4:16을 참조하는 것일 수 있다("이스라엘은 완강한 암소처럼 완강하니 이제 여호와께서 어린 양을 넓은 들에서 먹임같이 그들을 먹이시겠느냐").

흥미롭게도 예레미야 5:5의 넓은 컨텍스트는 이스라엘을 황소같이 뻣뻣한 짐승으로 묘사한다는 점에서, 예레미야 2:20 및 이 텍스트가 출애굽기 32장과 맺는 연관성에 대해 앞서 논의했던 이해를 보여준다. (1) "그들이 징계를 받지 아니하고"(렘 5:3), (2) "[그들이] 여호와의 길, 자기 하나님의 법을 알지 못하니"(렘 5:4), (3) 그들이 "일제히 멍에를 꺾고"(렘 5:5), (4) 그들이 결박을 끊고 풀려 나와 안전하지 않은 곳을 헤매며, 그들을 삼키는 들짐승의 위험에 노출되며(렘 5:6), (5) "그들은 두루 다니는 살진 수말 같았다"(렘 5:8).[117] 또한 출애굽기 32장과 같이 이렇게 묘사되는 것은 우상숭배 때문이다. "네 자녀가 나를 버리고 신이 아닌 것들로 맹세하였으며…"(렘 5:7). "그들이 만일 이르기를 우리 하나님 여호와께서 어찌하여 이 모든 일을 우리에게 행하셨느냐…너희가 여호와를 버리고 너희 땅에서 이방 신들을 섬겼은즉 이와 같이 너희 것이 아닌 땅에서 이방인들을 섬기리라 하라"(렘 5:19). 우상숭배자들이 "눈이 있어도 보지 못하며 귀가 있어도 듣지 못하는 백성"(렘 5:21)이라고 묘사되는 것은 과연 우연일까? 이와 연관해서 예레미야 7:22-26이 이스라엘의 반역적 우상숭배를 후속 세대들

이 회복될 때 하나님은 그들을 "아들들"로 만들고, 그들은 하나님을 "나의 아버지"로 부르며(렘 3:19), 더 이상 우상을 섬기기 위해 그분을 따르는 일로부터 돌아서지 않을 것이다(렘 3:19-23).

117) 말, 낙타(약대), 원숭이같이 통제할 수 없는 짐승에 대한 언급은 지금 논의 중인 송아지 논쟁을 희석한다고 볼 수 있다. 하지만 우리는 이를 송아지의 반역적/반항적 상징에 덧붙여진 것으로 간주한다. 왜냐하면 다른 짐승이 아니라 오직 송아지 숭배만이 구약에 언급되며, 호세아서와 예레미야서 및 구약의 다른 곳에서 우상으로서의 송아지가 반복해서 나타나기 때문이다. 이미 논의했듯이 이런 언급은 궁극적으로 출 32장에 뿌리박고 있는 금송아지 논쟁과 패러디의 반향인 것 같다.

이 집단적으로 자신들을 첫 세대와 동일시하게 한 죄악으로, 그리하여 후속 세대가 "저희 조상들보다 악을 더 행하였고" "[그들의] 목을 굳게 한"(렘 7:26) 것으로 보는 것은 우연일까?

앞서 나는 곧은/굳은/뻣뻣한/완강한 목(stiff-necked, 히브리어 *qĕšê-ʿōrep*=그리스어 *sklērotrachēlos*)이 (잠 29:1을 제외하고) 구약성경에서 독점적으로 금송아지 숭배자들을 묘사하는 데 쓰였다고 주장했다(출 32:9; 33:3, 5; 34:9; 신 9:6, 13). 왜냐하면 금송아지 숭배자들은 반항적인 송아지가 주인에게 하듯이, 하나님을 향해 영적 반역을 하는 것으로 그려지기 때문이다. 여기에 덧붙여 "그들의 목을 곧게 했다"라는 어구의 동사도 직접적으로나(왕하 17:15[118]; 대하 36:13; 렘 19:15), 간접적으로나(느 9:16-17, 29; 렘 7:26; 17:23) 우상숭배를 가리킨다. 이런 언급들 중 예레미야 7장과 19장은 특별히 주목할 필요가 있다. 이 두 대목은 이스라엘이 자기 목을 완강히 하고 있다고 묘사한다. 이것은 우상숭배자를 그가 예배하는 불경스런 대상처럼 그리고 있는 다른 "굳은 목" 용례들에서처럼 역설적인 우상숭배적 함의를 가지고 있다. 따라서 이 두 텍스트는 예배받는 대상과 관련해 흥미로운 차이점과 함께, "굳은 목"에 대한 다른 언급들과의 유사성을 보여주기 위해 설명을 필요로 한다. 대략적인 평행성을 가지는 이 두 텍스트는 다음과 같이 말하고 있다.

> 25너희 조상들이 애굽 땅에서 나온 날부터 오늘까지 내가 내 종 선지자들을 너희에게 보내되 끊임없이 보내었으나
> 26너희가 나에게 순종하지 아니하며 귀를 기울이지 아니하고 목을 굳게 하여 너희 조상들보다 악을 더 행하였느니라
> 27네가 그들에게 이 모든 말을 할지라도 그들이 너에게 순종하지 아니할 것이요 네가 그들을 불러도 그들이 네게 대답하지 아니하리니…
> 31힌놈의 아들 골짜기에 도벳 사당을 건축하고 그들의 자녀들을 불에 살랐나

118) 각각 이것은 모세의 시대와 여로보암의 시대의 송아지 숭배에 대한 언급을 포함한다.

니 내가 명령하지 아니하였고 내 마음에 생각하지도 아니한 일이니라(렘 7:25-27, 31)

[5]또 그들이 바알을 위하여 산당을 건축하고 자기 아들들을 바알에게 번제로 불살라 드렸나니 이는 내가 명령하거나 말하거나 뜻한 바가 아니니라
[6]그러므로 보라 다시는 이곳을 도벳이나 힌놈의 아들의 골짜기라 부르지 아니하고 오직 죽임의 골짜기라 부르는 날이 이를 것이라 여호와의 말이니라…
[9]그들의 원수와 그들의 생명을 찾는 자에게 둘러싸여 곤경에 빠질 때에 내가 그들이 그들의 아들의 살, 딸의 살을 먹게 하고 또 각기 친구의 살을 먹게 하리라 하셨다 하고
[12]여호와의 말씀이니라 내가 이곳과 그 가운데 주민에게 이같이 행하여 이 성읍으로 도벳 같게 할 것이라
[13]예루살렘 집들과 유다 왕들의 집들이 그 집 위에서 하늘의 만상에 분향하고 다른 신들에게 전제를 부음으로 더러워졌은즉 도벳 땅처럼 되리라 하셨다 하라 하시니
[14]예레미야가 여호와께서 자기를 보내사 예언하게 하신 도벳에게 돌아와 여호와의 집 뜰에 서서 모든 백성에게 말하되
[15]만군의 여호와 이스라엘의 하나님께서 이와 같이 말씀하시되 보라 내가 이 성읍에 대하여 선언한 모든 재앙을 이 성읍과 그 모든 촌락에 내리리니 이는 그들의 목을 곧게 하여 내 말을 듣지 아니함이라 하시니라(렘 19:5-15)

대체로 학자들은 예레미야 19장이 예레미야 7장을 반복하고 확대한다는 점에는 동의한다. 예레미야 7:26과 19:15에 나오는 이스라엘의 곧은 목에 대한 언급은 7:26에 있는 감각기관 기능장애 언어와 더불어("너희가 나에게 순종하지 아니하며 귀를 기울이지 아니하고"), 왜 이스라엘이 도벳이라는 장소에서 바알에게 번제물로 자기 자식을 바치는 우상숭배의 죄를 범했는가를 이야기한다. 도벳은 나중에 "죽임의 골짜기"라고 다시 이름이 붙여졌다

(렘 19:6). 실제로 바로 그것이 이스라엘의 부모가 자기 자식에게 행한 일이었기 때문이다. 이 우상숭배의 죄에 대한 처벌은 그들이 극심한 기근을 당하며, 먹을 것을 얻기 위해 서로를 살육하게 되는 것이었다. "그들이 그들의 아들의 살, 딸의 살을 먹게 하고 또 각기 친구의 살을 먹게 하리라…" (렘 19:9). 또한 하나님은 "이 성읍[예루살렘]으로 도벳 같게 할" 것이며(렘 19:12) 그리하여 이 장소를 "도벳 땅처럼 더럽게" 하실 것이다(렘 19:13). 이처럼 하나님은 도벳에서 이스라엘이 바알에게 제물로 바치느라 자기 자식을 죽였듯이, 서로가 서로를 죽이도록 만듦으로써 우상숭배자들의 예배 장소인 예루살렘을 더럽히실 것이다(이것은 죽은 사람을 먹는 일뿐만 아니라 사람을 죽여 먹는 일도 의미한다. 이런 점은 신 28:45-57을 보면 명백하다. 참조. 왕하 6:24-31; 사 9:19[MT=9:18]; 겔 16:21; 23:37-39; 또한 레 26:29; 슥 11:9도 보라).

예레미야 19:9에 나오는, 이스라엘이 서로를 죽이고 잡아먹는 형벌은, 과거에 그들이 바알에게 자기 자식을 희생 제물로 바치고 바알이 그것을 먹는 일을 묘사하는 비유적 묘사와 흡사하도록 의도되었다. 이런 측면에서 예레미야 3:24 및 예레미야 19:9에 있는 부분적으로 평행하는 일치점을 살펴보라.

예레미야 3:24	예레미야 19:9
그러나 **부끄러운 그것이**[바알을 가리키는 언급임] 우리가 청년의 때로부터 우리 조상들의 산업인 양 떼와 소 떼와 [그들의] **아들들과 딸들을 삼켰사온즉**…	…내가 그들이 그들의 **아들의 살, 딸의 살을 먹게 하고** 또 각기 친구의 살을 먹게 하리라

도표 3.11. 예레미야 3:24과 예레미야 19:9 비교

이런 수상을 확인해주는 텍스트로는 에스겔 23:37-39의 언급이 있다. 이 텍스트에서 이스라엘은 "그 우상과 행음하며 내[하나님]게 낳아 준 자식들을 우상을 위한 음식으로 (또는 먹을 것으로, 여기서 '먹을 것'은 도표 3.11.에 나오는 두 예레미야 텍스트에 사용된 '먹다'[*ākal*]라는 동사의 명사형이다) 화제로 살랐다"라고 고발당하고 있다. 마찬가지로 앞서 관찰했듯이, 호세아 9:10은 이스라엘이 "바알브올에 가서 부끄러운 우상[=바알]에게 몸을 드림으로 저희가 사랑하는 우상같이 가증하여졌다"라고 말한다.[119] 또는 이스라엘인들은 그들이 숭배하는 신들의 신화를 반영하기 위해 자신의 혈육을 죽인다고 묘사되었던 것 같다. 신화에 나오는 "바알의 순환 과정"(Baal Cycle)에서 바알(엘의 아들로 보임)은 얌(Yam, 엘의 아들 중 하나)을 죽이고, 모트(Mot, 엘의 아들 중 하나)는 바알을 죽이고, 아나트(Anat)는 모트(아나트의 남동생/오빠?)를 죽인다.[120] 또한 최고 신 엘(El)은 자기 아들 바알의 죽음에 책임이 있

---

119) 호세아서 텍스트에서 "수치"(부끄러운 것)와 바알이 동의어라는 점에 대해서는 John Day, "Baal," in *Anchor Bible Dictionary*, ed. David Noel Feedman (New York: Doubleday, 1992), 1:548을 보라.

120) Adrian H. W. Curtis, "Canaanite Gods and Religion," in *Dictionary of the Old Testament: Historical Books*, ed. B. T. Arnold and H. G. M. Williamson (Downers Grove, Ill.: InterVarsity Press, 2005), pp. 134-137. Curtis는 엘과 그의 배우자 Athirat가 만신전의 "칠십" 신들, 특히 신화 텍스트들 중 현저한 역할을 하는 신인 얌과 모트대표 같은 신(따라서 당연히 바알과 Anat를 생각할 수 있음)의 부모로 간주되었다고 지적한다. "엘은 종종 다른 신들의 아버지로 그려진다"(Wolfgang Herrmann, "El אל" in *Dictionary of Deities and Demons*, ed. Karel van der Toorn, Bob Becking and Peter W. van der Horst [Grand Rapids: Eerdmans, 1999] p. 275). 따라서 방대한 수의 신들은 서로 형제자매(혹은 이복 형제자매) 관계로 연결되어 있다고 간주된다. 하지만 바알과 아나트가 다른 가계 출신일 가능성을 제시하는 증거가 있다. 우가리트 텍스트는 아나트를 바알의 자매라고 지칭하지만, 학자들은 Anat를 공통적으로 바알의 배우자이자 바알의 자식들의 어머니로 본다(Peggy L. Day, "Anat ענת," in *Dictionary of Deities and Demons*, ed. Karel van der Toorn, Bob Becking and Peter W. van der Horst [Grand Rapids: Eerdmans, 1999], pp. 36-37). 아나트는 바알의 자매인데, 이는 모트가 아나트의 동생이기도 함을 의미한다. 따라서 바알은 만신전의 일원이기 때문에, 만신전의 다른 신들은 바알의 형제자매로 간주되었을 것이다(참조. Wolfgang Herrmann, "Baal בעל," in *Dictionary of Deities and Demons*, ed. Karel van der Toorn, Bob Becking and Peter W. van der Horst [Grand Rapids: Eerdmans, 1999], p. 113). 또한 John

음이 명백하다.[121] 마찬가지로 비블로스의 필로(Philo of Byblos)는 페니키아의 신 엘(그리스에서는 크로노스로 알려짐)이 자기 딸과 아들을 죽였으며,[122] 그중 아들을 제단에 희생 제물로 바쳤다고 주장한다.[123] 따라서 무어(G. E. Moore)는 페니키아인들이 바친 인신 제사가 "엘 자신이 보여준 예를 따른 것"이라고 주장했다.[124]

예레미야 19:9에서 이스라엘로 하여금 서로 죽이고 잡아먹음으로써 그들의 바알 숭배를 반영하도록 한 역설적인 형벌이 신명기 28:53을 지시한다는 사실은 우연이 아니다. 이런 측면에서 예레미야서 텍스트에 있는 "자기들의 아들들의 살과 딸들의 살을 먹는다"라는 구절과 "그들의 원수들과 그들의 생명을 찾는 자들에게 둘러싸여 곤경에 빠질" 것이라는 구절은, 신명기 28:53의 "네가 적군에게 에워싸이고 맹렬한 공격을 받아 곤란을 당하므로 네 하나님 여호와께서 네게 주신 자녀 곧 네 몸의 소생의 살을 먹을 것"이라는 말씀과 거의 일치한다.[125] 이스라엘의 우상숭배자기 지

F. Healy, "Mot מות," in *Dictionary of Deities and Demons*, ed. Karel van der Toorn, Bob Becking and Peter W. van der Horst (Grand Rapids: Eerdmans, 1999), p. 599을 보라. Healy는 모트가 반복적으로 엘의 아들이라 불린다는 사실을 인정하지만, 모트는 예배 대상이 아니라 마귀적 힘이었다고 결론짓는다. 우가리트 신들의 정확한 족보에 대한 증거가 반드시 확정적이지는 않다.

121) 엘이 바알의 죽음에 대해 책임이 있다는 점에 대해서는 Day, "Baal," pp. 546-547을 보라.

122) Harold W. Attridge and Robert A. Oden, *Philo of Byblos: The Phoenician History*, CBQMS 9 (Washington, D. C.: Catholic Biblical Association of America, 1981), p. 51, frag. 2:21.

123) Ibid., p. 63, frag. 2:44.

124) George F. Moore, "Molech, Moloch," in *Encyclopedia Biblica*, ed. T. K. Cheyne and J. S. Black (New York and London: Macmillan, 1902), 3:3189-90. 페니키아의 신 El(=Kronos)의 밀접한 연설에 대해서는 Day, "Baal," p. 547을 보라. Day는 "Kronos가 자기 자식을 잡아먹었다는 사실은…자식을 희생 제물로 받는 신인 Baal-hammon과 Kronos를 동일시하게 만들었다"라고 쓴다.

125) 두 텍스트 사이의 명백한 연결에 대해서는 Holladay, *Jeremiah*, 1:540-41을 보라. Holladay는 두 책의 연대에 대한 그의 전제 때문에 신명기가 예레미야서에 의존한다

신의 우상의 범죄를 닮게 되리라는 것을 보여주기 위해 이렇게 신명기 텍스트를 활용한다는 사실은 의미심장하다. 이미 살폈듯이 신명기 4장과 신명기 28-29장은 어떻게 우상숭배자가 자신의 우상처럼 되고, 어떻게 이사야 6:10이 같은 점을 지적하기 위해 신명기 29:4을 암시하는지를 보여주기 때문이다.

구약성경의 다른 부분에 나오는 우상숭배에 대한 부가적 성찰들

신명기, 이사야서, 시편 106편, 호세아서, 예레미야서 이외의 나머지 예언문학도 우상숭배의 역설적인 반어적 패턴을 증거한다. 여기서는 우상숭배자가 우상처럼 된다고 묘사하는 비유적 언어(그림 언어)가 언약을 깨뜨린 사람들을 일반적으로 가리키는 것이 아니라, 특히 우상숭배를 금지하는 특정한 언약 조항을 어긴 이스라엘인들에게 적용되는 듯하다. 이런 점은 눈과 귀에 대한 비유적인 감각기관 기능장애 표현의 폭넓은 컨텍스트를 통해 선명히 나타난다.[126)]

이사야 6:9-10에서 발견되는, 우상의 영적 무감각을 닮게 된다는 원리는 다른 선지서에서도 등장한다. 에스겔 12:2은 우상숭배 하는 이스라엘 백성이 "볼 눈이 있어도 보지 아니하고 들을 귀가 있어도 듣지 아니한다"라고 말한다(참조. 겔 11:18-21). 거의 동일한 현상을 다음 텍스트 가운데서도 관찰할 수 있다. (1) 예레미야 5:21(참조. 렘 5:7, 19), (2) 예레미야 7:24;

고 본다.

126) 지면의 한계 때문에 다음 단락의 리스트에 관련 텍스트들과 그 컨텍스트의 모든 표현을 다 싣지는 못했다(우상숭배를 염두에 두고 있음을 보여주는 넓은 컨텍스트들은 괄호로 처리됨). 여기서도 연대나 저자가 주요 관심사가 아니다. 왜냐하면 우리의 의도는 구약의 다양한 부분에 나타나는 감각기관 기능장애 언어가 우상숭배와 밀접하게 연결되어 있다는 사실을 보여주는 것일 뿐이기 때문이다.

25:4(참조. 렘 7:9, 18, 30-31), (3) 예레미야 11:8(참조. 렘 11:10-13), (4) 예레미야 25:4(참조. 렘 25:5-6), (5) 예레미야 35:15, (6) 예레미야 44:5(참조. 렘 44:3-4, 8, 15, 17-19), (7) 에스겔 44:5(또한 겔 40:4; 참조. 겔 44:7-13). 우상숭배자들을 묘사하는 텍스트에서 거의 언제나 감각기관 기능장애 언어가 등장한다는 사실은 결코 우연이 아니다. 왜냐하면 내 생각에는, 우상숭배자들이 바로 그들이 예배하는 우상처럼 영적으로 무감각하고 공허하게 되었다고 조롱당하고 있기 때문이다. 이런 점을 입증하기 위해서는 앞에 열거된 모든 텍스트를 다 설명해야 하겠지만, 지면의 한계상 그렇게 하지는 않겠다.

감각기관 기능장애 언어를 사용하는 사례들 중 몇몇 경우는 우상숭배를 염두에 두고 있는지,[127] 그렇지 않은지[128] 불명확한 것도 있다. 물론 전혀 염두에 두고 있지 않은 경우는 앞에서 검토한 경우들과 비교해보았을 때, 전형적이지 않은 언어를 사용한다. 하지만 거의 예외 없이, 다른 감각기관 기능장애 언어와 연결되어 사용되는 "눈이 있으나 보지 못함"이니 "귀가 있어도 듣지 못함"이라는 어구는 우상숭배자에게 적용되고 있다. 만일 단순히 이스라엘 민족의 영적인 무능력을 그리고자 했다면, 성경 기자들에게는 사용할 수 있는 다른 언어가 있었다.[129] 선지서의 다른 곳을 보면, 우상숭배 금지 외에 언약의 다른 조항을 깨뜨린 것에 대해 백성을 정죄하는 말을 포함해, 이스라엘의 신령하지 않은 성격을 묘사하는 다른 많은 형태의 언어가 존재한다. 하지만 유독 감각기관 기능장애를 표현하는 말은 독특하게 우상숭배의 불순종이라는 구체적인 죄와, 민족이 예배한 우상처럼 되었음을 그리는 데만 사용된다.

마찬가지로 비록 다른 언어이기는 하지만, 예레미야 5:19에서 선지자

---

127) 사 1:3; 렘 6:10, 17:23; 미 7:16; 슥 7:11-12.

128) 예를 들어 욥 11:20; 시 69:23(MT=69:24).

129) 예를 들어 사 1:4-6; 5:13, 20-21; 8:20, 9:13(MT=9:12), 16(MT=15); 19:3, 11-14, 28:7-8, 15; 29:9, 11-13, 24; 30:12, 15; 32:6; 참조. 사 44:25; 46:12; 47:10-15; 48:4; 55:8; 56:9-12; 59:2, 9-10; 63:17.

는 이스라엘에게 "너희가 여호와를 버리고 너희 땅에서 이방 신들을 섬겼다"라고 말한다. 또한 이스라엘이 바벨론 군대의 형상을 숭배했기 때문에, 하나님은 바벨론 군대를 사용해서 그들을 처벌하셨다고 말한다(겔 23:14-49). 이 사례들은 예배하는 대상인 우상처럼 된다는 개념을 표현하지 않으며, 이스라엘의 우상숭배의 죄에 일대일로 대응하는 처벌을 전달하고 있다. 대조적으로 구약성경의 다른 텍스트에서 발견되는 비극적 역설은 이와 같은 보응적 처벌을 넘어서서 우상숭배자가 자신의 우상을 닮는 일을 포함하고 있다.

시편 81편은 첫 세대 이스라엘 백성과 그 후손들이, 애굽에서 하나님이 자기들을 구출해내신 일에 대해 우상숭배적으로 반응한 것을 다음과 같이 요약한다.

> 5하나님이 애굽 땅을 치러 나아가시던 때에 요셉의 족속 중에 이를 증거로 세우셨도다 거기서 내가 알지 못하던 말씀을 들었나니
> 6이르시되 내가 그의 어깨에서 짐을 벗기고 그의 손에서 광주리를 놓게 하였도다
> 7네가 고난 중에 부르짖으매 내가 너를 건졌고 우렛소리의 은밀한 곳에서 네게 응답하며 므리바 물가에서 너를 시험하였도다
> 8내 백성이여 들으라 내가 네게 증언하리라 이스라엘이여 내게 듣기를 원하노라
> 9너희 중에 다른 신을 두지 말며 이방 신에게 절하지 말지어다
> 10나는 너를 애굽 땅에서 인도하여 낸 여호와 네 하나님이니 네 입을 크게 열라 내가 채우리라 하였으나
> 11내 백성이 내 소리를 듣지 아니하며 이스라엘이 나를 원하지 아니하였도다
> 12그러므로 내가 그의 마음을 완악한 대로 버려두어 그의 임의대로 행하게 하였도다
> 13내 백성아 내 말을 들으라 이스라엘아 내 도를 따르라(MT=81:4-12)

하나님은 광야의 이스라엘에게 그들 "가운데에 절대로 낯선 신을" 두지 말고 "어떤 이방 신에게도 절하지" 말라고 명령했다(9절). 이는 야웨만이 참 하나님이며, 이스라엘의 모든 필요를 채울 수 있으시기 때문이다(10절). 그러나 이스라엘은 [하나님의] 음성을 듣지 않았으며" 또한 그분께 "순종하지 않았다." 대신에 그들은 다른 신들을 향해 절했다(11절). 금송아지는 이스라엘이 애굽 땅을 떠난 후 섬겼던 첫 번째 거짓 신이었으며, 분명히 하나님이 절하지 말라고 금지하셨던 이방의 낯선 신들 가운데 포함되어 있었을 것이다. 우상에게 절하고 예배하는 이스라엘의 불순종에 대한 응답으로 하나님은 "그들의 마음을 완악한 대로 버려두셨으며 그들의 임의대로 행하게 하셨다"(12절; 참조. 애 3:64-65). 이 컨텍스트에서 "그들의 마음의 완악함"과 "그들의 임의대로 행함"은 각각 우상에게 고집스럽게 예배드린 일과 우상숭배의 죄를 계속 저지른 일을 가리킨다. 실제로 완악함(*šĕrirût*)이라는 단어는 히브리어 성경에 등장할 때마다 예외 없이 이스라엘의 우상숭배를 가리킨다(신 29:19[MT=29:18]; 렘 3:17; 7:24; 9:14; 11:8[참조. 9-13절]; 13:10; 16:12[참조. 10-13절]; 18:12[참조. 13-15절]; 23:17[일반적인 언급이지만 예레미야서에 나온 이전 언급들에 비추어볼 때 아마도 우상숭배를 가리킴]).

예레미야서의 또 다른 텍스트에서 이 "완악함"은 우상숭배에 대한 묘사의 일부로 의미심장하게 사용된다.

> 이 악한 백성이 내 말 듣기를 거절하고 그 **마음의 완악한** 대로 행하며 다른 신들을 따라 그를 섬기며 그에게 절하니 그들이 이 띠가 쓸 수 없음같이 되리라
>
> 여호와의 말씀이니라 띠가 사람의 허리에 속함같이 내가 이스라엘 온 집과 유다 온 집으로 내게 속하게 하여 그들로 내 백성이 되게 하며 내 이름과 명예와 영광이 되게 하려 하였으나 그들이 듣지 아니하였느니라(렘 13:10-11, 비일 강조)

여기서 다시 발견되는 주제는, 백성이 여호와께 붙어 있으면 그들은

여호와의 찬송과 영광을 반영하게 될 것이나, 만일 우상에게 자신을 바친다면 그 우상의 무가치함을 반영하리라는 것이다.[130)]

의미심장하게도, 이 완악함이라는 히브리어 단어를 구약 정경 가운데서 맨 처음으로 사용한 예는 신명기 29장에 나타난다. 여기서 "마음의 완악함"은 우상숭배를 가리킨다(참조. 신 29:17-26[MT=16-25]). 우리가 이미 살펴보았듯이 여기서 하나님은 이스라엘에게 "깨닫는 마음과 보는 눈과 듣는 귀를 주지 아니하셨다"(4절). 이것은 신명기의 컨텍스트에서(참조. 신 4:28; 29:17[MT=29:16]) 하나님이 이스라엘 백성을 그들이 광야에서 절하고 예배했던 우상들처럼 만드셨다는 사실을 가리킬 수 있다. 그리고 바로 이것이 이사야 6:9-10이 신명기 29:4을 이해했던 방식이다.

여기서 다시 발견하게 되는 것은, 하나님이 회개하지 않는 마음을 지닌 자들을 더욱 더 우상숭배의 길 가운데서 "자기들의 임의대로 행하도록", "그들의 완악한 마음에 넘겨주어" 그들로 우상숭배를 저지르도록 처벌하신다는 점이다. 이 구절에는 우상숭배자들이 숭배하는 우상을 닮는다는 점이 함축되어 있지 않지만, 그들이 당하는 처벌은 그들이 저지른 범죄에 상응한다. 하나님은 고집스럽게 참회하지 않는 우상숭배자들로 하여금 우상숭배를 더욱 사랑하고 또 그 죄를 행하게 함으로써 그들을 심판하신다. 욥기 8:4이 확언하듯이 "주[하나님]께 죄를 지은" 자들을 "하나님이 그 죄에 버려두셨다"(delivered them into the power of their transgression, 죄의 힘 가운데로 그들을 넘겨주셨다). 시편 81편의 컨텍스트는 이것이 이스라엘의 첫 번째 우상숭배 행위, 즉 금송아지 숭배와 더불어 시작되었음을 암시한다.

---

130) Wright, *Mission of God*, p. 187도 보라.

결론

시편 106:20; 열왕기하 17장; 호세아 4:7; 예레미야 2:5에 나오는 송아지 우상에 대한 언급은 출애굽기 32장과 관련하여 앞서 내가 내렸던 결론을 확증해준다. 이 텍스트들에서 시내 산의 이스라엘은 반역적인 소 떼라고 조롱조로 묘사되고 있다. 그들이 송아지를 숭배하여 그 앞에 절하면서 그 송아지처럼 되었기 때문이다. 이 묘사의 핵심은 이스라엘 백성의 첫 세대와 이후 세대들이, 그들이 경배하던 송아지 우상으로 표상되는 반역성과 수치, 무가치함의 이미지처럼 영적으로 곁길로 빠지고 수치스럽고 무익하게 되어갔다는 것이다.

여호수아 24:14은 이스라엘의 두 번째 세대에게 이렇게 권면한다. "그러므로 이제는 여호와를 경외하며 온전함과 진실함으로 그를 섬기라 너희의 조상들이 강 저쪽과 애굽에서 섬기던 신들을 치워 버리고 여호와만 섬기라."[131] 내 생각에 이스라엘 첫 세대의 우상숭배에 대한 믿을 만한 해석적 주해로 간주되는 사도행전 7:39은, 시내 산에서의 백성의 금송아지 숭배가 그들이 애굽에 있을 때부터 저지르기 시작했던 우상숭배의 연장이었다고 분명하게 진술한다. "우리 조상들이 모세에게 복종하지 아니하고자 하여 거절하여 그 마음이 도리어 애굽으로 향하여…"(행 7:40-43도 참조하라). 그리하여 이스라엘은 "애굽 땅에서부터 행음하던 것을 가지고 나왔으며 애굽의 우상들을 향해 눈을 들어 바라보았다"(겔 23:27, 역자가 영역본을 번역한 것-역자 주).[132] 이 사실은 이전 텍스트인 에스겔 23:19에 훨씬 더 직

131) 많은 현대의 비평적 주석가들은 출 32장에 묘사된 송아지 숭배를, 여로보암 시대로부터 시작된 이스라엘의 송아지 우상숭배가 투사된 것이라고 보고 있다. 하지만 19세기 초엽까지의 견해는 이스라엘이 애굽의 영향을 받아 송아지를 숭배했다는 것이었다(Cornelis Houtman, *Exodus*, Historical Commentary on the Old Testament [Leuven: Peeters, 2000], 3:626을 보라).

132) 이 번역은 겔 23:27을 긍정문으로 풀어쓴 것이다. 히브리어 성경에는 "너로 그들을 향하여 눈을 들지도 못하게 하며 다시는 애굽을 기억하지도 못하게 하리라"는 부정적으로 진

접적으로 진술되어 있다. "[그렇지만] 그가 자신의 음행을 더욱 행하여 젊었을 때 곧 애굽 땅에서 행음하던 때를 생각했다"(8절도 마찬가지). 이스라엘의 애굽 우상에 대한 끈덕진 숭배는 하나님이 이 민족을 우상들처럼, 예컨대 송아지 형상처럼 만드시는 결과를 초래했다. 또한 이 죄는 미래의 이스라엘 세대 전체에 걸쳐 시시때때로 나타났다.

덧붙여 말하자면, 하나님이 광야에서 이스라엘 백성 대부분에게 "깨닫는 마음"과 "볼 수 있는 눈과 들을 귀를 주지 않으셨다"라는 사실(신 29:4)은 이 민족에 대한 형벌이며, 그들을 (신 4:28과 관련해서) 자신들이 섬겼던 우상처럼 영적으로 죽은 상태로 만드는 것이었다. 그중에서도 가장 중요한 일이 금송아지였다. 이 신명기 텍스트가, 이사야 6:10에서 당대의 이스라엘에 대해 동일한 점을 지적하기 위해 예언자가 끌어다 쓰기에 매력적인 것이었다는 사실은 충분히 이해할 만하다.

그렇다면 구약성경에 종종 등장하는 이 주제는 에덴동산에서 저질러진 첫 범죄와는 어떤 연관성이 있는가? 아담과 하와도 우상숭배자였을까? 아니면 그들의 죄는 다른 종류에 속하는가? 제4장에서는 이 질문에 대답해보고자 한다.

술되어 있다.

제 4 장

구약성경에 나타난 우상숭배의 기원

창세기 3장에서 아담과 하와의 죄가 명시적으로 "우상숭배"라고 불리지는 않지만, 과연 이 텍스트에 우상숭배 개념이 있는지 없는지는 탐구해보아야 한다. 곧잘 구약성경 전체에서 우상숭배의 죄를 찾으면서도, 나머지 인류 전체를 죄악 가운데로 빠뜨렸던 역사의 출발선상에서 저질러진 아담과 하와의 첫 죄악 속에서 같은 죄를 찾지 않는다는 것은 이상한 일이 아닐 수 없다. 제4장에서 나는 아담이 하나님과 그분의 형상을 반영하는 일을 중단했을 때 그의 자리에서 다른 것을 우러러보았으며, 새롭게 예배하게 된 대상을 닮아갔다고 주장하려 한다. 따라서 아담의 죄의 핵심은 하나님으로부터 돌아서서 그분에 대한 경외를 다른 대상으로 바꿔치기하고, 새로 바라보게 된 대상을 본받았다는 것이다.

창세기 1-3장

창조주의 형상이자 모양으로서의 아담

창세기 1-3장에 있는 우상숭배 개념의 가능성을 탐구하기 위해서는 하나님이 아담과 하와를 창조하고 에덴동산에 둔 목적을 간략히 살펴볼 필요가 있다. 창세기 1:28은 아담이 지구 전체를 정복해야 했다고 확인해준다. "하나님이 그들에게 복을 주시며…그들에게 이르시되 생육하고 번성하여 땅에 충만하라 땅을 정복하라 바다의 물고기와 하늘의 새와 땅에 움직이는 모든 생물을 다스리라 하시니라." 창세기 1:27은 28절의 위임과 목표를 이룰 수 있는 수단을 제공한다. 즉 인류는 하나님의 형상으로 지음 받음을 통해 그 위임을 성취하게 될 것이다.[1] 그들은 땅 위에서 하나님의 부섭정(vice-regent)이 됨으로써 그분의 왕권을 반영하도록 되어 있었다.

아담과 하와, 그리고 그 후손은 하나님의 성품과 영광을 반영하고 그것으로 땅을 채우기 위해 그분의 형상을 따라 지음 받았다(창 1:26-28).[2]

창세기 2:15에서 아담이 "제사장-왕"으로서[3] "경작"하고(섬김의 함의를 가짐) "지키라"라는 명령은 창세기 1:26-28에서 주어진 위임 명령의 일부인 것 같다.[4] 따라서 창세기 2:15은 하나님의 형상으로 지음 받은 인류를 통해 지구를 정복하고 채우라는 주제의 연장이다.[5] 이 "온 땅에 대한" "다스림"과 "정복"은 아담이 지음 받았던 하나님 형상의 기능적 정의(functional definition)의 일부일 개연성이 크다. 하나님이 최초의 창조 활동 후에 혼돈을 정복하고 다스리며 온갖 종류의 살아 있는 생명을 창조하여 땅을 채웠듯이, 아담과 하와는 그들이 거주했던 동산에서 "땅을 정복하고 다스리며" "생육하고 번성하라"라는 위임 명령을 성취함으로써 창세기 1장에 나타난 하나님의 활동을 반영해야 했다(창 1:26, 28).[6] 그들은 정복하

---

1) 1:26a과 1:26b 사이에는 동일한 관계가 존재한다. 여기에 대해서는 William J. Dumbrell, *The Search for Order* (Grand Rapids: Baker, 1994), pp. 18-20도 보라.

2) 보다 충분한 논의로는 G. K. Beale, *The Temple and The Church's Mission: A Biblical Theology of the Dwelling Place of God*, NSBT 17 (Downers Grove, Ill.: InterVarsity Press, 2004 [『성전 신학』, 새물결플러스 역간]), pp. 66-121을 보라.

3) Ibid., pp. 66-71.

4) 내가 이 연결 고리에 대한 증거를 발견한 것은 Jeremy Cohen, "*Be Fertile and Increase, Fill the Earth and Master It*": *The ancient and Medieval Career of a Biblical Text* (Ithaca, N.Y.: Cornell University Press, 1989), p. 18에서였다. 이 책에서 Cohen은 자신의 주장을 지지하기 위해 James Barr와 Claus Westermann을 인용한다. Beale, *The Temple and The Church's Mission*, pp. 81-93도 보라.

5) Dumbrell, *Search for Order*, pp. 24-26도 보라.

6) W. Austin Gage, *The Gospel of Genesis* (Winona Lake, Ind.: Eisenbrauns, 1984), pp. 27-36을 따랐다. 비록 창 1장이 하나님이 무에서 혼돈을 창조하셨다고 묘사하는지, 아니면 하나님이 창조 사역을 하기 전에 이미 혼돈이 존재했다고 그리는지에 대해서는 논란이 있지만, 여기서는 전통적인 견해인 전자를 전제로 삼고 있다. 여기에 대해서는 지면의 한계상 더 논의할 수 없다.

고(=하나님이 흑암과 혼돈을 정복하심), 다스리고(=하나님이 창조의 말씀으로 창조 세계를 다스리심), 번성하고(=하나님이 창조하심), 안식하신 창세기 1장의 하나님의 활동들을 반영함으로써 그분을 나타내야 했다.

아담이 먹어서는 안 되었던 나무인 "선과 악에 대한 지식의 나무"라는 이름조차도, 관료로서 그가 가지는 의무를 시사해준다. 즉 "선과 악을 분간하는 일"은 정의를 실행하기 위해 판단을 내릴 수 있는 왕이나 권위자들을 가리키는 히브리어적 표현이다. 다른 곳에서 이 어구는 통상적으로 다른 사람을 재판하고 지배하는 지위에 있는 인물을 가리킨다(삼하 14:17; 19:35; 왕상 3:9; 사 7:15-16).[7] 이와 연관해서, 솔로몬이 "재판을 하고…선악을 분별하는…총명한 마음"을 갖게 해달라고 간구했다는 사실(왕상 3:9; 참조. 왕상 3:28)은 그의 커다란 지혜를 반영할 뿐 아니라 "선악을 알게 [혹은 식별하게] 하는 나무"(창 2:9)를 반영하는 듯하다. 아담과 하와에게는 그 나무의 열매를 먹는 것이 금지되었다(창 2:17; 3:5, 22). 주석가들은 에덴동산에 위치한 이 나무의 의미에 대해 의견을 달리한다. 하지만 가장 개연성 있어 보이는 접근법은 구약성경의 다른 곳에서 "선악을 알다/분별하다"라는 말의 용법을 확인함으로써 그 나무를 설명하는 것이다. 이 방법에 비추어 볼 때, 에덴동산의 그 "나무"는 판결의 나무(judgment tree)로서 기능했던 것 같다. 이 나무는 아담이 "선과 악 사이를 분별"하기 위해 그 앞에 나아가야 했던 장소였을 것이다. 따라서 뱀이 동산에 들어왔을 때 아담은 그 뱀을

---

7) 이 두 이사야서 출전은 책임질 수 있는 나이를 의미한다고 이해하기보다는, 많은 주석가가 생각하듯이 사 9:6-7이 사 7:14-15의 성취의 일부라면, 9:6-7은 정부의 통치와 재판에 초점을 맞추기 때문에 통치 행사의 시작을 가리킨다고 이해하는 편이 최선이다. 마찬가지로 신 1:39은 "선이나 악에 대한 아무 지식이 없는" 젊은이로서 약속의 땅에 들어가 "그 땅을 소유하게 될" 자들을 가리킨다. 이는 악한 것과 선한 것을 평가할 자격이 아직 없으며, 따라서 상이나 벌을 받을 자격이 없는 자들을 의미하는 것 같다. 또한 이런 일은 그들이 왕과 함께 서서서 살던 내적들을 정복하는 일을 통해 이루어질 것이다. 선과 악에 대해 법률적 판단을 내릴 위치에 있지만 이 지위를 오용하는 자들을 가리키는 용법에도 주목하라(사 5:20-23; 미 3:1-2; 말 2:17).

"악한 것"으로 판단하고 그에 대한 판결을 선언했어야 했다.[8] 나무는 구약 성경의 다른 곳에서도 판결이 선언되는 장소를 지시했다(삿 4:5; 삼상 22:6-19; 참조. 삼상 14:2). 이처럼 나무는 통상적으로 예언자가 판결을 선언하는 장소를 상징했다. 따라서 아담은 뱀의 악함을 식별하고 판결의 나무의 자리에 서서 하나님의 이름으로 이 뱀을 심판했어야 했다.

아담이 하나님의 왕적인 "이미지"(상)로서 성소에 안치되었다는 개념은 이스라엘 바깥에서도 발견되는 고대의 개념이다. 아시리아와 이집트에서 발견되는 유사한 사례들은 신들의 상이 신전에 안치되었으며, 왕이 신의 살아 있는 형상, 곧 그 신의 반영으로 간주되었음을 전형적으로 보여준다. 여기에 대한 다음의 예는 신전이 세워진 다음에, 그곳에 신의 상들이 안치되는 것이 얼마나 자연스러운 일인가를 보여준다.[9] 아슈르바니팔 2세(Ashurbanipal II, 주전 883-859)는 "가장 좋은 석재와 순금으로…여신 이쉬타르(Ishtar)의 신상을 만들고…(그리하여) 그 여신의 위대한 신성을 화려하게 만들었다." 그리고 왕은 "(그 신상과 더불어) 여신의 단[좌대]을 성전 안에 세웠다."[10] 그 신상의 화려한 영광은 이쉬타르의 빛나는 영광을 반영하기 위해서였다. 그렇게 해서 여신의 빛이 신전으로부터 사람의 얼굴 위로 비추어지도록 했다. 따라서 아시리아의 우상들은 그것들이 표상했던 신의 천상적 영광을 반영하도록 귀금속으로 제작되었다.[11]

파라오 세티 1세(Seti I, 주전 1302-1290)는 지하 세계의 신 오시리스(Osiris)를 위해 "하늘 같은 신전을" 지었으며 "그 신전의 아홉 신은 마치 신

---

8) 특히 Meredith G. Kline, *Kingdom Prologue* (Overland Park, Kan.: Two Age Press, 2000), pp. 103-107을 보라.

9) 여기에 나오는 고대 근동의 상에 대한 인용된 자료에 주목할 수 있었던 것은 Jeffrey J. Niehaus, *Ancient Near Eastern Themes in Biblical Theology* (Grand Rapids: Kregel, 2008) 덕분이다.

10) Albert K. Grayson, *Assyrian Rulers of the Early First Millennium B. C.* (Toronto: University of Toronto Press, 1996), pp. 296-297.

11) Niehaus, *Ancient Near Eastern Themes in Biblical Theology*도 이렇게 주장했다.

전 안에 있는 별들과 같았다." 그 광채는 이른 아침 그곳에서 떠오르는 레(Re)의 수평선처럼 (사람들의) 얼굴 가운데 반짝인다."[12] 이집트(애굽)인들은 태양 신 레가 다른 군소 신들에게 신전 가운데 안치된 석상 속으로 들어갈 수 있는 힘을 준다고 믿었다.[13] 따라서 피라미드 시대에 나온 한 비명(碑銘)은 "창조주 프타(Ptah)가 [더 작은] 신들을 만들었고…그 신들에게 성소를 할당했다.…그가 그들에게 성소를 마련해준 것이다. 프타는 그 신들의 몸의 형상을 만들고…그런 다음 신들은 각종 나무와 돌과 금속으로 된 몸속으로 들어갔다"라고 확인해준다.[14] 람세스 3세(Rameses III, 주전 1195-1164)는 태양신 레의 신전에서 "금은과 각종 값진 석재로 신비스러운 형상을 가진 신들을 만들었다"라고 말했다.[15] 실로 "왕은 성스러운 형상이며, 위대한 분의 성스러운 상 중에서 가장 성스러운 상이다."[16]

이집트(애굽) 왕은 단순히 신의 "성스러운 형상"이기만 한 것이 아니라[17] 그 신의 살아 있는 상이다.[18] 다른 이집트 텍스트들도 신 "호루스(Horus)가 너[파라오/바로]의 안에서 그의 영을 대신해 행한다"라고 말하고 있다.[19]

---

12) James H. Breasted, *Ancient Records of Egypt* (New York: Russell & Russell, 1962), 3:96-97, § 232; Ibid., 2:156, §375: "그것[신전]은 그 광채로 [백성의] 얼굴들을 비춰주었다." 동일하게 Ibid., 3:97, §236도 보라.

13) E. A. Wallis Budge, *Book of the Dead* (New York: Barnes & Noble, 1951), pp. 164-166.

14) James H. Breasted, *Development of Religion and Thought in Ancient Egypt* (New York/ Evanston: Harper & Row, 1959), p. 46; 참조. Budge, *Book of the Dead*, pp. 72, 82, 87, 93-94, 98, 102, 106, 304.

15) Breasted, *Ancient Records of Egypt*, 4:143, §250. 람세스 3세에 대해서는 Ibid., 4:114, §190을 보라. 참조. Ibid., 4:15, §26; 491, §958K.

16) Raymond O. Faulkner, *The Ancient Egyptian Pyramid Texts* (Oxford: Oxford University Press, 1969), p. 82, utterances 273-274, §407.

17) Ibid., p. 82. utterances 273-274, §407.

18) 수메르인들도 상(images) 속에 신이 깃들어 있으며, 인간 왕도 신의 살아 있는 형상이라고 믿었다(참조. Thorkild Jacobsen, *The Treasures of Darkness* [New Haven, Conn.: Yale University Press, 1976], pp. 37-40, 66-71).

19) Faulkner, *Ancient Egyptian Pyramid Texts*, p. 122, utterances 370, §647.

어떤 왕은 "내가 신의 본질이고 신의 아들이며 신의 사자[메신저]다"라고 말했다고 기록되어 있다.[20] 가장 충격적인 것은 람세스 2세(Rameses II, 주전 1290-1224)가 자기와 자기 신의 관계에 대해 한 진술이 창세기 1:26과 유사하다는 점이다.[21] "나는 당신이 당신의 보좌에 앉힌 당신의 아들입니다. 당신은 내게 당신의 나라를 맡기셨습니다. 당신은 나를 당신의 형상과 모양으로 만드셨습니다. 이 형상을 내게 할당하고 창조하셨습니다."[22] 아문(Amun)을 위해 세워진 신전의 한 비명의 컨텍스트에서, 이 신은 아멘호텝(Amenhotep)을 "나의 아들…나의 살아 있는 형상"이라고 부른다.[23]

이와 유사하게, 하나님의 형상을 지닌 자로서 아담은 신적 영광을 반영하는 일을 포함해 그분의 성품/성격을 반사하는 일을 감당했다. 아담의 아들이 아담의 "모양"과 "형상"을 지니듯이(창 5:1-3), 또한 그 모습과 성격에서 자기의 인간 아버지를 닮듯이, 아담은 그의 하늘 아버지의 형상을 내비쳐야 하는 하나님의 아들이었다. 따라서 땅을 정복하고 다스리고 채우라는 하나님의 명령은, 아담이 단순한 후손이 아니라 그분의 영광을 반영할 형상을 지닌 후손으로 땅을 채우게 될 왕이라는 함축을 가진다. 조금 전에 보았듯이, 고대 근동의 왕들은 그들이 섬기는 신의 "아들"로 간주되었다. 그들은 신의 형상을 표상하는 자로, 특히 신의 임재의 현현으로 여겨졌다.[24] 또한 메소포타미아와 이집트에서 신들의 형상은 그 신을 표상하고 그의 임재를 현시하기 위해 만들어졌다.[25]

---

20) Ibid., p. 160, utterances 471, 920; 또한 Ibid., p. 242, utterances 589, §1609.

21) 여기서는 특히 Niehaus, *Ancient Near Eastern Themes in Biblical Theology*를 따랐다.

22) Breasted, *Ancient Records*, 3:181, §411.

23) Miriam Lichtheim, *Ancient Egyptian Literature: A Book of Readings* (Berkeley: University of California Press, 1976), 2:46.

24) 특히 고대 근동 배경을 근거로 아담의 왕적 지위를 설명한 자료로는 Beale, *The Temple and the Church's Mission*, pp. 81-93을 보라.

25) Edward M. Curtis, "Image of God (Old Testament)," in *the Anchor Bible Dictionary*, ed. David Noel Freedman (New York: Doubleday, 1992), 3:390.

인간이 하나님의 형상으로 창조되었고 에덴 성소에 자리 잡았다는 창세기의 묘사는 일반적으로 고대 근동의 관행과 궤를 같이한다. 고대 근동의 관행은 신의 형상을 동산(정원) 같은 신전에 세워두고 신의 형상을 표현하며 영광을 반사하도록 하는 것이었다. 메소포타미아에서 발견된 글에도 다음과 같이 흥미로운 유사한 내용이 있다. "신적인 형상들을 창조하고서 거기에 생기를 부여하며 그것을 신전에 안치하는 일이, 세분화된 특정 의식들을 따라 이루어졌다."[26] 이런 일련의 의식은 강둑에 자리 잡은 장인의 작업장과 수목원, 신전에서 차례로 거행되었다. 이 의식들을 통해 처음에는 신의 죽어 있는 형상이 만들어진 다음, 거기에 생명이 부여되고 옷 입혀지며, 마침내 살아 있는 신의 현시가 나타났다. 그리고 나서 마지막으로 이 상은 신전에 안치되었다.[27] 마찬가지로, 하나님은 자신의 작업장에서 아담을 만드셨다(창 2:7a). 아담은 하나님의 숨을 받아 탄생했고(창 2:7 중반절) 완전히 살아 있는 존재가 되었다(창 2:7b). 그 다음으로 아담은 동산에 놓이게 되었다(창 2:15).[28] 이런 배경은 아담이 참 하나님의 살아 있는 형상이며 거짓된 이방 신의 형상이 아니었음을, 또한 살아 있는 자로 동산에 자리 잡고 그분의 영광과 형상을 반사해야 했음을 암시한다. 이와 같이 고대 근동 배경과의 유사성은 창세기 1-2장에 기술된 진정한 과업의 불완전한 그림자일 뿐이다.

26) C. L. Beckerleg, "The Creation, Animation and Installation of Adam in Genesis 2:7-25" (*SBL Abstracts*, 1999의 요약을 보라).

27) 고대 근동의 우상 제사의 배경에 대해서는 제2장을 보라. 또한 여러 자료 중에서 예를 들어 Christopher Walker and Michael B. Dick, "The Induction of the Cult Image in Ancient Mesopotamia: the Mesopotamian *mīs pî* Ritual," in *Born in Heaven, Made on Earth*, ed. M. B. Dick (Winona Lake, Ind.: Eisenbrauns, 1999), pp. 98-99을 보라. 여기서는 메소포타미아의 *mīs pî* 제의에 대해 논의한다.

28) Beckerleg, "Creation, Animation and Installation of Adam in Genesis 2:7-25."

창조의 왜곡된 형상과 모양을 입은 아담

그러나 창세기 3장은 아담과 하와가 죄를 지어 그분의 형상을 반영하지 못했다고 기술한다. 그들은 선악을 알게 하는 나무의 열매를 먹지 말라는 하나님의 명령을 위반했다. 아담은 위임받은 과제를 행하는 데 실패했다. 이 위임 명령에는 더럽거나 하나님께 적대적인 어떤 것도 동산 신전(Garden temple) 안으로 들여보내지 말라는 과제가 포함되어 있었다. 비록 창세기 2-3장이 아담의 다스림과 정복의 과업이 사탄적인 뱀으로부터 동산을 지키는 것임을 명시적으로 설명하지는 않지만, 이런 함의는 충분히 내포되어 있다.[29] 아담은 동산을 지키지 않고 더러운 뱀이 들어오도록 허락했으며, 그 일로 인해 죄와 혼돈과 무질서가 성소 및 자신과 하와의 삶 가운데로 들어오도록 했다. 즉 아담은 뱀을 다스리고 동산에서 그를 내쫓지 못하고 오히려 뱀이 자신을 지배하도록 허용했던 것이다.

자신과 자신의 후손이 퍼져나가며 하나님의 임재를 반영함으로써 동산 성소의 신성한 임재를 확장하는 대신에, 아담과 하와는 오히려 성소에서 쫓겨났다. 아담과 하와는 에덴 성전 가운데서만 하나님의 쉼을 반영할 수 있었으며, 유배된 장소인 동산 바깥에서는 오직 괴로운 수고만을 맛볼 뿐이었다(창 3:19). 결론적으로 그들은 창세기 1:28에 있는 하나님의 명령에 불순종했고, 그들의 본분에 따라 하나님의 살아 있는 형상을 반영할 수 없었으며, 죽음을 경험하게 되었다(창 3:19). 하나님을 반영하기 위해 그분께 가까이 가기를 원하는 대신에 "아담과 그의 아내는 여호와 하나님의 임재를 피해 동산 나무들 사이로 숨었다"(창 3:8; 창 3:10도 참조).

여기에는 아담의 죄를 우상숭배라고 명시적으로 기술하는 어휘가 전혀 없다. 하지만 이런 개념은 아담이 저지른 일과 밀접하게 연결되어 있는 것 같다. 우리는 어떻게 이 점을 분별해낼 수 있는가? 먼저 우상숭배가 하

---

29) Beale, *The Temple and the Church's Mission*, pp. 66-71, 86-87; Kline, *Kingdom Prologue*, pp. 54-55, 65-67도 보라.

나님 아닌 그 외의 다른 존재를 우러러보는 것임을 기억하라. 최소한 아담의 충성은 하나님에게서 떠나 자기 자신에게로, 또한 사탄에게로 옮겨간 것 같다. 왜냐하면 아담은 어떤 측면에서 뱀의 성격을 닮게 되었기 때문이다. 애초부터 뱀은 거짓말쟁이며(창 3:4), 속이는 자였다(창 3:1, 13). 그런데 아담은 하나님이 "내가 네게 먹지 말라 명한 그 나무 열매를 네가 먹었느냐?"라고 물으실 때(창 3:11)에 그분께 솔직하게 대답하지 않는다. 그는 이렇게 대답한다. "하나님이 주셔서 나와 함께 있게 하신 여자 그가 그 나무 열매를 내게 주므로 내가 먹었나이다"(창 3:12). 아담은 자기 죄를 슬며시 하와의 탓으로 돌리고 있다. 이것은 책임을 자신에게서 자기 아내에게로 돌리는 행위다. 또한 이런 말은 "타락"의 책임이 하와가 아닌 아담에게 있다는 성경의 증언과는 대조적이다(예를 들어 롬 5:12-19을 보라). 여기에 더해 아담은 뱀과 같이, 하나님의 말씀을 신뢰하지 않는다(아담과 관련해서는 창 2:16-17; 3:6, 뱀과 관련해서는 창 3:1, 4-5을 참조하라). 아담이 하나님을 신뢰하는 데서 뱀을 신뢰하는 데로 옮아갔다는 것은, 그가 더 이상 하나님의 형상이 아니라 뱀의 형상을 반영하기 시작했음을 의미한다.

마찬가지로 창세기 2:16-17에 나오는 대로, 하와가 하나님의 명령을 부정확하게 인용한다는 사실은 창세기 3:4의 "너희가 결코 죽지 아니하리라"처럼 그분의 명령을 뱀이 의도적으로 바꾼 것을 그대로 반영한다.[30] 이

---

30) 죄를 짓기 이전에 아담의 신뢰와 복종은 하나님과의 완전한 관계를 유지시켰거나, 아니면 아담을 그 완전한 관계 안에서 자라나게 했다고 볼 수 있다. 후자의 경우가 더 개연성 있는데, 왜냐하면 아담은 견습 기간이 끝난 후, 순종에 대한 보상으로 불멸의 영화로운 몸을 받을 것이었기 때문이다. 보상으로 받는 이 완성된 상태는 여러 측면으로 설명될 수 있겠지만, 무엇보다 과거보다 더 충만한 하나님 임재의 경험이었을 것이다(아담이 받게 될, 점점 커지는 축복에 대해서는 G. K. Beale, "The Eschatological Conception of New Testament Theology," in *Eschatology in Bible and Theology*, ed. Kent E. Brower and Mark W. Elliott [Downers Grove, Ill.: InterVarsity Press, 1997], p. 49을 보라). 이런 측면에서 아담은 아직 죄를 짓지 않은 상태지만, 하나님과의 관계 안에서 성장하는 경험에 있어 그리스도인과 서로 중첩되는 지점이 있다.

런 점은 이미 창세기 3:1에 나오는 뱀의 질문 속에 함축되어 있었다. 창세기 2:15에서 하나님은 동산을 경작하고 지키도록 아담을 그곳에 두신 후, 자신을 섬기고 지키는 데 도움을 받을 수 있도록 그에게 기억해야 할 삼중적 진술을 하셨다. 즉 창세기 2:16-17에서 하나님은 "동산 각종 나무의 열매는 (1) 네가 임의로 먹되 (2) 선악을 알게 하는 나무의 열매는 먹지 말라 (3) 네가 먹는 날에는 반드시 죽으리라"라고 말씀하셨다. 사탄적인 뱀과 마주쳤을 때 하와는 이런 하나님의 말씀을 정확하게 기억하지 못했거나, 아니면 의도적으로 그분의 말씀을 자기 목적에 맞게 변형시켰다. 첫째로 하나님은 "저희가 임의대로(마음껏, 자유롭게) 먹어도 좋다"라고 말씀하신대 비해서, 하와는 그저 "우리가 먹을 수 있다"라고 말함으로써 자신들의 특권을 축소했다. 둘째로 하나님은 "너희가 반드시 죽으리라"라고 하신대 비해서, 하와는 "너희가 죽을까 하노라"라고 말함으로써 심판을 축소했다. 셋째로 하와는 "너희가…만지지도 말라"라고 말함으로써 역사상 최초의 율법주의자가 되는 동시에 이 금지 명령을 극대화했다(왜냐하면 하나님은 원래 그들에게 "그 열매를 먹지 말라"고만 하셨기 때문이다).[31] 결국 하나님의 말씀에 대한 뱀의 질문(창 3:1)과 그분의 명령에 대한 부정(창 3:4)은 하나님의 말씀의 진정한 효과를 무효화했고, 하와가 이 명령을 변경함으로써 뱀의 경건하지 못한 입장을 반영하는 결과를 낳았다. 또한 이것은 하나님의 명령이 가진 온전한 진정성에 대한 부정을 표상했다. 뱀이 그랬듯이, 하와는 창세기 2장의 하나님의 명령에 담긴 단어들을 바꿈으로써 운명적 결정을 내렸다. 이 일은 하와의 경외심이 하나님에게서 뱀에 대한 것으로 미묘하게 바뀌었음을, 그리하여 하와가 마귀의 성격을 닮기 시작했고 이런 식으로 그녀가 무너지게 되었음을 나타낸다. 아담이 그랬듯이 하와도 자신의 죄를 슬며시 사탄에게로 넘겼다.

31) Allen P. Ross, *Creation and Blessing* (Grand Rapids: Baker, 1988), pp. 134-135. Ross는 창 2:16-17의 원래의 언어 가운데 이 세 가지 변화를 지적했다.

또한 여기에는 자기 숭배의 요소가 있는 것 같다. 아담이 자신에게 무엇이 좋은지 하나님보다 더 잘 안다고 믿었고, 온갖 대가를 무릅쓰고 자기를 내세우기를 원했으며, 창조주를 신뢰하는 대신에 피조물에 불과한 자신을 더 믿기로 마음먹었다는 점에서 그렇다.[32] 아담은 뱀이 "너희가 그것을 먹는 날에는 너희 눈이 밝아져 하나님과 같이 되어 선악을 알 줄 하나님이 아심이라"(창 3:5)라고 하와를 유혹하는 소리를 들었던 것 같다. 결국에 아담은 동산에서 쫓겨나는데, 왜냐하면 어떤 측면에서는 뱀의 이 말이 실현된 느낌이 있기 때문이다.

> 여호와 하나님이 이르시되 보라 이 사람이 선악을 아는 일에 우리 중 하나같이 되었으니 그가 그의 손을 들어 생명 나무 열매도 따먹고 영생할까 하노라 하시고 여호와 하나님이 에덴동산에서 그를 내보내어 그의 근원된 땅을 갈게 하시니라(창 3:22-23)

한편으로 아담은 하나님을 신뢰하고 순종함으로써 하나님처럼 되고 그분을 닮을 수 있었다. 하지만 바르지 않은 방식으로 하나님처럼 되는 길이 존재했던 것이다. 이 길은 하나님께 모독적인 것이었다. 아담은 윤리적인 법을 만드는 권위를 부당하게도 자기 것으로 삼았다. 하지만 이 권위는 오직 하나님께만 속하며 결코 사람이 감당할 수 없다. 앞서 언급했듯이 "선악을 아는 일"은 판단(심판)을 내리는 일을 가리킨다. 나는 이 나무의 이름에서 알 수 있듯이, 그 나무가 아담이 하나님의 법을 준행하는지 아니면 법을 어기는지를 확인하는 자리였다고 주장하고 싶다. 따라서 제사장과 왕으로서 아담은 하나님의 의로운 법규들을 준수하지 않는 것은 어떤 것이든지 심판해야 했다. 하지만 아담은 그의 언약적 동지인 하와가 뱀에게 속고 있

---

32) Iain Provan, "To Highlight All Our Idols: Worshipping God in Nietzsche's World," *Ex Auditu* 15 (1999): 26도 보라. Provan은 아담이 자신을 숭배한다고 본다.

는 동안에도 방관했을 뿐만 아니라, 스스로가 하나님의 말씀이 잘못되었고 마귀의 말이 옳다고 결정했다. 따라서 창세기 3:22은 하나님이 그 일에 대해 하시는 일종의 조롱으로 읽힐 수 있다. "아담아, 네가 네 마음대로 너 자신의 윤리적인 법을 세워서 나처럼 되었다고 생각하는구나. 어떤 점에서 너는 하나님처럼 되었다. 하지만 이 일은 유일한 참 하나님으로서 나의 독특한 역할이기 때문에, 너의 노력은 헛된 모방이며 신성모독이다. 그러므로 내가 너를 내 면전에서 추방하노라." 사실상 이런 행위를 하면서 아담은 뱀의 또 다른 특징을 반영했는데, 뱀은 하나님의 의로운 기준과 명령을 거역하고 거기에 저항하는 자신의 행동 방침을 자랑하는 존재였다.

크리스토퍼 라이트는 창세기 3:22의 의의에 대해 다음과 같은 거의 동일한 결론을 내린다.

> 하나님은 인간이 창조주-피조물의 구별을 실제로 무너뜨렸음을 받아들이신다. 이제 인간은 신이 된 것이 아니라 신이 된 것처럼 행동하기로 선택했다. 즉 인간은 무엇이 선이고 무엇이 악인지를 스스로 판단하고 결정하기로 했다는 것이다. 여기에는 온갖 다른 형태의 우상숭배의 뿌리가 놓여 있다. 우리는 우리 자신의 능력을 신성화하고, 그렇게 함으로써 자신과 자신의 선택, 그 선택이 함축하는 모든 것을 신격화한다. 그리하여 하나님은 이런 타락한 상태에서 인간이 죽지 않고 영원히 살 것을 끔찍하게 여겨 "생명 나무"에 접근하지 못하게 막으신다. 하나님께는 인간을 구속하고 정화시켜 영생으로 인도할 더 나은 길이 존재한다.
>
> 따라서 이 근원에서부터 모든 우상숭배는 하나님의 하나님 되심과 그분의 도덕적 권위의 최종적 성격에 대한 인간의 배척이 자리 잡고 있다. 이 본질적 반역의 결실은 다른 여러 측면에서도 발견된다. 우상숭배는 하나님과 피조물 사이의 구별을 흐려놓음으로써 하나님에게나 피조물에게나 피해를 준다.[33]

---

33) Wright, *Mission of God*, p. 164.

에스겔 28장에 나타난 아담의 초상

아담이 자기 숭배의 죄를 저지른다는 개념은 에스겔 28장에서도 확인된다. 이 텍스트에는 두로 왕에 대한 두 개의 연속적인 심판 선언이 등장한다(1-10절, 11-19절). 첫 번째 선언은 두로 왕의 뻐기는 자기 숭배의 죄를 고발한다. 두로 왕은 이 죄 때문에 심판받을 것이다.[34)]

> 2네 마음이 교만하여 말하기를 나는 신이라 내가 하나님의 자리 곧 바다 가운데에 앉아 있다 하도다 네 마음이 하나님의 마음 같은 체할지라도 너는 사람이요 신이 아니거늘…
>
> 5네 큰 지혜와 네 무역으로 재물을 더하고 그 재물로 말미암아 네 마음이 교만하였도다
>
> 6그러므로 주 여호와께서 이같이 말씀하셨느니라 네 마음이 하나님의 마음 같은 체하였으니
>
> 8또 너를 구덩이에 빠뜨려서 너를 바다 가운데에서 죽임을 당한 자의 죽음같이 바다 가운데에서 죽게 할지라
>
> 9네가 너를 죽이는 자 앞에서도 내가 하나님이라 말하겠느냐 너를 치는 자들 앞에서 사람일 뿐이요 신이 아니라(겔 28:2, 5-6, 8-9)

충격적인 사실은 11-19절의 두로 왕을 향한 두 번째 선언이 두로 왕을 직접 겨냥했다기보다는 시원의 에덴동산에 있었던 누군가를 향한 것처럼 보인다는 것이다. 바로 그는 죄를 범해 동산에서 쫓겨났던 자다.

> 11여호와의 말씀이 또 내게 임하여 이르시되

---

34) Provan, "Worshipping God in Nietzsche's World," pp. 26-27도 이것을 "자기 우상 숭배"의 일례로 본다.

[12]인자야 두로 왕을 위하여 슬픈 노래를 지어 그에게 이르기를 주 여호와의
말씀에 너는 완전한 도장이었고 지혜가 충족하며 온전히 아름다웠도다
[13]네가 옛적에 하나님의 동산 에덴에 있어서 각종 보석 곧 홍보석과 황보석과
금강석과 황옥과 홍마노와 창옥과 청보석과 남보석과 홍옥과 황금으로 단장
하였음이여 네가 지음을 받던 날에 너를 위하여 소고와 비파가 준비되었도다
[14]너는 기름 부음을 받고 지키는 그룹임이여 내가 너를 세우매 네가 하나님의
성산에 있어서 불타는 돌들 사이에 왕래하였도다
[15]네가 지음을 받던 날로부터 네 모든 길에 완전하더니 마침내 네게서 불의가
드러났도다
[16]네 무역이 많으므로 네 가운데에 강포가 가득하여 네가 범죄하였도다 너 지
키는 그룹아 그러므로 내가 너를 더럽게 여겨 하나님의 산에서 쫓아냈도다
[17]네가 아름다우므로 마음이 교만하였으며 네가 영화로우므로 네 지혜를 더
럽혔음이여 내가 너를 땅에 던져 왕들 앞에 두어 그들의 구경거리가 되게 하
였도다
[18]네가 죄악이 많고 무역이 불의하므로 네 모든 성소를 더럽혔음이여 내가 네
가운데에서 불을 내어 너를 사르게 하고 너를 보고 있는 모든 자 앞에서 너를
땅 위에 재가 되게 하였도다
[19]만민 중에 너를 아는 자가 너로 말미암아 다 놀랄 것임이여 네가 공포의 대
상이 되고 네가 영원히 다시 있지 못하리로다 하셨다 하라

이 인물이 누구인가에 대해서 주석가들은 다양한 견해를 피력해왔다. 어떤 이들은 이 인물을 타락한 천사(사탄)로, 더 흔하게는 아담으로 파악했다. 어느 경우든 간에 두로 왕의 죄와 심판은 우선적으로 왕의 특정한 죄가 아니라 에덴동산에 있었던 인물의 죄와 심판이라는 렌즈를 통해 비추어졌다. 따라서 이 고대의 인물은 두로 왕의 표상으로 나타나며, 왕의 죄와 심판은 시초에 발생한 죄에 대한 일종의 재현이 된다. 만일 이 인물이

아담과 동일시된다면—그럴 가능성이 높다[35]—, 두로 왕은 아담의 죄와 심판과 동일시되는 것이다. 역으로 아담이라는 인물은 두로 왕과 그의 죄, 특히 자신을 하나님처럼 높인 죄와 동일시되기도 한다. 실제로 "너의 마음이 높아졌다"(*gābah libbĕkā*)라는 어구는 두로 왕에게도(겔 28:2, 5), 아담에게도(겔 28:17) 똑같이 적용된다. 두 인물 모두가 "무역"에 가담했다고 묘사되는 것도 마찬가지다(겔 28:5, 16, 18).

에스겔 28장과 여기에 나오는 창세기 3장에 대한 이해에 따르면, 죄는 자기(자아)를 중심으로 실존을 재정립하는 것으로, 결과적으로 자기가 자신의 창조주와 치료자와 유지자가 되는 것으로 표현된다. 따라서 모든 죄에는 우상숭배가 포함되어 있다.[36] 종종 우상을 숭배하는 일은 하나님의 대권을 찬탈해 자기 마음대로 사용하는 일뿐 아니라 자기 숭배도 포함한다. 이는 고대인들이 자신의 물질적·경제적·영적 복지를 확보하기 위해

---

35) 겔 28:14의 그리스어 역본이 아담을 시원의 에덴에 거주하는 영광스러운 인물로 지시할 뿐 아니라, 히브리어 텍스트도 그렇게 할 가능성이 있다(예를 들어 Dexter Callender, *Adam in Myth and History*, Harvard Semitic Museum Publications [Winona Lake, Ind.: Eisenbrauns, 2000], pp. 87-135, 179-189). 겔 28:14a의 히브리어 어구 *'at-kĕrûb mimšaḥ-hassôkēk*("너는 기름 부음 받은 덮는 그룹[anointed cherub who covers]이다")는 일종의 억제된 직유에 해당하는 단순한 은유("너는 기름 부음 받은 덮는 그룹과 [같다]")로 이해될 수 있다. 이는 "여호와는 나의 목자[와 같다]"(시 23:1)라는 은유적 진술과 유사하다. 이 인물이 에덴동산의 아담임을 보여주는 다른 근거로는 (1) 두로 왕은 그를 대표하는 인물을 통해 소개되며, 이 대표 인물은 천사가 아니라 사람이라는 점에 더 부합한다. (2) 겔 28:18은 에덴동산의 이 영광스러운 인물의 죄가 "너의 성소들을 더럽혔다"라고 말한다. 이 말은 에덴이 더럽혀진 성전임을 암시한다. 아담이 죄 때문에 부정하게 되었다는 것에 대해, 우리가 아는 유일한 기사는 창 2-3장에 있는 아담에 관한 내러티브뿐이다. 참조. Daniel I. Block, *The Book of Ezekiel. Chapters 25-48* (Grand Rapids: Eerdmans, 1998), p. 115; M. Hutter, "*Adam als Gärtner und König* (gen 2, 8, 15)," *BZ* 30 (1986): 258-262.

36) David Wells, *Losing Our Virtue* (Grand Rapids: Eerdmans, 1998), p. 189. 롬 1장은 아담의 죄 안에서 인류의 죄를, 우상을 숭배하고 "하나님의 썩지 않는 영광을 썩는 우상의 형상으로 맞바꾼" 죄와 연결시키는 것 같다. 하지만 여기서는 이 텍스트에 대해 더 논의를 진행하지 않겠다(나중에 나오는 롬 1:18-28에 대한 논의를 보라).

여러 신들을 숭배했기 때문이다.[37] 이런 측면에서 주술(magic)은 숭배자의 이익을 확보하기 위해 다양한 초자연적 힘들을 조종하고 다루는 데 사용되었다. 마찬가지로 현대인들도 다른 사람이나 하나님에 대한 관심 없이 "자기"의 안녕을 확보하기 위해 모든 방책을 강구함으로써 결국은 "자기"에게 헌신한다.[38]

여기서 우리가 제기할 수 있는 질문은, 이런 종류의 자기숭배가 지금까지 추적해온 우상숭배의 특정한 측면, 즉 숭배자가 자기가 숭배하는 대상을 닮게 된다는 측면과 연결되는가 하는 것이다. 이 논리에 따르면, 우리가 자신을 숭배한다면 우리는 스스로를 닮게 될 것인데, 이는 부조리하게 느껴진다. 하지만 더 심층적으로 성찰해보면 이것은 그다지 부조리하지 않다. 앞에서 이미 우리는 두로 왕에 대한 고발의 내용이 "너의 마음이 교만하다(높아졌다)"(겔 28:2, 5), "네가 '나는 하나님이라'고 말했으며" "네 마음이 하나님의 마음 같은 체한"(겔 28:6) 것임을 보았다. 이것은 최소한 신적 대권을 찬탈한 것에 대한 언급임이 분명하다. 바로 이것이 교만(pride)이다. 하지만 이 죄는 교만 이상인 것 같다. 달리 말해 이 교만의 성격에 대해서는 더 심층적으로 설명될 필요가 있다. 이 고발에는 실제로는 두로 왕이 인간이 해서는 안 될 그릇된 방향으로 자신을 더 크게 만들었다는 개념이 포함된 듯하다. 즉 왕은 자신의 자아를, 하나님만이 하시기에 합당한 방법으로 확대시키려고 시도했다. 그는 우쭐해져서 온통 자기에게만 이목을 집중시켰다. 하지만 그가 반영하고 있었던 이미지는 실제의 자기보다 더 큰 것이었고, 참 하나님의 손이 행하는 심판 아래 갑자기 터져버릴 공허한 거품이었다(겔 28:7-10). 두로 왕은 자기의 부와 재산을 늘림으로써 자기를 확장하고 자기 영광을 확대시켰는데, 이는 자신의 욕구를 만족

---

37) G. Ernest Wright, *God Who Acts: Biblical Theology as Recital* (London: SCM, 1964), p. 25.

38) David F. Wells, *Above All Earthly Powers* (Grand Rapids: Eerdmans, 2005), p. 170.

시키기 위해서였다. 하나님의 영광을 크게 하는 대신에 왕은 자기 영광을 확장했고, 자기 이미지를 외부로 계속 확대해 투사하고 있었던 것이다. 사실상 자기를 위대하게 만들려는 두로 왕의 시도는 자신의 죄를 크게 만들 뿐이었다(겔 28:18의 "네가 죄악이 많고"라는 지적에 주목하라. 앞서 관찰했듯이, 이것은 두로 왕에게 두 번째로 적용된다).

성경은 두로 왕과 유사한 불경건하고 교만한 왕들을, 사람의 형상을 지닌 엄청난 조각상(단 2장)이나 땅을 온통 뒤덮은 거대한 나무(겔 31장; 단 4장)로 종종 묘사한다. 이것은 자신을 우주의 중심으로 과장하는 그들의 지나친 교만을 표상한다.[39] 마찬가지로, 각각의 경우에 이 거대한 상들은 신속히 멸망한다고 그려진다.

이와 관련해서 이언 프로반(Iain Provan)은 "성경이 기술하고 있는 근본적인 우상숭배가 현대의 다양한 우상숭배의 중심에 놓여 있다. 이것은 바로 자기 자신에 대한 숭배다. 자기 자신이 존재(삶)의 중심에 신으로 자리잡고 있는 것이다. 신과 같은 개별적 자율성, 스스로 정해놓은 목표 및 경계 위에 궁극적인 의미가 존재한다"라고 훌륭하게 설명하고 있다.[40]

그러므로 두로 왕에 대한 기소는 어느 누구든지 "사람"("아담", 겔 28:9에서는 두로 왕이 이렇게 일컬어지고 있음)이 자신을 실재의 중심에 놓을 때, 자기를 부당하게 확대함으로써 자기에 대해서 더 큰 이미지를 반영한다는 의미를 표현한다. 두로 왕을 본보기로 삼아 자기를 극대화하고 자기에게 영광을 돌리려고 우리 주위에 부(富)를 쌓아놓을 때, 우리는 이런 부와 자기 영광의 형태로 자신을 확대함으로써 우리 자아를 반영하는 것이다. 마찬가지로 하나님의 지혜가 아니라 자신의 지혜를 따라 문제를 해결하려고 무수한 방책을 준비하는 태도 역시, 자신의 이미지와 헛된 상상력의 반영

39) Provan, "Worshipping God in Nietzsche's World," pp. 26-27도 단 4장의 왕을 "자기 숭상"의 사례로 본다.

40) Ibid., p. 33.

을 확대하는 또 다른 형태다. 이런 자기 지혜를 하나님의 지혜에 견주어 부차적인 것으로 본다면, 반드시 이 지혜가 반성경적이라고 할 수는 없다. 하지만 하나님의 지혜를 무시하고 자신의 지혜에 초점을 맞춘다면, 이런 지혜는 앞으로 보게 될 바리새인의 경우처럼 우상숭배적이 된다. 이런 측면에서 두로 왕의 죄는, 에스겔서에 나타나듯이, 통상적으로 모든 사람 가운데서 반복될 수 있다. 이 점은 에스겔서 28장에 이어지는 컨텍스트에 분명하게 드러나 있다. 두로 왕의 죄는 아담의 시원적 죄의 재현으로 간주되는 것이다(겔 28:11-19).

이 모든 것이 의미하는 바는 최소한 우리가 자아를 확장하고 자기에게 영광을 돌리려고 할 때, 실제로 우리가 행하는 것은 우리 자신의 자아를 더 크고 위대한 것처럼 반영한다는 사실이다. 만일 그렇다면 이것은 앞서 지적했던 우상숭배의 특수한 형태, 즉 우리가 우러러보는 우상을 우리가 반영하게 되며, 그 일이 결국 우리를 파멸로 인도한다는 형태와 일치한다. 즉 우리가 자기 자신이라는 우상을 반영하려는 소원을 갖고서 자신을 더 크게 만들려고 노력하는 것은 오로지 스스로를 더 작고 왜소하게 만들 뿐이라는 것이다. 왜냐하면 그 끝에는 심판이 있기 때문이다. 그러나 참되신 하나님께만 영광을 돌리고 그분의 위대하심만 인정하고 예배할 때, 우리는 그분의 영광을 반영함으로써 그분의 크고 위대하심과 영광에 참여하게 되고, 다시 그 영광은 하나님께 되돌아간다. 그러므로 우주 안에서 마땅히 하나님만이 유일하게 크고 귀한 분으로 드러나게 된다.

신약 시대 이전과 신약 시대 동안, 유대인들은 우상숭배에 대해 어떻게 생각했을까? 그들이 이런 구약성경 텍스트들을, 내가 지금까지 설명했던 방식대로 이해했다는 증거가 있는가? 바로 이런 질문을 제5장에서 다루려고 한다.

제5장

우상숭배자가 우상처럼 되는 일: 유대교

이미 분석한 우상숭배에 대한 몇몇 구약성경 본문들, 특히 숭배자가 숭배 대상인 우상을 닮게 된다는 주제는 초기와 후기의 유대교 성경해석자들에게 충격을 주었다. 제5장에서는 어떤 점에서 그런지를 탐구하고자 한다. 이 탐구는 중간사적 연결 고리를 제공하여, 뒤에서 다루게 될 신약성경에 나타난 같은 개념의 연구를 용이하게 만들 것이다.

초기 유대교

이사야 6장에 대한 논의(제2장)에서 우리는, 시편 115:4-8(135:15-18)이 왜 이사야가 이스라엘을 귀가 있어도 듣지 못하고 눈이 있어도 보지 못하는 백성이라고 부르는지를 이해하도록 해주는 중요한 텍스트임을 살펴보았다. 시편 115:4-8은 다음과 같이 주장한다.

> 4그들의 우상들은 은과 금이요
> 사람이 손으로 만든 것이라
> 5입이 있어도 말하지 못하며
> 눈이 있어도 보지 못하며
> 6귀가 있어도 듣지 못하며
> 코가 있어도 냄새 맡지 못하며
> 7손이 있어도 만지지 못하며
> 발이 있어도 걷지 못하며
> 목구멍이 있어도 작은 소리조차 내지 못하느니라

[8]우상들을 만드는 자들과 그것을 의지하는 자들이
다 그와 같으리로다(시 115:4-8)

여기서 우상을 만들고 그 앞에 절하는 자들에 대한 언급은, 우상숭배의 본질을 이해하고 또 자기 우상 앞에 절하고 그를 사랑하는 자에게 무슨 일이 일어나는지를 이해하는 데 있어 가장 눈에 띄는 열쇠 중 하나다. "우상을 만드는 자와 그것을 의지하는 자들이 다 그[우상들]와 같으리로다"(8절).

초기 유대교 저자들은 이 구절과 유사한 다른 구절들을 잘 알고 있었다. 우상숭배에 대한 제2계명을 논의하면서 헬레니스트 유대철학자인 필론(Philo, 주후 1세기)은 인류가 이 계명을 남용한다고 말한다(헬레니스트[Hellenist]란 그리스 문화권에 흩어져 살면서 그 문화에 적응하고 그리스어를 사용했던 유대인을 가리킴-역자 주). 그러면서 필론은 시편 115:5-7의 언어를 사용해서(바로 아래 논의를 보라) 우상숭배의 "진짜 끔찍함"은 우상숭배자들이 그들이 숭배하는 신상처럼 생명 없이 되는 것이라고 경고해야 한다고 주장한다. 물론 필론은 우상숭배자가 이런 권고를 싫어하며, 마음속으로 "그것들[우상들]을 닮게 된다는 생각을 가증스럽게 여긴다"라고 생각한다(*Decalogue* 72-75). 필론은 바로 이 점이 왜곡된 예배가 가진 불경건의 심각한 정도를 보여준다고 믿는다. 필론은 의식의 층위에서는 우상숭배자가 자기가 숭상하는 것을 닮고 싶어하지 않지만, 실제로는 생명 없는 신상을 예배하는 것을 중지하기를 완강히 거절한 데 대한 형벌로서 이런 일이 일어난다는 심리학적 진실을 드러낸다.

그 대신 필론은 "최고의 기도와 행복의 목표는 하나님처럼 되는 것"(*Decalogue*, 73)이라고 단언한다. 처음 다섯 계명은 "만물의 창조주요 아버지이신 하나님과 더불어 시작하고, 자기의 본성을 본떠 만든 특별한 개인을 낳는 부모로 끝난다"(*Decalogue* 51). 마찬가지로 만일 우상숭배자들이 자기가 섬기는 예배의 시스템에 일치해서 나아간다면, 그들은 다음과 같이 될 것이다.

> 그러므로 너희 자신이 섬기는 형상들처럼 되어 보지 못하는 눈, 듣지 못하는 귀, 숨 쉬거나 냄새 맡지 못하는 코, 맛보지도 말하지도 못하는 입, 내밀지 못하는 손, 걷지 못하는 발로 최고의 행복을 누리기를 기도해야 할 것이다(*Decalogue* 74, 시 115:5-8을 인용함).

다른 곳에서 필론은 우상을 만드는 자들이 그 우상의 "유혹적 성격과 현혹을 강화시키는" 방식으로 그것을 제작한다고 설명한다. 특히 "그들의 훌륭한 공예술은…구경꾼들을 매료시키고 두 개의 중요한 감각인 보고 듣는 감각을 기만하기도 한다. 생명 없는 아름다움을 보고 시와 음악을 들으며 그 매력에 빠져들어, 영혼이 불안정하게 되고 흔들려서 그 솜씨에 노략당하게 된다"(*Special Laws* 1.28-29).

필론은 생명력 없는 형상을 예배하는 자들이 그 형상 같은 모습을 지니게 되며 영적으로 무기력하게 되리라고 이해한다. 바로 이런 이유로 그는 "따라서 영혼이 있는 자는 영혼 없는 것을 예배하지 말라"라고 말하는 것 같다(*Decalogue* 76). 이집트의 우상숭배자들에 관해 필론은 "영혼을 가진 사람들이 이런 피조물의 본성으로 변모했기 때문에, 그들이 우러러보는 피조물보다 더 비참하며, 따라서 그들은 마치 사람의 탈을 쓴 짐승처럼 보이게 된다"라고 말한다(*Decalogue* 80).

또 다른 곳에서 필론은 이에 대한 처벌을 논의하는데(*Special Laws* 2.255-56), 시편 115:8을 다시 암시하는 듯하다. "따라서 우상숭배자가 사람이 만든 작품처럼 되도록 내버려 두지 말라. 생명 없는 것들을 우러러보는 자는, 특히 그가 모세의 제자로서 그의 예언자적 입술에서 나오는 말씀을 사주 들은 사라면 더더욱 생명에 참여할 부분이 전혀 없음이 분명하다."

필론이 볼 때, 생명 없는 형상을 예배하는 자는 그 형상처럼 생명 없이 될 것이다.[1] 우상에 대한 필론의 이해는 피조세계에 속하는 형상에 대

---

1) 후기 유대교도 시 115:5, 8이 일반적인 "우상숭배"(창 29:31에 대한 *Tanhuma*-

한 숭배를 넘어서서 "사방에서 금전과 은전을 획득해서 마치 성소의 신상 같이 애지중지하며 쌓아놓고는, 그것이 온갖 종류의 복과 행복의 원천이라고 믿는, 돈을 사랑하는 자들"을 우상숭배자에 포함시킨다(*Special Laws* 1.23; 또한 1.24-27을 보라). 마찬가지로 후대의 유대교 사상도 우상숭배가 다양한 종류의 상들을 숭배하는 데만 국한되지 않으며, 마음의 태도와 연결된다고 믿었다. "콧대 높은 마음을 가지고 있는 사람은 누구나 우상을 숭배하는 것과 같다"(*Minor Tractates of the Talmud, Derek 'Erez Rabbah* 57).

필론보다 더 이전의 유대교 텍스트인 열두 족장의 유언(*Testaments of the Twelve Patriarchs*, 주전 150년경)도, 비록 구약성경 텍스트를 명시적으로는 언급하지 않지만, 우상숭배자가 그가 섬기는 우상들을 닮게 된다는 매우 유사한 사상을 증거한다. 납달리의 유언(*Testament of Naphthali*) 2:5은 하나님이 "모든 인간을 자신의 형상을 따라 만드셨고" "모든 만물을 그 질서에 따라 선하게 만드셨다"라고 말한다(2:8). 하나님이 "모든 사람을 자신의 형상을 따라 창조했음"을 언급한 다음(2:5), 곧 바로 2:6에는 전인(全人)이 하나님이나 마귀와 결부되어 있다는 개념이 이어진다. 2:5과 연결해볼 때, 이 말은 분명 사람이 하나님의 형상 또는 벨리알의 형상과 동일시된다는 의미다.

> 한 사람의 힘, 일, 정신, 솜씨, 계획, 업적, 마음, 언변, 눈, 수면, 영혼, 생각[혹은 말]은 야웨의 법에 속하든지 아니면 벨리알의 법에 속한다.

따라서 한 사람의 존재 전체는 하나님의 법(암묵적으로 하나님)이나 마귀의 법(암묵적으로는 마귀)과 동일시된다. 이것에 근거해서 이스라엘은 "하나님을 경외하는 가운데 선한 목적을 위해 질서 있게 존재"하고 "우쭐대

Yelammedenu 4)에 적용된다고 보았으며, 그것을 우상숭배와 관련된 다른 구약 텍스트(창 31:24에 대한 *Tanhuma-Yelammendenu* 12)에 적용했다.

면서 무질서하게 아무것도 행하지 말라"라는 권면을 받는다(2:9). 다음 절은 이스라엘이 "무질서하게" 혹은 "우쭐대며" 행동할 때 어떤 일이 일어나는가를 말하는 것 같다. "만일 네가 눈에게 들으라고 말한다면 눈은 들을 수 없다. 그렇듯 네가 어둠 속에 있는 동안에는 빛의 일을 수행할 수 없다" (2:10). 바로 두 행 아래 납달리의 유언 3:1b-3에서는 "질서"와 "무질서"의 주제가 계속 이어진다.

> 하나님의 뜻을 꽉 붙들고 벨리알의 뜻을 밀어내라. 해와 달과 별들은 자체의 질서를 바꾸지 않는다. 그렇듯 너는 네 행동의 무질서를 통해 하나님의 법을 바꾸지 말아야 한다. 이방인들은 곁길로 빠져 방황하며 주님을 망각함으로써 그 질서를 바꾸었으며, 돌과 막대기에게 헌신하고 방황하는 귀신을 좇아 행동한다.

여기에는 사람들이 자기가 예배하는 우상의 배후에 자리 잡은 귀신을 따라가게 된다[2]는 언급이 나온다. 납달리의 유언 2:10에서 지적되듯이, 이

---

2) 납달리의 유언 3:3의 그리스어 텍스트에는 (*exakoloutheō*에서 나온) *exakolouthēsantes*로 되어 있다. Howard C. Kee는 이 단어를 "patterning themselves after"로 번역한다 (Howard C. Kee, "Testaments of the Twelve Patriarchs," in *Apocalyptic Literature and Testaments*, vol. 1, *The Old Testament Pseudepigrapha*, ed. J. H. Charlesworth [New York: Doubleday, 1983], p. 812). BAGD, p. 344은 그리스어 텍스트에서 이 단어의 의미가 가진 두 범위를 이렇게 제공한다. (1) [무엇을] 생각이나 행위의 권위적인 결정권자로서 "받아들인다"라는 의미에서 "순종하다" 또는 "따르다"라는 개념. (2) "행위를 흉내 낸다"라는 개념을 지닌 "따르다" 또는 "추구하다"라는 개념. 이처럼 "patterning themselves after"는 훌륭한 역동적·등가적 번역인 것 같다. 몇몇 사본은 *exakolouthēsantes* 대신 (*epakoloutheō*에서 나온) *epakolouthēsantes*를 취한다. 이 단어가 원본을 표현할 수도 있다(Marinus De Jonge, *The Testaments of the Twelve Patriarchs* [Leiden: Brill, 1978]를 보라. 여기서 납달리의 유언 3:3의 틀을 p. xxxv의 도입부의 논의와 비교해보라). 이 변이형은 De Jonge의 텍스트 안에 있는 독법과 매우 유사한 의미 범위를 가진다. (1) "누군가를 무엇을 행하는 본보기로 활용하다." (2) "무엇과 연결해서 결과 또는 직접한 사건으로 발생하다." (3) "헌신적으로 무엇에 자신을 적용하고 바치다"(BAGD,

것도 눈과 귀에 관한 감각기관 기능장애 언어와 밀접히 연결되어 있다.

또한 잇사갈의 유언(*Testament of Issachar*) 6:1-2도, 비록 우상이라는 단어가 실제로 등장하지는 않지만 똑같은 개념을 표현하는 것 같다.

> 내 자녀들아, 마지막 때에 너희 아들들이 신실함을 버리고 채워지지 않는 욕망 때문에 자기와 하나가 될 것이다. 그들은 순수함을 버리고 악하게 바뀔 것이며, 야웨의 명령을 버리고 벨리알과 연합할 것이다. 또한 농업을 포기하고 자신의 악한 꾀를 따를 것이다.[3)]

특히 "벨리알과 하나가 된다"라는 개념은 벨리알과의 일치됨을 제시하는 것 외에도 우상에게 가담한 정도를 나타내는 듯하다. "그들이 자신의 악한 꾀를 추구한다"라는 어구는 납달리의 유언 3:3에 나오는 동사와 동일한 동사(*exakoloutheō*)를 포함하고 있다. 여기서 이스라엘은 우상의 배후에 자리 잡고 있는 "떠도는 귀신들을 따라 자기 패턴을 만든다고" 묘사된다. 또한 "벨리알"은 납달리의 유언 2:5-3:3에서 두 차례 언급된다. 그중 나중 언급은 우상숭배와 직접적으로 연결되어 있다. 마지막으로, 잇사갈

---

p. 358). 어느 단어가 원본이든 간에 이 개념은 여전히 Howard Kee의 "patterning oneself after"와 유사하다. 유다의 유언 23:1에도 똑같은 단어 *exakoloutheō*가 등장하는데 이는 "따르다"라는 일반적 의미로 번역하는 것이 최선이다. 또한 납달리의 유언에서처럼 이 단어는 이스라엘이 하나님과 그분의 법 대신 우상을 따르고 우상과 하나가 되었음을 설명한다(잇사갈의 유언 6:1-3과 스불론의 유언 9:5도 보라. 여기서 "악한 일들", "벨리알", "악한 계략"은 우상숭배를 포함하는 것 같다. 문제의 그리스어 단어는 이 두 텍스트 모두에 나온다).

3) "그들이 하나가 될 것이다"(Beale의 개인적 번역임)에 해당하는 그리스어 단어는 *kollaō*에서 온다. 이 단어는 "따른다"라는 뉘앙스를 가질 수 있다. (1) "가까이 묶다, 결속시키다"라는 개념을 가진 "밀접하게 함께 합치다." (2) "매달리다, 붙이다" 또는 "가담하다"라는 개념을 가진 "긴밀히 제휴하다"(BAGD, p. 556). R. H. Charles, "The Testaments of the Twelve Patriarchs," in *Apocrypha and Pseudepigrapha of the Old Testament* (Oxford: Clarendon, 1913)는 이 단어를 "착 달라붙다"(cleave)로 옮긴다.

의 유언의 텍스트에서 "그들이 따랐다"라는 동사(*exakoloutheō*)는 "그들이 하나가 될 것이다"와 대체적으로 일치하는 평행성을 보이며, 첫째 언급이 무엇에 자신을 바쳐 그것과 자신을 동일시한다는 의미에서 "따른다"라는 개념을 가짐을 암시한다.

에녹1서 99:7-9(주전 100년경)은 우상숭배자들이 그들이 영적으로 헌신하는 우상의 영향을 받으리라고 이해하고 있다. "돌을 예배하고 금과 은, 나무와 진흙으로 된 신상을 새기는 자들, 지식을 따르지 않고 악한 귀신과 잡귀와 온갖 우상을 경배하는 자들은 그런 것 가운데서 아무런 도움도 얻지 못할 것이다"(7절). 이런 자들은 예배 대상으로부터 아무런 도움을 받지 못할 뿐 아니라 해를 입을 것이다.

> 그들은 마음의 어리석음 때문에 악하게 될 것이다. 그들의 눈은 마음의 공포와 꿈의 환상으로 인해 가려질 것이다. 그들은 이런 것들을 통해 사악해지고 겁에 질릴 것이다. 그들은 모든 행위를 거짓으로 행하며 돌을 숭배한다. 이런 이유로 그들은 즉시 멸망할 것이다(에녹1서 99:8-9).

우상에게 절하고 예배할 때 "그들은 마음의 어리석음 때문에 사악하게 될 것이다." 이것은 우상을 숭배하는 자들의 어리석음을 가리킨다. 또한 "그들의 마음의 두려움 때문에 눈이 가려지게 될 것이다"(즉 그들의 마음이 두려워하고 어려워하는 우상 때문에 그렇게 된다는 뜻임). 따라서 그들은 자기가 섬기는 우상 때문에 눈이 멀게 된다. 특히 "그것들[그 우상들]을 통해" 그들이 "사악하게 되고 겁에 질리게 될 것이다." 따라서 이 우상들 안에는 힘이 존재한다. 이는 우상이 죽어 있고 생명이 없는 물체이기 때문이 아니라, 이 예배의 대상물이 "악한 귀신과 잡귀들"이라는 치명적인 영적 세력에 의해 힘을 받기 때문이다(에녹1서 99:7). 우상숭배자를 더욱 "사악하게" 만드는 것은 이런 초자연적인 불경한 세력이다.

고대 유대교 문헌 중에서 우상숭배에 반대하는 가장 신 비판을 담고 있는 텍스트는 솔로몬의 지혜서(주전 2세기나 1세기)일 것이다(솔로몬의 지혜서 11:15-20; 12:23-16:1을 보라). 여기서는 우상숭배자가 그들의 우상과 같게 된다는 특별한 주제와 관련된 부분만 다룰 것이다. 첫째, 솔로몬의 지혜서 11:15-16에서 분명한 개념은 우상숭배자가 우상을 우러러보는 자신의 죄 자체를 통해 처벌받는다는 것이다.

> 비이성적인 뱀과 무익한 짐승을 예배하도록 이끌고 갔던 그들의 어리석음과 사악한 생각에 대한 보답으로, 주께서는 수많은 비이성적인 피조물을 보내어 그들을 처벌하사, 사람이 자기가 죄를 짓는 바로 그것으로 말미암아 처벌받는다는 것을 깨닫게 하셨다.

마찬가지로 "불의하게 살며 어리석은 생활에 빠져 있는 자들을 주[하나님]께서는 그들 자신의 가증한 것들을 통해 괴롭게 하셨다"(솔로몬의 지혜서 12:23). 그리하여 "주께서는 마치 생각 없는 어린 자식에게 하듯 심판을 보내사 그들을 조롱하셨다"(솔로몬의 지혜서 12:25). 이런 암시는 이집트인들이 섬겼던 자연에 속한 우상의 몇 가지(예를 들어 모세의 뱀에 의해 삼켜진 마법사들의 뱀과 나일 강과 개구리 등등)에 대한 것으로서, 하나님이 그들에게 재앙을 내리는 데 사용하셨던 것이다(솔로몬의 지혜서 12:27은 이집트인들이 "그들 생각에 신이라 여겼던 피조물들에게 격노했으며, 그것들을 통해 처벌받았다"라고 말한다. 또한 솔로몬의 지혜서 16:1을 보라). 따라서 역설적이게도 우상숭배자는 자신이 우상으로 섬겼던 바로 그 짐승을 통해 처벌받는다.

이집트인들을 괴롭혔던 피조물 중 어떤 것은 "새롭게 피조된 미지의 괴물로서 분노에 가득 차 있고 맹렬하게 불을 뿜어내며 짙은 연기를 만들어 올리고 눈에서는 끔찍한 불꽃을 쏘아댔다. 그것이 주는 피해는 사람을 죽일 수 있었으며, 그냥 쳐다보기만 해도 인간은 경악하면서 죽어갔다"(솔로몬의 지혜서 11:18-19).

이것은 잡귀에 대한 묘사인 것 같다. 왜냐하면 나중에 이 내러티브에는 흑암의 재앙이 "피할 수 없는 지옥 밑바닥에서부터 그들[이집트인들]에게로 임했으며"(솔로몬의 지혜서 17:14), 이것이 "영원한 섭리에서" 발생한 그들의 유배를 상징한다는 말(솔로몬의 지혜서 17:2)이 나오기 때문이다. 이 흑암은 영원히 "나중에 그들을 받아들이게 될 흑암의 상징"이었다(솔로몬의 지혜서 17:21). 이 묘사가 마귀와 연결된다는 사실은, 솔로몬의 지혜서 11:18-19의 묘사가 놀랍게도 성경 문헌의 다른 곳에 나오는 마귀의 세력에 대한 표현과 연관됨을 관찰함으로써 더욱 확실해진다.[4] 만일 이 텍스트가 마귀적인 것을 묘사한 것이라면, 우리는 우상에게 절하고 예배하는 자들이 그 우상의 배후에 역사하는 마귀적 세력들에 의해 형벌을 받으리라는 개념을 얻게 된다(우상의 배후에 귀신이 있다는 개념은 초기 유대교와 후기 유대교와 신약뿐 아니라 레 17:7; 신 32:17; 시 106:37에 암시됨).[5]

---

4) 솔로몬의 지혜서 11:18은 욥 41:18-21[=41:10-12 LXX]에 나오는 리워야단의 묘사에 대한 암시다: "그것이 재채기를 한즉 빛을 발하고 그것의 눈은 새벽의 눈꺼풀 빛 같으며 그것의 입에서는 횃불이 나오고 불꽃이 튀어나오며 그것의 콧구멍에서는 연기가 나오니 마치 갈대를 태울 때에 솥이 끓는 것 같구나 그것의 입김은 숯불을 지피며 그의 입은 불길을 뿜는구나"(참조. David Winston, *The Wisdom of Solomon*, AB [Garden City, N.Y.: Doubleday, 1979], p. 234). 욥 41장의 이 인물은 단순한 거대 바다 괴물이 아니라 우주적인 사악한 형상인 것 같다. 특히 이 묘사가 "그것은…모든 교만한 자에게 군림하는 왕이니라"로 결론 맺고 있기 때문이며(욥 41:34), 리워야단이 구약의 다른 곳에서 하나님이 바로를 무찌른 일(시 74:13-14)과 관련될 뿐 아니라 그분에 의해 마침내 패배당할 최후의 종말론적 대적을 가리키기 때문이다. 이 대적은 소위 "날랜 뱀"과 "꼬불꼬불한 뱀"으로도 알려진다. 마찬가지로 바다 괴물에 대한 다른 단어들도 구약에서 악한 왕에 대한 상징으로 등장한다. 여기에 덧붙여 리워야단에게는 "그 싸움을 기억해보라. 네가 다시는 싸우지 못하리라"라는 말이 언급된다(욥 41:8b, 개역개정과는 다름-역자 주). 이것은 하나님과 어떤 악한 인격적 대적자(단순히 바다 괴물 베헤모트가 아니라) 사이의 우주적 전쟁을 반영한다. 실제로 욥 41:10[11]-12[13]의 그리스어 번역의 정확한 표현들은 요한계시록에서 귀신들의 세력을 묘사하기 위해 암시된다: "그것의 입으로부터 마치 타오르는 등불 같은 것과…불이…나오며, 불꽃이 그것의 입에서 나온다"; "…그 입에서는 불과 연기와 유황이 나오더라…자기들의 입에서 나오는 불과 연기와 유황으로…"(이 두 대목의 그리스어 텍스트를 비교한 연구에 대해서는 G. K. Beale, *The Book of Revelation*, NIGTC [Grand Rapids: Eerdmans, 1999], pp. 510-517을 보라)
5) 여기에 대해서는 제5장의 다음 부분을 보라. 제6장과 제9장도 보라.

사람들이 그들이 섬기는 우상과 동일시되는 것에 대한 또 다른 표현은 솔로몬의 지혜서 14:8-11에 나타나는데, 여기서는 특별히 동일한 심판을 당한다는 점이 드러나 있다.

> [8]그러나 손으로 만든 우상은 저주받았다. 또한 그 우상을 만든 자도 마찬가지다. 이는 그가 작업을 했고 멸망할 존재에게 신이라는 이름을 붙였기 때문이다. [9]불경건한 사람이나, 그가 섬기는 불경스러운 [우상]이나 다 하나님께 똑같이 혐오스럽다. [10]행해진 일은 그 일을 행한 사람과 함께 형벌을 받을 것이다. [11]그러므로 이방인들의 우상에게도 천벌이 임할 것이다. 비록 그것들이 하나님이 창조하시는 것의 일부이기는 하지만, 가증스럽게 되고 사람의 영혼을 낚는 함정과 어리석은 자의 발을 노리는 올무가 되었기 때문이다.

우상을 만드는 자와 그 우상이 다 "저주를 받고" "형벌을 당하게 될 것이다." 둘 다 "똑같이 하나님께 가증스럽기 때문이다." 계속해서 이 내러티브는 우상숭배의 잘못을 "저지른" 해로운 결과를 다음과 같이 설명한다. 즉 우상숭배자는 "무지 때문에 큰 곤경 가운데서 살아가고" "그처럼 큰 악을 평화라고 부름으로써" 자기 기만에 빠진다(솔로몬의 지혜서 14:22). 이렇게 솔로몬의 지혜서는 우상과 가까이 어울리는 자에게 커다란 피해가 임한다는 것을 보여주었다.

우상숭배를 공격하는 솔로몬의 지혜서 쟁론의 끝 부분에 가면, 필론의 경우에서처럼 시편 115:4-8에 대한 선명한 호소가 등장한다. 시편의 이 대목에는 우상숭배자와 그가 섬기는 우상 사이에 형성되는 훨씬 더 밀접한 관계가 설명되어 있다.

시편 115:4-8	솔로몬의 지혜서 15:5-6, 9, 15
그들의 우상들은 은과 금이요 사람이 손으로 만든 것이라 입이 있어도 말하지 못하며 눈이 있어도 보지 못하며 귀가 있어도 듣지 못하며 코가 있어도 냄새 맡지 못하며 손이 있어도 만지지 못하며 발이 있어도 걷지 못하며 목구멍이 있어도 작은 소리조차 내지 못하느니라 우상들을 만드는 자들과 그것을 의지하는 자들이 다 그와 같으리로다	그[도기장이]가 금과 은으로 작업하는 장색들과 경쟁하며, 동으로 작업하는 장색들을 흉내 내며, 가짜 신을 만들고 그것을 자기 영광으로 여긴다(9절). 이는 그들이 자기의 모든 이방 우상들을 신이라 생각했기 때문이다. 이 신들은 자기 눈으로 볼 줄도 모르고, 코를 가지고 숨을 들이쉬지도 못하고, 귀를 가지고 듣지도 못하고, 손가락을 가지고 느끼지도 못하고, 발을 가지고 걷는 데 사용하지도 못하지만, 그들은 이것들이 신이라 생각했다(15절). 그들은 죽은 형상의 생명 없는 모양을 원한다(5절). 그런 것들을 만들거나 소원하거나 그 앞에 절하고 경배하는 자들은 악한 것을 사랑하며 이런 대상에게 소망을 두는 자들이다(6절).

도표 5.1. 시편 115:4-8과 솔로몬의 지혜서 15:5-6, 9, 15 비교

이 내러티브에는 우상 제작자와 숭배자가 그 우상과 똑같아진다는 표현들이 점점이 뿌려져 있다. 우상숭배자들이 "이런 소망의 [헛된] 대상[우상]에게 적합"한 것은 "그들이 죽은 형상의 생명 없는 모양을 바라고" 우상을 "사랑하며 예배하기" 때문(15:6b)이다. 우상에게 "적합하다/맞

다"(*axios*)라는 개념은 이 우상이 "받아 마땅하다"(deserving)거나 우상에게 "가치가 있다"(being worthy)는 개념을 넘어서서, 우상에게 "들어맞다"(suitability)거나 "부합한다"(correspondence)라는 개념에 가깝다.[6] 이 개념은 최소한 우상숭배자가 우상과의 밀접한 관계의 컨텍스트에서 그 "우상처럼 되어간다"라는 시편의 개념에 가까운 것 같다. 이 관계란 둘이 서로 동일시된다는 의미다.[7] 또한 이런 개념은 솔로몬의 지혜서 15:11b에도 함축되어 있는 것 같다. 11b절은 우상을 만드는 자가 "자기를 활발한 영혼으로 감동시키시고 살아 있는 정신을 불어넣어주신…분을 알지 못했다"라고 말한다. 솔로몬의 지혜서 15:5-6에 비추어볼 때 이 말의 함의는 다음과 같다. 즉 우상숭배자가 그 우상에게 "적합하다"는 것에 대한 구체적 측면은, 그가 하나님이 허락하신 "활발한 영혼과 살아 있는 정신"이기를 그쳤다는 데서 드러난다(솔로몬의 지혜서 15:8이 우상숭배자의 "마음이 재로 변했다"라고 말하듯). 왜냐하면 그는 "죽은 형상의 생명 없는 모양"에 자기를 바쳤기 때문이

---

6) BAGD, pp. 93-94을 보라. 여기서 "상응하는", "서로 딱 맞는", "적합한"이라는 의미는 "값있는, 가치 있는" 및 "마땅한, 합당한"과 함께 주된 의미 범위로 제시된다.

7) 솔로몬의 지혜서의 다른 곳에서 *axios*라는 단어는 처벌을 받아 "마땅한"(deserving), 또는 "받을 만한"(worthy)이라는 전형적 개념을 가진다(솔로몬의 지혜서 12:26; 19:4). 특히 자신의 죄를 통해 받는 형벌을 지시한다(솔로몬의 지혜서 12:26-27; 18:4). 반대로 이 단어는 성도가 다양한 복을 받기에 "합당하거나" "마땅한"이라는 의미에도 사용된다(솔로몬의 지혜서 9:12; 12:7). 하지만 몇몇 용례는 어떤 것의 일부분이 되기에 "적합함"(suitability) 혹은 "들어맞음"(fittingness)이라는 의미를 함축한다. 예를 들어 솔로몬의 지혜서 1:16에서 불신자들은 "그 하나[죽음]의 일부가 되기에 딱 들어맞는 자들이다." 이 주제는 나중에 솔로몬의 지혜서 2:24에서 전개된다. 여기서 불신자들은 "그 자[마귀]의 일부가 된 자들은 그것[죽음]을 경험한다." 긍정적인 측면에서 *axios*는 의인이 하나님(솔로몬의 지혜서 3:5), 또는 자기 안의 재산으로서의 하나님의 신적 지혜(솔로몬의 지혜서 6:16)와 동일시되기에 적합함을 가리키기도 한다(참조. 솔로몬의 지혜서 7:26-28. 여기서 지혜는 "하나님의 선하심의 한 이미지[형상]"다. 또한 이 지혜는 그것이 거주하는 "거룩한 영혼들"을 포함해서 "만물을 새롭게" 한다. 솔로몬의 지혜서 8:21도 보라). 또 다른 비신학적 용법으로 *axios*는 벽감이 그 안에 우상을 안치해놓기에 "적합하다"는 의미로도 쓰인다. 벽감은 우상을 놓기에 완벽한 공간이기 때문이다.

다(솔로몬의 지혜서 15:5-6).[8)]

이런 결론은 솔로몬의 지혜서 15:8에서 강화된다. 이 구절은 신상을 만드는 자가 "똑같은 진흙을 가지고 허망한 신을 만든다"라고 말하며, 다음 10절에서는 그가 진흙 우상 자체(사실은 진흙보다 훨씬 못한 것)와 동일시된다고 말한다. "그의 마음이 재로 변하고, 그의 소망은 흙덩이보다 싸구려가 되며, 그의 생명은 진흙보다 무가치하게 된다." 우상을 만드는 자의 내면을 표현하는 무생명의 은유, 즉 "그의 마음은 타버린 재다"라는 표현에 다시 주목하라. 솔로몬의 지혜서의 이 대목은 여러 측면에서 시편 115편의 사상을 대체적으로 따르고 있다. 솔로몬의 지혜서의 이 특정 텍스트는 앞에서 논의했던 같은 책의 다른 텍스트들을 넘어선다. 왜냐하면 앞의 텍스트에서는 사람들이 우상을 수단으로 형벌을 받지만, 여기서는 그들이 섬기는 우상의 성격 자체를 반영하거나 그것과 동일시된다는 것을 실제로 보고 있기 때문이다.

이스라엘이 그들이 섬겼던 소처럼 되었다는 유대교의 견해

제3장에서 나는 우상숭배에 빠진 이스라엘이 송아지 우상의 반항적이며 반역적인 성격을 즉각적으로 닮게 되는 형벌을 받았다고 주장했다. 이런 영적 유사성은 길들여지지 않는 소 떼에 대한 출애굽기 32장의 묘사를 통해 확인될 수 있다. 백성은 (1) 순종하지 않는 "목이 곧은"(출 32:9; 33:3, 5) 자들로 그려졌다. (2) 그들은 순종하지 않고 (아론이 방종하도록 풀어주었기 때문에) "고삐 풀린 상태가 되었다"(출 32:8). (3) 그리하여 그들은 즉시 올바른

---

8) 솔로몬의 지혜서 15:9에 우상을 만드는 자가 "자기가 가짜 신들을 만든다는 것을 [혹은 만들기 때문에, *hoti*] 자기 자랑(*doxa*)으로 여긴다"라는 언급은, 그가 어떤 측면에서 자기가 만든 신의 영광에 동참한다는 사실을 함축하지 않을까?

길에서 떠나게 되었고"(출 32:8), 따라서 (4) 다시 "문 안으로 모아들일" 필요가 있었다(출 32:26). (5) 모세는 하나님이 그에게 가라고 하신 곳으로 "백성을 이끌고 가야" 했다. 아마도 금송아지 우상숭배자들과 송아지의 모습을 동일시한 최초의 언급은 쿰란 텍스트일 것이다. 「다메섹 규칙서」(CD) 1:13의 쿰란 텍스트는 그 세대의 배교자들에 대해 다음과 같이 기술한다. "바로 이들이 그 길에서 벗어난 자들이다. 바로 이때가 '이스라엘이 고집 센 소처럼 완강하게 되었다'라고 기록된 때다."

"바로 이들이 그 길에서 벗어난 자들이다"라는 어구는 출애굽기 32:8("그들이 그 길에서 벗어났다"; 또는 출애굽기 텍스트와 평행 구절인 신 9:12)의 인용이다.[9] 이 말은 이스라엘이 금송아지를 숭배하고 그 앞에 절함으로써 저지른 반역을 기술한다. 그런 다음 「다메섹 규칙서」 1:13의 두 번째 부분은 이것을 호세아 4:16을 통해 확인한다. "'이스라엘이 고집 센 소처럼 완강하게 되었던'이라고 기록되었던 때가 바로 그때다." 따라서 「다메섹 규칙서」는 출애굽기 32:8의 반역을, 호세아 시대의 소 떼처럼 우상숭배에 빠진 이스라엘이 함부로 돌아다니는 것에 비유할 수 있다고 이해한다. 내 생각에 이 초기 유대교의 해석은 출애굽기 32:8의 통제할 수 없는 소 떼에 대한 내러티브적 묘사를 설명해준다. 앞서 내가 주장했듯이, 바로 이것이 출애굽기 32장 내러티브가 애초에 가지는 의미의 일부분이다.

여기서는 후기 유대교의 자료(주후 3세기에서 6세기, 또는 더 후대의 자료)를 더 논의해야 한다.[10] 출애굽기 32장에 대한 아람어 역본(타르굼)은 해석적으로 (성경을 쉽게 풀이한 오늘날의 몇몇 번역본처럼) 금송아지 우상숭배자들의 모습이 그들이 섬겼던 우상의 모습과 유사하다는 개념을 강화시킨다. 첫

9) 히브리어 텍스트로 출 32:8(*sārû mahēr min-hadderek*)과 CD 1:13(*hm sry drk*)에 나오는 평행 어법에 주목하라.

10) 명백히 다른 전통들에서 오는 금송아지 에피소드에 대한 성찰이 많기 때문에 이들의 해석은 이전 세기에 뿌리를 두고 있을 가능성이 높다. 하지만 CD 1:13에 있는 앞의 전거와 롬 1:23에 있는 시 106:20의 암시는 이 후대 전통이 초기에 실존했음을 증거한다.

째, 출애굽기 32:5(아론이 우상숭배 축제를 위해 제단을 세운 일)에 덧붙여 이스라엘이 "**그들의 주를 부인하고 그의 쉐키나의 영광을 송아지로 교환해버렸다**"라고 말한다(*Tg. Ps.-J.*, 주후 3세기나 4세기).[11] 실제로 이것은 시편 106:19-21a에 대한 암시다. 아람어 번역자는 출애굽기에 대한 자신의 이해를 더 설명하기 위해 다음과 같은 말을 집어넣는다. "그들은 호렙 산에서 송아지를 만들고 부어 만든 상에 절했다. 그리하여 그들은 자기들의 영광을 풀을 뜯어 먹는 황소의 형상과 바꾸어버렸다. 그들은 그들의 구원자이신 하나님을 망각했다."

앞서 보았듯이, 시편 106:19-21은 그 자체로 출애굽기의 송아지 에피소드에 대한 설명이다. 이 시편의 사상은 이스라엘이 그들의 하나님을 다른 신으로 바꾸었다는 것이다. 그러나 여기에는 (이스라엘에게 비추어졌으며 그들이 반영해야 했던) 하나님의 영광을 다른 신의 영광과 교환했다는 생각도 포함된다(이미 제3장에서 하나님과 그분의 영광이 서로 밀접하게 연결되어 있음을 살펴보았다).[12] 후기 유대교 미드라쉬 주석의 일종인 *Mekilta de-Rabbi Ishmael Exodus Beshallah* VII.78에는, 시편 106:20이 "풀을 먹는"이라는 어구를 덧붙이는 이유로서 한 랍비의 다음과 같은 설명이 기록되어 있다. "'그러므로 그들이 풀을 뜯는 황소의 모습과 자기의 영광을 맞바꿔버렸다'라는 이 말을 어떻게 해석할까? 간단히 말해 우리는 이것을 일 년 내내 볼 수 있는 소의 모습을 의미한다고 이해할 수 있다. 그래서 이 구절은 '풀을 뜯는'이라고 말하는 것이다. 풀을 뜯어 먹는 소의 모습보다 더 구역질 나고 역겨운 것은 없다." 요점은 이 어구가 이스라엘의 역겹고 구역

---

11) 이 타르굼은 주후 1세기나 2세기로 소급되는 이전 타르굼의 원형에 기초를 두고 있을지도 모르지만 말이다(Emil Schurer, *The History of the Jewish People in the Age of Jesus Christ*, ed. G. Vermes, F. Millar, and M. Black [Edinburgh: T & T Clark, 1973], pp. 101-102을 참조하라). 이 부분의 강조체는 히브리어 텍스트에 덧붙여진 해석을 가리킨다(아람어 성경의 고안물임).

12) 이 불가분리적 연결에 대해서는 제3장과 제8장, 렘 2:11; 호 4:7; 롬 1장에서 시 106편이 활용된 것에 대한 설명에서 더 논의될 것이다.

질 나는 우상숭배의 성격을 묘사하기 위해 덧붙여졌고, 실제로 그것이 소가 풀을 뜯고 되새김질을 하고 똥을 싸는 추한 모습을 반영한다는 것이다(*Midr. Rab. Song* 1.9.3과 *Midr. Rab. Ruth* 7:11도 시 106:20을 인용함. *Midr. Rab. Song* 1.2.3도 참조하라).

다른 후대의 유대교 미드라쉬 역시 유사한 논조로, "온 마음을 바쳐 송아지에 입 맞추는" 모든 자가 "윗입술과 그의 뼈들이" "금처럼" 변하는 심판을 받는다고 주장한다(*Pirqe R. El.* 45).[13] 이것은 유대교가 북이스라엘의 금송아지 숭배를 출애굽기 32장의 송아지 숭배에 적용하는 또 다른 예다. 왜냐하면 구약성경에서 "송아지에게 입 맞추는 일"이 나오는 유일한 곳이 바로 호세아 13:2이기 때문이다. 마찬가지로 *Pesiqta Rabbati*, Piska 33은 이렇게 주장한다. "그들이 호렙에서 한 송아지를 숭배함으로써 범죄했다: [그들은 호렙에서 송아지 하나를 만들었다(시 106:19). 그리고 그들은 마치 멍에를 쓴 송아지처럼 기진맥진했다. 또한 에브라임은 마치 길들여진 암소 같아서 타작하기를 좋아한다(호 10:11)]." 이것은 호세아서에 나오는 또 다른 소의 이미지로서 출애굽기 32장과 시편 106편에 적용된 이미지이기도 하다. 앞에서 이미 우리는 이 점을 논의한 바 있다. 이것은 유대교의 해석자들이, 시내 산에서 송아지 숭배에 참여했던 유대인들이 자신이 경배하던 대상을 닮아갔음을 이해한 다양한 방식에 불과하다.

"그의 쉐키나의 영광"이라는 어구를 사용함으로써 타르굼은 이스라엘이 넘겨준 것이 하나님만이 아니라 그분의 영광이기도 했다는 개념을 끄집어내는 것 같다. 동시에 대조적으로 나타나는 개념은, 그들이 송아지 우상에게 헌신할 뿐 아니라 암묵적으로는 그 송아지의 영광(사실상 공허한 영광: "부어 만든 송아지는 실상 아무것도 아니다"[*Tg. Ps.-J. Ex.* 32:19])에 헌신했다는

13) *Mekilta*와 *Pirqe R. El*에 대한 앞의 언급에 대해서는 Leivy Smolar and Moshe Aberbach, "The Golden Calf Episode in Postbiblical Literature," *HUCA* 39 (1968): 103, 105의 도움을 받았다.

것이다. 하나님은 모세에게 "너의[모세의] 영광의 위대함에서 내려가라, 이는 내가 이스라엘을 위해서만 너에게 [영광의] 위대함을 주었기 때문이다"라고 명령하신다(*Tg. Ps.-J. Ex.* 32:7). 이것은 모세가 신실한 이스라엘의 대변인으로서, 그리고 은연중에 반역적인 이스라엘과는 대조적으로 (제3장에서 논의했듯이) 신적 영광을 반영하는 자였음을 시사한다. 금송아지 제작과 숭배에 뒤이어 모세는 "백성이 벗겨진 것을 보았다. 이는 아론 때문에 백성이 그들의 머리에 씌워져 있던 거룩한 관을 벗어던졌기 때문이다. 그 왕관에는 위대하고 영광스러운 이름이 뚜렷하게 새겨져 있었다.…그리하여 그들은 좋지 않은 이름을 얻게 되었다"(*Tg. Ps.-J. Ex.* 32:25; *Tg. Neof. Ex.* 32:25도 보라).[14] 그들은 하나님의 이름을 다른 이름으로 바꾸어버렸다(이 다른 이름이 그들의 우상숭배의 명성이었음).

아론이 금송아지를 제작할 때 "사탄이 그 속으로 들어갔으며 그래서 송아지의 모양이 그것으로부터 나왔다." 이것은 사탄이 그 우상을 만드는 데 일정한 역할을 했음을 암시한다(*Tg. Ps.-J. Ex.* 32:24). 마찬가지로 후대 유대교의 한 미드라쉬에 따르면 금송아지가 만들어졌을 때 "사마엘[사탄]이 거기에 들어갔으며 사마엘이 이스라엘을 미혹하기 위해 [소처럼] 울었다." 그리하여 이 금송아지가 우는 것처럼 보였는데, 이것이 더욱더 이스라엘 족속이 "그것을 따라 곁길로 벗어나도록" 이끌었다(*Pirqe R. El.* 45). 여기에 더해 사탄은 우상의 "한가운데" 있으면서 "백성 앞에서 껑충껑충 뛴다"라고 묘사되며, 백성과 마찬가지로 "그 앞에서 장난질 치며" "놀고 절했다"(*Tg. Ps.-J. Ex.* 32:18-19)라고 전해진다. 이런 묘사는 그들의 우상숭배에서 치어리더였던 사탄을 모방하는 것 같다. 또한 백성이 송아지 우상을 닮아감을 암시하는 또 하나의 방식일 수 있다. 비록 여기서는 그들이 동화되고 모방하는 대상이 우상의 배후에 있는 사탄이지만 말이다. 사탄은 금송아

14) *Targum Neofiti*의 연대는 주후 2세기경으로 추정된다(특히 하가다적 요소에 대해서는 Schurer, *History of the Jewish People*, pp. 104-105을 참조하라).

지의 궁극적인 소유자이자 주인으로 비추어졌다("[사 1:3에] 언급되듯이, 소는 제 주인을 안다"[*Pirqe R. El.* 45]). 연관된 방식으로 이 에피소드에 대한 한 후기 유대교 해석은 이집트의 주술사들이 금송아지를 만들 때 아론과 함께했으며, 그들이 "주술을 부렸고…그리하여 송아지가 뛰쳐나왔다. 이렇게 송아지가 뛰쳐나오자 백성이 '오, 이스라엘아, 이것이 너의 신이다'라고 외치기 시작했다"라고 기술한다(출 32:1에 대한 *Midr. Tanhuma-Yelammedenu* 19).[15]

이 금 우상과 동일시되는 또 다른 은유는 타르굼의 다음과 같은 진술이다. 이 진술은 "모세가 그 우상을 부수어버린 후, 누구든지 금으로 된 물건을 지녔던 자는 얼굴에 표식이 생겼다"라고 말함으로써 진짜 우상숭배자를 가려낸다(*Tg. Ps.-J. Ex.* 32:20). 최종적으로, 모세는 레위인들에게 이 우상숭배자들을 죽여버리라고 명령했다. 이들은 "얼굴에 표식을 가진 사람"을 관찰함으로써 식별될 수 있었다(*Tg. Ps.-J. Ex.* 32:28). 랍비들은 어떻게 금송아지에게 절하지 않았던 이스라엘인들과 우상숭배자들을 구분할 수 있었을까에 대해 추측한다. 이븐 에즈라(Ibn Ezra)는 모세가 금송아지의 잔해를 가루로 만들어 시냇물에 뿌린 이유가 이스라엘인들로 하여금 그 물을 마시게 하려는 것이었다고 주장한다.[16] "이 물은 마치 쓴 물이 무고한 여자는 건드리지 않고…진짜 간음한 여자에게 영향을 주듯이, 금송아지를 숭배했던 자들을 나타내는 어떤 표시를 만들어주었을 것이다. 그렇지 않다면 어떻게 레위인들이 금송아지에게 절한 자를 구별할 수 있었겠는가?"[17] 이 흥미롭고 창의적이며 정밀한 사유는 출애굽기 32장의 기술이 남겨놓은 주해상의 빈틈을 채우려는 시도다.

---

15) 금송아지 및 여로보암의 금송아지가 생명력을 가졌다는 개념에 대한 후대의 유대 전승에 대해서는 Louis Ginzberg, *The Legends of the Jews* (Philadelphia: Jewish Publication Society, 1968), 4:148, 245을 보라(여기에 연결된 각주들을 참조하라).

16) *The Commentators' Bible, The JPS Miqra'ot Gedolot, Exodus*, ed., Michael Carasik (Philadelphia: Jewish Publication Society, 2005), p. 288.

17) Ibid.

금송아지 우상과의 동일시와 닮음에 관한 개념은 금송아지 내러티브에 대한 아람어 번역자의 표현의 여러 부분에 포함되어 있는 것 같다. 비교 가능한 행들을 따라 아우구스티누스는 모세가 금송아지의 머리를 불 속에 던지고 그 나머지를 갈아서 고운 가루로 만들었으며, 그 가루를 물에 넣고 백성으로 하여금 그 물을 마시게 했다고 쓴다. 아우구스티누스는 이것을 일종의 거룩하지 못한 성례전으로 해석한다. 즉 "그리스도를 고백하는 사람들이 그리스도의 몸이 되는 것과 똑같은 방식으로, 마귀 금송아지의 숭배자들은 그 마귀의 몸이 되었다"는 것이다.[18] 이런 해석은 신명기 32:17에 의해 다소나마 지지를 받는 것처럼 보인다("그들[광야 세대]이 하나님께 제사하지 아니하고 귀신들에게 하였으니, 곧 그들이 하나님이 아닌 귀신들에게 제사했다"[영역에 대한 직역임-역자 주]). 이것은 금송아지 숭배를 내포하는 것 같다. 여기에 덧붙여 아우구스티누스는 고린도전서 10:16-18, 20-21을 기반으로 이 개념을 더 발전시켜서 금송아지 숭배에 적용시킨 것 같다.

> 16우리가 축복하는 바 축복의 잔은 그리스도의 피에 참여함이 아니며 우리가 떼는 떡은 그리스도의 몸에 참여함이 아니냐
> 17떡이 하나요 많은 우리가 한 몸이니 이는 우리가 다 한 떡에 참여함이라
> 18육신을 따라 난 이스라엘을 보라 제물을 먹는 자들이 제단에 참여하는 자들이 아니냐
> 19그런즉 내가 무엇을 말하느냐 우상의 제물을 먹는 자들이 제단에 참여하는 자들이 아니냐
> 20무릇 이방인이 제사하는 것은 귀신에게 하는 것이요 하나님께 제사하는 것이 아니니 나는 너희가 귀신과 교제하는 자가 되기를 원하지 아니하노라

---

18) Augustine, *Exposition on Ps 62:5; 74:13*. Augustine, *Second Discourse on Ps. 34:25-26*도 참조하라(내가 Augustine을 참조할 수 있었던 것은 Smolar and Aberbach, "Golden Calf," pp. 100-101 덕분이다).

[21]너희가 주의 잔과 귀신의 잔을 겸하여 마시지 못하고 주의 식탁과 귀신의 식탁에 겸하여 참여하지 못하리라(고전 10:16-21)

바울은 우상에 대한 제사가 곧 귀신에 대한 제사라고 해석한다. 이 제사는 우상숭배자가 그 우상에 깃들인 "귀신에게 참여하는 자가 되게" 한다. 이것은 이방인의 우상숭배에만 해당되지 않고 광야에서의 이스라엘의 우상숭배에도 해당한다. 왜냐하면 바울은 바로 몇 구절 앞에서 이 우상숭배를 심중에 두고 있었기 때문이다(고전 10:5-11). 실제로 이것은 우상숭배의 유혹에 넘어지지 않고(12절의 "그런즉"에 주목하라) "우상숭배를 피하는 일"(14절의 "그런즉"에 주목하라)에 관한 추론을 할 수 있는 기반으로 기여하고 있다. 사실상 고린도전서 10:7에 있는 출애굽기 32:7의 금송아지 숭배 기록에 대한 인용은, 고린도전서 10:1-22에 분명하게 인용된 유일한 예로서 5-11절의 이스라엘의 우상숭배에 대한 바울의 내러티브의 핵심을 형성하는 것 같다. "그들 가운데 어떤 사람들과 같이 너희는 우상숭배 하는 자가 되지 말라 기록된 바 백성이 앉아서 먹고 마시며 일어나서 뛰논다 함과 같으니라." 이것은 금송아지에 대한 이스라엘 족속의 반역적인 예배를 묘사한 그림이었다(고전 10:7은 12-14절에 나오는 다음 항목의 핵심적인 기반을 이루는 듯함). 이방인들의 우상숭배와 광야에서의 이스라엘의 우상숭배 사이의 연관성은 고린도전서 10:20에 나오는 "무릇 이방인들이 제사하는 것은 귀신에게 하는 것이요 하나님께 제사하는 것이 아니니…"에 나오는 어구로 확증된다. 이것은 신명기 32:17을 넌지시 암시하고 있다. "그들[첫 세대를 포함하는 이스라엘]은 하나님이 아닌 귀신들에게 제사했다." 마찬가지로 동일한 점이 고린도전서 10:22("그러면 우리가 주를 노여워하시게 하겠느냐")에 의해서도 강조된다. 여기서 바울은 신명기 32:21을 내비춘다. "그들이 하나님 아닌 것으로 내 질투를 일으키며 허무한 것으로 내 진노를 일으켰으니…." 여기서 바울의 논의는 타르굼 전승들과 유사하다. 타르굼 전승은 금송아지를 통해 이루어지는 사탄의 활동이 이스라엘로 하여금 영적으로 그 우상과 하나 되도록 영향을 주었다고 본다.[19] 이 점에 대해서는 나중에 고린도전서 10장에 대한 논의에서 더 깊이 있게 살펴볼 것이다. 하지만 현재의 논의와 이 텍스트가 놀랄 만큼 유사하기 때문에 여기서는 이런 측면을 미리 살펴보았다.

마찬가지로 또 하나의 타르굼 전승(*Onqelos*)도 이스라엘이 우상과 동일시된다는 점을 표현하면서, 아마도 그 첫 세대에 초점을 맞추되 이후의 세대들도 여기에 포함된다고 내다보는 것 같다. 이렇게 함으로써 이 전승은 해석상 거의 완벽하게 신명기 32:5을 다시 쓰고 있다.

> 그들은 스스로 타락했으며 우상을 숭배했기 때문에 더 이상 그분에게 속하지 않는 자식들, 그 가던 길을 바꾸어버리고 자신을 변모시켜버린 세대가 되었다.

여기서 이스라엘은 가던 길을 바꾸었기 때문에 실제적으로 자기 존재를 바꾸어버렸다고 이해되고 있다. 이 타르굼 버전은 신명기 32:17-20에서 이 개념을 계속 발전시켜, 이 히브리어 텍스트 거의 전부를 재해석한다.

> 17그들은 있을 필요도 없는 귀신들, 그들이 결코 알지 못했던 신들, 겨우 요즘에 만들어졌을 뿐인 새로운 신들에게 제사를 드렸다.…
> 18너희는 너희를 창조하신 전능자에 대한 예배를 잊었다. 너희는 너희를 지으신 하나님에 대한 예배를 버렸다.
> 19그리하여 그의 아들과 딸들이 야웨 앞에 진노를 불러일으키자마자 그 일이 야웨 앞에 밝혀졌고 그의 진노가 커졌다.
> 20그리하여 그가 "내가 그들로부터 나의 쉐키나(영광의 구름)를 제거할 것이다. 그들의 끝이 어찌될지가 내 앞에 밝혀졌다. 이는 그들이 변한 세대, 믿음이 전

---

19) 이스라엘의 첫 광야 세대의 우상숭배에 대한 이 구약 출전들을 바울이 활용한 것에 대해서는 제8장에서 더 자세히 설명된다.

혀 없는 자식이기 때문이다.

문제는 우상숭배를 한 이스라엘 백성이 무엇으로 변형되고 바뀌었는가 하는 것이다. 신명기 32:5의 번역은 이 질문에 답하고 있는 것 같다. "자식들은 우상을 숭배했기 때문에 이제 그분께 속하지 않는다." 따라서 그들은 다른 누군가에게 속해야 한다. 그 누군가에 대해서는 이 컨텍스트에서 어렵지 않게 찾을 수 있다. 누군가는 우상들이다. 자식들은 그 우상에게(궁극적으로는 우상 배후에 자리 잡은 귀신의 세력에게) 헌신했던 것이다. 시편 106:20은 금송아지 숭배에서 그 우상과의 동일시라는 개념을 지지하고 있으며, 유대교의 다른 분파들도 이 시편 구절을 같은 방식으로 해석한다.

따라서 타르굼 텍스트는 하나님이 "그들이 변질된 세대이기 때문에… 그들로부터 자신의 쉐키나를 제거할 것"이라고 말하며, 여기에 이어지는 불가피한 결론은 이스라엘이 이제 신적 임재와 그에 딸린 영광과 무관하다는 것(또는 그 영광을 반영할 자리에 있지 못하다는 것)이다. 오히려 이스라엘은 다른 실재, 즉 마귀적인 우상숭배의 실재와 연결되고 그것을 반영하게 되었다.[20] 또한 신명기 32:17의 "그들이 귀신에게 제사를 드렸다"(히브리어 텍

---

20) *Shekinah*는 아람어 단어로서 "거하다"(*šakān*)라는 단어에 근거하며, 구약의 아람어 역본과 유대교에서 하나님이 마치 사람처럼 어떤 일을 행한다고 묘사되는 경우, 그분을 가리키는 히브리어 텍스트상의 우회적 표현(완곡어법)으로 활용되었다. *Shekinah*나 *Shekinah*의 영광은 전형적으로 어떤 장소에 임하는 하나님의 임재를 지시한다(Martin McNamara, *Targum and Testament* [Shanon, Ireland: Irish University Press, 1972], pp. 98-101). 물론 하나님의 임재의 속성도 포함할 수 있지만 말이다(*Dictionary of Judaism in the Biblical Period*, ed. J. Neusner and W. S. Green [Peabody, Mass.: Hendrickson, 2002], p. 577). 예를 들어 성막이나 성전에 임하는 *Shekinah*는 그곳에 임하신 하나님의 임재를 가리킬 수 있다. 이 임재는 이스라엘 백성이 볼 수 있는 광채를 발하는 아우라를 통해 표현되었다. 사실상 동의어인 "그의 쉐키나의 영광"(예를 들어 *Tg. Ps.-J. Ex.* 32:5; 34:5, 22-23, 29을 보라)도 반복해서 나타나는데, 이것은 이중 개념을 더 많이 표현하는 것 같다. 이 이중 개념은 다른 사람이 반사할 수 있는 신적 영광의 광채를 포함하며, 모세의 얼굴에 대한 반복적인 진술에 선명하게 나타난다: 예를 들어 *Tg. Ps.-J. Ex.* 34:29, "여호와의 *Shekinah*의 영광의 광채 때문

스트와 *Tg. Onq.* 및 *Tg. Neof.*)[21]와 타르굼 옹켈로스 신명기 32:24("그들이 악한 영들에게 괴롭힘을 당할 것이다")과 타르굼 네오피티 신명기 32:24("[그들이] 악한 영들에게 사로잡힐 것이다") 사이에는 연결성이 있는 듯하다. 이 연결은 귀신에게 절하고 헌신한 자들이 그 귀신에게 사로잡힘으로써 그들의 존재가 변하게 된다는 것으로 보인다. 하나님은 이스라엘의 "아버지"이고 그들은 "아들과 딸들"로서(*Tg. Onq. Deut.* 32:19; 참조. 신 32:11-12) "하나님께 속했다"(*Tg. Onq. Deut.* 32:6-7).[22] 하지만 우상숭배자가 되었기 때문에 그들은 "믿음이 전혀 없는 자식"(신 32:20), "더 이상 그분께 속하지 않는 자식"(*Tg. Onq. Deut.* 32:5)이 되었다. 다시 말하지만 이 불가피한 결론은 그들이 자기들의 새로운 신의 자식이 되었다는 것이다. 앞서도 논의했듯이, 여기서도 자식이 부모를 닮는다는 개념이(예를 들어 하나님의 자녀는 그분을 반영하게 마련인데, 이는 그들이 하나님의 형상으로 존재하도록 설계되었기 때문임) 그 배후에 흐르면서, 이스라엘 족속이 부패하고 공허하면서도 미거적인 새 부모인 우상들을 닮도록 변질되었다는 개념에 기여하는 듯하다.

(주후 3세기부터 5세기, 그리고 그 이후의) 후대 유대교 주석가들도 같은 금송아지 사건에 대해 논의한다. 미드라쉬 출애굽기 라바 42.3은 "그들이 생명을 버리고 죽음을 선택했다"라고 설명한 후 이를 지지하기 위해 시편 115:5의 "그들에게 눈이 있어도 그들이 보지 못하며…"를 인용함으로써, 이스라엘이 금송아지 사건에서 우상숭배를 통해 "타락했다"라고 해석한

에 비친 그의 얼굴의 광채"(*Tg. Ps.-J. Ex.* 34:35과 *Tg. Neof.* 34:29, 35). 흥미롭게도 *Tg. Onq.*는 같은 대목에 대해 "그의 얼굴의 영광이 증대했다"(출 34:29, 35)라고 말함으로써 사람이 하나님의 영광을 점점 더 반영할 수 있음을 암시한다. 대조적으로 반항적인 이스라엘 백성은 이 영광을 반영하지 못한다.

21) *Tg. Neof.*는 "그들이 귀신의 우상들 앞에 희생 제사를 드렸다"라고 패러프레이즈 하지만 말이다.

22) *Tg. Onq.*의 연대는 주후 3세기나 4세기로 추정된다. 물론 이 타르굼 자체는 주전 1세기나 2세기로 소급되는 이전 타르굼에 근거했을 가능성이 높다(참조. Schürer, *History of the Jewish People*, pp. 101-102).

다. 이스라엘이 금송아지처럼 되는 일과 관련해서 동일한 미드라쉬(*Midr. Rab. Ex.* 30:21)는 더욱 명확하게 이스라엘의 금송아지 숭배의 죄와 관련해 시편 106:20을 인용한 다음, "이스라엘이 보지도 듣지도 말하지도 못하는 우상을 숭배해서, 다시 말해 우상을 만드는 자들이 그 우상처럼 변하게 되어(시 115:8), 도대체 무슨 혜택을 얻는단 말인가?"라고 질문한다. 다른 주석가는 몇몇 랍비 사이에서 벌어진 한 토론을 언급하는데, 이 토론에는 시편 106:20("[그들이] 자기 영광을 풀 먹는 소의 형상으로 바꾸었도다")이 두 차례 인용되어 있다. 그런 다음 즉시로 "이집트의 주술사들이 주술을 시행했고, 그러자 그것[금송아지]이 마치 그들 앞에서 춤추는 것 같았다"(*Midr. Rab. Song* 1.9.3)라고 덧붙인다. 타르굼 역들과 유사하게 이 유대 해석자는 "그들의 영광을 황소의 모양과 바꾸어버리는" 이스라엘과, 춤추는 어떤 자에 대한 묘사 사이에 밀접한 연관을 짓는다. 타르굼 역본들에 따르면 사탄과 이스라엘이 춤춘다고 되어 있는데(분명히 이스라엘 족속은 사탄을 모방하고 있음), 미드라쉬에는 오직 송아지만이 춤춘다고 되어 있다. 이런 점은 타르굼이 묘사한 내용과 조화를 이룬다. 반복해서 인용되는 시편 106:20과 춤추는 소 사이의 연관성은, 이 유대 전통이 이스라엘이 사탄뿐 아니라 황소 자체를 흉내 내어 춤추었다고 이해했음을 암시한다.

마찬가지로 같은 유대 주석가는 한 랍비와의 대화를 인용하는데, 이 대화에서 랍비는 시편 106:20을 열방이 하는 조롱으로 인용한 후, 이에 대해 이스라엘이 다음과 같이 응답한다고 쓴다.

> 만일 우리가 단 한 차례 범죄해서 이런 형벌을 받는다면, 너희 열방은 얼마나 더 심한 형벌을 받겠는가?…우리가 무엇을 닮는지 너희에게 말해줄 수 있다. 우리는 마치 성 밖의 황량한 지역으로 나갔을 때 태양이 머리에 내리 쪼여 그 얼굴이 온통 검게 그을린 왕자와도 같다. 그러나 왕자가 성읍으로 돌아와 물로 피부를 씻어내자 다시 희어져 이전의 좋은 풍모가 회복되었다. 이와 같이 우상숭배의 햇살이 우리를 검게 그을게 했을지라도, 너희는 어머니 태중에서

부터 검어 있었으니, 이는 너희가 너희 어머니 뱃속에서 우상을 섬겼기 때문이다. 이는 여인이 임신했을 때, 자기가 섬기는 우상의 전에 들어가 태중의 아기와 함께 그에게 절했기 때문이다(*Midr. Rab. Song* 1.6.3).

이 비유와 시편 106:20 사이에는 또 다시 어떤 연관성이 보인다. 이 비유는 "우상숭배의 햇살이 그들을 그을렸다"라고 함으로써 이스라엘에게 적용되어 있다. 햇살이 피부색을 바꾸듯, 금송아지 우상의 악한 본성이 이스라엘 족속 중 우상숭배자들에게 영향력을 행사해서 그들의 성품이 그 우상의 성질에 따라 변질되었다는 것이다. 마찬가지로 타르굼 아가 1:5은 우상숭배자들이 하나님의 영광을 반영하는 것과 대조적으로 우상의 어두운 영향력을 반영했음을 시사한다. "이스라엘 집의 백성이 송아지를 만들었을 때, 그들의 얼굴은 구스 사람의 [얼굴처럼] 검어졌다.…그러나 그들이 회개하며 돌아왔을 때…그들 얼굴의 영광의 광채는 천사들의 [광채] 같이 대단해졌다. 이는…쉐키나가 그들 가운데 거처를 정했기 때문이다." 동일한 흐름을 따라 미드라쉬 아가 라바 1.5 §1은 "그들이 호렙 산에서 송아지를 만들었다는 말과 같이(시 106:19) 나[이스라엘]는 호렙 산에서 검었다"라고 말한다(*Midr. Rab. Ex.* 42.2과 거의 동일함).

하나님을 신뢰하는 자가 하나님을 닮아간다는 것과, 우상을 신뢰하는 자가 그 우상처럼 되어간다는 것 사이에는 분명한 연결점이 존재한다(*Midr. Rab. Deut.* 1.12). 랍비 레비 하마(Levi b. Hama)는 이렇게 말했다.

우상을 만든 자가 그 우상처럼 되리라는 말(시 115:8)처럼, 만일 사람이 우상을 숭배하면 그 우상처럼 되어버린다. 그렇다면 하나님을 예배하는 자는 더욱 더 그분을 닮아가야 하지 않겠는가? 그렇다는 사실을 우리는 어떻게 알 수 있는가? 이는 기록된 바, 그의 신뢰를 여호와께 두는자, 곧 여호와를 의지하는 자는 복이 있기(렘 17:7) 때문이다(*Midr. Rab. Deut.* 5.9과 거의 동일).

이 대목은 의미심장한데, 왜냐하면 이 말이 (우상숭배자들이 그들의 우상들을 닮는다는 가장 명확한 표현인) 시편 115:8의 반대는 하나님의 모양을 닮는다는 것이라고 말하고 있기 때문이다.

예레미야 2:5에 대한 타르굼은 히브리어를 "그들이 우상을 좇아 곁길로 나가 무가치하게 됨"으로써 "공허함을 따라 걸어가서 공허하게 되었다"라고 옮긴다. 다음으로 예레미야 2:7의 히브리어는 "너희가 내 기업을 우상에 대한 숭배로 만듦"으로써 "내 기업을 가증스럽게 만들었다"라고 옮기고 있다. 이런 변화들은 타르굼 번역자가, 백성이 숭배하는 우상과 백성의 연관성을 강조하려고 노력했음을 암시한다. 흥미롭게도 금송아지 에피소드의 배경은 선명하게 드러난다. 왜냐하면 이 배경은 예레미야 2:5과 2:11b("나의 백성은 그의 영광을 무익한 것과 바꾸었도다")에 부분적으로 암시되어 있기 때문이다.[23)]

후대의 유대교가 금송아지 죄악을 아담의 원죄 개념과 거의 동일하게 취급했다는 사실은 충분히 이해할 만하다.

> 랍비 오샤이아가 말하기를: 이스라엘은 여로보암 때까지 한 송아지로부터 [죄악의 성향을] 흡입했다. 하지만 여로보암 이후로는 둘 혹은 세 마리의 송아지로부터 흡입했다.
>
> 랍비 이삭이 말하기를: 최초의 송아지[즉 광야에서 주물해서 만든 송아지]의 작은 조각도 포함하지 않는 세상에는 어떤 응보도 임하지 않는다…(*b. Sanhedrin* 102a.[24)] 또한 *Midr. Rab. Ex.* 43.2; *Midr. Rab. Lam.* 1.3, 28).

---

23) 렘 2:5이 왕하 11장과 왕하 17장에서 여로보암이 도입했던 금송아지 숭배에 대한 암시라는 것에 대해서는 제3장을 참고하라. 렘 2:11이 시 106:20에 언급된 금송아지 숭배에 대한 암시라는 것에 대해서는 제3장과 제8장을 보라. 이 논의는 제8장에서 롬 1장에서의 시편 활용에 대한 설명 가운데 포함되어 있다.

24) *b. San.* 102a의 다음 단락에서 여로보암은 회개하기를 거절한다고 언급된다. 만일 회개하면 여로보암은 에덴동산으로 복귀했을 것이다.

마찬가지로 한 후대의 미드라쉬 텍스트는 더 명확하게 이렇게 주장한다.

> 만일 이스라엘이 모세를 기다리고 그 행위[금송아지를 숭배하는 행위]를 관철하지 않았다면 유배되는 일도, 죽음의 천사가 그들 위에 군림하는 일도 없었을 것이다.…만일 내가 아담에게 단 하나의 계명을 주어 그가 성취하도록 했다면…613개의 계명을 실천하고 성취하는 이스라엘인들은 얼마나 더 그러하겠는가?…그러나 그들이 "이스라엘아, 이것이 너의 신이다"(출 32:4)라고 말하자 곧 죽음이 그들 위에 임했다. 하나님은 "너희가 아담의 길을 따랐구나.…너희가 아담의 발자취를 그대로 따랐구나. 너희는 사람들처럼 죽으리라"라고 말씀하셨다. "군왕 중 하나와 같이 떨어졌다"라는 말의 의미는 무엇인가? 랍비 유나는 "아담이나 하와처럼 떨어졌다는 뜻이다"라고 말했다(*Midr. Rab. Ex.* 32.1).

바로 이런 이유로 후대의 유대교는 "이 [금송아지의] 죄만으로 이스라엘이 지금부터 부활 때까지 고통을 당하기에 [그 위중함에 있어] 충분하다"(*Minor Tractates of the Talmud 'Abot R. Nat.* 30a)라고 했다.

금송아지 숭배의 죄를 아담의 죄와 비교하는 작업은 매우 흥미롭다. 앞서 살폈듯이, 아담의 죄 역시 피조물의 일부처럼 되는 일을 포함하기 때문이다. 실제로 이것은 유대교와 구약성경 자체가 금송아지 범죄를 어떻게 바라보는가와 연관된 견해다.[25] 이런 유사성은 우연에 불과한 것일까? 유대교의 견해는 구약성경이 가진 시각이 발전된 결과인 것 같다. 이 금송아지 에피소드는 신약성경에서 언급되는가? 언급된다면, 신약성경은 이 에피소드를 어떻게 이해하는가? 신약성경은 지금까지 우리 논의에서 중심적 역할을 했던 우상숭배에 관한 다른 구약성경 텍스트들도 언급하는가? 앞

---

25) 금송아지 숭배의 죄를 아담의 죄와 연결시키고 있는 출처들을 내게 가르쳐준 것은 Smolar and Aberbach, "Golden Calf," pp. 106-107이다. 저자들께 감사한다.

으로는 지금까지 구약성경과 유대교에서 추적한 개념, 즉 우상숭배자가 자신이 섬기는 우상을 반영한다는 개념이 과연 신약성경에서도 발견되는지를 보기 위해 다양한 신약 텍스트에서 우상숭배 사상을 조사해볼 것이다.[26)]

26) 고린도전서에서 바울이 금송아지 주제를 어떻게 발전시키는지에 대해서는 이미 간략히 언급했지만, 나중에 이 점을 다시 언급하고 더 깊이 논의할 것이다.

제6장

우상숭배자가 우상처럼 되는 일: 복음서

이스라엘은 그들이 숭배했던 것을 닮음으로써 멸망에 이르렀다. 지금까지의 연구를 통해 발견한 이 우상숭배 개념은 신약성경 및 이에 기반을 두고 있는 새 언약 공동체와도 연결되는가? 한편으로 우상숭배는 1세기와 초대교회 시대까지 실제적으로 계속되었으며, 오늘날에도 전통적으로 우상숭배로 간주되는 일이 존재한다. 전 세계의 몇몇 비서구 지역에서는 가장 명백한 사례들이 발견된다. 서구 세계에서조차, 명시적이지는 않다고 해도 구약성경의 예와 비교될 만한 형태의 우상숭배가 존재한다. 예를 들어 매일 일간지의 운세란을 읽고 그것을 신뢰하며 거기에 안전을 의탁하는 사람들은, 악한 이스라엘처럼 하늘의 발광체를 신뢰하고 그것을 숭배하는 고대인과 크게 다르지 않다. 마찬가지로 현대판 주술(마법)에 대한 관심도 꾸준히 늘어가는 추세인데, 이 주술에는 명백하게 우상숭배가 포함되어 있다. 하지만 다른 한편으로 현대인들은 사람이나 짐승이나 고목의 형상으로 된 금속, 나무 우상을 숭배하지도 않으며, 그 속에 신이 깃들어 있다고 믿지도 않는다. 하지만 주후 1세기에도, 문자적으로 새긴 상들에 절하지는 않았지만 우상숭배임에 분명한 것이 존재했다.

따라서 다음과 같은 의문이 떠오른다. 구약성경과 신약성경의 우상숭배 개념 사이에 있는 틈새는 어떻게 메울 수 있는가? 오늘날 대부분의 사람들은 우상 앞에 엎드리거나 그것을 숭배하지 않는데, 어떻게 구약성경의 우상숭배 사상을 현대의 우리 문화에 타당하게 적용할 것인가? 우리는 신약성경의 우상숭배 개념을 통해 이 질문에 답변해보려고 한다. 그런데 복음서를 읽을 때 우리를 가장 놀라게 하는 지점은, 이스라엘이 구약의 자기 조상처럼 우상숭배에 빠지지 않았다는 사실이다. 유대 민족은 자신들이 열방처럼 석상이나 목상에게 절하지 않는다는 사실에 자부심을 느꼈다. 그럼에도 이스라엘 민족 대다수는, 특히 그들이 하나님의 아들을 십자가에 못 박았기 때문에, 그들의 조상만큼이나 악함이 분명하다(마 23:29-38). 만일 예수 시대의 유대인들이 자기 조상처럼 악하다면, 왜 신약성경에는 구약성경처럼 우상숭배에 대한 분명한 언급이 없는 것일까? 복음서에는 우상숭배에 대한 언급이 거의 보이지 않는다. 그렇지만 구약성경의 컨텍스트 중에서 우상숭배를 직접적으로 다루는 구절의 인용이나 암시를 통해 우상숭배에 대한 분명한 힌트를 주고 있다고 보는 학자들도 있다.[1]

우상숭배의 문제가 약속의 땅에서의 이스라엘의 역사 말미에서 사라지게 되었으며, 백성이 예수를 배척한 일은 사악한 죄이기는 하지만, 이것은 우상숭배를 포함하지 않은 죄인 것일까? 그렇지는 않은 것 같다. 특히 모든 사람은 형상화하는 존재이고, 하나님께 헌신하고 그분을 반영하도록 지음 받았으며, 그렇게 하지 않을 경우 창조 세계의 어떤 부분에 기울어져 그것을 반영하게 된다는 가정에 비추어볼 때 더욱 그러하다. 예수를 배척한 유대인 세대가 구약 시대 전체에 해당하는 이전의 불순종했던 이스라엘 세대들과 같이, 똑같이 악하다고 묘사된다는 사실(마 23:29-32)은 이전 세대들의 우상숭배가 어떤 식으로든 주후 1세기 세대에게로 이전되었음을 강력하게 암시한다. 신학적이고 성경신학적인 층위에서, 우상숭배 개념이 예수 시대를 살았던 이스라엘 세대에게로 넘어오지 않았다는 것은 불가능하다. 비록 복음서에는 우상이나 거짓 신과 같은 단어가 거의 나타나지 않지만, 이것이 거기에 우상숭배 개념이 전혀 없었다는 의미는 아니다. 오히려 예수 시대에 우상에 대한 이스라엘의 의존성은 특정한 형상에게 엎드려 절하는 형태를 취하지는 않았지만, 그럼에도 하나님 이외

---

1) Karl-Gustav Sandelin, "The Jesus-Tradition and Idolatry," *NTS* 42 (1996): 412-420. 예를 들어 마귀가 예수께 "엎드려 나를 경배하라"고 요청할 때, 이것은 우상숭배를 의미했음이 틀림없다(마 4:9; 눅 4:7). 신 6:13을 인용한 예수의 대답은 명백히 우상숭배를 경고한다(신 6:14). 마 6:24도 보라.

의 다른 어떤 것을 신뢰하는 일을 행했음이 분명하다. 이런 일은 이스라엘의 이전 세대들에게 그랬듯이, 심판을 불러왔다. 결과적으로 여전히 그들은 본질상 우상숭배자였다. 물론 그 외적 형식은 다르게 표현되었지만 말이다. 나중에 바울은 우상숭배가 돈을 신뢰하는 형태를 취할 수 있음을 이렇게 확인한다. "곧 음란과 부정과 사욕과 악한 정욕과 탐심이니 탐심은 우상숭배니라"(골 3:5). 그러나 바울이 발전시킨 이런 내용은 예수가 개념적으로 이미 예견하신 것이었다. "한 사람이 두 주인을 섬기지 못할 것이니 혹 이를 미워하고 저를 사랑하거나 혹 이를 중히 여기고 저를 경히 여김이라 너희가 하나님과 재물을 겸하여 섬기지 못하느니라"(마 6:24; 눅 16:13도 참조하라). 앞에서 우리는 초기 유대 주석가 필론도 동일한 견해를 가졌음을 본 바 있다. 그리고 이것은 이미 구약성경 자체에 예견되어 있던 시각이었다(참조. 욥 31:24-28).

복음서를 연구하는 이 부분에서 우리의 초점은 예수가 이사야서에 나오는 우상숭배에 관한 대목들을 어떻게 이해하는가 하는 것이다. 그 대부분의 내용은 여러 장들에서 이미 논의해왔다. 복음서에도 우상을 숭배하면 우상을 닮게 된다는 개념이 나타나는가? 여기서의 연구는 주로 마태복음, 마가복음, 요한복음에 초점을 맞출 것이다. 내 주장은 이 텍스트들이 원래의 컨텍스트상 우상숭배를 주요 테마로 삼고 있는 구약 대목들을 암시하고 인용함으로써 우상숭배 개념을 표현하고 있다는 것이다.

이런 내 접근법에 대해서는 다음과 같은 반응이 나올 수 있다. 특히 신약성경의 근접한 컨텍스트에 구약성경 컨텍스트가 분명하게 나타나지 않는 경우, 구약의 컨텍스트로부터 너무 많은 것을 읽어내려 해서는 안 된다는 것이다. 어떤 구약성경의 대목이 우상숭배를 목표로 한다고 해서, 이것이 신약성경의 저자가 의식적으로 이 모든 내용을 자신의 메시지 안에 끌어들였음을 의미하지는 않는다. 따라서 복음서들의 컨텍스트는 우상에 해당하는 어휘를 명시적으로 사용하지 않기 때문에, 이 컨텍스트는 구약의 대목들로부터 해당 개념을 전개하지 않을 수도 있다는 것이다. 물론 이것은 충분히 예견할 수 있는 반응이다. 하지만 나는 후대에 집필된 성경이 이전에 쓰인 부분을 풀어주며, 구약성경이 신약성경에, 또 역으로 신약성경이 구약성경에 대해 빛을 던져준다는 개념에 동의한다. 여기서도 나는 복음서의 컨텍스트 가운데 인용된 구약성경 본문들의 우상숭배 개념이, 신약성경의 용례들을 조명해준다는 점을 인지할 만한 충분한 힌트들이 존재함을 입증하고자 한다. 물론 내가 이런 논증에 성공하는지 못하는지는 독자들이 결정할 것이다. 또한 구약성경의 이런 용례들이 복음서 안에서 우상숭배를 함축하지 않는다면, 다른 곳에서 이런 개념을 발견할 수 있는 주해적이고 성경신학적 가능성은 거의 없다고 할 수 있다.

공관복음서에 나타난 이사야서 활용

이사야 6장

예수는 사복음서 모두에서 이사야 6:9-10을 인용하심으로써 이스라엘에 대한 영적인 심판을 선언하신다(마 13:13-15; 막 4:12; 눅 8:10; 요 12:39-40). 마태복음 13:10-15은 예수가 이사야 6장을 활용하신 좋은 예다.

> [10]제자들이 예수께 나아와 이르되 어찌하여 그들에게 비유로 말씀하시나이까
> [11]대답하여 이르시되 천국의 비밀을 아는 것이 너희에게는 허락되었으나 그들에게는 아니되었나니
> [12]무릇 있는 자는 받아 **넉넉하게 되되** 없는 자는 그 있는 것도 빼앗기리라
> [13]그러므로 내가 그들에게 비유로 말하는 것은 그들이 보아도 보지 못하며 들어도 듣지 못하며 깨닫지 못함이니라
> [14]이사야의 예언이 그들에게 이루어졌으니 일렀으되
> **너희가 듣기는 들어도 깨닫지 못할 것이요 보기는 보아도 알지 못하리라**
> [15]이 백성들의 마음이 완악하여져서 그 귀는 듣기에 둔하고 눈은 감았으니 이

는 눈으로 보고 귀로 듣고 마음으로 깨달아 돌이켜 **내게 고침을 받을까** 두려워함이라 하였느니라(마 13:10-15).[2]

이사야 6장에 나오는 예언자적 위임에 해당하는 것이 여기서는 예수에 의해 예언이라 불리고 있다. 이사야 29:9-14과 63:17에서 드러나듯이, 이사야가 예언자적으로 위임받은 내용은 그의 사역 동안 이루어졌다. 그렇다면 왜 예수는 이것을 예언이라 불렀을까? 이사야서에서 이것은 앞으로 이사야가 사역하는 동안에 일어날 일을 내다보고 하는 말인데 말이다. 예수가 틀렸는가? 아니다. 하지만 어떻게 예수는 이사야 6장이 그렇게 보이지 않음에도, 자기 당대에 해당하는 예언이라고 할 수 있었을까?

이 질문에 대해서는 두 가지 답변이 가능하다. 첫째, 이사야 6장은 일종의 "예표론적 예언"(typological prophecy) 혹은 "사건 예언"(event prophecy)에 해당할 수 있다. 즉 구약성경의 예언자들이 신약성경에서 일어날 일을 직접적으로 예언하기도 하지만, 또 다른 때는 어떤 역사적 사건이 신약성경에서 일어날 유사한 사건을 예표하기도 한다. 요한복음 19:36에서 예수가 십자가에서 죽으셨을 때, "이 일이 일어난 것은 그 뼈가 하나도 꺾이지 아니하리라 한 성경을 응하게 하려 함이라"라고 말하고 있음을 상기해보라. 이 말씀은 출애굽기 12:46(과 민 9:12)의 인용이다. 이 구절은 출애굽한 이스라엘이 홍해에서 구출을 받은 직후 유월절을 지키는 동안 단순히 유월절 어린 양의 뼈를 꺾지 않아야 했음을 기술하고 있다. 그런데 요한은 이 역사적인 기술을 예수께 적용한다. 이는 요한이 이 텍스트를 예수 시대에 다시 일어나야 했던 사건을 예표하는 것으로 보기 때문이다. 유월절 어린 양이 하나님이 이스라엘을 죽음으로부터 구출해내어 마침내 홍해에서 출애굽시키신 방법이었듯이, 예수는 더 큰 출애굽에서 희생 제사가 되실 위대한 유월절 어린 양이셨으며, 이 출애굽은 그의 죽으심과 부활을 통해

---

2) 이 인용문에 표시된 강조체는 구약 인용임을 나타낸다.

일어날 사건으로서, 그때 그를 따르는 자들은 죄의 속박으로부터 건짐을 받을 것이다.[3] 마찬가지로 이사야 시대의 이스라엘의 불신앙과 심판은 예수 시대의 더 큰 불신앙과 심판을 미리 내다본 하나의 패턴을 예시했다.

반면에 예수가 이사야 6장을 어떻게 이해하는가에 대해서는 예표론적 컨텍스트가 아닌 더 쉽고 단도직입적인 방법이 있는 것 같다. 이사야 6:11에서 예언자는 영적인 눈멀음과 귀먹음의 심판이 "얼마나 오래" 지속될 것인가를 묻는데, 여기에 대한 대답은 이 심판이 바벨론 유수를 겪은 남은 자들과 포로기 이후 약속의 땅으로 돌아간 남은 자들에게도 계속되리라는 것이었다. 예수가 불신앙에 젖어 있는 자기 시대의 대다수 이스라엘 인들을 바라보면서, 그들을 바로 이 이사야서의 눈먼 상태로 남아 있는 자들과의 연장선상에서 이해했다는 것은 충분히 납득된다. 또한 이런 측면에서 왜 예수가 이사야 6:9-10을 단순히 이사야 시대의 유대인들의 영적 상태에 대한 예언으로만이 아니라, 자기 시대에 대한 예언으로 보셨는지를 이해할 수 있다.

그러나 이사야 6:9-10은 이스라엘이 이사야 시대와 포로기 이후에 심판받았던 이유가 바로 우상숭배 때문이었다고 말한다. 이사야 6장에 나오는 이스라엘의 우상숭배의 죄악은 예수 시대의 이스라엘의 죄와 어떻게 연결되는가? 이 부분은 이사야서 구절이 인용되는 마태복음 13장과 나머지 복음서의 모든 부분(막 4:12; 눅 8:10; 요 12:39-40)과 연결되며, 같은 구절을 인용하는 사도행전 28:25-27과도 연결된다. 그런데 문제는 다음과 같은 것이다. 복음서 어느 곳에도 이스라엘이 우상숭배의 죄악을 행했다는 명시적인 언급이 전혀 없기 때문이다! 아마도 이 문제는 예수가 이사야 6장으로부터 이스라엘이 영적으로 눈멀었으며 또 바로 그 점 때문에 심판받는다는 일반

---

3) 이런 예표론 개념에 대한 설명으로는 G. K. Beale, "Did Jesus and His Followers Preach the Right Doctrine from the Wrong Texts? An Examination of the Presuppositions of the Apostles' Exegetical Method," in *Right Doctrine From Wrong Texts? Essays on the Use of the Old Testament in the New Testament*, ed. G. K. Beale (Grand Rapids: Baker, 1994), pp. 217-247을 보라.

적인 개념만을 전달함을 살펴봄으로써 해결될 수 있다. 따라서 포로기 이후의 이스라엘이라 할지라도 동일하게 영적으로 처벌받게 되리라는 이사야 6:11-13의 예언을 당대의 이스라엘도 계속해서 성취하고 있다고 할 수 있다. 아마도 우상숭배에 대한 더 특수한 개념은 전달되지 않는 것 같다.

구약성경에 나오는 전체 역사에서 이스라엘의 중심적인 죄악은 우상숭배였다. 예수는 당대인들의 죄악의 무게가 이스라엘의 이전 세대만큼이나 심각하다고 말씀하시는데(마 23:29-39-38), 그렇다면 왜 당대의 이스라엘은 우상숭배로 인해 책망을 받지 않는 것일까? 사실상 당시 이스라엘인들은 이전 세대보다 훨씬 더 나빴다. 왜냐하면 이 땅에 사람의 모양으로 오시고 로마인의 손을 통해 죽음에 넘겨졌던 하나님을 배격했기 때문이다. 예수 시대의 이스라엘은 이사야 시대의 이스라엘과 마찬가지로 영적으로 죽어 있었다. 그런데 어떻게 그들이 다른 세대처럼 우상숭배의 죄를 짓지 않았다고 생각할 수 있겠는가?

예수 시대의 이스라엘이 우상숭배의 죄에 대해 유죄였다는 점에 대해서는 충분한 증거가 있다. 다만 이 우상숭배는 이전 세대의 우상숭배와는 형태가 달랐다. 예수 시대의 이스라엘은 하나님과 그분의 살아 있는 말씀 대신 전통을 의지하고 그것을 숭배했기 때문에 우상숭배적이었다. 바로 이런 이유로 마태복음 13장에서 예수는 이사야 6:9-10의 우상에 대한 텍스트를 당대의 유대인들에게 적용하신다.[4] 예수 시대에 새로운 형태의 우상숭배가 발전하고 있었던 것이다. 비록 이스라엘은 "결코 우리 조상이나 다른 나라처럼 우상숭배의 죄를 범하지 않을 것입니다"라고 말했지만, 그들

4) Edward P. Meadors, *Idolatry and the Hardening of the Heart* (New York: T & T Clark, 2006), pp. 84-85. Meadors는 우상숭배와 관련해 마 13:10-15 및 이 컨텍스트 이해를 위한 배경으로 사 6:9-10을 논의하고 있다. 이미 나는 다음의 논문에서 이와 유사한 작업을 한 바 있다. "The Hearing Formula and the Visions of John in Revelation," in *A Vision for the Church*, ed. Markus Bockmuehl and Michael B. Thompson (Edinburgh: T & T Clark, 1997), 참조. p. 174, 178.

은 다른 종류의 우상숭배, 곧 새로운 형태의 우상숭배를 범했다. 본질적으로 참 하나님의 자리를 대신 차지하고 예배를 받는 것은 무엇이든지 우상이다. 제1장에서 정의했듯이, 궁극적인 안전함을 위해 마음이 매달리는 것은 무엇이나 우상인 것이다. 우상숭배에 대한 에스겔서의 개념은 이런 이해로 가기 위한 길을 닦아준다. 에스겔 14:4, 7은 이스라엘의 우상숭배자에 대해 "자기 마음에 자기 우상들을 세워놓는다"라고 한다. 비록 이것은 외적이고 문자적으로 우상을 숭배하는 일을 가리키지만, 하나님이 아닌 다른 것을 자기 마음의 욕망의 대상으로 삼아 그것을 통해 안전함을 추구하는 것도 우상숭배임을 나타낸다. 즉 열망의 대상으로서 하나님을 대신하는 것은 무엇이든지 석상이든, 돈이든, 다른 무엇이든, 우상이라 할 수 있다.

이미 살펴보았듯이 맘몬(돈)과 사탄과 같은 다른 우상이 잠재적인 우상이었지만, 이스라엘의 지배적인 문제점은 예수에 대한 신뢰를 사람이 만든 전통에 대한 숭배로 대체했다는 점이다. 하지만 내가 이스라엘의 "전통"을 우상숭배로 파악하는 이유에 대해서는 더 많은 설명이 필요한 것 같다.

이사야 29장

이스라엘이 하나님에 대한 사랑을 인간의 전통에 대한 존경으로 대체해 버렸다는 사실은 마가복음 7:6-13(평행 구절로 마 15:7-9을 참조하라)을 보면 분명해진다. 왜 제자들이 씻은 손으로만 음식을 먹어야 하는 유대교 전통을 준수하지 않는가에 대한 바리새인과 서기관들의 질문에 답하면서 예수는 이렇게 말씀하신다.

> 6이르시되 이사야가 너희 외식하는 자에 대하여 잘 예언하였도다 기록하였으되 이 백성이 입술로는 나를 공경하되 마음은 내게서 멀도다
>
> 7사람의 계명으로 교훈을 삼아 가르치니 나를 헛되이 경배하는도다 하였느니라
>
> 8너희가 하나님의 계명은 버리고 사람의 전통을 지키느니라
>
> 9또 이르시되 너희가 너희 전통을 지키려고 하나님의 계명을 잘 저버리는도다

[10]모세는 네 부모를 공경하라 하고 또 아버지나 어머니를 모욕하는 자는 죽임을 당하리라 하였거늘
[11]너희는 이르되 사람이 아버지에게나 어머니에게나 말하기를 내가 드려 유익하게 할 것이 고르반 곧 하나님께 드림이 되었다고 하기만 하면 그만이라 하고
[12]자기 아버지나 어머니에게 다시 아무것도 하여 드리기를 허락하지 아니하여
[13]너희가 전한 전통으로 하나님의 말씀을 폐하며 또 이 같은 일을 많이 행하느니라 하고(막 7:6-13).

6-7절의 예수의 말씀은 이사야 29:13의 인용이다. 여기서 하나님은 이스라엘이 그분을 의지하지 않고 오히려 인간이 만든 전통을 의지하는 것에 대해 그들을 꾸짖으신다. 놀랍게도 이사야 29:9-10에 나온 이사야 6:9-10의 선명한 암시에 뒤이어, 이사야 29:13은 이사야 시대의 이스라엘 가운데서 이사야 6장의 우상숭배 범죄에 대한 선포가 성취되기 시작했음을 기록하고 있다. "너희는 맹인이 되고 맹인이 되라…대저 여호와께서…너희의 눈을 감기셨음이니." 그리하여 "그들의 마음이 하나님으로부터 멀리 떠났고", "사람의 계명으로 가르침을 받았을 뿐"이라는 말에는 우상숭배가 포함되어 있는 것 같다. 자주 구약성경의 다른 곳에서도 이스라엘이 하나님께로부터 "멀리" 떨어져 나갔다고 묘사되는데, 이것은 그들이 하나님이 아닌 우상들을 숭배하고 거기에 절했음을 의미한다(렘 2:5; 겔 44:10). 또한 백성이 "헛되이" 예배한다는 표현도 있는데, 이것은 그들이 우상을 예배한다는 뜻이다(사 41:29). 이사야 30:1-5은 이사야 29장에 나오는 이스라엘의 죄가 이 나라를 침공하려 했던 다른 나라에 대항하여 애굽의 도움에 의지하려 했던 것이라고 설명한다. 특히 이사야 30:1은 이스라엘이 "전제를 붓고 있지만" 하나님께 부어 드리지 않았다고 언급한다(즉 암묵적으로, 애굽과의 정치적 협약을 체결하기 위해 우상에게 잔을 바쳐 붓는 것을 가리킴).[5] 또한 이사

5) NASB은 이것을 "동맹을 맺다"로 패러프레이즈 한다. 하지만 히브리어의 문자적 풀이는

야 30:3은 백성이 "바로의 안전으로 도피"하려 했다고 말한다. 이것은 어느 정도 우상숭배와 타협하는 일을 포함한다. 왜냐하면 바로는 태양신 레가 육화한 존재라고 주장되었기 때문이다. 바로의 신적 왕권은 이집트 종교 신앙의 주춧돌이었다. 이사야 30:22도 이 시기 동안 이스라엘이 행했던 우상숭배를 명시적으로 언급한다("또 너희가 너희 조각한 우상에 입힌 은과 부어 만든 우상에 올린 금을…"; 겔 16:26: "하체가 큰 네 이웃 나라 애굽 사람과도 음행[=우상숭배]하되 심히 음란히 하여 내 진노를 샀도다").

따라서 예수가 이사야 29장으로부터 인용한 말씀은 원래 이사야서의 컨텍스트에서 우상숭배의 죄악과 연결된 듯하다. 마가복음 7:8은 "하나님의 계명"을 무시하고 "사람들의 전통을 붙잡는 것"이, 그분의 말씀보다는 전통을 존경하고 따라서 우상숭배를 범하는 것임을 확인해준다. 이 우상숭배는 마가복음 7:9에서 다시 지적되는데, 이것은 8절의 "너희가 하나님의 계명은 버리고 사람의 전통을 지키느니라"의 풀이다. 이 내용은 13절의 "너희가 전한 전통으로 하나님의 말씀을 폐하며…"에도 나온다.[6)]

비록 마가복음 7장에는 암시되지 않지만, 사무엘상 15장은 개념적으로 평행 텍스트로서 하나님의 말씀을 대신해 전통을 존중하는 것이 우상숭배라고 주장한다. 이 텍스트에서 사울 왕은 모든 아말렉 족속을 진멸하라는 명령을 하나님께 받지만(삼상 15:3, 18) 이에 불순종하고, 아말렉 왕과 탈취물 중 "좋은 모든 것"을(삼상 15:9) "여호와께 제물로 바치기 위해"(삼상 15:15) 남겨둔다. 여기에 대해 하나님은 사울이 "나의 명령을 이행하지 않았다"라고 말씀하신다(삼상 15:11). 이것은 "여호와의 음성에 불순종하고"(삼상 15:19) "그분의 말씀을 배척하는 것"(삼상 15:23)과 동일하다. 이것은 마가복음의 "하나님의 명령을 버리고" "그분의 말씀을 폐했다"라는 언급과 평

NASB의 각주에 인용된 대로 "전제를 붓다"이다.

6) Meadors, *Idolatry and Hardening of the Heart*, p. 88을 보라. Meadors도 막 7장에 나오는 사 29장의 언급을 우상숭배와 관련해서 논의한다.

행을 이룬다. 사무엘상서의 텍스트에서 매우 흥미로운 지점은, 이 대목이 야웨의 명령을 이행하지 않고 그 말씀을 배격한 일을 우상숭배와 동일시한다는 사실이다. "이는 거역하는 것이 점치는 죄와 같고 완고한 것은 사신 우상에게 절하는 죄와 같음이라 왕이 여호와의 말씀을 버렸으므로 여호와께서도 왕을 버려 왕이 되지 못하게 하셨나이다"(삼상 15:23). 사울은 "하나님의 말씀에 불순종하면서 번제와 희생 제사를 드리는 것이 그분을 기쁘시게 못한다"는 말을 듣는다(삼상 15:22). 사울은 하나님이 규정해놓으신 방식과는 반대로 자신의 예배 규칙과 희생 제사 전통을 세웠다. 바로 이것이 우상숭배였다.[7] 예수 시대의 유대인들도 같은 일을 행했다. 따라서 마가복음은 사무엘상서를 염두에 두고 있지는 않지만, 사무엘상서의 텍스트는 구약 시대에도 여전히 우상숭배가, 스스로 하나님께 예배드린다고 믿는 사람들이 그분의 말씀과 명령을 배격하고 이행하지 않는 현상과 연결되어 있었음을 보여준다. 이와 똑같은 개념이 마가복음에도 등장한다.

예수 시대에는 이런 우상숭배적인 "사람들의 전통"이 석상이나 목상에 대한 절이 아니라 인간이 만든 전통을 숭배하는 데서 드러난다. 마태복음 23:16-28은 이처럼 사람이 만든 유대교 전통 몇 가지를 열거한다(예를 들어 "율법의 더 무게 있는 조항"은 무시하면서 "박하와 회향과 근채의 십일조"를 드리는 일). 이런 전통은 그것이 비성경적이거나 그 자체로 나빠서가 아니라 그 전통에

---

7) 삼상 15장과 마찬가지로 겔 20:16은 광야 첫 세대가 "마음으로 우상을 따라 나의 규례를 업신여기며 나의 율례를 행하지 아니하며 나의 안식일을 더럽혔다"고 묘사한다. 이 구절의 마지막 어구는 이스라엘이 불순종한 궁극적인 이유를 "그들이 마음으로 우상을 따라…"라고 제시한다. 겔 20:16의 진술은 24절에서 패러프레이즈 되어, 첫 세대만이 아니라 앞으로 포로로 끌려가 유배될 장래 세대에게도 적용된다(23절). 두 경우에 우상숭배는 하나님의 법이나 말씀에 대한 일반적인 배격과 밀접히 연결된다. 마찬가지로 광야 제2세대는 "너희 조상들의 율례를 따르지 말며 그 규례를 지키지 말며 그 우상들로 말미암아 스스로 더럽히지 말라"라는 권고를 받았다(18절). 여기서 다시 불경건한 "율례"와 "규례"가 우상숭배와 긴밀히 연결된다. 이것은 개념적으로 마 7:7의 "계명"과 "교훈" 및 사 29:13의 "관원들의 교시"(MT) 혹은 "사람의 계명"(LXX)과 아주 가까운 듯하다.

대한 이스라엘의 태도 때문에 문제가 되었다. 이스라엘은 하나님과 그분의 말씀 대신에 이런 전통을 신뢰했다.

마태복음 15:2과 마가복음 7:2-5에 언급된 전통 중 하나는 음식을 먹는 행위와 관련해서 시행되었던 다양한 세정 의식이다. 이 의식들 중 어떤 것도 구약성경에서 행하라고 명해진 것은 없다. 물론 깨끗이 씻는 의식 자체가 문제가 있는 것은 전혀 아니었다. 하지만 예수는 마태복음 15:3, 6과 마가복음 7:7-9에서 이 의식들이 하나님과 그분의 말씀보다 더 중시되며, 결과적으로 "하나님의 말씀을 폐한다"라고 말씀하신다.

마태복음 15:14에서 예수는 바리새인들에 대해 이렇게 주장하신다. "그냥 두라. 그들은 맹인이 되어 맹인을 인도하는 자로다. 만일 맹인이 맹인을 인도하면 둘이 다 구덩이에 빠지리라." 이 구절은 마가복음 7장과 평행하는 텍스트다. 왜냐하면 여기 전통에 관한 동일한 컨텍스트(마 15:8-9)에서 이사야 29:13이 인용되어 있기 때문이다(전체 평행 텍스트는 마 15:1-20=막 7:1-23이다. 물론 몇 가지 의미심장한 변화는 있다). 바리새인들이 눈멀었다는 것은 예수가 이사야 29:13을 그들에게 계속 적용하고 있음을 의미한다. 이 예언이 백성이 눈멀게 되리라고 반복해서 말하기 때문이다. "너희는 맹인이 되고 맹인이 되라"(사 29:9); "대저 여호와께서…너희의 눈을 감기셨음이니"(사 29:10).[8] 마찬가지로 마태복음 15:10의 "듣고 깨달으라"라는 권고는 비록 긍정적 형태로 되어 있지만 이사야 6:9-10의 "너희가 듣기는 들어도 깨닫지 못할 것이요 보기는 보아도 알지 못하리라"를 인용하는 것 같다.[9] 따라서 마태복음 15:16에 있는 예수의 질문, "너희도 아직까지 깨

---

8) 이 통찰에 대해서는 Mike Daling에게 감사드린다(참조. Daling의 박사 학위 논문 "Understanding Righteousness: Hearing and Seeing Loss and Restoration in the Gospel of Matthew" [Ph.D. diss., Wheaton College Graduate School, 근간]).

9) *akouō*와 *syniēmi*가 직접적으로 연결되어 나타나는 다른 구절로는 왕상 3:9; 느 8:2; 솔로몬의 지혜서 6:1이 있다. 참조. 특히 사 52:15b; 솔로몬의 지혜서 6:1이 타당하다("그러므로 왕들의 말을 듣고 깨달으라"). 이는 적극적인 명령이고 사 6:9은 부정적인 명령이기 때문이다. 그럼에도 사 29장은 마 15:8-9에 인용되고 14절에도 암시되기 때문에, 사

달음이 없느냐"는 이사야 6:9의 "너희가…깨닫지 못할 것이요"를 반영한다. 이처럼 이사야 6장과 29장을 언급한 사례를 볼 때, 컨텍스트적으로 우상숭배 사상도 함께 옮겨진 것이 아닐까 추측할 수 있다.

전통에 대한 이스라엘의 헌신적인 태도 안에 우상숭배가 나타나 있다는 내 결론은 마태복음 23장을 통해 다시 지적될 수 있다. 이 텍스트에서는 바리새인들이 두 차례에 걸쳐 "눈먼 안내자"(소경된 인도자)로 불리며 세 차례에 걸쳐 "눈이 멀었다"라고 언급된다. 이로써 마태복음 15:14의 개념이 계속되는 것이다. 각각의 경우, 백성의 눈멀음은 마태복음 15장에서처럼 전통에 대해 온 마음을 바치는 그들의 헌신과 연결된다. 이런 사실은 다시 전통이 그들의 우상숭배적인 의지의 대상임을 보여준다. 치밀한 규칙들로 구성된 이스라엘의 전통이 바로 그들이 우상처럼 숭배하는 신뢰의 대상인 것이다. 만일 타인에게 억지로 강요되는 것이 아니라면—자주 강요되기는 했지만—, 그리고 "진짜 중요한 점이 무시되지 않는다면", 전통 자체가 악한 것은 아니었다.[10] 정말 중요한 것은 "공의와 자비와" 하나님과 그분의 말씀에 대한 "신실함"이었다(마 23:23).

이스라엘의 문제점이 자기 전통을 우상화하는 것이었다는 사실은, 바울이 예수 시대의 유대인들에 대해 어떤 견해를 가졌는지를 볼 때 더욱 명확해진다. 제8장에서 바울에 대해 다루겠지만, 여기서는 바울의 견해와 복음서 사이의 관련성 때문에 이 점을 다룰 것이다. 예를 들어 골로새서 2:18-22에서 바울은 이렇게 말한다.

> [18]아무도 꾸며낸 겸손과 천사 숭배를 이유로 너희를 정죄하지 못하게 하라 그가 그 본 것에 의지하여 그 육신의 생각을 따라 헛되이 과장하고

6:9 10이 다른 평행 텍스트보다 범위상 더 가까운 것 같다. 왜냐하면 사 29:9-13 자체가 사 6장의 성취의 시작이기 때문이다.

10) R. T. France, *Matthew*, TNTC (Downers Grove, Ill.: InterVarsity Press, 1985), p. 328.

19머리를 붙들지 아니하는지라 온몸이 머리로 말미암아 마디와 힘줄로 공급함을 받고 연합하여 하나님이 자라게 하시므로 자라나느니
20너희가 세상의 초등학문에서 그리스도와 함께 죽었거든 어찌하여 세상에 사는 것과 같이 규례에 순종하느냐
21(곧 붙잡지도 말고 맛보지도 말고 만지지도 말라 하는 것이니
22이 모든 것은 한때 쓰이고는 없어지리라) 사람의 명령과 가르침을 따르느냐

22절의 "사람들의 명령과 가르침"은 이사야 29:13의 말미("사람의 계명으로 가르침을 받았을 뿐")에 대한 암시다. 이것은 마가복음 7장과 마태복음 15장에 인용된 바로 그 이사야서 텍스트며, 그 주제는 유대인의 음식 규례의 전통에 대해서다(21절). 18절은 "머리[그리스도]를 꽉 붙드는" 대신에 "천사들에 대한 숭배"를 원하고 신뢰하는 자들을 언급한다(19절). 바울은 구약의 음식 규례가 "장래 일의 그림자이나 몸은 그리스도의 것"(앞으로 임할 일에 대한 그림자이지만, 그 실체는 그리스도께 속함)이라고 말한다(17절). 이런 법을 신뢰하는 것이 이제는 우상숭배적인 전통이 되었다. 왜냐하면 이 법의 최종 목표와 끝은 그리스도에게서 발견되기 때문이다. 골로새서 2:22에서 바울은 그리스도를 신뢰하기보다 구약성경의 그림자이며 이제는 쇠퇴해버린 음식 규례를 신뢰하는 것이 우상에게 절하는 것과 같다고 말한다. 골로새서 2:18-19은 우상숭배 개념을 지지한다. 옛 그림자를 의지하는 것 역시 그리스도에 대한 예배를 "천사들에 대한 예배"로 대체하는 일이라고 말하기 때문이다. 바로 이것이 "머리를 단단히 붙잡지 않는 것"이다(19절). 바울은 마가복음 7:7과 마태복음 15:9에서, 아마도 나중에 기록된 예수님의 말씀의 영향 아래서 이사야 29:13을 언급한다.[11] 바울이 이사야 29:13의 언급을 우상숭배라는 명백한 개념과 밀접하게 연결시키는 것은 그리 놀랍지 않다. 왜냐하면 이것이 이사야 29장의 컨텍스트적 의미이며, 예수는 바로 이 개

11) *Novum Testamentum Graece*, Nestle-Aland 27th edition의 각주도 보라.

념을 의중에 두고 이사야 29장을 사용하셨기 때문이다.[12] 디도서 1:14에도 이사야 29:13이 언급되고 있다. 이는 "사람들의 계명"이 "유대인의 신화"와 평행하기 때문이다. 이 둘은 모두 "진리로부터 멀어지는" 결과를 낳는다.

마찬가지로 바울은 빌립보서 3장에 나오는 우상숭배적 음식 규례 전통을 증거한다. "개들을 삼가고 행악하는 자들을 삼가고 몸을 상해하는 일(거짓 할례)을 삼가라"(2절). 그런 다음 바울은 이런 사람들을 "그리스도의 십자가의 원수"며 "그들의 마침은 멸망이요 그들의 신은 배요 그 영광은 그들의 부끄러움에 있고 땅의 일을 생각하는 자"(18-19절)라고 부른다. 불신하는 유대인들이 자기 배(위장)를 신으로 삼았다는 바울의 진술은, 음식과 관련해서 온갖 종류의 규례와 사람이 만든 전통에 집착하는 현상을 언급하고 있을 가능성이 높다. 그리스도를 의지하는 대신에 이런 전통에 투철하게 헌신하는 것이 바로 우상숭배였다![13] 로마서 2:22("우상을 가증히 여기는 네가 신전 물건을 도둑질하느냐")도 불신앙적인 유대인들이 이방인 같은 우상숭배자는 아니었지만, 본질적 의미에서는 우상숭배자였다는 바울의 견해를 증거한다. 유대인들의 우상숭배적 전통 고수는 좀 더 미묘하긴 했지만, 마찬가지로 악한 것이었다. 바울은 그들의 우상숭배가 아주 강렬해서 마치 실제로 이교 사원에 가서 우상을 훔쳐오고 그것에 절한 것과 같다고 묘사한다. 여기서 바울이 의중에 두고 있던 우상숭배적 전통 중 하나는, 외적인 할례를 믿기만 하면 율법을 어기는 동안에도 유대인이 하나님을 기쁘게 할 수 있다고 잘못 믿는 것이었다(롬 2:25-28). 디모데전서 4:3("어떤

12) "천사 숭배"라는 속격 어구가 "천사들과 함께 예배하는 것"을 가리키지 않고 "천사들을 숭배하는 것"을 가리키며, 따라서 천사에 대한 숭배를 언급한다는 간략한 주장으로는 David M. Hay, *Colossians*, Abingdon New Commentaries (Nashville: Abingdon, 2000), pp. 105-109을 보라. 이 컨텍스트에서 골로새서의 이 구절에 대한 더 자세한 설명으로는 G. K. Beale, "Use of the Old Testament in Colossians," in *Commentary on the New Testament Use of the Old Testament*, ed. G. K. Beale and D. A. Carson (Grand Rapids: Baker, 2007), 인용한 곳을 보라.

13) 빌 3:11-19과 관련해서 더 충분한 논의를 보려면 제11장을 보라.

음식물은 먹지 말라고 할 터이나 음식물은 하나님이 지으신 바니 믿는 자들과 진리를 아는 자들이 감사함으로 받을 것이니라")에도 같은 종류의 생각이 함축된 것 같다.

복음서에 나오는 귀신의 강력한 활동도 우상숭배적 활동으로서의 이스라엘의 전통 숭배에 대해 힌트를 준다. 왜냐하면 (1) 귀신들이 "우상의 배후에" 있다고 이해되었고,[14] (2) 종종 귀신 자체가 바알세불이라 불렸기(일곱 번) 때문이다. 바알세불은 어떤 식으로든 가나안의 풍요의 신인 바알과 연결된 듯하며, 구약성경에서 자주 그렇게 불렸다(왕상 18:16-40).[15] 또한 제5장에서 살펴보았듯이, 바울도 고린도전서 10:19-21에서 우상의 배후에 있는 귀신의 실제성에 대해 같은 생각을 했다.

> 19그런즉 내가 무엇을 말하느냐 우상의 제물은 무엇이며 우상은 무엇이냐
> 20무릇 이방인이 제사하는 것은 귀신에게 하는 것이요 하나님께 제사하는 것이 아니니 나는 너희가 귀신과 교제하는 자가 되기를 원하지 아니하노라
> 21너희가 주의 잔과 귀신의 잔을 겸하여 마시지 못하고 주의 식탁과 귀신의 식탁에 겸하여 참여하지 못하리라

마찬가지로 요한계시록의 많은 구절에서는 우상숭배가 직접적으로 귀신과 연결된다(계 2:20, 24; 9:20; 16:13-14; 18:2-3을 보라).[16]

그러나 귀신과 우상 사이의 밀접한 연결에 대한 이런 증거는, 이스라엘이 우상을 숭배하듯 전통에 헌신하는 것과 관련성을 맺고 있는가? 이런

---

14) 예를 들어 레 17:7; 신 32:17; 시 96:5 [95:5]; 106:37; LXX 사 65:11의 변이형들; 희년서 1:11; 11:4-6; 유다의 유언 23:1; 납달리의 유언 3:3; 에녹1서 19:1; 99:7; *Tg. Ps.-J. Ex.* 32:19, 24; 고전 10:20; 바룩 4:7; 시빌의 신탁 8:477-98; 참조. 솔로몬의 유언 5:5; *Pirqe. R. El.* 45.

15) Theodore J. Lewis, "Beelzebul," *The Anchor Bible Dictionary*, ed. D. N. Freedman (New York: Doubleday, 1992), 1:638-640을 보라. Lewis는 다양한 배경을 조사하는데, 그 대부분은 신약의 용례에 있어서 바알이라는 배경을 살핀다.

16) 이 모든 텍스트에 대한 설명으로는 Beale, *Revelation*, 인용된 곳을 보라.

증거와 복음서 속에서 마귀와 귀신들의 존재의 핵심은, 그들이 이사야의 시대만이 아니라 예수 시대에도 활동했다는 점이다. 물론 예수 시대에 활동한 마귀와 귀신들은 이스라엘이 그 앞에서 절했던 부어 만든 신상이 아니라 죽은 전통이었지만 말이다. 회당 안에서조차 이런 귀신이 자리 잡고 있었다는 것은 그 귀신이 당대의 종교 기관 가운데 활동하면서, 종교 지도자들로 하여금 하나님과 그분의 말씀이 아니라 죽은 전통에 초점을 맞추도록 영향력을 행사했음을 보여준다(참조. 막 1:23-27).

구약성경의 다른 우상숭배 구절들에 대한 용례

마태복음 12장에서 예수는 우상숭배나 우상이라는 단어를 명시적으로 언급하지 않고 그 개념만을 보유하면서, 이 주제에 대한 구약성경의 구절들을 사용하신다. 종교 지도자들은 예수께 "표적"을 보여달라고 요청한다(마 12:38). 예수는 "악하고 음란한[*ponēra kai moichalis*] 세대가 표적을 구한다"라고 말씀하심으로써 이 요청에 응답하신다. 분명히 이 말씀은 호세아 3:1을 암시하고 있다.

> 여호와께서 내게 이르시되 "가라. 가서 악을 사랑하는 한 음녀[*ponēra kai moichalin*]를 사랑하라. 여호와가 이스라엘의 자손을, 비록 그들이 낯선 다른 신에게 주목하고 [마음을 줄지라도] 사랑하듯이, 사랑하라" 하시기로…(그리스어 구약성경).

호세아의 아내는 이스라엘을 지시하는 일종의 비유다. 이 비유에서 이스라엘은 영적으로 우상숭배자이기 때문에 하나님께 충성하는 대신에 우상에게 절한다. 이사야서의 텍스트를 인용하거나 암시한 앞의 텍스트에서 예수는 명시적으로 우상이나 우상숭배에 관련된 언어를 사용하지는 않지만, 이 개념은 여기에 적용될 수 있는 것 같다.[17] 우상숭배에 대한 호세아서의 묘사를 서기관과 바리새인에게 적용한 후, 예수는 그들에게 "요나의 표적"을 제공하겠다고 말씀하신다(마 12:39-40). 이 표적이란 예수의 부활을 의미한다. 서기관과 바리새인들은 이 표적을 배격하고 심판받게 될 것이다(마 12:41-42). 그런 다음 즉시, 예수는 귀신 들림에 대해 말하면서, 이것을 종교 지도자로 대변되는 그 세대에 적용한다(마 12:43-45).

> 43더러운 귀신이 사람에게서 나갔을 때에 물 없는 곳으로 다니며 쉬기를 구하되 쉴 곳을 얻지 못하고
> 44이에 이르되 내가 나온 내 집으로 돌아가리라 하고 와 보니 그 집이 비고 청소되고 수리되었거늘
> 45이에 가서 저보다 더 악한 귀신 일곱을 데리고 들어가서 거하니 그 사람의 나중 형편이 전보다 더욱 심하게 되느니라 이 악한 세대가 또한 이렇게 되리라

45절의 "이 악한 세대"는 우상숭배 하는 이스라엘에 대한 호세아서의 묘사("악하고 음란한 세대")와 직접적으로 연결된다. 39절에서는 이것이 주후 1세기 이스라엘에게 적용되는데, 이는 의미심장하다. 구약성경의 우상숭배 사상이 전통에 대한 이스라엘의 의존이 아니라, 이스라엘 가운데 귀신들의 존재와 직접적으로 연결되기 때문이다. 이것은 앞에서 이루어졌던 논의와 잘 맞아떨어진다. 즉 구약성경과 유대교와 신약성경의 다양한 텍스트에 따르면, 귀신은 우상의 배후에 자리 잡은 영적인 실재로서 우상이 우상숭배자에 대해 영적으로 힘을 휘두를 수 있게 해준다는 것이다. 예수는 이스라엘에서의 마귀의 활동을 우상숭배와 연결시키는 것 같다. "전통"

17) Sandelin, "Jesus-Tradition and Idolatry," p. 419. Sandelin은 (그리스어 구약에서 호 3:1에서만 이 두 단어의 결합이 나온다는 점을 지적하면서) 이 암시와 마 12:39에서의 우상숭배적 함축을 관찰한다. 물론 호세아서에서 *moichalis*라는 단어는 명사로서, 마태복음에서는 형용사로 기능하지만 말이다.

을 이스라엘의 우상으로 보는 내 견해가 정확하다면, 마귀의 왕국은 사람들이 이와 같이 서짓된 예배를 드리도록 영향을 주었다고 볼 수 있다. 사실상 45절의 "이 악한 세대"(당대의 이스라엘)는 귀신들이 "악하다"(문자적으로는 "더욱 악함"[*ponērotera*])라고 불리기 때문에 "악하다"[*ponēros*]라고 묘사된다. 이것은 숭배 대상인 전통의 배후에 있는 악한 귀신의 세력과 사람이 동일시되는 미묘한 사례라고 할 수 있다. 이스라엘은 전통이라는 우상을 활성화시켰던 악한 귀신들처럼 악하게 되었다. "사람의 악한 상태"는 그 속에 거하는 사악한 귀신에 의해 결정된다. 마태복음 12:38-45에는 이스라엘의 전통에 대한 명시적인 언급이 없지만, 전후 문맥에는 이런 언급이 풍부하게 발견된다.[18] 따라서 유대인의 전통은 예수의 의중에서 그리 멀리 벗어나 있지 않다. 특히 종교 지도자들이 고수했던 왜곡된 안식일 전통이 앞서 12장에 나와 있기 때문이다.

마태복음 12:43-45의 요점은 예수에 대해서는 이도저도 아닌 중립을 지킬 수 없다는 것이다. 우리는 예수에 대해 찬성하든지 반대하든지 둘 중 하나다. "나와 함께 아니하는 자는 나를 반대하는 자"이다(마 12:30; 눅 11:23). 귀신을 쫓아내는 예수의 권능을 목격했던 사람들(마 12:22-29)은 예수가 누구신지를 입증할 "표적"을 요구하고 있다는 점에서 여전히 그분을 향해 중립적으로 보인다. 하지만 실상은, 만일 그들이 마음속으로 예수에 대한 충성을 보여주지 않는다면, 그들은 예수의 표적들에 대해 애초부터 긍정적으로 반응하지 않는다는 점에서 더욱 악해지는 것이다.[19]

하지만 이것이 전부는 아니다. 마태복음 12:43-45의 인용에는 이사야 34:14-15의 반향이 존재하는데, 이 대목의 첫 부분은 귀신에 대해 말하고

---

18) 왜곡된 전통에 대해서는 "너희가 이렇게 들었으나"라는 반복적인 언급(마 5:21-43), 구제(마 6:2-4), 기도(마 6:5-6), 금식(마 6:16-18), 안식일 법규(마 12:1-14), 음식 규례(마 15:1-20), 마 23장에서 단죄된 다양한 전통 등의 언급을 보라.

19) 여기서는 폭넓게 D. A. Carson, *Matthew*, EBC (Grand Rapids: Zondervan, 1995), pp. 298-299을 따랐다.

있다.

[14]들짐승이 이리와 만나며 숫염소(hairy goat)가 그 동류를 부르며 올빼미(night monster)가 거기에 살면서 쉬는 처소로 삼으며
[15]부엉이(tree snake)가 거기에 깃들이고 알을 낳아 까서 그 그늘에 모으며 솔개들도 각각 제 짝과 함께 거기에 모이리라(개정개역과 저자가 사용하는 영역본의 차이에서 중요 지점을 괄호 안에 부기했음-역자 주).

"숫염소"(hairy goat)는 귀신을 가리키는 듯하다.[20] "올빼미"(night monster, 문자적으로 "릴리쓰"[Lilith], 이 단어도 마귀를 가리킴)도 마찬가지다.[21] 이사야 34:11, 14은 황폐한 지역에서(11절) "귀신들이 사티로스를 만날 것이며…사티로스가 그곳에서 쉼[*anapausin*]을 찾고 거기에 머물 것[*anapausontai*]"(14절)이라고 말한다. 이 단어들이 마태복음 12:43-45에 나오는 단어와 매우 밀접하게 연결되어 있음에 주목하라. "더러운 귀신이…쉬기를 구하되[*zētoun anapausin*]…와 보니[*heuriskei*] 그 집이 비고…." 이사야서에서 이 악한 어둠의 귀신들은 텅 빈 황무지에서 쉴 곳을 찾는다. 바로 이것이 예수 시대의 이스라엘인들의 마음 상태이며, 로마 군대가 예루살렘과 성전을 파괴하게 될 때의 땅의 모습인 것이다. 바로 몇 구절 앞에 나왔던 "독사의 자식들"이라는 말과 "악하다"라는 종교 지도자들에 대한 예수의 언급(마 12:34)은 새로 태어난 새끼들을 "모으는" 이사야 34:15의 "뱀"(개정개역은 "부엉이"-역자 주)의 반향이지 않을까? 이사야 34장의 반향은 이스라엘 백성을 귀신의 세력과 동일시하도록 만든다.

---

20) 그리스어 구약은 "광야 거주자들[광야 거주 생물들]"(*ṣiyyîm*)이라는 히브리어를 "귀신들"(*daimonia*)로 옮긴다.

21) "털북숭이 염소"와 "Lilith"를 귀신적 실재로 확인하는 데 대해서는 E. J. Young, *The Book of Isaiah* (Grand Rapids: Eerdmans, 1969), 2:440-441을 보라. 또한 Young은 마 12:43의 표현에서 유사한 개념을 관찰한다.

복음서에서 이사야서의 우상숭배 텍스트들 활용에 대한 결론

예수가 우상숭배에 반대하는 논쟁을 전개하고 있음을 암시해주는, 최소한 또 하나의 증거가 있다. 이사야 40-66장은 미래에 이스라엘이 포로 상태로부터 해방되면서, 하나님이 우상들과 영적으로 죽은 우상숭배자들을 무찌르고 심판하시리라고 예언한다. 리키 와츠(Rikki Watts)는 다음과 같은 지점을 설득력 있게 주장했다. 즉 복음서들은 예수가 죄와 귀신과 사탄의 예속 상태로부터 죄인들을 구출하는 일을 하심으로써[22] 이사야서의 제2의 출애굽 예언(예를 들어 사 53장의 고난 받는 종)을 성취하기 시작한다고 묘사한다는 것이다. 결국 귀신들과 사탄은 전통이라는 우상의 배후에 존재하고 있다. 우상숭배에 대한 책망은 "[하나님으로부터] 멀어져" 자기를 "자기 마음의 우상들"에게 바친 주후 1세기의 모든 유대인에게 향할 수 있었다(1QS 2:11b-12).[23]

따라서 마태복음 15장, 마가복음 7장 및 관련 텍스트들이 이사야 6:9-10과 29:13을 예수 당대의 사람들에게 적용한다는 사실은, 이사야 시대에 일어났던 일들이 다시 일어나고 있음을 암시한다. 즉 이스라엘은 하나님이 아닌 다른 것에 자신을 바치는 우상숭배를 저지르고 있다고 판단되었다.[24] 또한 그에 대한 형벌이 이사야 6:9-10에 있음을 상기하라. 여기서 하

---

22) Rikki Watts, *Isaiah's New Exodus in Mark* (Grand Rapids: Baker, 1997), pp. 190-199, 238-252. 특히 마가복음에서의 우상숭배 배경과 연관해서 이 자료를 보라. 여기서 마가복음의 배경은 우상과 우상숭배에 반대하는 이사야서의 제2 출애굽 예언의 배경과 비교되어 있다.

23) Dupont-Sommer의 번역을 따랐다. 이 텍스트 전체는 "자기 마음의 우상들과 함께 이 언약에 들어와 부엇이든 사기 잎에 사악함에 빠지게 하고 하나님으로부터 멀어지게 할 것을 남겨두는 자는 저주를 받으리라"라고 되어 있다. Martinez의 영역본은 1QS 2:11b-12를 "누구든지 자기 앞에 걸려 넘어질 자기 죄책의 방해물을 남겨두고 이 언약에 들어오는 자는 자기 마음으로 숭배하는 그 우상들에 의해 저주를 받는다"라고 옮긴다.

24) 대다수의 사본은 막 7:16을 포함한다. 이 구절은 "만일 누구든지 들을 귀를 가진 자는 듣게 하라"(codex Alexandrinus[5세기]도 이 구절을 포함함)라고 되어 있다. 하지

나님은 이렇게 말씀하신다. "네가 우상을 좋아하느냐? 네가 그것을 그렇게 좋아한다면 내가 너희를 그것처럼 되도록 해주겠다. 우상은 보지도 듣지도 이해하지도 못하고, 영적인 생명도 전혀 없다. 따라서 너희가 절하는 그 우상처럼 너희도 영적으로 감각 없고 생명력 없이 될 것이다." 예수 당대의 이스라엘은 그들이 헌신했던 공허하고 활력 없는 인간의 전통처럼 영적으로 죽어가고 있었다. 예수가 자기 당대에 전통을 가르쳤던 종교 지도자들에게 직접 비유한 대로, 그들은 "겉으로는 아름답게 보이나 그 안에는 죽은 사람의 뼈와 모든 더러운 것이 가득한 회칠한 무덤"(마 23:27-29)같이 생명 없는 존재였다.

이사야 40-66장은 이사야 6장의 끝 부분과 같은 비관적 주제를 내포한다. 이 텍스트에서 유배지에서 돌아온 남은 자들은 포로기 이전의 이스라엘만큼이나 우상을 숭모한다고 언급된다.[25] 하지만 이사야는 이사야 11:1에서 이새의 새 뿌리에 대해 예언한다. 새 뿌리는 그 밑둥으로부터 솟

만 가장 초기의 가장 나은 사본(mss. Sinaiticus와 Vaticanus)에는 이 표현이 생략되어 있다. 그래서 많은 학자들은 이것이 막 4:9에 있는 같은 어구의 사용에 영향을 받아 이차적으로 삽입되었다고 믿는다. 바로 이 지점에서 필사자가 의도적으로 그렇게 했을 가능성이 있다. 막 4:9-10, 14과 막 7:14, 17 사이에는 평행 관계가 있고, 이 두 텍스트 사이에 하나의 비유가 끼여 있기 때문이다(예를 들어 R. T. France, *The Gospel of Mark*, NIGTC [Grand Rapids: Eerdmans, 2002], p. 276이 주장하듯 말이다. Bruce M. Metzger, *A Textual Commentary on the Greek New Testament* [New York: United Bible Societies, 1971], pp. 94-95도 보라). 그럼에도 삽입일 가능성이 있는 이 구절은 막 7:1-15과 사 6장 사이의 이른(5세기 혹은 4세기) 연관성을 반영하며(사 6장은 막 4:9, 23에 있는 "들으라" 형식과 관련해 막 4:12에 인용되었다), "들으라" 형식은 이 연관성에서 비롯되었다. 만약 이것이 정확하다면, 이 삽입은 막 7:6-7에 있는 사 29:13 인용에 의해 영향을 받았을 것이다. 앞서 보았듯이 사 29:13은 이사야서 자체 안에서 사 6:9-10이 발전한 텍스트다.

25) Watts, *Isaiah's New Exodus in Mark*, pp. 183-220을 보라. Watts는 사 40-66장이 예수 시대의 이스라엘 지도자들에 대한 마가의 묘사의 일차적 배경이라고 주장한다. 지도자들은 우상숭배적 지혜 때문에 영적으로 눈멀어 그들을 위한 하나님의 지혜를 배척했으며, 예수 안에서 뚫고 들어오는 이사야서적인 새 출애굽의 통치를 거절했다 (Ibid., pp. 198-199).

아오를 것이다. 예수가 그 새 뿌리가 될 것이며, 옛 신정 정치의 기반이 아닌 새 기반 위에서 성립되는 새 이스라엘이 생겨날 것이다. 이사야 66장은 심지어 이방인들이 새 이스라엘에서 제사장이 되리라고까지 말한다. 이사야가 민족으로서의 유대인들이 완전히 배척되리라고 예언하는 것은 아니다. 믿는 유대인들은 이 새롭게 구성되는 민족 가운데로 이방인과 함께 모일 것이다. 바로 이것이 이스라엘의 실패한 믿음을 책망하기 위해 이사야 5:1-2을 인용하신 다음(마 21:33), "그러므로 내가 너희에게 이르노니 하나님의 나라를 너희는 빼앗기고 그 나라의 열매를 맺는 백성이 받으리라"(마 21:43)라는 말씀으로 예수가 지적하신 요점이다.

이처럼 복음서 기자들은 복음서의 가장 중요한 문학적 단계에서 중대한 의의를 드러내기 위해 이사야 6:9-10을 인용한다. 예수 당대의 이스라엘이 결국에는 심판받으리라는 것을 말하기 위해 이 텍스트가 인용된 것이다. 그 이유는 무엇일까? 가장 좋은 대답은 이스라엘이 선동을 우상화했기 때문이라는 것이다.

그렇다면 복음서에는 이사야 6장의 영적인 눈멀음과 귀먹음만이 전달될 뿐이지 우상숭배적 요소는 전달되지 않았다는 반론도 있을 수 있다. 왜냐하면 이 인용의 설명 부분에는 우상에 해당하는 단어가 실제로는 나타나지 않기 때문이다. 하지만 나는 이사야서의 우상숭배 언급이 복음서에 어느 정도 전달된다는 주장에 대해 다음과 같은 네 가지 근거를 제시하고자 한다. (1) 우상숭배를 반대하는 논증이 이사야 6:9-10의 의미에서 핵심적이기 때문에, 눈멀음과 귀먹음은 실제로 우상처럼 되어버린 사람들을 가리킨다. (2) "우상"에 해당하는 히브리어 단어는 이사야 6:9-10에 실제로 나타나지 않는다. 따라서 이것을 인용하거나 설명한 텍스트에도 이런 단어가 나타나지 않는다는 것은 충분히 예상 가능하다. (3) 나는 이사야 6장과 이사야 29장의 인용에 우상숭배 개념이 연결되어 있다고 주장했다. 또한 전형적으로 어떤 개념을 표현하는 명시적 단어가 같은 개념을 말하는 다른 표현에서 꼭 사용될 필요는 없다고 본다. 놀랍게도 우상이나 우상숭배에 해당하는 실제 단어는 예수가 우상숭배를 명시적으로 가리키는 몇몇 텍스트에도 나타나 있지 않다(마 4:9; 6:24). 이런 점은 예수가 우상숭배에 관한 구약성경 구절들을 언급하실 때 이와 같이 하실 수 있다는 선례를 제공한다고 할 수 있다. (4) 구약성경에서는 우상숭배가 하나님 백성의 큰 문제인 반면에, 복음서에서는 우상에 대한 명시적 언급이 나타나지 않는다고 해서 이 문제가 사라졌다고 볼 수 있겠는가? 내 주장은, 우상숭배의 문제는 여전하되 다만 명시적 언어로 표현되지 않았을 뿐이라는 것이다.

요한복음에서의 이사야서 활용

지면의 한계상 이 책에서는 복음서의 다른 우상숭배의 예를 더 논의할 수 없다(예를 들어 누가복음이나 요한복음에서 사 6장의 활용). 내가 마태복음과 마가복음에서의 이사야서 활용에 대해 논의했듯이, 누가복음과 요한복음에서의 이사야서 활용에 대해서도 똑같은 개념이 입증되리라는 것을 언급하는 것으로 충분할 듯하다. 하지만 이런 연구가, 예를 들어 요한복음에서 어떤 방향을 취하게 될지 간략하게나마 암시하는 것이 적절할 것이다. 요한복음 12:37-43은 요한복음의 전반부에 진술된 표적들로부터 다락방 강화로 이행하는 크고 급격한 변화를 보여준다.

> 37이렇게 많은 표적을 그들 앞에서 행하셨으나 그를 믿지 아니하니
> 38이는 선지자 이사야의 말씀을 이루려 하심이라 이르되 주여 우리에게서 들은 바를 누가 믿었으며 주의 팔이 누구에게 나타났나이까 하였더라
> 39그들이 능히 믿지 못한 것은 이 때문이니 곧 이사야가 다시 일렀으되
> 40그들의 눈을 멀게 하시고 그들의 마음을 완고하게 하셨으니 이는 그들로 하여금 눈으로 보고 마음으로 깨닫고 돌이켜 내게 고침을 받지 못하게 하려 함이라 하였음이더라

[41]이사야가 이렇게 말한 것은 주의 영광을 보고 주를 가리켜 말한 것이라
[42]그러나 관리 중에도 그를 믿는 자가 많되 바리새인들 때문에 드러나게 말하
지(confessing Him) 못하니 이는 출교를 당할까 두려워함이라
[43]그들은 사람의 영광을 하나님의 영광보다 더 사랑하였더라

이 전환 대목은 왜 예수의 공생애 중 그의 기적적인 표적을 목격했던 사람들 대부분이 그를 믿지 않았는지를 설명해준다. 첫째로, 이사야 53:1은 이스라엘의 죄로 인해 고난 당할 종을 이스라엘이 믿지 않으리라는 예언의 성취를 제시하기 위해 인용되었다(사 53:2-12). 이사야 6:10은 이스라엘의 불신앙에 대한 두 번째 예언으로 인용되어 있다. 예수는 이 불신앙이 자신의 삶 가운데서 성취됨을 보고 계신다. 이 인용문은 그 안에 연결되어 있는 이사야서의 다른 구절들로부터 나온 실타래를 포함한다. 먼저, 이사야 6:9-10은 (그리스어 구약에 있는 *typhloō*에서 나온) "눈멀다"라는 단어를 사용하지 않는다. 이 단어는 이사야 6:10("그들이 자신들의 눈으로 보지 못하도록")의 패러프레이즈인 것 같다. 하지만 이사야 6장을 발전시키고 있는, 나중에 나오는 이사야서의 두 텍스트가 "보지 못함"이라는 부정적인 언급을 "눈멀음"으로 해석한다는 사실은 단순한 우연이 아니다. 이사야 29:9-10은 이렇게 말한다.

너희는 놀라고 놀라라 너희는 맹인이 되고 맹인이 되라…대저 여호와께서 깊이 잠들게 하는 영을 너희에게 부어 주사 너희 눈을 감기셨음이니 그가 선지자들과 너희 지도자인 선견자들을 덮으셨음이니라

이사야 29:18은 이 소선이 장차 역전되리라는 것을 암시한다. "그날에 못 듣는 사람이 책의 말을 들을 것이며 어둡고 캄캄한 데에서 맹인의

눈이 볼 것이며…."[26] 크레이그 에반스(Craig Evans)가 주장하듯,[27] 이사야 42:18-19은 이사야 29장과 함께 짜여져, 요한복음 12장에 있는 이사야 6장의 인용 속에 들어가 있다.

> 너희 못 듣는 자들아 들으라 너희 맹인들아 밝히 보라
> 맹인이 누구냐 내 종이 아니냐 누가 내가 보내는 내 사자같이 못 듣는 자겠느냐
> 누가 내게 충성된 자같이 맹인이겠느냐
> 누가 여호와의 종같이 맹인이겠느냐

(그리스어 구약에는 이 마지막 어구가 "하나님의 종들이 눈이 멀었다[*etyphlōthēsan*]"로 되어 있다. 이것은 요 12:40의 "그가 그들의 눈을 멀게 했다[*tetyphlōken*]"에서의 눈멀음에 해당하는 동사의 한 형태다.)

이사야 42장이 암시되어 있다는 표시는 "빛"과 "어두움"의 대조가 포함되어 있다는 점인데, 이것은 요한복음 12:35-36의 직접적 컨텍스트에도 등장한다(도표 6.1.을 보라).

마찬가지로, 요한복음 9:39은 이미 이사야 29장과 이사야 42장의 대목을 염두에 두고 있다. 여기서 예수는 "보지 못하는 자들은 보게 하고 보는 자들은 맹인이 되게 하려" 오셨다고 언급된다. 사실상 요한복음의 이 단락에서 발견되는 "눈멀음"(blind)과 "봄"(seeing)의 결합은 구약성경에서 이 두 이사야서 텍스트 외에는 오직 한 군데에서만 등장한다. 이렇게 두 가지 요소가 결합되면서 요한복음 9장에 있는 암시를 강화시킨다(여기서 말하는 것은 그리스어 구약에 나오는 "눈멀음"[*typhlos*]과 "봄"[*blepō*]이다[사 42:18은 *anablepō*를 사용함]. 이 조합이 나오는 다른 유일한 대목은 출 4:11이다).

---

26) 그리스어 구약은 29:9에서 눈멀었다는 히브리어를 생략한다. 사 29:18에는 이 단어가 있다(*typhlos*를 보라).
27) "The function of Isaiah 6:9-10 in Mark and John," *NovT* 24 (1982): 135-135.

이사야 42:16	요한복음 12:35-36, 46
내가 맹인들을 그들이 알지 못하는 길로 이끌며 그들이 알지 못하는 지름길로 인도하며 암흑이 그 앞에서 광명이 되게 하며 굽은 데를 곧게 할 것이라…	예수께서 이르시되 아직 잠시 동안 빛이 너희 중에 있으니 빛이 있을 동안에 다녀 어둠에 붙잡히지 않게 하라 어둠에 다니는 자는 그 가는 곳을 알지 못하느니라 너희에게 빛이 있을 동안에 빛을 믿으라 그리하면 빛의 아들이 되리라… 나는 빛으로 세상에 왔나니 무릇 나를 믿는 자로 어둠에 거하지 않게 하려 함이로라

도표 6.1. 이사야 42:16과 요한복음 12:35-36, 46 비교

요한복음 12장에 인용된 이사야 6장 안에 있는 마지막 암시는 신명기 29:2-4(MT=29:1-3)이다.

신명기 29:2-4	요한복음 12:37, 40
여호와께서 애굽 땅에서 너희의 목전에 바로와 그의 모든 신하와 그의 온 땅에 행하신 모든 일을 너희가 보았나니 곧 그 큰 시험과 이적과 큰 기사를 네 눈으로 보았느니라 그러나 깨닫는 마음과 보는 눈과 듣는 귀는 오늘 여호와께서 너희에게 주지 아니하셨느니라	[그가] 이렇게 많은 표적을 그들 앞에서 행하셨으나 그를 믿지 아니하니… 그들의 눈을 멀게 하시고 그들의 마음을 완고하게 하셨으니 이는 그들로 하여금 눈으로 보고 마음으로 깨닫고 돌이켜 내게 고침을 받지 못하게 하려 함이라

도표 6.2. 신명기 29:2-4과 요한복음 12:37, 40 비교

하나님이 애굽과 광야 가운데서 이스라엘에게 기적을 행하셨지만, 주께서는 백성이 믿지 못하도록 하셨기 때문에 그들은 믿지 않았다. 이와 똑같이 예수도 그렇게 하셨다. 이사야 6장 인용 안에 있는 신명기 29:4에 대한 이런 반향은 이상한 것이 아니다. 제3장에서 보았듯이 이사야 6:10 자체가 바로 이 신명기 텍스트를 암시하기 때문이다.

더 폭넓은 이사야 6장 인용 안에 들어 있는 이 암시적인 결합들은 자연스러운 것이다. 그 결합들이 이사야 6장에 의해서 발전되거나 또는 이사야서의 후속 부분에서 이사야 6장이 나중에 발전된 것이기 때문만이 아니라,[28] 그 세 개의 경우 모두가 우상숭배자들에 대한 묘사이기 때문이다(제2장을 보라).

그러므로 요한복음 12장에 표현된 우상숭배 개념을 발견하는 것은 그리 놀랍지 않다. 요한복음 12:40에 나오는 이사야 6:10의 인용 바로 후에는 이사야 6:1의 언급("이사야가 이렇게 말한 것은 주의 영광을 보고 주를 가리켜 말한 것이라"[요 12:41])이 나온다. 이것은 성육신하기 이전의 그리스도의 영광을 보고 있는 이사야를 가리킨다. 바로 이 그리스도가 지금 자기 백성에게 배척당하고 있다고 요한은 기록하는 것이다.[29] 42절은 "그를 믿는 자가 많되

---

28) 요 12:40에도 사 63:17에 대한 암시가 나온다고 볼 수 있다. 참조. "그들의 마음을 완고하게 하셨으니…"를 이사야서의 "어찌하여…우리의 마음을 완고하게 하사"와 비교해보라. 이 이사야서 말씀은 그 자체가 사 6:10의 발전이기도 하다.

29) 요 12:41에서 대명사 "그의"(개정개역은 "주의")는 하나님 즉 예수의 아버지를 가리킬 가능성이 있다. 그러나 이전과 그 다음의 문맥(요 12:36-37, 42-46)에 나오는 대명사들의 지속성을 따르자면 이 대명사들은 예수와 일치하기 때문에, 41절에서 주어는 예수의 영광일 가능성이 더 많다. 이것은 41절의 두 번째 어구("주를 가리켜 말한 것이라")를 보면 더 명확해진다. 여기서 대명사는 명확히 예수를 가리킨다(Herman N. Ridderbos, *The Gospel of John* [Grand Rapids: Eerdmans, 1997], p. 445). "영광"에 대한 요한의 언급은 선재하시는 그리스도의 영광을 일컫지 않음이 확실하다. 이 텍스트가 그리스도 자신이 아니라 그리스도의 영광을 보았다고 말하기 때문이다. 따라서 영광에 대한 언급은 하나님의 영광이 고난 받으시는 메시아를 통해 나타나리라는 이사야서의 예언적 견해를 가리키는 것 같다(예를 들어 사 53장. Andreas J. Köstenberger, *John*, BECNT [Grand Rapids: Baker, 2004], pp. 391-392을 보라). 이 주장은 개연성

바리새인들 때문에 드러나게 말하지 못하니 이는 출교를 당할까 두려워 함이라"라고 말한다. 그리고 43절은 왜 관원들이 예수에 대한 자신의 믿음을 공개적으로 고백하지 않는지를 이렇게 설명한다. "그들은 사람의 영광을 하나님의 영광보다 더 사랑하였더라." 하나님의 영광 대신에 사람의 영광을 선호하는 이 일은, 우리가 구약성경에서 반복해서 관찰했던 우상숭배 개념이다. 이사야가 하나님의 거룩한 영광을 본 다음에 그분의 영광스러운 거룩하심에 합당하게 변화했음을 상기하라. 이 사실은 천사가 이사야의 입술과 입을 태우는 정결 의식을 통해 상징화되었다(사 6:1-7). 반면에 이스라엘 백성 대부분은 하나님의 영광을 반영하는 일을 선택하지 않았고 대신에 자기 우상의 추한 성격과 형상을 사랑했으며, 결과적으로 그 우상을 반영했다. 유사한 우상숭배가 요한복음 12장의 이야기에 재현되고 있다. 이 컨텍스트에서 우상숭배는 "사람의 영광을 사랑하는" 자들과, 예수의 영광의 빛에 헌신하고 예수처럼 되어가는 사람들 사이의 대조를 통해 다시 지적된다. 이것은 이사야 6장에서 하나님의 영광을 반영했던 이사야와 세상의 우상숭배적인 이미지를 반영하고자 했던 사람들 사이의 대조와 비교될 수 있다. 예수께 헌신한 이들은 "하나님의 영광을 사랑"하고(43절에 함축된 컨텍스트적 대조), 예수의 영광을 반영한다. "내게 주신 영광을 내가 그들에게 주었사오니 이는 우리가 하나가 된 것같이 그들도 하나

이 높은데, 왜냐하면 사 53:1이 사 6장과 함께 인용되기 때문이다. 그러나 "영광"에 대한 언급은 사 6장 인용 다음에 직접 나오기 때문에, 이 언급이 사 6:3에 나오는 스랍들의 하나님 영광에 대한 선포를 축약적으로 암시할 가능성이 더 높다(사 6:3은 이사야가 실제로 보았던, 창조 세계를 채우고 있는 신적 임재의 광채를 언급함). 이는 요한이 이사야가 보았던 영광과, 자신의 비전 가운데 있었던 그리스도의 임재를 동일시한다는 점을 보여준다. 또한 이것은 요 12:41의 기독론적 성격을 강화하는 듯하다. 이는 예수를 사 6장에 나오는 하나님과 동일시하는 결과를 가져오기 때문이다. 요 17:5("아버지여 창세 전에 내가 아버지와 함께 가졌던 영화로써 지금도 아버지와 함께 나를 영화롭게 하옵소서")은 전반적으로 요 12:41에서 그리스도의 성육신 이전의 영광이 언급된 것을 증명해준다.

가 되게 하려 함이니이다"(요 17:22). 이런 점에서 요한복음 12:35-36은 특히 적절한데, 이 구절은 우리를 핵심 대목으로 직접 이끌어준다.

> 35예수께서 [그들에게] 이르시되 아직 잠시 동안 빛이 너희 중에 있으니 빛이
> 있을 동안에 다녀 어둠에 붙잡히지 않게 하라 어둠에 다니는 자는 그 가는 곳
> 을 알지 못하느니라
> 36너희에게 아직 빛이 있을 동안에 빛을 믿으라 그리하면 빛의 아들이 되리라

예수는 빛이시며, 그를 빛으로 믿는 자들은 그분의 빛나는 영광을 반영하고 "빛의 자녀가 될" 것이다.[30] 이 "빛의 아들들"과 "사람의 영광을 사랑하는" 자들 사이에 함축적인 대조가 존재한다는 사실은 이어지는 컨텍스트에서 빛으로 나아올 수 있는 모든 자를 언급한다는 사실을 관찰함으로써 다시 제시된다. "나는 빛으로 세상에 왔나니 무릇 나를 믿는 자로 어둠에 거하지 않게 하려 함이로라"(요 12:46). 예수가 하늘에 계신 아버지를 반사하셨듯이(요 12:44-45, 50), 예수를 따르는 자들은 예수를 반사하게 될 것이다. 바로 이것이 마태복음 5:16의 "이같이 너희 빛을 사람 앞에 비치게 하여 그들로 너희 착한 행실을 보고 하늘에 계신 너희 아버지께 영광을 돌리게 하라"의 이해에 깔려 있는 바가 아닐까? 여러분은 여러분이 경

30) 이 컨텍스트에서 예수를 "빛"으로 묘사하고 그의 "영광"을 언급하는 것은 "빛"(*phōs*)과 "영광"(*doxa*)이 일반적으로 그리스어 구약(사 4:5; 10:16-17; 60:1-3, 19; 또한 솔로몬의 송시 [LXX 시편 부록] 13:32; 솔로몬의 지혜서 7:25-26; 바룩 4:2-3; 5:9)과 신약(눅 2:32; 행 22:11; 고후 4:6)에서 동의어로 쓰인다는 배경에서 볼 때 가장 잘 이해될 수 있다. 이사야서의 용례들은 배경으로서 특히 적절한데, 요 12:38-41에 있는 이사야서에 대한 여러 언급 때문이다. 여기에 대해서는 이미 앞에서 자세히 설명한 바 있다. 특히 놀라운 지점은 요 12:36의 "빛의 아들들"이라는 언급이다. 이것은 사 60:1-4과 가장 가까운 평행성을 가진다. 사 60:1-3에서 반복적으로 동의어로 사용된 "빛"과 "영광"은 종말론적 예루살렘의 광채 나는 모습을 가리키며, 4절에서는 예루살렘의 "아들들"이 언급된다. 요 12:35-50을 사 60:1-4의 배경에서 이해하는 것이 타당한 또 하나의 이유는 두 텍스트에서 빛과 어둠의 대조가 유사하게 나타나기 때문이다.

외하는 대상을 닮는다. 그리고 그 결과는 멸망 아니면 회복이다.

결론

복음서에 개진된 우상숭배의 주제는 구약성경만큼 선명하지는 않다. 하지만 "우상"에 해당하는 명시적인 단어가 존재하지 않음에도 불구하고 복음서에는 우상숭배 개념이 내포되어 있는 것 같다.

성경신학의 과업의 일부는 문학적으로 분명하게 연결된 텍스트들(신약에서 발견되는 인용 같은 경우)을 연결해주는 해석적 연결 고리를 분별해내는 것임을 상기하라. 이를 위해서 해야 하는 작업은 저자가 인용이나 암시를 하면서 명시적으로 드러내지 않은 해석적 연결 고리를 분별해내는 것이다. 앞에서 복음서를 살펴보면서 내가 하고자 했던 것이 바로 이런 작업이다. 현재의 프로젝트에서 한 가지 중요한 방법론적 쟁점은, 후대의 텍스트 가운데서 언급되는 이전 텍스트의 컨텍스트적 의미가 그 후대 텍스트에서 얼마나 발전되는가를 결정하는 일이다. 나는 이전 텍스트의 중심 사상이 후대의 텍스트 가운데서도 전개되고 있다고 주장했다. 마태복음, 마가복음, 요한복음에 활용된 이사야 6장을 위시한 다른 구약성경 텍스트들의 경우에서도 동일한 결론을 주장했다. 나는 복음서 대목들로부터 이전 텍스트의 미묘한 영향을 식별하고 끄집어내려고 시도했다. 하지만 이와 같은 도출은 아무것도 없는 데서 나온 것이 아니라, 마태복음이나 마가복음, 요한복음에 암시된 구절의 직접적 컨텍스트 안에 있는 힌트들에 근거한다. 이 힌트들은 해당되는 구약성경 텍스트가 내비치는 반향이 존재할 수 있음을 암시한다. 이런 점은 다음과 같이 설명될 수도 있다. 즉 이 복음서 텍스트들은 신약성경 텍스트들이 명확하게 언급하는 바를 넘어서서 구약성경 텍스트들에 대한 반향을 불러일으키는 방식으로, 이 구약 대목들을 넌지시 암시한다. 이것은 해석자의 적절한 해석, 즉 이 두 대목 사이에 명시적으로 언급되지 않은 교감을 복원해내는 해석이 필요함을 뜻한다.[31] 이 말의 의미는 상호텍스트적 연결에 의해 발생하는 전반적 효과를 파악하기 위해서는 복음서 기자들이나 예수가 의중에 두고 있었던 구약성경 텍스트들의 더 광범위한 컨텍스트를 조사해야 한다는 것이다.[32]

이 방법론적 접근은 책의 나머지 부분에서 필요할 때마다 계속 사용될 것이다.

우상숭배자가 숭배의 대상이 되는 우상을 닮는다는 개념이 신약성경 나머지 책들과는 어떻게 연결되는가? 복음서 기자 외에 다른 신약성경 기자들도 이런 사상을 구약성경으로부터 발전시키고 있는가? 제7장에서는 이 문제를 다루기 위해 신약성경의 다른 텍스트로 눈을 돌려보도록 하자.

---

31) Hays, *Conversion of the Imagination*, p. 2을 따랐다. 물론 여기서는 이 논의가 복음서에 적용되지만 말이다.

32) Ibid., pp. 2-3.

제 7 장

사도행전에 나타난 우상숭배

데이비드 파오(David Pao)는 최근에 출간된 『사도행전과 이사야서의 새 출애굽』(*Acts and the Isaianic New Exodus*)에서 이사야 40-66장의 반(反)우상 논쟁이 사도행전에 나오는 우상숭배에 대한 다양한 내러티브 배후에서 주도적인 영향을 끼치고 있음을 입증했다. 이사야서에서 우상 및 그 우상이 대표하는 민족의 무능이 야웨 하나님의 전능하심과 대조되듯, 사도행전에서 우상 및 그 우상과 하나 된 사람들의 무능은 예수의 절대적인 주재권과 그분의 지상 대표자들의 권능과 대조된다.[1] 우상숭배 주제는 사도행전 여러 곳에 선명하게 나타나지만, 우상숭배자가 그 우상처럼 된다는 개념을 파악하기는 쉽지가 않다. 그럼에도 나는 이 책에 사도행전에 대한 논의를 한 장으로 포함시키고자 하는데 그 이유는 우상숭배에 대한 사도행전의 전망이 유의미할 뿐 아니라, 이 책이 이사야 40-66장에 나오는 반우상 논쟁의 배경에 비추어 유대인과 이방인 가운데서 이루어진 우상숭배의 성격에 대한 묘사를 제공하기 때문이다. 이 점은 이사야 40-66장의 반우상 논쟁이 부분적으로 이사야 6:9-10을 포함해 이전 장들의 발전이기 때문에 중요하다. 이 이사야서 구절은 사도행전 말미에 공식적으로 인용되어 있으며, 복음서에서도 반복적으로 인용된다.

예수와 그의 추종자들이 전면에 등장하기 훨씬 이전부터 하나님의 영광스러운 임재는 성전을 떠난 듯 보인다. 에스겔 10:18; 11:21-23(예를 들어 23절의 "여호와의 영광이 성읍 가운데에서부터 올라가 성읍 동쪽 산에 머무르고")에 따르

1) David W. Pao, *Acts and the Isaianic New Exodus* (Grand Rapids: Baker, 2002), pp. 181-216.

면 하나님의 임재는 바벨론 포로기가 시작되면서 지성소를 떠났으며, 하나님은 이스라엘이 귀환한 후 성전이 건축된 다음에도 백성의 불신앙으로 인해 거기에 거하지 않으셨다. 이 사실은 에스라 3:12에서도 다음과 같이 언급된다. "제사장들과 레위 사람들과 나이 많은 족장들은 첫 성전을 보았으므로 이 [두 번째] 성전의 기초가 놓임을 보고 대성통곡하였다." 왜 그들은 울었을까? 두 번째 성전이 솔로몬의 성전에 비할 바가 못 되었기 때문이다. 나이 든 족장들은 "이전 성전의 영광"(학 2:3)을 보았다.[2] 그들이 애도했던 이유는 나중에 지어진 두 번째 성전의 크기가 더 작았을 뿐만 아니라, 새 성전이 첫 번째 성전이 가졌던 하나님의 영광스러운 임재를 가지지 못했기 때문이다.

하나님의 영광이 두 번째 성전으로 되돌아왔다는 분명한 진술은 없다.[3] 또한 예수와 스데반이(행 6:11-15; 7:48-50) 성전에 대한 임박한 심판을

---

2) 몇몇 학자가 주장하듯이, 바벨론 군대가 성전을 파괴했을 때 언약궤가 훼파되었고 그리하여 그때 신적 임재가 지성소를 떠났음을, 애 2:1이 암시한다고 볼 수도 있다.

3) 유대교는 성전을 얼마나 긍정적으로 보아야 하는가에 대해 다양한 이해를 가지고 있었다. 예를 들어 집회서 24:7-34은 제2성전에 아직도 하나님의 영광스러운 임재가 남아 있다고 이해했다. 물론 이 표현은 이상적 묘사일 수도 있고, 하나님의 임재가 어떻게 제1성전에 거하기 시작했는지에 대한 묘사일 수도 있지만 말이다. 쿰란 공동체는 예루살렘 성전이 거짓 교훈을 가르치는 제사장들의 죄 때문에 오염되었다고 생각했던 것 같다. 왜냐하면 쿰란 기록자들은 자기 공동체가 비건축물적이고 집합적인 성전이라고 믿었으며(G. K. Beale, *The Temple and The Church's Mission: A Biblical Theology of the Dwelling Place of God*, NSBT 17 [Downers Grove, Ill.: InterVarsity Press, 2004], pp. 154-158), 겔 40-48장에 나오는 종말론적 성전을 기다리는 동안, 이 공동체가 예루살렘의 제2성전을 임시로 대체한다고 보았기 때문이다. 예수 시대에도 하나님의 임재가 여전히 성전에 있었다는 가장 강력한 증거는 마 23:16-22, 그중에서도 특히 21절의 "또 성전으로 맹세하는 자는 성전과 그 안에 계신 이로 맹세함이요"이다. 다른 한편으로, 여기서 예수가 주요하게 언급하는 것은 신실한 이스라엘의 맹세이고, 성전의 언급은 이차적인 것이지만 말이다. 여기서 성전을 언급하는 것은 성전을 포함시켜 맹세하는 것이 어떠해야 하는가를 이상적으로 보여주기 위해서다. 따라서 이것은 하나님이 제2성전에 실제로 거하신다는 언급이 아니라, 성전을 두고 맹세할 때 어떻게 해야 마땅할지를 보여주는 언급이다(Beale, *The Temple and the Church's Mission*, pp. 169-200). 스데반에 대한 정죄와 관련해서는 Ibid., "사도행전 7장" 부분을 보라.

전했다는 사실은, 최소한 주후 1세기에 하나님의 영광이 더 이상 예루살렘 성전에 거하지 않았을 가능성을 암시한다. 여기에 덧붙여 예수가 성전을 질타한 원인인 성전에 대한 남용 및 오용("나의 아버지 집을 물건 파는 곳으로, 강도의 굴혈로 만든" 일)[4]과, 대제사장을 비롯해 제사장 대다수가 예수를 믿지 않고 그를 신성모독죄로 고발한 일(예를 들어 막 14:60-65)은 성전이 영적으로 황폐한 상태였음을 추가적으로 보여준다. 이 점은 예수 자신이 성전의 역할을 맡기 시작했으며, 그의 부활에서 이 역할이 최고조에 이르렀다는 사실에도 함축되어 있다. 복음서는 예수가 그의 공생애 동안 옛 성전을 대신했으며, 이것이 그의 부활에서 최고조에 이르렀다고 증언한다(두 번째 개념에 대해서는 요 2:19-22; 마 26:61; 27:40; 막 14:58; 15:29을 보라).[5] 이런 사실은 사도행전에 나타난 우상숭배에 대한 우리의 분석에 기반을 제공해준다.

사도행전은 최초로, 그리고 전형적인 방식으로 성전 개념과 관련해서 우상숭배 주제를 소개한다. 애초에 예루살렘 성전은 하늘과 땅을 연결시키려는 의도에서 지어졌다. 그러나 복음서에서 예수가 예언한 대로, 이 지상 성전은 이스라엘의 죄로 인해 심판받을 처지에 있었다. 이스라엘은 성전 자체가, 자신들이 하나님의 선택받은 민족임을 증명하는 상징이라고 믿었다. 그들의 반역과 우상숭배와 배교 때문에 하나님의 임재가 성전을 떠났음에도 불구하고 말이다. 스데반도 이런 심판을 되풀이해서 언급했다. 그리하여 예수처럼 스데반도 같은 죄목으로 죽임 당한다. 따라서 이스라엘은 하나님의 임재가 지성소에 있다고 믿었지만, 예수 당대의 성전에는 그분의 임재가 없었다. 성전은 과거의 의의를 상실하고 전통의 상징이 되어 있었다. 하지만 이스라엘은 이 황폐한 성전이, 자신들이 하나님의 진정한 백성임을 보여주는 표식이라고 굳게 믿었다. 이런 신뢰는 이스라엘

---

4) 요 2:14-17; 마 21:12-13; 막 11:15-17; 눅 19:45-46을 각각 보라.

5) 성전에 대한 예수의 정죄와 성전의 역할에 대한 예수의 전제에 대해서는 Beale, *The Temple and the Church's Mission*, pp. 169-192을 보라.

의 많은 "전통"이라는 우상 중 하나가 되었다. 성전이 일종의 우상이 되어 버린 것이다. 그리고 구약성경에서 이스라엘의 모든 우상이 그러하듯이, 이 우상숭배적 성전은 파멸될 수밖에 없었으며, 실제로 그 일은 주후 70년에 실현되었다.

사도행전 7장

사도행전 7:46-52의 목적은 "모세가 배척당함으로써 백성의 예배가 신성모독이 되었듯이[행 7:20-43], 그리스도가 배척당함으로써 성전 예배가 신성모독이 되었다"[6]라는 결론에 이르는 것이다. 하지만 여기에는 그 이상의 목적이 있다. 이 텍스트에서 볼 수 있는 것은 옛 성전의 자리에서 일어난 새 성전에 대한 소망이다. 실제로 스데반이 유대인들의 성전 예배가 신성모독이 되었다고 믿는 이유는, 옛 시대와는 대조적으로 이제 그리스도가 하나님의 임재가 계시되는 독특한 장소이며, 이 장소는 더 이상 지리상의 어떤 지역(즉 예루살렘)에 자리 잡은 성스러운 건물 안에 있지 않기 때문이다. 그리스도가 오신 후, 이스라엘의 성전에서 하나님을 예배한다고 믿는 것은 사실상 아무것도 예배하지 않는 것이었다. 왜냐하면 하나님의 임재가 더 이상 그 성전에 있지 않았기 때문이다. 또한 그리스도를 예배하지 않는 것은 새 시대에 참 하나님을 예배하지 않고 거절하는 것이었다.

스데반이 이사야 66:1-2에 호소한 이유

스데반은 그리스도의 부활과 더불어, 하나님이 구약성경에서처럼 사람이

---

6) John J. Kilgallen, *The Stephen Speech*, AnBib 67 (Rome: Pontifical Biblical Institute Press, 1976), p. 94. 사도행전에 대한 이어지는 논의는 Beale, *The Temple and the Church's Mission*, pp. 201-224을 요약한 것이다.

만든 성전 건축물 안에 거하지 않는 새로운 시대가 개시되었음을 확언하기 위해 이사야 66:1-2을 인용한다(행 7:49-50).

[49]하늘은 나의 보좌요
땅은 나의 발등상이니
너희가 나를 위하여 무슨 집을 짓겠으며
나의 안식할 처소가 어디냐
[50]이 모든 것이 다 내 손으로 지은 것이 아니냐[7]

그리스도로 말미암아 개시된 이 새 시대는 이사야서의 유사한 진술의 실현이다.

스데반이 활용하는 이사야 66:1-2의 용법을 더 잘 이해하기 위해서는 이사야서의 폭넓은 컨텍스트를 연구해야 한다.[8] 이사야 63:15은 하나님의 현재적 참 성전이 오직 하늘에 있다는 개념을 강화시킨다. "주여 하늘에서 굽어 살피시며 주의 거룩하고 영화로운 처소(즉 하늘 성소)에서 보옵소서."[9] 예루살렘 지상 성전의 지성소는 하나님의 비가시적인 하늘 성전과 보좌를 표상하며(=사 66:1a), 하늘의 차원이 지상으로 뻗어 내려오는 실제적 장소였다. 이사야서의 언어에서 이 성전은 하나님의 "발등상"이었다. 정확히 그것은 언약궤를 가리켰다.[10] 하나님의 하늘 성전이 내려와 땅 전역에 퍼

---

7) 신약 인용문 중 강조체는 구약의 인용임을 나타낸다.

8) 스데반의 연설에 대한 이어지는 단락들은 각각 Beale, *The Temple and the Church's Mission*, pp. 133-138, 144-154에 있는 사 66:1과 단 2장에 대한 논의의 요약이자 재적용이다.

9) Ludwig Koehler and Walter Baumgartner, *The Hebrew and Aramaic Lexicon of the Old Testament*, rev. Walter Baumgartner and Johann Jakob Stamm (Leiden: Brill, 1994), p. 263도 보라.

10) Menahem Haran, *Temples and Temple Service in Ancient Israel* (Oxford: Clarendon, 1978), pp. 255-257도 보라. "발등상"에 대한 똑같은 활용은 대상 28:2; 시 99:5; 132:7; 애 2:1에도 나온다.

지기를 바라는 소망이 이사야 64:1-2에 함축된 듯하다(특히 사 63:15에 비추어볼 때). "원하건대 주는 하늘을 가르고 강림하시고 주 앞에서 산들이 진동하기를[참조. 출 19:18]…주의 원수들이 주의 이름을 알게 하시며 이방 나라들로 주 앞에서 떨게 하옵소서." 이것은 하나님의 임재가 새로 강림하기를 바라는 탄원이다. 이 새로운 강림은 시내 산과 첫 출애굽의 장막 안에서의 하나님의 계시에 비유되며, 이 첫 출애굽에 본래적으로 내재되어 있던 하나님의 의도를 성취하기 위해 이루어진다.[11] 하나님의 주된 의도는 그분의 영광스러운 임재가 성막(과 모세)에만 제한되지 않고 그분의 모든 참 백성에게까지 확대되는 것이었다(참조. 민 11:24-30).[12] 하나님의 특별한 임재가 성전의 뒷방에 여전히 남아 계시다고 생각했던 스데반 시대의 유대인들은 그리스도를 통해 자신의 임재를 확장하시려는 하나님의 의도에 저항했다. 하지만 그리스도 안에 거하시는 하나님의 특별한 임재가 아니라 성전에 거하는 그분의 임재로 복을 받는다고 믿는 것은 우상숭배였다.

하나님의 영원한 종말론적 성전은 "사람의 손으로" 지어질 수 없으며 그렇지 않다면 우상숭배의 대상이 된다는 스데반의 주장

스데반이 이사야 66:1에 호소하는 것은 타당하다. 이 구약성경 텍스트 자체가 열왕기상 8:27을 암시한다고 보이기 때문이다. 이 텍스트를 보면, 성전 봉헌식에서 솔로몬은 "하나님이 참으로 땅에 거하시리이까 하늘과 하늘들의 하늘이라도 주를 용납하지 못하겠거든 하물며 내가 건축한 이 성전이오리이까"라고 선포한다. 아마도 이 구절은 사도행전 7:47-48에 나오는 솔로몬이 성전을 건축한 이야기에서, 사도행전 7:49-50에 나오는 이사야 66:1의 인용으로 넘어가게 해주는 전환을 제공하는 것 같다. 성전 안에

11) Edward J. Kissane, *The Book of Isaiah* (Dublin: Browne & Nolan, 1943), 2:299도 보라.

12) 자세한 설명으로는 Beale, *The Temple and the Church's Mission*, pp. 209-212을 보라.

는 그 시작에서부터, 하나님이 땅 위의 성전에 거하실 수 없다는 불가능성과 가능성 사이의 풀리지 않는 역설이 포함되어 있었다. 스데반은 이 역설을 다음과 같이 설명한다. 즉 솔로몬의 성전이 하나님의 지상 거주가 손으로 만들어진 성전에 제한되지 않으며 새 성전인 그리스도와 성령을 통해 모든 곳에 확장될 때를 가리키는 단순한 물리적 표지였다는 사실을 깨달음으로써 이 역설이 해소된다는 것이다. 이스라엘의 물리적인 성전은 손으로 만들어졌기 때문에(행 7:44-47) 하나님이 영구히 거할 곳이 될 수 없었다. 이 성전 자체가 하나님의 특별한 거하심이 이루어지고 온 땅에 퍼져 나갈 때를 가리키기 위해 설계되었기 때문이다. 스데반이 이사야 66:1을 인용한 이유는 하나님이 자신의 손으로 우상숭배로 퇴색해버린 첫 우주를 창조하셨듯이(참조. 행 7:44-45 및 50과 대조해 41-43절을 보라), 그분이 사람의 손이 아니라 당신 자신의 손으로 새롭고 영원한 창조 세계와 예루살렘을 창조하시리라는 것을 드러내기 위해서다(사 65:17-19; 66:22도 마찬가지). 이 새로운 창조 세계는 그리스도 안에서 시작되었다(고후 5:17). 바로 이것이 솔로몬의 성전조차도 다윗의 아들이 하나님께 성전을 지어주리라는 약속의 성취가 아닌 이유다. 왜냐하면 솔로몬의 성전은 사람의 손으로 만들어졌기 때문이다. 오직 그리스도만이 이 예언을 완전하게 성취하셨다. 이는 그의 부활이 "손으로 만들지 않은" 영원한 성전을 세워나가는 시작이었기 때문이다(막 14:58; 요 2:19-22).

이사야 66:3-6은 이사야(와 스데반)의 요점이 하나님의 초월성과 사람이 세운 성전이 가진 본래적 죄성 때문에, 이런 성전이 부적합하다는 점임을 더욱 명확히 한다. 이전의 우상숭배 세계와 장차 임할 하나님의 세계 및 새 성전 사이의 괴리가, 미래의 성전에서 살게 될 그분의 "겸손하고 마음에 통회하는" 백성(사 66:2)과, 우상과 함께 살기를 선호하는 사람(66:3-5)을 대조함으로써 강조된다. 이 우상숭배자들은 겉으로는 믿음을 고백하지만 실제로는 하나님의 참된 백성을 미워한다. 그래서 그들은 하나님의 하늘 성전에서 그분께 심판받을 것이다(사 66:5-6). 이렇게 새 창조 세계가 임하기 전에 모든 우상숭배는 제거되어야 한다.

사도행전 7:51-52은 이사야 66:4-5을 반향한다. 즉 스데반은 회개하지 않는 유대인들이 "목이 곧고 마음과 귀에 할례를 받지 못하고…항상 성령을 거스르며", 조상처럼 그들도 하나님의 참된 "선지자"(특히 예수)를 "박해한다"고 말한다. 마찬가지로 이사야는 이스라엘이 "하나님이 불러도" "듣지 않고"[13] 언약에 대한 충성을 고백했으나 그분의 참 백성을 "미워하고" "배척했던" 자라고 일컫는다. 만일 이사야 66:4-5이 반영되었다면, 스데반이 말하는 유대인 대적자들도 이사야 66:3의 우상숭배자와 동일시되어야 한다. 이것은 앞서 스데반이 이스라엘을 우상숭배적이라고 묘사하고(행 7:42-43) 현 세대를 그들의 죄 많은 조상과 동일시한 언급(행 7:52)과 잘 맞아떨어진다.[14] 또한 이사야 66:4-5의 우상숭배자가 이사야 1:28-30의 우상숭배자와 연결된다는 사실은 우연이 아니다. 그들은 목상들을 숭배하던 "동산에서" 절을 했다. 이런 측면에서 이사야 66장은 우상숭배자에 대해 그들이 "스스로 거룩하게 구별하며 스스로 정결하게 하고 동산에 들어가서" 우상을 숭배한다고 또 다르게 묘사한다(17절).[15]

이런 점에서 사도행전 7:39-43에 나오는 금송아지 에피소드에 대한

---

13) 놀랍게도 사 66:4의 타르굼은 "내가 불렀으나 아무도 대답하지 않았기 때문이다. 내가 말했으나 그들은 청종하지 않았다"를 "내가 나의 선지자들을 보냈으나 그들이 회개하지 않았기 때문이며 그들이 예언했을 때 집중하지 않았기 때문이다"라고 옮기고 있다. 이것은 놀랍게도 행 7:51-52과 매우 가깝다. 둘 다 이스라엘의 반역의 역사를 요약하는 역할을 한다.

14) Pao, *Acts and the Isaianic New Exodus*, p. 208은 사 63:10("그들이 반역하여 주의 성령을 근심하게 하였으므로…")이 행 7:51의 배후에 있다고 말하는데 이 견해는 옳은 것 같다. 물론 시 106:33a("그들이 그의 성령을 거슬렀다")도 이 영향을 취합한 듯하다. 이것은 컨텍스트상 금송아지 숭배를 포함해 우상숭배를 내포하는 것 같다(참조. 시 106:19-21, 28-29, 35-39).

15) 이 연결은 이사야서의 우상숭배에 대한 성경신학의 궤도 안으로 우리를 더 가까이 가게 해준다. 아마도 이런 이유 때문에 유대인 박해자들을 묘사하면서 감각기관 기능장애 언어가 스데반의 입에서 유창하게 흘러나왔을 것이다. 스데반이 이사야서를 잘 알고 있었기 때문이다.

묘사는 이전의 구약 대목에 대해 내가 내린 결론과 유사하다.

> [39]우리 조상들이 모세에게 복종하지 아니하고자 하여 거절하며 그 마음이 도리어 애굽으로 향하여
> [40]아론더러 이르되 우리를 인도할 신들을 우리를 위하여 만들라 애굽 땅에서 우리를 인도하던 모세는 어떻게 되었는지 알지 못하노라 하고
> [41]그때에 그들이 송아지를 만들어 그 우상 앞에 제사하며 자기 손으로 만든 것을 기뻐하더니
> [42]하나님이 외면하사 그들을 그 하늘의 군대 섬기는 일에 버려두셨으니 이는 선지자의 책에 기록된 바
> 이스라엘의 집이여 너희가 광야에서 사십 년간 희생과 제물을 내게 드린 일이 있었느냐
> [43]몰록의 장막과 신 레판의 별을 받들었음이여 이것은 너희가 절하고자 하여 만든 형상이로다 내가 너희를 바벨론 밖으로 옮기리라

금송아지 일화에 대한 이 명확한 암시는 또한 시편 106:33a("…그들이 그의 뜻[=그의 성령]을 거역"했다)이 사도행전 7:51("목이 곧고 마음과 귀에 할례를 받지 못한 사람들아 너희도 너희 조상과 같이 항상 성령을 거스르는도다")의 바탕에 깔려 있다는 주장을 지지해준다. 앞서 관찰했듯이 이 시편의 표현은 그 범위 안에 금송아지 사건에 대한 언급을 포함하기 때문이다.[16] 스데반이 말하려는 것은 금송아지 숭배의 결과였는가? 하나님은 자신의 임재를 거두어들

---

16) "굳은 목"(*sklērotrachēlos*)이라는 단어가 단 한 번의 예외를 제외하고 구약에서 금송아지 숭배자를 묘사하기 위해 사용되었다는 점에 주목하라(출 32:9; 33:3, 5; 34:9; 신 9:6, 13; 10:16 [히]; 31:27). 마찬가지로 "그들이 자기 목을 완고하게 했다"라는 어구는 직접적으로나(왕하 17:14; 렘 7:26, 이 텍스트들은 각각 모세 시대와 여로보암 시대의 금송아지 숭배에 대한 언급을 포함함) 간접적으로나(느 9:29; 렘 17:23) 공히 우상숭배를 가리킨다.

이시고 "그들을 하늘의 군대 섬기는 일에 버려두셨다"(42절). 그들의 우상숭배에 대한 형벌은 그들이 더욱 우상숭배적이 되도록 내버려 두는 것이었다. 마치 이것은 하나님이 백성에게 "이스라엘아, 네가 우상을 사랑하느냐? 네가 그렇게 고집스럽게 우상과 사랑에 빠져 있으니 이제 내가 너로 그 우상을 더욱 사랑하도록 해주겠다"라고 말씀하시는 것과 같다.

하나님이 "손으로 지은 곳(성전)에 계시지" 않는다(48절)라는 스데반의 말은 신약성경의 다른 부분과도 일맥상통한다. 신약의 다른 부분에서 "손으로 지었다"라는 표현은 옛 창조를 가리키며, "손으로 만들지 않았다"는 새 창조, 특정적으로 새 창조의 시작으로서의 부활의 상태를 지시한다. 이 점에 대한 가장 명확한 표현은 마가복음 14:58에서 발견된다. 이 텍스트는 이스라엘의 전통의 축약으로서, 스데반의 연설에 담긴 내러티브를 시작하는 텍스트(행 6:14의 "내가 손으로 지은 이 성전을 허물고 사흘 안에 손으로 짓지 않은 다른 성전을 세울 것이다"[영역본을 참조하라-역자 주])이기도 하다. 마찬가지로, 히브리서 9:11은 부활하신 그리스도가 "손으로 짓지 아니한 것 곧 이 창조에 속하지 아니한…장막", 즉 새 창조(세계)의 장막에 들어가신다고 말한다. 실제로 히브리서 9:24은 "그리스도께서는…손으로 만든 성소에 들어가지 아니하시고 바로 그 하늘에 들어가셨다"라고 똑같이 주장한다. 사도행전 17장에서 바울은 "손으로 만든 사원 안에 거하는" 우상(24절)과 "죽은 자들에게서 부활하신" 그리스도(31절) 사이에 존재하는 궁극적인 대조를 인용한다. 그리스도와 하나 되는 신자는 새 창조의 상태와 동일시된다. "하늘에 있는 영원한 집이 우리에게 있는 줄 아느니라"(고후 5:1). 하나님은 구약 시대에 잠깐 손으로 만든 성전에 내려와 거하시면서 이스라엘에게 성전에서 자신을 경배하라고 명령하셨다. 하지만 하나님의 궁극적인 계획은 그분의 임재가 사람이 만든 건물에서 나와 그리스도와 그의 성령과 그의 백성을 통해 지상 전역에 퍼져나가는 것이었다. 따라서 성전이라는 옛 건축물에서 계속 예배드리면서 그리스도께 예배드리지 않는 것은 성전을 우상으로 만드는 것이다.

"손으로 만든"이라는 표현이 신약성경에서 다시 나타나는 유일한 곳은 에베소서와 골로새서인데, 여기서는 믿지 않는 유대인들이 "[부활하신] 그리스도 예수 안에서 지음 받은 하나님의 작품"이 되는 것과는 대조적으로 "손으로 육체에 행한 할례"라고 일컬어진다(엡 2:10-11; 참조. 2:5-6, 15). 반대로 신자들은 "손으로 하지 않은 할례를 받았으니…그리스도의 할례"이며 "…세례로 그리스도와 함께 장사되고 또…믿음으로 말미암아 그 안에서 함께 일으키심을 받았다"(골 2:11-12).[17] 구약성경에서 손으로 지은 성전처럼 손으로 한 할례는 마음의 할례를 예표하기 위한 것이었다. 마음의 할례는 그리스도와 성령을 통해 일어났다. 이 구별은 다니엘서에 나오는 "손대지 아니한" 돌(단 2:34, 45)과 「바나바의 편지」(*Epistle of Barnabas*) 16장을 통해 다시 확인된다. 이 내용에서는 과거의 "사람의 손으로 지은 성전"으로서 옛 창조에 속한 사람들과, 하나님의 강력한 내주하심을 통해 "새롭게 재창조된" 사람들을 대조하고 있다.[18]

스데반의 설교 후반부에는 하나님이 지상 성전에 거주하실 수 없으면서도 거주하시는 역설을 깨닫지 못하는 사람들에 대한 비판이 나타난다. 이런 사람들은 하나님의 지상 거주가 예루살렘 성전에 제한된다고 믿었다. 이 일방적인 전망은 사실상 우상숭배적이었다. "손으로 만든"(행 7:48)이라는 단어는 그리스어 구약성경에서 늘 우상을 지시하며, 신약성경에서

---

17) 이 대목을 쓰는 데 영감을 준 자료로는 E. Earle Ellis, "Deity-Christology in Mark 14:58," in *Jesus of Nazareth: Lord and Christ*, ed, Joel B, Green and Max Turner (Grand Rapids: Eerdmans, 1994), p. 201이 있다. "손으로 만든 것"과 "손으로 만들지 않은 것"을 다른 두 종류의 실체 또는 다른 질서에 속하는 것으로 언급한 자료로는—특히 막 14장의 성전과 관련해서—D. Juel, *Messiah and Temple*, SBLDS 32 (Missoula: Scholars Press, 1977), pp. 154-155도 보라.

18) 참조. *Midr. Ps*. 90:19. 이 구절은 "필멸하는 인간의 손으로 지어진 성전은 파괴되었지만 장차 올 시대에 내[하나님]가 친히 성전을 세울 것이며 그 성전은 결코 무너지지 않을 것이다"라고 말하고 있다.

도 예외 없이 부정적인 사실을 지칭한다.[19] 실제로 사도행전에 나오는 또 다른 유일한 용례에서 이 단어는 우상을 숭배하는 이교 신전을 가리킨다! "우주와 그 가운데 있는 만물을 지으신 하나님께서는 천지의 주재시니 손으로 지은 전에 계시지 아니하시고…"(행 17:24).[20] 또한 사도행전 19:26은 바울을 인용하면서 같은 표현을 사용하고 있다. "사람의 손으로 만든 것(신들)은 신이 아니라 하니." 여기에는 우상을 모시기 위해 만들어놓은 작은 "신전들"(*naous*)에 대한 정죄가 포함된다(행 19:24). 바로 몇 구절 앞에서 우상인 금송아지가 "자기들의 손으로 만든 것"이라는 스데반의 언급은, 48절에서 이스라엘의 성전이 "손으로 지은" 것이라 언급할 때 스데반이 우상숭배를 의중에 담고 있었을 가능성을 높여준다.[21]

"손으로 지은"이라는 표현에 대한 구약성경의 용례처럼, 스데반의 용례는 우상숭배적인 것을 비판하는 역할을 한다.[22] 믿지 않은 유대인들은 하나님의 성전의 목적을 종말론적 시각으로 보지 못하고 성전을 오용했

---

19) *cheiropoiētos*("손으로 만든")라는 단어는 그리스어 구약에 14번 나오는데 항상 우상을 지시한다! 행 7:48 외에 신약에서 이 단어는 다섯 번 나오는데, 한 번은 이교 사원을 가리키고(행 17:24), 세 번은 예루살렘 성전이 사라질 것에 대해(막 14:58; 히 9:11, 24), 나머지 한 번은 참 할례가 아닌 육체의 할례와 관련해(엡 2:11) 사용되었다. 그리스어 구약에서 "사람의 손으로 만든 작품"은 예외 없이 우상을 가리킨다(이 관찰은 C. F. D. Moule, "Sanctuary and Sacrifice in the Church of the New Testament," *JTS* 1 [1950]:34을 따랐음). "손의 작품"(*ma'ăśĕ+yād*)이라는 히브리어 어구가 나타나는 약 54회 중 거의 절반이 우상이라는 작품을 가리킨다(신 4:28; 27:15; 31:29; 왕하 19:18; 22:17; 대하 32:19; 34:25; 시 115:4; 135:15; 사 2:8; 17:8; 37:19; 렘 1:16; 10:3; 25:6-7, 14; 32:30; 호 14:3; 미 5:13[참조. 사 44:9-10]. 계 9:20도 보라. 단 2장에 대한 자세한 설명으로는 다음 단락의 논의를 보라).

20) 참조. Kilgallen, *Stephen Speech*, p. 93. Kilgallen은 행 17:24ff.이 "우리가 제7장의 배경으로 제공할 수 있는 가장 근접한 사상의 영역일 수 있다"라고 주장한다.

21) 이 관찰에 대해서는 Ibid., p. 90을 보라.

22) Peter W. L. Walker, *Jesus and the Holy City* (Grand Rapids: Eerdmans, 1996), pp. 10, 66-67을 보라. 사 66:1과 관련된 왕상 8:27의 의의에 대해서는 그의 논의를 따랐다.

기 때문에 그것을 우상으로 만들었다.[23] 이런 점은 제사장들까지도 열방의 우상으로 솔로몬의 성전을 "더럽혔다"는 사실(대하 36:14)을 상기할 때 의미가 더 명료해진다. 이런 개념은 이사야 66:1을 므낫세 왕이 성전에 우상을 세운 일에 대한 이사야의 반응으로 이해했던 한 유대 전승으로 인해 강화된다.[24] 본질적으로 사람이 만든 구조물이 하나님의 영원한 처소가 될 수 없다는 사실과 함께, 이 구조물이 "손으로 만들어진" 우상으로 더럽혀질 때, 하나님은 거기에 거하실 수 없을 뿐 아니라 마침내 이 장소는 파괴되어야 한다(왕하 22:17; 사 2:5-22; 렘 25:6-14; 미 5:13 등을 참조하라).[25]

다른 책에서 나는 다니엘 2장의 돌산("돌이 태산을 이룸")과 예언된 종

---

23) 우상숭배로서의 오용에 대해서는 Pao, *Acts and the Isaianic New Exodus*, pp. 207-208을 보라.

24) T. C. G. Thornton, "Stephen's Use of Isaiah LXVI.1," *JTS* 25 (1974): 432-434. 이 점에 대해 Thornton은 사 66:1의 후대의 아람어 미드라쉬를 인용한다. 사 66:1에 대한 미드라쉬를 보면 므낫세가 이런 예언을 선포한 이사야를 죽였다고 되어 있다. Thornton은 미드라쉬 전승이 주후 1세기에 존재했다면, 그것이 행 7:44-40에서 성막에서 성전으로의 이행과, 52절의 박해받는 선지자라는 주제를 제공했으리라고 생각한다.

25) Dennis D. Sylva, "The Meaning and Function of Acts 7:46-50," *JBL* 106 (1987): 261-275. Sylva는 행 7:46-50이 그리스도에 의한 성전 비판이나 대체라기보다 오히려 "성전보다 높으신 하나님의 초월성"에 대한 긍정일 뿐이라고 주장한다. 반면에 나의 전반적인 주장은 이것이 이 세 가지를 다 염두에 두고 있다는 것이다. Sylva의 주장에 대해 내가 동의하지 않는 부분은 다음과 같다. (1) 행 7:49-50에서 왕상 8:27(=대하 6:18b)의 사용에 대한 그의 이해가, 사 66:1-2 인용을 이해하려는 모든 시도를 배제하는 점! (2) 행 6:14에서 막 14:58의 사용이, 막 14:58로부터 그리스도의 부활에 대한 참조를 전혀 하지 않는다는 믿음(이 점은 받아들이기 어려운데, 왜냐하면 특히 행 7:55-56에는 막 14:62; 16:19[참조. 마 26:64; 눅 22:69]에서의 그리스도의 부활에 대한 언급에 대한 암시가 있기 때문이다). (3) 신약에서 "손으로 만든 것" 대(對) "손으로 만들지 않은 것"의 구속사적 함축. (4) 행 15:16-18; 17:24-25과의 유기적 연결(Beale, *The Temple and the Church's Mission*, pp. 230-232, 236-237에서 논의됨). 다른 방향의 논의로는 Marcel Simon, "Saint Stephen and the Jerusalem Temple," *JEH* 2 (1951): 127-142도 보라. Simon은 다른 방향으로 너무 멀리 나간 나머지, 스데반이 성전 자체가 하나님의 뜻이 아니며 솔로몬의 건축 때부터 성전은 우상숭배적이었다고 주장한다고 생각한다.

말론적 성전이 사람의 손으로 만들어지지 않았다는 점에서 서로 연결됨을 증명했다.[26] 또한 신약성경이 새로운 세상의 성전이 "손으로 짓지 않은" 것이라고 거듭해서 말하고 있음을 살펴보았다(행 7:48과 함께 막 14:58; 고후 5:1; 히 9:11, 24을 보라). 구약성경에서 이 점과 가장 밀접하게 연결된 이미지는 "손으로 다듬지 않은" 다니엘서의 돌이다(단 2:34, 45). 따라서 그리스도가 자신을 다니엘서의 돌, 참 성전과 동일시하는 것은 전혀 놀랍지 않다(눅 20:17-18=마 21:42). 초기 기독교의 증거 이전에도, 다니엘서의 "손으로 다듬지 않은" 돌은 성전 건축의 함축을 가지는 것 같다. "다듬지 않은" 돌에 대한 유일한 다른 언급은 출애굽기와 신명기와 여호수아서에 나오는데, 이들 모두 이스라엘이 "쇠 연장으로 다듬지 아니한 새 돌"(문자적으로 "온전한 돌")로 제단을 만들어 "무리가 여호와께 번제물과 화목제물을 그 위에 드렸다"라고 언급한다(특히 수 8:31; 출 20:25의 성취로서).[27] 마찬가지로 열왕기상 6:7은 솔로몬 성전을 "건축할 때에 돌을 그 뜨는 곳에서 다듬고 가져다가 건축하였으므로 건축하는 동안에 성전 속에서는 방망이나 도끼나 모든 철 연장 소리가 들리지 아니하였다"라고 말한다. 솔로몬의 성전을 건축하는 동안 사람이 연장을 사용하는 소리가 없이 조용했다는 이 묘사는 아마도 궁극적인 성전을 은밀하게 지시하는 듯하다. 이 마지막 성전은 전혀 사람의 손을 타지 않고 세워질 것이다.

다니엘서의 돌은 그 돌이 부서뜨렸던 신상과의 성스러운 대립을 표상할 수도 있다. 이 돌은 신상을 쳐부수는데, 신상은 금과 은과 동과 철과 진흙으로 만들어져 있다고 거듭 언급된다(단 2:31-45). 이것은 경건하지 못한 열방을 상징했다. 똑같은 네 가지 금속이 결합되어 등장하는 다른 유일한 용례는 다니엘 5:4, 23이다. 여기서 이 금속들은 바벨론의 우상을 가리

26) Beale, *The Temple and the Church's Mission*, pp. 144-153.

27) 출애굽기와 다니엘서의 그리스어 텍스트들은 모두 *temnō*("자르다")+*lithos*("돌")의 파생형을 사용한다. 참조. 신 27:6.

킨다(또한 단 2:38의 금 머리는 느부갓네살을 표상한다!). 다니엘 3:1에서 이 우상을 표현하기 위해 사용된 "신상"이라는 단어는 다니엘 2장에 나오는 거대한 신상에 사용된 단어와 똑같다.[28] 실제로 고대에서 현대에 이르기까지 해석의 역사 안에는 다니엘 3장의 거대한 우상을 다니엘 2장의 거대한 신상과 동일시하는 경향이 있었다. 이것은 다니엘 3장의 신상이 느부갓네살 자신의 상이었는데, 그 이유는 이 신상이 오직 금으로만 만들어졌기 때문이라는 것이다(참조. 단 2:32, 38 및 단 3:1ff.). 예를 들어 유딧서 3:8은 다니엘 3장을 의중에 두면서 느부갓네살이 "그 땅의 모든 신들을 멸하여 모든 나라들이 느부갓네살만을 경배하고, 모든 방언과 족속들이 그를 신이라 부르게 하려고" 시도했다고 말한다.[29] 앞에서 나는 "사람의 손으로 다듬지 않은" 돌이 새 성전의 시작 형태라고 주장했다. 만일 이런 동일시가 정확하다면, 내가 다니엘 2장에서 묘사했던 바는 세상 시스템의 불경한 우상숭배를 대체하는 더럽혀지지 않은 성전이 된다. 실제로 믿지 않는 백성으로 이루어진 대표적인 나라들은 다니엘 2장의 경우에서처럼 일종의 우상으로 그려질 수 있다.

흥미롭게도 유대인 저술인 시빌의 신탁(*Sibylline Oracles*, 주후 80년경)은 비슷한 개념을 증명해준다. 아마도 이 개념은 당대에 일어났던 주후 70년의 예루살렘 멸망을 묵상한 결과일 것이다. "사람의 손으로 만들어지지 않은 위대한 하나님은…돌로 세운 성전을 소유하지 않으신다. 하나님은 지상에서 볼 수도 없는 성전, 필멸하는 인생의 눈으로는 측정되지 않는 성전을 가지고 계신다. 이는 그 성전이 필멸하는 인생의 손으로 만들어지지 않

---

28) Ernest C. Lucas, *Daniel*, Apollos Old Testament Commentary 20 (Downers Grove, Ill.: InterVarsity Press, 2002), p. 83도 이런 관찰을 한다. 하지만 Lucas는 3장에서만 예배의 대상물이고, 2장에서는 우상숭배의 대상이 아니라고 주장한다.

29) 특히 "모든 방언과 족속이 그를 신이라 일컫을 것"이라는 구절은 단 3:4-5의 "백성들과 나라들과 각 언어로 말하는 자들아…엎드리어 느부갓네살 왕이 세운 금 신상에게 절하라"에 대한 암시다. 이 개념에 대한 해석사를 요약한 것 중 최고로는 John J. Collins, *Daniel*, Hermeneia (Minneapolis: Fortress, 1993), pp. 181-182을 보라.

았기 때문이다"(시빌의 신탁 4:6-11). 결과적으로 하나님의 참 백성은 "[손으로 만든] 신전을 볼 때 그 신전을 다 배척할 것이다." 왜냐하면 이런 신전은 우상숭배적이기 때문이다. 같은 이유로 참 성도들은 "제단, 아무 말도 못하는 돌로 된 쓸모없는 기초"(시빌의 신탁 4:27-28)를 거절할 것이다. 마찬가지로 옛 유대 철학자 필론도 만들어진 건물에는 신적 임재가 거할 수 없음을 확언한다. "하나님을 위해 어떤 집을 준비할 수 있을까?…돌로 지은 집이 합당할까, 아니면 목재로 지은 집이 합당할까?"(*On Cherubim* 99-100).

사도행전 7장에 대한 결론

바울은 "우주와 그 가운데 있는 만물을 지으신 하나님께서는 천지의 주재시니 손으로 지은 전에 계시지 아니하신다"(행 17:24)라고 확언한다. 그리스도와 그의 백성이 이스라엘의 우상화된 "손으로 만든" 성전을 대체하는 구속사적 대분리가 일어난 이후에, 바울은 이런 말을 하고 있는 것이다. 하나님이 자기 백성과 온전하게 그리고 아무런 속박 없이 거하기 위해서는, 그분과 그분의 백성을 분리시키는, 사람이 만든 건축물은 전혀 도움이 되지 않았다. 바로 이런 이유로 어떤 인간도 "너희가 나를 위하여 무슨 집을 지으랴 내가 안식할 처소가 어디랴"(사 66:1)라는 영원하고 종말론적인 거주지에 대한 하나님의 질문에 긍정적으로 대답할 수 없다. 그리스도와 그의 백성이 이스라엘의 성전이 지시하던 바를 성취하기 시작했을 때, 하나님이 물리적인 성전에 계속 거하신다고 믿는 것은 우상숭배가 된다. 여전히 유대인은 하나님의 특별한 계시적 임재가 그리스도가 아니라 그들의 물리적인 성전에 있다고 믿었는데 바로 그것이 우상숭배였다. 이것은 하나님의 특별하신 임재가 목상이나 오래 묵은 신목(神木)에 들어 있다고 믿는 것과 똑같았다. 즉 이것은 하나님이 아닌 다른 어떤 것을 신뢰하는 우상숭배였다. 여기에 덧붙여, 소위 그들의 성전에 신적 임재가 있어 계속해서 자기들을 보호해주리라고 믿는 것은, 다른 이교 국가가 자신의 성전에 신들이 거한다고 믿는 확신과 별반 다르지 않은 우상숭배적 신앙이었다.

이스라엘이 가진 다른 형태의 죽은 전통과 마찬가지로, 유대인들이 그리스도의 초림 이후에도 성전에 몸을 계속 바치는 것은 죽어 있고 영적으로 텅 빈 건물과 전통에 자기를 헌신함을 의미했다. 하지만 지금 우리가 헌신해야 할 참 성전은 그리스도와 성령 안에 있는 하나님의 성전이다.

사도행전에 나오는 성전과 관련된 우상숭배 논의는 의미심장하다. 왜냐하면 하나님의 임재가 거하는 일과 관련해 이스라엘의 옛 성전은 쓸모없게 되었고, 그분이 여전히 그곳에서 예배를 받으실 수 있다고 믿는 것은 우상숭배가 되었기 때문이다. 대조적으로 참 성전, 즉 그리스도와 성령의 영역 안에서 이루어지는 예배는 참 예배이며, 이런 예배는 그리스도의 형상을 닮도록 만든다. 사도행전 7:55-56에서 스데반은 돌에 맞아 죽기 직전, 하늘에 있는 새 성전의 모습을 직접적으로 스케치한다. "스데반이…하늘을 우러러 주목하여 하나님의 영광과 및 예수께서 하나님 우편에 서신 것을 보고 말하되 보라 하늘이 열리고 인자가 하나님 우편에 서신 것을 보노라 한대."[30]

누가의 진술에 나타난 스데반의 죽음에 대한 묘사는 그리스도를 모델로 그려진 것인 듯하다. 누가 자신은 복음서에서 그리스도를 다음과 같이 묘사했다. 그리스도가 자기를 박해하는 자들을 위해 "아버지 저들을 사하여(용서하여) 주옵소서"라고 기도하고 "아버지여 내 영혼을 아버지 손에 부탁하나이다"라고 말하듯(눅 23:34, 46), 스데반은 자기를 박해하는 자들을 위해 "주여 이 죄를 그들에게 돌리지 마옵소서"라고 기도하고 "주 예수여 내 영혼을 받으시옵소서"라고 기도한다(행 7:59-60). 이 결론적인 묘사는 내러티브의 도입부(행 6:13-14)에서 도출된 듯하다. 이 텍스트를 보면 스데반이 그리스도가 고소당했던 것과 똑같이 고소당하고 있음을 볼 수 있다.

---

30) 성경의 다른 곳에서 하나님의 "영광"에 대한 언급과 함께 "하늘들이 열렸다"라는 표현은 그분의 영광이 거하는 천상의 성전에 대한 환상으로 이어진다. 여기에 대해서는 Beale, *The Temple and the Church's Mission*, p. 220을 보라.

마태복음 26:57, 59-61	사도행전 6:12-14
예수를 잡은 자들이 그를 끌고 대제사장 가야바에게로 가니 거기 서기관과 장로들이 모여 있더라… 대제사장들과 온 공회가 예수를 죽이려고 그를 칠 거짓 증거를 찾으매 거짓 증인이 많이 왔으나 얻지 못하더니 후에 두 사람이 와서 이르되 이 사람의 말이 내가 하나님의 성전을 헐고 사흘 동안에 지을 수 있다 하더라 하니	백성과 장로와 서기관들을 충동시켜 와서 잡아가지고 공회에 이르러 거짓 증인들을 세우니 이르되 이 사람이 이 거룩한 곳과 율법을 거슬러 말하기를 마지 아니하는도다 그의 말에 이 나사렛 예수가 이 곳을 헐고 또 모세가 우리에게 전하여 준 규례를 고치겠다 함을 우리가 들었노라 하거늘

도표 7.1. 마태복음 26:57; 59-61과 사도행전 6:12-14 비교

이처럼 병치되는 두 묘사는 스데반을 고난 당하신 그리스도에 대한 일종의 재현으로서 표현하기 위해서일 뿐 아니라, (아마도 이전 성전을 대신하는 새 성전으로서의) 그리스도에 대한 헌신이 스데반으로 하여금 그리스도의 고난의 형상을 따르도록 했음을 표현하기 위해 의도된 것 같다.

사도행전 17:24-25

이 텍스트에 대해서는 앞에서 간략하게 언급한 바 있다. 하지만 매우 중요한 대목이기 때문에 여기서 다시 설명해야 한다.[31] 사도행전 17:24-25은

31) 다른 지면에서 나는 행 15:15-20이 그리스도 안에서 종말에 이루어질 성전 건축의 시작을 염두에 두고 있다고 주장했다. 특히 행 15:20의 배경인 레 17장에 비추어 요점은,

아테네에서 행해진 바울의 연설의 일부다. 여기서 바울은 현 세대에서는 물질적 사원을 건축하고 거기서 하나님을 찾음으로써 참 하나님을 경배할 수 없다고 설명한다.

> [24]우주와 그 가운데 있는 만물을 지으신 하나님께서는 천지의 주재시니 손으로 지은 전에 계시지 아니하시고 [25]또 무엇이 부족한 것처럼 사람의 손으로 섬김을 받으시는 것이 아니니 이는 만민에게 생명과 호흡과 만물을 친히 주시는 이심이라…[29]이와 같이 하나님의 소생이 되었은즉 하나님을 금이나 은이나 돌에다 사람의 기술이나 고안으로 새긴 것들과 같이 여길 것이 아니니라 (행 17:24-25, 29)

사람이 만든 성전은 신적인 임재를 영구적으로 모시기에는 부적절할 뿐 아니라(24절), 이런 구조물은 하나님이 "사람의 손으로 섬김을 받을" 필요가 있는 것처럼 만든다. 하지만 하나님은 스스로 충족하신 만물의 창조주시기 때문에, 사람의 손으로 섬김을 받을 필요가 있다는 것은 어불성설이다(25절). 또한 하나님의 임재가 "금이나 은이나 돌에 사람의 기술이나 고안으로 새긴" 우상의 배후에 있다(29절)고 생각하는 것도 오류다. 왜냐하면 인간만이 하나님의 아들(즉 "하나님의 소생")이 되도록 지음 받았기 때문이다. 자녀가 자기 부모의 형상을 반영하듯이, 하나님의 자녀는 그분을 반영해야 한다. 하나님의 자녀는 그분의 신적 본성의 영광스러운 속성들을 반영함으로써 그분을 드러낸다(참조. 창 1:27). 바울의 논리는 다음과 같이

성막에서의 하나님의 임재 때문에 우상숭배로부터 분리되어야 했듯이, 이제는 참 성막으로서의 그리스도의 종말의 임재 때문에 이방인들은 우상숭배에 참여해서는 안 된다는 것이다. "참된 예배자들은 성령과 진리 안에서 아버지께 예배할 것이다"(요 4:23). 우상숭배와 모든 부정한 것으로부터 씻어주고(행 15:8-9) 우상숭배로부터 보호해주는 것은 이제 모세 율법의 의식들이 아니라 그리스도의 성령이다. 이런 개념에 대해서는 Ibid. pp. 239-241을 보라.

간단하다. "만일 비슷한 것이 비슷한 것을 낳는다면, 살아 있는 사람을 창조하신 신적 본성이 생명 없는 실체로 된 형상과 같되 반드시 살아 있어야만 한다"고 가정하는 것은 비논리적이다.[32] 따라서 바울은 사람들이 영적으로 죽은 우상이 아니라 살아 계신 하나님을 예배하기를 원한다.

데이비드 파오는 사도행전 17장의 배후에 이사야서가 있다고 보고 이 측면을 연구했다.[33] 파오는 이사야 40-55장에 있는 반(反)우상 논쟁을 조사하고, 이스라엘을 반대하는 열방에 대한 쟁론과 이 우상 논쟁이 밀접하게 연결되어 있음을 발견한다(예를 들어 사 40:18-24; 41:4-10; 44:9-23; 46:1-13). 이사야서는 우상과 그 우상을 신뢰하는 열방에 대한 야웨의 주권을 부각시킨다. 이사야서의 반우상 논쟁은 사도행전 17장에 가장 명시적으로 표현되어 있다. 사도행전 17장을 보면 이사야 40-55장에 대한 구체적인 암시가 등장한다(예를 들어 행 17:25=사 42:5; 행 17:29=사 40:18-20[비록 두 번째 암시는 덜 명확하긴 하지만]). 이 논쟁 중 덜 명확한 표현들이 사도행전의 다른 곳에서도 발견되는데, 여기서 하나님의 강력한 말씀과 절대 주권은 경쟁적으로 신성을 주장하는 사람들에 대한 심판을 통해 확립되고 있다(예를 들어 행 8:4-24의 시몬, 행 12:20-23의 헤롯, 행 13:10-1의 박수 엘루마). 이 에피소드들은 우상숭배가 논쟁에서 패하듯, 열방의 적개심도 극복된다는 개념과 연결되어 있다. 이것은 우상이 열방의 힘을 표상한다는 이사야서의 개념에 근거해 있다. 부활하신 예수의 절대 주권이 이 논쟁 안에 포함되어 있는데, 이 논쟁에서 예수는 이사야서의 새 출애굽의 야웨 하나님과 동일시된다.[34]

---

32) William J. Larkin, *Acts*, IVPNTC (Downers Grove, Ill.: InterVarsity Press, 1995), p. 259.

33) Pao, *Acts and the Isaianic New Exodus*, pp. 193-197.

34) Pao의 책에 대한 요약과 평가 및 행 17장에 대한 그의 연구의 특징 및 기능에 대해서는 Beale, "Acts and the Isaianic New Exodus by David W. Pao," *Trinity Journal* 25, no. 1 (2004): 93-101을 보라.

사도행전 28:25-28

사도행전은 앞에서 논의했던 텍스트이자 사복음서 모두에서 발견되는 대목인 이사야 6:9-10을 인용함으로써 결론을 맺는다. 사도행전의 마지막 큰 내러티브는 바울과 유대인들이 사도의 숙소에서 대화하는 장면을 묘사한다(행 28:17-24). 이 내러티브는 바울이 구약성경으로부터 시작하여 하나님 나라와 예수에 관해 설파하는 것으로 결론 맺는다(23절). 어떤 사람들은 바울의 말에 설득되지만 다른 사람들은 그렇지 않았다(24절). 믿지 않는 사람들에게 대응해서 바울은 그들이 이사야 6:9-10의 말씀을 성취하고 있다고 말한다.

> 25서로 맞지 아니하여 흩어질 때에 바울이 한 말로 이르되 성령이 선지자 이사야를 통하여 너희 조상들에게 말씀하신 것이 옳도다 26일렀으되 이 백성에게 가서 말하기를 너희가 듣기는 들어도 도무지 깨닫지 못하며 보기는 보아도 도무지 알지 못하는도다
> 27이 백성들의 마음이 우둔하여져서 그 귀로는 둔하게 듣고 그 눈은 감았으니 이는 눈으로 보고 귀로 듣고 마음으로 깨달아 돌아오면 내가 고쳐줄까 함이라 하였으니
> 28그런즉 하나님의 이 구원이 이방인에게로 보내어진 줄 알라 그들은 그것을 들으리라 하더라(행 28:25-28)

복음서의 경우와 마찬가지로 여기서도 우상숭배를 명시적으로 언급하는 부분은 전혀 없다. 하지만 원래 컨텍스트에서 이사야서의 이 대목은 우상숭배를 다루기 때문에, 여기서도 이 주제가 전달된다고 할 수 있다. 사도행전 28장의 직접적 컨텍스트에서 보면 우상숭배에 대한 증거는 전혀 나타나지 않는 것이 사실이다. 이런 점은 이사야 6장을 인용한 복음서의 경우에서도 살펴보았다. 따라서 사도행전 28장은 아마도 구약의 한 대목

을 끌어오되 그 대목의 주요 개념 중 하나는 전달하지 않는 사례일 수 있다. 이쯤에서 사도행전에 대한 묵상을 멈추고, 이 결론부의 인용에 대해서는 더 이상 언급하지 않는 것이 나을지도 모른다.

그러나 데이비드 파오의 작업은 이사야 6장의 인용이 실제로 우상숭배에 대한 반향을 지닐 수 있다는 가능성을 높여주고 있다. 『사도행전과 이사야서의 새 출애굽』 전체에서 파오는 다음과 같은 두 가지 개연성을 보여주었다. (1) 이사야 40-66장에 나오는 제2 출애굽에 대한 예언적 주제는 사도행전 전체에 스며들어 있는 틀이다. (2) 이사야 40-48장의 반우상 논쟁은 사도행전에서 우상숭배를 다루는 유의미한 대목 전체에 두루 스며들어 있기 때문에, 이 논쟁적 사고는 사도행전에도 들어 있다. 이런 개연성에 비추어 파오는 사도행전 28장 끝 부분에 나오는 이사야 6장의 인용이 이런 반우상 쟁변을 계속하고 있으며, 또한 사도행전에서 이 주제를 적절하게 끝맺는 역할을 한다고 결론 내린다. 왜냐하면 이사야 6장은 이사야서에서 반우상 논쟁의 가장 좋은 예이기 때문이다. 사도행전의 결론에 등장하는 이사야 6장의 인용은 이스라엘이 그리스도와 그의 사도적 선지자들을 통해 일하시는 하나님의 예언의 역사를 배척한다는 사실을 강조한다. 사도행전은 그 말미에 이 구절을 인용함으로써 문학적이고도 신학적인 대반전을 일으킨다. 이사야서가 이사야 6:9-10의 인용에서 시작하여 이방인의 구원으로 끝맺는 반면에, 사도행전은 이 패턴을 뒤집어 그 순서를 뒤바꾸고 있는 것이다.[35)]

다른 한편으로, "의도된 유형"(willed type) 개념을 논의했던 이 책의 서론을 상기해보는 것이 유익할 것이다. 이 개념은 저자의 어떤 아이디어가 저자의 정신에서 가장 우선적이지는 않지만 그럼에도 이차적 아이디어나 함축된 의도인 다른 여러 아이디어와 연결되어 있다는 것이다. 사도행전 28장에서 이사야 6장을 활용한 누가의 의도가 이사야서에 나오는 반우

35) Pao, *Acts and the Isaianic New Exodus*, pp. 101-110.

상 논쟁에 대한 생각은 전혀 없이, 오직 이스라엘의 영적 무능력만을 표현하려는 것이었다고 할 수 있을까? 만약 우리에게 기회가 주어져서 누가에게, 그가 이사야 6장을 인용할 때 이스라엘의 영적 무능력 외에 다른 어떤 것을 심중에 두고 있었는지 묻는다면, 아마도 누가는 약간은 그렇다고 인정할 것이다. 누가는 이 반우상 논쟁이 자신의 심중에 이차적으로 두고 있던 아이디어였음을 인정할까? 나는 그러리라고 본다. 왜냐하면 누가는 사도행전의 다른 곳에서 이사야서의 반우상 논쟁을 잘 설명하려고 애를 썼기 때문이다. 따라서 만일 누가가 이사야서의 변론의 배경(과 이스라엘이 생명력 없는 우상처럼 영적으로 죽어버렸다는 생각을 포함해서)을 의중에 두지도 않았는데, 이 변론에서 가장 분명한 표현 중 하나를 가지고 사도행전을 끝맺는다는 것은 지나친 우연이 아닐 수 없다. 물론 이것은 해석자 편에서의 추측 작업이다. 여기에는 다양한 정도의 가능성과 개연성이 내포되어 있다.

복음서의 경우처럼, 핵심은 그리스도에 대한 이스라엘의 배척이 죽은 전통에 대한 이스라엘의 우상숭배적인 헌신에 기인한다는 것이며, 누가는 이 점을 사도행전의 앞부분에서 이미 보여주었다. 사도행전의 앞부분에서 믿지 않는 이스라엘이 헌신했던 우상숭배적인 전통 중 하나는 성전을 하나님의 계시적인 임재가 있는 유일무이한 장소로 그릇 신뢰하는 것이었다. 그것도 종말이 시작되면서 그리스도가 하나님이 자신을 특별하게 계시하시는 유일한 장소가 된 때에 말이다. 이렇게 해서 이스라엘은 참 예배를 거짓 예배로 바꾸어버렸다. 사도행전이 이사야 6장을 인용하면서 이 슬픈 언급으로 끝맺고 있다는 점은 의미심장하다.[36] 만일 사도행전 28장에 인용된 이사야 6장의 의의에 대한 내 이해가 정확하다면, 이 인용을 하고 있는 사도행전 결론부의 중요성은 이스라엘이 다른 예배 대상, 즉 죽은 전통에 대한 헌신 때문에 예수를 배척한 일과 관련되어 있는 것 같다.

---

36) Meadors, *Idolatry and Hardening of the Heart*, pp. 102-103. Meadors는 행 28장에 있는 사 6장의 인용을 사 6장의 우상숭배 배경과 관련해서 유사한 방식으로 이해한다.

결론

사도행전 전체에서 누가는 우상숭배 주제를 언급한다. 그럼에도 우상숭배자가 그가 섬기는 우상처럼 된다는 개념을 사도행전에서 식별하기는 쉽지 않다. 하지만 우상숭배에 대한 사도행전의 견해는 중요하며 이사야 40-66장의 논쟁에 대한 또 하나의 설명을 제공하기 때문에, 나는 사도행전에 대한 제7장을 이 책에 포함시키기로 결정했다. 우상숭배에 대한 이사야서의 논쟁은 이사야 6:9-10을 포함해 이전 장들로부터 발전했다. 또한 이사야 6:9-10은 사도행전 28장과 사복음서 모두에 인용되어 있으므로 매우 의미심장한 텍스트라 할 수 있다.

초대교회의 전승에 따르면 사도행전의 저자인 누가는 바울의 선교 여행에 동참했다(주된 근거로는 골 4:14; 딤후 4:11; 몬 24절. 여기서 누가라는 사람이 바울의 여행 동반자로 등장함). 이것이 사실이라면, 바울도 누가처럼 이스라엘과 이방인의 우상숭배에 대해 생각하지 않았을까? 누가처럼 바울도 우상숭배를 논하는 데 많은 지면을 할애하지는 않지만, 여러 곳에서 이 쟁점을 언급했다. 제8장에서는 바울의 언급을 검토할 것이다.

제8장

우상숭배자가 우상처럼 되는 일: 바울 서신

바울 서신은 우상숭배에 대해 여러 차례 언급하지만, 우리 목적에 가장 적합한 진술은 로마서 1장과 고린도전서 10장이다. 이 본문들은 우상숭배에 대한 바울의 사상에, 이미 논의했던 구약성경의 텍스트와 개념들이 깊이 스며들어 있음을 보여준다. 우상숭배자가 예배 대상인 우상처럼 된다거나 또는 그것과 긴밀히 동일시된다는 주제, 즉 금송아지 숭배와 연결된 구약성경 구절들에 근거한 주제를 포함해서 말이다.

로마서 1장에 나오는 우상숭배에 대한 바울의 견해

로마서 1:20-28은 우상숭배에 대한 바울의 가장 명시적인 설명 중 하나다. 이 대목은 다음과 같은 사실을 확인해준다.

> [20]창세로부터 그의 보이지 아니하는 것들 곧 그의 영원하신 능력과 신성이 그
> 가 만드신 만물에 분명히 보여 알려졌나니 그러므로 그들이 핑계하지 못할지
> 니라 [21]하나님을 알되 하나님을 영화롭게도 아니하며 감사하지도 아니하고
> 오히려 그 생각이 허망하여지며 미련한 마음이 어두워졌나니 [22]스스로 지혜
> 있다 하나 어리석게 되어 [23]썩어지지 아니하는 하나님의 영광을 썩어질 사람
> 과 새와 짐승과 기어다니는 동물 모양의 우상으로 바꾸었느니라
> [24]그러므로 하나님께서 그들을 마음의 정욕대로 더러움에 내버려 두사 그들
> 의 몸을 서로 욕되게 하게 하셨으니 [25]이는 그들이 하나님의 진리를 거짓 것
> 으로 바꾸어 피조물을 조물주보다 더 경배하고 섬김이라 주는 곧 영원히 찬송

할 이시로다 아멘

[26]이 때문에 하나님께서 그들을 부끄러운 욕심에 내버려 두셨으니 곧 그들의
여자들도 순리대로 쓸 것을 바꾸어 역리로 쓰며 [27]그와 같이 남자들도 순리대
로 여자 쓰기를 버리고 서로 향하여 음욕이 불일듯 하매 남자가 남자로 더불
어 부끄러운 일을 행하여 그들의 그릇됨에 상당한 보응을 그들 자신이 받았느
니라 [28]또한 그들이 마음에 하나님 두기를 싫어하매 하나님께서 그들을 그 상
실한 마음대로 내버려 두사 합당하지 못한 일을 하게 하셨으니

로마서의 이 도입부는 우상숭배가 다른 모든 죄악의 뿌리가 됨을 확인해준다. 사람이 하나님에 대한 신뢰에서 벗어나 그분의 창조 세계의 어떤 부분을 신뢰하는 일로 넘어갈 때, 그 "마음"은 "어두워"지고 모든 형태의 죄악이 이것으로부터 따라 나온다. 바울은 바로 이 점을 24-28절에서 설명하기 시작해서 29-32절까지 이어간다.[1] 바울은 우상숭배를 죄의 핵심이라고 본다.[2] 앞에서 이미 에스겔 22:1-16이 이스라엘의 우상숭배가 그들을 온갖 형태의 죄악으로 이끌었으며(5-13절), 그리하여 백성에 대한 심판으로 인도했다(14-16절)고 주장한 바 있다. 의미심장하게도 우상숭배의 역사에 대한 바울의 개관은 하나님으로부터 다른 것을 예배하는 일로 돌아선 모든 인류를 포함시키고 있다. 또한 거기에는 아담과 하와도 포함되어 있는 것 같다(롬 1:20-21은 아담과 하와를 염두에 두고 있는 듯함). "창세로부터 그의 보이지 아니하는 것들 곧 그의 영원하신 능력과 신성이 그가 만드신

1) 솔로몬의 지혜서에도 "우상을 만들겠다는 생각이 사통의 시작이었다. 또한 우상을 발명하는 것이 삶의 부패였다"(14:12), "이름 없는 우상을 경배하는 것이 모든 악의 시작이자 원인이며 종국이다"(14:27)라고 되어 있다. 솔로몬의 지혜서 13:1-16:1의 컨텍스트를 보라. *Pseudo-Philo* 44:6-10은 어떤 형태의 우상숭배를 저지름으로써 십계명이 모두 깨졌다고 말한다. Frederick J. Murphy, "Retelling the Bible: Idolatry in Pseudo-Philo," *JBL* 107 (1988): 279-281도 보라.

2) Thomas R. Schreiner, *Romans*, BECNT (Grand Rapids: Baker, 1998), p. 88과 궤를 같이한다. 내가 이 개념에 주목하도록 해준 내 학생 Mike Daling에게 특히 감사한다.

만물에 분명히 보여 알려졌나니 그러므로 그들이 핑계하지 못할지니라."[3] 그러므로 여기서는 아담과 하와를 포함한 전 인류가 기소 대상이 된다. 이는 그들이 죄인의 "모든 불의"의 일부를 저질렀고(1:18a) "세상의 창조 이래"(=창세로부터) "핑계하지 못할" 상태가 된 사람들 가운데 속하며, "불의로 진리를 막는(=억누르는)" 자들(1:18b) 가운데 속했기 때문이다.

이 우상숭배의 본질적인 성격은 "썩어지지 아니하는 하나님의 영광을…우상으로 바꾸는 것"(롬 1:23)과 "하나님의 진리를 거짓 것으로 바꾸는 것", "피조물을 조물주보다 더 경배하고 섬기는 것"(25절)이라고 설명된다. 하나님을 예배하는 일이 정상적으로 이루어지지 않음에 대한 적절한 처벌은 다른 관계가 정상적으로 이루어지지 않는 것이다. 여기에는 동성애, 부모에 대한 불순종, 다른 사람과의 온갖 역기능적 관계가 포함된다(24-32절). 마찬가지로 하나님을 공경하지 않은 일에 대한 동해보복(*lex talionis*)적 심판("해당 범죄에 가장 적절한 처벌")은 "그들의 몸을 서로 욕되게 하는 것"이다(24절). 또한 그들이 인식의 영역에서 하나님을 인식하고 인정하지 못하는 일에 대한 합당한 형벌은, 그분이 "그들을 상실한 마음대로 내버려 두신다"는 것이다(즉 하나님이 인정하는 마음이 아니라는 의미임, 28절).

사실상 이 처벌 자체는 우상숭배자들이 다른 사람과 맺는 비본성적 관계가, 하나님과 그들 사이의 비본성적 관계를 닮게 되는 벌이다. 여기서 이런 심판은 사람들이 자기 자신의 죄에 의해 처벌받는다는 내용은 포함하지만, 그들이 자신이 숭배하는 것을 반영하게 된다는 내용은 포함하지 않는다. 하지만 이 지점 역시 식별해낼 수 있는 것 같다. 왜냐하면 그들이 하나님에 대한 "진리를 막았으므로", 그분의 신적 본성에 대한 지식과 그 속성에 대한 반영을 억압하게 되었기 때문이다(롬 1:18-20). 그래서 하나님

3) 비록 주석가들 사이에서는 논란이 분분하지만 말이다. 예를 들어 Douglas J. Moo, *The Epistle to the Romans*, NICNT (Grand Rapids: Eerdmans, 1996), p. 109을 보라. Moo는 이 쟁점에 대해 양측의 주석가들을 다 거론하지만, 자신은 어느 쪽도 확신하지 못하고 있다.

의 본성과 속성을 인정하거나 반영하는 일에 실패하고, 대신 피조 세계의 타락한 본성을 반영하게 된다(21-25절). 따라서 그들은 하나님처럼 의롭지 않고 "불의"하며(18-19절), 하나님의 지혜를 반영하는 자들로서 "지혜롭지" 못하고 "어리석은 자들"이 되었으며(22절), 진실하지 못하고 "속임"이 가득하며(29절), 선하지 못하고 "악을 도모하는 자들"이 되며(1:30), 사랑하는 자들이 아니라 사랑하지 않고 "무정한 자들"이 되며(1:31), 자비하지 않고 "무자비한 자"가 된다(1:31).

로마서 1:21-25의 구약적 배경

로마서 1:21-25에 나오는 이방인의 우상숭배에 대한 묘사에는 여러 구약성경 텍스트들의 언어가 풍부하게 함께 짜여 있다. 이 구약성경의 암시들이 결합된 양상은 처음에는 복잡하게 얽혀 있는 미로처럼 보인다. 하지만 나는 바울이 어떻게 이 암시들을 모아 하나의 파스티쉬(pastiche, 여러 가지 표현 기법을 혼합하여 모방해서 만든 작품)를 만들었는지를 보기 위해 이 미로의 조감도를 제시하고자 한다. 이 암시(allusion)들 대부분은 이스라엘의 금송아지 우상숭배에 대한 것으로서, 왜 바울이 이런 식으로 암시들을 엮어놓았는지를 볼 수 있게 해준다.

시편 106:20; 예레미야 2:11; 호세아 4:7에 대한 암시

로마서 1:23, 25에서는 시편 106:20; 예레미야 2:11; 호세아 4:7에 대한 암시를 식별할 수 있다. 특히 시편과 예레미야서로부터 온 암시가 선명하다(참조. 도표 8.2.).

구약성경 텍스트	로마서 1:25b, 23a
그들이 호렙에서 송아지를 만들고 부어 만든 우상을 경배하여 [*prosekynēsan*] (그들이) 자기 영광을 풀 먹는 소의 형상으로 바꾸었도다[*ēllaxanto tēn doxan autōn en homoiōmati*](시 106:19-20)	…그들이…피조물을 소물주보다 더 경배하고 섬김이라[*esebasthēsan kai elatreusan*](25b절)
그러나 나의 백성은 그의 영광을 무익한 것[*ex hēs ouk ophelēthēsonthai*]과 바꾸었도다[*ēllaxat tēn doxan autou*](렘 2:11b; 참조. 20-28절)	[그들이] 썩어지지 아니하는 하나님의 영광을 썩어질[*phthartou*] 사람과 새와 짐승과 기어다니는 동물 모양의 우상으로[*en homoiōmati eikonos*] 바꾸었느니라(23절)
참조. 그들이 그들의 영광을 수치로 바꾸었다(시리아어와 타르굼의 경우). 마소라 텍스트는 칠십인경을 따라 "내가 그들의 영광을 바꿀 것이다"(*tēn doxan autōn eis atimian thēsomai*)로 읽는다 (호 4:7; 참조. 8-18절)	참조. 그러므로 하나님께서 그들을 마음의 정욕대로 더러움에 내버려 두사 그들의 몸을 서로 욕되게 하게[*atimazesthai*] 하셨으니(롬 1:24) 이 때문에 하나님께서 그들을 부끄러운[*atimias*] 욕심에 내버려 두셨으니(롬 1:26a)

도표 8.2. 로마서 1:23, 25에 나오는 시편 106:20; 예레미야 2:11; 호세아 4:7에 대한 암시

시편 106:20이 로마서 1:23에 간접 인용되어 있다는 사실은 여러 주석가들이 인정하는 바다. 우리는 이미 제3장에서 이 텍스트를 연구한 바 있다.

> [19]그들이 호렙에서 송아지를 만들고 부어 만든 우상을 경배하여
> [20]**자기 영광**을 풀 먹는 소의 **형상으로 바꾸었도다**
> [21]애굽에서 큰 일을 행하신 그의 구원자 하나님을 그들이 잊었나니
> [22]그는 함의 땅에서 기사와 홍해에서 놀랄 만한 일을 행하신 이시로다

[23]그러므로 여호와께서 그들을 멸하리라 하셨으나 그가 택하신 모세가 그 어려운 가운데에서 그의 앞에 서서 그의 노를 돌이켜 멸하시지 아니하게 하였도다(시 106:19-23, 비일 강조)

시편 106:20은 이스라엘이 참 예배의 대상인 "그들의 영광", 즉 영광스러운 주님을 우상의 형상으로 "바꾸었다"라고 말한다. 이것은 바울이 무의식적으로 사용한 것이 아니다.[4] 바울이 금송아지 에피소드를 심중에 두고 있다는 것은 25절의 "이는 그들이 하나님의 진리를 거짓 것으로 바꾸어"라는 평행 어구에 의해 암시된다. 이 어구는 금송아지 에피소드에 대한 유

---

4) Morna D. Hooker, *From Adam to Christ* (Cambridge: Cambridge University Press, 1990), p. 73. Hooker는 "여기서 바울이 시 106(LXX, 105):20을 의중에 두고 있다는 사실은 일반적으로 받아들여진다"라고 말한다. Joseph A. Fitzmyer, *Romans*, AB (New York: Doubleday, 1993), p. 283; James D. G. Dunn, *Romans 1-8*, WBC (Dallas: Word, 1988), p. 61; Richard H. Bell, *No One Seeks for God*, WUNT 106 (Tübingen: J. C. B. Mohr [Paul Siebeck], 1998), pp. 24-25; Paul J. Achtemeier, "Gods Made with Hands: the New Testament and the Problem of Idolatry," *Ex Auditu* 15 (1999): 49을 보라; 바울이 분명히 시 106편을 의중에 두고 있음에 대해서는 C. E. B. Cranfield, *The Epistle to the Romans*, ICC (Edinburgh: T & T Clark, 1975), p. 119; A. J. M. Wedderburn, "Adam in Paul's Letter to the Romans," in *Studia Biblica 1978*, ed. E. A. Livingstone, JSNTSup 3 (Sheffield, U.K.: shefield Academic Press, 1980), 3:414; Brendan Byrne, *Romans*, Sacra Pagina 6 (Collegeville, Minn.: Liturgical Press, 1996), pp. 68, 75을 보라; N. T. Wright, "The Letter to the Romans," in *New Interpreter's Bible*, ed. Leander Keck (Nashville: Abingdon, 2002), 10:433은 이것을 하나의 반향으로 보고 있다. Leslie C. Allen, *Psalms 101-150*, WBC (Waco, Tex.: Word, 1983), p. 53은 시 106:20의 암시에 덧붙여, 바울이 로마서의 다른 곳에서 시 106편의 다른 구절들을 암시하고 있다고 주장한다. 즉 롬 1:24에서는 시 106:14이, 롬 1:26, 27에서는 시 106:39이, 롬 1:26에서는 시 106:48이 암시되었으며, 롬 1:24, 26, 28의 "하나님이 그들을 넘겨주었다"라는 바울의 삼중적 반복의 기반은 시 106:41이었다는 것이다. 반면에 Mark A. Seifrid, "Unrighteous by Faith: Apostolic Proclamation in Romans 1:18-3:20" in *Justification and Variegated Nomism*, ed. D. A. Carson, Peter T. O'Brien, and Mark A. Seifrid (Grand Rapids: Baker Academic, 2004), 2:117은 시 106:20이 암시되지 않았다고 주장하지만 논증은 없다.

대 전승을 반영하는 듯하다.[5] 24, 26, 28절에 있는 "하나님이 저들을 내버려 두셨다(넘겨주셨다)"(*paredōken autous*)라는 바울의 말도 시편 106:41("그들을…넘기시매…"[*paredōken autous*])[6]의 반영일 뿐 아니라, 사도행전 7:42에 나오는 금송아지 에피소드가 이스라엘에 미친 영향에 대한 스데반의 결론("하나님이 외면하사 그들을 그 하늘의 군대 섬기는 일에 버려두셨으니[*paredōken autous*]")과도 일맥상통한다. 금송아지 우상숭배를 언급함으로써 바울은 앞으로 로마서 2:22에 나오게 될 이스라엘의 우상숭배에 대한 질타를 미리 예측하도록 만들고 싶어한다. 이것은 이방인과 유대인이 똑같이 악하며 똑같이 정죄받아 마땅하다는 자신의 발언 수위를 높이고 있는 논의의 일부다(롬 3:9-20). 여기에 함축된 사상은 이스라엘이 기능상 하나님의 형상을 반영하는 집합적 아담의 역할을 해야 했음에도 그러지 못했다는 것이다. 금송아지 예배와 같은 악한 에피소드는 이방인의 우상숭배에도 보편적으로 적용될 수 있다. 왜냐하면 이스라엘은 하나님의 백성으로서, 인류를 대표하는 아담으로서 역할을 하도록 되어 있었기 때문이다.[7] 제5장에서 보았듯이 몇몇 유대 주석가가 이스라엘의 금송아지 숭배의 죄를 에덴에서의 아담의 죄에 비견하는 것도 부분적으로 이런 이유에서였을 것

5) Philo는 송아지 우상숭배에 대한 모세의 반응을 묘사하면서 모세가 "군중의 갑작스러운 배교에 놀랐으며 [어떻게] 백성이 이렇게 큰 진리[*alētheia*]를 이런 엄청난 거짓말[*pseudos*]과 맞바꿀[*hypoallassō*] 수 있는지에도 놀랐다"라고 쓴다(*Life of Moses* 2:167). Moo, *Romans*, p. 112에도 인용되었다. 괄호 안에 든 그리스어 단어들은 바울이 롬 1:25에서 사용하는 단어다. 금송아지에 대한 유대 전승에 대해서는 Scott J. Hafemann, *Paul, Moses and the History of Israel*, WUNT 81 (Tübingen: J. C. B. Mohr [Paul Siebeck], 1995), pp. 227-231을 보라.

6) 롬 1:24과 26절의 "하나님이 그들을 넘기셨다"라는 어구 사이에 끼어 있는 어구가 "그들이 피조물을 섬겼다[*latreusan*]"라는 사실에 주목하라. 이 어구는 행 7:42에 나오는 "하늘의 군대를 섬겼다[*latreuein*]"의 평행 구절이다.

7) 이 개념에 대한 구약의 증거로는 G. K. Beale, *The Temple and the Church's Mission: A Biblical Theology of the Dwelling Place of God*, NSBT 17 (Downers Grove, Ill.: InterVarsity Press, 2004), pp. 81-121을 보라.

이다.

이스라엘 역사에 나오는 이 사례를 활용하여 바울은 한 민족으로서의 이스라엘의 실존 안에서의 최초의 공식적 죄악의 정황 안으로 들어간다. 출애굽기 32장은 이스라엘이 자신이 숭배하던 대상처럼 되어버렸다는 사상을 전달하기 위해, 소의 형상을 예배하는 그들의 죄악을 반항하는 소 떼를 묘사하는 언어로 그리고 있다(제3장을 참조하라). 이미 살펴보았듯이 금송아지 에피소드의 요약인 시편 106:20에는, 이스라엘이 그들의 하나님뿐 아니라 그분의 영광도 우상과 그것의 수치스러운 이미지로 "바꾸어버렸다"는 아이디어가 포함되어 있다. 모르나 후커(Morna Hooker)도 여기에 동의하면서 다음과 같은 점을 주장했다. 즉 시편 106:20에 나오는 "영광"에 대한 이 이중적 해석에 영향을 받아 바울은 로마서 1:23에서 "하나님 자신이 가지는 영광뿐 아니라 본래적으로 인간이 가지고 있었던 동일한 영광"을 참조하여 "영광"이라는 단어를 사용했다는 것이다.[8] 또한 우리는 시편 106:20의 영광에 대한 언급을 포함해 금송아지 에피소드에 대한 유대교의 해석이, 이스라엘이 하나님의 영광을 우상의 이미지에 대한 반영과 바꿔치기했다고 이해했음을 살펴보았다. 이 하나님의 영광은 그들 가운데 드러났으며, 그들이 자신의 성품을 통해 반영해야 했던 바로 그 영광이었다(제5장을 참조하라).

로마서 1:18-24에 있는 바울의 묘사의 일부는 예레미야 2:11로부터도 왔다. 시편 106:20과 함께 예레미야 2:11은 "하나님의 영광"을 피조 세계의 형상들의 영광으로 "바꾸었다"라는 바울의 표현을 형성하기 때문에 유의미하다.[9] 예레미야 2:11에 대한 이런 복합적 암시는 바울이 이스라엘이

---

8) Hooker, *Adam to Christ*, p. 82.

9) Dunn, *Romans 1-8*, p. 61; Bell, *No One Seeks for God*, pp. 24-25, 94; Achtemeier, "Gods Made with Hands," p. 49. 예레미야서에 대한 암시가 개연성이 있음을 보라. Hooker, *Adam to Christ*, pp. 76, 82-83은 이것을 가능한 영향으로 본다. Cranfield, *Romans*, p. 119; Wedderburn, "Adam in Paul's Letter to the Romans," p. 414;

예배 대상을 바꾼 일뿐 아니라, 예배 대상의 영광을 반영한 것과도 동일시 되었다는 사실을 염두에 두고 있음을 암시한다.[10] 제3장에서 시편 106:20과 예레미야 2:11을 분석하면서 나는 이 두 구절이 "하나님을 우상으로 바꿔치기"했다는 개념뿐 아니라, "그분의 영광을 우상의 가짜 영광으로 바꿔치기"했다는 개념도 포함한다고 결론 내렸다.[11] 나중에 이 결론은 제5장의 나의 관찰, 즉 유대교가 이스라엘의 금송아지 숭배를 어떻게 이해했는지에 대한 관찰을 통해 다시 제시되었다. 유대교는 이스라엘이 금송아지를 숭배함으로써 그 송아지의 신령하지 못한 성격으로 변모하고 또 그 성격을 반영하게 되었다고 이해했다.

예레미야 2:11은 "어느 나라가 그들의 신들을 신 아닌 것과 바꾼 일이 있느냐 그러나 나의 백성은 그의 영광을 무익한 것과 바꾸었도다"라고 말한다. 다른 민족들은 자기 신을 결코 부인하지 않았으며 오히려 다른 신들을 자신의 만신전에 첨가하려 한다. 여기서 수사학적 요점은 이스라엘의 우상숭배가 다른 나라들보다 훨씬 더 나빴다는 것이다. 왜냐하면 실제로 이스라엘은 참 하나님에 대한 예배를 거짓 신에 대한 예배로 바꾸어버렸기 때문이다. 제3장에서 우리는 예레미야 2:11 자체가 시편 106:20에 대

Byrne, *Romans*, pp. 68, 75은 롬 2:11을 "반향"으로 본다.

10) 예를 들어 Avrohom C. Feuer, *Tehillim* (Brooklyn: Mesorah Publications, 1985), 2:1293을 보라. Feuer는 이스라엘이 금송아지 숭배를 선택함으로써 "전능자의 종으로서의 이전 신분을 폐지해버렸다"라고 말한다. 초대교회의 한 해석에 따르면, 배교자 율리우스가 제단을 세우고 동전에 짐승을 새겼을 때 유대인들은 "그들의 마음에 새겨진" 황소의 등장을 아주 기뻐했고 그것을 축하했는데, "이는 그들이 이 짐승 가운데서 그들의 옛 금송아지를 인식했기 때문이었다"(Leivy Smolar and Moshe Aberbach, "The Golden Calf Episode in Postbiblical Literature," *HUCA* 39 [1968]: 99]). 반면에 Samuel L. Terrien, *The Psalms* (Grand Rapids: Eerdmans, 2003), p. 731은 20절에 있는 이스라엘의 영광이 "그들 자신의 소유일 수 없었다"라고 강하게 말하면서 호 4:7과 렘 2:11을 인용해 증명하고자 한다.

11) Hooker, *Adam to Christ*도 렘 2:11에 대한 이 이중적 해석과, 이 텍스트가 바울에게 끼친 영향에 대해 논의한다.

한 간접 인용이거나, 시편 106:20처럼 동일한 금송아지 에피소드의 반영인 것 같다고 보았다. 즉 예레미야서의 요점은 당대의 이스라엘의 우상숭배의 죄악이 국가의 초창기부터 시작된 우상숭배의 연장임을 말하는 것이다(렘 2:2-3을 참조하라).

많은 주석가들은 예레미야 2:11에 나오는 이스라엘이 "그들의 영광을 바꾸었다"라는 표현이 (환유법을 통해) 숭배 대상으로서 하나님을 다른 신으로 바꾼 일만을 가리킨다고 이해한다. 하지만 나는 제3장에서, 예레미야 2:11의 컨텍스트의 여러 측면으로 보아 이 구절이 하나님을 가리키는 동시에 이스라엘 중에 반영된 그분의 영광을 가리키며, 하나님과 그분의 영광이 우상과 그것의 가짜 영광으로 교환되었음을 가리킨다는 사실을 드러내려고 시도했다.

예레미야 2:11에 대한 이런 이해는 예레미야 2장이 시편 106:20보다는 호세아 4:7을 더 분명하게 암시한다고 결론지었던 제3장의 연구에서 더 잘 드러난다(시 106편 참조는 예레미야서의 암시 안에 포함되어 있을 수도 있다). "그들의 영화를 변하여 욕이 되게 하리라"(호 4:7, 저자는 이 구절을 "그들이 자신의 영광을 수치로 바꾸었다"로 본다-역자 주). 호세아서 텍스트에서 "영광을 바꿈"은 하나님의 영광이 아닌 그들이 섬기는 우상의 공허한 영광을 반영하고 거기에 참여하도록 만듦으로써 이스라엘을 처벌하시는 하나님의 역설적 형벌을 가리키는 것 같다. 여기서 금송아지 우상의 "영광"[12]은 우상 자체가 아니라, 우상으로부터 발산되거나 우상과 관련된 영광을 지시한다. 이 구절은 이스라엘이 나누어 가졌으며 개인적으로 반영해야 했던 영광이, 우상의 참칭된 영광과 바꾸어졌다는 사상을 전달한다. 이런 점은 호세아 4장과 이어지는 컨텍스트, 그리고 호세아서의 뒷장들에서 다시 제시된다.

---

12) 이 우상이 바로 그 송아지 우상이라는 사실은 호 8:5-6; 10:5; 13:2에 나오는 송아지 우상에 대한 명시적인 다른 언급을 볼 때 분명하다. 물론 호 4:16-17도 이 언급들 가운데 포함되어야 한다.

이런 사실에 비추어볼 때, 호세아 4:7의 반향이 로마서 1장에 나오는 시편 106편과 예레미야 2장에 대한 바울의 암시, 즉 간접 인용에 포함될 수 있을까?(여기에 대해서는 도표 8.2.의 텍스트 비교를 보라). 이 텍스트 자체가 시편 106:20과 예레미야 2:11과 상호텍스트적으로 연결되기 때문에, 이런 식으로 호세아 4:7을 포함시키는 것도 일리가 있다(제3장을 참조하라). 호세아 4:7에 나오는 히브리어 텍스트상의 1인칭 단수("내가 바꿀 것이다")에 대한 초기 증거는 바울에 의해 해석적으로 선택되었을 수 있다. 이 선택을 통해 바울은 하나님이 그분의 영광 가운데 거하던 사람들의 영광을, 최초의 죄악의 결과인 수치로 바꾸어버리셨음을 표현하려 한 것 같다. 따라서 최소한 호세아 4:7의 반향은 사람들이 자기가 예배하는 우상의 부패하여 썩어질 영광처럼 되어버리는 역설적 형벌을 가리키는 듯하다.

예레미야 2:5에 대한 암시

예레미야 2:5에는 또 하나의 암시, 즉 간접 인용이 내포되어 있는데, 이 암시도 우상숭배에 관해서다.

예레미야 2:5	로마서 1:21b
너희 조상들이 내게서 무슨 불의함을 보았기에 나를 멀리 하고 가서 헛된 것[*tōn mataiōn*=우상들]을 따라 헛되이 행하였느냐[*emataiōthēsan*]	하나님을 영화롭게도 아니하고 감사하지도 아니하고 오히려 그 생각이 허망하여지며[*emataiōthēsan*] 미련한 마음이 어두워졌나니

도표 8.3. 로마서 1:21b에 나타난 예레미야 2:5에 대한 암시

예레미야 2:5(제3장에서 살펴본 것처럼 2:11과 연결됨)은 로마서 1:21b에서 바울의 의중에 있었던 것 같다.[13] 만약 그렇다면, 21절 앞 부분의 바울의 언급은 우상숭배라는 부정적인 행위를 적극적으로 표현하면서 21b절에서 예레미야 2:5을 암시하는 길을 마련하고 있다. 따라서 바울은 이스라엘이 자신이 숭배하던 우상처럼 헛되고 공허하게 되었다는 예레미야서의 사상을 따르고 있다.[14]

제3장에서도 지적했듯이, 예레미야 2:5 자체는 열왕기하 17:15과 똑같은 단어를 담고 있다. "(너희 조상들이) 헛된 것[*tōn mataiōn*]을 따라 헛되이 행하였다[*emataiōthēsan*]"라는 구절이 두 텍스트에서 동일하게 나온다. 따라서 예레미야서의 이 구절은 이스라엘의 우상숭배 역사에서 나중 에피소드인 여로보암 왕이 북이스라엘을 위해 두 개의 금송아지를 세웠던 사건을 배경으로 집필되었을 것이다. 열왕기하 17:15-16은 이 에피소드를 이렇게 기록한다.

여호와의 율례와 여호와께서 그들의 조상들과 더불어 세우신 언약과 경계하신

---

13) Fitzmyer, *Romans*, p. 282과 Bell, *No One Seeks for God*, pp. 24-25, 311은 렘 2:5이 "아마도" 암시일 것이라고 본다. 또한 Wedderburn, "Adam in Romans," p. 414은 이 텍스트를 하나의 "반향"으로 보고 있다. The Nestle-Aland, 27th ed. of *the Novum Testamentum Graece*는 롬 1:22의 "그들이 어리석게 되었다"(*emōranthēsan*)의 배후에 렘 10:14, "[모든 사람이] 어리석게 되었다"(*emōranthē*)라는 세 번째 암시가 있다고 본다. 둘 다 우상숭배자들이 어리석어졌다는 점과 관련된다. 이 세 번째 암시는 바울이 예레미야서를 의중에 두고 있음을 암시한다.

14) 렘 5:21(우상숭배자들은 "어리석으며 마음이 없다")이 롬 1:21b-22("그들의 지각 없는 마음…그들이 어리석게 되었다")의 배후에 있을 수 있다. "어리석음"(*mōros*)을 우상숭배자에게 적용하여 "마음"(*kardia*)의 오작동과 밀접하게 결합시키는 모습은 렘 5:21의 LXX에서만 등장한다(예레미야서의 실제 단어는 *akardios*이며 롬 1:22은 *mōros*의 동사 형태를 사용하지만 말이다). 만일 렘 5:21이 반향되고 있다면, 우상처럼 되어버린 우상숭배자를 묘사하는 렘 5:21의 "눈이 있어도 보지 못하며 귀가 있어도 듣지 못하는"이라는 계속되는 표현은, 롬 11:8의 바울의 나중 언급에 비추어볼 때, 사도의 의중에 있던 사상인 것 같다. 롬 11:8에서 바울은 사 29:10과 함께 신 29:4을 인용한다(이 텍스트들은 제2-3장과 제6장에서 상세하게 논의되었던 중요 텍스트다: "하나님이 그들에게 혼미한 정신을 주셔서 이날까지 눈이 있어도 보지 못하며 귀가 있어도 듣지 못한다").

> 말씀을 버리고 허무한 것[*tōn mataiōn*]을 뒤따라 허망하며[*emataiōthēsan*] 또 여호와께서 명령하사 따르지 말라 하신 사방 이방 사람을 따라 그들의 하나님 여호와의 모든 명령을 버리고 자기들을 위하여 두 송아지 형상을 부어 만들고 또 아세라 목상을 만들고 하늘의 일월성신을 경배하며 또 바알을 섬기고…

이미 살펴보았듯이 열왕기하서와 호세아서는 이스라엘이 금송아지 우상에 빠져 돌로 만든 송아지 우상처럼 영적으로 공허하고 수치스럽게 되어버렸다고 말한다. 또한 제3장에서 열왕기하 17:15과 예레미야 2:5 사이의 연결에 대한 논의에서 보았듯이, 제8장의 결론에서는 열왕기하 17:15의 언급이 고린도전서 10장에 나오는 이스라엘의 금송아지 숭배와 직접적으로 연결됨을 다시 살필 것이다.[15] 실제로 로마서 1:21에는 열왕기하 17:15과 예레미야 2:11이 결합되어 있는 것 같다. 왜냐하면 바울은 로마서 1장에서 예레미야 2:11도 암시하고 있기 때문이다.[16] 하지만 열왕기하서의 텍스트는 매력적인데, 그 이유는 이 텍스트가 시내 산에서의 금송아지 숭배 성립을 재현하는 정황 가운데 들어 있기 때문이다.[17]

지금까지 제8장의 논의의 요점은 로마서 1장에 최소한 시편 106:20에 대한 하나의 암시와, 예레미야 2장에 대한 두 개의 암시가 존재한다는 것이다. 이 두 출처는 컨텍스트상 이스라엘이 자신이 숭배하던 우상처럼 되었음을 암시하며, 바울은 바로 이 노선을 따르고 있는 것 같다. 바울은 이스라엘의 우상숭배자들을 모든 우상숭배자의 대표격으로 보는 듯하다. 이는 아마도 이스라엘이 일종의 집단적 아담의 의미를 가진다는 그의 전

15) 제8장 끝에 있는 "*koinōnos*/*koinōnia*에 대한 보론"을 보라.

16) Meadors, *Idolatry and Hardening of the Heart*, p. 110을 보라. Meadors는 렘 2:11과 왕상 17장을 논의하면서, 바울이 이 두 텍스트를 모두 암시한다고 보는데, 이는 정확한 이견이다.

17) 이것은 특히 왕하 17장이 왕상 12:25-33을 발전시키고 있음을 기억할 때 명백해진다. 왕상 12장은 여로보암이 금송아지 숭배를 설립한 일을 기록하고 있다.

제 때문인 것 같다. 바울이 예레미야 2:5을 "그리고 그들이 공허하게 되었다"로 축약하고 바로 앞 구절("그리고 그들이 공허함을 따랐다")을 생략하는 것은, 인간이 부패한 우상처럼 부패하게 되었다는 개념을 부각하는 그의 방식이다. 다른 학자들도 로마서 1:21, 23에서 바울이 "사람은 그가 예배하는 것처럼 된다"라고 주장한다고 결론지었다.[18] 최소한 이 개념은 바울의 진술의 이면에 내포되어 있다. 물론 이렇게 이면에 내포된 사상 중 일부는 표면으로 올라오기도 한다. 실제로 신적 영광을 우상의 영광으로 "바꾼다"라는 아이디어는 앞서 시편 106:20에 대해 제시된 아이디어, 즉 이스라엘이 "불멸하는 하나님의 영광을 입을 기회"와 "그분의 놀라운 임재와 직접 접촉"할 기회를 포기했다는 아이디어를 포함하는 것 같다.[19] 여기에는 백성이 하나님을 대체하는 대상의 성질을 반영한다는 내용이 함축되어 있다. 페터 쉬툴마허(Peter Stuhlmacher)도 로마서 1:18-21에 대한 논의를 같은 내용으로 끝맺고 있다. "누구든지 허무한 것을 따르는 자는 허무하게 된다"(렘 2:5).[20] 이런 내용은 다른 곳, 예를 들어 고린도후서 3:18에서 바울이 언급하는 긍정적인 생각과는 반대다. "우리가 다 수건을 벗은 얼굴로 거울을 보는 것같이 주의 영광을 보매 그와 같은 형상으로 변화하여 영광에서 영광에 이르니 곧 주의 영으로 말미암음이니라"(놀랍게도 이 구절은 출 32-34장에 나오는 이스라엘의 금송아지 숭배자들과 대조해서, 모세가 하나님의 영광을 반영한 일에 대한 바울의 성찰의 결론이다).[21] 하나님과 그분의 영광의 반사를 바꾸어버렸다는 이 이중 개념은, 창조 세계 안에 반영된 하나님의 영광스러운

---

18) Wedderburn, "Adam in Paul's Letter to the Romans," p. 418의 인용을 따라 Bell, *No One Seeks for God*, p. 130을 인용했다.

19) Moo, *Romans*, pp. 108-109.

20) Peter Stuhlmacher, *Paul's Letter to the Romans* (Louisville: Westminster John Knox, 1994), p. 36 (Meadors, *Idolatry and Hardening of the Heart*, p. 110에도 인용됨).

21) Bell, *No One Seeks for God*, pp. 130-131; Wedderburn, "Adam in Paul's Letter to the Romans," p. 418도 그러하다.

속성들이 로마서 1:20에 언급되어 있음을 파악함으로써 더욱 명확해진다. 따라서 하나님의 속성들이 그의 피조물인 사람에게 반영되어 있다는 사실이 23절의 "영광"이라는 말에 포함된다고 보는 것은 자연스럽다.

창세기 1-3장의 아담에 대한 암시

로마서 1장에 나타나는 마지막 구약 배경은 연구가 필요하다. 몇몇 주석가가 생각하듯이, 창세기 1-3장이 로마서 1:23("[그리고 그들이] 썩어지지 아니하는 하나님의 영광을 썩어질 사람과 새와 짐승과 기어다니는 동물 모양의 우상으로 바꾸었느니라")에 나타나는 바울의 사상 배후에 들어 있는 것 같다. 나는 이 텍스트가 창세기 1-3장에 대한 암시일 가능성이 높다고 믿는다. 만약 그렇다면 하나님의 형상을 반영해야 할 인류의 역할과, 인류가 다른 형상에 기우는 죄를 범했다는 개념이, 우상숭배의 파괴성이 우상의 형상과 일치한다는 함축된 개념을 강조해준다고 할 수 있다. 더글러스 무(Douglas Moo)는 이 텍스트의 배경에 아담이라는 인물이 있다는 점에는 동의하지 않으면서도, 다른 저자들이 제시한 창세기 1-3장에 대한 다음과 같은 암시들을 인정한다.[22] (1) 로마서 1:23에 나오는 동물계에 대한 세 차례의 묘사("새와 짐승과 기어다니는 동물"). (2) 형상(*eikōn*)과 모양(*homoiōsis*)이라는 단어 쌍이 창 1:26("우리가 우리의 형상을 따라 우리의 모양대로 사람을 만들자")을 반영하는 점. 이 목록에는 다음과 같이 세 가지가 더 추가될 수 있다. (3) 아담과 하와가 충성의 대상을 하나님에게서 기어다니는 짐승인 뱀으로 바꾸었으며, 창 3:10-13을 보면 이 뱀의 속이는 성격이 그들이 타락하자마자 즉시 거짓말을 시작했다는 점에서 드러난다. (4) 우상숭배자들이 "지식"을 소유했으며 "지혜"를 거짓되이 추구했다는 개념이 창 3:5-7("선악을 아는 지식"과

22) Moo, *Romans*, p. 109; Seifrid, "Unrighteous by Faith," pp. 117-118을 보라. Moo는 창세기의 아담 내러티브에 대한 아무런 반향도 인정하지 않는다는 점에서 Fitzmyer, *Romans*, p. 283의 입장을 따른다.

"그 나무가 사람을 지혜롭게 할 만큼 탐스러웠다")을 반영하는 것 같다. (5) 바울이 (시 106:20을 통해) 금송아지 사건을 암시한다는 사실은 아담에 대한 반향과 잘 맞아떨어진다. 종종 유대교 전통이 시내 산에서의 이스라엘의 우상숭배의 죄를 아담의 타락과 연결하기 때문이다.[23] 이 유대교 전통은 이스라엘이 집합적 아담으로 간주되었다는 또 하나의 암시다. 집합적 아담은 개인 아담이 타락했듯이 타락했다. 바울은 아담의 최초의 죄와, 나중에 역사 가운데 재현된 이스라엘의 죄를 하나로 엮고 있다. 바울은 이 죄가 모든 죄인 가운데서 계속 재발한다고 본다.

동일한 증거의 상당 부분이 창세기 1-3장에 있는 아담을 가리킨다고 보는 모르나 후커[24]는, 왜 이런 배경이 앞의 구약성경의 우상숭배에 대한 암시와 함께 묶이는지를 다음과 같이 훌륭하게 설명했다.

> 바울의 기록에 의하면 사람이 본래적으로 넘어지는 죄는 우상숭배의 죄다. 바로 이런 이유 때문에 하나님은 인간이 다른 죄에 빠지는 것은 그대로 두신다. 창세기 내러티브에는 아담이 우상에게 예배를 드렸다는 암시가 전혀 없다는 반론이 나올 수도 있다. 하지만 이미 살폈듯이, 아담이 창조주가 아니라 피조물을 섬겼다는 기소는 성립된다. 또한 이런 혼란은 아담이 하나님과 자기가 만든 물건을 혼동한 데서 온다. 바로 거기서 우상숭배가 생겨난다. 더욱이… 로마서 1:23에서 우상을 표현하는 용어들은 창세기 내러티브에서 취해졌다.

---

23) 제5장과 Dunn, *Romans 1-8*, p. 61을 보라. Hafemann, *Paul, Moses, and the History of Israel*, pp. 228-229; Wedderburn, "Adam in Romans," pp. 414-415도 보라.

24) Hooker, *Adam to Christ*, pp. 77-78. Hooker와 일치하는 의견으로는 Byrne, *Romans*, p. 68; Wright, "Romans," pp. 432-433을 보라. Wright는 롬 1:22-23에서 "바울이 은밀하지만 의도적인 방식으로, 한편으로는 창 3장의 스토리를, 다른 한편으로는 광야에서의 이스라엘의 스토리를 재진술하고 있다"라고 쓴다. Dunn, *Romans 1-8*, pp. 60-61에 따르면 롬 1:22의 배경에는 창 3장의 아담 이야기가 있음이 분명하다. Bell, *No One Seeks for God*, p. 24은 창 3장의 아담 배경을 지나치게 보지 않도록 조심해야 한다는 데는 동의하지만, 그럼에도 롬 1:23에는 이 배경에 대한 선명한 암시가 있다고 본다. 특히 Bell은 롬 1:23에 창 1:26a(LXX)에 대한 암시가 있다고 본다.

> 여기서 언급된 짐승들은 사람이 다스리도록 주어진 것들이다. 하지만 뱀의 목소리를 들음으로써 아담은 피조물에 대한 자신의 정당한 지배권을 행사하는 데 실패했을 뿐 아니라, 자신을 피조물에 굴복하는 처지에 둠으로써 우상숭배의 길을 열어놓았다.[25)]

그래서 바울은 이스라엘의 우상숭배에 대한 암시를 아담과 연결해서, 아담의 죄 역시 우상숭배였음을 보여주고자 했다. 바로 이 점이 내가 제4장에서 보여주려고 시도했던 바다. 반면에 아담에 대한 암시와 이스라엘의 우상숭배에 대한 암시를 결합하는 것은 이스라엘 자체가 일종의 집합적 아담임을 의미한다. 모르나 후커도 "바꿔치기한 영광"이라는 이중 개념에 대해, 특히 아담과 연관시켜서 나와 같은 결론을 도출했다. 이것은 시편 106편과 예레미야 2장을 가져다 쓴 바울의 용법에 대해 앞서 우리가 관찰했던 것과 똑같은 이중 개념이다.

> 타락할 때 아담이 자기 얼굴에서 반사되던 하나님의 영광을 상실했다는 랍비 전승은 창세기 1-3장을 우리에게 지시한다.[26)] 동일한 개념이 로마서 3:23에 다시 등장한다. 여기서 바울은 모든 사람에게 하나님의 영광이 결핍되었다고 말한다.…
>
> 사람은 참 하나님에 대한 예배를 우상에 대한 예배로 바꿔치기했을 뿐 아니라 하나님과의 친밀한 교제를 그림자같이 어둡고 동떨어진 체험과 바꿔치기했다. 또한 인간은 하나님의 영광에 대한 자신의 반사를 부패한 형상으로 바꿔치기했다. 랍비들처럼 바울은 사람이 하나님의 형상을 상실했다고는 하지 않는다. 그렇지만 바울은 이 형상이 거의 지워졌다고 간주한다. 사람이 상

25) Hooker, *Adam to Christ*, p. 78.

26) 여기서 Hooker는 앞서 지적했던 *Rab. Gen.* 11.2; *Sanh.* 38b 및 아담과 하와의 삶(Apoc) 20-21을 언급하고 있다. 여기서 아담은 그가 이전에 소유했던 신적 영광에 대한 반영을 상실했다고 언급된다.

실한 것은 하나님의 형상과, 거기에 연결되어 있던 자연에 대한 지배권이었다. 또한 인간은 자신이 하나님의 형상(εἰκών θεοῦ)임을 망각하고 다른 곳에서 그 형상을 찾고자 함으로써 그것을 상실했다. 그러면서 그는 부패의 형상을 취하고 죽음에 종속되어 자신이 원래 부패하지 않는 하나님의 형상으로 창조되었다는 사실을 모호하게 만들어버렸다.[27]

캐리 뉴먼은 로마서 3:23이 로마서 1:23의 발전이라는 점에 주목하면서, 인간 안에 있던 신적 영광의 상실을 내포하는 변화가 1:23에 들어 있음을 보여주고자 했다.[28] 로마서 3:23이 1:23을 풀어쓴 것이라는 사실은, 로마서에서 3:23이 "영광"을 하나님과 직접적으로 연결한 두 번째 구절이라는 점에서 선명하게 드러난다. 이런 사실에 비추어볼 때, 로마서 1:21에서 "그들이 하나님을 영화롭게도 하지 않았다"라는 어구는 단순히 입으로 하나님을 찬양하지 않았다는 말이 아니라, 하나님의 속성을 반영함으로써 그분을 영화롭게 하지 않았다는 의미다. 이것은 다시 21a절의 "하나님을 영화롭게 하는 일"과 21b절의 "그들의 어리석은 마음이 어두워졌다"라는 구절의 대조를 통해 확인된다. 이것은 마음 상태가 이전의 긍정적인 상태에서 저급한 상태로 바뀌었음을 표시한다(그리스어 구약[사 60:2; 렘 13:16]에 나오는 "어둠"과 "영광"의 대조와 일치함).[29] 롬 1:23의 "형상"이 부패한 피조물을 반영하는 악한 사람들을 가리킨다는 사실은 형상에 대한 바울의 다른 용례들을 주목해보면 더 명백해진다. 다른 용례들은 긍정적인 사용들로서, 그리스도가 하나님을 반영한다거나(고후 2:2; 골 1:15) 사람이 하나님을 반영한다거나(고전 11:7) 신자가 그리스도의 형상을 반영한다거나(롬 8:29; 고전 15:49; 고후 3:18; 골 3:10) 함으로써 다른 무엇을 반사하는 것을 지시한다. 또

---

27) Hooker, *Adam to Christ*, p. 83.

28) Newman, *Paul's Glory-Christology*, p. 225.

29) 롬 1:21에서 바울이 사용하는 그리스어 동사의 명사 형태가 나타나는 텍스트다.

한 여기서 "영광"은 로마서 1:23의 경우에서처럼 자주 "형상"과 동의어로 쓰이기도 한다(롬 8:29-30; 고전 11:7; 고후 3:18; 4:4).

로마서 1:18-28에 대한 결론

지금까지 나는 뒤엉킨 그물처럼 보이는 구약 암시들을 풀어서, 이 암시들이 어떻게 우상숭배의 주제와 관련해서 식별 가능한 패턴을 형성하는지를 보여주려고 시도했다. 내 분석에 대해서는 다음과 같은 반론이 나올 수 있다. 즉 여기에는 인용은 전혀 없고 함축적 개념만을 도출할 수 있는 암시뿐이라는 반론이다. 만약 실제로 바울이 다양한 구약성경 텍스트로부터 이런 개념을 의중에 두고 있었다면, 왜 논의를 펼치면서 이를 더 분명하게 하지 않았을까? 하지만 나는 이미 서론에서 현재 부상하고 있는 상호텍스트성이라는 영역을 소개한 바 있다. 이 상호텍스트성 개념의 인식에 의하면, 고대의 저자들은 아무런 공식적인 인용의 형식을 취하지 않으면서도 이전의 텍스트들을 다양한 창의적 방식으로 암시했다. 이런 가정으로부터 필연적으로 나오는 문제는 이 암시가 개연성 있고 진정한지를 어떻게 입증하느냐 하는 것이다.

서론에서 나는 (Richard Hays의 작업을 정리해) 확인의 기준을 제시한 바 있다. 시편 106편과 예레미야 2장, 그리고 비록 그 정도는 약하지만 창세기 1-3장의 암시에 대해서도 다음과 같은 몇 개의 기준이 적용될 수 있다. (1) 저자는 과거 구약성경 텍스트들을 쉽게 접할 수 있어야 한다. (2) 구약성경으로부터 온 분량, 즉 연결을 상정할 만큼 충분한 양의 언어가 존재해야 한다. (3) 암시가 자주 등장하거나 모여 있어야 한다(얼마나 자주 저자가 이전의 구약성경 출전을 인용하는지, 또는 얼마나 자주 다른 곳에서 구약의 같은 컨텍스트를 언급하는지). 바울은 동일한 예레미야서 컨텍스트(렘 2:5-11)를 두 차례 언급한다. 예레미야서와 시편 106편, 열왕기하 17장에 대한 바울의 모든 언급 역시 금송아지 우상숭배와 연결되어 있다. 또한 사도는 고린도전서 10:7-22에서도 금송아지 우상숭배를 암시한다. 그리스어 신약성경

(*Novum Testamentum Graece*, Nestle-Aland 27th edition)에 따르면, 바울은 로마서 5:12-19; 7:10-11; 8:20, 29; 16:20; 고린도전서 11:3, 8-9; 15:21, 38-39, 45; 고린도후서 4:6; 11:3; 에베소서 4:24; 5:31; 골로새서 3:10; 디모데전서 2:13-14; 4:4에서도 같은 주제를 암시한다. (4) 주제적 일치(구약 출전이 후대의 저자의 전반적인 논의의 흐름에 얼마나 잘 부합하는가?)가 드러나야 한다. 우상숭배에 대한 암시는 롬 1:18-27의 주장의 흐름에 잘 들어맞으며 이를 보완시켜준다. (5) 역사적 개연성(저자가 구약의 언급을 의도하는 것이 가능하고, 독자나 청자가 그것을 이해할 수 있는 역사적 정황인가?)이 확보되어야 한다. 바울은 구약성경을 연구했으며, 그의 편지를 받는 교회도 유대인 그리스도인과 (당시 회당에 다녔던) 경건한 이방인으로 구성되어 있었다. 따라서 바울이 이런 암시들을 의도했으며, 독자도 그것을 두세 번 읽으면서 감지했을 가능성이 높다.[30] (6) 해석의 역사(다른 해석자들도 후대의 텍스트 가운데서 동일한 구약성경 암시나 반향들을 식별한 적이 있는가?). 나는 같은 암시들이 제시되어 있다고 보았던 대표적 학자들의 리스트를 각주에 달아놓았다. 서론에서 언급했듯이, 앞에서 열거한 기준들은 축적 효과를 가지고 있어서 구약성경 암시의 개연성을 보여준다. 나는 로마서 1장에 있는 암시들에 대한 현재의 분석이 바로 이런 경우라고 본다.[31] 바울이 자신이 제시한 암시들 중 몇 가지를 무의식적으로 했는지, 아니면 독자들이 의식하도록 의도했는지 하는 문제에 대해서는 확실하지 않지만, 이런 암시들의 확인과 그에 따른 구약성경의 컨텍스트에서 오는 의미의 강화는 바울이 배후에 함축적으로 가졌던 전제들을 드러내준다. 이 전제들은 해당 텍스트에 있는 명시적 진

---

30) 이 점에 대한 더 심층적인 연구를 보려면 요한계시록에서의 요한의 구약 사용에 대한 내 논의를 보라(Beale, *John's Use of the Old Testament in Revelation*, JSNTSup 166 [Sheffield, U. K.: Sheffield Academic Press, 1999], pp. 67-75).

31) The Nestle-Aland 27th ed. of *Novum Testamentum Graece*는 다른 몇몇 구약 출전과 함께, 앞서 논의했던 것과 동일한 시편, 예레미야서, 열왕기하서 텍스트들에 대한 암시를 열거한다. 그러나 창 1-3장에 대해서는 아무런 암시도 들지 않는다.

술들의 기반을 형성하는 것 같다.

로마서 1장에서 살펴본 우상숭배에 대한 형벌은 이사야 6장에 나오는 형벌과 유사하나. 이사야서에서 이스라엘은 자신의 우상숭배에 의해 처벌을 받는다. 그들은 자신이 숭배하던 우상처럼 눈멀게 된다. 이런 개념이 로마서 1장에서는 이사야 6장에서만큼 명시적으로 나타나지는 않지만, 시편 106편과 예레미야 2:5, 11의 용법과 관련시켜 볼 때 이런 개념이 로마서 1장에도 담겨 있다는 점은 비교적 분명하다. 이 텍스트들을 보면 인간이 자기 존재 안에 우상을 반영한다는 개념을 식별할 수 있으며, 자기 죄를 수단으로 처벌을 받는다는 개념도 선명히 볼 수 있다. 로마서 1:24-28에 나오는 이스라엘의 죄와 그들이 받을 형벌 사이의 일치가 바로 이 점을 지적한다. 물론 이 마지막 요점은 우리가 예배하는 대상을 닮는다는 개념에 해당하지 않는다. 하지만 이 요점은 인간이 자기 죄를 수단으로 형벌을 당한다는 더 폭넓은 성경 주제의 일부라고 할 수 있다. 물론 이 둘은 서로 배타적이기 보다는 서로를 보완해주는 관계에 있다.

로마서 1:18-28과 로마서 12:1-2 비교의 중요성

로마서 1장에서 보듯이 하나님과 사람의 관계의 기능 불량(예를 들어 우상숭배)은 사람과 사람 사이의 관계에서도 기능 불량이라는 상응하는 형벌을 가져온다. 하지만 나는 바울의 사상 안에, 인간이 자기가 숭배하는 우상처럼 영적으로 "공허하게" 된다는 개념이 어느 정도 포함되어 있다고 제안했다. 실제로 이 개념이 로마서 1장의 배후에 있다는 사실은 로마서 12:1-2에 있는 대립 명제적 평행 구절을 보면 선명하게 확인된다. 로마서의 첫 부분을 왜곡된 예배의 문제로 시작했던 바울은, 로마서의 나머지 부분에서는 하나님께 받아들여지는 합당한 예배의 문제로 시작한다. 바울이 로마서 12:1-2을 로마서 1:18-28에 대한 대립 명제로서 제시한다는 사실

은, 그가 실제로 반대말들을 사용한다는 점에서 드러난다.[32)]

로마서 1:18-28	로마서 12:1-2
그들의 몸을 서로 욕되게 하셨으니(24절) 그들이 피조물을 조물주보다 더 경배하고 섬김이라(25절). 또한 그들이 마음에 하나님 두기를 싫어하매 하나님께서 그들을 그 상실한 마음대로 내버려 두사(28절)	너희 몸을 하나님이 기뻐하시는 거룩한 산 제물로 드리라, 이는 너희가 드릴 영적 예배니라(1절) 너희는 이 세대를 본받지 말고 [주 안에서] 오직 마음을 새롭게 함으로 변화를 받아[a)] 하나님의 뜻이 무엇인지 분별하도록 하라(2절)

a) 롬 6장과 연결해볼 때 새롭게 됨은 분명히 그리스도의 부활의 새로움의 영역에 속한다. 롬 6장에서 그리스도의 부활의 새로움은 (1) (자기를 죄에게 내어주는 것과 대조해서) 자신을 하나님께 "드리는 것"으로, (2) 하나님 앞에서 "살아감"의 개념으로, (3) "거룩하게" 또는 "성별된" 방식으로 살아감으로써 명시적으로 언급된다(참조. Michael Thompson, *Clothed With Christ*, JSNTSup 59 [Sheffield, U. K.: Sheffield Academic Press, 1991], pp. 78-80).

도표 8.4. 로마서 1:18-28에 대한 대립 명제로서의 로마서 12:1-2

(밑줄 친) 단어들의 조합은 그 단어가 표현하는 사상과 마찬가지로, 바울의 저술 어디에서도 나타나지 않고 오직 여기서만 나타난다. 이런 사실은 이 두 텍스트 사이에 의도적 연결이 있다는 주장을 강화해준다.[33)] 첫째, 로마서 12장에서 바울은 그리스도인들에게 우상숭배의 "예배"에 참여하

32) 나는 Schreiner, *Romans*, p. 647에서 이 연관성에 대한 부분적인 지지를 발견했다.

33) 실제로 *ta sōmata hymōn*[또는 *autōn*]이라는 어구는 오직 로마서의 이 두 대목과 고전 6:15에만 등장한다. 고전 6:15에서는 "자기 몸의 지체들을 창녀의 지체로 삼는" 사람들을 가리킨다. 이는 롬 1장에 연결된 부도덕성과 유사한 개념이다. 마찬가지로 고전 6:18은 "자기 몸에 죄를 짓는 부도덕한 사람"에 대해 언급하며, 롬 1:27은 "자기 실수에 마땅한 형벌을 자신이 받는" 부도덕한 사람을 언급한다.

는 대신에 "그들의 몸을" 하나님께 경건한 "예배"로 드리라고 권고한다. 그들이 자기 몸을 동성의 타인에게 부도덕하게 내어주어 "그들의 몸"을 더럽혔기 때문이다. 둘째, "조물주보다 피조물을 예배하고 섬기는" 대신, 바울은 청자들에게 "세상을 본받지 말고 [그들의] 마음을 새롭게 하여 변화를 받으라"라고 경고한다. 셋째, "마음"에 하나님이 명하시는 예배를 "인정하지 않는" 우상숭배자와는 대조적으로, 하나님은 자기 백성이 "마음"으로 그들을 향한 그분의 뜻을 "인정"할 것을 원하신다.

어떤 주석가는 로마서 1장과 로마서 12장 사이의 연결점을 다음과 같이 정리했다.[34]

로마서 1:18-28	로마서 12:1-2
진노	자비
하나님을 영화롭게도 않고 그분께 감사치도 않음	하나님께 산 제사를 드림
몸을 더럽힘	몸을 제물로 드림
잘못된 우상숭배적 예배	합당한 예배
타락한 생각	새롭게 된 마음
하나님의 의를 거절	하나님의 뜻을 인정

도표 8.5. 로마서 1장과 로마서 12장 사이의 연결점

로마서 12:2은 로마서 8:29의 발전인 것 같다. 이 29절은 내 논지를 강화해준다.

34) Michael Thompson, *Clothed With Christ*, JSNTSup 59 (Sheffield, U. K.: Sheffield Academic Press, 1991), p. 32. Thompson은 이 대립 명제들에 대해 가장 발전된 논의를 하고 있다(Ibid., pp. 81-86은 최초로 이 연결점들에 대해 내게 영감을 주었다).

> 우리가 알거니와 **하나님을 사랑하는 자** 곧 **그의** 뜻대로 부르심을 입은 자들에게는 모든 것이 합력하여 선을 이루느니라
>
> 하나님이 미리 아신 자들을 또한 **그 아들의 형상을 본받게 하기 위하여** 미리 정하셨으니 이는 그로 많은 형제 중에서 맏아들이 되게 하려 하심이니라 (롬 8:28-29, 비일 강조)

따라서 로마서 12:2의 "너희 마음을 새롭게 함으로 변화를 받는다[*metamorphoō*]"는 말은 로마서 8:29의 "[하나님의] 아들의 형상을 따라 본받게 된다[*symmorphos*]"와 실제적으로 같은 의미다. 이런 일치는 골로새서 3:10의 "새롭게 하심"과 "형상"의 조합을 관찰하면 더 확실해진다. "새 사람을 입었으니 이는 자기를 창조하신 이의 형상을 따라 지식에까지 새롭게 하심을 입은 자니라"(비일 강조, 엡 4:22-24도 마찬가지). 고린도후서 3:18도 주께 가까이 하고자 하는 자들이 그의 형상을 입게 되리라고 확언한다. 그들은 "거울을 보는 것같이 주의 영광을 보게" 되며 그리하여 "주, 성령으로부터, 그와 동일한 형상으로 영광에서 영광으로 변화할" 것이다. 주목할 만한 사실은 바울 서신에서 "형상"(*eikōn*)이라는 단어가 총 여덟 번 등장하는데, 그중 로마서 1:23과 8:29에서 두 번 나온다는 점이다. 이 점은 로마서 8장에서 그리스도인이 본받고 있는 하나님의 아들의 형상이, 로마서 1장에 나오는 불신의 인류가 하나님의 영광과 바꿔치기한 "형상"과 대립됨을 암시한다. 마찬가지로 "피조물이 부패에 굴복한 상태에서 하나님의 자녀의 영광의 자유로" 장차 옮겨가는 일도, 로마서 1:23에서 하나님의 "영광을 맞바꾸었을 때" 사람이 겪었던 "부패"와 장차 그가 반영할 영광을 회복하는 일을 함축한다.[35] 또한 "그의 아들의 형상을 본받다"(8:29)는 "영화롭게 된다"(8:30)와 거의 동의어다.[36] 이것은 믿는 이들이 종말에 완성

---

35) Newman, p. 226.

36) Ibid., pp. 226-237.

된 존재로 변화된다는 사실을 가리킨다. 로마서 1장과 8장에서의 "형상"과 "영광"의 이 유일무이한 결합은 로마서 8장이 로마서 12:2에 이르는 계단으로서 1장에 대한 대립 명제를 전개하고 있음을 보여준다. 여기서 도출할 수 있는 사실은, 만일 "하나님을 사랑"하지 않고(롬 8:28) 결과적으로 "그분의 아들의 형상을 본받지" 않는다면, 그는 세상에서 다른 예배 대상을 "사랑"하며 결과적으로 이 땅에 속한 형상을 닮는다는 것이다. 로마서 12:2은 "주님을 본받다"라는 긍정적 개념을 반복하면서 이 부정적 함축을 명시적으로 끌어내고 있다.

예레미야서에서 우리는 우상숭배와 참 하나님의 형상을 반영한다는 개념이 부분적으로 아들 됨의 개념, 즉 아들은 부모를 반영한다는 개념을 통해 이해되어야 함을 보았다. 예레미야서에 따르면, 이스라엘이 누구를 예배하느냐에 따라 우상을 이스라엘의 "아비들"이라 부를 수도 있고, 참되신 하나님을 "아버지"라 부를 수도 있다. 로마서 1:18-32 바로 앞 텍스트인 로마서 1:3-4, 9에서 세 번, 그리고 로마서 8:29에서 다시 한 번, 예수는 하나님의 "아들"이라 일컬어진다. 또한 로마서 8:29에서는 그리스도인들이 하나님의 아들이라고 불리고 있다(즉 그리스도는 "많은 형제 중에서 맏아들"이다). 로마서 8:29에서 아들 됨과 동의어로서의 "맏아들"이라는 이 언급은 "그의 아들의 형상을 본받음"과 직접적으로 연결되기 때문에, 로마서 1장에 대한 분석과 연관해서 논의되었던 아들 됨과 형상의 개념이 여기서 표면화되고 반향되었다고 보는 것이 타당하다.[37]

바울은 그리스도인들이 자신의 새 창조의 실존 안에서 점점 더 새로워

37) 렘 31:9은 "맏아들"(장자)이라는 구약에서 자주 쓰이는 단어가 하나님 백성의 장래의 종말론적 회복과 구원을 가리키기 위해 사용된 유일한 텍스트다. 이미 제시했듯이 이것은 렘 2:27에 대한 암묵적인 대립 명제일 수 있다. 렘 2:27에서는 우상이 이스라엘을 낳은 "아비"와 "어미"로 나온다. 슥 12:10도 유사한 언급인 듯하다: "그들이 그 찌른 바 그를 바라보고 그를 위하여 애통하기를 독자를 위하여 애통하듯 하며 그를 위하여 통곡하기를 **장자를** 위해 통곡하듯 하리로다"(비일 강조).

져야 하며, 이전의 우상숭배 "시대"("시대"[age]가 "세상"[world]보다는 롬 12:1의 *aiōn*에 대한 더 나은 번역이다)가 이 새로워짐을 방해하지 못하도록 해야 한다고 권고한다. 우상숭배의 옛 시대(=세대)는 언제나 위협적이다. 그리스도인들의 몸이 여전히 옛 시대의 일부이기 때문이다. 여러 주석가가 관찰했듯이, 로마서 12:1-2은 옛 시대와 현재 안으로 뚫고 들어온 종말의 새 시대가 중첩되는 대표적인 예라 할 수 있다(평행 구절인 갈 1:4, "이 악한 세대에서 우리를 건지시려고…"도 보라).

로마서 1장과 로마서 12장 사이의 의도된 대립 명제는 12장에 언급된 명확한 지시로 인해 더 선명해진다. 즉 의무를 태만하게 하여 "세상"(세대)에 쏠리는 사람은 이런 잘못된 헌신 때문에 "세상처럼 되고 세상을 본받게 된다"는 것이다. 이 점은 앞서 내가 했던 주장, 즉 바울이 이미 로마서 1장에서 우상숭배가 참 하나님을 거짓 신으로 맞바꾸고 멸망의 심판으로 이끌고 있음뿐 아니라, 숭배자가 숭배 대상의 "형상과 일치하게 되어" 심판으로 가고 있음도 의중에 두고 있다는 주장을 증명해준다! 하지만 하나님의 백성에게 최후의 심판은 끝이 아니다. 왜냐하면 그들은 이미 십자가에 달리신 그리스도 안에서 선취적으로 심판받았기 때문이다. 최후의 종말론적 심판이 역사 속으로 시간을 꿰뚫고 들어와 자기 백성의 죄를 위해 그리스도 위로 떨어졌다. 하지만 믿지 않는 자들에게는 여전히 이 심판이 기다리고 있으며, 그리스도가 재림하실 최후의 날에 그들에게 떨어질 것이다.

대조적으로, 하나님의 백성은 그리스도 안에서 그들을 위해 시작된 일이 그의 재림 때 완성될 것이므로 최후의 날을 대망한다. 고린도전서 15:42-54에서 바울은, 사람이 그리스도를 믿을 때 이 생명이 시작한다고 하는 로마서 12:1-2의 완성을 묘사하고 있다. 고린도전서 텍스트에 따르면, 그리스도 안에서 하나님의 형상으로 변화하는 로마서 12:2의 과정은 마지막 아담인 그리스도의 부활의 실존의 충만한 형상을 최종적으로 닮게 됨으로써 완성된다.

[42]죽은 자의 부활도 그와 같으니 썩을 것[몸]으로 심고 썩지 아니할 것[몸]으
로 다시 살아나며 [43]욕된 것으로 심고 영광스러운 것으로 다시 살아나며 약한
것으로 심고 강한 것으로 다시 살아나며 [44]육의 몸으로 심고 신령한 몸으로
다시 살아나나니 육의 몸이 있은즉 또 영의 몸도 있느니라
[45]기록된 바 첫 사람 아담은 생령이 되었다 함과 같이 마지막 아담은 살려 주
는 영이 되었나니
[46]그러나 먼저는 신령한 사람이 아니요 육의 사람이요 그 다음에 신령한 사람
이니라
[47]첫 사람은 땅에서 났으니 흙에 속한 자이거니와 둘째 사람은 하늘에서 나셨
느니라
[48]무릇 흙에 속한 자들은 저 흙에 속한 자와 같고 무릇 하늘에 속한 자들은 저
하늘에 속한 이와 같으니
[49]우리가 흙에 속한 자의 형상을 입은 것같이 또한 하늘에 속한 이의 형상을
입으리라
[50]형제들아 내가 이것을 말하노니 혈과 육은 하나님 나라를 이어 받을 수 없
고 또한 썩는 것은 썩지 아니하는 것을 유업으로 받지 못하느니라
[51]보라 내가 너희에게 비밀을 말하노니 우리가 다 잠 잘 것이 아니요 마지막
나팔에 순식간에 홀연히 다 변화되리니
[52]나팔 소리가 나매 죽은 자들이 썩지 아니할 것으로 다시 살아나고 우리도
변화되리라
[53]이 썩을 것이 반드시 썩지 아니할 것을 입겠고 이 죽을 것이 죽지 아니함을
입으리로다
[54]이 썩을 것이 썩지 아니함을 입고 이 죽을 것이 죽지 아니함을 입을 때에는
사망을 삼키고 이기리라고 기록된 말씀이 이루어지리라
[55]사망아 너의 승리가 어디 있느냐 사망아 네가 쏘는 것이 어디 있느냐
[56]사망이 쏘는 것은 죄요 죄의 권능은 율법이라 [57]우리 주 예수 그리스도로 말
미암아 우리에게 승리를 주시는 하나님께 감사하노니(고전 15:42-57)

42-44절과 52-57절은 이 단락의 컨텍스트가 죽은 자들의 최후의 부활의 형태에 관한 것임을 분명하게 보여준다. 부활은 실존의 신체적이고 물리적인 변화와 더불어 영적인 변화이기도 하다.[38] 47-49절은 이 변화된 실존을 구체적으로 설명하면서, 믿지 않는 인류는 첫 아담의 썩어버릴 사망의 형상 가운데 있지만, 믿는 이들은 이런 타락한 실존으로부터 새로운 영원한 세상으로 옮겨가 마지막 아담인 예수 그리스도의 형상으로 변모하리라고 암시한다. 또한 이런 변화가 "영광스러운 것으로 다시 살아난다"라고 언급된다는 사실에 주목하라(43절). 분명히 이것은 더 높은 인간 실존으로 변화된 상태의 영광을 가리킨다. 내가 주장했듯이 이것이 로마서 1:23의 경우다. 이 텍스트에서 인간은 신적 영광을 반영하던 상태에서 썩어질 땅의 영광을 반사하는 상태로 타락한다고 이해되고 있지만 말이다. 인간은 이생에서 그리스도의 형상을 반사하기 시작하지만, 결정적으로 마지막 아담의 형상과 일치하는 일은 그리스도의 부활의 실존을 따라 새 창조의 부활 안에서 최종적인 형태를 획득하는 때에 이루어질 것이다(고전 15:20-23). 제8장 앞부분에서 우리는 로마서 12:1-2과 고린도후서가 하나님의 형상으로 변화하는 단계의 시작에 대해 말하고 있음을 살펴보았다. 하지만 지금 논의 중인 고린도전서의 텍스트는 하나님의 형상으로 변화한 최종적인 상태가 결코 뒤집히는 일이 없이 "썩어지지 않을" 단계가 되리라고 확언한다(50-54절).[39] 빌립보서 3:20-21도 고린도전서와 같은 내용

---

38) 이 대목에서 바울이 순전히 영적이고 비물질적인 부활의 실존을 인정할 뿐이라고 주장하는 주석가들도 있지만, 대부분의 주석가는 사도가 이 두 가지 모두를 의중에 두고 있다고 올바르게 주장한다(예를 들어 Gordon D. Fee, *The First Epistle to the Corinthians* [Grand Rapids: Eerdmans, 1987], pp. 713-807을 보라).

39) Jung Hoon Kim, *The Significance of Clothing Imagery in the Pauline Corpus*, JSNTSup 268 (New York: T & T Clark, 2004), pp. 195-209을 보라. Kim은 고전 15:53-54의 "옷 입다"라는 단어가 49-52절에 나타나는 창세기 배경과 함께, 창 1장의 형상 및 창 2:25, 3:7, 21의 옷 입음을 부분적으로 의중에 두는, "하나님의 형상으로 옷 입는다"라는 개념이라고 정확하게 지적한다.

을 확증해준다.

> 그러나 우리의 시민권은 하늘에 있는지라 거기로부터 구원하는 자 곧 주 예수 그리스도를 기다리노니 그는 만물을 자기에게 복종하게 하실 수 있는 자의 역사로 우리의 낮은 몸을 자기 영광의 몸의 형체와 같이 변하게 하시리라

사람 속의 하나님의 형상과, 우상의 형상으로 변모됨의 관계에 대한 신학적 성찰

지금까지 이 책에서는 사람이 하나님의 형상을 닮는다는 것과 우상의 형상을 반영한다는 것이 어떻게 연결되는지를 알기 위해 이 주제를 충분히 다루었다. 제3장과 제8장에서는 어떻게 악인들, 특히 이스라엘이 하나님과 그분의 영광에 연결되는지를 분별해내려고 많은 노력을 기울였다. 구체적으로 나는 이스라엘이 "하나님의 영광을" 우상의 형상과 "바꾸어" 맞교환했다고 할 때, 이 표현 속에는 다음과 같이 최소한 세 가지 지점으로 풀이할 수 있는 두터운 의미가 있다고 주장했다. (1) 영광의 하나님에 대한 예배를 추한 우상에 대한 예배와 맞바꿈. (2) 자기 영광을 드러낼 자기 백성을 위하시는 하나님의 행위나 그분의 독특한 임재에 가까이 갈 수 있는 위치에서, 추한 우상에게 가까이 가는 위치로 바꾸어버림. (3) 자기 인격에 반영해야 할 하나님의 영광을 맞바꾸어, 우상의 추악한 속성을 반영함.

제4장과 제8장의 앞부분에서 논의된 아담에 대한 부분은, 방금 말한 내용과 관련해서 약간의 조건이 필요하다. 아담은 우상숭배자가 되기 전에 죄를 짓지 않은 상태였다. 그러나 에덴동산 한복판에서 아담은 하나님에 대한 예배를 바꿔치기했을 뿐 아니라, 자기 인격을 통해 개인적으로 반영했던 실제적인 하나님의 영광도 바꿔치기했다. 아담 이후의 모든 우상숭배자는 타락 이전의 아담과는 달리, 그들 속에 왜곡된 하나님의 형상을

이미 소유하고 있다. 이들이 하나님에 대한 예배와 그분의 임재에 대한 친밀함을 바꿔치기할 때, 이미 이 예배에는 결함이 있다. 아무리 그들이 하나님께 가까이 간다고 해도 그분과는 인격적인 "구원의" 관계에 있지 않은 것이다. 여기에 덧붙여 아담과는 달리, 그들은 자신 안에 신적 영광의 순수한 반영을 바꿔치기한 것이 아니라, 참 하나님의 형상 대신에 세상에 속하는 우상의 형상들을 반영하기로 결정한 것이다. 그들은 참 하나님의 형상을 반영하겠다고 결정해야 했지만, 마땅한 방식으로 그렇게 하지 않았다. 이 요점을 다른 방식으로 표현하자면, 태어나면서부터 왜곡된 신적 형상을 반영하는 죄인들은 세상 안에 있는 우상의 형상을 더 많이 반사함으로써 하나님 형상의 반영을 억압한다. 바로 이것이 로마서 1:18-19에서 바울이 죄인들이 "불의로 진리를 억누르니 이는 그들 가운데 하나님을 알 만한 것이 분명하기 때문이며 하나님이 그것을 그들에게 분명하게 나타내셨기 때문"이라고 말한 의미다. 또한 20-23절은 "그들 가운데 분명하다"라는 것이 부분적으로 하나님의 반사된 속성들을 일컬음을 확인해준다.

반면에 주님을 신뢰함으로써 참 사람을 위해 준비된 하나님의 형상을 다시 얻기 시작하는 사람은 종국에 가서 우상에 굴복하지 않을 것이다. 때때로 우상과 접촉함으로써 영향을 받아 하나님의 영광을 반영하지 못할지라도, 그는 주님을 섬기고 반영하고자 하는 욕구를 점점 더 뚜렷하게 드러낼 것이다. 그는 하나님의 형상을 왜곡되게 반영하는 일로부터 완전히 해방되고, 역사의 종국에 하나님의 형상을 반영하는 일이 완성될 때까지 점차적으로 그 형상을 본받게 될 것이다.

고린도전서 10장에 나오는 우상숭배에 대한 바울의 견해

이 단락에서는 세상의 형상이나 그리스도의 형상을 반영하는 것에 대한 바울의 사상을 정리하면서, 사도가 사람이 자기를 바치는 대상을 닮게 되는 이유라고 믿었던 것의 뿌리에 도달하려고 시도할 것이다. 바울은 왜 우상을 예배하는 자가 그가 섬기는 우상처럼 변하여 그것의 죽은 본성을 취하게 되는가를 볼 수 있는 통찰을 한 가지 더 제공한다. 고린도전서 6:15b-17(롬 1장과 12장 외에 "너희의[저들의] 몸"이라는 표현이 등장하는 유일한 곳)에서 바울은 이렇게 말한다.

> [15]내가 그리스도의 지체를 가지고 창녀의 지체를 만들겠느냐 결코 그럴 수 없느니라 [16]창녀와 합하는 자는 그와 한 몸인 줄을 알지 못하느냐 일렀으되 둘이 한 육체가 된다 하셨나니[창 2:24 인용] [17]주와 합하는 자는 한 영이니라 (고전 6:15-17)

이 구절에 표현된 원칙은, 우리는 전심으로 자신을 바치는 대상과 하나가 되며 그리하여 그것의 본성과 일치된다는 것이다. 이는 우리가 자신이 헌신하는 대상과 비슷해진다는 개념과 매우 가깝다. 그런 다음 고린도전서 10:14-22에서 바울은 이 개념을 우상숭배 및 그리스도와 연결한다.

> [14]그런즉 내 사랑하는 자들아 우상숭배 하는 일을 피하라 [15]나는 지혜 있는 자들에게 말함과 같이 하노니 너희는 내가 이르는 말을 스스로 판단하라 [16]우리가 축복하는 바 축복의 잔은 그리스도의 피에 참여함이 아니며 우리가 떼는 떡은 그리스도의 몸에 참여함이 아니냐 [17]떡이 하나요 많은 우리가 한 몸이니 이는 우리가 다 한 떡에 참여함이라 [18]육신을 따라 난 이스라엘을 보라 제물을 먹는 자들이 제단에 참여하는 자들이 아니냐 [19]그런즉 내가 무엇을 말하느냐 우상의 제물은 무엇이며 우상은 무엇이냐 [20]무릇 이방인이 제사하는 것은 귀신에게 하는 것이요 하나님께 제사하는 것이 아니니 나는 너희가 귀신과 교제하는 자가 되기를 원하지 아니하노라 [21]너희가 주의 잔과 귀신의 잔을 겸하여 마시지 못하고 주의 식탁과 귀신의 식탁에 겸하여 참여하지 못하리라 [22]그러면 우리가 주를 노여워하시게 하겠느냐 우리가 주보다 강한 자냐

여기서 이 텍스트와 주님의 만찬에 대한 가설들의 관계를 설명하지는 않겠다. 신학자들이 최소한으로 동의하는 부분은, 성찬에 참여하는 자들이 그리스도와 그들을 위한 그리스도의 죽음과 하나가 되며, 주와 "한 영" [one spirit]이라는 점이다(고전 6:17을 보라). 마찬가지로 부정적으로 보면 우상에게 희생을 바치는 자들은 그 우상 배후에 있는 귀신에게 희생 제물을 드리고 "귀신에게 참여하는 자가 되며", 그리하여 그 귀신과 한 영에 속하게 된다.[40] 결과적으로 우리가 자신을 주님께 헌신하면 우리는 주님과 똑같은 영적 본성에 속하게 될 것이다. 그러나 우리가 우상에게 자신을 던지면, 마치 창녀와 함께한 자가 창녀와 하나가 되듯(고전 6:16) 우리는 그 우상처럼 될 것이다. 충성스러운 신자가 주님이 되는 것도 아니며 우상숭배자가 우상 자체(또는 우상 배후의 귀신)가 되는 것도 아니다. 하지만 인간은 자신이 헌신하는 대상의 본성을 취해 입는다. 바울은 우상숭배자가 무엇을 "귀신들과 공유하는지"(20절) 정확히 지적하지는 않는다. 하지만 이 우상이 "악하며"(고전 10:6), 귀신은 파괴적이고 속이는 존재라고 말한다(계 9:2-11을 보라). 따라서 신자가 살아 계신 하나님의 속성을 반영하듯이, 우상숭배자는 (생명 없는 나무나 돌로 된) 우상의 악이나 죽은 영적 속성, 열정적으로 자신을 헌신한 대상인 우상 배후의 귀신이 가진 파괴적이고 기만적인 성격을 반영할 것이다.

고린도전서 6:16-17에서 실제로 쓰인 단어들("지체들"과 "합하다")이 10장에는 등장하지 않는다. 하지만 고린도전서 6:15-19과 10:14-21의 연결성은, 우리가 자신을 바치는 대상에 동참한다는 개념뿐 아니라, 이교 사원에서 이루어지는 우상숭배(특히 창녀들이 있었던 축제 기간)의 컨텍스트에서도 드러난다. 바로 이것이 고린도전서 6장의 역사적 배경이다.[41]

---

40) 일치하는 견해로는 예를 들어 Achtemeier, "Gods Made with Hands," p. 56을 보라.

41) B. S. Rosner, "Temple Prostitution in 1 Corinthians 6:12-20," *NovT* 40 (1998): 336-351을 보라. Rosner는 이 두 대목 사이에 부차적인 연결이 있다고 제안한다. 예를 들어 (1) "음행을 피하라"(고전 6:18)와 "우상숭배를 피하라"(고전 10:14), (2) "모든 것

고린도전서 10:7-22에 있는 구약의 금송아지 배경

고린도전서 10장에서 바울은 광야에서 이루어졌던 이스라엘의 금송아지 숭배에 대해 반복해서 언급한다(여기에 대해서는 제3장과 제5장을 보라). 바울은 우상에게 희생 제사를 바치는 것이 귀신에게 희생 제물을 바치는 것과 같다고 이해한다(19-20절). 이런 희생 제사는 희생 제사를 드리는 자로 하여금 그 우상 뒤에서 활동하는 "귀신에게 동참하는 자가 되게" 한다(20절). 이것이 이방인의 우상숭배와 광야에서의 이스라엘의 우상숭배의 경우다. 이렇게 바울의 의중에는 이스라엘의 우상숭배 예배가 선명하게 깔려 있다. 이것이 고린도전서 10:5-11의 초점이기 때문이다. 의미심장하게도 고린도전서 10:7-22 텍스트는 우상숭배의 유혹에 빠지지 말라는 추론(12절의 "그러므로"[*hōste*]에 주목하라)과 "우상숭배로부터 떠나라"라는 추론(14절의 "그러므로"[*oun*]에 주목하라)의 토대를 이룬다. 또한 5-11절에 나오는 광야에서의 이스라엘의 죄에 대한 가장 명백한 구약의 추론들은 7절에 나오는 출애굽기 32:6 인용이다. "그들 가운데 어떤 사람들과 같이 너희는 우상숭배하는 자가 되지 말라 기록된 바 백성이 앉아서 먹고 마시고 일어나서 뛰논다 함과 같으니라"(출 32:6). 이것은 금송아지 우상에게 소란스럽게 예배하던 이스라엘 백성을 묘사한 텍스트다. 이 인용은 5-11절의 중심을 이루고 있으며, 12-14절에 나오는 권면의 기초가 된다.[42]

광야에서의 이스라엘의 우상숭배와 이방인들의 우상숭배의 연결은 20절에서 다시 지적된다. 20절은 신명기 32:17a의 인용에 해당한다(참조. 그리스어 구약과 고전 10:20의 단어가 거의 똑같다).[43]

이 가하다"(고전 6:12; 10:23)라는 어구를 공통으로 사용한다는 점.

42) Wayne A. Meeks, "'And Rose Up to Play': Midrash and Paraenesis in 1 Cor 10:1-22," *JSNT* 16 (1982): 69-72를 보라. Meeks는 7절의 인용이 1-13절 전부의 "미드라쉬적 기초"이며 금송아지 배경이 각각 신 32:17과 신 32:21을 암시하면서 20절과 22절에서 계속된다고 말한다(Ibid., p. 72).

43) Anthony C. Thiselton, *The First Epistle to the Corinthians*, NIGTC (Grand Rapids: Eerdmans, 2000), p. 775이 그러하다.

신명기 32:17a(LXX)	고린도전서 10:20
그들[첫 세대를 포함해 이스라엘]이 하나님이 아니라 귀신들에게 희생 제사를 드렸다.	그들이 하나님이 아니라 귀신들에게 희생 제사를 드린다.

도표 8.6. 신명기 32:17a(LXX)과 고린도전서 10:20의 평행 관계

덧붙여 고린도전서 10:22에 나오는 신명기 32장의 동일 컨텍스트에 있는 암시는 광야에서의 이스라엘의 우상숭배에 대한 연관성을 강화시킨다.

신명기 32:16, 21	고린도전서 10:22a
그들이 다른 신으로 그의 질투를 일으키며 가증한 것으로 그의 진노를 격발하였도다(16절) 그들이 하나님이 아닌 것으로 내 질투를 일으키며 허무한 것[우상들]으로 내 진노를 일으켰으니(21절)	그러면 우리가 주를 노여워[질투]하시게 하겠는냐

도표 8.7. 신명기 32:16, 21과 고린도전서 10:22a의 평행 관계

신명기 32장의 이 언급은 이스라엘의 광야 유랑 동안 일어났던 여러 차례의 우상숭배를 포함하지만, 특히 금송아지 에피소드를 가리키고 있음이 확실하다. 특별히 금송아지 숭배가 그들의 우상숭배의 정점이었기 때문이다. 결과적으로 금송아지 에피소드에 대한 언급은 고린도전서 10:20-22에서 계속 이어지고 있다. 따라서 바울은 구약의 사건과 고린도에 살고 있는 그리스도인들 사이에 벌어지는 우상숭배의 위협을 비교하고 있는

것이다.[44]

바로 이 점에 비추어 고린도전서 10:18을 검토할 필요가 있다. "육신을 따라 난 이스라엘을 보라 제물을 먹는 자들이 제단에 참여하는 자들이 아니냐." 많은 주석가들은 이들이 일반적으로 이스라엘의 제사장을 가리키며, 이 제사장들이 이러저러하게 "제단에 참여했다"라고 믿었다. 여기에 대한 일반적인 설명은 그들이 제단에서 나오는 것에 참여해서 희생 제물의 음식을 먹었다든지, 하나님과의 친밀한 교제에 참여했다는 식으로 다양하게 설명된다.[45] 그러나 최근 들어 상당수의 주석가들은 이 구절이 이스라엘의 광야에서의 전반적인 우상숭배 문제를 가리킨다고 올바로 보고 있다. 그중에서도 현저하게 눈에 띄는 것은 금송아지 숭배 사건이다.[46] 이렇게 보는 이유는 이미 지적했듯이, 이전 컨텍스트와 다음 컨텍스트에서 이 사건이 언급되기 때문이다.

따라서 고린도전서 10:18에 나오는 "희생 제물을 먹는 일"과 "제단"이라는 언급은 이 컨텍스트에서 출애굽기 32:5-6을 떠올리게 한다. 출애굽기 텍스트에서는 아론이 금송아지를 위해 "제단을 쌓고" "여호와의 절일"

---

44) 구약의 이런 영향에 대해서는 Richard B. Hays, *Echoes of Scripture in the Letters of Paul* (New Haven, Conn.: Yale University Press, 1989), pp. 93-94을 보라. Thiselton이 이런 입장을 잇고 있다. Thiselton, *First Epistle to the Corinthians*, pp. 774-775, 778. 여기서 Thiselton은 자신이 동의하는 다른 학자들을 인용하고 있다. 또한 Paul D. Gardner, *The Gifts of God and the Authentication of a Christian* (Lanham, Md.: University Press of America, 1994), pp. 166-169; Simon Kistemaker, *New Testament Commentary: Exposition of the First Epistle to the Corinthians* (Grand Rapids: Baker, 1993), pp. 347-349도 보라. 또한 David E. Garland, *1 Corinthians*, BECNT (Grand Rapids: Baker, 2003), p. 480도 보라. Garland는 20절에서 출 32:17에 대한 암시를 본다.

45) 여기서는 Philo, *Spec. Leg.* 1.221가 때때로 지지하는 수단으로 인용된다. 하나님은 "후원자로서… 희생 제사를 드리는 자의 한 무리를 제단의 파트너들[*koinōnos*]로 삼았다."

46) 이 두 견해를 대변하는 학자들에 대해서는 Thiselton, *First Epistle to the Corinthians*, pp. 771-772을 보라.

이라 외쳤으며, 곧 바로 백성이 "번제를 드리고" "먹고 마시기" 시작했다.[47] 고린도전서 10:18의 이 언급은 한층 발전된 언급이다. 왜냐하면 출애굽기 32:6의 일부가 고린도전서 10:7에 분명하게 인용되어 있기 때문이다. 또한 성스러운 잔치에서 "마시고" "먹는 일"(문자적으로는 "참여함")은 출애굽기 32:6에 거의 유일하게 나오기 때문이다.[48] 여기에 덧붙여 고린도전서 10:18에 나오는 우상숭배 잔치에 대한 언급은 16-17절에 나오는 주님의 만찬과 훌륭한 대조를 이룬다. 또한 21절에서도 주의 만찬과 우상의 잔치는 다시 대조된다. 이 두 개의 대조는 18절 직전과 직후의 구절들에서 "마심"과 "먹음"(문자적으로 "참여함")이라는 표현을 사용하고 있으며, 각각 주의 만찬과, 우상의 잔치와 대조되는 주의 만찬을 참조한다.

이런 점에서 18절에 나오는 "육신을 따라 난 이스라엘"은 (롬 1:3; 4:1; 9:3, 5에서처럼) 단순히 육체적인 이스라엘의 후손을 가리키지 않는다. 고린도전후서에서 "육체를 따라"(*kata sarka*)라는 어구는 어떤 사물이 불경건하고 세속적이라고 평가되는 부정적인 경우에만 사용된다. 따라서 고린도전서 10:18은 불경건한 이스라엘의 우상숭배적 시각을 가리킬 가능성이 높다. 특히 이스라엘의 우상숭배를 지시하는 전후 컨텍스트에서 그러하다 ("육체를 따라"라는 어구가 부정적으로 사용된 예로는 롬 8:4, 5, 12, 13; 갈 4:23, 29).[49]

우상숭배에 대한 우리의 전반적 연구는 다음과 같은 귀결을 보여준다.

---

47) Garland, *1 Corinthians*, pp. 478-479을 보라. Garland는 다른 몇몇 주석가를 따라 18절이 광야에서의 이스라엘의 우상숭배를 염두에 두고 있다고 보며, 의중에 있는 가장 정확한 배경은 금송아지 에피소드로서 7절에서 분명하게 인용된다고 생각한다. Gardner, *Gifts of God*, p. 165을 보라. Gardner는 18절이 7절에서부터 금송아지 컨텍스트를 가진다고 본다. Gardner는 신 32장에 대한 이어지는 금송아지 암시가 그 다음 구절들에 더 잘 들어맞는다고 생각한다(선례로는 Kistemaker, *First Epistle to the Corinthians*, p. 346이 있다. 이 두 학자는 Thiselton의 입장을 따른다. Thiselton, *First Epistle to the Corinthians*, p. 771).

48) 구약에서 희생 제물을 "먹음"과 "마심"이 등장하는 유일한 다른 텍스트는 시 50:13이다. 이 텍스트는 이스라엘 성전에서 이루어지는 성스러운 희생 제사를 가리킨다.

49) 특히 Gardner, *Gifts of God*, pp. 165-169을 따랐다.

즉 "희생 제물을 먹는 자들"이 "[우상숭배] 제단에 참여하는 자들"이 되었다거나(고전 10:18), 희생 제사를 드리는 자들이 "귀신들에게 참여하는 자들이 된다"(고전 10:20)라는 표현은 금송아지 숭배의 배경을 가리키며, 두 표현 모두 동의어적 평행 구절이라는 것이다. 바울이 이방인 우상숭배자들을 "귀신에게 참여하는 자가 된다"(20절)라고 보는 것은 이런 점에서 명확히 이해된다. 이것은 (많은 주석가가 살펴보았듯) 신명기의 해당 컨텍스트가 우상의 배후에 귀신이 있음을 확인해주기 때문만이 아니라, 출애굽기 32장에 나오는 금송아지 에피소드의 내레이션 자체가 이스라엘의 우상숭배자들이 그 금송아지와 하나가 되었다고 묘사하기 때문이다. 즉 이스라엘은 금송아지에게 희생 제사를 드리고 그 앞에서 희생 제물을 먹으면서 자기가 숭배하는 금송아지처럼 되었다. 또한 우리는 금송아지 에피소드에 대한 후대의 구약성경의 성찰 역시, 이스라엘이 자신이 영적으로 예배하던 송아지와 하나가 되었다고 보고 있음을 관찰했다. 특히 시편 106:20; 예레미야 2:5-11; 호세아 4:7, 16-17 같은 텍스트가 그러하다. 또한 우리는 유대교 주석가들이 출애굽기 32장에서 동일한 현상을 인지하고 있음도 살펴보았다. 이는 주석가들이 이스라엘이 숭앙하는 금송아지와 하나가 되었다고 묘사하며, 금송아지를 만들고 숭배하는 과정에 사탄이 개입했다고 이해하기 때문이다. 이런 구약적 배경과 유대교 내에서의 발전은 모두 바울이 우상숭배자와 그 우상에 연결된 귀신이 하나 되었다고 주장하는 기반을 제공하는 것 같다. 금송아지 에피소드와 관련하여 고린도전서 10장의 이 개념은 갑작스럽게 나온 것이 아니다. 제8장의 도입부에서 결론지었듯이, 로마서 1:23, 25에서 바울은 (시 106:20로부터) 바로 이 에피소드를 암시하며, 우상숭배자가 그가 숭배하는 우상과 하나가 된다는 같은 사상을 선날한다.

고린도전서 10:16, 18, 20의 *koinōnos*와 *koinōnia*의 의미

고린도전서 10:18과 20절에 나오는 "참여하는 자들"(*koinōnos*)라는 단어에 대해서는 더 언급할 필요가 있다. 많은 주석가들은 이 단어를 "파트너들"이라고 옮기는데, 이는 일반적으로 친밀한 사귐의 관계를 의미한다고 이해되었다.[50] 이 용례에 근거해서 더 기본적인 개념은 다른 누군가와 (같은 활동을 함으로써) 실제로 "무엇인가에 동참하는 자"가 된다는 의미다(마 23:30; 눅 5:10; 고후 8:23; 몬 17절. 여기서도 보통 "파트너"로 번역되지만 말이다).[51] 동참 또는 참여의 개념은 *koinōnos*의 다른 용례 중에서도 강조된다. (1) "우리의 고난에 참여하는 자(동참자)", "우리의 위로에 참여하는 자"(고후 1:7), (2) 혹독한 대접을 받은 자들과 "사귀는 자들"(히 10:33), "나타날 영광에 참여할 자들"(벧전 5:1), "신성한 성품에 참여하는 자가 되게 하려 하셨느니라"(벧후 1:4).

신약의 모든 용례에 들어 있는 개념, 특히 바로 앞에서 강조해서 지적했던 개념은 다른 누군가와 동일한 조건에 참여하거나 하나님의 "본성"(영광 또는 본성, 속성)에 동참한다는 의미다. 고린도전서 10:18, 20에 가장 근접한 용례로서는 베드로전후서의 용례가 있다. 왜냐하면 고린도전서의 대조는 그리스도께 동참하는 것과 귀신에게 동참하는 것 사이의 대조이기 때문이다. 베드로전서 5:1은 하나님의 영광의 속성을 반영하는 자(또는 반영하게 될 자)를 가리킨다. 이 사실은 종국의 완성에서 충만히 드러나게 될 것이다(그 점은 4절, "영광의 관을 얻는다"에서 다시 설명된다. 10절을 참조하라). 베드로후서 1:4도 마찬가지로 이해되어야 한다. 이 텍스트에서 "신성한 성품에 참여한다는 것"은 가족으로서 닮으리라는 것을 의미한다. 특히 "경건", "지식", "영광", "덕"(3절)이라는 신적 속성을 가리키며 이 점은 5-8절에 설명되어 있다. 하나님의 "신성한 권능"이 이런 속성들을 자기 백성에게 "부여해주신다. 그리고 하나님은 그들을 이런 속성으로" 부르셨다(3절).[52]

---

50) 예를 들어 Garland, *1 Corinthians*, p. 481을 보라.

51) BAGD, p. 553을 보라.

52) Michael Green, *2 Peter and Jude*, TNTC (Downers Grove, Ill.: InterVarsity Press, 1987), p. 72. 또한 J. N. D. Kelly, *The Epistles of Peter and of Jude* (Peabody, Mass.: Hendrickson, 1969), pp. 301-304도 보라.

고린도전서 10:16(과 신약의 다른 곳에서 17번)에서 발견되는 *koinōnia*의 용례들도 본질적으로 *koinōnos*와 똑같은 개념을 함축한다. 특히 그중 적절한 것은 "성령에의 참여"(고후 13:14; 빌 2:1), "아버지와 아들 예수 그리스도에게 참여함"(요일 1:3; 6절도 보라)을 가리키는 용례다. 이것은 베드로전후서에 나오는 용례에 비추어볼 때 가장 잘 이해된다.[53)]

*koinōnos*의 신약 용례들, 특히 베드로전후서에 나오는 용례에 비추어볼 때 고린도전서 10:18, 20에서의 개념은, 그리스도께 참여함으로 그와 하나가 되고 그의 영적 성격을 반영하는 사람들과는 대조적으로, 우상숭배자는 귀신의 본성이나 속성에 참여하거나 그것을 반영한다는 의미다. 최소한 우상숭배자는 그리스도가 아니라 어떤 영적 방식으로든 간에 귀신들과 하나가 되는 자다. 이것은 우상숭배자가 귀신의 영역의 불경건하고 신령하지 못한 본성을 반영한다는 뜻이기도 하다. 따라서 "귀신들의 동참자들"이라는 속격 어구는 "귀신들에게 동참하는 자들" 또는 "귀신들의 영역에 참여하는 자들" 혹은 "귀신들과 더불어 참여하는 자들"로 이해하는 것이 최선이다.[54)] 다양한 측면을 보여주는 이 세 번역은 같은 정체성이나 영으로 연합해서 하나 되는 관계를 표현한다. 믿는 자들이 살아 계신 하나님의 특성을 반영하듯, 우상숭배자는 우상과 똑같은 악이나 죽은 영적 속성, 우상 배후에 있는 귀신의 파괴적이고 기만적인 성격을 반영하리라는 의미다. 우상숭배자는 우상과 똑같이 신령하지 못한 영역과 무리에 속한다. 예배하는 대상이 그리스도든 귀신이든 간에, 예배하는 자는 예배

---

53) Gardner, *Gifts of God*, pp. 159-162을 보라. 여기서 Gardner는 우리 논의와 일치하는 단어 그룹에 대한 다른 연구들을 개관하고 있다.

54) 속격의 세 가지 카테고리에 대해서는 Daniel B. Wallace, *Greek Grammar: Beyond the Basics* (Grand Rapids: Zondervan, 1996)를 보라. 세 카테고리에 대해서는 각각 p. 132(동사 다음의 속격, 여기서는 "참여자들"을 동사에서 유래한 명사로 취하고 "귀신의"를 부분적 직접 목적어[partitive direct object, 목적어가 전체가 아닌 부분으로 파악됨]로 봄), p. 124(영역을 의미하는 속격[genitive of sphere]), pp. 128-130(연합을 의미하는 속격[genitive of association])을 보라.

대상의 강력한 영향력과 긴밀하게 접촉하게 된다.[55)]

아마도 고린도전서 10장의 *koinōnos* 단어 그룹에 대한 가장 근접한 비교 용례는 고린도후서 6:14-18일 것이다.

> [14]너희는 믿지 않는 자와 [균등하지 않은] **멍에를 함께 메지**[*heterozygeō*] 말라 의와 불법이 어찌 **함께하며**[*metochē*] 빛과 어둠이 어찌 **사귀며**[*koinōnia*]
> [15]그리스도와 벨리알이 어찌 **조화**[*symphōnēsis*]되며 믿는 자와 믿지 않는 자가 어찌 **상관하며**[*meris*]
> [16]하나님의 성전과 우상이 어찌 **일치**[*sygkatathesis*]가 되리요 우리는 살아 계신 하나님의 성전이라 이와 같이 하나님께서 이르시되
> 내가 그들 가운데 거하며 두루 행하여 나는 그들의 하나님이 되고 그들은 나의 백성이 되리라
> [17]그러므로 너희는 그들 중에서 나와서 따로 있고 부정한 것을 만지지 말라 내가 너희를 영접하여
> [18]너희에게 아버지가 되고 너희는 내게 자녀가 되리라 전능하신 주의 말씀이니라(고후 6:14-18, 비일 강조)

여기서는 지면의 한계상 이 텍스트에 대해 길게 해석할 수 없다. 이 텍스트의 해석을 더 알고자 한다면 각주[56)]를 참조하라. 다만 여기서는 이 대

---

55) Charles Hodge, *Commentary on the First Epistle to the Corinthians* (Grand Rapids: Eerdmans, 1965), pp. 194-195을 보라. C. K. Barrett, *The First Epistle to the Corinthians*, HNTC (New York: Harper & Row, 1968), p. 237도 보라.

56) 여러 글 중에서도 G. K. Beale, "The Old Testament Background of Reconciliation in 2 Corinthians 5-7 and its Bearing on the Literary Problem of 2 Corinthians 6:14-7:1," *NTS* 35 (1989): 566-576; *The Temple and the Church's Mission*, NSBT 17 (Downers Grove, Ill.: InterVarsity Press, 2004), pp. 253-256; J. M. Scott, "The Use of Scripture in 2 Corinthians 6:16c-18 and Paul's Restoration Theology,"

목과 연관된 평행 관계를 다루고자 한다. 첫째, 14b절의 *koinōnia*의 용법과, 그것의 동의어인 "균등하지 않은 멍에를 함께 메다"(unequally bound together), "함께하다"(partnership), "조화"(harmony), "상관"(in common), "일치"(agreement)에 주목하라. 이런 동의어들의 긍정적 측면은 16b-18절에서 고린도 교회의 신자들이 "살아 계신 하나님의 성전"의 일부분이 된다는 것, 그리고 이것이 구약의 종말론적 예언의 성취의 시작이라는 의미로 해석되고 있다. 예를 들어 하나님은 "그들 가운데 거하시며 그들 가운데 행하시리라고" 약속하셨다(16b절). 또한 그들은 하나님의 "백성"이 될 것이다. 이 사실은 "너희는 내게 자녀가 되리라"라는 가족 관계의 컨텍스트에서 해석되고 있다(18절).

고린도전서 10장의 이 대목에는 놀랄 만큼 선명한 평행 관계가 나타난다. (1) 넓은 컨텍스트에서 신자들은 "성령의 전"이라고 반복해서 언급된다(고전 3:16-17, 6:19). 또한 바울은 고린도전서 10:18-22에서 우상의 사원에서 먹는 일을 염두에 두고 있다. (2) 우상숭배로부터 분리되어 떠나라는 명령이 있다(참조. 고전 10:14; 고후 6:17). (3) 그리스도와, 귀신(즉 사탄의 영역)과 연결된 우상 사이의 대조가 존재한다. 핵심은 고린도후서 6장에서 그리스도 또는 하나님께 "참여한다"는 것이, 그분의 살아 계신 임재의 영역 안에 존재하며 그분의 가족의 일원이 됨(함축적으로 하나님을 닮음)을 의미한다는 것이다.[57] 동시에 "어둠"에 참여하고 "벨리알"과 "우상들"에게 "참여한다"는 것은(고후 6:14-16) 그 반대를 의미한다. 고린도전서 10:18-22에도 동일한 대조가 있는 것 같다.

JSNT 56 (1994): 73-99을 보라.

57) 이와 관련해서는 빌 3:10이 적절하다: "내가 그리스도와 그 부활의 권능과 그 고난에 참여함[*koinōnia*]을 알고자 하여 그의 죽으심을 본받아…." 여기서 "참여함"은 고난 중에 참으신 그리스도의 성격에 참여함을 의미한다. 또한 이것은 그리스도의 부활의 "권능"을 경험하고 죽음에 이르기까지 견디신 그의 성격을 닮는("본받는") 친밀한 "앎"과 직접적으로 연결된다. 그리스도에게 충성된 자는 그리스도를 닮는다는 이 생각은, 사람이 몸 바치는 대상을 닮게 된다는 우리 연구의 전반적 논지에 잘 부합한다.

왜 바울은 우상숭배자가 우상과 똑같은 정체성이나 정신, 본성을 공유한다고 강조했을까? 내가 아는 한계 안에서, 주석가들은 이 개념의 배경을 언급하지는 않았지만, 이 개념이 우상숭배 주제에 대한 바울 자신의 독특한 기여라고 보았다. 특히 금송아지 에피소드를 포함해 구약성경에 나오는 우상숭배에 대한 우리의 연구는 사람이 자기가 숭배하는 우상을 닮게 되며, 그 닮음은 멸망으로 인도한다는 사실을 드러내주었다.[58] 우리는 금송아지 사건에 대한 유대교의 이해에서도 똑같은 점을 보았다. 단지 바울은 이 구약성경의 배경과, 그 배경을 발전시킨 유대교적 발전에 보조를 맞추었을 뿐이다. 우상숭배자는 열정적으로 자신을 바쳤던 우상과 똑같이 영적으로 죽은 성격을 가질 것이다. 따라서 이 개념은 금송아지 배경에 대한 바울의 창조적인 기여가 아니라, 그 배경 안에 이미 내재하던 것에 대한 반영이자 성찰이라고 할 수 있다.

*koinonos/koinonia*에 대한 보론

이제 *koinōnos/koinōnia* 단어 그룹에 대한 마지막 관찰을 해야겠다. 이 단어는 구약 정경 가운데 오직 다섯 번 나온다. 그중 한 용례가 열왕기하 17:11[LXX]의 "또 그들[이스라엘]이 모든 산당에서 분향하며…친근한 영들[*koinōnos*]을 다루었으며 그들이 [상들을] 새겨 여호와를 진노하게 했다"이다. 이때 *koinōnos*를 친숙한 영들이라고 번역한 것은 역동적 등가 번역에 해당한다.[59] 분명히 이 단어는 우상숭배 행습을 가리키고 있기 때

58) 내가 아는 한, 주석가들은 이런 점을 관찰한 적이 없다. 물론 Meeks, "'And Rose Up to Play,'" p. 74은 바울이 18-20절에서 금송아지 숭배자들이 "귀신의 파트너가 된다"라고 보았다고 진술함으로써 약간 힌트를 주지만 말이다.

59) 이것이 *The Septuagint Version of the Old Testament and Apocrypha with an English Translation* (Grand Rapids: Zondervan, 1972)의 번역이다. 이 판은

문이다.[60] 엄밀히 번역한다면 "그들이" "동반자들" 또는 "파트너들" 혹은 "동참한 자들"을[61] "취급했다"[62]라고 할 수 있다. 하지만 이런 번역은 풀이하지 않으면 의미를 알 수 없다. 풀이하면, 이스라엘의 우상숭배의 행습들(히브리어로는 "악한 일들을 행하는 것")은 그들이 섬겼던 우상과 너무 밀접한 관계를 맺고 있어서, 그 우상이 백성과 공통적 실재를 공유한 파트너나 동반자로 불릴 수 있었다는 것이다. "친근한 영들"이라는 그리스어 구약성경의 번역은 이스라엘의 우상숭배 범죄에서 그 우상을 파트너로 의인화하려는 시도다(이 표현은 12절에도 계속됨).

열왕기하 17장에 나오는 이 우상숭배의 용례에서 충격적인 점은, 컨텍스트적으로 이것이 북이스라엘을 통치했던 호세아 왕 때까지 이르는 이스라엘의 전체 역사와 연결된다는 점이다. 제3장에서 살펴보았듯이, 이 우상숭배의 시작점은 광야 유랑 시절까지 소급되는데, 그 첫 발단이 금송아지 제사였다(참조. 왕하 17:7의 "이 일은 이스라엘 자손이 자기를 애굽 땅에서 인도하여 내사 애굽의 왕 바로의 손에서 벗어나게 하신 그 하나님 여호와께 죄를 범하고 또 다른 신들을 경외하며." 초점은 약속의 땅에서도 계속된 우상숭배지만, 그 시작은 금송아지 사건이었음). 백성의 우상숭배에 대한 묘사는 열왕기하 17:14-19에서 재개된다(여기서는 히브리어에서 번역한 것을 인용함).

14[그러나] 그들이 듣지 아니하고 그들의 목을 곧게 하기를 그들의 하나님 여

Samuel Bagster(London) 출판사와의 특별한 약정을 통해 출간되었다. NETS는 "그들이 파트너가 되었다"로 번역한다.

60) LXX는 "악한 것들"이라는 히브리어를 *koinōnos*의 복수형으로 번역한다.

61) 이것이 BAGD, pp. 553-556에 제시된 주요한 세 가지 의미 영역이다.

62) "다루었다"(dealt with)는 *epoiēsan koinōnous*의 번역이다. 이 어구는 목적격을 가지는 *poieō*("만들다 또는 행하다")에 의해 누군가와 더불어 "무엇인가를 행하다"라는 행위적 의미를 가진다. 이 어구를 "그들이 만들었다", "동무들", "파트너들" 등등으로 옮길 수도 있다. 왜냐하면 10절이 "그들이 스스로 기둥들과 동산들(즉 우상들)을 만들었다"라고 하며, 11절 끝 부분이 "그들이 [상들을] 새겼다"라고 말하기 때문이다. 하지만 그렇다 할지라도 우리가 지적하는 전반적 요점은 크게 바뀌지 않는다.

호와를 믿지 아니하던 그들 조상들의 목같이 하여

15여호와의 율례와 여호와께서 그들의 조상들과 더불어 세우신 언약과 경계
하신 말씀을 버리고 허무한 것을 뒤따라 허망하며 또 여호와께서 명령하사 따
르지 말라 하신 사방 이방 사람을 따라[갔고]

16그들의 하나님 여호와의 모든 명령을 버리고 자기들을 위하여 두 송아지 형
상을 부어 만들고 또 아세라 목상을 만들고 하늘의 일월 성신을 경배하며 또
바알을 섬기고

17또 자기 자녀를 불 가운데로 지나가게 하며 복술과 사술을 행하고 스스로
팔려 여호와 보시기에 악을 행하여 그를 격노하게 하였으므로

18여호와께서 이스라엘에게 심히 노하사 그들을 그의 앞에서 제거하시니 오
직 유다 지파 외에는 남은 자가 없으니라

19유다도 그들의 하나님 여호와의 명령을 지키지 아니하고 이스라엘 사람들
이 만든 관습을 행하였으므로

첫째, 이스라엘이 "두 송아지 형상"에게 경배했다(16절)는 사실에 주목하라. 이렇게 된 원인은 "여로보암이 여호와를 따르던 일에서 이스라엘을 멀리 몰아내고 그들로 큰 죄를 짓게" 한 것이라고 설명된다. "그리하여 이스라엘 자손들이 다 여로보암이 했던 그 모든 죄 가운데서 행했다"(21-22절). 송아지 우상숭배는 열왕기상 12:28에 기록된 대로 여로보암이 세웠다. 이 텍스트는 왕이 "금송아지 두 마리를 만들었고" 이를 보고서 "이스라엘아 이는 너희를 애굽 땅에서 인도하여 올린 너희의 신들이라"라고 선포했다고 기록한다. 이 마지막 선언은 시내 산에서 금송아지를 경배했던 백성의 죄에 대한 기록에서 가져온 인용이다(출 32:4, 8). 따라서 두 금송아지를 예배했던 후대 세대는 "그들의 목을 조상들처럼 곧게 했다"라고 묘사된다(왕하 17:14).[63] 이 끝 구절은 처음으로 금송아지 우상을 숭배했던 이스

63) LXX는 "그들이 조상의 목보다 그들의 목을 더 굳어지게 했다"라고 옮기지만 말이다.

라엘의 우상숭배자들에게 초점을 맞춘다. 여기서 그들은 반복해서 "목이 곧다"라고 묘사된다(출 32:9; 33:3, 5; 34:9; 신 9:6, 13; 10:16 [히]; 31:27).

이처럼 여로보암의 영향 아래서 후대의 이스라엘이 금송아지를 숭배한 것은, 이스라엘의 역사 시초에서 금송아지를 숭배한 사건의 재현이었다(실제로 이스라엘이 애굽의 예속 상태로부터 풀려나 금송아지 숭배를 제정했듯이, 애굽에 유배되었던 여로보암은 애굽으로부터 나와 금송아지 숭배를 다시 세웠다). 또한 시내산에서 이스라엘이 여러 측면에서 금송아지 우상을 닮고 그것과 하나 되었듯이, 똑같은 개념이 후대의 금송아지 우상숭배자들과도 연결되어 있다. "[그들이] 허무한 것을 뒤따라 허망하며 또 여호와께서 명령하사 따르지 말라 하신 사방 이방 사람을 따라"(왕하 17:15b). 영적으로 "허무하고 허망한" 우상을 예배함으로써 백성은 자기 우상을 닮게 되고, 그들 자신이 영적으로 "허무하고 허망하게" 되었다. 이런 점은 우리가 이미 출애굽기 32장의 금송아지 에피소드에 대한 분석과, 열왕기하 17장에 나오는 후대의 금송아지 사건에 대한 분석에서 살펴본 바다(여기에 대해서는 제3장과 제5장을 보라).

따라서 열왕기하 17장과 고린도전서 10장이 모두 (1) 금송아지 숭배라는 배경에 의해 직접적인 영향을 받으며, (2) 우상숭배자가 우상과 맺고 있는 밀접한 관계를 묘사하기 위해 *koinōnos*라는 단어를 사용한다는 점은 놀랍다. 이것은 우상숭배자가 그 우상의 영적 실재와 하나 된다는 것을 확인해준다(왕하 17:15b에서 밝혀진 대로). 실제로 *koinōnos* 단어 그룹은 성경과 초기 유대교 문헌에서 오직 이 두 경우에만, 우상숭배자와 그가 섬기는 우상의 관계를 묘사한다. 바울은 열왕기하 17장과 동일한 이유로, 우상숭배자와 그가 섬기는 우상의 관계를 묘사하기 위해 *koinōnos*를 사용한다. 이런 모든 이유에서 바울은 열왕기하의 이 용법을 반향하고 있다. 하지만 바울이 실제로 열왕기하의 이 특수한 배경을 반영한다고 인정하든지 부인하든지 간에, 우상숭배자와 그 우상(또 그 우상 배후의 귀신들) 사이의 영적 합일에 대한 바울의 이해에는 구약성경의 배경이 짙게 깔려 있다. 즉 금송아지 숭배가 처음으로 언급되는 텍스트와, 그 사건에 대한 구약성경의 성찰 및 우상숭배 텍스트에 대한 유대교의 해석 모두의 영향이 바울의 저술에 영향을 미쳤다. 최소한 열왕기하 17장에 대한 이 분석은 이런 배경을 강화시켜준다. 열왕기하 17장에 대한 분석은 제3장에서 더 깊이 다룬 바 있다.

고린도전서 10장에 대한 성경신학적 결론

고린도전서 6장과 10장 사이의 이런 연관성을 부각시키는 또 다른 구약적 배경은 호세아서다. 호세아서는 우상과 관계하는 이스라엘을 "창녀"라고 묘사한다(호 1:2; 3:3; 4:10, 11, 12, 13, 14, 15, 18; 5:3, 4; 6:10; 9:1).[64] 이스라엘의 우상숭배적인 창녀 노릇에 대한 가장 강력한 묘사는 호세아 4장에 나오는데, 여기서 호세아는 고린도전서 6장과 10장에 나오는 바울의 언어와 유사한 언어를 사용한다. 또한 바울처럼 금송아지 에피소드에 대한 암시도 사용한다.

> 7그들의 영화를 변하여 욕이 되게 하리라…
> 16이스라엘은 완강한 암소처럼 완강하니
> 이제 여호와께서 어린 양을 넓은 들에서 먹임같이
> 그들을 먹이시겠느냐
> 17에브라임이 우상과 연합하였으니 버려두라
> 18그들이 마시기를 다 하고는
> 이어서 음행하였으며
> 그들은 부끄러운 일을 좋아하느니라(호 4:7b, 16-18)

비록 호세아서와 고린도전서 사이에는 특정한 언어적 연결점이 없지

64) 호세아서에서 이 특별한 은유와 일반적인 우상숭배 주제에 대해서는 R. Cole, "A Crisis of Faith: the Idolatry Polemics in the Book of Hosea," *The Theological Educator* 48 (1993): 63-76을 보라.

만, 두 텍스트 모두 이스라엘의 금송아지 숭배라는 배경을 차용한다. 제3장에서 결론지었듯이, 호세아 시대의 이스라엘의 금송아지 숭배는 출애굽기 32장에 진술된 이스라엘 역사의 시작에서 발생했던 같은 사건의 재현이었다.[65] 예를 들어 호세아 4:7a은 시편 106:20과 텍스트적으로 연결된다. 시편 106:20은 시내 산에서의 이스라엘의 금송아지 예배를 이렇게 요약한다. "그들이 호렙에서 송아지를 만들고 부어 만든 우상을 경배하여 자기[들의] 영광을 풀 먹는 소의 형상으로 바꾸었도다"(19-20절). 호세아서의 암시가 지시하고자 하는 바는 과거에 이스라엘이 신적 영광을 송아지 우상의 수치스러운 반영과 바꿔치기했듯이, 호세아 시대의 이스라엘도 같은 일을 했다는 것이다.

비록 바울이 호세아서에 의존한 것 같지는 않지만, 우상숭배에 대한 바울과 호세아서의 개념은 동일하게 송아지 우상에서 유래했다.[66] 우리는 호세아서에 대한 분석에서 예언자가 이스라엘을 "고집 센 암송아지"라고 부름을 관찰했다(호 10:11도 마찬가지). 이는 백성이 자신이 몸 바쳤던 우상처럼 되어, 사랑과 경배의 대상인 송아지 우상처럼 영적으로 반항적이 되었음을 조롱하기 위해서였다(호 8:4-7; 10:5; 13:2을 보라).[67]

호세아서가 이스라엘의 거짓 예배를 이해했던 또 다른 관점으로는, 우상과 성관계를 가지는 창녀로서의 이미지가 있다. 실제로 이 이미지는 고린도전서 6장과 10장에서 제시했듯이, 왜 우상숭배자가 우상처럼 되는가에 대한 좀 더 심오한 이유를 드러낸다. 호세아 4:16에 있는 "이스라엘이 완강한 암소처럼 완강하다"라는 표현과 17절에 있는 "에브라임이 우상들과 연합했다"라는 표현, 18절에 있는 "그들이 계속해서 창녀 노릇하다"라

65) 제3장에 있는 관련 논의를 보라.

66) 제8장 앞부분에서는 바울이 롬 1:23-24, 26에서 호 4:7을 암시함을 살펴보았다. 이것은 고전 6장과 10장에서도 바울이 호 4:7에 대해 개념적 유사성을 가진다는 사실을 강화시킨다.

67) 제3장의 관련 논의를 보라.

는 표현은 서로 연결된다.

첫째, 17절은 이스라엘이 송아지 우상을 닮는 것이 그들이 "우상에게 연합했기" 때문이라는 말로 16절을 풀어준다. 18절은 17절에 대한 해석인 것 같다. 즉 에브라임이 "우상에게 연합되었다"(17절)라는 것은 이스라엘이 "계속해서 창기질을 한다"라는 의미다. 또한 "연합되었다"라는 이미지는 부도덕한 성관계의 모습으로 보이는데 영적인 차원에서 그렇다는 것이다. 사람은 결혼 관계 안에서든 그렇지 않든 간에, 성관계를 할 때 그가 결합하는 상대와 "하나"가 된다. 놀랍게도 그리스어 구약성경은 호세아 4:7에 있는 히브리어 "에브라임이 우상들에게 연합되었다"를 "에브라임이 우상들의 동참자[*metochos*]다"로 옮기고 있다. "동참자"라는 개념은 몫을 갖는다는 뜻이다. 이것은 앞서 논의했던 *koinōnos*와 아주 흡사한 개념이다. *metochos*는 고린도전서 10:17, 21b에서 바울이 사용하고 있는 동사의 명사형이다. 21b절에는 "너희가…주의 식탁과 귀신의 식탁에 겸하여 참여하지 못하리라"라고 되어 있다. 이 표현은 호세아서의 텍스트를 개념적으로 바울의 사상과 아주 가깝게 만들어준다.[68] 물론 바울이 실제로 이 구약 텍스트를 암시하는 것 같지는 않지만 말이다. 제3장에서 살펴보았듯이, 금송아지에게 희생 제물을 드리면서 "그 송아지에게 입맞춤하는" 이스라엘인들의 이미지는 우상에 대한 사랑과 하나 되어버린 헌신적 모습을 전달한다(호 13:2). 이것은 이스라엘이 바로 그 우상처럼 되어버리는 결과를 초래한다(참조. 호 13:3, "이러므로 그들은 아침 구름 같으며…", 즉 헛되다는 뜻). 이런 식으로 우상숭배와 창기질의 은유는 혼합되어 나란히 병치된다. 이 둘이 모두 우상에게 자신을 바친 사람들을 가리키고 있기 때문이다.

흥미롭게도 고린도전서 10:8은 "그들 중의 어떤 사람들이 음행하다가

68) Raymond R. Collins, *First Corinthians*, Sacra Pagina 7 (Collegeville, Minn.: Liturgical Press, 1999), p. 377을 보라. Collins는 고전 10:17, 21의 바울의 용례와 비교해서 호 4:7의 *metochos*의 제의적 용법을 언급한다.

[*eporneusan*] 하루에 이만 삼천 명이 죽었나니 우리는 그들과 같이 음행하지[*porneuōmen*] 말자"라고 말한다. 이것은 민수기 25:1-3에 나오는 에피소드를 가리킨다. 여기서 이스라엘은 바알 브올에 대한 예배의 일부분으로서 실제로 모압 여인들과 부도덕한 성관계를 가졌다.

> [1]이스라엘이 싯딤에 머물러 있더니 그 백성이 모압 여자들과 **음행하기**[*ekporneusai*] 시작하니라
> [2]그 여자들이 자기 신들에게 제사할 때에 이스라엘 백성을 청하매 백성이 먹고 그들의 신들에게 절하므로
> [3]이스라엘이 바알브올에게 **가담한지라**[*tetelesmenon*] 여호와께서 이스라엘에게 진노하시니라(민 25:1-3, 비일 강조)

민수기 25:1에서 "음행하다"(또는 "부도덕을 저지르다")라는 동사는 문자적 의미와 은유적 의미 둘 다를 가질 수 있다. 은유적으로 이 동사는 바알과의 영적인 음행을 가리킨다. 민수기 25:3에도 같은 경우가 나온다. 1-2절에 있는 이스라엘의 우상숭배에 대한 이야기는 계속해서 3절에 이스라엘이 "바알 브올에게 연합한" 부도덕에 대한 묘사로 이어진다(여인들과의 부도덕은 우상 예배의 일부분이었다). 최소한 민수기 25:1은 엄밀하게 육체적인 성적 방종을 가리키지만, 3절에서도 이스라엘은 여전히 "연합되었다"는 언급을 통해 영적인 부도덕을 저지른다고 보아야 한다(민 25:5도 보라. 이 절은 민 25:1-3의 사건 전체에 대한 정리다). 제3장에서 보았듯이 민수기 25:1-3에 적용되는 것은 이스라엘이 풍요 제의로서 성적인 의식을 행하고 있었다는 것이다. 그들은 이런 제의가 바알이 자기 후궁과 성행위하는 것을 모방하는 것이라고 믿었다. 이렇게 바알을 모방함으로써 생식에 해당하는 다양한 물질적 축복을 얻게 되기를 희망했던 것이다. 요한계시록 2:14도 민수기 25장의 이 대목을 분명히 암시하고 있으며, 똑같은 동사를 사용해서 "문자적이고 영적인 사통을 행하는 부도덕을 저지르는 것"으로 표현한

다. 물론 강조는 영적인 간음에 있다.[69] 호세아 9:10에서도 민수기의 바로 이 에피소드에 대한 언질을 찾을 수 있다. 여기에 대해서는 호세아서에 대한 이전 논의에서 충분히 다룬 바 있다. 거기서 살폈듯이, 이스라엘은 "그들이 사랑했던 바알 우상처럼 가증스럽게 되었다." 바울이 민수기 25장을 언급하면서 "부도덕을 저지르다"라는 동일한 동사를 사용한다는 사실은, 사도 역시 심중에 이 이중적 개념을 가지고 있음을 암시한다. 비록 그렇지 않다 할지라도, 이 용례는 부도덕이 우상숭배와 밀접하게 연결되어 있음을 보여준다. 이런 점은 먼저 고린도전서 6장에서 발견된다. 그리고 이 사실은 고린도전서 6장과 10장을 더욱 긴밀히 연결시켜준다. 이 연결점에 대해서는 내가 이미 제시한 바 있다. 특히 민수기 25:1-3에서 핵심적인 "연합함"의 개념은 우상에게서든 그리스도에게서든, 한 "몸"을 차지하여 참여한다는 것과 관련해 고린도전서 6장과 고린도전서 10:16-21 사이에 다리를 놓을 수 있도록 만든다.

바울의 결론을 상기해보라. "창녀와 합하는 자는 그와 한 몸인 줄을 알지 못하느냐 일렀으되 둘이 한 육체가 된다 하셨나니…"(고전 6:16). 그래서 이스라엘이 야웨께 신실하게 결혼 생활을 한다는 것은 이 민족이 주님과 영적으로 하나임을 의미했다(예를 들어 사 62:2-5을 보라. 거기서 신실한 종말론적 이스라엘은 "새 이름으로 일컬음이 될 것"이다. 이것은 "결혼함"이며, 야웨와의 친밀한 관계와 하나 됨을 암시한다. 따라서 야웨의 신부는 종말의 때에 그분을 영광을 반영할 것이다[사 58:8-9; 60:1-3, 19-20]). 바울도 말하듯이, "주와 합하는 자는 한 영"이다(고전 6:17). 여기에 나타난 개념은, 사람이 자신을 전적으로 바치는 대상과 하나가 되고 결과적으로 그것과 일치된다는 것이다. 바로 이것이 호세아 4:16에서 호세아가 이스라엘을 "완강한 암소"라고 일컫는 이유다. 왜냐하면 창기처럼 이스라엘은 영적으로 간음하고 야웨 대신에 흠모했던 송아지 우상과 하나가 되었기 때문이다. 후대의 유대교도 시내 산에서의 이스

69) Beale, *Revelation*, pp. 248-250.

라엘의 우상숭배에, 영적인 차원에서 그 송아지 우상과 부당한 성적 관계를 가진 일이 포함된다고 이해했다.[70)]

다른 언어를 사용하지만 유사한 개념으로 에스겔 14:3-4, 7은 이스라엘의 우상숭배자가 "우상을 마음에 들였다"라고 말한다(겔 20:16도 보라).[71)] 우상숭배는 단순히 외적인 예배의 문제만이 아니라 마음에서 내면적으로 헌신하는 문제다. 영적으로 공허한 우상이 마음속에 들어앉는 일은 우상숭배자를 영적으로 공허한 피조물로 만든다(책 전체에서 살펴보았듯이, 궁극적으로 이런 일은 하나님의 주권적인 심판에서 일어난다). 바로 이런 이유 때문에 에스겔서는 잠시 후 우상숭배자의 "마음"이 "시들어지고" 그가 "방자한 음녀"가 된다고 말하는 것이다(겔 16:30).

이런 점에서 하나님이 이스라엘에게 "네 하나님 여호와를 경외하고 그를 섬기며 그의 이름으로 맹세할 것이니라"(신 6:13=10:20, 뒤 구절에는 "그에게 의지하고"가 붙어 있음)라고 권고할 때, 여기에는 이런 예배의 헌신을 우상에게 바치지 말라는 경고가 들어 있음을 주목해야 한다(참조. 신 6:12-15; 10:16-17, 20).

구약성경에서 우상숭배를 이해할 때, 이스라엘과 야웨 하나님의 결혼 관계의 정절과 부정(不貞)에 비추어 파악해야 한다는 주제에 대해서는 이미 책 한 권이 저술된 바 있다.[72)] 결혼에 대한 구약성경의 관점은 남편과 아내 사이의 엄격한 성적 정절을 요구한다. 어느 쪽이든지 부당한 성적 개

---

70) 탈무드(*Temurah* 28b)는 시 106:20을 이런 식으로 해석하고 그것을 이스라엘이 금송아지와 성관계를 범한 예로 보는 것 같다: "*behema*[여성형, 암소 떼]와 관련해서 기록된 바, 만일 남자가 베헤마[암소]와 눕는다면 분명히 그를 죽일지니라. 그리고 *bakar*[남성형, 숫소 떼]에 관해 기록된 바, 그리하여 그들이 풀을 먹는 황소의 형상으로 그들의 영광을 바꿔버렸다."

71) 여기서 나는 우상숭배가 가지는 변형시키는 성격에 대한 겔 14장의 의미를 확인하는 측면에서 Meadors, *Idolatry and the Hardening of the Heart*, p. 59을 따랐다.

72) Raymond C. Ortlund, *God's Unfaithful Wife: A Biblical Theology of Spiritual Adultery*, NSBT 2 (Downers Grove, Ill.: InterVarsity Press, 2002).

입은 결혼 생활의 이상을 왜곡하며 타락한 인류의 무너진 본성을 드러낸다. 인간의 결혼 생활은 그 자체를 넘어서, 구약성경에서는 하나님과 그의 백성 사이의 결혼 관계(조금 전에 논의했던 사 62장을 보라)를, 신약성경에서는 그리스도와 신자들 사이의 종말론적 결혼(엡 5:28-33)을 지시한다. 마찬가지로 성경 저자들은 남편 되신 하나님에 대한 이스라엘의 부정을 설명하기 위해 실제적 간음과 창기질을 사용하고 있다. 우상숭배에 대한 이런 배경은 이미 논의한 대로, 우리가 자신이 헌신하는 대상에 합일되고 어떤 식으로든 의미심장하게 그 본성에 동참하게 된다는 개념을 강화시켜준다. 이런 점은 왜 살아 계신 하나님께 헌신하는 사람들이 그의 살아 있는 생명의 이미지를 반영하며, 세상의 죽은 우상에게 헌신하는 사람들이 그것의 생명 없는 성질을 반영하는지를 설명해준다.

이와 유사하게 솔로몬의 실례는 사람이 우상숭배적인 정황 안에 헌신할 때 어떻게 우상숭배적으로 변하는지를 잘 보여준다. 열왕기상 11장은 이렇게 주장한다.

> 1솔로몬 왕이 바로의 딸 외에 이방의 많은 여인을 사랑하였으니 곧 모압과 암몬과 에돔과 시돈과 헷 여인이라
> 2여호와께서 일찍이 이 여러 백성에 대하여 이스라엘 자손에게 말씀하시기를 너희는 그들과 서로 통혼하지 말며 그들도 너희와 서로 통혼하게 하지 말라 그들이 반드시 너희의 마음을 돌려 그들의 신들을 따르게 하리라 하셨으나 솔로몬이 그들을 사랑하였더라…
> 4솔로몬이 나이가 많을 때에 그의 여인들이 그의 마음을 돌려 다른 신들을 따르게 하였으므로 왕의 마음이 그의 아버지 다윗의 마음과 같지 아니하여 그의 하나님 여호와 앞에 온전하지 못하였으니(왕상 11:1-2, 4)

이교도와 통혼하지 말라고 이스라엘에게 주신 하나님의 명령은 영적으로 우상과 결혼하지 않게끔 그들을 보호하고, 궁극적으로 그들이 야웨 하

나님께 신실한 아내가 되게 하려는 것이었다(예를 들어 출 34:12-17을 보라). 인간적인 결혼 관계는 강력하며 여기에 돌입하는 것은 "둘이 하나가 됨"을 의미한다. 또한 결혼 당사자 둘은 심오한 측면에서 서로를 반영하게 된다. 솔로몬은 드높은 지혜에도 불구하고 그의 이방인 아내들로부터 강력한 영향을 받았다. 그는 아내들의 우상숭배와 우상에 대한 헌신을 반영했으며, 실제로 우상숭배를 행하기 시작해 후궁들의 여러 잡신을 위해 "산당(=제단)을 세웠을" 정도였다. 유대교 후대 저술인 요셉과 아스낫(*Joseph and Aseneth*)도 우상을 숭배하는 상대방에게 친밀하게 자기를 바치지 말라고 경고한다. 이 유대 이야기에 따르면, 이교도인 이집트 여인 아스낫이 처음으로 미래의 남편인 요셉을 만났을 때, 그녀는 요셉에게 입맞춤하기를 원했다. 이에 대해 요셉은 다음과 같이 반응했다.

> 하나님을 경배하고 자기 입으로 살아 계신 하나님을 축복하고 생명의 떡과 영생의 복된 잔을 마시고 부패하지 않는 복된 기름을 바르는 사람이, 자기 입으로 죽은 벙어리 우상에게 축복하고 목을 졸라 죽이는 그들의 상의 떡을 먹고 음험한 잔을 마시고 멸망의 기름으로 바르는 낯선 여인의 입맞춤을 받는 것은 적절치 못하다. 하나님을 경배하는 사람은 입으로 살아 계신 하나님을 복되다 하는 자들에게 입맞춤할 것이다. 마찬가지로 하나님을 경배하는 여인이 낯선 남자에게 입 맞추는 것도 부적절하다. 이것은 주 하나님 앞에서 가증하기 때문이다(요셉과 아스낫, 8:5-7).[73]

호세아 13장에서 관찰했듯이, "입맞춤"은 사랑의 헌신을 상징하는 제스처이며 하나 됨을 암시한다. 우상숭배자에게 입맞춤하는 것은 사실상

73) Garland, *1 Corinthians*, p. 482 덕분에 나는 위경 중 한 권인 요셉과 아스낫에 주목하게 되었다. "낯선 여인의" 식탁 의식에 대한 묘사는 신에 대한 예배를 위해 사원이나 다른 성스러운 공간에서 제의용으로 마련하는 식사를 반영하는 것 같다.

그 우상에게 입 맞추는 것이며 그와 일치되는 것으로 간주되었다. 이런 동일시는 이 행위를 "가증하다"(*bdelygma*; 요셉과 아스낫 8:7)라고 부르는 것으로 표현된다. "가증하다"라는 단어는 그리스어 구약성경에 자주 사용된다. 보통 이 단어는 우상숭배로 오염된 것이나 우상숭배와 연결된 것을 의미한다. 다시 말해 우상숭배자에게 입 맞추는 행위는 우상숭배 행위 자체와 동일시되는 것 같다. 이 이야기는 솔로몬 기사나 이전의 구약성경에 기초한 전승에 뿌리를 두고 있다. 비록 요셉과 아스낫이 사람이 숭배하는 우상처럼 된다는 말은 하지 않지만, 우상에게 바쳐진 음식을 먹음으로써 우상에게 헌신을 보이는 것은, 앞서 고린도전서 10장에서 논의했던 내용과 거기서 우리가 살폈던 우상과의 동일시의 개념과 유사하다.

결론

고린도전서 10장과 관련된 이 논의는 왜 우리가 숭배하는 대상을 닮아 멸망하거나 회복되는지에 대해서 성경의 다른 곳보다 더 심오한 분석을 보여주는 것 같다. 우리는 고린도전서 10장과 더불어 로마서 1장에서 바울이 우상숭배에 대한 자신의 이해를 표현하기 위해 금송아지에 대한 구약의 언급들을 차용하고 있음을 살펴보았다. 여기에는 우상숭배자들이 자기가 예배하는 대상의 불경건한 형상을 그들의 성격에 반영한다는 개념이 포함되어 있다. 또한 우리는 로마서 8장과 12장에서 그리스도께 바쳐진 사람이 그리스도의 형상을 본받게 된다는 사실도 관찰했다.

복음서와 사도행전, 바울 서신 외에도 신약성경에는 우상숭배에 대한 의미심장한 논의를 담고 있는 또 한 권의 책이 있다. 제9장에서는 바로 이 책, 요한계시록을 살펴볼 것이다.

제 9 장

우리는 우리가 예배하는 대상을 닮아간다: 요한계시록

내가 아는 한, 히브리서나 일반 서신에는 우상숭배자가 자신이 숭배하는 우상처럼 된다는 개념을 지지할만한 눈에 띄는 증거가 없다. 신약의 이 책들에서는 우상숭배 개념이 거의 언급되지 않는다. 그에 비해 요한계시록은 우상숭배 주제를 다루고 있다. 특히 요한계시록은 우상숭배자를 귀먹은 자라고 보는 예수와 이사야의 이해를 발전시켜서 이 주제를 전달한다. 이런 발전은 일차적으로, 사도 요한의 "귀 있는 자는 들으라"라는 표현의 반복을 통해 나타난다.[1]

제9장의 첫 네 단락에서는 요한계시록에 나타난 우상숭배 주제의 토대를 마련할 것이며, 마지막 단락에서는 특히 짐승을 경배하는 자들이 어떻게 그 짐승의 성품을 반영하고 결국은 멸망당하는가를 상세하게 설명할 것이다. 우상숭배자가 받는 심판의 일부는 숭배 대상인 우상을 감싸고 있는 악마적 차원을 공유하기 시작하는 것이다. 이런 악마적 차원은 우상숭배자가 우상의 공허하고 죽어 있는 형상을 닮도록 만든다. 이미 우리는 이 개념을 고린도전서 10장에서 본 바 있다.

---

1) 제9장의 첫 네 단락은 일부 개정을 거친 G. K. Beale, "The Hearing Formula and the Visions of John in Revelation," in *A Vision for the Church*, ed. Markus Bockmuehl and Michael B. Thompson (Edinburgh: T & T Clark, 1997), pp, 167-180을 토대로 하고 있다.

일곱 편지의 문학적 컨텍스트와 "들으라" 형식의 기능

요한계시록 2-3장에 나오는 일곱 교회에 보낸 편지는 각각 다음과 같이 네 개의 부분으로 나눌 수 있다. (1) 기독론적 묘사를 지닌 위임 형식, (2) "내가 아노라" 단락(전형적으로 칭찬, 훈계, 고발의 요소를 가지며 회개에의 요청, 심판의 위협, 약속이 포함됨), (3) 분별하라는 권면, (4) 이기라는 권면.[2]

각 편지에 나타난 사상의 논리적 흐름은 일반적으로 다음과 같은 패턴을 따른다. (1) 그리스도는 특정한 속성(특히 각 교회의 상황에 적합한 것으로, 교회가 직면한 특정 문제를 극복하는 데 기초를 제공하는 믿음)으로 자신을 드러내신다. (2) 상황과 특별한 문제가 검토된다("내가 아노라"로 시작함). (3) 상황과 문제에 기초해서 그리스도는 갈등에도 불구하고 인내하라고 격려하거나(신실한 교회의 경우), 심판을 피하기 위해 회개하라고 권면하신다(신실하지 못한 교회의 경우). (4) 이전의 상황과 문제는 그에 상응하는 인내를 위한 격려 혹은 회개를 위한 훈계와 함께, 그리스도께서 교회들에게 격려나 훈계에 주의를 기울여("들으라") 반응하라는 요구를 전하시는 근거를 이룬다. (5) 긍정적인 반응에 근거해(="이기는"이라는 말이 "들으라"를 따라 나온다), 그리스도는 그분의 속성이나 교회의 상황과 적절하게 어울리는 영생의 유업을 약속하신다(마지막 네 개의 편지에서 이기는 것과 함께 "들으라" 형식은 약속 이후에 놓일 때라도, 여전히 기초 절의 역할을 한다).

일곱 편지 모두가 논리적으로 동일한 주제를 가지고 유사한 방식으로 발전하고 있음을 고려해볼 때, 요한계시록 2-3장의 전반적 요점은 다음과 같은 방식으로 표현할 수 있다. 즉 그리스도는 교회들에게 증언하도록 격려하고 타협에 대해 경고하며, "듣고" 자신과 함께 영생의 약속을 받도록 타협의 유혹을 극복하라고 훈계한다. 그러므로 각 편지의 논리적 발전은

2) David E. Aune, *Prophecy in Early Christianity and the Ancient Mediterranean World* (Grand Rapids: Eerdmans, 1983), pp. 275-278과 부록도 보라.

중심, 즉 그리스도와 함께 영생을 얻으리라는 약속에서 정점에 이른다. 일곱 편지의 본론은 성령이 교회들에게 "들으라"라는 말씀에 반응하도록 부르시는 근거를 제공한다. 그것은 각각의 약속을 물려받는 결과로서 반드시 이기는 결과를 얻게 한다.

결론적인 "들으라" 훈계는 개개의 교회만이 아니라 "[모든] 교회들에게" 전달된다. 각각의 편지는 한 교회의 특수한 상황을 지적하지만, 또한 그것은 일곱 교회 전체의 필요와, 함축적으로 보편적 교회 또는 "일반적" 교회에게 적합하다.[3]

이 일곱 교회는 다음과 같이 세 개의 단락으로 나눌 수 있다. (1) 첫 번째와 마지막 교회는 그리스도의 교회라는 정체성을 상실할 위험에 빠져 있다. 따라서 그들에게는 심판을 면하고 진실한 믿음에 합당한 약속을 물려받기 위해 회개하라는 교훈이 주어진다. (2) 가장 중앙에 배치된 세 편지의 수신자인 세 교회에는 신실을 지키는 자들과, 이교적 문화와 타협하는 자들이 섞여 있다. 이 세 교회 중 최상의 상태는 버가모 교회이고, 최악의 상태는 사데 교회다. 이 교회들에게는 타협자들에 대한 심판을 피하고, 타협을 이겨낸 자들은 합당한 약속을 물려받도록 그들 가운데 존재하는 타협적 요소를 제거하라는 교훈이 주어진다. (3) 두 번째와 여섯 번째 편지는 유대인과 이교도의 핍박에 직면해서도 그리스도의 "이름"에 신실하게 충성했음을 스스로 증명했던 교회를 향해 작성되었다. 비록 "가난하고" "권세는 없지만" 더 많은 시련이 닥쳐올 것이므로 그들은 "참 이스라엘"로서 지속적으로 인내하라는 격려를 받는다. 이들은 영원한 구원의 약속을 물려받으리라는 소망으로 견뎌내야 한다(이들은 "왕관"을 받게 될 것이다).

이런 측면에서 일곱 교회의 상황은 교차 대구의 문학 형식인 a-b-c-c-c-b'-a' 구조를 통해 제시된다. 이런 구조가 함축하는 것은 그리스도의

---

3) "일곱"이라는 숫자의 중요성에 대해서는 G. K. Beale, *The Book of Revelation*, NIGTC (Grand Rapids: 1999), pp. 58-64을 보라.

교회가 한마디로 가난하고 어려운 처지에 처해 있다는 것이다. 이는 건강한 교회가 소수이기 때문만이 아니라, 문학적 패턴도 이 강조점을 지적하고 있기 때문이다. 즉 가장 나쁜 상태에 있는 교회들(첫째와 일곱째 교회)이 문학적 경계선을 형성하고 있으며, 심각한 문제를 가진 교회들이 그 경계선 안쪽의 중심부를 이룬다. 이런 점은 중심부 편지의 한가운데에 있는 언급, 즉 그리스도가 이 불충한 신자들에 대한 재판장이시라는 사실을 "모든 교회가 알 것"(계 2:23)이라는 언급을 인식함으로써 더욱 강조된다. 요한계시록 2:23의 언급은 두드러지는데, 왜냐하면 다른 편지에서는 이런 언급이 결론부에 나타나기 때문이다.

이 편지들은 모두 일반적으로 이교 문화 안에서 그리스도를 증거하는 문제를 다룬다. 문제가 있는 교회들은 다양한 방식으로 그들의 증거를 강화하라는 권면을 받으며, 문제가 없는 두 교회는 나름대로 지켜왔던 신실한 증거를 꾸준히 지속하라고 격려받는다. 따라서 "들으라" 형식은 그리스도인으로 하여금 타협의 유혹에도 불구하고 그리스도를 증거하고, 결국 최종적인 구원의 보상을 받기 위해 온갖 난관을 극복하라는 교훈을 제공한다. 그러므로 이 문학적 형식은 편지의 중요 주제를 이해하는 열쇠이며, 책 전체의 주제를 이해하는 데도 결정적이다(앞으로 우리는 이 점을 살펴볼 것이다).

"들으라" 형식은 그리스도(왕)의 새 언약에 대한 성령의 증거로서("성령이 교회들에게 하시는 말씀을 들으라"), 참 이스라엘 즉 새 언약 공동체를 향해 그들이 공적으로 인정한 주께 충성하라고 권면한다.

"들으라" 형식의 성경신학적 배경

"들으라" 형식의 배경은 공관복음과 구약성경이다. 두 경우 모두에서 이 형식은 상징적이거나 비유적인 계시와 연관되어 등장한다. 구약에서 "들으라" 형식은 예언자들의 상징적 계시가 이스라엘인들에게 끼치는 효과를 가리킨다. 이사야, 예레미야, 에스겔 같은 예언자들의 일차적 기능은 우상숭배에 대한 이스라엘의 애매모호한 입장으로 인해 임박한 파멸과 하나님의 심판을 경고하는 것이었다. 예언자들은 청중에게 죄에 대해 경계하고 그들의 과거 역사를 상기시키면서 합리적이고 설교적인 방식으로 경고를 전달했다. 이스라엘의 조상들은 과거에 그들의 죄와 똑같은 이기적 불순종으로 인해 하나님의 심판을 받았던 것이다. 하지만 이 예언자적 메신저들은 이스라엘의 우상숭배에 대한 헌신과 영적 무기력과 익숙해진 방식을 바꾸는 데 거의 성공을 거두지 못했다. 그들은 자신의 우상처럼 영적으로 생명력이 없는 존재가 되어갔고 합리적·역사적·설교적 경고에 영적으로 완고하게 반응했다.

그 결과 예언자들도 다양한 경고 형태를 차용하게 되었다. 그들은 주목을 끌기 위해 상징적 행동과 비유를 사용했다.[4] 하지만 이와 같은 경고 형태의 변화는 이미 영적인 통찰력을 가진 자들에게만 효과적이었다. 상징적 비유는 "들을 귀를 가지고 있으면서도 듣지 않는" 자들을 더욱 오해하도록 만든다. 상징적 비유의 문학적 형태(예를 들어 마샬)는 "일반적인 경고가 더 이상 주목을 받지 못할 때마다 나타난다"(참조. 마 13:10).[5] 하지만 우상숭배라는 불순종을 행하는 완악해진 백성은 어떤 경고도 결코 듣지 않을 것이다. 바로 이것이 예언자가 이스라엘에게 "너희가 듣기는 들어도 깨닫지 못할 것이요…그들이…귀로 듣고…회개하여 고침을 받지 않도록…이 백성의 마음을 둔하게 하며 그들의 귀가 막히게 하라"라고 말하는 임무를 받는 이사야 6:9-10의 요점이다.

이사야의 설교는 이스라엘 다수의 눈과 귀를 가려 그들로 죽은 우상처

---

4) David Lyle Jeffrey, "Literature in an Apocalyptic Age: Closure and Consolation"(미출간 논문, 1977) 덕분에 나는 처음으로 예언서의 이 개념에 주목하게 되었다.
5) Ibid.

럼 만들라는 심판으로 의도되었다. 하지만 동시에 이 설교는 소수의 남은 자에게는 긍정적 영향을 미쳤을 것이다(제2장에서 살폈듯이, 이 후자의 효과는 사 6장에서는 언급되지 않는다).[6] 이사야 1-5장의 메시지는 대체적으로 비유가 아닌 심판에 대한 직설적인 경고와 회개를 조건으로 하는 축복의 약속으로 구성된다. 그런 다음 이사야 7:3과 8:1-4에서는 비유로 된 메시지가 등장하는데, 이 메시지는 이미 이사야 5:1-7의 포도원 비유를 통해 예견된 바 있다. 이사야의 메시지에서 비유적인 이 측면은 이사야 6:9-10의 마음을 완악하게 만들라는 임무와 밀접하게 연관되며, 따라서 눈멀고 귀먹은 우상의 본질에 따라 백성이 보지 못하고 듣지 못하도록 만드는 수단으로 간주될 수 있다(이것은 예를 들어 사 42:17-20; 43:8의 빛에 비추어, 사 42:20["너희 귀가 열려 있을지라도 누구도 듣지 아니하는도다"]에서 우상숭배자들에게서 성취되기 시작했다고 간주된다).

하지만 이 비유는 타협하는 다수 가운데 안주하려는 남은 자에게 충격을 주려는 의도도 담고 있다. 이스라엘은 진리에 귀를 기울이려 하지 않았다. 단도직입적으로 진실을 제출하여 그들의 죄를 지적해도, 그들은 스스로가 죄인이라는 사실을 받아들이지 않았을 것이다. 하지만 비유는 죄악에 마비된 상태에서 의로운 남은 자들을 일깨우는 기능을 했다. 이사야서에서 발견되는 것과 똑같은 패턴이 에스겔서에도 나타난다. 에스겔 3:27에는 이사야서의 "들으라"라는 언어적 형식이 등장하며(*ho akouōn akouetō*: "들을 자는 듣게 하라"), 바로 다음에 에스겔 선지자가 사용한 첫 번째 비유가 뒤따른다. 또한 에스겔 12:2(*ōta echousin tou akouein kai ouk akouousin*: 그들이 "들을 귀가 있으나 듣지 않는다")의 경우, 3-16절에서 구경하는 이스라엘 앞에서 에스겔 선지자가 행하는 첫 번째 비유적인 행위가 이어진다(에스겔서의 "들으라" 형식과 유사한 어투로는 렘 5:21; 17:23을 보라). 에스겔서의 이 용례는

---

6) 사 6:9-10의 주석적·신학적 문제들을 논의하는 자료로는 이 책의 제2장과 Beale, "Isaiah VI 9-13: A Retributive Taunt Against Idolatry," *VT* (1991): 257-278을 보라.

이사야서에서 이미 발견된 용례의 발전이며, 이사야서에서처럼 우상숭배자에게 적용된다(예를 들어 겔 11:18, 21; 12:16, 24; 14:1-7의 전후 컨텍스트를 보라).[7]

믿음이 있지만 여전히 죄 가운데 맘 놓고 지내는 남은 자에 대한 비유의 충격적 효과는, 밧세바와 간음하고 그녀의 남편 우리야를 죽여 범죄한 다윗에게 전달된 나단의 비유에서 관찰할 수 있는 분명한 현상이기도 하다. 여기서 다윗은 직접적이고 노골적인 고발을 들을 준비가 되어 있지 않았다. 그는 윤리적인 퇴락으로 인해 영적으로 둔감해져 있었다. 따라서 선지자 나단은 상징적 언어를 사용해서 접근한다(참조. 삼하 12:1-9, 13-15). 그리고 이 상징적 이야기는 다윗의 허를 찌른다. 처음에 다윗은 이 이야기가 자신과 개인적으로 관련된다고 생각하지 않았기 때문에 객관적으로 그 이야기의 의미에 초점을 맞추게 된다. 다윗이 이 생생한 묘사적 이야기를 충분히 이해하고 감정적 충격을 받은 후에야, 나단은 이것을 다윗에게 적용한다. 그 결과 다윗은 마음이 찔려 자기 죄에 대한 나단의 고발을 수용하고 회개할 수 있게 되었다.

이런 배경을 고려할 때, 예수의 "들으라" 형식의 사용은 새로운 것이 아니라 구약 선지자의 패턴과 일치한다. 공관복음에서 "들을 귀가 있는 자는 듣게 하라"와 다양한 유사 표현들(참조. 마 13:9-17, 43; 막 4:9, 23; 눅 8:8과 유사한 형태들)은 이사야 6:9-10에서 직접적으로 발전한 것이다. 이 표현은 이중적 기능, 즉 비유의 계시가 진정한 남은 자에게는 밝은 계시를 주지만, 외적으로 언약 공동체에 속한다고 고백하면서 실제로는 불신자며 우상숭배자인 자들은 눈멀게 한다는 이중적 기능을 수행한다(마 7:15-23; 참조. 마 13:9-16과, 눅 14:35에서 비유와 연관해서 나타난 용례; 이사야서의 예언과 관련해 마 11:15도 보라).[8]

---

7) 겔 3:27; 12:2에 나타나는 "반역의 가문"은 에스겔서 다른 곳에서 겔 44:6의 우상숭배의 반역에 대한 언급(문자적으로 "반역하는 자 곧 이스라엘 가문")과 함께 등장한다. 참조. 렘 5:23.

8) 비유와 연관된 외경의 사용에 대해서는 David E. Aune, "The Form and Function of

요한계시록 2-3장의 "들으라"라는 반복된 요청에는 이사야 6:9-10이 반영되어 있는 듯하다. 하지만 요한계시록의 편지들의 "들으라" 형식 배후에 마태복음 13장의 배경도 존재한다는 사실은, 동일한 표현이 마태복음과 요한계시록의 형식 모두에서 발견된다는 점을 통해 명백해진다.[9]

요한계시록 2-3장에 나타난 반복적인 "들으라" 형식이 공관복음의 형식에 대한 암시라는 데에는 전반적인 동의가 이루어지고 있다. 하지만 주석가들은 내가 인용한 평행 구절들의 분석을 제공하기보다는 이것의 유효성을 가정하는 것 같다. 어떤 해석자는 요한계시록 2-3장의 이 형식이 공관복음에서 사용된 방식을 망각했으며, 그 결과 공관복음서가 가졌던 완악하거나 못 보게 만든다는 개념을 상실했다고 주장한다.[10] 마태복음 13장과의 유사성에 덧붙여,[11] 각 편지의 결론부에 나타나는 "들으라" 형식의 반복은 이 표현이 단순히 초기 기독교의 상투적 표현만이 아니라, 의도적으로 사용되어 공관복음의 컨텍스트를 의식한다는 사실도 암시한다.[12] 따라서 이사야 6장과 공관복음에서와 마찬가지로, 이 형식은 그리스도의 메시지가 일부 사람은 일깨우겠지만, 우상숭배로 마비된 사람들은 눈멀게 하리라는 사실을 지적한다.

이 형식의 배후에는 에스겔 3:27("들을 자는 들을 것이요")도 있는 듯하다. 왜냐하면 에스겔서의 어투가 마태복음과 요한계시록의 말씀과 가장 유사

---

the Proclamations to the Seven Churches (Revelation 2-3)," *NTS* 36 (1990): 194을 보라.

9) 참조. 계 2:7, 11, 17, 29; 3:6, 13, 22과 함께 마 11:15; 13:9, 43; 눅 8:8을 보라. 막 4:23과 계 13:9 사이의 동일한 표현에도 주목하라. 요한계시록의 형식과 동일한 복음서와 사도행전의 표현으로는 마 13:15, 16; 막 4:9; 눅 14:35; 행 28:27이 있다.

10) 예를 들어 Anne-Marit Enroth, "The Hearing Formula in the Book of Revelation," *NTS* 36 (1990): 598-608을 보라.

11) Beale, "Hearing Formula and the Visions of John in Revelation," pp. 174-175을 보라.

12) Louis A. Vos, *The Synoptic Traditions in the Apocalypse* (Kampen: J. H. Kok, 1965)의 관련된 부분도 보라.

할 뿐만 아니라, 에스겔 3:22-27에서만 이 형식이 인간 예언자의 말로서 만이 아닌 성령과 야웨의 말씀으로 언급되기 때문이다(요한계시록의 형식에서도, 기록자는 요한이지만 그가 기록한 것은 그리스도와 성령의 말씀으로 제시됨). 비록 "들으라"라는 교훈에 반응하는 의로운 남은 자 개념이 포함되어 있기는 하지만, 에스겔서의 컨텍스트에는 이스라엘이 듣기를 거부함으로써 결국 심판에 이른다는 점이 강조된다(참조. 겔 3:17-21; 9:4-8; 14:12-23).

요한계시록의 "들으라" 형식은 구약의 언약 공동체의 연속체인 교회를 향하고 있다. 하지만 이스라엘처럼 교회도 타협하고 영적으로 둔감하게 되어 우상숭배적인 충성을 즐겼기에, 결국 계시의 비유적 방법이 사용된다. 책 전반에 나타난 비유에는 믿지 않는 자들에 대한 사법적 효과뿐만 아니라, 그들이 모방하기 시작하는 우상숭배 제도들의 끔찍하고 야수적인 본성을 드러냄으로서, 타협적인 안주에 빠져 있는 신자들에게 충격을 주려는 의도도 있다. 이사야, 에스겔, 예레미야처럼 요한도 언약 공동체의 다수가 불성실하고 이러저러한 방식으로 타협하는 상태에 대해 말하고 있는 것이다.

"들으라" 형식이 이사야 6장("이 백성의 마음을 둔하게 하며 염려하건대 그들이 귀로 듣지…않도록…그들의 귀가 막히게 하라")보다 요한계시록에서 더 긍정적으로 언급되는 것("귀 있는 자가 듣게 하라")은 사실이다. 이런 긍정적인 형식은 다수가 긍정적으로 반응하지는 않겠지만 남은 참된 자들은 "들으리라"는 인식과 함께 에스겔 3장과 마태복음 13장에서도 나타난다.[13)]

---

13) 이런 부정적 훈계의 수정을 거부할 수 없었던 타르굼 저자는 겔 3:27b을 회개 없음의 표현("듣기 싫은 자는 듣지 아니하리니")에서 긍정적인 회개 선언으로 바꾼다. 즉 "그칠 수 있는 자에게 노래를 그치게 하라"라고 바꾸고 있다. 이런 수정은 완악함의 조건의 궁극적 원인을 하나님으로부터 이스라엘로 바꿈으로써 원래의 히브리어 텍스트를 약화시킨다. 이것은 동일한 이사야서 텍스트에 대한 성경 이후의 유대교의 해석과 마찬가지로, 사 6:9-10의 초기 번역본들에 나타나는 일반적 경향과도 일치한다(Craig A. Evans, *To See and Not Perceive: Isaiah 6.9-10 in Early Jewish and Christian Interpretation*, JSOTSup 64 [Sheffield, U. K.: Sheffield Academic Press, 1989], p.

신자 중 다수가 요한의 경고에 부정적으로 반응했는지의 여부는 알 수 없다. 하지만 요한이 비유 사용에서 이사야와 에스겔과 예수의 예언자적 전통의 연장선상에 서 있기 때문에, 우리는 압도적으로 긍정적 응답이 있었으리라고 낙관해서는 안 된다(딤후 1:15도 비관적으로 "너는 아시아에 있는 모든 사람이 나[바울]를 버린 사실을 아나니"라고 말함). 이전의 비유들이 이스라엘 다수에 대한 심판을 말했던 것처럼, 요한의 비유들도 교회의 다수와 세상을 향한 역할을 했을 것이다. 이런 측면에서 요한은 구약의 예언자와 예수처럼 "남은 자" 개념을 사용했던 것 같다. "들으라" 공식은 그가 남은 자를 타협한 교회 가운데로부터 불러냈던 수단 중 하나였다.

귀먹은 우상숭배자에 대한 묵시적 비유가 가진 충격 효과의 예

요한계시록 2장과 17장에는 비유가 독자들에게 충격적인 역할을 수행하는 한 가지 예가 나온다. 요한계시록 2장에서 그리스도는 신자가 영적으로 마비된 악한 상황에 대해 말씀하신다. 두아디라의 그리스도인들은 "이세벨"이 보다 느슨한 윤리를 가르치는 것을 용납하며 예수와 함께 우상을 섬기는 것이 종교적으로 허용될 수 있다고 생각했던 것 같다(계 2:20). "그러나 내가 네게 책망할 일이 있노라 네가 자칭 선지자라 하는 여자 이세벨을 용납함이니 그가 내 종들을 가르쳐 꾀어 행음하게 하고 우상의 제물을 먹게 하는도다." 이세벨이 가르친 우상들은 이스라엘인들에게 바알이 그랬듯 경제적인 우상이었다. 이스라엘은 자신들이 야웨를 부인한다고 생각하지는 않았지만, 경제적 번영을 위해 바알을 섬겼다. 이세벨의 영향을 받은 이들은 주변 나라의 여러 신들을 섬겼기 때문에 이 일을 행하면서 모순을 느끼지 못했던 것 같다. "이세벨"은 비록 최신의 기독교인 행색을

---

164); 일부 랍비들은 심지어 사 6:9-10이 용서를 암시한다고 이해했다(Ibid., p. 145).

취하고 있었지만, 두아디라 교회에서 유사한 교훈을 가르쳤다.

그러나 두아디라의 그리스도인들은 이세벨의 가르침을 "용납했다." 비록 그녀의 관점에 동의하지 않았을지 모르지만, 교회의 지도자들은 그녀를 징계하고 더 이상 교회 안에서 가르치지 못하게 할 정도로 그녀의 생각이 파괴적이라고는 생각하지 않았다.

요한은 나태한 그리스도인들에게 충격을 주어 결국 그들이 상황의 심각성을 파악하기를 원한다. 따라서 요한계시록 17장에서 요한은 두아디라 교회가 이세벨의 영적인 실체를 볼 수 있도록 묵시적 휘장을 제거한다. 여기서 요한은 이세벨의 "본색"을 드러낸다. 예를 들어 요한계시록 17:16의 "그들은 그녀의 시체를 먹을 것이다"(*tas sarkas autēs phagontai*)라는 표현은 왕하 9:36의 이세벨의 운명(그들이 "이세벨의 시체를 먹을 것이다"; *kataphagontai*…*tas sarkas Iezabel*)을 연상시킨다.[14] 이세벨의 멸망은 요한계시록 17:17의 바벨론에 대해서와 마찬가지로 "주의 말씀"에 따라 발생했다(왕하 9:36).[15]

요한계시록 17:6-7은 환상에 대한 요한의 놀라는 반응을 이야기함으로써 묵시적 비유의 효과를 선명하게 강조한다. "내가 그것[환상]을 보고 놀랍게 여기고 크게 놀랍게 여기니 천사가 이르되 왜 놀랍게 여기느냐." 천사는 단순히 선견자가 범상치 않은 환상을 보고 놀란 이유를 묻고 있는 것이 아니다. 오히려 이 질문은 몇 가지 개념을 상기시킨다. 다니엘 4:17a,

---

14) 열왕기4서는 우리말 성경의 "열왕기하서"에 대한 그리스어 구약성경의 명칭이다.

15) Philip Mauro, *The Patmos Visions: A Study of the Apocalypse* (Boston: Hamilton, 1925), p. 490; David C. Chilton, *The Days of Vengeance* (Fort Worth, Tex.: Dominion Press, 1987), p. 439; Jean Pierre Ruiz, *Ezekiel in the Apocalypse: The Transformation of Prophetic Language in Revelation 16, 17-19, 10*, European University Studies series 23, vol. 376 (New York: Peter Lang, 1989), p. 367. 열왕기4서 텍스트와 계 17:16 사이의 연관성을 보라. 계 17장에 대한 논의(이 텍스트에서는 음녀 바벨론과 열왕기상하서의 이세벨 간의 7개의 추가적 평행이 발견되었다)에 대해서는 Beale, *Revelation*, pp. 884-885을 보라.

19a(LXX)의 "놀람"이라는 동일한 언어도 심판의 환상을 본 바벨론 왕의 두렵고 불안한 심리를 표현하는 데 사용되었다.[16] 아람어 버전은 "놀라다"라는 개념을 표현한다(참조. 단 4:16 MT[=4:19]의 *šēmam*).[17] 다니엘 4장에 언급된 끔찍한 환상에 대한 반응으로 "다니엘은…놀라며" "그의 마음은 그를 번민하게 만들었다." 다니엘서에서 "놀라다"라는 개념은 "충격과 공포"의 의미로 이해되어야 한다. 마찬가지로 요한은 짐승과 여인의 끔찍한 본성과 그들의 핍박을 보면서 느꼈던 악몽 같은 환상의 공포를 표현한다. 아마도 그의 불안한 마음의 원인 중 일부는 환상을 통해 목도한 짐승의 불경스러운 말과 끔찍한 핍박에 대한 충격과 공포인 듯하다.

또한 신실한 척하는 바벨론에 대한 비유적 묘사도 선견자가 충격을 받는 데 일조한다. 요한계시록 17:4의 이 음녀는 요한계시록 21장의 그리스도의 신부-도시와 거의 동일하게 꾸미고 있는데, "세마포를 입고" 있을 뿐 아니라(참조. 계 18:16; 19:8) "각색 보석"(계 17:19)과 진주와 금(18-21절)으로 장식하고 있다. 요한계시록 19:8에서 "성도들의 옳은 행실"이라고 규정된 세마포 옷 때문에, 요한은 잠간 동안 여인 바벨론이 전부 다 잘못된 것만은 아니고 매력적인 영적 특징도 가지고 있다고 믿었을 수 있다. 이런 인상은 구약의 대제사장과 요한계시록 21:18-21의 신부-도시에게 적용되는 "금, 자주, 진홍, 아마, [보]석" 장식의 묘사 때문에 더욱 강화되었을 것이다.

다른 한편에는 이 짐승이 "하나님을 모독하는 이름들이 가득"하며(계 17:3), 여인의 손에 있는 잔에는 "가증한 물건과 그녀의 음행의 더러운 것들이 가득"하다는(계 17:4) 묘사가 나온다. 그녀는 "땅의 음녀들과 가증한 것들의 어미"라고 불리며(계 17:5), 요한이 본 여인은 "성도들의 피와 예수

---

16) 단 4:16의 테오도티온 역과 비교하라. 계 17:6의 *ethaumasa idōn autēn thauma mega*("내가 크게 놀랐다")를 단 4:17a, *sphodra ethaumasa*("내가 크게 놀랐다")와 4:19a, *megalōs de ethaumasen*("그가 크게 놀랐다")과 비교하라.

17) 참조. Steven Thompson, *The Apocalypse and Semitic Syntax*, SNTSMS 52 (Cambridge: Cambridge University Press, 1985). p. 12.

의 증인들의 피를 마시고" 있었다(계 17:6).

결과적으로 두아디라 교회의 지도자들처럼 요한은 매력적인 영적 존재처럼 보이는 것에 일시적으로 사로잡히면서 음녀의 사악한 본성을 온전히는 깨닫지 못했던 것 같다. 우리가 이미 살폈듯이, 바벨론 여인에 대한 묘사의 일부는 실제로 이세벨에 대한 구약의 묘사에서 취한 것이다(계 17:16을 보라). 이세벨은 요한계시록 2:20에 나오는 거짓 교사들의 지도자나 모델을 상징하기 때문에, 요한계시록 17:6-7의 요점은 요한조차도 그리스도인 교사 행세를 하고 있는 이세벨 당파가 거짓이라는 것을 발견하고 충격을 받는다는 것이다. 이세벨은 교회 가운데 존재하는 바벨론이며, 결국 교회 밖의 핍박자들과 함께 심판을 받을 것이다. 따라서 요한이 받는 충격은 하나의 비유적 형상 안에 사악한 것과 의로운 것이 조합된 존재와, 그것으로부터 나오는 신학적 부조화 때문일 것이다.[18)]

요한계시록 2장에서 바벨론과 이세벨 사이의 연결성은 다음과 같은 사실을 암시한다. 즉 이세벨은 보다 정확하게 교회의 배교자 집단을 표상하며, 이 집단을 통해 그리스-로마 사회의 불경건한 종교적·경제적 체제(=바벨론)가 교회 속으로 침투한다는 사실이다. 따라서 요한계시록 2:19-20과 그 이후의 요점은 이것이다. 즉 두아디라 교회가 "이세벨"에게 교회의 테두리 안에서 우상 예배에 대해 가르치도록 허용하는 한, 교회 자체는 요한계시록 17장의 악마의 음녀와 그녀가 타고 있는 사악한 짐승의 등 위에서 영적인 음행을 하게 된다. 음녀는 요한계시록 12:1-2에서 하나님의 참 백성을 상징하는 순수한 여인의 대적이다. 요한은 두아디라의 그리스

---

18) "두려워하는"과 "당혹한"이라는 개념이 "숭배받는"보다 선호된다면, *thaumazō* 동사는 계 17:8보다 17:6-7에서 다른 개념, 즉 8절의 짐승에 대한 사악한 세상의 감탄과 대조적인, 요한의 두렵고 당혹스러운 반응을 전달할 수 있다. 이 용례들 간의 밀접한 컨텍스트적 연결에도 불구하고, 이런 차이의 이유는 요한의 반응을 이야기하는 부분이 단 4장을 암시하는 반면, 다른 부분은 이것을 암시하지 않기 때문이다. 논란의 여지가 많은 이 어휘에 대한 더 자세한 논의로는 Beale, *Revelation*, pp. 861-863을 보라.

도인들에게 이렇게 말하고 있다. "너희는 이 우상숭배적 교훈을 그다지 나쁘게 여기지 않으며 그것을 허용하기를 원한다. 하지만 그리하면 너희는 악마와 거래하는 것이 되며 결과적으로 멸망할 것이다." 그들이 사소한 타협과 죄라고 생각했던 것이 사실은 영적 균열이었으며, 이런 균열을 통해 그들을 압도할 영적인 악의 홍수가 들어올 수도 있었다(참조. 계 12:15).

"들으라" 형식은 요한계시록의 편지들 외에는 요한계시록 13:9에서만 나타나는데, 여기서 이 형식은 요한계시록 17장의 바벨론/이세벨의 경우와 유사한 기능을 수행한다. 즉 사악한 국가와 경제적 체제(=짐승)와의 타협이 우상숭배와 사탄적 용을 따르는 것과 같다는 현실을 알려줌으로써 그리스도인 지도자들에게 충격을 주려는 것이다(참조. 계 12:3; 13:1-18). 이런 측면에서 요한계시록의 "짐승"(아마도 로마 국가와 이후의 모든 사악한 국가들의 상징)이 예배를 요구했다는 사실을 상기하라. 또한 "거대한 바벨론"이 "음녀들과 세상의 가증한 것들의 어미"라고 불렸다는 점도 기억하라. 음녀와 거대한 바벨론과 짐승 숭배는 요한계시록 14:8-9에서 직접적으로 관련되어 있으며, 나아가서 음녀의 우상숭배적 본성을 강조한다. 구약적 배경과 관련해서 음녀는 우선적으로 하나님의 백성이라고 고백하지만 참 하나님 대신에 거짓 신들과 영적인 교제를 행하는 백성을 의미한다(제3장과 제8장을 보라).[19] 마찬가지로 구약에서 "가증한 것"은 우상숭배 관행에 대해 주도적으로 사용된다.[20] 이 모든 것은 두아디라의 거짓 교훈이 우상숭배와의 타협이며, 사실상 이것이 요한이 소아시아의 교회에 직면시키기를 원했던 유일한 문제는 아니었다 하더라도 핵심적인 문제 중 하나였다는 사실을

---

19) 예를 들어 그들(이스라엘)이 "음행을 행했다"라는 표현과 이것을 "우상"숭배로 설명하는 것의 조합에 대해서는 겔 6:9; 23:30; 호 4:17-18을 보라.

20) 예를 들어 겔 6:9을 보라. 여기서 이스라엘은 "그들의 우상을 따라 음행을 행했으며" 그들의 우상숭배는 "가증한 것"이라고 불린다. 우상을 "가증한 것"이라고 부르는 많은 용례 중 가장 분명한 예로는 신 29:17(MT=29:16): 32:16; 왕하 23:24; 대하 28:3; 33:2-3; 36:14; 사 66:3; 렘 13:27; 16:18; 겔 5:11; 6:9; 7:20; 11:18, 21; 14:6을 보라.

강화시킨다.

요한은 인지적 수준과 감성적 수준 모두에서 의사소통이 가능한 은유적 언어를 사용하고 있다. 이런 은유적 언어는 사람을 더 깊이 자극해서, 그로 하여금 인지적으로 집중하고 위험한 우상숭배의 실체를 더 잘 인식하도록 해준다. 만약 독일의 그리스도인들이 나치의 강제수용소에서 무슨 일이 일어나고 있는지 아는 것에 그치지 않고, 수용소 상황을 담은 사진을 볼 수 있었다면 그들은 더 적극적으로 반응했을 것이다. 또한 제2차 세계대전 때 일본에 투하된 원자폭탄으로 인한 파괴에 대해 추상적 설명을 듣는 것도 방법이지만, 이 파괴를 보여주는 실제 사진을 보는 것은 또 다른 방법이다. 요한계시록이 그림을 사용하는 것은 바로 이런 이유 때문이다. 그림을 통한 설명은 단순한 추상적 소통보다 더 큰 충격을 준다. 이런 비유를 통한 소통은 그리스도인들로 하여금 마취의 수단인 우상숭배적 연결을 피하도록 충격을 주기 위해 필요했다.

구약과 복음서 배경의 신학적 중요성에서 본 "들으라" 형식과 우상숭배

지금까지의 연구에서는 요한계시록 4-21장의 상징적 환상들이 추상적이고도 명제적으로 표현된 편지들의 권면과 경고와 약속에 대한 비유적 묘사라는 점을 주장했다. 따라서 환상은 편지를 해석할 수 있으며, 동시에 편지도 환상을 해석할 수 있다. 이런 논지에 대한 확실한 증거는 출애굽기의 재앙 표식을 모델로 한 나팔과 대접 환상에서 발견된다. 본래 출애굽기에서 재앙은 바로(태양신의 성육신으로 여겨짐) 왕과 우상숭배 하는 이집트인들(예를 들어 출 12:12)을 완악하게 만드는 기능을 했으며, 이스라엘인들에게는 계시와 구원을 전달하는 역할을 했다. 요한계시록에서 이 모델은 교회와 세상에 적용되고 있는데, 이것은 그리스도의 비유적 "들으라" 형식에 대해 우리가 주장한 용례와 잘 어울린다. 따라서 요한계시록의 수많은 상징적 의사소통에는 신학적 이유가 존재한다.

"들으라" 형식이 궁극적으로 이사야 6:9-10에 근거한다는 사실은 왜 이 형식이 우상과의 타협이라는 컨텍스트에 사용되었는지를 설명하는 데 도움이 된다. 우상이 눈이 있으나 볼 수 없고 귀가 있으나 들을 수 없는 것처럼, 이사야 6:9-10의 묘사에 따르면 배교하는 이스라엘인들도 자신의 영적 숭배 대상을 닮게 되었다(시 115:4-8; 135:15-18도 보라). 그들은 자기 우상처럼 영적으로 생명력을 잃게 되었다. 실제로 구약의 "귀는 있으나 듣지 못함"이라는 기본적 표현을 압도적으로 사용한 것은 언약 공동체의 회개하지 않은 일원들을 가리킨다. 이들은 자신이 예배하기를 고집했던 우상처럼 영적으로 생명력 없이 되어갔다.[21]

비록 일곱 교회가 다 그들이 속한 문화권에서 우상숭배에 굴복한 것은 아니지만, 일부 교회는 그렇게 하는 과정에 있고, 또 다른 교회는 유혹에 직면해 있다. 따라서 "들으라" 형식은 주변의 우상숭배적 문화의 관습에 동화되지 말도록 경고한다는 점에서 우상숭배적 분위기에 물든 교회들에게 적절한 메시지를 전달한다. 이런 측면에서 "들으라"는 진리를 인식하고 진리에 복종함으로 반응할 것을 상징적으로 지시한다(참조. 계 1:3; 22:17; 겔 44:5; *Sipre Deuteronomy* Piska 335).

반복적인 "들으라" 형식은 교회가 우상숭배에 참여함으로써 타협하려는 유혹과 그 타협을 거절할 때 오는 핍박의 위협에도 불구하고, 왕이신 주님께 충성하라는 성령의 권면을 강조한다. 바로 이것이 편지들뿐만 아니라 요한계시록 전체의 중요한 주제다. 독자들은 그리스도를 신실하게 증거하는 일(우상숭배와 타협하지 않는 일)로 자신의 충성을 나타내야 한다. 독

---

21) 사 6장과 구약의 다른 곳에서 이것에 대한 충분한 주해적 논증으로는 이 책의 제2장과 Beale, "Isaiah VI 9-13: A Retributive Taunt Against Idolatry"를 보라. Evans, *To See and Not Perceive*, pp. 17-80도 참조하라.

자를 이런 윤리적·신학적 목표로 이동시키기 위해 요한은 예언자적 비유라는 소통의 매개를 통해 말하는 전략을 사용한다. 구약의 예언자들과 예수는 이스라엘의 남은 자를 우상숭배와 이기적인 경제적 죄로부터 떠나게 하려는 목적으로 이 수단을 사용했다. 이것은 요한도 남은 자 신학을 고수했다는 의미일 수 있다. 또한 과거에 비유가 다수의 이스라엘인에게 임박한 심판에 대한 신호로 작용했듯이, 요한계시록의 묵시적 비유는 교회와 세상을 향해 같은 기능을 수행한다. 그럼에도 "들으라" 형식이 구원과 심판의 개념 모두를 전달하는 권면이라는 것을 염두에 두어야 한다. 결과적으로 이 형식은 요한의 편지가 우상숭배의 상황을 이야기하려는 요한계시록 4-21장의 상징적 소통을 예상하게 만드는 의미심장한 목적을 가지고 있음을 보여준다.

"들으라" 형식과 우상숭배 대상인 우상처럼 되는 일

요한계시록 13장

요한계시록 13장은 우상숭배가 가장 선명하게 나타나는 장들 중 하나다. 여기에는 여덟 번째와 마지막 "들으라" 권면이 나타난다. "누구든지 귀가 있거든 들을지어다"(13:9). 이 권면은 한 개인인 동시에 세상의 불경건한 통치 권력(요한 시대에 이 권세는 로마)을 상징하는 짐승을 섬기는 일에 대한 경고다(1-8절). 로마에 충성을 다하려면 정치적으로 헌신할 뿐만 아니라, 가이사를 신으로 섬기는 일도 해야 했다. 이런 유사한 우상숭배적 국가 권력은 그리스도가 최종적으로 귀환할 때까지 자유롭게 행동할 것이다. 1-8절에 나타난 짐승의 우상숭배적 특성은 선명하다. "온 땅이 놀랍게 여겨 짐승을 따르고…그들이 짐승에게 경배하여"(3-4절; 8절도 보라).

요한계시록 13:11-17은 "먼저 나온 짐승의 모든 권세를 행하고 땅과 땅에 사는 자들을 처음 짐승에게 경배하게 하는" 두 번째 "짐승"에 대해 말한다(12절). 당시의 정황으로 볼 때 이것은 로마를 섬기며 동부 지역에서 권세를 유지했던 소아시아의 지방 정부들을 말하는 것 같다.[22] 요한계시록 13:15-17이 명시하듯이, 로마에 대한 정치적·종교적 충성을 표현하지 않는 것은 이 불순종에 대한 경제적 제재(여기에는 사형도 포함됨)도 의미했을 것이다. 하지만 13장은 단순히 1세기와만 관련되지 않으며 역사의 최후 종말까지 존재할, 우상을 숭배하는 국가 권력에 대해 전달되는 정보다.[23] 11-18절의 끝에는 9절의 "들으라" 경고처럼 그리스도인을 향한 또 다른 경고가 있다. "지혜가 여기 있으니 총명한 자는" 그 짐승의 우상숭배적 특징을 분별하라는 경고가 바로 그것이다(18절).

요한계시록 13장에서 우상숭배자들은 반복적으로 "이 땅에 사는 자들[*hoi katoikountes epi tēs gēs*]"로 언급된다(8, 14[×2]절; 동일하게 12절도 보라). 요한계시록 전체에서 이 문구는 그리스도인이 아니라 불신자인 우상숭배자에 대한 묘사로서 나타난다(계 8:13[참조. 9:20]; 14:6-9; 17:2, 8을 보라. 또한 동일한 문구가 나타나는 계 3:10; 6:10; 11:10도 보라. 7개의 다른 용례에 비추어볼 때, 여기서는 참 하나님을 대체하는 우상을 숭배하는 자를 지시한다). 이 표현은 자신의 궁극적 행복을 위해 창조자 대신 피조물을 신뢰하는 사람들, 따라서 안전을 위해 이 세상 너머를 내다볼 수 없는 사람들을 위한 것이라고 할 수 있다. 따라서 이런 백성은 "땅의 거주자"라고 불린다. 이 말은 그들의 신뢰의 대상과 그들의 존재 자체를 표현한다. 이런 점에서 이들은 자신들이 안전을 발견하는 이 지상 체제의 일부가 되었다고 할 수 있다. 이 땅의 어떤 측면에 자신을 헌신하기 때문에 이들은 지상의 존재가 되고 "땅의 거주자"라고 불리게 되었다. 반면에 그리스도인들은 도래할 새 우주라는 본향을 가지고 있으므로 이방인의 땅에 거하는 유배자며 "그녀[바벨론]로부터", 즉 불경건한 지상의 체제에서 "나오라는" 권면을 듣는 자다. 신자들은 현재

---

22) Beale, *Revelation*에서 계 13:11-17을 보라.
23) Beale, *Revelation*, pp. 694-730의 논의를 보라.

의 옛 세상을 신뢰하지 않는다. 하나님이 "그들을 위하여 그들이 기다리던 한 성을 예비"하셨기에 "그들은 하늘에 있는 더 나은 본향을 사모하며" "땅에 거하는 외국인과 나그네들"이다(히 11:13-16). 따라서 요한계시록의 "세상에 거하는 자들"은 그들이 흠모하는 옛 세상과 관련된 궁극적인 신분을 가지고 있다. 반면에 신자들은 미래에 임할 새 우주의 하나님, 즉 그들의 최후의 신뢰의 대상인 하나님과 관련된 궁극적인 신분을 가진다.

우상숭배자가 자기 우상인 세상과 가지는 동일성은 그가 "짐승의 이름이나 그 이름의 수"를 의미하는(17절) "표를 그의 오른손에나 이마에" 받는다고 묘사됨으로써 강조된다(계 13:16). 참 신자에게 있는 이름이 보이지 않듯(계 14:1), 불신자에게 있는 "표"도 마찬가지다. 이 두 이름이 평행하는 영적 본성을 가지며 서로 비교될 의도를 가지고 있다는 점은, 성도들의 "이마에 기록된" 하나님과 그리스도의 이름이 바로 이어서 언급된다는 것을 볼 때 확실해진다(계 14:1). 예수를 믿은 자들은 예수와 동일시되며 그의 이름의 권세로 인해 궁극적 속임수에서 보호된다. 예수의 이름의 권세란 그들과 함께하시는 그의 현존 자체다(계 22:4이 명확히 말하듯). 짐승과 함께하기를 거절한 자들은 고통을 겪고 심지어 죽겠지만, 궁극적으로는 영생을 보상으로 받을 것이다(계 20:4도 보라).

그리스도를 신뢰하지 않는 자들은 마귀의 권세 아래 있어 짐승과 동일시되고, 짐승의 속임수를 분별하고 막을 수 없으며(계 13:3-8에서 더 자세한 내용을 보라), 짐승과 함께 영벌을 받을 것이다(참조. 계 14:9-11; 17:11; 19:19-20; 21:8). 짐승과의 동일시는 현세에서는 일시적인 번영을 주지만, 결국 그들은 영원한 죽음이라는 징계를 받는다(계 14:9-11).[24] 이 이름의 표가 상징적이고 문자적이지 않다는 것은 "그 머리에는 신성모독 하는 이름"을 쓴 짐승의 경우를 보면 명백하다. 이것은 세상적이고 신적인 왕권에 대한 잘못

24) 더 자세한 논의로는 Beale, *Revelation*에서 계 14:9-11을 보라.

된 주장을 상징적으로 함축한다(계 13:1을 보라).[25] 마찬가지로 짐승을 예배하는 자들이 자신의 얼굴에 그의 이름을 기록했다는 표현의 요점은, 그들이 짐승을 하나님이라고 하고 그와 함께할 뿐만 아니라, 스스로 신적 왕이라고 불경한 주장을 하는 짐승에게 경의를 표한다는 사실을 강조한다.

구약에서 하나님은 이스라엘에게 토라가 "네 손의 기호와 네 미간의 표가 되어" 지속적으로 그분에 대한 헌신과 충성을 상기시킨다고 말씀하셨다(출 13:9; 또한 출 13:16; 신 6:8; 11:18도 보라). 이것은 성경의 일부를 기록한 것을 포함한 테필린(휴대용 성구함)으로서 이마와 팔에 두르도록 되어 있었다. 신약에서 이것의 등가물은 하나님의 보이지 않는 인장 또는 이름이다(계 7:2-8을 보라).[26] 이마는 신자들의 이념적 헌신을, 손은 이 헌신의 실제적 구현을 상징한다. 마찬가지로 이마와 손에 새겨진 짐승의 표는 구약의 신앙 공동체의 표식을 희화한 것으로서, 우상숭배자의 일관되고 충성스럽고 진실한 헌신, 즉 짐승과의 동일시를 의미한다.

앞서 우리는 한 유대교 해석이 시내 산의 금송아지 사건을 해석하면서, 모세가 송아지 형상을 깨뜨린 후에 "거기에 금붙이를 갖고 있는 자마다 한 개의 표가 그의 얼굴에서 나와" 우상숭배자를 식별할 수 있게 했다고 말했음을 살펴보았다(*Tg. Ps.-J. Ex.* 32:20). 따라서 모세는 레위인들에게 "얼굴에 표를 받았는지" 살펴보고 식별함으로써 진짜 우상숭배자들을 죽이라고 명령했다(*Tg. Ps.-J. Ex.* 32:28). 랍비들은 금송아지를 예배하지 않았던 이스라엘인들과 우상숭배자들을 분별할 수 있는 방법을 이렇게 추측했지만, 이것이 현재 우리 연구의 관심사는 아니다.[27] 타르굼의 이 이야기

---

25) 더 자세한 논의로는 Beale, *Revelation*에서 계 13:1을 보라.

26) 더 자세한 논의로는 Beale, *Revelation*에서 계 7:2-8을 보라.

27) 제5장에서 우리는 모세가 금송아지 가루를 물에 던진 것에 대한 랍비적 해석을 살펴보았다. 즉 이 해석에 따르면, 모세의 행위의 목적은 이스라엘인들에게 이것을 마시게 하려는 것이었다. 따라서 이 물은, 무죄한 자에게는 아무런 영향도 끼치지 않지만 간음을 범한 여인에게는 질병을 초래하는 쓴 물과 유사한 방식으로, 우상숭배자들에게만 확실한 표식을 만들어냈을 것이다.

와 요한계시록 13장의 표는 모두 우상이 되는 어떤 짐승의 표식이다. 이것은 각각 구약의 경우에는 송아지이며, 요한계시록에서는 짐승으로 상징화된 핍박하는 악한 국가인데, 요한 당시에는 그 국가가 로마였다.[28] 마찬가지로 요한계시록 13장에서 표를 받지 않고 우상숭배와 타협하지 않는 자들은 살해되지만, 짐승의 표를 받은 자들은 그들의 짐승 숭배와, 짐승의 표와 이름에 대한 자발적인 동일시로 인해 살아남는다. 다른 한편으로 출애굽기 32장의 타르굼에서 이마에 표를 받은 자들은 죽임을 당한다.

요한계시록이 구약성경과 유대교의 배경을 어떤 부분에서 얼마나 많이 의식했는지를 정확히 아는 것은 어렵다. 하지만 적어도 이 배경은 요한계시록 13장의 표식 개념이 발전하고 더 잘 이해될 수 있는 토대를 제공하는 것 같다. 특히 요한계시록은 토라를 "표식으로" 손과 이마에 두었다는 오경을 언급하고 있을 가능성이 있다. 출애굽기의 금송아지 내러티브가 반향된다는 것은 짐승 숭배자들이 "이 짐승과 같은 이가 누구인가?"라고 말하면서 찬양한다는 점을 인식할 때 더 확실해진다. 이것은 엄청난 신성모독인데, 왜냐하면 이 표현은 구약에서 하나님께만 해당되는 것으로서 출애굽기 전반부(출 8:10; 15:11; 참조. 출 9:14)에 처음으로 등장하기 때문이다.[29] 이 사례들은 출애굽기에서 우상숭배에 대한 첫 번째 명확한 언급으로서 언급되고, 그 이후에는 송아지 숭배가 우상에 대한 다음 언급으로 이야기된다. 탁월성에 대한 다른 반복적 용례들과 마찬가지로, 출애굽기에서는 야웨의 탁월성이 거짓 신 및 우상과 강렬하게 대조된다.[30] 이런 배경

---

28) 흥미롭게도 후대의 유대 전통은 여로보암이 벧엘에 금송아지를 세웠던 때와, 로마 제국 건립 사이에 있는 인과적 연관성을 발견했다. 왜냐하면 이 두 사건은 모두 우상숭배적이었기 때문이다(Louis Ginzberg, *The Legends of the Jews* [Philadelphia: Jewish Publication Society, 1968], 4:129, and Ibid., 6:280을 보라).

29) 후대의 구약으로는 신 3:24; 사 40:18, 25; 44:7; 46:5; 시 35:10; 71:19; 86:8: 89:8; 113:5; 미 7:18을 보라.

30) Casper J. Labuschagne, *The Incomparability of Yahweh in the Old Testament*, Pretoria Oriental Series 5 (Leiden: Brill, 1966).

은 요한계시록 13장의 짐승에게 이 탁월성이 적용되어 짐승을 초(超)우상으로 만드는 데서 오는 아이러니를 더욱 강조한다.

짐승과의 동일시와 짐승에 대한 헌신을 지적하는 것 외에, 이 표식은 그리스도의 추종자와 짐승의 추종자 모두가 그들의 리더의 형상(=성품)의 인장을 받는다는 사실도 함축한다.[31] 제5장에서 우리는 우상숭배자의 얼굴에 있는 금송아지의 표식이 더 넓은 유대교의 해석적 전통, 즉 금송아지 숭배자들이 예배 대상인 송아지처럼 되었다고 이해하는 전통의 일부임을 관찰한 바 있다.

이런 금송아지 배경을 의식했는가 하는 여부와 관계없이, 여기에는 또 하나의 구약적 개념이 존재한다. 구약 시대나 고대에 누군가가 자신의 이름을 사람이나 사물에게 부여하는 행위는, 그가 그 사람이나 사물을 소유한다는 의미였다. 또한 누군가의 이름, 특히 하나님의 이름을 안다는 것은 그와의 친밀한 관계로 들어가고 그의 성품이나 권세를 공유함을 의미했다. "새 이름"을 받는다는 것(계 2:17; 3:12처럼)은 새 지위를 얻음을 뜻했던 것이다. 하나님의 이름이 구약의 한 장소(예를 들어 성전)에 적용될 때, 그것은 종종 그분의 현존이 거기에 있었음을 나타냈다.[32]

따라서 그리스도인들의 이마에 하나님과 그리스도의 이름이 있다는 말은, 그들이 자발적 헌신의 결과로서 하나님과 그분의 메시아의 현존과 형상과 성품을 공유한다는 의미다. 즉 그들은 자신이 숭상한 것을 닮아갈 것이며 이 유사성은 결국 그들을 새 우주로 회복시킬 것이다. 반대로 믿지 않는 우상숭배자들은 머리에 짐승의 이름을 받는데, 이것은 그들이 마

31) "표"나 "인장"뿐 아니라 "형상"도 의미하는 *charagma*에 대해서는 BAGD, p. 876을 보라.
32) "이름"과의 연관에 대해서는 예를 들어 Hans Bietenhardt, "ὄνομα" in *TDNT* 5:253-258, 277; Walther Eichrodt, *Theology of the Old Testament* II (London: SCM, 1967), 2:40-45, 310-311; Edmond Jacob, *The Theology of the Old Testament* (London: Hodder & Stoughton, 1958), pp. 82-85; A. Johnson, "Revelation," in *EBC* 12 (Grand Rapids: Zondervan, 1981), p. 442을 보라.

귀와 그의 지상 대표자들의 물질적 현존과 성품을 공유한다는 사실을 상징한다. 그들은 자발적으로 짐승에게 헌신했으며, 결국 짐승의 이름과 동일시됨으로써 추악한 존재가 되었다. 실제로 요한계시록과 구약성경이 국가의 불경건하고 사탄적이며 지상적인 권세를 짐승이라고 부르는 이유는, 이 통치자들이 창세기 1:26-28의 임무(하나님의 형상을 드러내고 짐승을 다스리라는)를 왜곡시켜, 창조주 대신 세속적이고 추악한 피조물을 섬기도록 했기 때문이다.[33] 결과적으로 그들은 창조주 대신에 피조물과 동일시되었고, 따라서 그들이 "짐승"이라고 불리는 것은 적절하다.

그러므로 그리스도(나 하나님)나 짐승과의 동일시를 함축하는 이름에 대한 결론은 특히 예배 대상의 현존과 성품과의 동일시를 수반한다. 이런 점은 요한계시록 2:17의 "새 이름"이 미래의 이스라엘의 새 지위에 관한 이사야 62:2과 65:15(LXX)의 예언을 암시한다는 사실을 관찰함으로써도 드러난다(참조. 두 이사야서 텍스트의 *kaleō*["부르다"]+*onoma sou to kainon*["새 이름"]; 참조. 사 56:5).[34] 이스라엘 성도들은 비유적으로(환유법으로) "새 이름으로 불릴" 예루살렘이라고 지칭된다(개인적인 새 이름이 아님). 이 "새 이름"은 미래의 이스라엘의 왕적 지위(사 62:3)와 야웨의 언약적 현존으로 회복됨을 지시하며(사 62:4; 참조. 사 56:4-8; 65:15-19의 "이름"의 동일한 중요성), 그들이 "하나가 되어" 남편 되신 하나님의 성품을 반영할 새 "결혼" 관계를 강조한다(사 62:1-3). 인간의 결혼은 이 종말론적 결혼에 대한 예표일 뿐이었다(참조. 이스라엘을 "신부"로, 하나님을 "신랑"으로 지칭하는 사 62:4-5을 보라; 또한 엡 5:28-33도 보라). 이 약속된 예언적 축복은 교회 안에 있는 자들, 즉 우상숭배적 충성과 관련하여 타협하지 않는 종말적 이스라엘 가운데서 성취될 것이다. 하나님의 종말적 현존으로의 이스라엘의 회복에 대한 이사야서의 예언은

---

33) 예를 들어 단 4장; 7장; 겔 31장을 보라. 이 텍스트들은 여기에 아담의 임무를 짐승의 입장에서 이루려 시도했던 자들에 의한 아담의 패러디가 존재한다고 지적한다.

34) Ernst W. Hengstenberg, *The Revelation of St. John* (New York: R. Carter, 1853), 1:190.

요한계시록에 나타난 신자들의 "이름"(계 3:12; 14:1; 22:4)과 하나님 또는 그리스도의 "이름"(계 3:12; 22:4; 또한 계 19:12-13, 16도 보라)에 대한 모든 다른 언급의 기초를 이룬다.

따라서 결혼과 남편의 이름을 얻는 것은 주께 자발적으로 헌신하여 그와 하나가 되고 그의 성품에 참여하는 그리스도인에 대한 묘사가 된다. 바로 이것이 교회가 그리스도의 "신부"라고 불리는 가장 타당한 이유다(계 19:7-8; 21:2). 이와 함께 새 우주의 "만물"을 물려받는 자들이 "나의[하나님의] 아들이 될 것"이라는 개념도, 자녀가 육체적으로나 성품에 있어서나 부모를 반영한다는 점에서, 하나님과 성도 사이의 유사성을 암시하는 것 같다. 실제로 우리는 창세기 1:26-28(창 5:1-3과 연관됨)의 "아들 됨"의 개념에서 아들이 육체적이거나 영적인 부모와 유사성을 가진다는 점을 관찰할 수 있다.[35] 아들 됨이 가지는 이런 함축은 우리 연구와 맞아떨어지는데, 그 이유는 요한계시록 21:1-22:5의 마지막 환상은 하나님과 그분의 종들 사이의 유사성을 이야기하는 창세기 1-2장의 에덴 상황의 재현이기 때문이다(계 22:1-5).

요한계시록 22:4이 강조하듯, 신자의 결혼과 아들 됨의 헌신과 동일시의 완성은 새 우주에서 이루어진다. "그들이 그의 얼굴을 볼 터이요 그의 이름도 그들의 이마에 있으리라." 이것은 최종적인 상태에서 하나님의 이름과 동일시되는 것이 그분의 친밀한 현존과 성품에 참여함을 의미한다는 것을 보여준다. 따라서 마지막 때에 의인은 "그와 같을 줄을 아노니 이는 그의 참모습 그대로 볼 것이기 때문이다"(요일 3:2; 참조. 욥 19:25-27; 시 17:15; 마 5:8; 고전 13:12). 이 과정은 이미 시작되었다(고후 3:18).[36] "주 하나님이 그들에게 비치실 것이라"(계 22:5)에서처럼, 신도들은 하나님의 현존과

35) 내 책 *A New Testament Biblical Theology* (Grand Rapids: Baker, 2011)를 보라.

36) Robert H. Mounce, *The Book of Revelation*, NICNT (Grand Rapids: Eerdmans, 1977), p. 388.

성품의 빛을 반영할 것이다. 마치 광명체나 별이 태양을 반사하듯, 신부가 "하나님의 영광"을 소유하고 그것을 반영하도록 말이다(계 21:2, 10-11).

옛 우주에서 하나님의 현존이 우선적으로 이스라엘의 성전에 있었다면, 부활 이후의 시대에는 하늘에 있다. 옛 시대의 그리스도인들도 성령의 현존에 다가갈 수 있었지만, 성부·성자·성령의 종말론적 충만함은 아직 드러나지 않았다. 이제 요한계시록 22:4에서 하나님의 현존은 영원한 성전과 성도의 거주지를 뚫고 들어올 것이다. 구약의 성도들이 표현한 소망처럼 "그들이 그의 얼굴을 볼 것"이기 때문이다(시 11:4-7; 27:4; 에스라4서 7:98; 참조. 시 42:2; *T. Zeb.* 9:8). 구약에서 하나님의 이름이 대제사장의 이마에 기록되었다는 것은 우연의 일치가 아니다. 미래에는 구속된 공동체 전체가 성전에서 봉사하는 대제사장으로 간주되며, 새로운 지성소(이 지성소는 성전-도시 전체를 포함하며, 새 창조 전체가 이 지성소가 될 것임)에서 하나님의 얼굴을 볼 특권을 가질 것이다.[37] 요한계시록 21:19-20에서 대제사장의 다양한 색깔의 보석에 대한 언급은 제사장의 옷의 기능 중 일부가 하나님의 영광을 반영하는 것이었음을 드러낸다.[38] 지성소에서 하나님의 영광과 가까이 있는 대제사장으로 인해 가슴 판의 12개의 보석이 그분의 영광을 반영하듯이(출 28장도 보라. 참조. 사 54:11-12),[39] 대제사장과 같은 모든 신자도 새 우주에서 하나님과 가까이 있어 그분의 영광을 완벽하게 반영할 것이다(하나님의 영광을 드러내는 보석의 목적은 계 4:3, 9-11에서 이미 예견되었다. 9-11절은 3절이 2-6절의 하나님의 영광에 기여한다고 해석한다. 계 21:11의 "하나님의 영광"과 "그 성

---

37) Elisabeth Schüssler Fiorenza, *Priester für Gott. Studien zum Herrschafts-und Priester-motiv in der Apokalypse* (Münster: Aschendorff, 1972), pp. 375-389; 이것이 하나님을 의미하는지 어린 양을 의미하는지는 불확실하나, 경건한 자는 둘 앞에 있게 될 것이다(3인칭 대명사에 대해서는 Beale, *Revelation*. p. 1113에 언급된 계 22:3을 보라).

38) Beale, *Revelation*, in loc.

39) 특히 출 28:2, "너는 네 형 아론을 위하여 거룩한 옷을 지어 영화롭고 아름답게 할지니"를 보라.

의 빛[광명체]이 지극히 귀한 보석 같고 벽옥과 수정같이 맑더라" 사이의 직접적 연결성은 후자가 전자를 반영한다는 것이다).

이런 대립적 평행법에서, 불신자들은 지상적 우상에 헌신했기 때문에 이 우상의 물질적 성격과 성품을 반영한다. 불신자의 표식으로 주어진 것이 정확히 무엇인가 하는 것과는 상관없이, 주된 초점은 불신자와 사탄적 짐승 사이의 영적 동일시에 있다.[40] 따라서 우상숭배자들과 예배 대상과의 동일시는 그들이 짐승의 권세 아래 있으며 짐승의 멸망할 운명에 동참할 뿐 아니라, 짐승의 성품에도 참예함을 의미한다. 그들에게는 성령이 부재하며 그들은 하나님의 뜻에 대항하는 짐승처럼 된다. "짐승과 그 형상"을 예배하는 행위를 "그의 이마나 손에 표를 받는 것"과 직접적으로 연관시키는 요한계시록 14:9, 11도 같은 주장을 한다. 따라서 우상에게 드리는 예배는 우상숭배자가 우상과 그것의 사악한 물질적 성품과 일치하도록 변하게 만든다(신 32:17; 시 106:37; 고전 10:20; 계 9:20을 상기시킴).

요한계시록 13:18에서 짐승과 그 추종자들을 "666"과 동일시하는 것은 옛날의 불완전한 세상적 성품을 지시한다. 이 책에서는 666이라는 수에 대한 모든 해석을 제시할 수는 없다. 하지만 현재의 논의와의 관련성 때문에 여기서는 가장 타당한 접근이라고 여겨지는 입장을 언급할 것이다.[41] 이 수가 누군가의 이름을 의미하는 문자적인 숫자가 아니라는 사실은, 뒤따라 나오는 환상에서 그리스도와 하나님의 이름을 "자기들의 이마에 기록했던" 성도들이 요한계시록 13:18의 666과 의도적으로 대조되고 있다는 관찰을 통해 명백해진다. 전자가 확실히 영적인 실체와 관련되기 때문에, 후자의 강조도 마찬가지다.

---

40) 이 표가 백성이 필요로 했던, 경의를 표했음을 증명할 어떤 종류의 문서에 대한 언급을 포함했을 가능성이 있다. 그들은 이 표가 없어서 경제적으로 불이익을 받게 되었을 것이다. 그러나 이런 문서가 존재했다는 동시대적 증거는 없다.

41) Beale, *Revelation*, in loc.

7이라는 수는 완전성을 의미하며 요한계시록 전체에서 반복되지만[42] 666은 요한계시록 13:18에서만 나타난다. 이것은 세 개의 6이라는 수가 의도적으로 요한계시록 전반의 거룩한 일곱이라는 수와 대조되며 불완전성과 결함을 의미한다는 것을 암시한다. 게다가 다음 절의 144,000 성도의 숫자가 하나님 백성의 완전수를 강조하는 상징적인 효과가 있다면(계 14:1), 이전 절의 666과의 의도적 대조는 짐승과 그의 백성을 본질적으로 불완전한 것으로 지시한다. 이 6이라는 숫자의 개념은 여섯 번째 봉인, 나팔, 대접 모두가 짐승의 추종자들에 대한 심판을 묘사한다는 관찰을 통해 강화된다. 각 순서의 일곱 번째는 심판의 완성을 묘사한다. 이 일련의 봉인, 나팔, 대접이 일곱 번째가 있어야 완결되는 것이다.[43]

예를 들어 숫자 3이 요한계시록 1:4-5에서 신성의 완전성을 의미하듯, 이 숫자는 요한계시록 13장(과 계 16:13)에서 용, 짐승, 거짓 선지자 이 셋을 통해 풍자된다.[44] 따라서 6의 세 번 반복은 짐승에게서 발견되는 악한 불완전성의 완전성을 의미한다. 짐승은 결함의 전형이지만, 하나님의 완벽성을 달성한 것처럼 보인다. 6이라는 숫자를 세 번 반복하는 것은 삼위일체 하나님에 대한 패러디다. 즉 짐승은 하나님과 그리스도, 진리의 성령을 흉내 내려고 시도하지만(참조. 계 19:10) 성공하지 못한다. 짐승은 하나님을 형상화하고 그분보다 자신을 더 높이려는 시도를 성공적으로 마무리할 수 없다. 요한계시록 13:18에서 짐승을 묘사하는 데 7 대신 6이 사용되는 이유는 거짓 그리스도나 선지자로서의 짐승에 대한 3-14절의 반복적인 강조 때문이다. 비록 사탄의 짐승이 속이려는 시도에서 성공적으로 진리를 모방한 것처럼 보이지만, 그들은 내적으로 철저히 악한 채로 남아 있

---

42) 요한계시록의 "7"이라는 숫자의 비유적 중요성에 대해서는 Beale, *Revelation*, pp. 58-62을 보라.

43) M. Eugene Boring, *Revelation* (Louisville: John Knox, 1989), pp. 162-163.

44) 참조. Joel F. Drinkard, "Numbers," in *Harper's Bible Dictionary*, ed. Paul J. Achtemeier (San Francisco: Harper & Row, 1985), pp. 711-712.

으며 따라서 그들이 모방하는 하나님의 성품에는 전혀 미치지 못한다. 마찬가지로 그들의 추종자들도 악해지고 하나님의 성품에 이르지 못하며, 숭배 대상의 사탄적 성품을 모방한다.

요한계시록 13:18의 *arithmos gar anthrōpou estin*이라는 표현은 개인의 측면에서는 "그것은 (특정한) 사람의 수이기 때문이다"라는 의미로, 또한 포괄적 종의 개념으로는 "그것은 인류의 수이기 때문이다"라는 의미로 번역할 수 있다.[45] 요한계시록 21:17에 나타난 가장 근접한 평행 구절은 포괄적 종으로 번역하는 것이 더 낫다는 점을 보여준다. 즉 새 예루살렘의 벽의 크기가 "일백 사십 사 규빗이니 사람의 척량[*metron anthrōpou*], 곧 천사의 척량에 따른 것이라." 따라서 요한계시록 13:18의 수는 그리스도와는 다른 불완전한 인류의 수다. 짐승은 하나님과 분리된, 회개치 않는 인류의 대표자며, 항상 노력하지만 하나님의 형상에 이를 수 없다. 인류는 제6일에 창조되었지만, 일곱 째 안식일이 없었다면 아담과 하와는 불완전하고 미완성으로 남아 있었을 것이다. 이는 그들이 안식을 온전히 물려받을 수 없었을 것이기 때문이다. 세 개의 여섯(666)은 짐승과 그 추종자들이 인류를 위한 하나님의 창조 목적에 이르지 못한다는 점을 강조한다.

요한의 독자들에게 영적 인식력이 있다면, 그들은 여전히 그리스도께 충성하고, 세상적이고 불완전한 짐승의 우상숭배에 저항하며, "짐승과 그의 우상과 그의 이름의 수를 이기고 벗어날" 것이다(계 15:2). 우상을 섬김으로써 짐승과 동일시하는 것은 우상의 불완전한 본질과 동일시하는 것이고, 우상의 불완전하고 악한 생김새를 모방하는 것이다. 이런 현상은 세 개의 여섯(666)이라는 숫자로 상징화된다. 이와 같은 짐승 우상과의 동일시는 멸망으로 인도할 것이며, 이런 사실은 요한계시록 14장에 잘 설명되

45) 참조. G. Mussies, *The Morphology of Koine Greek as Used in the Apoc. of St. John. A Study in Bilingualism*, Supplements to Novum Testamentum 27 (London: Brill, 1971), p. 82은 양쪽 번역이 다 가능하다고 본다.

어 있다.

[9]다른 천사 곧 세째가 그 뒤를 따라 큰 음성으로 가로되 만일 누구든지 짐승과 그의 우상에게 경배하고 이마에나 손에 표를 받으면 [10]그도 하나님의 진노의 포도주를 마시리니 그 진노의 잔에 섞인 것이 없이 부은 포도주라 거룩한 천사들 앞과 어린 양 앞에서 불과 유황으로 고난을 받으리니 [11]그 고난의 연기가 세세토록 올라가리로다 짐승과 그의 우상에게 경배하고 그 이름의 표를 받는 자는 누구든지 밤낮 쉼을 얻지 못하리라 하더라(계 14:9-11)

짐승과 동일시되지 않는 행위는 짐승의 기만적인 영향력을 "이기고 벗어나는 것"이다. 따라서 요한계시록 15:2의 승리는 어떤 왕이나 통치자의 이름을 문자적으로 합해야 "666"이 되는가를 알아내는 지적 영민함으로 해결되는 게임의 승리가 아니다.[46)]

"들을 귀가 있는 자마다 듣게 하라"라는 권면에 주의하지 않는 이들은, 육신의 귀는 있으나 영적으로는 들을 능력이 없음을 증명한다. 성령이 없으며 악마적 존재로 가득 차 있어서 무지한 인간들을 자신의 죽음의 본성으로 끌고 가는 우상들처럼 말이다. 진정으로 권면에 귀 기울이는 자는 그가 "성도의 인내"를 유지하고 "하나님의 계명과 예수에 대한 믿음을 지키는" 자임을 증명한다(계 14:12).

요한계시록 9장

우상숭배자에게 변형적인 영향을 끼치는 우상의 마귀적 특성은 요한계시록 9:20-21에 명확히 나타나 있다.[47)]

---

46) 비록 NEB과 JB은 같은 관점의 유사한 방식으로 계 13:18을 번역하지만 말이다. 예를 들어 JB은 "이제 지혜로운 필요가 있으니, 총명 있는 자는 그 짐승의 수를 해석할 수 있을 것"이라고 번역한다.

47) 이 단락의 더 광범위한 컨텍스트에 대해서는 Beale, *Revelation*, pp. 505-520을 보라.

> 이 재앙에 죽지 않고 남은 사람들은 그 손으로 행하는 일을 회개치 아니하고 오히려 여러 귀신과 또는 보거나 듣거나 다니거나 하지 못하는 금, 은, 동과 목석의 우상에게 절하고 그 살인과 복술과 음행과 도적질을 회개치 아니하더라

남은 자 중 대다수 악인에게 있어서 요한계시록 9:17-19의 전염병은 경고의 역할을 했다. 그 경고는 구원이 아니라 처벌을 위해 의도되었다. 그러나 그 이상으로 악인들은 마귀적 존재의 꼬리에서 나오는, 치명적이지는 않지만(19절을 보라) 실제적인 고통에 영향 받았을 것이다(17-19절). 즉 마귀는 속임수를 통해 많은 사람을 육체적 죽음으로 몰아가고, 나머지 사람들은 괴롭히고 고통의 상태 가운데 두고 있다. 나머지 불신자들에 대한 "경고"의 목적은 실제로 회개를 하게 만들려는 것이 아니다. 왜냐하면 그들은 회개할 목적으로 경고를 받은 것이 아니기 때문이다. 오히려 이 신학적 목적은 하나님이 영적 개혁이 일어날 만한 충분한 기회를 주심으로써 하나님의 주권과, 일곱 번째 나팔을 불 때 인을 받지 않는 사람들의 온 무리를 마지막으로 심판하시는 그분의 정의(즉 최후의 심판)를 입증하시도록 하는 것이다.

21절과 함께 20절의 나머지는 불경건한 자들이 어떤 일을 회개하지 않았는가를 설명한다. 우선 그들은 우상숭배, 즉 "그 손으로 행한 일"을 회개하지 않았다. 구약성경의 전형적인 우상 목록은 그 재료에 따라 언급된다(신 4:28; 시 115:4-7; 135:15-17; 단 5:4, 23도 마찬가지). 이 목록은 다니엘 5:4, 23에서 가장 많이 반향된다. 이 텍스트에는 바벨론 왕에게 선포된 판결이 나오는데, 왜냐하면 왕이 부왕에게 내려진 경고를 듣지 않았기 때문이다. 오히려 왕은 우상을 계속 "찬양한다." 이런 회개하지 않고 변하지 않는 태도는 요한계시록 9:20에도 나타난다.

하지만 죄의 목록의 시작 부분에는 우상의 영적 본질에 대한 요약, 즉 우상의 배후에는 마귀적 세력이 있다(신 32:17[LXX]; 시 95:5[LXX]; 시 106:36-37; 희년서 11:4; 에녹1서 19:1; 99:6-7; 고전 10:20에서도 드러나듯)는 내용이 나온다.

요한계시록 9:17-19의 끔찍한 생명체가 마귀적 존재라면(그럴 가능성이 크다), 이 존재는 우상숭배자들이 우상숭배를 회개하지 못하도록 최선을 다할 것이다. 그들이 회개한다면, 이는 마귀가 그들의 충성과 그들에 대한 통제권을 상실했음을 의미하기 때문이다. 우상은 어둠의 세력이 사람들을 어둠 가운데 머물게 만드는 핵심 도구 가운데 하나다.

구약성경에서 우상의 목록에는 이 우상의 생명 없는 본질에 대한 해석적 논평이 나온다. 이런 논평은 우상이 "보지도 듣지도 걷지도" 못한다(솔로몬의 지혜서 15:15-17; 시빌의 신탁 5:78-85; 예레미야의 편지 4-73장)라는 언급에 포함되어 있다. 우상에 대한 믿음은 헛된데, 왜냐하면 속이는 마귀들을 제외하고는 우상 자체의 배후에 아무것도 없기 때문이다(고전 8:4). 우상숭배자에 대한 구약성경의 심판은, 역설적으로 우상숭배자가 우상의 영적이지 못하고 생명력 없는 형상을 반영하여, 결국 그도 영적으로 "보지도 듣지도 걷지도" 못함으로 나타난다. 요한계시록 9:20의 두 번째 부분에 인용되어 있는 시편 115:8과 135:18은 같은 방식으로 "우상들을 만드는 자들과 그것을 의지하는 자들이 다 우상들과 같아지리로다"라는 표현으로 우상 목록을 마무리한다(이미 우리는 이 패턴을 이사야서 전체와 구약의 다른 텍스트들뿐 아니라, 사 6장에서도 보았다[이 책 제2-4장을 보라]). 요한계시록의 "들으라" 형식("귀 있는 자는 들게 하라")은 마태복음 13장뿐 아니라 에스겔 3:27("귀 있는 자는 들게 하라")과 연관된 텍스트들에서 유래한다. 이 텍스트들은 이사야 6:10과 예레미야 5:21에 근거하는데, 이미 보았듯이 구약성경의 이 부분들은 우상숭배자가 그 우상처럼 되어간다는 개념을 표현한다.

그러므로 요한계시록 9:20-21은 마귀가 우상을 이용하는 방식을 암시적으로 표현하는 것 같다. 즉 마귀는 우상숭배적 불신자들을 영적 무지와 무감각으로 마취시키는데, 이때 사용되는 방법이 우상을 예배하도록 영향력을 미치는 것이다. 따라서 요한계시록 9:19에 인급된 마귀의 해악("그것들의 꼬리는 뱀 같고 꼬리에 머리가 있어 이것으로 해하더라")에는 우상숭배에 참여하도록 사람들을 속이는 일이 포함된다. 마귀의 영향력은 사람들을 완고하게 만들어, 동료인 우상숭배자의 비참한 죽음을 보고 경고를 받고 나서도 하나님의 경고에 둔감하며 우상숭배에 대한 회개를 거부하도록 만든다.

요한계시록 9:21에 따르면, 우상숭배자는 우상숭배에 대한 회개를 거부할 뿐만 아니라 다른 악행도 회개하지 않았다. "그들은 자신들이 행한 살인과 복술과 음행과 도둑질을 회개하지 아니하더라." 21절의 죄의 목록은 우상숭배의 컨텍스트와 분리된 것으로 의도되지 않았다. 아마도 이 목록에는 십계명이 영감을 주었을 것이다. 왜냐하면 여기서는 맨 처음에 우상숭배가 언급되고, 지시되는 네 개의 죄 중 세 개가 십계명으로부터 왔기 때문이다(다수의 주석가가 이 점을 발견했음). 이 죄악들은 구약성경, 초기 유대교, 신약성경의 우상숭배 컨텍스트와 관련된다(예를 들어 렘 7:5-11[!]; 호 3:1-4:2; 왕하 9:22; 사 47:9-10; 48:5; 미 5:12-6:8; 나 1:14; 3:1-4; 솔로몬의 지혜서 12:3-6; 행 15:20; 롬 1:24-29; 갈 5:20; 엡 5:5; 골 3:5). 또한 동일한 악들이 요한계시록의 우상숭배와도 연결되어 있다("음행"[*porneia*]과 대해서는 계 2:14, 20-22을 보라; 계 21:8; 22:15도 보라). 이런 죄들은 우상숭배와 관련된 활동을 형성하거나, 실제로 우상숭배 행위 자체가 된다. 확실히, 우상숭배는 다른 악의 원인이 되는 근본적인 죄다(솔로몬의 지혜서 14:22-29; 롬 1:18-32).

"회개하다"(*metanoeō*)라는 단어는 요한계시록 2-3장에서 가장 자주 나타나며(일곱 번), 나머지 용례는 요한계시록 9:20-21; 16:9, 11에 나타난다. 편지에 언급된 독자가 회개해야 할 주된 문제는 이교 문화, 특히 우상숭배와의 타협이었다(예를 들어 계 2:6, 9-10, 13-15, 20; 3:4을 보라). 요한계시록 9:20-21에서 "회개"라는 단어의 반복은 편지들, 특히 요한계시록 2:21-23에서 언급된 회개와 연관된다. 이 텍스트에서 "회개"는 음행(*porneia*)과 동의어인 우상숭배를 회개하라는 도전으로서 세 번 등장한다. 이 편지에서 유일하게 "회개 없음"의 "형벌"은 "사망"이라고 명시적으로 언급된다. 추가적으로 중요한 것은, 우상과 타협하라는 이세벨의 거짓 교훈(계 2:20)이 "사탄의 깊은 것들"이라고 불린다는 점이다(24절). 이것은 우상의 배후에 사탄 자신의 주권 아래 있는 위험한 마귀가 존재한다는 점을 가리킨다. 거짓 교훈의 핵심 내용은, 그리스도인에게는 "사탄의 깊은 것들을 아는 것"(거짓 교사들이 사용하는 표현)이 허용되었다는 것이다. 이 표현은 그리스도인들이 우상숭배적 상황에 어느 정도 참여하여 마귀적이고 사탄적인 영역을 경험했지만, 이런 참여로 인해 아직은 영적으로 해를 당하지 않았다는 관점을 암시한다.[48)]

편지에 나타난 우상숭배(특히 계 2장의 우상과 마귀들)와 요한계시록 9장 사이에 연관성이 존재한다면, 요점은 우상숭배적 문화에 대한 타협적 태도를 회개하지 않을 사람들이 교회 내에 많으리라는 것이다. 이런 우유부단함에 대한 경고로서 사람들이 예배하도록 유혹을 받는 우상 배후에 끔찍한 마귀가 있다는 내용이 나온다. 사람들은 마귀가 우상이라는 도구를 사용하여 그들을 영적 무지라는 마취 상태에 묶어둔다는 것을 알아야 한다. 마귀에 대한 섬뜩한 비유적 묘사(계 9:1-19)[49)]는 하나님의 참 백성으로 하여금 현실에 안주하는 상황으로부터 나오도록 충격을 주기 위한 의도를 가지고 있다. 그들이 우상의 배후에 어떤 영적 망령이 있는지 깨닫도록 하면서 말이다(계 2:24과 계 2:20도 참조하라). 이때 우상은 우상숭배자들을 우상같이 영적으로 생명력 없는 형상으로 변화시키기 위해 그곳에 있다.

결론

제9장에서는 사람이 자신이 숭배하는 대상을 닮게 되며 이것은 회복이나

---

48) 일부 학자들이 추측하듯이, 원래 언어는 "하나님의 깊은 것들"을 의미했을 것이다. 아마도 요한이 이 거짓 교훈을 이렇게 이름 붙였을 것이다(또는 "그들이 말하듯이"의 주어가 두아디라의 신실한 그리스도인들이라면, 그들이 이렇게 이름 붙였을 것이다 [Beale, *Revelation*, pp. 265-266])(이 성경의 한글 번역 성경과는 일치하지 않음-역자 주).

49) Ibid., pp. 491-517.

멸망으로 향한다는 성경의 원리가 요한계시록에 어떻게 나타나는지를 추적했다.

지금까지 이 책에서는 구약성경, 유대교, 신약성경의 다양한 각도에서 우상숭배와 우상숭배자의 부정적 영향력에 주목하면서 이 주제를 살펴보았다. 이제까지는 하나님을 경외하며 그분의 형상을 반영하는 신실한 신자들에 대해서는 부차적으로 다루었지만, 제10장에서는 이 주제를 중점적으로 탐구할 것이다. 특히 우상숭배자가 어떻게 자기 죄를 멈추고, 우상의 덫을 피해 자기가 숭배하는 우상의 본질을 따르지 않을 수 있는지 고찰할 것이다.

제10장

우상의 형상 반영에서 하나님의 형상 반영으로 뒤집기

어떻게 하면 우리는 자신이 숭배하는 우상에 취해서 사는 삶, 눈이 있어도 보지 못하고 귀가 있어도 듣지 못하는 삶으로부터 탈출할 수 있을까? 여기에 대해서는 이사야 6장을 다루는 부분에서 이미 짧게나마 다루었다. 예언자 이사야는 하나님이 주도적으로 그를 거룩한 성전으로 옮겨주시고, 하나님의 거룩한 형상을 닮은 자로 변화시켜주심을 통해 우상숭배를 일삼는 백성 가운데서 빠져나와 그분을 닮아갈 수 있었다. 다른 사람들도 같은 변화를 통해 하나님의 신실한 남은 자가 될 수 있을 것이다. 이사야 29:9-16, 18은 이 부분을 명확하게 보여준다. 이사야 29:9-10은 이사야 6:9-10의 예언의 일부가 성취되는 첫 단계로서 다음과 같이 말한다.

> 9 너희는 놀라고 놀라라
> 너희는 소경이 되고 소경이 되라
> 그들의 취함이 포도주로 인함이 아니며
> 그들의 비틀거림이 독주로 인함이 아니라
> 10 대저 여호와께서 깊이 잠들게 하는 신을 너희에게 부어주사
> 너희의 눈을 감기셨음이니 눈은 선지자요
> 너희 머리를 덮으셨음이니 머리는 선견자라

11-14절은 믿음이 없는 이스라엘의 영적 소경 됨에 대해 말하고 있는데, 이런 상태는 이집트의 우상이 보여주는 영적 소경 됨을 닮아 있다.[1] 이

1) 사 29:9-10이 사 6:9-10의 우상의 응보적 모순에 대한 초기 실현을 가리킨다는 사실에

스라엘은 이집트에게 바벨론으로부터 자신을 보호해달라고 호소했다. 고대 근동 국가에서는 정치와 종교가 매우 밀접하게 연결되었기 때문에, 이 말은 이스라엘이 이집트의 정치 권력과 조약을 맺을 경우 이집트가 섬기는 우상과도 관계를 맺어야 한다는 뜻이었다. 이집트는 자신의 우상이 그들을 경제적으로 풍요롭게 해주며, 군사적으로 승리를 가져다준다고 믿었다. 하지만 18절은 우상에 빠진 이스라엘의 마비된 상태가 뒤집어지는 때가 도래할 것임을 보여준다. 그때에는 "귀머거리가 들을 것이며…어둡고 캄캄한데서 소경의 눈이 보게 될" 것이다.

이사야 32:3-4도 이사야 6:9-10의 심판이 뒤집힐 것이라고 말한다.

> 3보는 자의 눈이 감기지 아니할 것이요 듣는 자의 귀가 기울어질 것이며
> 4조급한 자의 마음이 지식을 깨닫고 어눌한 자의 혀가 민첩하여 말을 분명히 할 것이며(사 32:3-4)

이 구절은 이사야 6장의 영적 소경과 귀머거리의 심판이 하나님으로부터 왔고, 이 심판이 이미 성취되었으며 언젠가는 그치게 되리라는 것을 보여준다.[2] 그때는 "한 왕이 의로 통치할" 것이다(사 32:1). 시력과 청력, 그리고 마음의 회복에 관한 이 약속은 다른 두 개의 약속(사 31:4-9; 32:9-20) 사이에 끼어 있다. 먼저 나오는 약속은 시온에 대한 하나님의 구원하심과 보호하심을 담고 있는데, 그때 하나님의 백성은 "돌아오라…너희는 심히 거역하던 자에게로"(사 31:6) 돌아오라는 권고를 받는다. 사람들은 이 권고

덧붙여, 사 28:12-15과 사 29:14-16을 사 30:1-3, 22, 33과 비교해보면, 이집트 우상에 대한 신뢰가 이전 두 장의 의중에 있었음을 알 수 있다(제2장과 제6장에서 이미 살펴보았음).

2) John L. McLaughlin의 훌륭한 분석 "Their Hearts Were Hardened: The Use of Isaiah 6:9-10 in the Book of Isaiah," *Bib* 75 (1994): 17-20에서는 사 32:3-4이 언어학적으로나 개념적으로 사 6:9-10을 암시할 뿐 아니라 더욱 발전시키고 있음을 보여준다. 비록 후자의 심판의 효과가 없다는 것을 보여주고 있기는 하지만 말이다.

에 귀 기울이게 될 것이다. 왜냐하면 7절에서 "너희가 자기 손으로 만들어 범죄한 은 우상, 금 우상을 그날에는 각 사람이 던져버릴 것이며"라고 예언하고 있기 때문이다(사 2:20과 어쩌면 사 30:22에 대한 언급). 이사야 32:15에서 예언자는 이스라엘의 황폐함이 "위에서부터 성신을 우리에게 부어주실" 때 종결될 것이라고 말한다. 결과적으로 이 상황이 강력하게 암시하는 것은 하나님이 이사야 6장의 영적 무감각이라는 심판을 끝내시리라는 것이다. 또한 이제 끝나게 될 심판의 본래 원인이 이사야 6장에서 볼 수 있듯이 우상숭배 때문이었음도 암시한다.[3)]

이후의 이사야서 텍스트도 같은 내용을 담고 있다.

> 6나 여호와가 의로 너를 불렀은즉…
>
> 이방의 빛이 되게 하리니
>
> 7네가 소경의 눈을 밝히며 갇힌 자를 옥에서 이끌어 내며
>
> 흑암에 처한 자를 간에서 나오게 하리라(사 42:6-7)

여기서 초점은 이사야 6장에 나오는 심판의 확연한 뒤집기(reversal)가 아닌, 이전 소명에 대한 반(反)-소명(counter-commission)에 있다. 즉 이사야가 6장에서 받은 소명의 형벌적 측면을 무효화할 임무를 띤 다른 예언자가 보냄을 받는다는 것이다.[4)]

마찬가지로 이사야 42장의 예언적 주제의 전개 속에서 이사야 52:15

---

3) 사 32:3-4의 회복의 약속에는 사 30:20-22을 포함시켜야 할 것이다. 이 구절은 사 6:9-10을 반영할 가능성이 높다. 비록 하나님이 이스라엘을 심판하셨지만, 그분은 이스라엘의 "스승"으로서 "다시 숨기지 아니하시리니 네 눈이 네 스승을 볼 것이며 말 소리가 네 귀에 들려" 회개하도록 이끌 것이다. "또 너희가 너희 조각한 우상에 입힌 은과 부어 만든 우상에 올린 금을 더럽게 하여 불결한 물건을 던짐같이 던지며 이르기를 나가라 하리라."

4) McLauglin은 "Their Hearts Were Hardened", pp. 20-21에서 왜 사 42:6-7이 사 6:9-10과 연결된다고 보는지를 자세히 풀어내고 있다.

은 열방의 불신앙이 신앙으로 전도되는 일에 대해서 이렇게 말한다.

> 후에는 그가 열방을 놀랠 것이며
> 열왕은 그를 인하여 입을 봉하리니
> 이는 그들이 아직 전파되지 않은 것을 **볼 것이요**
> **아직 듣지 못한 것을 깨달을 것임이라 하시니라**(비일 강조; 유사한 구절로는 사 52:8, 10; 66:8, 14을 보라)

이스라엘과 마찬가지로, 열방도 과거에 우상숭배의 영향력에 갇히게 되었다. 하지만 하나님은 이스라엘을 깊은 잠에서 깨우실 때에, 열방 중 일부도 같이 깨우실 것이다.

복음서에 나타난 뒤집기

마태복음 13:14-15에서 이사야 6:9-10을 인용한 직후, 예수는 이렇게 말씀하신다. "그러나 너희 눈은 봄으로 너희 귀는 들음으로 복이 있도다"(16절). 11절에서는 이것이 하나님이 주신 선물의 결과라고 되어 있다. "천국의 비밀을 아는 것이 너희에게는 허락되었으나 저희에게는 아니 되었나니"(눅 8:10도 동일). 누가복음 10:21-24은 누가복음 8:10과 마태복음 13:16-17에 언급된 이사야 6:9-10을 확장시킨다. 이것은 영적 소경과 귀머거리에서 영적으로 "보고 듣는" 단계로 넘어가는 뒤집기(reversal)가 하나님의 선물이며, 인간의 독립적인 의지로는 절대 일어날 수 없음을 강조한다.

> [21]이때에 예수께서 성령으로 기뻐하사 가라사대 천지의 주재이신 아버지여 이것을 지혜롭고 슬기 있는 자들에게는 숨기시고 어린아이들에게는 나타내심을 감사하나이다 옳소이다 이렇게 된 것이 아버지의 뜻이니이다
> [22]내 아버지께서 모든 것을 내게 주셨으니 아버지 외에는 아들이 누군지 아는 자가 없고 아들과 또 아들의 소원대로 계시를 받는 자 외에는 아버지가 누군

지 아는 자가 없나이다 하시고
[23]제자들을 돌아보시며 종용히 이르시되 너희의 보는 것을 보는 눈은 복이 있
도다
[24]내가 너희에게 말하노니 많은 선지자와 임금이 너희 보는 바를 보고자 하였
으되 보지 못하였으며 너희 듣는 바를 듣고자 하였으되 듣지 못하였느니라

마가복음 4:12도 이사야 6:9-10을 인용한다. 이 부분은 마가복음 8장에서 좀 더 전개되고 있으며, 놀랍게도 제자들에게 적용되어 있다(구약 인용 부분은 강조체로 되어 있음).

[16]제자들이 서로 의논하기를 이는 우리에게 떡이 없음이로다 하거늘
[17]예수께서 아시고 이르시되 너희가 어찌 떡이 없음으로 의논하느냐 아직도
알지 못하며 깨닫지 못하느냐 너희 마음이 둔하냐
[18]**너희가 눈이 있어도 보지 못하며 귀가 있어도 듣지 못하느냐** 또 기억지 못하
느냐
[19]내가 떡 다섯 개를 오천 명에게 떼어줄 때에 조각 몇 바구니를 거두었더냐
가로되 열 둘이나이다
[20]또 일곱 개를 사천 명에게 떼어줄 때에 조각 몇 광주리를 거두었더냐 가로
되 일곱이니이다
[21]가라사대 아직도 깨닫지 못하느냐 하시니라(막 8:16-21)

이것은 제자들이 마음이 둔하고 눈이 멀고 귀가 먹은 이스라엘과 다르지 않음을 말한다. 그럼에도 이 말씀이 제자들에게 적용되는 방식은 마태복음 13장; 마가복음 4장; 마가복음 8장에 나오는 믿음이 없는 이스라엘에게 적용되는 것과는 다르다. 이 장들은 이사야 6:9-10에 나오는 예언의 성취에 대해 묘사하고 있다. 마가복음 8:17-18에서 이사야서의 텍스트는 질문으로 바뀌어 나타난다. 이것은 악한 세력이 일으킨 영석인 마비가 영

구하게는 자리를 잡지 못했음을 의미한다. 예수는 제자들이 마음이 굳어진 이스라엘과 마찬가지로 이사야 6장의 예언을 그들 자신에게도 나타나게 할 것인지를 묻고 계신다. 실제로 "너희가 눈이 있어도 보지 못하며 귀가 있어도 듣지 못하느냐"(17, 21절)라는 말은 제자들이 이런 마비에서 차츰 빠져나오고 있으며, 예수가 제자들의 굳어버린 마음과 눈먼 상태를 회복시키고 계심을 암시한다. 마태복음 13:16-17과 누가복음 8:10이 제자들을 "하나님 나라의 비밀이 알려진" 자들로 부르는 것이 이런 생각에 대한 확증이 된다. 예수는 "비밀"을 제자들에게 알리고 계시는데, 이 비밀은 예수가 친히 이루어가실 회복과 하나님 나라를 세우는 것에 대한 종말론적 성취(마 13:36-52의 비유들이 잘 보여주듯)를 의미한다. 바로 예수가 제자들과 이스라엘 전체를 회복시키실 분이다. 이런 회복은 예수가 이사야가 예언한 대로, 나라를 회복시키실 메시아시며 하나님의 종이라는 사실을 인정하고 믿을 때 일어난다(예를 들어 사 49:1-6; 52:13-53:12). 복음서는 예수가 이스라엘을 회복시키실 자며, 종에 대한 이사야의 예언을 성취하실 분임을 계속해서 강조한다(예를 들어 마 8:16-17; 12:15-21; 눅 2:25-35; 요 12:37-38).

마가복음 8:16-21 이후에 나오는 단락은 열두 제자가 (신실한 남은 자 이스라엘의 상징으로서) 어떻게 우상숭배로부터 빠져나오는지를 설명한다. 여기서 마가는 눈먼 유대인 한 명이 자신의 능력이 아닌 예수의 초월적 권위를 통해 더디지만 확실하게 시력을 회복해간다는 이야기를 그려낸다.[5)]

> 22벳새다에 이르매 사람들이 소경 하나를 데리고 예수께 나아와 손 대시기를 구하거늘
> 23예수께서 소경의 손을 붙드시고 마을 밖으로 데리고 나가사 눈에 침을 뱉으시며 그에게 안수하시고 무엇이 보이느냐 물으시니
> 24우러러 보며 가로되 사람들이 보이나이다 나무 같은 것들이 걸어가는 것을

5) Watts, *Isaiah's New Exodus in Mark*, p. 192을 보라.

보나이다 하거늘

[25]이에 그 눈에 다시 안수하시매 저가 주목하여 보더니 나아서 만물을 밝히 보는지라

[26]예수께서 그 사람을 집으로 보내시며 가라사대 마을에도 들어가지 말라 하시니라

요한복음 9:1-38도 예수가 소경을 회복시키시는 이야기를 자세하게 다루고 있다. 이 이야기에서 유대인들은 기적을 인정하지 않으려 한다. 예수는 즉시 이 이야기의 중요성에 대해 이렇게 설명하신다. "내가 심판하러 이 세상에 왔으니 보지 못하는 자들은 보게 하고 보는 자들은 소경되게 하려 함이라 하시니"(요 9:39; 참조. 요 9:40-41).

이사야서에 예언된 대전환

제10장의 도입부에서 보았듯이, 하나님(또는 예수 자신)만이 영적인 소경과 귀머거리를 낫게 하실 수 있다는 예수의 가르침은 이사야서와 깊은 관련이 있다. 이스라엘이 영적인 청력과 시력을 회복한다는 말을 이사야는 어떻게 이해하는가? 이사야서의 첫 부분에 나오는 것처럼, 하나님은 사람들이 자신이 섬기는 우상을 닮도록 만드심으로써 그들을 심판하셨다(사 6:9-10). 동시에 우상에 취해 있는 사람을 구하실 수 있는 분도 하나님이시다. 여기서 중요한 것은 이사야서의 배경을 더 깊이 알아보는 일이다. 이사야 29장은 야웨 하나님이 이스라엘과 열방을 영적으로 보고 듣을 수 있게 해주시리라는 것에 대해 의심의 여지가 없다고 본다. 더 나아가 동일한 29장에는 하나님이 이스라엘의 창조자가 되셨다는 언급이, 우상에 대해 반추하면서 이스라엘의 영적인 소경 됨에 대해 묘사하는 부분과 시력이 회복되는 부분 사이에 끼여 있다. 우상숭배를 분별 있는 행동이라고 여기는 이

스라엘의 지혜와는 다르게, 야웨 하나님은 다음과 같이 말씀하신다.

> 너희의 패리함이 심하도다 토기장이를 어찌 진흙같이 여기겠느냐 지음을 받은 물건이 어찌 자기를 지은 자에 대하여 이르기를 그가 나를 짓지 아니하였다 하겠으며 빚음을 받은 물건이 자기를 빚은 자에 대하여 이르기를 그가 총명이 없다 하겠느냐(사 29:16)

이스라엘의 우상에 대한 신뢰는 국가의 존망뿐 아니라 존재 자체를 야웨 하나님이 아닌 우상이 대표하는 신들에게 둔다는 의미다. 설상가상으로 이런 우상숭배는 이스라엘의 우상숭배자들과 그들이 섬기는 우상에게 진정한 지혜와 지식이 있으며(14절), 야웨 하나님께는 "지혜가 없다"라고 말하는 것이나 매한가지다.

부분적으로 토기장이 비유가 말하고자 하는 바는 야웨 하나님이 이스라엘을 국가로 세우시리라는 사실뿐 아니라(모든 것을 창조했다고 하는 레 신을 나타내는 이집트의 우상들에 반대해서), 그분은 이스라엘을 진정한 시력과 청력을 가진 영적 존재로 만드시리라는 것이다.

결국 이스라엘은 우상을 만들고 경배하는 가운데 영적으로 눈과 귀가 멀어버린 우상의 모습을 닮게 되었지만, 형상을 창조하실 수 있는 한 분 유일한 하나님(참조. 창 1:26-27)은 이런 상태를 뒤집어 이스라엘이 당신의 형상을 닮아갈 수 있도록 만드셨고, 그 결과 이스라엘은 영적인 눈과 귀가 열리게 된 것이다.

이사야 45:5-22은 같은 내용을 담고 있는 것 같다. 여기서도 토기장이의 비유가 동일하게 나타난다.

> 5나는 여호와라 나 외에 다른 이가 없나니 나 밖에 신이 없느니라 너는 나를 알지 못하였을찌라도 나는 네 띠를 동일 것이요
>
> 6해 뜨는 곳에서든지 지는 곳에서든지 나 밖에 다른 이가 없는 줄을 무리로 알

게 하리라 나는 여호와라 다른 이가 없느니라
7나는 빛도 짓고 어두움도 창조하며 나는 평안도 짓고 환난도 창조하나니 나
는 여호와라 이 모든 일을 행하는 자니라 하였노라
8너 하늘이여 위에서부터 의로움을 비같이 듣게 할찌어다 궁창이여 의를 부
어 내릴찌어다 땅이여 열려서 구원을 내고 의도 함께 움돋게 할찌어다 나 여
호와가 이 일을 창조하였느니라
**9질그릇 조각 중 한 조각 같은 자가 자기를 지으신 자로 더불어 다툴찐대 화
있을찐저 진흙이 토기장이를 대하여 너는 무엇을 만드느뇨 할 수 있겠으며 너
의 만든 것이 너를 가리켜 그는 손이 없다 할 수 있겠느뇨**
10아비에게 묻기를 네가 무엇을 낳느냐 어미에게 묻기를 네가 무엇을 낳으려
고 구로하느냐 하는 자에게 화 있을찐저
11이스라엘의 거룩하신 자 곧 이스라엘을 지으신 여호와께서 가라사대 장래 일
을 내게 물으라 또 내 아들들의 일과 내 손으로 한 일에 대하여 내게 부탁하라
12내가 땅을 만들고 그 위에 사람을 창조하였으며 내가 친수로 하늘을 펴고
그 만상을 명하였노라
13내가 의로 그를 일으킨지라 그의 모든 길을 곧게 하리니 그가 나의 성읍을
건축할 것이며 나의 사로잡힌 자들을 값이나 갚음 없이 놓으리라 만군의 여호
와의 말이니라 하셨느니라
14여호와께서 말씀하시되 애굽의 수고한 것과 구스의 무역한 것과 스바의 장
대한 족속들이 다 네게로 돌아와서 네게 속할 것이요 그들이 너를 따를 것이
라 사슬에 매여 건너와서 네게 굴복하고 간구하기를 하나님이 과연 네게 계시
고 그 외에는 다른 하나님이 없다 하리라 하시니라
15구원자 이스라엘의 하나님이여 진실로 주는 스스로 숨어 계시는 하나님이
시니이다
16우상을 만드는 자는 부끄러움을 당하며 욕을 받아 다 함께 수욕 중에 들어
갈 것이로되
17이스라엘은 여호와께 구원을 입어 영원한 구원을 얻으리니 영세에 부끄러

움을 당하거나 욕을 받지 아니하리로다

[18]여호와는 하늘을 창조하신 하나님이시며 땅도 조성하시고 견고케 하시되
헛되이 창조치 아니하시고 사람으로 거하게 지으신 자시니라 그 말씀에 나는
여호와라 나 외에 다른 이가 없느니라

[19]나는 흑암한 곳에서 은밀히 말하지 아니하였으며 야곱 자손에게 너희가 나
를 헛되이 찾으라 이르지 아니하였느니라 나 여호와는 의를 말하고 정직을 고
하느니라

[20]열방 중에서 피난한 자들아 너희는 모여 오라 한가지로 가까이 나아 오라
나무 우상을 가지고 다니며 능히 구원치 못하는 신에게 기도하는 자들은 무지
한 자니라

[21]너희는 고하며 진술하고 또 피차 상의하여 보라 이 일을 이전부터 보인 자
가 누구냐 나 여호와가 아니냐 나 외에 다른 신이 없나니 나는 공의를 행하며
구원을 베푸는 하나님이라 나 외에 다른 이가 없느니라

[22]땅끝의 모든 백성아 나를 앙망하라 그리하면 구원을 얻으리라 나는 하나님
이라 다른 이가 없느니라(사 45:5-22, 비일 강조)

이 부분의 주요 주제는 야웨 하나님만이 유일한 진짜 신이며, 우상은 그렇지 않다는 것이다. 이것은 하나님 외에 "다른 이가 없다"라고 하기 위함이다(5-6, 14, 18, 21, 22절). 특별히 이스라엘의 하나님만이 유일한 창조주이시며(7, 12, 18절), 이스라엘에 회복과 구원을 가져다주실 그분만이 새 창조를 이루실 분이라는 사실이다(8, 13-14, 17, 19절). 주님 외에는 다른 "신이 없다"라는 어구의 반복은 우선적으로 이스라엘을 향하며(참조. 4, 5절; 참조. 14, 18, 19절), 이차적으로 열방을 향한다(참조. 6, 20-22절). 이런 컨텍스트에서 9절에 나오는 토기장이 비유가 감당하는 정확한 역할은 무엇일까? 확실한 것은, 해당 텍스트 앞에 나오는 부분(4-8절)과 바로 뒤에 나오는 부분(11-13절)을 염두에 두고 보면, 10절이 말하고자 하는 바는 이스라엘에게 하나님의 회복의 약속을 신뢰하도록 권면하는 동시에 이스라엘을 안전하

게 지켜줄 수 있는 다른 신, 특히 바벨론의 신을 생각하지 말라는 것이다. 하나님의 약속에 따르면 이스라엘은 바벨론과 그 신들을 떠나기를 간절히 바라야 하며, 그분이 이스라엘에게 주신 땅에서 백성을 회복시키시는 일에 참여해야 한다(14-19절). 바벨론에 머물면서 바벨론이 주는 안전을 즐기려고 하는 것은 하나님이 이스라엘을 향해 가지고 계신 계획에 "시비를 거는" 것이다. 이런 일은 말도 안 될 뿐 아니라 무의미하다. 그러므로 이스라엘은 인간의 손으로 만들어진 형상을 믿기보다는 자신들을 당신의 형상으로 "만드신" 하나님을 신뢰해야 한다.

이사야 64:8 역시 이스라엘을 "진흙"이라고 부르며, 하나님을 우상과는 확연히 다르신 "우리의 토기장이[조성자]"라고 부른다(사 65:2-7; 또한 렘 18:1-6; 19:1, 11도 보라; 이후의 논의를 참고하라). 이것은 이스라엘의 토기장이가 되신 하나님이 이스라엘을 당신에게로 회복시키심을 통해 새롭게 빚겠다고 기도하시는 것의 일부분이다(사 64:8-12; 참조. 사 64:1-5). 재미있는 것은, 토기장이 비유가 담긴 모든 텍스트에서 이스라엘이 "하나님의 손으로 하신 일"이라고 불린다는 사실이다.[6] 놀라운 점은 이사야서 전체를 통해 나타나는 "그들의[그의 혹은 사람들의] 손으로 한 일"이라는 구절이 이스라엘과 열방이 섬겼던 사람이 만든 우상을 가리킬 때만 사용된다는(사 2:8; 17:8; 37:19) 것이다.[7] "사람의 손으로 한 일"이라는 어구는 인간이 만든 형상에 관한 언어이며, 이사야서에 나오는 "하나님의 손으로 하신 일"도 누군가의 형상(즉 하나님의 형상)으로 만들어진 인간을 가리키는 경우가 많다. 이사야서가 이스라엘을 하나님의 손으로 하신 일이라고 부르고, 우상

---

6) 사 29:23, 45:11, 64:8, 또한 사 60:21, 사 5:12도 보라. 사 19:25에서 영적으로 회복된 앗수르인들은 "내 손으로 한 일"이라고 불렸다. 아 7:1에서는 솔로몬의 신부를, 욥 34:19에서는 인류 전체가 그렇게 불렸다(참조. 애 4:2).

7) 이 표현은 왕상 16:7; 왕하 19:18; 22:7; 대하 32:19; 시 115:4; 135:15; 렘 25:6-7, 14; 32:30; 호 14:3; 미 5:13, 그리고 아마도 학 2:14, 17(참조. 애 3:64)에서 같은 의미로 사용된다. 이 모든 구절은 신 4:28; 27:15; 31:29과 일맥상통한다.

을 인간의 손으로 한 일이라고 부르면서 의도적으로 선명하게 대조시키는 것은, 하나님이 인간만을 당신의 형상에 합당하도록 지으셨다는 말이다. 왜냐하면 하나님은 당신의 손으로 인간을 만드셨고, 인간만이 살아 계신 하나님의 형상의 영광을 드러내도록 하는 역할을 합당하게 감당할 수 있도록 하셨기 때문이다(창 1:26-28). 하나님만이 진짜 형상을 만드실 수 있는 유일한 분이시며, 사람은 그분의 형상이다. 하나님의 형상으로서 사람은 하나님을 경배하고 그분의 진정한 형상을 드러내야 하며, 사람이 손으로 만든 거짓 형상을 경배하거나 그 형상의 모습이 되어서는 안 된다.

이사야 60장은 마지막 때의 이스라엘을 "나의 손으로 만든 것"(21절)이라고 부르면서 이 일을 통해 하나님이 "영광 받으실" 것이라고 이야기한다(13절과 사 61:3도 마찬가지). 왜냐하면 하나님은 이스라엘의 "빛"과 "영광"(19-20절)이 되실 것이며, 하나님이 비추실 때 이스라엘에게 "그분의 영광이 빛날 것이기" 때문이다(1-2절). 이것은 아마도 창세기 1장에 나타나는 창조 역사의 요약으로 설명하는 것이 가장 합당할 것이다. 여기서는 다시 "어두움이 땅을 덮을 것이며 캄캄함이 만민을 가리우려니와 그 영광이 네 위에 나타나고" 이 어둠을 뚫고 여호와의 "빛이 임할 것"이다(사 60:1-2). 하나님의 공의는 하나님의 성품과 형상과 하나다(사 42:21; 45:23-24; 59:16-17; 63:1). 또한 이스라엘은 "하나님의 손으로 만드신 일"이 되어 그분의 "공의"를 드러내야 한다(사 60:21; 61:3, 11; 62:1-2). 이렇게 연결시키면, 이사야 59:17("[주께서] 의로 호심경을 삼으시며")과 이사야 61:10("그가 구원의 옷으로 내게 [이스라엘] 입히시며")이 비교된다는 점은 놀랍다. 따라서 이스라엘은 마지막 때 하나님의 새로운 피조물이 된다. 그때 하나님은 당신의 손으로 빚으신 이스라엘이 당신의 형상과 영광을 드러내도록 하시고, 이스라엘이 사로잡혀 있던 아무것도 보이지 않는 어둠 속에서 그를 이끌어내신다.[8)]

---

8) "하늘"은 "[하나님의] 손으로 하신 일"이며, 따라서 하늘은 그분의 "영광"을 드러낸다(시 19:1; 참조. 시 102:25). 때로 "그의[당신의, 사람들의 등등] 손으로 한 일"은 하나님의 선

이사야서는 사람의 손으로 한 일과 하나님이 그 손으로 이루신 일을 의도적으로 대립시키는데, 사람이 우상을 "빚는"(*yāṣar*) 것과, 하나님이 이스라엘을 "빚으시는"(*yāṣar*) 것 사이에도 이와 비슷한 대립이 존재하는 듯하다. 예를 들어 이사야 43장에서 하나님은 이스라엘이 당신의 "영광"과 "찬송"을 드러내도록 하기 위해 "빚으신다."

> [1]야곱아 너를 창조하신 여호와께서 이제 말씀하시느니라
> 이스라엘아 **너를 조성하신 자가** 이제 말씀하시느니라
> 너는 두려워 말라 내가 너를 구속하였고
> 내가 너를 지명하여 불렀나니 너는 내 것이라
>
> [7]무릇 내 이름으로 일컫는 자 곧 **내가 내 영광을 위하여 창조한 자를** 오게 하라 **그들을 내가 지었고 만들었느니라**
>
> [21]**이 백성은 내가 나를 위하여 지었나니** 나의 찬송을 부르게 하려 함이니라(사 43:1, 7, 21; 비일 강조)

인간의 손으로 만든 신이 진정한 신일 수 없는 까닭은 야웨 하나님만이 유일한 신이시기 때문이다(사 43:10). 우상을 숭배하는 자들은 "눈이 있어도 소경이요 귀가 있어도 귀머거리"(사 43:8)다. 그러나 하나님은 마지막 때에 이스라엘을 다가올 새 창조의 일부가 되도록 빚으실 것이다(사 43:18-21). 그렇게 해서 이스라엘은 더 이상 영적으로 둔감하지 않게 될 것이다(사 43:22-28). 이사야 44장은 진정한 "조성자"이신 하나님(2, 21, 24절)과 거짓 형상의 "조성자"인 우상 제작자들 사이의 대립에 특별히 초점을 맞춘다.

하신 역사(시 143:5)를 가리키거나, 사람의 선한 일(창 5:29; 신 16:15; 24:19; 33:11; 욥 1:10; 시 90:17a, 17b; 전 5:6) 또는 악한 일(시 9:16)을 가리킨다.

9-17절은 사람들이 어떻게 우상을 제작하고 빚어내는지를 자세하게 설명한다(9-10, 12절). 그러다가 갑자기 우상 제작자들과 우상숭배자들이 "알지도 못하고 깨닫지도 못하는 것은 그 눈이 가리워져서 보지 못하며 그 마음이 어두워져서 깨닫지 못하기" 때문이라고 언급된다(18절; 19-20, 25절도 마찬가지). 이미 보았듯이, 이 구절은 우상 제작자들과 숭배자들이 자신들이 섬기는 우상처럼 영적 생명을 잃었다는 것에 대해 말하고 있다(제2장을 보라). 이와는 정반대로 하나님은 이스라엘에게 "내가 너를 지었으니 너는 내 종이니라"(21절)라고 말씀하신다. 그러므로 회복의 때가 임하면(24절; 26-28절) "이스라엘로 자기를 영화롭게 하실 것임이로다"(23절; 사 49:3). 하나님은 죄인인 당신의 백성을 바꾸시는 토기장이며, 당신의 백성이 세상에 속한 우상의 형상을 드러내는 것에서 돌아서게 만들어 당신의 형상으로 다시 빚으시는 분이다. 이제 이스라엘 백성은 하나님이 당신의 빛을 비추시며, 다른 사람들을 그분의 형상으로 만들어가도록 그분의 보내심을 입은 자들이 될 것이다. 그래서 세상을 향해 뻗어 나가면서 하나님과 그분의 영광스러운 빛을 드러낼 것이다(참조. 사 49:6).

이스라엘은 자신이 "새긴 신상"과 "부어 만든 신상"을 꼭 닮은 완악한 "목"과 "무쇠 같은 목의 힘줄", "놋 같은 이마"를 가졌다. 이스라엘은 야웨 하나님 대신에 우상을 신뢰했다(사 48:4-5). 그러므로 이스라엘은 "듣지 못했고" "알지도 못하였으며 네 귀가 옛적부터 열리지 못하였는데" 왜냐하면 이스라엘이 "모태에서부터 패역한 자"였기 때문이다(사 48:8). 이사야는 이제 하나님을 이스라엘의 사악한 우상숭배라는 무쇠를 불길이 솟는 풀무 불에 녹여서 당신에게 합당한 형상으로 지으시는 분으로 묘사한다. "보라 내가 너를 연단하였으나 은처럼 하지 아니하고 너를 고난의 풀무에서 택하였노라"(사 48:10).[9] 이런 장면은 사람들이 불 속에서 만들어낸 거짓 형

---

9) 겔 22:18-22도 죄로 가득 찬 이스라엘을 "은이나 놋이나 철이나 납이나 상납이나" "풀무 속에 넣고 불을 불어 녹이는" 불결한 "찌끼"로 그려내는데, 이것은 하나님의 심판의 표현

상들과 대조를 이룬다(사 44:15; 또한 출 32:24에 따르면 이스라엘은 아론에게 금을 주었고, 아론은 "금을 불에 던졌더니 이 송아지가 나왔다"라고 했음을 상기하라). 하나님은 이스라엘 백성을 새로운 피조물(사 48:6-7)로서 당신에게 기쁨을 주는 형상으로 빚으신다. 이런 일은 하나님이 마지막 때에 이스라엘을 당신께로 불러들이실 때 일어날 것이다(사 48:12-21). 이사야 40-66장도 이런 회복을 이스라엘이 이집트에서 탈출하는 과정의 재현으로 본다는 사실은 잘 알려져 있다. 또한 이런 회복의 때는 하나님이 이스라엘을 "쇠 풀무 곧 애굽에서 인도하여 내사 자기 기업의 백성을 삼으신 때"로 나타나 있다(신 4:20; 왕상 8:51과 거의 유사함; 렘 11:4). 이것은 풀무 불에 던져지는 이집트와 열방의 거짓 형상들과는 반대로, 하나님이 온 세상 가운데 유일한 당신의 기업으로서 그분의 형상이 된 이스라엘을 빚고 만들어가신다는 것을 가리킨다(참조. 출 19:4-6).[10] 이사야는 같은 일이 바벨론으로부터의 두 번째 출애굽 때 일어나리라고 예언한다.

이사야서의 이런 대조법이 말하고자 하는 것은, 인간이 "지은" 우상을 신뢰하는 일은 자신을 우상 자체의 형상이 되게 함으로써 영적인 시력과 청력을 상실하게 만들리라는 것이다. 하지만 인간에 대한 유일하고도 합당한 조성자 되신 하나님을 신뢰하는 일은 그분의 영광을 드러낼 수 있는 독특한 존재로 지어지도록 할 것이다. 영적 생명력을 잃은 세상의 형상을 반영하는 일에서 구속될 수 있는 유일한 소망은 하나님의 생명의 형상을 비추는 형상으로 다시 창조되고 새롭게 빚어지는 것이다. 그러면 영적 생명력을 얻게 될 것이다.

이스라엘에게 유일한 진짜 형상은 하나님의 형상뿐이라는 사실을 깨닫고 세상에서 그분의 작은 형상이 되는 대신에, 영적으로 스스로 묶이

이다. 다른 부분에서 에스겔은 하나님이 이스라엘을 우상숭배 때문에 임한 심판에서 구하시리라고(예를 들어 겔 20:33-44) 본다(사 1:22, 25-26도 보라).

10) 이런 제안을 해준 내 동료 Dan Block에게 감사한다.

게 되는 거짓된 형상을 만들어내는 것은 얼마나 비극적인 모순인가. 하지만 최후의 토기장이 되신 하나님은 이스라엘과 열방을 당신의 생명의 형상으로 회복시키고 새롭게 지으심으로써 우상숭배의 어둠과 깊은 잠에서 그들을 다시 구해내신다. 이사야 29장이 증거하듯, 진실한 말씀을 볼 수 있는 눈과 들을 수 있는 귀를 다시 주시는 것이다. 하나님은 모세에게 이렇게 말씀하신다. "누가 사람의 입을 지었느냐 누가 벙어리나 귀머거리나 눈 밝은 자나 소경이 되게 하였느냐 나 여호와가 아니냐"(출 4:11). 이 구절은 사람이 태어날 때 눈과 귀와 입을 원하시는 대로 만드시는 하나님의 전능하심에 대해 말하고 있다. 하지만 앞서 나온 이사야서에 대한 논의는 이런 전능이 육체적인 측면에만 제한되지 않고, 사람들을 거듭나게 하고 새로운 피조물로 만드셔서 육체적인 눈과 귀뿐 아니라 영적인 눈과 귀를 허락하시는 하나님의 능력도 포함함을 보여준다.

에스겔서 특히 에스겔 36:24-37:14도 이사야서의 사상과 동일하게, 인간이 만든 우상의 형상에 대항해서 하나님이 백성을 죽음에서 살리시고 다시 당신의 영광스러운 형상으로 창조하시는 종말론적 새 창조에 대해 부분적으로 말하고 있다.[11] 에스겔 37:1-14은 이것을 마지막 때의 부활이라고 표현한다.[12]

이런 회복은 인간에게는 육체적이고 영적인 측면 모두를 아우르는 전인격의 부활로 이어지게 될 새 창조가 된다. 유사한 방식으로 "[하나님의] 손으로 만드신 일"이라는 구절은 욥기 14:13-15에서 한 번 더 나타나는데, 여기서의 일이란 하나님이 사람들을 최후의 부활체로 새롭게 빚으시

11) 에스겔서에 담긴 이런 사상을 연구하는 데 책 한 권 분량이 필요했다. John F. Kutsko, *Between Heaven and Earth*, Biblical and Judaic Studies 7 (Winona Lake, Ind.: Eisenbrauns, 2000), 특히 pp 101-156을 보라.

12) 비록 대부분의 학자들이 부활을 이스라엘의 마지막 때의 회복에 대한 비유적 묘사라고 생각하지만, 유대교는 일반적으로 부활을 문자적인 의미로 받아들인다. 최소한 이런 묘사는 이스라엘의 영적 갱생을 새로운 피조물이라는 차원에서 나타내고 있다.

는 것을 의미한다.

[13]주는 나를 음부에 감추시며
주의 진노가 쉴 때까지 나를 숨기시고
나를 위하여 기한을 정하시고 나를 기억하옵소서
[14]사람이 죽으면 어찌 다시 살리이까
나는 나의 싸우는 모든 날 동안을 참고 놓이기를 기다렸겠나이다
[15]주께서는 나를 부르셨겠고 나는 대답하였겠나이다
주께서는 주의 손으로 지으신 것을 아껴 보셨겠나이다

그러므로 이사야서와 에스겔서는 동일하게 하나님이 당신의 백성을 죽음에서 살리고 당신의 영광스러운 형상으로 다시 창조하시는 종말론적 새 창조에 대해 부분적으로 말하고 있다.

사도행전과 바울 서신과 요한계시록에 나타난 뒤집기

제10장의 첫 부분에서는 복음서에 담긴 대전환에 대해, 특별히 이사야서가 말하는 회복에 관해 논의했다. 하지만 이런 예언적 사상이 신약성경의 다른 부분에서 어떻게 실현되는지에 대해서는 좀 더 자세히 살펴볼 필요가 있다. 사도행전 17장은 우상숭배에 관해 가장 분명하게 다루는 텍스트다. 사도행전 17장에서 누가는 아덴 사람들의 우상숭배와, 어떻게 수많은 우상들로부터 진정한 한 분 하나님께로 돌아올 수 있는지에 관한 바울의 아레오바고 설교를 담아낸다. 연설 마지막 부분에서 바울은 아덴 사람들에게 다음과 같이 말하면서 우상숭배에서 벗어나기를 촉구한다.

알지 못하던 시대에는 하나님이 허물치 아니하셨거니와 이제는 어디든지 사

람을 다 명하사 회개하라 하셨으니 이는 정하신 사람으로 하여금 천하를 공의로 심판할 날을 작정하시고 이에 저를 죽은 자 가운데서 다시 살리신 것으로 모든 사람에게 믿을 만한 증거를 주셨음이니라 하니라(행 17:30-31)

어떤 주석가들은 이 텍스트 바로 앞에 있는 사도행전 17:24-29에서 바울이 하나님의 존재에 관해 "일반적인 계시적 진리"라고 불릴 만한 것만을 염두에 두고 있다고 생각한다. 그러나 바울이 인간의 궁극적 목적과 하나님의 계시, 그리고 구원의 회복에 관해 말하는 구약성경의 구절들을 하나로 엮는 것을 보면, 바울의 의도가 아덴 사람들이 우상의 "무지"에서 벗어나(30절) 진정한 하나님께로 회복되도록 하는 것이었음을 알게 된다. 이것은 바울이 왜 임박한 심판을 앞두고 아덴 사람들에게 회개를 촉구했는지를 설명해준다.[13)]

심판이 임박했기 때문에 회개해야 한다는 하나님의 명령을 바울이 선포했을 때(30-31절), 다음과 같은 세 가지 반응이 나타난다. 첫째로 대다수는 바울의 메시지를 거부한다. 하지만 두 번째 부류는 바울에게 이 문제에 대해 더 들어보기 전까지는 판단을 보류하는 것처럼 보인다(32절). 마지막으로, 또 다른 이들은 소수이긴 했지만 바울의 말을 받아들인다. "몇 사람이 그를 친하여 믿으니 그중 아레오바고 관원 디오누시오와 다마리라 하는 여자와 또 다른 사람들도 있었더라"(행 17:34). 새로운 신자들은 우상에게서 돌아서서 하나님을 신뢰하고 그분께로 회복되었다. 이 말이 함축하는 것은 그들이 "그의 소생[가족]이 되었기 때문에"(28절) 그분을 닮게 된다는 뜻이다.[14)] 바울의 말을 믿고 바울과 함께하기로 한 적은 수의 사람들

---

13) 이런 측면에서, 28절에 나오는 2명의 그리스 시인에 대한 인용과 함께 구약의 해당 구절들에 나오는 암시에 대한 분석을 보려면 G. K. Beale, "Biblical Faith and Other Religions in New Testament Theology," in *Evangelical Christianity and Other Religions*, ed. D. W. Baker (Grand Rapids: Kregel, 2004), pp. 80-90을 보라.

14) 행 17장 바로 앞 컨텍스트에 등장하는, 자신과 비슷한 다른 것을 낳는다는 주제에 관해

은 17장의 마지막 부분의 핵심 주제를 잘 보여준다. 왜냐하면 이 부분이 바울의 아레오바고 연설에 대한 궁극적인 응답의 최고조를 이루기 때문이다.

사도행전 17장에 대한 이런 관점은 데이비드 파오의 연구와 일맥상통한다. 그의 연구는 제7장의 첫 부분에서 짧게 다루었다. 파오는 이사야 40-66장이 사도행전 전체에 강력한 영향을 끼치고 있음을 보여주면서, 그 예로 이사야서의 해당 부분에 나오는 우상을 향한 논쟁이 사도행전에 등장하는 우상숭배에 관한 부분의 배경으로 작용한다는 사실에 주목한다. 이사야서에서 야웨 하나님을 능력 없는 우상이나 우상이 나타내는 열방과 구분하듯이, 사도행전에서도 공허한 우상이나 이런 우상과 동일시되는 민족들이 예수 그리스도의 강력한 주 되심과 세상 속에서 그분을 나타내는 자들의 권능과 대조를 이룬다.[15] 하지만 이사야서의 후반부가 말하는 주된 요지는 우상에 관한 것이 아니라 전능하신 하나님이 헛된 우상들과 그 숭배자들에게 어떻게 승리하시며, 당신의 백성을 우상에게서 또 우상을 붙잡는 열방에게서 어떻게 회복시키시는지에 관한 것이다. 파오에 따르면 바로 이런 이유 때문에 사도행전은 이사야서를 차용한다.[16] 예를 들어 사도행전 17:24-25은 이사야 42:5을 언급하면서, 진실하시고 유일하신 하나님과 우상의 대립을 도입할 뿐 아니라(사 42:8), 하나님이 이스라엘의 눈을 여시고 압제로부터 자유롭게 하실 것이라는(사 42:7) 회복의 약속도(사 42:6) 소개한다. 또한 파오는 초대 기독교 운동의 명칭인 "길"(the Way)의 유래를 이사야 40:3에서 찾는데, 이사야 40:3은 하나님의 백성이 죄와 압제로부터 하나님께로 돌아오는 회복의 "길"에 대해 말하고 있다.

이런 이사야서의 배경에 비추어볼 때, 이사야서의 우상숭배-회복에

서는 세/상을 참고하라.

15) David W. Pao, *Acts and the Isaianic New Exodus*, WUNT 130 (Tübingen: Mohr Siebeck, 2000), pp 181-216.

16) Pao의 책이 담고 있는 전체 주장에 관해서는 내 서평 "Acts and Isaianic New Exodus by David W. Pao," in *Trinity Journal* 25, no. 1 (2004): 93-101을 보라.

관한 주제가 복음에서도 중요한 역할을 하고 있다는 것은 우연의 일치가 아니다(제10장의 첫 부분을 보라).

아울러 우리는 바울의 글에서, 이전에는 세상의 우상에 복종하며 살던 사람들(롬 1:18-32)이 이제까지 다룬 이사야서의 텍스트들에 나오는 예언의 성취와 관련하여(예를 들어 고후 4:4에서 사 9:1의 사용[17]; 고후 5:17에서 사 43:18-19과 사 65:17의 사용; 고후 6:17에서 사 52:11의 사용; 고후 6:18에서 사 43:6의 사용을 보라) 하나님의 형상으로 변화되기 시작한다는 것이 강조됨을 볼 수 있다(롬 8:28-30; 12:2; 고후 3:18-4:4). 이렇게 하나님의 형상으로 변화하는 과정은 역사의 마지막에 완성될 것인데, 그때 성도들은 부활하여 그리스도 안에 계시는 하나님의 형상을 온전히 비추게 될 것이다(고전 15:45-54; 빌 3:20-21). 성도들은 부활하신 그리스도가 부어주시는 성령의 능력으로 부활할 것이다. 예수를 죽은 자 가운데서 살리신 이가 성령이시므로(롬 1:4), 그리스도의 영도 성도들을 마지막 때에 죽은 자들 가운데서 살리실 것이다(이런 컨텍스트에서 고전 15:45은 "마지막 아담은 살려주는 영이 되었나니"라고 확증함). 사람들 안에서 일하시는 성령의 역사는 그들이 주님께로 회복되고 주님을 존귀하게 여기도록 하며 그분의 형상을 닮도록 만든다. 이 모든 것은 하나님이 그들 안에서 또 그들을 통해 영광 받으시도록 하기 위해서다.

요한계시록에서 "들을 귀 있는 자는 들을찌어다"라는 문구가 사용되는 것은 교회의 대다수가 영적으로 무감각해져 있다는 것을 가리키면서도, "성령께서 말씀하시는 것"을 들을 수 있는 영적인 귀를 가진 자들이 인내할 수 있도록, 타협하지 않고 세상 속에서 하나님의 형상을 계속해서 비출 수 있도록 하기 위해 말씀하시는 것이기도 하다. 또한 믿지 않던 자들 중에는 처음으로 듣고 믿게 되어, 예전에 속해 있던 잃어버린 세상을 향해 하나님의 형상을 비추게 되는 자들도 있을 것이다.

지금까지의 연구는 이 책의 주제와 관련된 다양한 성경 구절에 대한

---

17) Nestle-Aland Greek text 27판의 각주에 의하면, 여기에 사 9:1이 암시되어 있다.

설명을 중심으로 이루어졌다. 따라서 대부분의 경우, 우상숭배자가 우상의 형상을 반영한다는 성경적 개념이 현대 세계와 어떻게 관련되고 어떻게 드러나는지를 설명하려는 시도는 거의 이루어지지 않았다. 그 부분적인 이유는 우상숭배라는 성경적 개념이 현대 세계에서 어떻게 드러나는지를 설명하려고 시도하는 책은 많이 존재하기 때문이다. 성경 텍스트를 중심으로 접근하는 또 다른 이유는, 사람이 자신이 섬기는 것을 닮아간다는 이 특별한 주제가 지금까지는 성경 전체를 통해 충분히 탐구되지 않았기 때문이다. 그럼에도 마지막 장인 제11장에서는 우리가 다루는 주제가 현대 문화 속에서 어떻게 드러나는지에 대해 살펴보려고 한다. 사람들이 자신이 섬기는 우상을 닮아간다는 원리가 기독교 문화를 포함한 현대 문화와는 어떤 관련이 있을까?

제 11 장

결론:
그래서 어떤 유익이 있는가?

이 책에 담긴 우상숭배에 관한 주된 요점은 사람은 자신이 존귀하게 여기는 것을 닮아간다는 것이다. 그 결말이 멸망이든 회복이든 말이다. 하나님은 사람을 무엇인가를 반영하는, 그 형상을 드러내는 존재로 지으셨다. 하나님이든지 아니면 세상의 일부든지, 사람은 언제나 무엇인가를 반영할 것이다. 하나님께 헌신된 사람은 그분처럼 될 것이며, 하나님 외의 다른 무엇에 자신을 바친 사람은 그것을 닮을 것이다. 하나님이 없이는 생명력이 없고 허무하기만 한 피조물의 모습처럼, 거기에 헌신된 사람들 또한 영적으로 죽은 허무한 존재가 될 것이다. 세상의 우상을 닮아가는 것은 심판의 한 모습이다. 이스라엘은 자신이 존귀하게 여기는 대상을 닮아갔다. 이것은 이스라엘의 우상숭배에 대한 심판의 한 형태였으며, 이스라엘을 영적인 멸망으로 이끌었다. 이사야서와 구약성경의 신실한 남은 자들, 그리고 초대교회의 성도들이 존귀하게 여겼던 분은, 그들로 하여금 회복과 축복의 모습을 드러내도록 하셨다. 이 진리는 오늘날의 사람들에게도 동일하다.

나무나 돌, 쇠로 만든 형상을 섬긴다는 구약성경의 사상이 21세기를 살아가는 사람들에게도 여전히 유효하다는 것을 기억할 필요가 있다. 왜냐하면 우상숭배는 이미 신약 시대에 들어서면서 문자적인 형태를 넘어서서 죽은 전통이나 돈을 신뢰하는 모습으로 나타나기 때문이다(엡 5장이나 골 3장에 나오는 바울의 말을 기억하라). 요한일서의 마지막 절은 "너희 자신을 지켜 우상에서 멀리하라"라고 말한다. 여기서 요한이 가리키는 것은 문자적인 우상일 수도 있다. 하지만 요한은 요한일서 전체의 내용을 요약하고 있을 가능성이 더 높다. 요한일서의 전체적인 내용은 거짓 교훈, 즉 그리스도가 진짜 인간이 아니라고 하거나, 예수가 진짜 하나님이 아니라는 등의 가르침을 믿지 말라는 경고다. 요한은 우리가 진리를 가짜로 바꾸는 거짓 교훈을 믿는다면 우상숭배의 죄에서 자유로울 수 없다고 말한다. 교회는 모조품에 지나지 않는 가짜 신학을 따르는 데서 돌아섬으로써 자신을 지켜야 한다.

우상숭배란 어떤 것이든지 하나님을 섬기는 일을 대신하는 것이다. 흥미롭게도 옥스포드 영어 사전(*Oxford English Dictionary*)은 "종교"를 "누군가가 헌신하고 있는 대상"으로 정의하는데, 이것은 하나님일 수도 있고 다른 것일 수도 있다.

그렇기 때문에 요한은 요한계시록에서 불신자들을 "세상에 속한 자들"이라고 부르지만, 그리스도인들은 세상에 속한 자들이라고 말하지 않는다. 그리스도인들 역시 땅에 발을 딛고 살고 있지만 말이다. 왜 그런가? 요한이 불신자들을 땅에 속한 자들이라고 부르는 까닭은 불신자들은 이 세상에서만 안락함을 누리는 자들이기 때문이다. 그러므로 이 표현이 요한계시록에 열 번 등장할 때, 일곱 번은 명백히 우상숭배자를 지칭하고 있으며, 나머지 세 번 역시 암묵적으로 우상숭배자를 가리키고 있다는 사실은 놀랍지 않다. 세상에 속한 자들은 세상의 꿈에 묶여 있기 때문에, 세상이 주는 안락의 일면만을 신뢰하며 보이는 것 너머를 보지 못한다. 하지만 히브리서 11장에 나오는 것처럼 그리스도인은 세상에서 순례자로 부름 받았다. 그러므로 그리스도인이 궁극적 정체성을 두는 곳은 하늘에 계신 하나님, 그리고 다가올 새로운 세계다.

롯의 아내는 세상에 속한 자였다.[1] 롯에게 소돔을 떠나라고 말하면서 천사는 "돌아보지 말라"(창 19:17)라고 권고했다. 하지만 하나님이 "유황과

---

1) 벧후 2:6-8이 함축하는 바는 롯은 "날마다 그[소돔의] 불법한 행실 때문에 그 의로운 영혼이 상했지만", 롯의 아내는 별로 영혼이 상하지도 않았고 오히려 이런 분위기에 익숙해졌음을 뜻한다.

불"을 내리실 때 롯의 부인은 "뒤를 돌아본 고로 소금 기둥이 되었더라"(창 19:26). 마치 소돔과 고모라가 소금으로 변한 것처럼 말이다(신 29:23; 습 2:9). 그럼 왜 롯의 아내는 멸망한 도시와 같은 모습이 되었는가? 왜냐하면 "돌아보았다"는 말은 롯의 아내가 자신의 궁극적 안락을 하나님보다는 소돔에 두었음을 의미하기 때문이다. 하나님이 소돔을 떠나서 순례자의 삶을 살라고 명령하셨음에도 불구하고 말이다. 롯의 아내는 하나님보다 소돔에서의 삶에서 더 안전함을 느꼈다. 따라서 롯의 아내가 가졌던 마음은 소돔의 사악한 마음과 동일해졌고, 롯의 아내가 받게 된 심판 또한 소돔의 심판과 동일해졌던 것이다.[2]

우상숭배와 종말론

요한계시록의 우상숭배와 롯의 아내에게 내려진 심판에 대한 앞의 논의를 연결해보면, 왜 성경이 마지막 때에 세상이 멸망해야 한다고 말하는지에 대해 질문을 던질 수 있다. 나는 이것이 부분적으로 우상숭배와 관련된다고 믿는다. 최후의 우상은 사라져야 하고, 우상숭배자인 아담과 하와와 그 자손의 죄로 더럽혀지지 않은 새 하늘과 새 땅이 나타나야 한다. 이 연구를 시작하면서 궁극적인 안락을 위해 마음이 붙잡는 대상을 우상이라고 정의했던 것을 상기하라. 따라서 사람이 궁극적인 안락을 위해 피조 세계의 일면을 붙잡는다면, 이런 피조 세계는 사라져야 한다.

그러므로 피조 세계 자체(해, 달, 별, 나무, 동물 등등)가 사라져야 할 우상이 된 것이다. 성경은 천체가 이스라엘과 열방이 섬기는 거짓 신을 나타낸다는 사실을 반복적으로 언급한다(예를 들어 신 4:19; 17:1-4; 왕하 23:4-5; 렘 8:2; 겔 8:16; 암 5:25-27; 행 7:41-43). 피조 세계에 속한 것들 중 가장 오래되고 변하지

2) 이 설명에 내가 주의를 기울일 수 있도록 해준 내 제자 Rita Cefalu에게 감사드린다.

않는 부분이 완전히 제거되어야 한다면(예를 들어 산이나 섬), 세상에서 살고 있는 사람들도 제거되어야 한다. 우상숭배자가 세상에서 안락하게 살기 위해 붙잡고 있는 것들이 완전히 제거되어야 하는 까닭은 마지막 때에 하나님의 심판대 앞에서 우상숭배자들이 영적으로 발가벗겨져야 하기 때문이다. 우상숭배자들은 하나님의 시선으로부터, 또한 다가올 그분의 진노에서 피하기 위해 자신의 헐벗은 상태를 숨기려고 하겠지만 성공하지 못할 것이다. 그들은 하나님의 심판에 직면하기보다는, 오히려 떨어지는 바위나 산에 깔려 죽으려고 할 것이다(계 6:15-17).

요한계시록 6:12-14을 보면, 세상은 다음과 같이 여섯 부분으로 나뉘어져 사라지게 된다고 설명한다. (1) 땅, (2) 해, (3) 달, (4) 별, (5) 하늘, (6) "모든 산과 섬들." 또한 15-17절에는 사람들도 여섯 부류로 나뉘어져서 여섯 가지 방식으로 심판당하는 모습이 나타난다. (1) 임금들, (2) 위대한 자들, (3) 많은 사람을 다스리는 자들, (4) 부자들, (5) 강한 자들, (6) 모든 노예와 자유인들. 이 두 가지 설명은 우상숭배자들이 자신의 궁극적 우상으로서의 세상과 의도적으로 동일해진다는 것을 상세하게 보여준다. 두 가지 목록에서 모두 일곱 가지가 아닌 여섯 가지 종류가 나타난다는 사실은 각 목록에서 여섯 번째에 속한 것이 두 가지로 나뉘어진다는 것을 보면 더욱 분명해진다. 이 말은 이 두 가지가 각 목록의 서두에 등장하는 "각각"이라는 말 때문에 컨텍스트적으로, 그리고 개념적으로 한 가지를 가리키고 있음을 뜻한다. 이런 6중 평행 구조는 피조물로서의 인간과 물질세계 모두가 완벽하지 않음을 강조하며, 따라서 심판의 필요성을 역설한다고 볼 수 있다.[3] 다른 한편으로 12-17절에 나오는 평행 구조는 피조 세계를 일곱 가지 요소로, 그리고 인류를 일곱 부류로 나누고 있는데, 그 의도는 하나님의 심판이 완성될 것이며 차별이 없을 것임을 강조한다고 볼 수

---

3) 참조. 계 13:16; William Hendriksen, *More Than Conquerors* (Grand Rapids: Baker, 1962), pp. 129-131.

있다.

또한 우상숭배자와 우상이 하나가 되는 것을 보게 되는데, 이것은 우상과 우상숭배자 모두 멸망이라는 동일한 운명을 지게 될 것이며, 이 둘의 하나 됨이 너무나 강력한 나머지 세상의 우상이 우상숭배자를 보호하는 옷이 되어 거짓을 따르는 자들의 존재와 분리되기 어려울 정도로 연합하리라는 뜻이다. 마지막 때에 우상숭배자들은 발가벗겨져서 아무런 안락을 누릴 수 없는 자로 보이게 될 것인데, 그 이유는 진정한 안락은 어린 양에게만 있기 때문이다.

한편 빌립보서 3:18-21에도 이와 유사한 마지막 때의 개념이 등장한다. 그러나 여기서는 마지막 때를 긍정적으로 묘사한다.

> 18내가 여러 번 너희에게 말하였거니와 이제도 눈물을 흘리며 말하노니 여러 사람들이 그리스도 십자가의 원수로 행하느니라
> 19저희의 마침은 멸망이요 저희의 신은 배요 그 영광은 저희의 부끄러움에 있고 땅의 일을 생각하는 자라
> 20오직 우리의 시민권은 하늘에 있는지라 거기로서 구원하는 자 곧 주 예수 그리스도를 기다리노니
> 21그가 만물을 자기에게 복종케 하실 수 있는 자의 역사로 우리의 낮은 몸을 자기 영광의 몸의 형체와 같이 변케 하시리라

여기서 바울은 그리스도의 재림 때 그분을 닮는 것에 대한 반대 개념으로서 우상에게 헌신하고 복종한다는 개념을 또 다른 방식으로 표현하고 있다. 앞서 19절을 짧게 언급한 바 있는데(이 책 249-251쪽을 보라), "저희의 신은 배요"라는 부분은 빌립보서 3:2에 언급된 유대인 거짓 선생들을 가리킨다.[4] 분명한 것은 유대인으로서의 자신의 과거를 저버릴 수 없었던

4) Peter T. O'Brien, *Commentary on Philippians*, NIGTC (Grand Rapids: Eerdmans,

유대인 출신의 그리스도인들이 있었다는 사실이다. 이들은 하나님의 진정한 자녀가 되기 위해 유대교의 전통을 지키는 것이 필요하다고 주장하기를 멈추지 않았다. 빌립보서 3:19의 "배"에 대한 언급은 음식 규례에 따라 함께 식사할 때 손과 식기구를 씻는 일이 언약 공동체의 진정한 구성원이 되는 데 필수 사항이라고 주장했던 특정 유대교의 전통을 가리키는 듯하

1991, pp. 450-458)는 "십자가의 원수들"에 대한 여러 가지 견해를 정리한다. "십자가의 원수들"은 율법무효주의자이거나 유대주의자이거나 둘 중에 하나였다. O'Brien은 후자를 선호하는데, 이것은 아마도 "저희의 신은 배요"라는 표현이 유대교의 틀 안에서는 "음식의 성결성 여부에 대한 과도한 관심" 또는 "옛 삶의 죽음, 즉 κοιλια를 받아들이지 못하고 새로운 삶과도 일체가 되지 못한 사람들"을 지칭할 가능성이 높기 때문이다. 이런 이해는 음식 규례에 대한 견해와 배치되지 않는다(Ibid., p 456). 다른 이들도 O'Brien과 일반적으로 견해를 같이한다(예를 들어 Moisés Silva, *Philippians*, BECNT [Grand Rapids: Baker, 2005], pp. 147-148, 179-182). 최근 자료로는 Karl Olav Sandnes, *Belly and Body in the Pauline Epistles*, SNTSMS 120 (Cambridge: Cambridge University Press, 2002), pp. 136-164을 보라. Sandnes는 빌 3:18-19이 우상숭배를 염두에 두고 있지만 이것이 유대교적인 우상숭배는 아니며, "소위 쾌락주의적 생활 방식을 나타내는 말로서 그리스-로마의 배에 대한 숭상에 관한 배경"(Ibid., p. 156)을 언급한다고 주장한다. 이런 주장이 그리스적 배경에서는 가장 나은 견해겠지만, 빌립보서에 이런 배경에 대한 명백한 언급을 찾을 수 없다는 측면에서 궁극적으로는 여전히 추측에 가깝다. 다른 한편으로 빌 3장은 유대교의 반대자들에 대해 분명히 언급하면서 시작된다(빌 3:2-3, 가짜 교훈과 관련되어 있음을 암시). 계속해서 바울은 빌 3:4-9에서 이 부분을 불신앙적인 유대교 배경과 연관 짓는다. 그러고 나서 바울은 "내가 여러 번 너희에게 말하였거니와 이제도 눈물을 흘리며 말하노니 여러 사람이 그리스도 십자가의 원수로 행한다"(빌 3:18)라는 것을 분명히 말한다. 바울이 외부적 원수와 내부적 원수 모두를 유대주의자들만을 가리켜 반복적으로 지칭하고 빌 3:2에서도 똑같은 언급을 했기 때문에, 빌 3:18-19도 같은 원수를 지칭할 확률이 높다(O'Brien, *Philippians*, pp. 352-357은 빌 3:2의 대적을 유대주의적 그리스도인으로 보는 반면, Gerald F. Hawthorne, *Philippians*, WBC (Waco, Tex.: Word, 1983), pp. 124-126은 거기에 반대하면서도 동일 집단이 빌립보의 그리스도인들에게 영향을 미치려고 했던 유대교 포교자들이라고 본다). 그러므로 Sandnes는 필연적으로 "바울은 독자들이 [이런 그리스-로마의] 배에 관한 헌신에 대해 잘 알고 있었다는 사실을 **전제한다**"라고 결론짓는다(Ibid., p. 154 n. 58[비일 강조]). 바울 서신에서는 쾌락주의 지향적 그리스도인들이 교회의 적으로 명확하게 나타난 적이 한 번도 없다. 게다가 빌 3:19에 나오는 호 4:7에 대한 언급이 옳다면, 유대교의 우상숭배에 대한 개념이 더 분명하게 드러난다. 여기서는 지면의 한계상 더 논의할 수는 없지만, Sandnes의 논지에 대해서는 더 많은 정리와 평가가 필요하다.

다. 이미 살펴본 대로, 마가복음 7:1-4이 이런 예가 된다. 구전 전통에 대한 이런 헌신이 너무 강했기 때문에 이 사람들은 심지어 하나님의 기록된 말씀보다도 전통을 더 귀하게 여겼다. 이들은 오래된 유대교의 전통에 헌신한 나머지 하나님의 말씀이 있어야 할 자리에 전통을 놓게 되었고, 따라서 전통을 우상으로 만들었다. 그 결과, 바울은 음식 규례에 대한 극단적인 숭상이 "배"를 "신"으로 만들었다고 말했다.[5]

이런 우상숭배자들에게서 또 하나의 놀라운 점은 그들의 "영광이 부끄러움에 있다"라는 것이다. 이 부분이 호세아 4:7에 대한 언급이 맞다면,[6] 이 문장은 앞서 살펴보았던 배와 연관된 우상숭배 개념의 연장이라고 볼 수 있다.

호세아 4:7(LXX)	빌립보서 3:19
내가 저희의 영화를 변하여 욕 [*atimian*]이 되게 하리라	[그] 영광은 저희의 부끄러움 [*aischynē*]에 있고

표 11.1. 호세아 4:7(LXX)과 빌립보서 3:19 비교

호세아서의 해당 구절은 구약성경에 나오는 이스라엘의 우상숭배를 정죄하는 가장 긴 단락 중 하나의 도입부에 속한다. 이스라엘의 "죄"와 "욕"은 분명히 우상숭배를 포함한다. 바로 뒤에 나오는 호세아 4:10-19은 우상숭배를 자세하게 묘사하고 있다. (사실 호 4:7에 나오는 이스라엘의 죄와 욕이 가리키는 바가 이어지는 부분에서도 여전히 초점이 되고 있을 가능성이 높다.) 호세아

5) 바울이 거짓 교사들에 대한 언급인 롬 16:18의 "자기의 배만 섬기는 자들"은 롬 14:2-3, 6에 비추어볼 때 유대주의자들을 지칭할 가능성도 높다. 이것은 로마 교회 안에서 일어났던 유대교의 음식 규례가 가지는 중요성에 대한 논쟁을 잘 보여준다.

6) Silva가 *Philippians*, pp. 181-182에서 주장하는 대로, the Nestle-Aland, 27th ed. of *the Novum Testamentum Graece*도 호 4:7이 빌 3:19에서 언급되었다고 인용한다.

4:7은 하나님을 반영해야 할 이스라엘이 우상을 숭배하게 되면서 우상의 부끄러운 본질을 닮아가기 시작했으며, 이런 이스라엘 때문에 하나님은 그를 수치로 바꾸셨다고 언급하는 것 같다. 나는 이미 제3장에서 이 호세아서 텍스트에 대해 논의한 바 있다. 해당 구절은 4:16-17을 포함해서 이스라엘의 송아지 숭배가 이스라엘을 송아지 우상처럼 영적으로 죽게 만들었다고 말한다. 그 결과 예언자 호세아는 "이스라엘은 완강한 암소처럼 완강하니…에브라임이 우상과 연합하였으니 버려두라"라고 말했다. 호세아 4:7이 시편 106:20과 관련된다는 것은 이미 살펴보았다. 이 시편 구절은 이스라엘의 죄가 금송아지를 경배하는 것이었다고 말한다.

바울은 호세아 4:7을 차용해서 이후의 호세아서 컨텍스트에 비추어 해당 구절을 발전시킨다. 호세아 4:7은 이스라엘의 "다스리는 자들이 치욕[*atimian*, LXX]을 간절히 사랑한다"라고 말하는데, 이것은 이스라엘이 "[우상숭배를 일삼는] 창녀 짓을 한다는 것(호 4:18)과 "[우상에게 바쳐진] 제물로 인하여 수치를 당하리라"는 것을 뜻한다(호 4:19; "수치를 당하다"는 명사 *aischynē*의 동사형이며, 바울은 빌 3:19에서 이 단어를 사용한다). 그러므로 유대주의자들의 "영광"에 대한 바울의 언급은 그들이 우상숭배적 행위에 영광을 돌리거나, 자신들의 우상숭배 대상의 가짜 영광을 반영함을 뜻한다(이 두 개념은 서로 유사함). 이것은 바울의 관점에서 실제로 수치다. 우상의 수치스러운 본질을 반영한다는 후자의 생각은 호세아 4:7의 원컨텍스트(제3장의 논의를 보라)와 바울이 로마서 1:23-24, 26에서 호세아 4:7을 사용하면서(제8장의 논의를 보라) 유사한 사상이 나타난다는 사실을 염두에 두면 알 수 있다.

이 모든 내용은 바울이 빌립보서 3:19에서 우상숭배 개념을 실제로 염두에 두고 있었음을 확증한다. 빌립보서 3:19의 마지막 절의 "땅의 일을 생각하는 자라"는 이 사실을 더 선명하게 보여준다. "땅의 일"(*epigeia*)을 뜻하는 말은 문자적으로도 "세상의 것들"을 의미한다. 이것은 요한계시록에서 반복적으로 나타나는 "땅에 사는 자들"(*tōn katoikountōn epi tēs gēs*)과 거의 동일어이며, 요한계시록의 다음 구절과 같은 사상을 표현한다. 곧

"땅의 것들에 마음을 둔 자들"은 이 세상에서 가장 마음이 편안하며, 이 세상의 것들을 꿈꾼다. 이들은 세상이 주는 안전의 일면만을 신뢰하며, 눈에 보이는 사물 너머의 것을 볼 수 없다. 그래서 이들은 세상을 지으신 창조주를 경배하는 대신 "땅에 속한 것"들을 우상으로 삼는다.[7] 따라서 이것은 땅이 가진 수치스러운 우상숭배적 본질, 특히 하나님의 말씀이 신뢰의 핵심이라는 사실을 대체해버린 음식 규례라는 공허한 전통의 우상을 잘 드러낸다. 또한 타락한 세상을 포함한 모든 우상의 마지막이 다 그렇듯이, 우상숭배자도 "그 마침은 멸망"이다(빌 3:19).

빌립보서 3:20-21은 타락한 세상을 신뢰하다가 이런 세상처럼 되어버린 자들에 대한 대조적 비교다.

> [20]오직 우리의 시민권은 하늘에 있는지라 거기로서 구원하는 자 곧 주 예수 그리스도를 기다리노니 [21]그가 만물을 자기에게 복종케 하실 수 있는 자의 역사로 우리의 낮은 몸을 자기 영광의 몸의 형체와 같이 변하게 하시리라

빌립보서 3:18-19과 20-21절은 대조를 이룬다. 형식적인 면에서 20절의 "왜냐하면"(*gar*)은 20-21절이 18-19절의 특정 근거를 제공해준다는 사실을 보여준다(*gar*의 이 의미는 한글 성경에는 잘 나타나지 않음-역자 주). 하지만 어떻게 그러한가? "십자가의 원수들"이 보여주는 세상에 대한 지향성은 그들의 궁극적 "멸망"과 긴밀히 연관된다고 보아야 한다. 왜냐하면 영원히 지속될 유일한 실재는 하늘의 실재이기 때문이다. 바울은 이것을 "하늘의 시민권"이라고 부른다.[8] 이런 "시민권"을 가진 사람들은 옛 세상의 영

---

7) 바울이 *epigeia*를 사용하는 것은 롬 8:5의 "육체"와 내구를 이룰 가능성도 있다: "육신을 좇는 자는 육신의 일을 생각하나니"(롬 8:6-7도 그렇다). 좀 더 일반적으로 O'Brien, *Philippians*, p. 456은 *epigeia*의 빌 3:19 용법이 바울이 "그리스도께 나아가지 못하고 세상에 묶인 인류"를 가리킬 때 자주 썼던 *sarx*라는 단어와 유사하다고 말한다.

8) 다른 식으로 말하기는 했지만 O'Brien, *Philippians*, p. 459에 나는 동의한다.

역과 거기에 속한 우상숭배자들이 당할 멸망을 피할 것이다. 왜냐하면 그리스도가 "[그들의] 낮은 몸을 바꾸실 것"이기 때문이다. 이 낮은 몸은 우상숭배자의 몸과 동일한 몸이지만, 모든 것의 끝이 올 때(그리스도가 "만물을 자기에게 복종시키실 때") "자기 영광의 몸의 형체와 같이" 될 것이다. 따라서 18-19절의 세상에 헌신한 자들은 새롭게 펼쳐지는 영원한 질서와는 관계가 없기 때문에, 옛 지구의 질서가 사라져갈 때 근본적으로 거기에 속한 자들로서 함께 사라질 것이다.

하지만 빌립보서 3:18-19과 20-21절은 심판에 속하여 사라지게 될 세상의 백성과, 영원한 부활을 경험하게 될 그리스도의 백성 사이의 단순한 대조만은 아닌 듯하다.[9] 그리스도가 그리스도인들의 "몸을 자신의 영광의 몸의 형체로 변하게 하신다"라는 것은 그리스도인들이 그리스도를 경배하기 때문에 그분을 드러내게 된다는 것을 보여준다(예를 들어 "그리스도 예수로 자랑하고" "수치로" 하지 않으며 "육체를 신뢰하지 아니하는"[빌 3:3]). 그리스도를 닮아가는 것은 이미 이 세상에서부터 시작되며, 이는 빌립보서 3:10에서 명확하게 드러난다(이 구절은 빌 3:2까지 거슬러 올라가는 바울의 유대인으로서의 정체성과 그 불신앙과 대조를 이룬다). "내가 그리스도와 그 부활의 권능과 그 고난에 참예함을 알려하여 그의 죽으심을 본받아." 실제로 "어찌하든지 죽은 자들 가운데서 부활에 이르기 위해서" 하나님의 백성은 현재의 삶에서 그리스도와 그의 고난을 드러내야 한다. 여기에 대해 21절은 모든 것이 끝나는 날 이런 삶이 완성되리라고 말한다. 어떤 주석가들은 사람들로 하여금 현재의 삶에서 그리스도를 닮도록 하기 위해 "그리스도의 부활의 권능"이 이미 드러났다는 사실이 흥미롭고도 모순적이라는 점에 주목했다. (아마도 이것은 10절의 순서에서 암시되는 것 같다. "그 부활의 권능"은 "그의 죽으심을 본받는 것"

---

9) 이 장은 유대인 거짓 교사들이 "할례"(2절, 바울은 "거짓 할례"[문자적으로 "the mutilators"]라고 부름)를 과하게 강조하는 것을 "진정한 할례", 즉 하나님의 영으로 예배드리고 메시야 예수로 자랑하며 육체를 신뢰하지 않는 것"(3절)과 대조시킨다.

에 앞서서 나타난다.) 옛 것에 속한 일시적 세상에 헌신해서 믿음이 없는 자들은 세상과 완전히 연합된 나머지, 마지막 때에 모든 것이 멸망할 때 사라지게 될 것이다.

빌립보서 3:18-21은 모든 인간이 형상화 하는 존재로 만들어졌으며, 사람이 하나님과 그리스도께 헌신되어 그분의 형상을 반영하지 않는다면, 자신이 헌신한 우상의 세계에 속한 다른 형상을 반영하게 되리라는 개념에 대해 성경이 전형적으로 보여주는 또 다른 예다. 빌립보서 3장은 특히 19-21절을 통해 그리스도를 경배하는 자들과 우상숭배자들이 겪게 될 최후의 종말론적 운명에 초점을 맞춘다. 우상숭배자는 옛 세상의 일부가 되어 그 근본을 거기에 두고 마지막 때에 멸망할 것이며, 그리스도를 경배하는 자는 그분의 부활의 몸을 따라 영광스럽고 영원한 부활을 경험할 것이다.

이 단락의 마지막 부분에서는 세상이 겪게 될 미래의 심판과, 세상이 하나님의 부활한 백성과 함께 새롭게 바뀌리라는 사실 사이의 긴장에 대해 정리할 필요가 있을 것 같다. 현재의 세상과 새 하늘과 새 땅 사이에는 연속성과 불연속성이 동시에 존재한다. 여기서의 목표는 이 문제를 푸는 모든 방식을 논의하는 것이 아니다. 내 시도는 여기서 논의한 증거들에 비추어 이런 긴장을 어떻게 볼 수 있는지 설명하는 것이다. 한편으로 지금의 세상이 사라지게 되는 원인의 일부(벧후 3:10-13; 계 21:1을 예로 참조하라)는 세상이 죄와 우상숭배 때문에 "타락했다"는 것이다. 다른 한편으로 옛 세상과 새로운 세상 사이에는 연속성이 존재한다. 왜냐하면 새로운 세상은 옛 세상이 갱신되거나 혹은 새롭게 변한 것이기 때문이다(새로 오게 될 세상은 "무로부터의 유의 창조"[*creation ex nihilo*]가 아니다, 계 21:1을 보라).

이런 불연속성과 연속성을 이해하는 가장 정확한 방법은 인간의 부활의 본질에 대해 생각해보는 것이다. 구원받은 인류는 그리스도 자신의 부활을 본받아(고전 15:20-23) 죽은 자들 가운데서 살아날 것인데, 이것은 몸이 썩어지는 상태에서 회복되는 것이지, 전적인 무(無)의 상태에서의 회복은 아니다. 그리스도가 자신의 새로운 몸을 입으셨어도 돌아가시기 전과 동일한 사람으로 나타나셨듯이 하나님의 백성도 그러할 것이다. 하지만 그리스도와 그분의 부활한 백성은 예전과 같은 몸이 아닌 새로운 몸을 가지게 된다. 이런 두 가지 상태의 차이는 다음과 같다. 즉 이전의 몸은 "썩어질" 몸이며(롬 8:21; 고전 15:42, 50), 새로운 몸은 썩지 않는 몸이다(고전 15:42, 50). 옛 육체와 부활한 새 육체 사이의 이런 연속성과 불연속성은 피조 세계의 연속성과 불연속성을 보는 열쇠가 된다. 왜냐하면 인류는 피조 세계의 절정이며, 이런 절정에서 추측할 수 있는 것은 나머지 피조 세계에서도 가능할 것이기 때문이다.

로마서 8장은 이런 점을 잘 보여주는 전형적인 구절로서, 옛 세상과 새로운 세상, 신자의 옛 육체와 새로운 육체 사이의 긴장을 다루고 있다.

> 18생각건대 현재의 고난은 장차 우리에게 나타날 영광과 족히 비교할 수 없도다 19피조물의 고대하는 바는 하나님의 아들들이 나타나는 것이니 20피조물이 허무한 데 굴복하는 것은 자기 뜻이 아니요 오직 굴복케 하시는 이로 말미암음이라 21그 바라는 것은 피조물도 썩어짐의 종노릇 한 데서 해방되어 하나님의 자녀들의 영광의 자유에 이르는 것이라 22피조물이 다 이제까지 함께 탄식하며 함께 고통하는 것을 우리가 아나니 23이뿐 아니라 또한 우리 곧 성령의 처음 익은 열매를 받은 우리까지도 속으로 탄식하여 양자 될 것 곧 우리 몸의 구속을 기다리느니라(롬 8:18-23)

21절은 핵심적인데, 왜냐하면 이 절은 피조물이 어떤 식으로든지 신자들의 부활의 몸에 참예하여 "썩어짐의 종노릇한 데서" 해방되리라고 분명히 말하기 때문이다(특히 22-23절을 통해서 볼 때). 로마서 8:20이 "허무한 데 굴복하는" "피조물"을 언급하면서, 이런 굴복이 피조물을 "썩어지게" 만들었다고 말한다는 사실은 주목할 만하다. 왜냐하면 "허무한 것"이라는 단어가 사용된 유일한 다른 텍스트는 로마서 1:21("그 생각이 허망하여지며[*emataiō*-

thēsan]", 비록 여기서는 명사 "허망함"의 동사형이지만)뿐이기 때문이다. 앞에서 우리는 로마서 1:21이 컨텍스트적으로, 또한 열왕기상 17:15과 예레미야 2:5에 비추어볼 때("그들[이스라엘]은 허무한 것을 좇아 허망하게"[두 구약 구절에서 모두 "허망함"이라는 단어의 동사형과 명사형이 나타남]) 우상의 허망함을 이야기한다는 점을 살펴본 바 있다. 로마서 8:20에 나오는 "허망함"이 1장의 우상숭배에 관한 언급을 포함한다는 것은 억측으로 보기 어렵다. 그러므로 우상숭배는 세상이 "썩어지게 되어" 결국 사라져야 하는 원인의 일부로 보아야 하며, 세상은 비록 완전히 사라지지는 않는다고 하더라도, 실제적인 회복을 통해 피조 세계의 최고를 차지하는 하나님의 구원받은 백성과 함께 이런 썩어짐에서 자유로워져야 한다.[10]

우상숭배와 현대인의 삶

개인적 삶에 나타나는 우상숭배

여기서 잠간 구약성경, 특별히 두로의 왕이 창세기 3장에 나오는 아담의 자기 숭배를 모방하여(제4장의 논의를 참조하라) 자기 자신을 신격화했던 부분으로 되돌아가서 논의를 시작하려 한다. 앞의 논의에서 나는 에스겔 28장이 두로 왕의 죄와 심판을 아담의 죄와 심판이라는 관점에서 묘사하고 있다고 결론지었다. 그렇게 함으로써 두로 왕의 죄는 아담이 지은 원초적 죄의 재현으로 나타나게 된다. 결과적으로 창세기 3장에 대한 에스겔 28장의 이해에 따르면, 죄는 자아를 중심으로 실존의 모든 것을 재정리하는

10) Jonathan Moo, "Romans 8:19-22 and Isaiah's Cosmic Covenant," *NTS* 54 (2008), 80-81을 참조하라. 여기서는 롬 1:21과 8:20에 나오는 우상숭배 사이에 연결성이 있다고 보며, 이런 우상숭배가 피조물이 허무한 데 굴복하게 만들었다고 본다. 또한 옛 세상과 새로운 세상 사이의 불연속성과 연속성에 관한 논의와, 이런 불연속성과 연속성이 어떻게 계 21:1에서 드러나는지를 보려면 Beale, *Revelation*, pp. 1039-1043도 참조하라.

것이다. 그 결과 인간의 자아는 그 자체로 우상숭배 하는 창조자이자 치유자, 유지자가 된다.

프리드리히 니체(Friedrich Nietzsche)는 "주체적 도덕"(master-morality)에 대해 설명하면서, 아담과 두로 왕을 위시해서 모든 자기중심적인 사람들(현대인을 포함해서)에 대해 설명하는 듯하다.

> 고결한 유형의 사람은 자신이 가치를 결정한다고 느끼며, 자신은 누구의 인정도 필요하지 않으며, "나에게 해로운 것은 그 자체로 해롭다"라는 판단을 스스로 한다고 느낀다. 이런 사람은 존재하는 것들을 영광스럽게 하는 존재가 바로 자신이라는 것을 처음부터 알고 있다. 바로 자신이 가치를 창조하는 것이다. 이런 사람은 자신 안에서 볼 수 있는 모든 것을 높게 평가한다. 이런 종류의 도덕은 스스로를 높인다.[11]

사실 이것은 스스로를 우상으로 만들어버리는 우상숭배자들에 대한 묘사에 불과하다. 데이비드 웰즈(David Wells)는 현대 교회가 하나님이 아니라 "자신"을 섬기는 노예가 되었다고 말하면서, 얼마나 많은 복음주의 설교자들이 실제적으로 현대의 회중이 느끼는 필요에 부응하기 위해 성경을 심리학적으로 설교하는지에 대해 말한다. 그 한 가지 결과는 이런 설교자들 사이에서 죄가 아무런 도덕적 연결점이 없는 개인적 결함이나 실수 정도로 여겨진다는 점이다. 웰즈는 이런 모습이 "기독교 신앙에 대한 변질"에 다름 아니라고 말하면서, 이런 설교가 "자신의 내면세계에 매몰되어 '안정'을 원하는 현대인들에게 매우 매력적이다"라고 말한다.[12] 너무나

---

11) Friedrich Nietzsche, *Beyond Good and Evil: Prelude to a Philosophy of the Future*, ed. Rolf-Peter Horstmann and Judith Norman (Cambridge: Cambridge University Press, 2002), p. 154. Nietzsche에 관한 언급에 대해 David Wells에게 감사한다. *Above All Earhtly Pow'rs* (Grand Rapids: Eerdmans, 2005), p. 133.

12) David Wells, *Losing Our Virtue* (Grand Rapids: Eerdmans, 1998), p. 203.

많은 교회가 오늘날 시장 중심으로 움직이며, 우상숭배적인 자아실현을 위한 소비자들의 욕구라는 필요를 채워주려고 한다.[13] 웰즈는 이런 자기숭배 신드롬에 대해 상세히 설명한다.

> 그들이 마음에 가장 중요하게 생각하는 것은 삶의 도덕적 구조가 아니라, 어떻게 하면 실직이나 대학 등록금 상승 같은 큰 문제뿐만 아니라, 자신의 제멋대로인 성격과 자기 의심, 인생의 단계, 결혼 관계의 압박 등에 잘 대처할 수 있느냐 하는 것이다. 현대인들에게 강렬한 실재로 다가오는 것, 현대인들의 심리적 에너지를 앗아가는 것은 바로 이런 것들이다. 이것들이 중요하지 않다는 말은 아니지만, 이는 성경이 관심을 가지는 급박한 도덕적인 문제가 아니다. 성경이 중요하다고 보는 것은 진리와 올바름, 죄와 은혜, 하나님의 진노와 그리스도의 죽음이다. 하지만 오늘날의 사람들에게 중요한 것은 그저 자신에게 내적 평정을 제공해주는 무엇이다.

오늘날 대다수의 교회는, 특히 복음주의적이라고 불리는 교회들은 자아를 숭배하는 일의 노예가 되어버렸다. 이것은 우리가 "죄"라는 단어를 들을 때 보통 머릿속에 떠올리는 잘못한 일들을 나열하는 것 이상으로 훨씬 더 심각한 타락이다. 우리는 하찮은 죄들이 주는 마음의 불편함에서는 멀리 떨어지려고 하면서, 다른 한편으로 "자아"라는 낙타는 삼켜버리고 있다. 이런 모습은 구약성경에 나오는 많은 이방 종교와 관계하는 것만큼이나 광범위하고도 영적으로 치명적인 우상숭배다. 자아에 대한 이런 헌신이 이방의 신에 대한 제의적 헌신과는 다르게 보인다는 착각이 교회의 눈을 가리고 교회를 불신앙으로 이끌고 있다. 하지만 마지막에 나타날 결과는 그 이상으로 참혹하다. 왜냐하면 자아의 요구는 이방 종교의 우상숭배 이상으로 강력하기 때문이다. 자아는 어떤 경제적인 신이나 여신 이상으로 강력한 체계이며 중심이다. 현대 교회는 이스라엘 백성이 암흑기에 우상숭배를 했던 것만큼이나 열심히 이 신과 간음

---

13) 예를 들어 Ibid., p. 202 n. 33을 보라.

하고 있다. 이것은 우리를 우리 자신에 대해서만 생각하게 하며, 우리 자신을 높이 평가하게 만드는 교만과 믿음을 뒤바꾸어 세례를 주는 행위다.[14)]

너무도 자주 우리는 지금의 삶이 우리의 삶이라고 믿는다. 또한 우리의 직업과 가정 등을 위해 우리 재능을 발견한다고 여긴다. 이런 모습은 하나님을 위해서 일하는 것에 관심이 많은 그리스도인 공동체에서도 자주 보인다. 유진 피터슨(Eugene Peterson)은 이런 사고방식의 흐름을 다음과 같이 잘 그려내고 있다.

> 가나안의 바알 문화가 미국의 교회 문화에서 얼마나 정확하게 재생산되고 있는지 알고 있는가? 바알의 종교는 당신을 기분 좋게 만든다. 바알 숭배는 내가 어떤 유익을 얻을 수 있는지에 완전히 골몰한다. 말할 필요도 없이 바알 종교는 성공적이다. 바알 제사장들은 야웨 하나님을 따르는 자들과 비교해서 20대 1의 비율로 자신을 추종하는 군중을 많이 모을 수 있었다. 거기에는 섹스와 흥분, 음악, 환락, 춤이 있었다. "여보게들, 미인들이 여기 있다네. 조각상도 있고, 여자도 있고, 축제도 있다네." 이것들은 모두 대단했다. 그렇다면 히브리인들에게는 예배에 대한 보답으로 무엇을 주어야 했는가? 말씀이다. 말씀이 어쨌단 말인가? 글쎄, 그래도 히브리인들에게도 최소한 절기가 있지 않았는가!…
>
> 우리가 소유하고 있는 말, 구원이라는 말은 엄청난 것이다. 우리는 부활이 전혀 없던 삶에서 구원받는다. 우리 자신에게서도 구원받는다. 이런 것이 바로 영적인 삶이라고 말할 수 있는데, 이 삶은 당신 자신에게 지치고 진절머리가 난 나머지, 이제는 가서 더 나은 것 즉 예수를 따르는 일을 행하는 것이다.
>
> 하지만 혜택의 측면에서 신앙을 광고하기 시작한다면, 그렇게 하자마자 곧바로 자아의 문제를 악화시키게 된다. "그리스도와 함께라면 당신은 더 나

14) Ibid, pp. 203-204. 비록 이런 주제들에 대한 논의는 책 전체를 살펴보아야 하지만 말이다.

아지고 강해지며, 더 많은 사람이 당신을 좋아할 것이며, 더 큰 기쁨을 맛볼 것입니다." 하지만 이것은 자아를 더 크게 만들 뿐이다. 대신에 우리는 사람들이 스스로에게 진절머리가 나서 예수를 바라볼 수 있도록 해주고 싶다.

우리 모두는 다음과 같은 유형에 속하는 영적인 사람을 만난 적이 있다. 이 사람은 훌륭하며 하나님을 사랑한다. 기도하고 항상 성경을 읽는다. 하지만 이 사람이 생각하는 것은 오직 자기 자신뿐이다. 그는 이기적인 사람은 아니다. 하지만 이 사람이 하는 일의 중심에는 언제나 자기가 있다. "어떻게 하면 더 나은 증인이 될까? 어떻게 하면 이 일을 더 잘할 수 있을까? 어떻게 하면 아무개의 문제를 더 잘 보살필 수 있을까?" 이 사람이 말하는 영적인 것들이 우리의 경계심을 풀어버리기 때문에 알아차리기는 어렵지만, 이 사람은 모두 나, 나에 관해서만 이야기한다.[15]

흥미로운 지점은 피터슨이 데이비드 웰즈의 복음주의 문화에 대한 평가와 유사하게 우상숭배를 극단적인 자아에 대한 관심과 동일한 것으로 여기며, 이것을 교회 문화 내에 존재하는 문제라고 본다는 사실이다. 극단적인 자기 숭배는 단순히 비기독교 문화의 악한 특성이 아니다.[16] 마찬가지로, 구약 시대의 우상숭배 문제는 이교도에게만 해당되지 않고 이스라엘에도 퍼져 있던 문제였다. 아담은 궁극적 자아이자 이기적 인격이며, 이미 살펴본 대로 두로 왕의 삶에서 그 예를 볼 수 있듯이, 타락한 전 인류의 원형적 역할을 했다.

이런 자아라는 이단의 또 다른 면은 서구 문화에서 "자아상"이나 "자존감" 같은 용어로 표현된다.[17] 자존감은 "자기 자신만을 신뢰하고 만족해하

15) Eugene Peterson, "Spirituality for All the Wrong Reasons," *Christianity Today*, March 2005, p. 45.

16) 이 적용을 강조해준 대학원 지도 학생인 Mitch Kim에게 감사드린다.

17) John Piper, *Desiring God* (Portland, Ore: Multnomah, 1986 [『하나님을 기뻐하라』, 생명의 말씀사 역간]), pp. 251-257을 보라.

는 것"으로 정의할 수 있다.[18] 때로 이 용어는 심리학이나 상담에서 사용되는데, 그럴 경우 사람들이 가진 문제의 원인을 궁극적으로 좋지 않은 자아상에서 찾으려 하기도 하며, 교육적인 측면에서는 학생의 낮은 성적이 낮은 자존감에서 비롯된 결과로 여기기도 한다. 만약 사람이 자신에 대해 좋게 느낄 경우, 행동의 동기가 바뀌게 되고 이제까지 익숙해 있던 좋지 않은 습관을 따라 행동하는 것을 멈추게 되리라고 믿는 것이다. 극단적으로 낮은 자아상이 개인의 삶에서 문제를 일으킬 수 있는 것은 사실이지만, 자존감과 자아상이 무엇인지에 대한 오해 또한 심각한 문제를 야기할 수 있다. 정말 많은 경우에, 좋은 자아상은 자기애로 정의되며 그것은 "우리는 [그리스도 안에 있는] 하나님의 은혜와는 별개로, 있는 그대로의 우리 자신을 사랑해야 한다. 이런 종류의 사랑은 교만과 거의 비슷하다"라는 의미다. 사실 이것은 교만의 시초다.[19] 폴 브라운백(Paul Brownback)은 자기애가 자기를 숭상하는 것과 연결될 수 있다고 말했다. "자기애의 가장 큰 문제점은 자아를 숭상한다는 데 있다. 자기애는 자아를 우상으로 삼는 우상숭배이며, 심령이 가난한 데서 오는 합법적인 축복의 정반대다. 자기애는 하나님을 향해 교만해지도록 하며 이기적이 되도록 만든다."[20]

하지만 우리가 해야 하는 질문은 어떻게 자아 숭배가 특정 우상을 섬기는 것과 연관되는가 하는 것이다. 우리가 우리 자신을 숭상할 때 우리 자신처럼 된다는 말은 이상하게 들린다. 하지만 좀 더 깊이 생각해보면, 이것은 결국 그렇게 이상한 말이 아니다. 서구 문화에 속한 사람들에게 초자연적인 하나님, 성경이 선포하는 하나님을 부인하는 일은 드물지 않다.

---

18) *Merriam Webster's Ninth Collegiate Dictionary* (Springfield, Mass.: Merriam-Webster, 1991), p. 1066.

19) Anthony A. Hoekema, *Created in God's Image* (Grand Rapids: Eerdmans, 1986 [『개혁주의 인간론』, 부흥과개혁사 역간]), p. 103.

20) Paul Brownback, *The Danger of Self-Love* (Chicago: Moody Press, 1982), p. 130, quoted in Hoekema, *Created in God's Image*, p. 103.

따라서 때때로 이런 사람들은 실제로 자기가 스스로의 신이라고 대담하게 말한다.[21] 두로 왕에 대한 고소의 일부가 "네 마음이 교만하였도다"(겔 28:2, 5)였고, "네가 나는 하나님이라고 말하고 네 마음이 하나님의 마음 같은 체하였으니"(겔 28:6)였음을 상기해보라. 적어도 이것은 왕이 확실히 교만했다는 뜻이다. 하지만 그 이상이다. 여기서는 교만의 본질이 나타난다. 왕에 대한 저주는 왕이 인간이 할 수 있는 것 이상으로 악한 방식으로 자신을 "원래보다 더 위대하게" 만들었던 것을 포함한다. 왕은 자기를 높이려고 했다. 왕은 재산과 부를 늘려서 자신을 기쁘게 하고 만족함으로써 자기를 부풀렸다. 그 결과 왕이 비추는 거짓된 위대함의 형상은 뜨거운 공기로 가득 차서 하나님의 심판의 손 아래 언젠가는 터지는 것을 면치 못할 약한 풍선이 되고 말았다(겔 28:7-10). 하나님의 영광의 영역을 확장하는 데 참여하는 대신에 왕은 억지로 자신의 명예를 키웠다. 역설적이게도, 자신을 위대하게 만들려는 지배자의 노력은 그 죄를 더 키우도록 이끌었다(겔 28:18).

아담의 재현이자 모든 교만한 인간의 대표자 격이 된 두로 왕에 대한 고소는, 인간이 모든 것의 중심에 자신을 놓을 때 억지로 자신을 부풀려 자신보다 더 큰 형상을 반영한다는 개념을 함축한다. 두로 왕이 그랬던 것처럼, 그저 자신만을 기쁘게 하기 위해 재산을 늘릴 때, 사람들은 자기를 드러낼 뿐이며 자신과 밀접하게 연결된 물질을 통해 자기를 키우기만 한다.

우리가 우리 자신의 에고를 키우는 데 마음을 쏟으면, 이런 우리 에고는 점점 커지게 된다. 우리는 점점 더 이기적 자아가 되어 이런 자기를 점

---

21) 우상숭배로서의 자기 숭배(특히 자기 성취나 자기 실현의 형태)에 관해서는 Paul C. Vitz, *Psychology as Religion* (Grand Rapids: Eerdmans, 1977, [『신이 된 심리학』, 새물결플러스 역간]), pp. 123-130을 보라. 예를 들어 Vitz는 영화배우 Shirley MacLaine의 다음과 같은 말을 인용한다. "각 영혼은 자기만의 신을 가지고 있다. 당신은 당신의 자아 외에 다른 어떤 것도 경배해서는 안 된다. 왜냐하면 당신이 신이기 때문이다. 자신을 사랑하는 것이 신을 사랑하는 것이다"(Ibid., p. 125).

점 더 중요하게 만듦으로써 우리 자신을 숭상한다. 하지만 이것은 억지 부풀림이며, 어떤 의미나 만족도 가져오지 못하고 사그라들고 만다. 우리는 우리가 숭상하는 것을 닮아간다. 또한 우리가 자기 자신을 숭상한다면 우리는 우리의 자아상을 이기적으로 부풀리려고 할 것이며, 만약 그 과정을 멈추지 않는다면 결국 멸망할 것이다.

결과적으로 우리가 우리 자신을 위대하게 만들려고 하면, 실제로 우리는 스스로의 에고를 더 크고 위대한 것으로 반영하게 될 뿐이다. 이런 관점은 이 책에서 살펴본 우상숭배의 개념과 잘 맞아떨어진다. 즉 사람은 자신이 헌신한 세상의 대상을 닮아가며, 이것이 그를 망하게 한다는 것이다. 우리 자신이라는 우상을 반영하려고 하는 마음과 우리 자신을 본래보다 더 위대하게 보이고 싶은 마음은 심판을 통해 우리를 작아지게 만든다. 하지만 참 하나님의 영광을 확장하려는 마음과 그분의 영광을 반영함으로써 그것을 인정하고, 다시 그 영광을 그분께 돌려드리려는 마음은 하나님의 위대하심과 영광에 참여하도록 해준다. 그 결과 하나님은 모든 피조 세계의 중심에 거하시는 유일하고 위대하며 훌륭한 분으로 드러난다.

하지만 우리를 진정 행복하게 해줄 수 있는 종류의 선한 자기애도 존재한다. 바로 하나님이 우리가 되기를 원하시는 그것을 원함으로써 우리 자신을 사랑하는 것이다.[22] 더 정확히 말해 하나님을 사랑하고 그분을 사랑하는 과정에서 우리는, 하나님이 우리가 되기를 원하시는 것이 된다. 역설적이게도, 하나님을 사랑하는 것이 곧 최고의 자기애의 표현이다. 왜냐

---

22) "네 이웃을 네 몸과 같이 사랑하라"(눅 10:27)는 자신을 사랑하라는 명령을 담고 있지 않다. 하지만 이 명령에는 모든 사람이 자신을 사랑하는 것(즉 자기들의 존재를 위해서 최고를 원하는 것)이 다른 이들을 사랑하는 데 전제가 된다는 가정이 깔려 있다. 즉 우리는 우리 자신을 위해 최고의 것을 바라는 만큼 다른 이들을 위해서도 최고를 원해야 한다. 이 구절은 "남이 나에게 했으면 하고 원하는 대로 남에게 하라"라는 황금률을 다르게 표현한 것이다. 이런 생각들이 자존감이나 자아상이라는 현대적 관념을 뒷받침해 준다(Piper, *Desiring God*, pp. 251-257을 보라).

하면 하나님을 사랑할 때 우리는 진정으로 행복하기 때문이다.[23] 이런 사랑은 먼저 하나님을 사랑하고 그분의 형상을 점점 더 닮아가고 싶어하며, 그분을 더 위대하게 보이도록 하고 자신을 점점 더 감춘다. 이런 측면에서 자아상이라는 말의 의미가, 스스로의 능력이나 선한 행위에 대해 좋은 마음을 느끼는 일이 다른 실재와 별개로 일어난다는 뜻이라고 보기 어렵다. 엄격히 말해 자아상은 "한 사람이 자기 스스로 혹은 자신의 역할에 대해 가진 개념"이라고 정의할 수 있다.[24] 좋은 자아상은 성경대로 정의하자면 사람이 자신을 죄인으로 인정하는 동시에, 그리스도 안에서 은혜로 구원받고 새로운 피조물이 되었음을 아는 것이다. 물론 이것은 그 사람 스스로의 성취와는 별개로 일어난다. 이렇게 되면 그는 이후에 그리스도 안에 있는 하나님의 형상을 닮아가기 시작하고, 그분의 영광을 자신의 삶의 모든 측면에서 드러내려고 하게 된다. 죄가 사람의 삶에 침투해 들어온 것은 사실이지만, 하나님의 은혜는 죄악보다 더 깊고 강력하게 침투해 들어와서, 그가 악한 세상에 굴복하는 대신 그분의 형상을 닮아가도록 해주신다. 이런 과정은 역사의 마지막에 가서야 완성될 것이다.[25]

하나님 대신 세상을 반영하는 이런 자아 숭배의 방법 외에도, 그리스도인이 그리스도가 아닌 세상에 굴복하는 또 다른 미묘한 방식이 있다. 이런 방식은 언론이라는 우상을 통해 일어난다. 한 그리스도인 사회학자는 다음과 같이 말한 바 있다.

> 성경의 인물들과는 달리, 많은 그리스도인은 하나님이 세상과 각 개인의 삶에 간섭하신다는 것을 아주 희미하게 느낀다. 그리스도인 대부분은 자신들이 매일의 삶에서 주노권을 행사하시는 절대 주권자이신 하나님에 대한 의식을 개

23) 마지막 두 문장을 쓰는 데 내 연구 조교 Mitch Kim의 도움을 받았다.

24) *Webster's Ninth Collegiate Dictionary*, p. 102.

25) 자아상과 자존감에 대한 이런 논의에 관해서는 Hoekema, *Created in God's Image*, pp. 102-111의 도움을 받았다.

발하는 것이 어렵다고 느낀다. 주님을 의식하지 못하는 이런 어려움은 부분적으로 언론 매체가 보여주는 세상에 대한 관점에 우리가 완전히 빠져버렸기 때문이다. 이런 세상에는 하나님을 의식함이 없고, 삶의 모든 상황 속에서 당신의 뜻을 따라 일하시는 그분의 능력 또한 찾아보기 어렵다.[26]

많은 그리스도인이 텔레비전을 본다. 수많은 그리스도인이 편히 앉아 쉬고 싶고 또 마음을 크게 쓰고 싶지 않을 때 텔레비전을 시청한다. 물론 이것은 휴식의 한 방법이 될 수 있다. 하지만 텔레비전 시청은 언론 매체의 세계관에 무방비적으로 노출되는 통로가 될 수도 있다. 일종의 정신적인 삼투현상을 통해 우리는 이런 세계관을 교묘하게 무의식적으로 받아들인다. 일반적으로 텔레비전에 나오는 세계관은 어떤 것인가? 텔레비전의 세계관은 하나님이 매일의 일상 속에서, 일상에서 일어나는 작은 일들 안에 일하시는 것에 대한 의식이나 민감함이 거의 결여된 세계관이다.

텔레비전 속의 인물이 "자, 성경에서 하나님이 이것에 대해 뭐라고 하시는지 볼까? 여기에 대해 기도하자"라고 말하는 것을 들은 적이 있는가? 혹은 텔레비전에 나오는 누군가가 "성경이 이 문제에 대해 뭐라고 하는지 목사님 말씀을 들어보자"라고 하는 것을 들은 적이 있는가? 아니면 저녁 뉴스를 볼 때 앵커가 그날의 뉴스를 소개하면서 "오늘 일어난 일들을 제대로 이해하기 위해 하나님께 지혜를 구합시다"라는 말하는 것을 들어본 적은 언제인가? 일반적인 뉴스 방송에서 이런 말을 듣는 경우는 거의 없다. 만약 그런 말을 들었다면 여러분은 아마도 펄쩍 뛰면서 이렇게 외칠 것이다. "이리로 와봐! 이걸 좀 들어봐. 믿기 어려운데!" 우리에게 이런 말이 들리지 않는 것은 일반 언론 매체가 기독교 세계관을 가지고 있지 않기 때문이다.

---

26) *Christianity Today*, 1983(나는 이 부분을 25년 전에 발견했다. 하지만 *CT* 1983년판에서는 찾지 못했다.).

주류 언론에 하나님이 부재하시기 때문에, 언론의 세계관에 무비판적으로 노출될 때 우리는 이런 세계관이 점점 더 우리로 하여금 일상에서 주님의 일들을 생각하지 못하도록 만든다는 사실을 경계해야 한다. 이런 세계관에 따르면 하나님은 세상의 특정한 사건이나 개인의 일상에서 적극적으로 일하지 않으신다. 또한 우리가 이런 세계관을 무비판적으로 받아들이게 되면 하나님과의 관계나 우리의 일상에 나타나는 그분의 전능하신 사역을 일반적인 것이 아니라고 느끼거나 혹은 부자연스럽게 느끼게 된다. 신자나 불신자를 막론하고 누군가에게 주님의 일하심에 대해 이야기하는 것을 어색하게 느낄 수도 있다. 감히 말할 수 있는 것은, 많은 그리스도인이 자신이 인정하는 것보다 훨씬 더 많이 언론의 영향을 받아왔다는 것이다. 언론의 세계관은 우리가 별 어려움 없이 반영하는 미묘한 우상이 되어버렸다. 그리고 이런 관점, 즉 하나님이 인간의 일상에서 적극적으로 일하지 않으신다는 관점은 우리를 파괴할 수 있다. 우리는 우리가 존귀하게 여기는 것을 닮아간다. 그 결과가 멸망이든 회복이든 말이다.

이런 세속적 언론의 관점이 미묘하게, 때로는 무의식적으로 우리에게 영향을 끼친다고 하더라도(즉 우리는 텔레비전 수상기나 라디오, 컴퓨터 앞에서 절을 하지는 않는다), 만약 우리가 분명하고 의식적으로 이런 세계관의 본질을 분석하지 않는다면, 곧 그 세계관은 마치 우리가 이 세계관을 닮아가는 것에 헌신하고 있는 것 같은 영향을 우리에게 끼칠 것이다. 그리스도는 중립지대가 없다고 말씀하셨다. 그래서 우리는 그분을 드러내거나, 아니면 피조 세계의 일면을 드러내거나 한다("나와 함께 아니하는 자는 나를 반대하는 자요 나와 함께 모으지 아니하는 자는 헤치는 자니라"[마 12:30; 참조. 막 9:40; 눅 9:50; 11:23]). 이런 측면에서 바울은 고린도후서 10:3-5에서 교회에 침투한, 하나님을 떠난 세상의 생각들과 의식적으로 싸워야 한다고 말한다.

> [3]우리가 육체에 있어 행하나 육체대로 싸우지 아니하노니 [4]우리의 싸우는 병기는 육체에 속한 것이 아니요 오직 하나님 앞에서 견고한 진을 파하는 강력

이라 [5]모든 이론을 파하며 하나님 아는 것을 대적하여 높아진 것을 다 파하고 모든 생각을 사로잡아 그리스도에게 복종케 하니

세속성은 어떤 문화든지 죄를 일반적인 것으로, 의로움을 이상한 것으로 보이게 만든다.[27] 우리가 세속성이라는 시대정신(Zeitgeist)에 젖어들게 되면, 그리스도인처럼 생각하고 성경의 명령에 따라 행동하는 것이 이상하게 느껴지게 된다. 즉 세상을 따라 세상의 생각을 하고 하나님을 따라 그분의 생각을 하지 않으면, 우리는 하나님이 우리에게 하기 원하시는 것을 할 마음을 가지기보다는, 오히려 세상의 방식에 맞게 행동하는 것을 편하게 느낀다. 그렇기 때문에 교회 가는 것을 그만둔 그리스도인들은 세상 속에서 점점 더 편안함을 느끼는 반면 교회에서는 점점 더 불편함을 느끼게 된다. 이런 이유 때문에 교회에 규칙적으로 출석하는 것이 중요하다. 교회에서 우리는 하나님의 말씀을 듣고 그분을 찬양하고 기도하며, 성찬식에 참여하고 교제를 나눔으로써 예배를 드린다. 이 모든 것은 성도들의 용기를 북돋워주고, 그들로 하여금 하나님이 보시기에 자신이 정상이며 세상이 비정상이라는 확신을 가지게 해준다. 성도들은 성경적인 시각을 갖고 하나님의 백성이 그리스도와 그분의 행동을 드러내고 세상의 것을 드러내지 않는 것이 정상이라고 선포하면서 서로를 격려해야 한다.

교회 생활에서 이루어지는 우상숭배

이와 유사하게, 복음주의 전통에 있는 어떤 교회들은 구도자들에게 친근감을 주고 불신자들에게 편안한 느낌을 주는 데 온 신경을 뺏긴 나머지, 예배의 형태가 바울이 고린도전서 14:20-25에서 묘사하는 것처럼 불신자들이 죄성을 깊이 깨닫게 되는 곳이 아니라, 일반적으로 볼 수 있는 문화적인 유희인 것처럼 바꾸어버렸다. 교회가 하나님께 드리는 예배의 형태

27) David Wells, *God in the Wasteland* (Grand Rapids: Eerdmans, 1995), p. 59.

보다 세상에 헌신하는 정도만큼 교회는 우상숭배적이 된다.[28]

다른 한편에는 세속화에서는 자유롭지만, 그 자체만으로는 특별히 비성경적이거나 악하지 않은 전통이 우상이 되어버린 교회들도 있다. 이런 경우는 교회의 회중들이 전통을 붙잡느냐 그렇지 않느냐, 또는 이런 전통이 하나님의 명확한 말씀보다 우위를 차지하느냐에 따라서 교회가 갈릴 때 드러난다. 복음서에서 살펴본 대로, 전통은 하나님의 말씀보다 더 권위를 가진 것으로 인식될 때 우상이 될 수 있다. 이런 우상은 교묘할 수 있는데, 그 이유는 교회가 성경의 진리를 반박하지 않으면서도 실제적으로 교회의 삶과 실천에서 그 진리를 무시하기 때문이다. 이런 측면에서 데이비드 웰즈는 「리더십」(*Leadership*)이라는 잡지를 살펴본 후, 20세기 후반 복음주의 기독교 문화에서 발견되는 다음과 같은 두 가지 우상숭배적 전통을 주시한다.

> 「리더십」은 「크리스채너티 투데이」가 1980년에 목회자를 대상으로 창간한 매우 성공적인 간행물이다. 이 잡지의 설문조사가 보여주는 목회자의 관심사와 문제 대처법은 어떤 것인가? 1980년에서 1988년 사이에 이 잡지에 실린 기사의 80퍼센트는 목회자가 맞닥뜨리는 개인적 위기와 혼란과 도전에 대해 다루었고, 13퍼센트는 교회를 운영하는 방식에 대해 다루었다. 「리더십」이 복음주의권에서 나온 간행물이라는 점을 생각할 때 매우 충격적인 지점은, 1퍼센트에도 못 미치는 기사만이 성경을 명시적으로 인용했으며, 신학적인 사상에 대해 언급한 기사는 그보다 훨씬 더 적었다는 것이다.…기사들은 목회자의 삶에 닥치는 실제적인 위기에 대처하는 데 심리학과 경영 관리에 전적으로 의존하면서도, 성경과 신학이 이런 문제들에 어떻게 답하는지에 대해서는 매우 냉담

28) 개인의 삶뿐 아니라 기독교와 교회 문화에 나타나는 우상숭배의 다양한 예에 관해서는 *No God but God*, ed. Os Guinness and John Seel (Chicago: Moody Press, 1992)을 보라. 서구 사회와 문화와 종교에 나타나는 우상숭배의 사례를 보려면 Herbert Schlossberg, *Idols of Destruction* (Nashville: Nelson, 1983)을 보라.

한 태도를 보인다. 심지어 다루는 주제들이 유혹이나 성(性), 교회 내의 징계, 교회의 구조, 설교(즉 성경이 많은 이야기를 할 수 있는 주제)인 경우에도 「리더십」에 실린 글의 기고자들은 목회적 사명에 대한 도움을 다른 곳에서 찾는 것이 더 낫다고 여긴다! 이 잡지에서 신앙고백이 자리할 곳은 사라져버렸고, 여기에 대한 반성은 얼굴을 들이내밀지도 못한다. 그러므로 신학에게 남겨진 자리는 지혜에 대한 탐구뿐이며, 이제 이것은 목회적 사명의 전문화를 통해 이루어진다. 이제 지혜에의 갈망은 모든 것을 이루시는 분의 걸음에 맞춰 행진하면서 복음 사역을 감당하는 목회자처럼 보이려고 하기보다는, 능숙한 변호사나 심리학자 혹은 경영진처럼 보이려는 것으로 변모되었다.

로버트 벨라(Robert Bellah)는 이런 두 가지 형태, 즉 심리학자나 경영자가 되려 하는 현상이 20세기 문화가 가진 근본적인 관심을 잘 보여준다는 데 주목한다. 양쪽 모두 이 세상에 초점을 맞추며 자율적 개인을 중심으로 하고 있다. 또한 양쪽 모두 실용적 관심사에 따라 움직이며, 구시대적인 도덕적 질서에 대해서 적대적이다. 사실 심리학자나 경영자는 많은 면에서 동일한 특징을 가진다. 왜냐하면 양쪽 모두 얼마나 통제 가능한지를 통해 인생을 정의하기 때문이다. 한쪽은 내면세계와 관련해서 그렇고 다른 쪽은 외부 세계와 관련해서 그렇다. 우리는 이것을 높이 평가한다. 「리더십」은 이런 성향을 반영해서 삶을 통제하는 것을 목회적 사명으로 잘 포장하려 한다.[29)]

따라서 교회가 자신의 문제를 성경에 의지하기보다는 경영 관리나 심리학에 호소함으로써 해결하려고 할 때, 일반 계시의 영역이 주된 관심사가 되고 하나님의 특별 계시인 성경은 주변부로 밀려난 채 오히려 일반 계시의 관점을 통해 이해된다. 이것은 성경이 말하는 바와 정반대다. 이는 전통을 하나님의 말씀이 있어야 할 자리에 잘못 놓는 것과 마찬가지다. 전통이 성경을 잘 드러내고 보충하는 데 합법적인 도움을 줄 수 있다고 하

---

29) David Wells, *No Place for Truth* (Grand Rapids: Eerdmans, 1994), pp. 113-114.

더라도 말이다. 예수가 당대의 유대인 지도자들을 비난하신 것도 이런 이유에서였다. "하나님의 계명은 버리고 사람의 유전을 지키느니라", "너희의 전한 유전으로 하나님의 말씀을 폐하며"(막 7:8, 13). 이런 전통이 그 자체로 나쁜 것은 아니라는 사실을 기억하라(예를 들어 마 23:1-26을 보라). 하지만 전통이 하나님의 말씀을 대체하여 신학과 실천의 주된 초점이 될 때 이것은 우상숭배적이 되고 만다. 복음서에서 하나님의 말씀 대신 전통에 헌신했던 자들은 자기가 헌신하던 전통과 같이 영적으로 죽은 자가 되었다. 비록 전통 자체는 바뀌었지만, 이런 모습은 오늘날에도 다르지 않다.

두로 왕이 지었던 죄(자신을 억지로 위대하게 보이려고 했던)의 또 다른 양상은 하나님의 지혜 대신 인간의 지혜로 인생의 어려운 문제들을 해결하려는 모습이다. 이런 모습은 우리 자신의 지혜를 높임으로써 우리 자신의 형상을 위대하게 드러내는 또 다른 방식이 될 수 있다. 이런 지혜가 하나님과 별개로 움직이려고 하지 않거나 그분의 말씀이 보여주는 지혜보다 우선하지 않을 경우에는 성경에 반한다고 보기 어렵다. 하지만 하나님의 말씀보다 인간의 지혜에 집중할 때, 이런 지혜는 바리새인들과 비슷한 우상숭배적인 지혜가 된다(제6장을 보라).

우상숭배와 종교사회학

나는 종교사회학 전문가는 아니다. 하지만 환원주의로 흐를 위험성을 감수하고서라도, 이 책의 주제와 관련된 종교사회학의 한 분야를 정리하려는 시도는 유익하다고 본다. 종교사회학자들은 고대나 원시 사회 구성원들의 종교적 예식 대부분을 "모방"이나 "파급효과"적인 요소를 통해 이해하는 것이 가능하다는 사실을 감지했다. 이런 종류의 종교적 참여는 보통 "토테미즘"(Totemism)으로 알려져 있다. 토테미즘은 신화와 관련되는데, 자연의 대상(보통 동물이나 식물)을 성스러운 것으로 여기거나, 이런 대상이 공동체나 종족을 대표한다고 생각하는 종교적 믿음이다. 토테미즘의 정확한 정의에 대해서는 여전히 논쟁이 분분하다. 특별히 한 부족 혹은 한 개인과 토템(totem) 사이의 정확한 관계에 대해서는 더욱 그렇다. 이런 관계를 설명하려는 여러 가지 이론이 존재한다.[30]

사람들이 이런 자연물들을 진짜로 숭배하면서 영적인 인도를 위해 사용하는지, 혹은 이런 것들이 단순히 특정 부족이나 족속을 도와주고 지켜주기만 하는 것인지에 대해서는 일반적인 동의가 이루어지지 않고 있다. 자주 장승(totem pole, 예를 들어 미국 인디언들의 것)은 토테미즘과 같은 것으로 간주된다. 하지만 토템을 표현하는 다른 방식도 존재한다. 종교적 개인이나 공동체나 부족들은 어떤 대상을 "성스럽고" "구별된" 것으로 취급하며, 이런 성스러운 대상을 모방하거나 사람들이 스스로 신성하게 여기는 대상과 하나가 되게 해주는 의식을 거행한다. 이런 두 가지 종류의 의식은 서로 배치되지 않는다. 따라서 어떤 의식을 거행하더라도 그 의식을 거행하는 사람과 성스러운 대상 사이에는 신비한 연합이 일어나게 된다.[31] 예를 들어 토템 동물의 다양한 부위(피부, 뿔 등)를 몸에 걸치거나, 토템을 모방하기 위해 가면을 쓰거나 얼굴에 그림을 그리거나 문신을 새기기만 해도 토템 동물과의 연합이나 그에 수반하는 능력이 발생한다. 같은 이유에서 토템이 카누나 무기, 오두막 등에 그려지거나 새겨지기도 한다.[32] 토템은 성스러운 것으로 간주되는 것 같다. 따라서 토템에 사용되는 모든 대상물도 정도에 따라서 종교적인 경배를 받게 될 가능성이 높다.

토템 부족의 각 구성원은 그 부족을 대표하는 동물이나 식물의 성스러운 특징을 얻게 된다. 에밀 뒤르켕(Emile Durkheim)은 다음과 같이 분석한

---

30) Ronald M. Berndt, "Totemism," in *New Catholic Encyclopedia*, 2nd ed. Bernard L. Marthaler (Washington D. C.: Catholic University of America Press, 2003), 14:120-121.

31) Ibid.

32) Ibid.

다. "이런 개인적 성스러움이 가능한 것은, 사람이 일반적인 의미에서 자신을 사람으로 믿는 동시에 토템의 동물이나 식물로도 믿기 때문이다."[33] 따라서 특정 부족에 속한 사람들은 자신과 닮았다고 믿는 토템의 이름을 가지게 되며, 이런 이름을 가지는 것은 그 본성과 연합함을 의미한다. 그리하여 그는 성스러운 동물이나 식물의 본성에 참여하게 된다.[34] 뒤르켐은 토테미즘을 아래와 같이 적절하게 요약하는데, 이런 요약은 성경의 종교나 고대 우상 종교를 포함해서 모든 종교의 핵심을 잘 보여준다.

> 이런 [토템] 의식에 모이는 사람들은 진짜로 자신이 스스로에게 이름 붙인 동물이나 식물이라고 믿는다. 자신 안에 동물이나 식물의 본성이 있음을 느끼게 되며, 그의 관점에서 이런 본성은 자신을 이루는 가장 근본적이면서도 탁월한 요소인 것이다. 따라서 이들이 모일 때 가장 먼저 하는 것은 자신이 스스로에게 있다고 믿는 특성을 서로 보여주는 것이다. 이미 살펴보았듯이, 이런 이유 때문에 이들은 이 특성을 자신의 몸에 그린다. 또한 제스처나 소리, 태도에서 이런 특성을 흉내 내는 일도 자연스럽게 이루어진다. 자신이 에뮤(오스트레일리아산 큰 새)나 캥거루라고 믿기 때문에 이런 동물처럼 행동한다.…좀 더 고등한 종교의 신자들이 그들의 신을 닮으려고 하듯이, 호주 원주민들은 자신의 토템을 닮으려고 한다. 어느 쪽이든지 간에, 이것은 성스러운 대상과 교감하는 수단, 즉 대상이 상징하는 집단적 이상과의 교감이다. 이것은 ὁμοίωσις τῷ θεῷ(하나님에 대한 모방)의 초기 형태다.[35]

그러므로 "동류를 만들어내는 원리"는 토테미즘에서 중요한 부분이

33) Emile Durkheim, *The Elementary Forms of the Religious Life* (New York: Free Press, 1915), pp. 156-157.

34) Ibid., pp. 157-159.

35) Ibid., pp. 400-401.

다.[36] 동류를 만든다는 이런 사회학적·종교적 원리는, 이미 앞에서 살폈듯이 성경의 원리이기도 하다. 우리는 하나님께 우리 자신을 바치고 그분의 이름을 얻고 그분의 성품을 닮아가거나, 그렇지 않으면 피조 세계의 일부분에 우리를 헌신하고 그 피조물처럼 된다. 사람들이 하나님 외의 다른 것을 경배할 때, 성경은 이것을 우상숭배라고 부른다. 우상숭배자는 우상을 따라서 영적인 죽음과 공허, 악한 힘의 사악한 본성을 가지게 된다. 그리스도인이 아닌 종교사회학자라면 이것이 모든 종교의 본질이며, 한 종교가 다른 종교보다 더 진실할 것이 없다고 말할 것이다. 하지만 내가 보기에 이런 사회학자들은 궁극적으로 왜 모든 종교가, 특별히 토템 종교들이 이런 동류를 만들어내는 원리를 보여주는지에 대해 만족할 만한 설명을 제시하기 어려울 것이다. 이 책의 논지는 성경의 하나님만이 참 된 하나님이며, 그분이 인간을 무엇인가를 반영하는 존재로 창조하셨다는 것이다. 만약 인간이 하나님을 반영하지 않으면, 피조 세계의 다른 무엇을 반영하게 될 것이다. 뒤르켕이 암시하듯, 실제로 토템 종교에 적용되는 것은 고대와 현대를 막론하고 모든 종교에 적용된다.[37] 이런 종교들은 성경의 증언에 따르면 우상숭배이지만, 비그리스도인 사회학자들은 물론 이런 결론에 동의하지 않을 것이다. 그럼에도 사회학자의 다수는 하나님이 피조 세계에 세우신 이 원리를 감지하고 발견할 수 있었다.

---

36) Ibid., p. 401.

37) 현대 사회의 개인숭배 관습에 초점을 맞추거나 성(聖)이 예전의 세속과 뒤섞여 나타나는 것에 초점을 맞춘 Durkheim의 다른 저작들은, 동류가 비슷한 것을 만들어낸다는 원리를 성에 대한 다른 현대적 이해에도 적용하려고 했음을 암시한다. 현대 사회의 성(聖)과 속(俗)에 대한 Durkheim의 견해에 대해서는 Donald A. Nielson, "Transformation of Society and the Sacred in Durkheim's Religious Sociology," *The Blackwell Companion to the Sociology of Religion*, ed. Richard K. Fenn (Oxford: Blackwell, 2001), pp. 120-132을 보라.

마지막 성찰

우리는 무엇에 헌신하고 있는가? 우리는 무엇에 복종하는가? 우리는 세상의 무엇을 닮아가는가, 아니면 그분의 말씀에서 알 수 있듯이 하나님을 닮아가는가? 요한계시록 2-3장의 이방인 교회들에게 보낸 일곱 편지를 보면, 일곱 교회 중 다섯 교회가 어떤 식으로든 간에 그리스도인으로서의 정체성을 잃어버릴 위험에 처해 있었다. 왜 그랬나? 우상숭배 때문이다. 각 편지가 어떻게 끝을 맺는지를 생각해보라. "귀 있는 자는 들을지어다." 이 교회들은 우상숭배를 일삼았기 때문에 하나님의 백성으로서, 또 그분이 각 지역에 두신 교회로서의 정체성을 잃어버릴 위기에 처했다. 이들은 우상숭배라는 마취약의 영향 아래 놓여 있었다. 그러므로 이들은 하나님의 살아 계신 말씀을 듣고 거기에 귀를 기울이면서 충격을 받아야 우상숭배에서 빠져 나올 수 있었다. 이 편지들은 그리스도가 마지막 때에 오시기 전까지 살아가는 모든 하나님의 백성을 향해 말하고 있다. 오늘날의 교회는 우상숭배에 마취되어 있는가? 그 증상 중 하나는 하나님의 말씀에 대한 민감성이 덜해지는 것이고, 어떻게 살아야 할지와 관련하여 세상의 관점에 더 의존하는 것이다.

우리는 무엇을 닮아가는가? 세상의 일부를 닮고 있는가? 고린도후서 10:5은 "모든 생각을 사로잡아 그리스도께 복종케 하라"라고 촉구한다. 그리스도의 통치에 복종시키지 않는 생각은 무엇이든지 우상숭배다. 예를 들어 결혼에 관한 우리의 사고방식 중에는 그리스도의 통치에 역행하는 것들도 있다. 우리는 자신이 누구에게 매력을 느끼는지를 중요하게 생각하지, 그 대상이 얼마나 주님께 헌신하는가를 분별하려고 하지 않는다. 대신 우리는 그 사람의 외적 아름다움이나 성격에만 초점을 맞춘다. 열왕기상 11:1-3에서 솔로몬 왕은 어떤 일을 겪는가? 솔로몬 왕은 우상숭배를 일삼는 이방 국가의 여인들과 결혼하는데, 하나님은 이스라엘 백성에게 이런 결혼을 하지 말라고 명령하셨다. 솔로몬 왕은 이 여인들이 섬기는 수상을 위해 제단을 지어줄 뿐 아니라 그들과 함께 우상에게 경배하기까지 한다. 왕비들에 대한 헌신은 왕이 단순히 여인들과 관계하는 것을 넘어서, 우상들과도 관계하게 만들었다. 그 결과 솔로몬 왕은 왕비들의 불경한 성품을 닮게 되었을 뿐 아니라 우상숭배에 헌신하는 것까지도 닮게 되었다. 솔로몬 왕의 위대한 지혜가 왕비들에게 별로 영향을 끼치지 못한 것은 분명하다. 오히려 왕비들의 불경함과 우상숭배가 솔로몬 왕에게 영향을 끼쳤다. 왕이 왕비들에게 헌신한 까닭에 하나님께 대한 우선순위를 놓쳤고, 결혼 관계에 대한 왕의 헌신은 우상숭배가 되어버렸다. 마찬가지로 우리도 우리가 헌신한 대상을 닮아갈 수 있다. 인간적인 아름다움에 대한 불경건한 강조는 우리의 영적인 눈을 보지 못하게 만들고, 우리의 영적인 귀를 듣지 못하게 만든다.

종종 청소년들끼리의 관계뿐 아니라 성인 간의 관계로 맺어진 사회적 동료 집단 안에서도 마찬가지다. 어떤 집단에 받아들여지기 위해 우리는 자주 하나님이 기뻐하시지 않는 방식으로 그 집단을 모방하려는 압박감을 느낀다. 그렇게 할 때 우리는 하나님을 기쁘시게 하는 것보다 그 집단의 마음에 드는 데 더 신경을 쓰게 된다. 이렇게 동료 집단이 우상이 되는 것이다. 점차적으로 우리는 하나님 대신에 우리가 속한 사회적 집단에서 우리의 정체성을 찾게 된다. 바로 이것이 시편 기자가 시편 119:133-134에서 말하고 있는 내용이다.

> [133]나의 행보를 주의 말씀에 굳게 세우시고 아무 죄악이 나를 주장치 못하게 하소서
> [134]사람의 압박[즉 세상의 압박]에서 나를 구속하소서 그리하시면 내가 주의 법도를 지키리이다

이런 점은 로마서 12:2에도 나온다. "이 세대를 본받지 말고[너희를 둘

러싼 세상이 너희를 자기 모양에 끼워 맞추지 못하게 하라][38] 오직 마음을 새롭게 함으로 변화를 받아 하나님의 선하시고 기뻐하시고 온전하신 뜻이 무엇인지 분별하도록 하라." 우리가 세상과 그 사고방식에 너무 빠지게 되면, 세상은 우리를 자기의 형상과 모습을 따라 빚어버린다. 그러면 우리는 세상과 그것의 사고방식을 더욱 드러내게 된다.

예전에 나는 무신론적 실존주의자였던 철학 교수에게서 배운 적이 있다. 이 교수는 자신의 신념을 체현하는 데 있어 일부 그리스도인보다 훨씬 더 일관적이었다. 그는 열정적으로 자신의 믿음을 지켰다. 모든 인생에 의미란 없다고 믿었으며 불합리성이라는 우상에 헌신했다. 그는 이렇게 말했다. "왜 내가 대학 당국의 권위에 따라야 하는가? 권위를 세우게 해주는 신은 존재하지 않아. 대학 당국의 권위도 여기에 포함되지." 그래서 이 교수는 아주 가끔씩만 강의를 했다. 또 이렇게도 말하곤 했다. "우리 함께 술집에 갑시다 아니면 우리 집에 갑시다. 그리고 그 후엔 3주 정도 못 볼 겁니다. 이렇게 하면 어떤 일이 벌어질지 한 번 봅시다." 마침내 학교 당국은 이 교수를 면직시켰다. 그리고 몇 년이 지나서 그에 대한 기사를 읽게 되었다. "대학 교수 자살 실험을 하다." 인생은 아무 의미가 없기 때문에, 그는 어쩌면 자살이라는 행위에서 비합리적이고 신비스러운 의미를 찾을 수 있으리라고 생각했던 모양이다. 그래서 손목을 그었고, 죽어가면서 그 경험을 이렇게 썼다. "이 기록은 나의 제자들을 위한 것입니다. 내가 자살을 통해 어떤 의미도 찾지 못했을 경우에, 어쩌면 제자들이 내가 죽어가면서 적은 것을 보면서, 나는 찾을 수 있으리라고 믿지 않는 어떤 불합리하고 신비스러운 의미를 찾을 수도 있을 것 같아서 말입니다." 그는 불합리성이라는 우상에 빠진 나머지 불합리한 존재가 되었고, 이런 불합리성을 통해 파멸에 이르렀다.

이 원리는 다음과 같다. 우리는 우리가 존귀하게 여기는 대상을 닮는

38) J. B. Phillips의 번역이다.

다. 그것이 멸망으로 이끌든지 회복으로 이끌든지 말이다.

창조주가 아닌 피조 세계의 일면에 헌신하는 것은 우상숭배다. 피조 세계에 존재하는 무엇인가를 경배할 때, 우리는 그것을 닮게 되어 나무 조각이나 바위나 돌처럼 영적인 생명력을 잃게 되고 하나님께 무감각해지게 된다. 우리가 하나님의 영이 계시지 않는 무엇인가에 자신을 헌신하면, 우리에게는 그만큼 하나님의 영이 거하시지 않게 된다. 우리는 마치 고대 이스라엘처럼 될 것이다.

우상을 나타내는 히브리어는 이런 면에서 의미심장하다. 왜냐하면 이 단어는 우상이 가진 본질적 허무함을 가리키기 때문이다. 우상을 가리키는 단어 중에는 명사 길루림(*gillûlim*)이 있는데, 이 단어는 "구르다"라는 뜻을 가진 히브리어 어근에서 유래했다. 이것의 명사형은 "배설물 잔재들" 혹은 "형체가 없고 활력도 없는 물체들"을 모두 뜻할 수 있다.[39] "'활력이 없든지' '배설물 같든지' 간에, 이 단어는 할 수 있는 한 최고의 경멸을 표현하며 중의적이다. 왜냐하면 한 가지 의미는 필연적으로 또 다른 의미를 암시하기 때문이다."[40] 레위기 26:30("내가 너희의 산당을 헐며…너희의 길루림의 남은 것에 너의 남은 것들을 쌓으리라")과 에스겔 16:36("너의 가증스러운 길루림")은 이런 측면을 잘 이끌어내고 있다.[41] 우상숭배자들은 이런 우상을 매우 귀히 여겼지만 그 우상의 진짜 가치는 똥이나 마찬가지였다. 성경에는 우상을 나타내는 다른 단어들도 사용되고 있다. 성경은 이스라엘이 헛되고 공허한 우상을 섬기다가 자신도 헛되고 공허해졌다고 말한다.

---

39) Francis Brown, S. Driver, and Charles Briggs, *The Hebrew and English Lexicon of the Old Testament* (Oxford: Clarendon, 1978), pp. 164-165; Ludwig Koehler and Walter Baumgartner, *The Hebrew and Aramaic Lexicon of the Old Testament*, 2nd ed. (Leiden: Brill, 1994), pp. 183-184, and the 3rd ed, pp. 192-194을 보라.

40) Christopher R. North, "The Essence of Idolatry," in *Von Ugarit nach Qumran*, ed. Otto Eissfeldt (Berlin: A. Töpelmann, 1958), p. 155.

41) Ibid., p. 155.

여호와의 율례와 여호와께서 그 열조로 더불어 세우신 언약과 경계하신 말씀을 버리고 허무한 것을 좇아 허망하며 또 여호와께서 명하사 본받지 말라 하신 사면 이방 사람을 본받아(왕하 17:15)

열왕기하 17:15에서 우상을 가리키는 단어는 "헛됨, 공허함"(*hebel*)이다. 요점은 우리가 이 세상에 속한 헛된 우상에게 우리 자신을 헌신하면 우리의 삶도 헛되고 공허해진다는 것이다. 왜냐하면 "우상은 세상에 아무 것도 아니기" 때문이다(고전 8:4). 구약성경에 나오는 우상을 가리키는 또 다른 단어는 "헛되고 공허한 것"(*'ĕlîl*)이라고 번역되는데, 이것은 앞에 나온 단어(*hebel*)와 거의 동의어다. 사람들은 안전을 위해 "[공허한] 우상에게 의지할 수 있으나"(사 19:3), 이런 우상들은 "사라지고" 쓰레기 속으로 "없어질" 것이다. 왜냐하면 우상들은 무가치할 뿐 아니라, 거짓 안전 외에는 어떤 것도 보장해줄 수 없기 때문이다(사 2:18-20).[42] 우리는 바라는 것을 이루고자 피조 세계에 속한 우상에게 헌신할지도 모르지만, 우상은 아무것도 채워주지 못할 것이다. 왜냐하면 이런 우상은 진정으로 공허하며, 사단의 영적 실체 말고는 다른 영적 실체를 가지고 있지 않기 때문이다(사 41:29을 보라).[43]

우상을 가리키는 또 다른 단어로는 "혐오스러운 것" 혹은 "몸서리치게 만드는 것"(*mipleṣet*)이 있다(왕상 15:13; 대하 15:16을 보라.). 이런 우상을 경배하는 것은 혐오와 낙담만을 가져올 뿐, 고대하던 평화로운 축복은 전혀 없다. 하지만 우리가 세상의 우상을 닮기 시작해서 영적인 해를 입게 될 때,

42) "가치 없는 것"(*'ĕlîl*)이라는 단어를 우상에 사용한 경우는 레 19:4; 26:1; 대상 16:26; 시 96:5; 97:7; 사 2:8; 10:10-11; 19:1; 31:7; 렘 30:13; 합 2:18 등이 있다.

43) 우상의 배후에 있는 악한 실체에 관해 다수의 성경 텍스트와 초기 유대교 텍스트가 주목하는 것을 이미 살펴보았다. 레 17:7; 신 32:17; 시 96:5[95:5]; 106:37; LXX의 변이형들 중 사 65:11; 고전 10:20; 희년서 1:11; 11:4-6; 에녹1서 19:1; 99:7

처음에는 이런 해악을 잘 느끼지 못한다. 종종 너무 늦어버렸을 때까지도 잘 감지하지 못한다. 일시적으로 상처가 마비되어버리는 것이다. "눈이 있어도 우리에게 가해진 영적인 피해를 보지 못하고, 귀가 있어도 멸망의 불이 점점 거세게 타오르는 소리가 들리지 않는다."

몇 년 전에 나는 치아를 검사하고 깨끗이 하기 위해 구강 위생사와 약속을 잡은 적이 있다. 꽤 오랫동안 검사를 받지 않았기 때문이다. 치과시술용 의자에 앉아 검사 중간에 2분 정도를 쉬면서, 나는 바로 맞은편에 있던 사진 몇 장을 흘깃 쳐다보았다. 그 사진들은 잇몸병의 진행 단계를 건강한 잇몸부터 썩은 것처럼 보이는 단계까지 생생하게 보여주고 있었다. 위생사가 다시 돌아와서 검사를 계속하려고 할 때 나는 내 잇몸이 사진들 중에서 어디 정도에 있는 건지 물어보았다. 위생사는 내 잇몸이 썩은 잇몸에 가까워지고 있다고 대답했다. 나는 말했다. "하지만 제 잇몸은 괜찮은데요. 아프지도 않은데 어떻게 병에 걸렸다고 하는 거죠?" 위생사가 대답했다. "그래서 잇몸병이 참 교묘해요. 아주 늦어버리기 전에는 아프지가 않거든요." 잇몸병의 진행 단계를 보여주는 사진들에 위생사의 설명이 곁들여지자 나는 현재의 내 상태에 충격을 받았다. 그때 이후로 나는 하루에 두 번 이를 닦게 되었고 치실을 매일 썼다. 그렇게 해서 나는 병이 심해지는 것을 막을 수 있었고, 지금까지도 건강한 잇몸을 유지하고 있다. 때때로 우상숭배라는 죄도 잇몸병과 비슷하다. 아주 심각한 피해를 입기 전까지는 우리가 당한 영적인 피해에 대해 잘 느끼지 못할지도 모른다. 눈이 있지만 우리 안에 나타나는 파멸을 볼 수 없는 것이다. 우리에게는 이미 살펴본 요한계시록과 같이, 우리의 악한 현실에 충격을 받게 하고 하나님과의 건강한 관계로 돌아오게 만드는 그분의 말씀이라는 비유적 그림이 필요하다.

성경은 이스라엘이 우상을 섬기다가 우상처럼 영적으로 무감각하게 되었다고 말한다. 이스라엘인들은 눈이 있어도 자기가 당하는 해악을 보지 못했고, 귀가 있어도 자기에게 나타나는 멸망을 듣지 못했다. 그래서 이스라엘은 회개할 수도 치유될 수도 없었다. 그렇게 해서 우상숭배라는 죄악으로 계속해서 빠져 들어갔고, 자기 상처에 무감각해져 결국 멸망에 이르렀다. 우리는 우리가 존귀하게 여기는 것을 닮는다. 그것이 멸망으로 이끌든 회복으로 이끌든 간에 말이다.

주님을 신뢰하고 그분께 헌신한다면, 로마서 12:2이 말하는 대로 세상에 굴복하지 않고 오히려 예수 그리스도로 변화되고 그분께 헌신한다면, 우리는 그리스도 안에 계신 새로워진 하나님의 형상을 닮아가기 시작할 것이다. 우리는 모두 무엇인가를 모방하며, 중립은 존재하지 않는다. 우리는 영적인 중립을 유지할 수 있다는 착각에서 깨어나야 한다. 세상의 우상에 복종하거나 하나님께 복종하거나 둘 중에 하나다. 어떤 이들은 그리스도인으로서의 삶에서 영적인 중립성을 유지하는 것이 가능하다고 생각한다. 어떤 그리스도인은 오랜 기간 동안 성경도 읽지 않고, 기도도 하지 않고, 교회에 출석해서 다른 성도들과 교제하지 않고도 괜찮다고 생각한다. 하나님의 백성이 이렇게 생각하고 실제로 그렇게 행동하게 되면, 하나님 대신 세상에 교묘하게 굴복당할 것이다.

우리가 우상숭배자인지 어떻게 알 수 있는가? 첫째, 그리스도를 지속적으로 가장 우선시하지 않으면서도 스스로를 그리스도인이라고 주장하고 있지는 않는지를 질문해야 한다. 곧 "나는 정말로 그리스도인인가?"라고 물어야 한다. 기독교 대학이나 신학교라는 상황 속에서도 이런 질문을 하는 것이 필요하다. 기독교 대학이나 신학교를 반 정도 마치고 나서야 (심지어 사역을 하면서도) 자신이 전혀 헌신된 그리스도인이 아니었음을 발견하는 일은 드물지 않다. 주님과 그분의 말씀 외에 다른 무엇인가에 계속적으로 우리 자신을 헌신한다면, 그것은 우리가 그리스도인으로서의 정체성을 잃을 위기에 처했다는 뜻이거나, 혹은 아예 처음부터 그리스도인이 아니었다는 의미다. 사람들은 스스로 자신이 그리스도인이라고 생각할 수 있다. 하지만 자신의 영적 상태가 황폐하고, 살아 계신 하나님과 전혀 관계를 맺고 있지 않다는 것을 "보는 눈과 듣는 귀가 없을 수도 있다." 만약 우리가 "그리스도인으로서의 정체성을 잃지 않기 위해 우상을 섬기지 말라"라는 엄혹한 경고에 귀 기울인다면, 그 자체가 그리스도인으로서의 우리의 정체성을 지키는 수단이 될 것이다.

우리는 스스로가 우상숭배자인지 아닌지, 혹은 부분적인 우상숭배자인지 분별할 수 있다. 성경에 나오는 하나님의 말씀을 계속적으로 읽고 듣고 묵상하는 데 시간을 소비하는지를 우리 자신에게 물어보면 된다. 만약 그렇지 않다면, 우리는 하나님을 우리 눈앞에 지속적으로 모시고 있지 않을 확률이 높고, 그러면 우리는 하나님 외에 다른 것에 헌신하게 될 확률이 높다. 둘째, 바울은 고린도후서 10:5에서 "모든 생각을 사로잡아 그리스도께 복종케 하니"라고 말했다. 우리의 삶에서 그리스도와 관련이 없는 부분이 어디인가? 친구나 연인과의 관계인가? 우리의 결혼 관계인가? 우리 자녀와의 관계인가? 가족이 모여서 규칙적으로 하나님의 말씀을 듣고 기도하는 시간을 가지고 있는가? 주일 예배에서 다른 그리스도인들과 교제하며 성실하게 그 모임에 참여하는가? 이런 질문들에 대한 답이 부정적이라면, 이는 우리가 우상숭배적인 관점을 가지고 있음을 알려주는 잣대가 된다.

그리스도인 학자라면 강연을 준비하거나 논문이나 책을 쓰기 위해 연구할 때 자신의 영광을 위해서 하는가 아니면 하나님의 영광을 위해서 하는가? 같은 질문을 목회자에게도 할 수 있다. 그리스도인은 어떤 일을 하든지, 이렇게 기도해야 한다. "주님, 내 영광이 아닌 당신의 영광이 내 기쁨이 되도록 해주소서." 우리 모두는 어느 정도는 자기 자신에게 영광을 돌리고 싶어한다. 사람들이 우리를 잘했다고 칭찬할 때, 우리는 이런 칭찬을 하나님께 돌리고 있는가? 우리는 왜 우리가 하는 일에 대해 칭찬 듣기를 좋아하는가? 우리는 하나님이 기뻐하시는 것, 즉 그분의 영광을 기뻐하는가? 우리 자신에게 영광을 돌리는 것은 스스로를 우상으로 삼는 것이다.

하나님의 백성은 성경의 관점으로 인생의 모든 것을 바라보아야 한다. 진정한 성도는 세상에 복종하는 것이 아니라 그리스도를 통해 변화되어야 한다. 오늘날 어떤 우상들은 교묘하다. 사람들은 자신의 계획이나 재산을 우상으로 삼을 수도 있다. 하지만 현대의 우상 중 어떤 것들은 좀 더 노골적이다. 예를 들어 이스라엘을 포함해서 고대인들이 해나 달, 별을 경배함으로써 안정을 찾았다면, 오늘날 어떤 이들은 오늘의 운세를 참고한다. 비기독교나 기독교 모두 예배를 드리는 사람들이 피조물을 자신의 예배의 초점으로 삼을 수 있다. 예를 들어 어떤 그리스도인은 성상이나 성자들, 혹은 성찬식의 빵과 포도주에 경배하려는 유혹을 받는다. 다른 그리스도인은 십자가나 성경에 경배하려는 유혹을 받기도 한다. 또 다른 이는 제11장의 앞부분에서 살펴본 대로 복음주의 전통에서 볼 수 있는 다른 종류의 우상에 경배하려는 유혹도 받는다. 하지만 피조물은 하나님의 영을 담고 있지 않다. 사람들이 피조물을 경배하는 만큼 하나님의 영은 그 자리에 계시지 않고, 사람들은 그만큼 더 세속적이 된다.

십계명의 첫 번째와 두 번째 계명에 대해 논의했던 제1장을 상기하라. 이 계명들은 언약 공동체에게 주어졌다. 나는 우상숭배에 관한 다음의 모든 표현들이 금지되었다고 결론지었다. (1) 하나님이나 그분의 영이 어떤 대상에 임재하신다고 믿으면서 그 대상을 경배하는 것. (2) 어떤 대상이 하나님을 나타낸다고 하면서 그것에 대한 경배를 하나님을 경배하는 것이라고 합리화하는 것. (3) 하나님이 영이시고 보이지 않는다는 이유로 그분의 형상을 만드는 것(제1장의 논의를 보라).

우리는 우리가 존귀하게 여기는 것을 닮는다. 그것이 멸망으로 이끌든지 회복으로 이끌든지 말이다. 내가 기도하는 것은 이 책을 읽는 모든 이들이 주님을 그분의 말씀 가운데 높이고, 구원 안에 있는 회복을 바라보며, 그분을 닮아가는 것이다. 하나님이 그분의 새롭고 진실한 백성이 된 우리와 함께하시기를 기도한다.

아버지 당신의 말씀으로 인하여 감사합니다. 당신의 말씀은 우리를 깨우시며 소망을 주십니다. 예수는 당신의 인격과 죽음, 부활, 성령의 파송을 통해 당신의 진짜 백성을 당신의 형상으로 변화시키셨습니다. 또한 당신은 우리가 당신을 의지함으로써 우상숭배자가 되지 않기를 바라십니다. 그러므로 주님, 우리가 당신을 높이고 그렇게 함으로써 당신을 닮아가며 당신의 복을 누리고 당신께로 회복되고 멸망하지 않게 해주십시오. 우리에게 당신의 진리를 볼 수 있는 눈과 들을 수 있는 귀를 주시며, 우리에게 "지각을 주사 우리로 참된 자를 알게 하시고", "참된 자 곧 그의 아들 예수 그리스도…참 하나님이시요 영생이신"(요일 5:20) 분 안에 거할 수 있게 해주십시오. 우리에게 "자신을 지켜 우상에서 멀리할 수 있는"(요일 5:21) 은혜를 허락해주십시오. 이런 목표를 통해 당신의 영광에 이르도록 우리와 함께해주십시오. 예수 그리스도의 이름으로 기도드립니다. 아멘.

참고 문헌

Achtemeier, Paul J. "Gods Made with Hands: The New Testament and the Problem of Idolatry." *Ex Auditu* 15 (1999): 45-61.

Ahlström, Gösta W. "Isaiah 6:13." *Journal of Semitic Studies* 19 (1974): 169-172.

Allen, Leslie C. *Psalms 101-150*. Word Biblical Commentary. Wac, Tex: Word Books, 1983.

Anderson, Francis I., and David Noel Freedman. *Hosea*. Anchor Bible. Garden City, N. Y.: Doubleday, 1980.

Ashby, Godfrey. *Go Out and Meet Good: A Commentary on Exodus*. International Theological Commentary. Grand Rapids: Eerdmans, 1998.

Attridge, Harold W., and R. A. Oden. *Philo of Byblos: the Phoenician History*. Catholic Biblical Quarterly Monograph Series 9. Washington, D. C.: Catholic Biblical Association of America, 1981.

Aune, David E. "The Form and Function of the Proclamations to the Seven Churches (Revelation 2-3)." *New Testament studies* 36 (1990): 182-204.

______. *Prophecy in Early Christianity and the Ancient Mediterranean World*. Grand Rapids: Eerdmans, 1983.

Auld, A. Graeme. *I & II Kings*. Daily Study Bible. Louisville, Ky.: Westminster John Knox Press, 1986.

Bailey, Lloyd R. "The Golden Calf." *Hebrew Union College Annual* 42 (1971): 97-115.

Barrett, C. K. *The First Epistle to the Corinthians*. Harper's New Testament Commentaries. New York: Harper & Row, 1968.

Barton, Stephen C., ed. *Idolatry: False Worship in the Bible, Early Judaism and Christianity*. Edinburgh: T & T Clark, 2007.

Beale, G. K. "Other Religions in New Testament Theology." In *Biblical Faith and Other Religions: An Evangelical Assessment*, edited by David W. Baker, pp. 79-105. Grand Rapids: Kregel, 2004.

______. *The Book of Revelation*. New International Greek Testament Commentary Series. Grand Rapids: Eerdmans, 1999.

______. "Did Jesus and His Followers Preach the Right Doctrine From the Wrong Texts? An Examination of the Presuppositions of the Apostles' Exegetical Method." In *Right Doctrine from Wrong Texts? Essays on the Use of the Old Testament in the New Testament*, edited by G. K. Beale, pp. 387-404. Grand Rapids: Baker, 1994.

______. *The Erosion of Inerrancy in Evangelicalism*. Wheaton, Ill.: Crossway, 2008.

______. "The Eschatological Conception of New Testament Theology." In *Eschatology in Bible and Theology*. edited by Kent E. Brower and Mark W. Elliott, pp. 11-52. Downers Grove, Ill.: InterVarsity Press, 1997.

______. "The Hearing Formula and the Visions of John in Revelation." In *A Vision for the Church: Studies in Early Christian Ecclesiology in Honour of J. P. M. Sweet*, edited by Markus Bockmuehl and Michael B. Thompson, pp. 167-180. Edinburgh: T & T Clark, 1997.

______. "Isaiah VI 9-13: A Retributive Taunt Against Idolatry." *Vetus Testamentum* 41 (1991): 257-278.

______. *John's Use of the Old Testament in Revelation*. Journal for the study of the New Testament Supplement 166. Sheffield, U. K.: Sheffield Academic Press, 1998.

______. *New Testament Biblical Theology*. Grand Rapids: Baker.

______. "The Old Testament Background of Reconciliation in 2 Corinthians

5-7 and Its Bearing on the Literary Problem of 2 Corinthians 6:14-7:1." *New Testaments Studies* 35 (1989): 550-581.

______. "Questions of Authorial Intent, Epistemology, and Presuppositions and Their Bearing on the Study of the Old Testament in the New: A Rejoinder to Steve Moyise." *Irish Biblical Studies* 21(1991): 1-26.

______. Review of *Acts and the Isaianic New Exodus*, by David W. Pao. *Trinity Journal* 24 (2004): 93-101.

______. *The Temple and the Church's Mission: A Biblical Theology of the Dwelling Place of God*. New Studies in Biblical Theology 17. Downers Grove, Ill.: InterVarsity Press, 2004.

______. "Colossians and Philemon." In *Commentary on the New Testament Use of the Old Testament*, edited by G. K. Beale and D. A. Carson, pp. 841-870. Grand Rapids: Baker Academic, 2007.

Beale, G. K. and D. A. Carson, eds. *Commentary on the New Testament Use of the Old Testament*. Grand Rapids: Baker Academic, 2007.

Beckerleg, C. L. "The Creation, Animation and Installation of Adam in Genesis 2:7-25" *SBL Abstracts* (1999).

Bell, Richard H. *No One Seeks for God*. Wissenschaftliche Untersuchungen zum Alten und Neuen Testament 106. Tübingen: J. C. B. Mohr (Paul Siebeck), 1998.

Ben Zvi, Ehud. *Hosea*. Grand Rapids, Eerdmans, 2005.

Berdt, R. M. "Totemism." In *New Catholic Encyclopedia*, edited by Bernard L. Marthaler, pp. 120-121. 2nd ed. Vol. 14. Washington, D. C.: Catholic University of America Press, 2003.

Berlejung, Angelika. "Washing the Mouth: The Consecration of Divine Images in Mesopotamia." In *The Image and the Book*, edited by Karel van der Toorn, pp. 45-72. Contributions to Biblical Exegesis and Theology 21. Leuven: Peeters, 1997.

Bietenhardt, Hans. "ὄνομα." In *Theological Dictionary of the New Testament*, edited by Gerhard Kittel and Gerhard Friedrich, pp. 242-281. Translated by

Geoffrey W. Bromiley. Vol 5. Grand Rapids: Eerdmans, 1964.

Blackman, Aylward M. "The Rite of the Opening of the Mouth in Ancient Egypt and Babylonia." *The Journal of Egyptian Archaeology* 10 (1924): 47-59.

Blank, Sheldon H. "Traces of Prophetic Agony in Isaiah." *Hebrew Union College Annual* 27 (1956): 81-92.

Block, Daniel I. *The Book of Ezekiel*. New International Commentary on the Old Testament. Grand Rapids: Eerdmans, 1997.

Boyarin, Daniel. *Intertextuality and the Reading of Midrash*. Bloomington and Indianapolis: Indiana University Press, 1990.

Boring, M. Eugene. *Revelation*. Interpretation. Louisville, Ky.: John Knox Press, 1989.

Breasted, James H. *Ancient Records of Egypt*. 5 vols. Chicago: University of Chicago Press, 1906-1907.

______. *Development of Religion and Thought in Ancient Egypt*. New York: Harper and Row, 1959.

Brown, Francis S. R. Driver and Charles Briggs. *The Hebrew and English Lexicon of the Old Testament*. Oxford: Clarendon, 1978.

Brown, Sydney L. *The Book of Hosea*. Westminster Commentaries. London: Methuen, 1932.

Brownback, Paul. *The Danger of Self-Love*. Grand Rapids: Eerdmans, 1982.

Brueggemann, Walter. *A Commentary on Jeremiah*. Grand Rapids: Eerdmans, 1998.

______. *Deuteronomy*. Abingdon Old Testament Commentaries. Nashville: Abingdon, 2001.

Budge, E. A. Wallis. *Books of the Dead*. New York: Barnes & Noble, 1951.

Byrne, Brendan, *Romans*. Sacra Pagina 6. Collegeville, Minn.: Liturgical Press, 1996.

Callender, Dexter E. *Adam in Myth and History*. Harvard Semitic Museum Publications. Winona Lake, Ind.: Eisenbrauns, 2000.

Calvin, John. *Commentaries on the Last Four Books of Moses*. Translated by

Charles W. Bingham. 2 vols. Grand Rapids: Eerdmans, 1964.

______. *Commentary on the Book of Psalms*. Grand Rapids: Baker, 1993.

Carasik, Michael, ed. *The Commentators' Bible: The JPS Miqra'ot Gedolot, Exodus*. Philadelphia: Jewish Publication Society, 2005.

Carson, D. A. *Matthew*. Expositor's Bible Commentary. Grand Rapids: Zondervan, 1995.

______. Review of *Judgement and Justification in Early Judaism and the Apostle Paul*, by Chris VanLandingham. *Review of Biblical Literature* 12 (2007): <www.bookreviews.org/pdf/5679_6710.pdf>.

Cassuto, Umberto. *A Commentary on the Book of Exodus*. Translated by I. Abrahams. Jerusalem: Magnes Press. 1967.

Charles, R. H. "The Testament of the Twelve Patriarchs." In *Apocrypha and Pseudepigrapha of the Old Testament*. Oxford: Clarendon, 1913.

Childs, Brevard S. *The Book of Exodus*. Old Testament Literature. Philadelphia: Westminster Press, 1974.

______. *Introduction to the Old Testament as Scripture*. London: SCM, 1979.

Chilton, David C. *The Days of Vengeance*. Fort Worth, Tex.: Dominion Press, 1987.

Clements, R. E. "Beyond Tradition-History." *Journal for the Study of the Old Testament* 31 (1985): 95-113.

______. *Isaiah 1-39*. Grand Rapids: Eerdmans, 1980.

______. *Jeremiah*. Interpretation. Atlanta: John Knox, 1988.

______. "Patterns in the Prophetic Canon: Healing the Blind and the Lame." In *Canon, Theology, and Old Testament Interpretation*, edited by Gene M. Tucker, David L. Petersen, and Robert R. Wilson, pp. 189-200. Philadelphia: Fortress, 1988.

______. "The Unity of the Book of Isaiah." *Interpretation* 36 (1982): 117-129.

Coats, George W. Moses. *Journal for the Study of the Old Testament* Supplement 57. Sheffield, U. K.: Sheffield Academic Press, 1988.

Cohen, Jeremy. "*Be Fertile and Increase, Fill the Earth and Master It.*" Ithaca and London: Cornell University Press, 1989.

Cole, R. Alan. *Exodus*. Tyndale Old Testament Commentary. Leicester, U. K.: Inter-Varsity Press, 1973.

Cole, R. Dennis. "A Crisis of Faith: The Idolatry Polemics in the Book of Hosea." *The Theological Educator* 48 (1993): 63-76.

Collins, John J. *Daniel*. Hermeneia. Minneapolis: Fortress, 1993.

Collins, Raymond R. *First Corinthians*. Sacra Pagina 7. Collegeville, Minn.: Liturgical Press, 1999.

Couroyer, B. "'Avoir la nuque raide', ne pas incliner l'oreille." *Revue Biblique* 88 (1981): 216-225.

Cranfield, C. E. B. *The Epistle to the Romans*, International Critical Commentaries. Edinburgh: T & T Clark, 1975.

Cunliffe-Jones, Hubert. *The Book of Jeremiah*. London: SCM, 1960.

Cunningham, Graham. *'Deliver Me from Evil': Mesopotamian Incantations 2500-1500 B. C.* Studia Pohl: Series Major; Dissertations Sientificae de Rebus Orientis Antiqui 17. Rome: Pontifical Biblical Institute, 1997.

Currid, John D. *Exodus* 2. Darlington, U. K.: Evangelical Press. 2001.

Curtis, Adrian H. W. "Canaanite Gods and Religion." In *Dictionary of the Old Testament: Historical Books*, edited by Bill T. Arnold and H. G. M. Williamson, pp. 134-137. Downers Grove, Ill.: InterVarsity Press, 2005.

Curtis, Edward M. "Idol, Idolatry." In *The Anchor Bible Dictionary*, edited by David Noel Freedman, pp. 376-381. Vol 3. New York: Doubleday, 1992.

______. "Image of God(Old Testament)." In *The Anchor Bible Dictionary*, edited by David Noel Freedman, pp. 389-391. Vol 3. New York: Doubleday, 1992.

Dahood, Mitchell. *Psalms 101-150*. Anchor Bible. Garden City, N. Y.: Doubleday, 1970.

Day, John. "Baal." In *Anchor Bible Dictionary*, edited by David Noel Freedman, pp. 545-549. Vol 1. New York: Doubleday, 1992.

Day, Peggy L. "Anat ענת." In *Dictionary of Deities and Demons in the Bible*, edited by Karel van der Toorn, Bob Becking and Peter W. van der Horst, pp. 36-37. 2nd ed. Grand Rapids: Eerdmans, 1999.

De Jonge, Marinus. *The Testaments of te Twelve Patriarchs*. Leiden: Brill, 1978.

Delitzsch, Franz. *Biblical Commentary on the Prophecies of Isaiah*. Vol. 1. Edinburgh: T & T Clark, 1890.

______. *Biblical Commentary on the Prophecies of Isaiah*. Vol 2. Grand Rapids: Eerdmans, 1969.

Deroche, Michael. "Structure, Rhetoric, and Meaning in Hosea Ⅳ 4-10." *Vetus Testamentum* 33 (1983): 185-198.

Draisma, Sipke, ed. *Intertextuality in Biblical Writings: Essays in Honour of Bas van Iersel*. Kampen: J. H. Kok, 1989.

Drinkard, Joel F. "Numbers." In *Harper's Bible Dictionary*, edited by Paul J. Achtemeier, pp. 765-766. San Francisco: Harper & Row, 1985.

Dumbrell William J. *The Search for Order*. Grand Rapids: Baker, 1994.

______, "Worship and Isaiah 6." *Reformed Theological Review* 43 (1984): 1-8.

Dunn, James D. G. *Romans 1-8*. Word Biblical Commentary. Dallas: Word Books, 1988.

Durham, J. I. *Exodus*. Word Biblical Commentary. Waco, Tex.: Word Books, 1987.

Durkheim, Émile. *The Elementary Forms of the Religious Life*. New York: Free Press, 1915.

Ebeling, Erich. *Tod und Leben nach den Vorstellungen der Babylonier*. Berlin: Walter de Gruyter, 1931.

Eichrodt, Walther. *Theology of the Old Testament*. Translated by J. A. Baker. London: SCM Press, 1967.

Fix, S. F. "Bibliography." *Ex Auditu* 15 (1999): 145-150.

Ellis, E. Earle. "Deity-Christology in Mark 14:58." In *Jesus of Nazareth: Lord and Christ*, edited by Joel B. Green and Max Turner, pp. 192-203. Grand Rapids: Eerdmans, 1994.

Emerton, J. A. "The Date of the Yahwist." In *In Search of Pre-Exilic Israel*, edited by John Day, pp. 107-129. New York: T & T Clark, 2004.

______. "The Translation and Interpretation of Isaiah 6:13." In *Interpreting the Hebrew Bible: Essays in Honour of E. I. J. Rosenthal*, edited by J. A. Emerton and Stefan C. Rief, pp. 85-118. Cambridge: Cambridge University Press, 1982.

Enroth, Anne Marit. "The Hearing Formula in the Book of Revelation." *New Testament Studies* 36 (1990): 598-608.

Evans, Craig A. "The Function of Isaiah 6:9-10 in Mark and John." *Novum Testamentum* 24 (1982): 124-138.

______. *To See and Not Perceive: Isaiah 6:9-10 in Early Jewish and Christian Interpretation*. Journal for the Study of the Old Testament Supplement 64. Sheffield, U. K.: Sheffield Academic Press, 1989.

Faulkner, Raymond O. *The Ancient Egyptian Pyramid Texts*. Oxford: Oxford University Press, 1969.

Fee, Gordon D. *The First Epistle to the Corinthians*. New International Commentary on the New Testament. Grand Rapids: Eerdmans, 1987.

Feuer, Avrohom C. *Tehillim 2*. Brooklyn: Mesorah Publications, 1985.

Fishbane, Michael A. *Biblical Interpretation in Ancient Israel*. Oxford: Clarendon, 1985.

Fitzmyer, Joseph A. *Romans*. Anchor Bible. New York: Doubleday, 1993.

France, R. T. *The Gospel of Mark*. New International Greek Testament Commentary. Grand Rapids: Eerdmans, 2002.

______. *Matthew*. Tyndale New Testament Commentary. Leicester, U. K.: Inter-Varsity Press, 1985.

Fretheim, Terence E. *Exodus*. Interpretation. Louisville, Ky.: John Knox Press, 1991.

______. *Jeremiah*. Smyth & Helwys Bible Commentary. Macon, Ga.: Smyth & Helwys, 2002.

Gage, W. Austin. *The Gospel of Genesis*. Winona Lake, Ind.: Eisenbrauns, 1984.

Gardner, Paul D. *The Gifts of God and the Authentication of a Christian*.

Lanham, Md.: University Press of America, 1994.

Garland, David. *1 Corinthians*. Baker Exegetical Commentary on the New Testament Grand Rapids: Baker, 2003.

Garrett, Duane A. *Hosea, Joel*. New American Commentary. Nashville: Broadman & Holman, 1997.

Ginzberg, Louis. *The Legends of the Jews*. Philadelphia: Jewish Publication Society, 1968.

Glazov, Gregory Y. *The Bridling of the Tongue and the Opening of the Mouth in Biblical Prophecy*. Journal for the Study of the Old Testament Supplement 311. Sheffield, U. K.: Sheffield Academic Press, 2001.

Gowan, Donald E. *Theology of the Prophetic Books: The Death and Resurrection of Israel*. Louisville, Ky.: Westminster John Knox Press, 1998.

Gray, George B. *The Book of Isaiah* I. New York: Charles Scribner's Sons, 1912.

Grayson, Albert K. *Assyrian Rulers of the Early First Millennium B. C.* Toronto: University of Toronto Press, 1996

Green, Michael. *2 Peter and Jude*. Tyndale New Testament Commentary. Grand Rapids: Eerdmans, 1987.

Guinness, Os, and John Seel, eds. *No God but God*. Chicago: Moody Press, 1992.

Hafemann, Scott J. *Paul, Moses, and the History of Israel*. Wissenschaftliche Untersuchungen zum Alten and Neuen Testament 81. Tübingen: J. C. B. Mohr (Paul Siebeck), 1995.

Hallo, William W., and W. K. Simpson. *The Ancient Near East*. Fort Worth, Tex.: Harcourt Brace, 1998.

Haran, Menahem. *Temples and Temple Service in Ancient Israel*. Oxford: Clarendon, 1978.

Hasel, Gerhard F. *The Remnant*. Berrien Springs, Mich.: Andrews University Press, 1972.

Hauge, Martin Ravndal. *The Descent from the Mountain: Narrative Patterns in Exodus 19-40*. Journal for the Study of the Old Testament Supplement 323.

Sheffield, U. K.: Sheffield Academic Press, 2001.

Hawthorne, Gerald F. *Philippians*. Word Biblical Commentary. Waco, Tex.: Word, 1991.

Hay, David M. *Colossians*. Abingdon New Testament Commentaries. Nashville: Abingdon, 2000.

Hays, Richard B. *Conversion of the Imagination: Paul As Interpreter of Israel's Scripture*. Grand Rapids: Eerdmans, 2005.

______. *Echoes of Scripture in the Letters of Paul*. New Haven, Conn.: Yale University Press, 1989.

Healy, John F. "Mot מות." In *Dictionary of Deities and Demons in the Bible*, edited by Karel van der Toorn, Bob Becking and Peter W. van der Horst, pp. 598-603. 2nd ed. Grand Rapids: Eerdmans, 1999.

Helmer, Christine. "Introduction: Multivalence in Biblical Theology." In *The Multivalence of Biblical Texts and Theological Meanings*, edited by Christine Helmer, pp. 1-10. SBL Symposium Series 37. Atlanta: Society of Biblical Literature, 2000.

Hendriksen, William. *More Than Conquerors*. Grand Rapids: Baker, 1962.

Hengstenberg, Ernst W. *The Revelation of St. John 1*. New York: R. Carter and Brothers, 1853.

Herrmann, Wolfgang. "Baal בעל." In *Dictionary of Deities and Demons in the Bible*, edited by Karel van der Toorn, Bob Becking and Peter W. van der Horst, pp. 132-139. 2nd ed. Grand Rapids: Eerdmans, 1999.

______. "El אל." In *Dictionary of Deities and Demons in the Bible*, edited by Karel van der Toorn, Bob Becking and Peter W. van der Horst, pp. 274-280. 2nd ed. Grand Rapids: Eerdmans, 1999.

Hesse, Franz. *Das Verstockungsproblem im Alten Testament*. Beihefte zur Zeitschrift für die Alttestamentliche Wissenschaft 74. Berlin: A. Töpelmann, 1955.

Hirsch, E. D. *Validity in Interpretation*. New Haven, Conn.: Yale University Press, 1967.

Hodge, Charles. *Commentary on the First Epistle to the Corinthians*. Grand Rapids: Eerdmans, 1964.

Hoekema, Anthony A. *Created in God's Image*. Grand Rapids: Eerdmans, 1986.

Holladay, William L. *Jeremiah* 1. Hermeneia. Philadelphia: Fortress, 1986.

Holter, Knut. *Second Isaiah's Idol-Fabrication Passages*. Beiträge zur biblischen Exegese and Theologie 28. Frankfurt am Main: Peter lang, 1993.

Hooker, Morna D. *From Adam to Christ*. Cambridge: Cambridge University Press, 1990.

Hoonacker, Albin van. *Les Douze Petits Prophètes*. Paris: J. Gabalda, 1908.

Houtman, Cornelis. *Exodus*. Vol. 3. Historical Commentary on the Old Testament. Leuven: Peeters, 2000.

Hubbard, D. A. *Hosea*. Downers Grove, Ill.: InterVarsity Press, 1989.

Hurowitz, V. "Isaiah's Impure Lips and Their Purification in Light of Akkadian Sources." *Hebrew Union College Annual* 60 (1989): 39-89.

Hutter, M. "Adam als Gärtner und König (Gen 2:8, 15)" *Biblische Zeitschrift* 30 (1986): 258-262.

Iwry, Samuel. "*maṣṣēbāh* and *Bāmāh* in 1Q Isaiah 6:13." *Journal of Biblical Literature* 76 (1957): 226-227.

Jacob, Benno. *Exodus*. Translated by Walter Jacob. Hoboken, N. J.: KTAV, 1992.

Jacob, Edmond. *The Theology of the Old Testament*. Translated by A. W. Heathcote and P. J. Allcock. London: Hodder and Stoughton, 1958.

Jacobsen, Thorkild. "The Graven Image." In *Ancient Israelite Religion*, edited by Patrick D. Miller, Paul D. Hanson and S. Dean McBride, pp. 15-32. Philadelphia: Fortress, 1987.

______. *The Treasures of Darkness*. New Haven, Conn.: Yale University Press, 1976.

Janzen, J. Gerald. "The Character of the Calf and Its Cult in Exodus 32." *Catholic Biblical Quarterly* 52 (1990): 597-607.

______. *Exodus*. Westminster Bible Companion. Louisville: Westminster John Knox, 1997.

Jeffrey, David Lyle. "Literature in an Apocalyptic Age: Closure and Consolation." Unpublished paper, 1977.

Jeremias, Joachim. *Der Prophet Hosea*. Göttingen: Vandenhoeck & Ruprecht, 1983.

Johnson, Alan F. "Revelation." *The Expositor's Bible Commentary* 12. Grand Rapids: Zondervan, 1981.

Jones, Douglas R. *Jeremiah*. New Century Bible Commentary. Grand Rapids: Eerdmans, 1992.

Juel, Donald. *Messiah and Temple*. Society of Biblical Literature Dissertation Series 32. Missoula, Mont.: Scholars Press, 1977.

Kaiser, Otto. *Der prophet Jesaja Kap. 1-12*. Göttingen: Vandenhoeck & Ruprecht, 1960.

Kaplan, Mordecai M. "Isaiah 6:1-11." *Journal of Biblical Literature* 45 (1926): 251-259.

Kee, Howard C. "Testaments of the Twelve Patriarchs." In *Apocalyptic Literature and Testaments*. Vol. 1, *The Old Testament Pseudepigrapha*, edited by J. H. Charlesworth. New York: Doubleday, 1983.

Keil, Carl F. *The Prophecies of Jeremiah*. Vol. 1. Biblical Commentary on the Old Testament Grand Rapids: Eerdmans, 1968.

______. *The Twelve Minor Prophets*. Edinburgh: T & T Clark, 1871.

Kelly, J. N. D. *The Epistles of Peter and of Jude*. Peabody, Mass.: Hendrickson, 1969.

Key, Andrew F. "The Magical Background of Isaiah 6:9-13." *Journal of Biblical Literature* 86 (1967): 198-204.

Kilgallen, John J. *The Stephen Speech*. Analecta biblica 67. Rome: Biblical Institute Press, 1976.

Kim, Jung Hoon. *The Significance of Clothing Imagery in the Pauline Corpus*. Journal for the Study of the New Testament Supplement 268. New York: T & T Clark, 2004.

Kissane, Edward J. *The Book of Isaiah* II. Dublin: Browne and Nola, 1943.

Kistemaker, Simon. *New Testament Commentary: Exposition of the First Epistle to the Corinthians*. Grand Rapids: Baker, 1993.

Kline, Meredith G. *Kingdom Prologue*. Overland Park, Kans.: Two Age Press, 2000.

Koehler, Ludwig, and W. Baumgartner. *The Hebrew and Aramaic Lexicon of the Old Testament*. Revised by W. Baumgartner and J. J. Stamm. New York: Brill, 1994.

Köstenberger, Andreas J. John. *Baker Exegetical Commentary on the New Testament*. Grand Rapids: Baker, 2004.

Kraus, H.-J. *Psalms 60-150*. Continental Commentaries. Minneapolis: Augsburg Fortress, 1993.

Kutsko, John F. *Between Heaven and Earth*. Biblical and Judaic Studies 7. Winona Lake, Ind.: Eisenbrauns, 2000.

Labuschagne, C. J. *The Incomparability of Yahweh in the Old Testament*. Pretoria Oriental Series 5, Leiden: Brill, 1966.

Landy, Francis. *Hosea*. Sheffield, U. K.: Sheffield Academic Press, 1995.

Larkin, William J. *Acts*. IVP New Testament Commentaries. Downers Grove, Ill.: InterVarsity Press, 1995.

Lewis, T. J. "Beelzebul." In *Anchor Bible Dictionary*, edited by David Noel Freedman, pp. 638-640. Vol. 1. New York: Doubleday, 1992.

Lichtheim, Miriam. *Ancient Egyptian Literature: A Book of Readings*. Vol. 2. Berkeley: University of California Press, 1976.

Lucas, Ernest. *Daniel*. Apollos Old Testament Commentary 20. Downers Grove, Ill.: InterVarsity Press, 2002.

Lundbom, Jack R. *Jeremiah 1-20*. Anchor Bible. New York: Doubleday, 1999.

Luther, Martin. *Luther's Works*. Edited by Jaroslav Pelikan and Helmut T. Lehmann. 56 vols. St. Louis: Concordia, 1955-1986.

Macintosh, A. A. *A Critical and Exegetical Commentary on Hosea*. International Critical Commentary. Edinburgh: T & T Clark, 1997.

Mandelkern, Solomon. *Veteris Testamenti Concordantiae Hebraicae atque*

Chaldaicae. Graz: Akademische Druck- u. Verlagsanstalt, 1955.

Mauro, Philip. *The Patmos Visions: A Study of the Apocalypse*. Boston: Hamilton, 1925.

Mays, James Luther. *Hosea*. London: SCM, 1969.

McCarthy, Carmel. *The Tiqqune Sopherim*. Orbis Biblicus Et Orientalis 36. Freiburg/Göttingen: Universitätsverlag/Vandemhoeck & Ruprecht, 1981.

McComiskey, Thomas E. *The Minor Prophets*. Grand Rapids: Baker, 1992.

McLaughlin, J. L. "Their Hearts *Were* Hardened?: The Use of Isaiah 6:9-110 in the Book of Isaiah." *Biblica* 75 (1994)): 1-25.

McNamara, M. *Targum and Testament*. Shanon, Ireland: Irish University Press, 1972.

Meadors, E. P. *Idolatry and the Hardening of the Heart*. New York: T & T Clark, 2006.

Meeks, Wayne A. "'And Rose Up to Play': Midrash and Paraenesis in 1 Cor. 10:1-22." *Journal for the Study of the New Testament* 16 (1982): 64-78.

Merriam Webster's Ninth Collegiate Dictionary. Springfield, Mass: Merriam-Webster, 1991.

Metzger, Bruce M. *A Textual Commentary on the Greek New Testament*. New York: United Bible Societies. 1971.

Middleton, J. Richard. *The Liberating Image*. Grand Rapids: Brazos, 2005.

Miller, Patrick D. *Sin and Judgment in the Prophets*. Chico, Calif.: Scholars press, 1982.

Moberly, Walter L. *At the Mountain of God: Story and Theology in Exodus 32-34*. Journal for the Study of the Old Testament Supplement 22. Sheffield, U. K.: Sheffield Academic Press, 1983.

Moo, Douglas. *The Epistle to the Romans*. New International Commentary on the New Testament. Grand Rapids: Eerdmans, 1996.

Moo, Jonathan. "Romans 8:19-22 and Isaiah's Cosmic Covenant." *New Testament Studies* 54 (2008) 74-89.

Moore, George F. "Molech, Moloch." In *Encyclopedia Biblica*, edited by T.

K. Cheyne and J. S. Black, pp. 3182-3191. Vol. 3. New York and London: Macmillan, 1902.

Moule, C. F. D. "Sanctuary and Sacrifice in the Church of the New Testament." *Journal of Theological Studies* 1 (1950): 29-41.

Motyer, J. Alec. "Idolatry." In *The Illustrated Bible Dictionary* 2:680, edited by J. D. Douglas, Leicester U. K.: Inter-Varsity Press, 1980.

Mounce, Robert H. *The Book of Revelation*. New International Commentary on the New Testament. Grand Rapids: Eerdmans, 1977.

Moyise, Steve. *The Old Testament in the Book of Revelation*. Journal for the Study of the New Testament Supplement 115. Sheffield, U. K.: Sheffield Academic press, 1995.

Murphy, Frederick J. "Retelling the Bible: Idolatry in Pseudo-Philo." *Journal of Biblical Literature* 107 (1988): 275-287.

Mussies, G. *The Morphology of Koine Greek as Used in the Apoc. of St. John: A Study in Bilingualism*. Supplements to Novum Testamentum 27. Leiden: Brill, 1971.

Neusner, Jacob, and William Scott Green, eds. *Dictionary of Judaism in the Biblical Period*. Peabody, Mass.: Hendrickson, 2002.

Newman, Carey C. *Paul's Glory-Christology*. Supplements to Novum Testamentum 27. Leiden: Brill, 1992.

Niehaus, Jeffrey. *Ancient Near Eastern Themes in Biblical Theology*. Grand Rapids: Kregel, 2008.

Nielson, Donald A. "Transformations of Society and the Sacred in Durkheim's Religious Sociology." *The Blackwell Companion to the Sociology of Religion*, edited by Richard K, Fenn, pp 120-132. Oxford: Blackwell, 2001.

Nietzsche, Friedrich. *Beyond Good and Evil: Prelude to a Philosophy of the Future*. Edited by Rolf-Peter Horstmann and Judith Norman. Cambridge: Cambridge University Press, 2002.

North, C. R. "The Essence of Idolatry." In *Von Ugarit nach Qumran*, edited by Otto Eissfeldt, pp. 151-160. Berlin: A. Töpelmann, 1958.

O'Brien, Peter T. *Commentary on Philippians*. New International Greek Testament Commentary. Grand Rapids: Eerdmans, 1991.

Oppenheim, A. Leo. *Ancient Mesopotamia*. Chicago: University of Chicago Press, 1964.

Ortlund, Raymond C., Jr. *God's Unfaithful Wife. A Biblical Theology of Spiritual Adultery*. New Studies in Biblical Theology 2. Downers Grove, Ill.: InterVarsity Press, 1996.

Osborn, Noel D., and H. A. Hatton. *A Handbook on Exodus*. New York: United Bible Societies, 1999.

Oswalt, John N. "The Golden Calves and the Egyptian Deity." *Evangelical Quarterly* 45 (1973): 13-20.

Pao, David. *Acts and the Isaianic New Exodus*. Wissenschaftliche Untersuchungenzum Alten und Neuen Testament 130. Tübingen: Mohr Siebeck, 2000.

Peterson, Eugene. "Spirituality for All the Wrong Reasons." *Christianity Today* 49 (2005): 42-48.

Piper, John. *Desiring God*. Portland, Or.: Multnomah Press, 1986.

Pritchard, James B. *Ancient Near Eastern Texts*. 3rd ed. Princeton, N. J.: Princeton University Press, 1969.

Propp, William H. *Exodus 19-40*. Anchor Bible. New York: Doubleday, 2006.

Provan, Iain. "To Highlight All Our Idols: Worshipping God in Nietzsche's World." *Ex Auditu* 15 (1999): 19-38.

Ridderbos, Herman. *The Gospel of John*. Grand Rapids: Eerdmans, 1997.

Rignell, Lars G. "Isaiah Chapter 1: Some Exegetical Remarks." *Studia Theologica* 11 (1957): 156-158.

Rogerson, J. W., and J. W. Mckay. *Psalms 101-150*. Cambridge Bible Commentary on the English Bible. Cambridge: Cambridge University Press, 1977.

Rosner, Brian S. "Idolatry." In *New Dictionary of Biblical Theology*, pp. 569-575. Downers Grove, Ill.: InterVarsity Press, 2000.

______. "Temple Prostitution in 1 Corinthians 6:12-20." *Novum Testamentum* 40 (1998): 336-351.

Ross, Allen P. *Creation and Blessing*. Grand Rapids: Baker, 1988.

______. *Recalling the Hope of Glory*. Grand Rapids: Kregel, 2006.

Ruiz, Jean-Pierre. *Ezekiel in the Apocalypse: The Transformation of Prophetic Language in Revelation 16:17-19:10*. European University Studies, Series 23, Vol. 376; Frankfurt am Main. New York: Peter Lang, 1989.

Saggs, H. W. F. *The Greatness That Was Babylon*. New York: Princeton University Press, 1962.

Sandelin, Karl-Gustav. "The Jesus-Tradition and Idolatry." *New Testament Studies* 42 (1996): 412-420.

Sandnes, K. O. *Belly and Body in the Pauline Epistles*. Society of New Testament Studies Monograph Series 120. Cambridge: Cambridge University Press, 2002.

Sarna, Nahum M. *Exodus*. Philadelphia: Jewish Publication Society, 1991.

Sasson, Jack M. "Bovine Symbolism in the Exodus Narrative." *Vetus Testamentum* 18 (2006): 380-387.

Sawyer, John F. A. "The Qumran Reading of Isaiah 6:13." *Annual of the Swedish Theological Institute* 3 (1964): 111-113.

Schreiner, Thomas R. *Romans*. Baker Exegetical Commentary on the New Testament. Grand Rapids: Baker, 1998.

Schultz, Richard L. *The Search for Quotation*. Journal for the Study of the Old Testament Supplement. Sheffield, U. K.: Sheffield Academic Press, 1999.

______. "The Ties that Bind: Intertextuality, the Identification of Verbal Parallels and Reading Strategies in the Book of the Twelve." In *Thematic Threads in the Book of the Twelve*, edited by Paul L. Redditt and Aaron Schart, pp. 27-45. Beihefte zur Zeitschrift für die Alttestamentliche Wissenschaft 325. Berlin: Walter de Gruyter, 2003.

Schürer, Emil. *The History of The Jewish People in the Age of Jesus Christ*. Revised and Edited by Geza Vermes, Fergus Millar and Matthew Black.

Edinburgh T & T Clark, 1973.

Schüssler Fiorenza, Elisabeth, *Priester für Gott. Studien zum Herrshafts und Priestermotiv in der Apokalypse*. Münster: Aschendorff, 1972.

Scott, J. M. "The Use of Scriptures in 2 Corinthians 6:16c-18 and Paul's Restoration Theology." *Journal for the Study of the New Testament* 56 (1994): 74-99.

Seifrid, Mark A. "Unrighteous by Faith: Apostolic Proclamation in Romans 1:18-3:20." In *The Paradoxes of Paul*, pp. 105-145. Vol. 2, Justification and Variegated Nomism, edited by D. A. Carson, Peter T. O'Brien and Mark A. Seifrid. Grand Rapids: Baker Academic, 2004.

Silva, Moisés. *Philippians*. Baker Exegetical Commentary on the New Testament. grand Rapids: Baker, 2005.

Simon, Marcel. "Saint Stephen and the Jerusalem Temple." *Journal of Ecclesiastical History* 2 (1951): 127-142.

Smolar, Leivy, and Moses Aberbach. "The Golden Calf Epistode in Postbiblical Literature." *Hebrew Union College Annual* 39 (1968): 91-116.

Sommer, B. D. "Exegesis, Allusion and Intertextuality in the Hebrew Bible, a Response to Lyle Eslinger." *Vetus Testamentum* 46 (1996): 479-489.

Sonnet, Jean-Pierre. *The Book Within the Book: Writing in Deuteronomy*. Biblical Interpretation Series 14. Leiden: Brill, 1997.

Spronk, Klaas. "Baal of Peor בעל פעור." In *Dictionary of Deities and Demons of the Bible*, edited by Karel van der Toorn, Bob Becking and Peter W. van der Horst. pp. 147-148. 2nd ed. Grand Rapids: Eerdmans, 1999.

Stuart, Douglas. *Hosea-Jonah*. Word Biblical Commentary. Waco, Tex: Word, 1987.

Stuhlmacher, Peter. *Paul's Letter to the Romans*, Louisville, Ky.: Westminster John Knox, 1994.

Sweeney, M. A. *The Twelve Prophets*. Vol. 1. Berit Olam. Collegeville, Minn.: Liturgical Press, 2000.

Sylva, Dennis D. "The Meaning and Function of Acts 7:46-50." *Journal of*

Biblical Literature 106 (1987): 261-275.

Terrien, Samuel L. *The Psalms*. Grand Rapids: Eerdmans, 2003.

Thiselton, Anthony. *The First Epistle to the Corinthians*. New International Greek Testament Commentary. Grand Rapids: Eerdmans, 2000.

Thompson, Michael. *Clothed with Christ*. Journal for the Study of the New Testament Supplement 59. Sheffield, U. K.: Sheffield Academic Press, 1991.

Thompson, Steven. *The Apocalypse and Semitic Syntax*. Society for New Testament Studies Monograph Series 52. Cambridge: Cambridge University Press, 1985.

Thornton, Timothy C. G. "Stephen's Use of Isaiah 66:1." *Journal of Theological Studies* 25 (1974): 432-434.

Tsevat, Matitiahu. *The Meaning of the Book of Job and Other Biblical Studies*. New York: KTAV, 1980.

Tur-Sinai, Naphtali H. "A Contribution to the Understanding of Isaiah i-xii." *Scripta Hierosolymitana* 8 (1961): 169.

Vanhoozer, Kevin J. *Is There a Meaning in This Text?* Grand Rapids: Zondervan, 1998.

Vitz, Paul C. *Psychology as Religion*. Grand Rapids: Eerdmans, 1977.

Vos, Louis A. *The Synoptic Traditions in the Apocalypse*. Kampen: J. H. Kok, 1965.

Walgrave, Jan. *Unfolding Revelation: The Nature of Doctrinal Development*. Philadelphia: Westminster Press, 1972.

Walker, C. B. F., and Michael Dick. *The Induction of the Cult Image in Ancient Mesopotamia*. State Archives of Assyria Literary Texts I; the Neo-Assyrian Text Corpus Project. Helsinki: Cammalan Kirjapaino Oy, 2001.

______. "The Induction of the Cult Image in Ancient Mesopotamia: The Mesopotamian *Mīs pī* Ritual." In *Born in Heaven, Made on Earth: The Creation of the Cult Image in the Ancient Near East*, edited by Michael Brennan Dick, pp. 55-121. Winona Lake, Ind.: Eisenbrauns, 1999.

Walker, Peter. W. L. *Jesus and the Holy City*. Grand Rapids: Eerdmans, 1996.

Wallace, Daniel B. *Greek Grammar: Beyond the Basics*. Grand Rapids: Zondervan, 1996.

Walton, John. "Interpreting the Bible as an Ancient Near Eastern Document." Unpublished paper.

______. "Methodology: An Introductory Essay." In *The Zondervan Illustrated Bible Background Commentary Genesis-Deuteronomy*. Grand Rapids: Zondervan, forthcoming.

Watts, John D. W. *Isaiah 1-33*. Word Biblical Commentary. Waco, Tex.: Word Books, 1985.

Watts, Rikki E. *Isaiah's New Exodus in Mark*. Grand Rapids: Baker, 1997.

Wedderburn, A. J. M. "Adam in Paul's Letter to the Romans." In *Studia Biblical*, 1978, edited by Elizabeth A. Livingstone. Vol 3. Journal for the Study of the New Testament Supplement 3. Sheffield, U. K.: Sheffield Academic Press, 1980.

Weinfeld, Moshe. "כָּבֵד." In *Theological Dictionary of the Old Testament*, edited by G. Johannes Botterweck, Helmer Ringgren and Heinz-Josef Fabry, pp. 22-38. Vol. 7. Grand Rapids: Eerdmans, 1995.

Weiser, Artur. *The Psalms*. London: SCM, 1959.

Wells, David F. *Above All Earthly Pow'rs*. Grand Rapids: Eerdmans, 2005.

______. *God in the Wasteland*. Grand Rapids: Eerdmans, 1995.

______. *Losing Our Virtue*. Grand Rapids: Eerdmans, 1998.

______. *No Place for Truth*. Grand Rapids: Eerdmans, 1993.

Wenham, Gordon J. *Genesis 1-5*. Word Biblical Commentary. Waco, Tex.: Word Books, 1987.

Whybray, Roger N. *Isaiah 40-66*. New Century Bible. London and Greenwood, South Carolina: Attic Press, 1975.

Williamson, H. G. M. *The Book Called Isaiah*. Oxford: Clarendon, 1994.

______. "Isaiah 6:13 and 1:29-31." In *Studies in the Books of Isaiah: Festschrift W. A. M. Beuken*, edited by J. Van Ruiten and M. Vervenne, pp. 119-128. Bibliotheca Ephemeridum Theologicarum Lovaniensium 132. Leuven:

Leuven University Press, 1997.

______. "Temple and Worship in Isaiah 6." In *Temple and Worship in Biblical Israel*, edited by John Day, pp. 123-144. New York: T & T Clark, 2005.

Winston, David. *The Wisdom of Solomon*. Anchor Bible. Garden City, N. Y.: Doubleday, 1979.

Wolff, Hans W. *Hosea*. Hermeneia. Philadelphia: Fortress, 1974.

Worshech, Udo Ch. F. "The Problem of Isaiah 6:13." *Andrews University Seminary Studies* 12 (1974): 131-132.

Wright, Christopher, J. H. *The Mission of God: Unlocking the Bible's Grand Narrative*. Downers Grove, Ill.: InterVarsity Press, 2006.

Wright, George E. *God Who Acts: Biblical Theology as Recital*. London: SCM Press, 1964.

Wright, N. T. "The Letter to the Romans." In *New Interpreter's Bible*, ed. Leander Keck, pp. 393-770. Vol. 10. Nashville: Abingdon, 2002.

Wyatt, Nicolas. "Calf." In *Dictionary of Deities and Demons in the Bible*, edited by Karel van der Toorn, Bob Becking and Peter W. van der Horst, pp. 180-182. 2nd ed. Grand Rapids: Eerdmans, 1999.

Young, E. J. *The Book of Isaiah*. Vol. 1. Grand Rapids: Eerdmans, 1965.

______. *The Book of Isaiah*. Vol. 2. Grand Rapids: Eerdmans, 1969.

Zimmerman, Frank. "El and Adonai." *Vetus Testamentum* 7 (1962): 190-195.

Zerwick, Maximilian. *Biblical Greek Illustrated by Examples*. Rome: Pontificii Instituti Biblici, 1963.

Zipor, Moshe A. "עָרַף." In *Theological Dictionary of the Old Testament*, edited by G. Johannes Botterweck, Helmer Ringgren and Heinz-Josef Fabry, pp. 366-371. Vol. 11. Grand Rapids: Eerdmans, 2001.

저자 색인

C

D

E

F

Y

Z

고대 문헌 색인

1. 외경

바룩서

솔로몬의 지혜서

2. 위경

3. 쿰란 문헌

4. 필론

5. 탈무드

6. 타르굼

7. 기타 랍비 문헌

8. 교부 문헌

성경 색인

구약성경

창세기

출애굽기

레위기

민수기

신명기

잠언

전도서

아가

이사야

예레미야

누가복음

요한복음

사도행전

로마서

고린도전서

예배자인가, 우상숭배자인가?

성경신학적으로 바라본 우상숭배와 하나님 형상의 의미

1쇄 발행 2014년 11월 27일
6쇄 발행 2023년 10월 20일

지은이 그레고리 K. 비일
옮긴이 김재영·성기문
펴낸이 김요한
펴낸곳 새물결플러스

편 집 왕희광 정인철 노재현 이형일 나유영 노동래
디자인 황진주 김은경
마케팅 박성민
총 무 김명화 이성순
영 상 최정호 곽상원
아카데미 차상희

홈페이지 www.holywaveplus.com
이메일 hwpbooks@hwpbooks.com
출판등록 2008년 8월 21일 제2008-24호
주 소 (우) 04114 서울시 마포구 신촌로28가길 29
전 화 02) 2652-3161
팩 스 02) 2652-3191

ISBN 978-89-94752-91-4 93230

책값은 뒤표지에 있습니다.